どんどん強《つよ》くなる

こども将棋《しょうぎ》 勝てる手筋《てすじ》がわかる本《ほん》

中《なか》村《むら》太《たい》地《ち》［監修《かんしゅう》］

池田書店

はじめに

将棋《しょうぎ》のルールはおぼえた、王様《おうさま》を詰《つ》ますかたちも知《し》っている。すでに将棋《しょうぎ》を指《さ》して楽《たの》しんでいるけれど、実戦《じっせん》でなかなか思《おも》うように駒《こま》を使《つか》えなくて困《こま》っている、という人《ひと》はけっこう多《おお》いのではないかと思《おも》います。そんな人《ひと》にぜひ身《み》につけていただきたいのが「手筋《てすじ》」です。

手筋《てすじ》とは、かんたんにいうとテクニックのことです。スポーツやゲームをはじめ、何《なに》をやるにしても、テクニックを持《も》っているとじょうずにできるということがあると思《おも》います。将棋《しょうぎ》もおなじです。将棋《しょうぎ》には玉《ぎょく》、飛車《ひしゃ》、角《かく》、金《きん》、銀《ぎん》、桂《けい》、香《きょう》、歩《ふ》の8種類《しゅるい》の駒《こま》がありますが、それぞれに個性《こせい》があり、動《うご》き方《かた》がちがいます。

人《ひと》にはみんなそれぞれ得意《とくい》なこと、苦手《にがて》なことがありますよね。運動《うんどう》が得意《とくい》な人《ひと》、勉強《べんきょう》が得意《とくい》な人《ひと》、歌《うた》が得意《とくい》な人《ひと》……。自分《じぶん》に合《あ》ったことを見《み》つけ、打《う》ちこんでいる人《ひと》はかがやいて見《み》えます。手筋《てすじ》とは、まさにそれに近《ちか》いのではないでしょうか。駒《こま》の特徴《とくちょう》を活《い》かしてその駒《こま》に合《あ》った手筋《てすじ》を使《つか》って、じょうずな使《つか》い方《かた》をすれば、その駒《こま》はかがやき、大活躍《だいかつやく》します。それが将棋《しょうぎ》では勝《か》ちにつながりますし、なにせじょうずに駒《こま》を使《つか》えると指《さ》していて気持《きも》ちがよいものです。

自分《じぶん》の子《こ》どものころを思《おも》い返《かえ》してみると、ちょうど手筋《てすじ》を身《み》につけはじめたころに、桂馬《けいま》という好《す》きな駒《こま》ができて、駒《こま》への思《おも》い入《い》れが出《で》てきた気《き》がします。それはきっと、ひとつひとつの駒《こま》の特徴《とくちょう》がわかってきたからだと思《おも》います。

そして、手筋《てすじ》を知《し》ると、それまでよりももっと将棋《しょうぎ》がおもしろくなります。きっとこの本《ほん》を読《よ》んでいると、「この駒《こま》はこんな使《つか》い方《かた》ができたんだ」とか、「こんなにすごいテクニックがあるんだ」というような発見《はっけん》がたくさんあるでしょう。そのワクワクする感覚《かんかく》をぜひ大切《たいせつ》にしてください。それは、上達《じょうたつ》にもすぐつながります。

将棋《しょうぎ》をじょうずに指《さ》しこなすために、欠《か》かすことのできない「手筋《てすじ》」。ぜひ、この本《ほん》に書《か》いてあることを新《あたら》しい発見《はっけん》として楽《たの》しみながら身《み》につけて、ライバルや友《とも》だちをびっくりさせてください。みなさまの上達《じょうたつ》に役立《やくだ》つことを心《こころ》より願《ねが》っております。

棋士《きし》　中村太地《なかむらたいち》

どんどん強《つよ》くなる こども将棋《しょうぎ》 勝《か》てる手筋《てすじ》がわかる本《ほん》

もくじ

序章 手筋《て》《すじ》ってなんだろう?

第1章 序盤《じょばん》・中盤《ちゅうばん》の手筋《てすじ》を学《まな》ぼう!

歩《ふ》の手筋《てすじ》[序盤《じょばん》・中盤《ちゅうばん》]

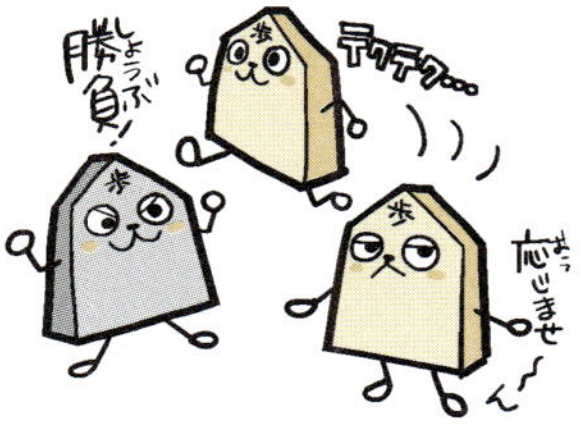

香《きょう》・桂《けい》の手筋《てすじ》［序盤《じょばん》・中盤《ちゅうばん》］

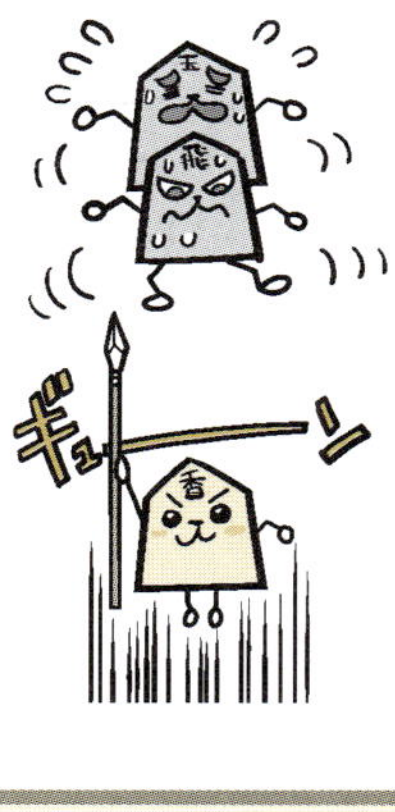

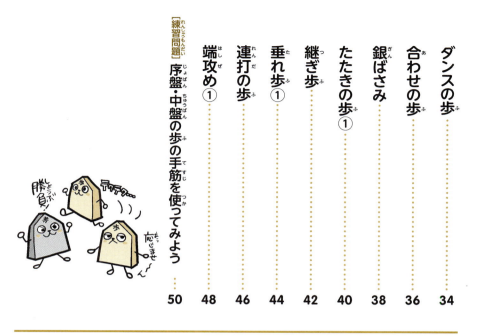

ガッチリ

第2章

終盤《しゅうばん》の手筋《てすじ》を学《まな》ぼう！

歩《ふ》の手筋《てすじ》［終盤《しゅうばん》］

香《きょう》・桂《けい》の手筋《てすじ》［終盤《しゅうばん》］

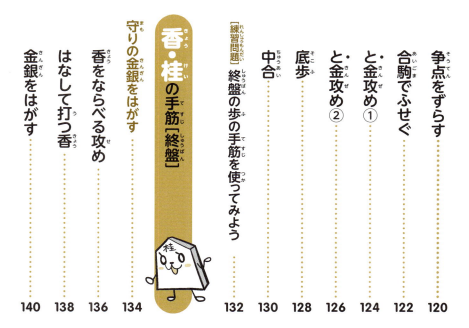

銀《ぎん》・金《きん》の手筋《てすじ》【終盤《しゅうばん》】

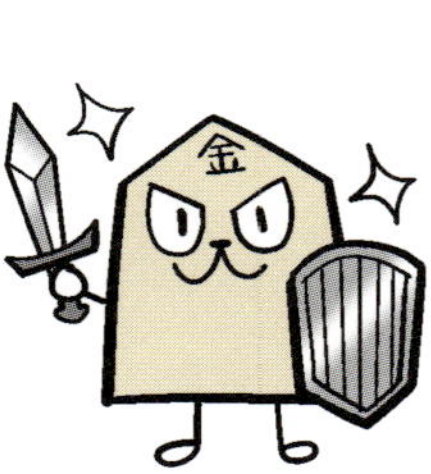

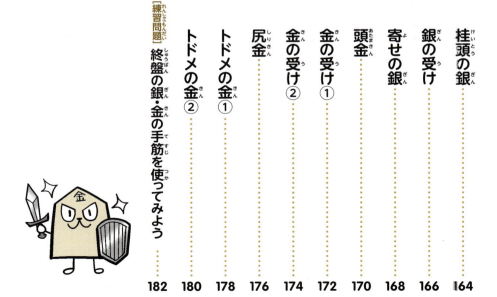

角《かく》・飛《ひ》・玉《ぎょく》の手筋《てすじ》［終盤《しゅうばん》］

この本《ほん》の特徴《とくちょう》と見方《みかた》

本書《ほんしょ》は、序盤《じょばん》・中盤《ちゅうばん》と終盤《しゅうばん》の２章《しょう》に分《わ》けて、歩《ふ》～玉《ぎょく》まで各駒《かくこま》の手筋《てすじ》を紹介《しょうかい》しています。

解説《かいせつ》に合《あ》わせた盤面図《ばんめんず》です。盤上《ばんじょう》のかたちを見《み》て、手筋《てすじ》をおぼえましょう。

手筋《てすじ》の手順《てじゅん》とポイントをわかりやすく解説《かいせつ》しています。

ほかより色《いろ》のこいマス目《め》は、最終手《さいしゅうて》をあらわしています。

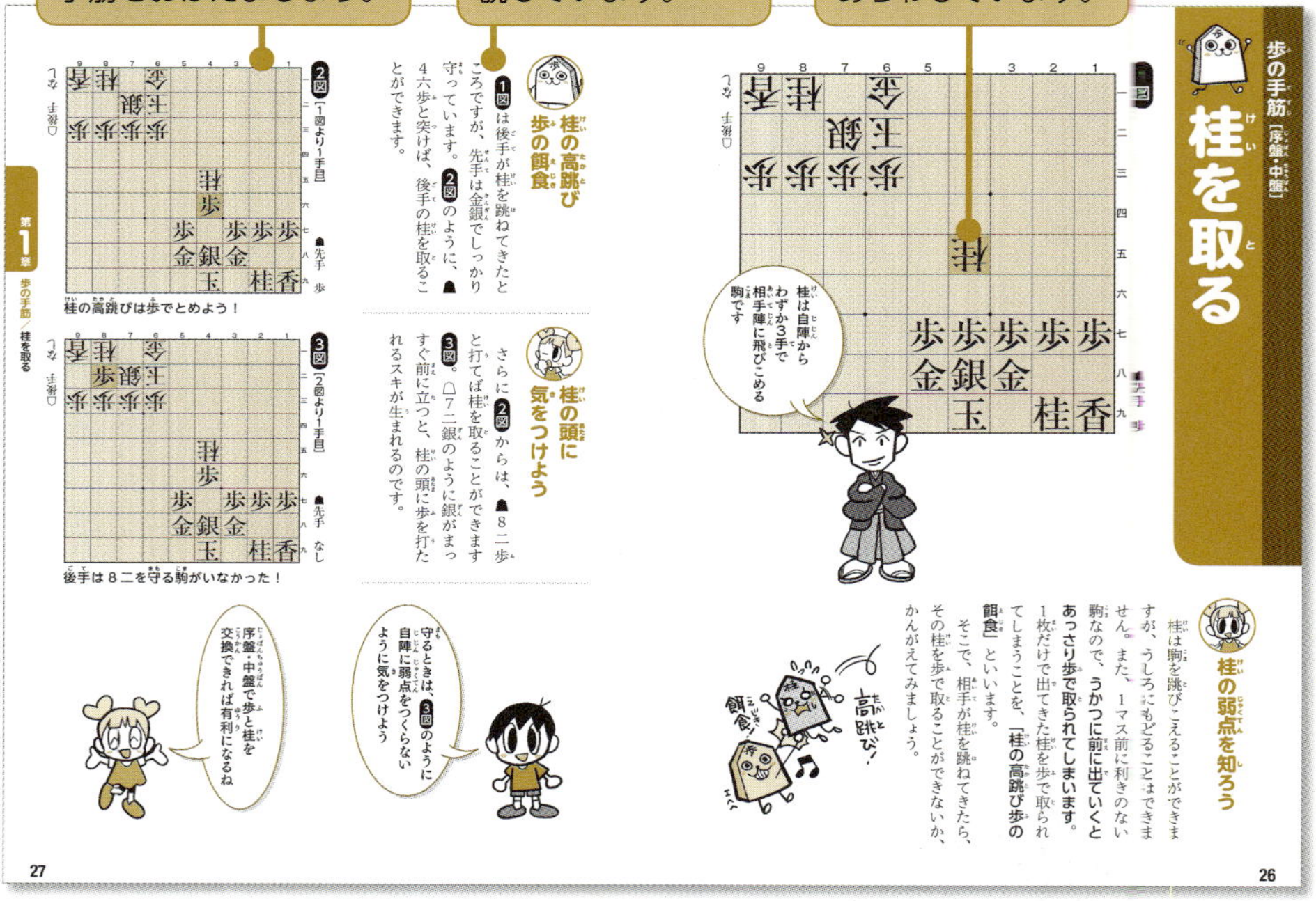
歩の手筋［序盤・中盤］
桂を取る
桂の弱点を知ろう
桂は駒を跳びこえることができますが、うしろにもどることはできません。また、1マス前に利きのない駒なので、うかつに前に出ていくとあっさり歩で取られてしまいます。1枚だけで出てきた桂を歩で取られてしまうことを、「桂の高跳び歩の餌食」といいます。
そこで、相手が桂を跳ねてきたら、その桂を歩で取ることができないか、かんがえてみましょう。
高跳び！
餌食！
桂は自陣からわずか3手で相手陣に飛びこめる駒です
桂の高跳び歩の餌食
1図は後手が桂を跳ねてきたところですが、先手は金銀でしっかり守っています。2図のように、▲4六歩と突けば、後手の桂を取ることができます。
桂の頭に気をつけよう
さらに2図からは、▲8二歩と打てば桂を取ることができます（3図）。△7二銀のように銀がまっすぐ前に立つと、桂の頭に歩を打たれるスキが生まれるのです。
2図［1図より1手目］
桂の高跳びは歩でとめよう！
3図［2図より1手目］
後手は８二を守る駒がいなかった！
守るときは、3図のように自陣に弱点をつくらないように気をつけよう
序盤・中盤で歩と桂を交換できれば有利になるね
27
26

▼チャレンジ問題《もんだい》

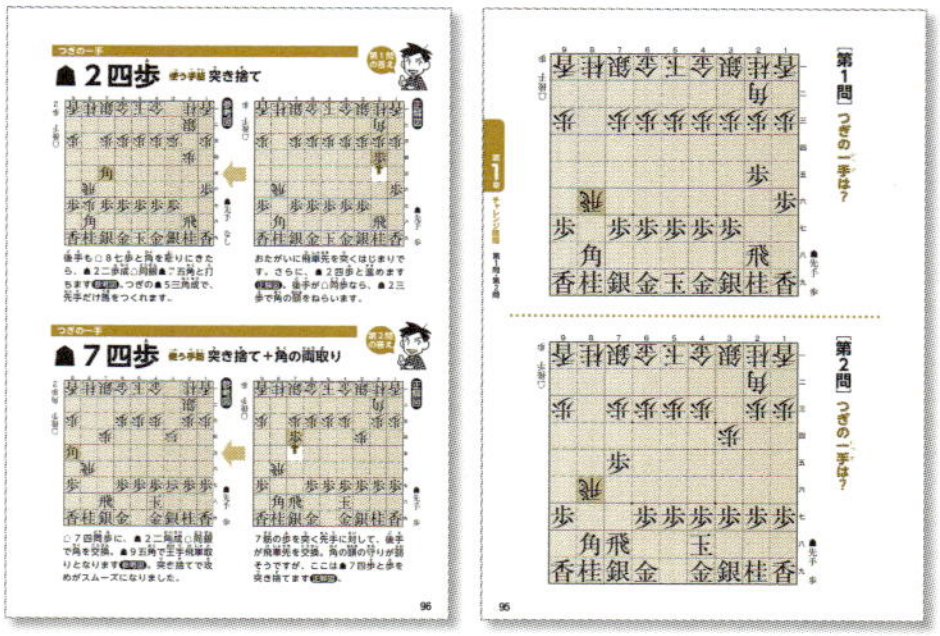
▲２四歩
▲７四歩
第1問 つぎの一手は？
第2問 つぎの一手は？

各章《かくしょう》のさいごにチャレンジ問題《もんだい》があります。学《まな》んできた手筋《てすじ》を使《つか》い、挑戦《ちょうせん》しましょう。

▼練習問題《れんしゅうもんだい》

練習問題《れんしゅうもんだい》は、各駒《かくこま》に２問《もん》ずつあります。ヒントも見《み》てといてみましょう。答《こた》えと解説《かいせつ》は左《ひだり》ページにあります。

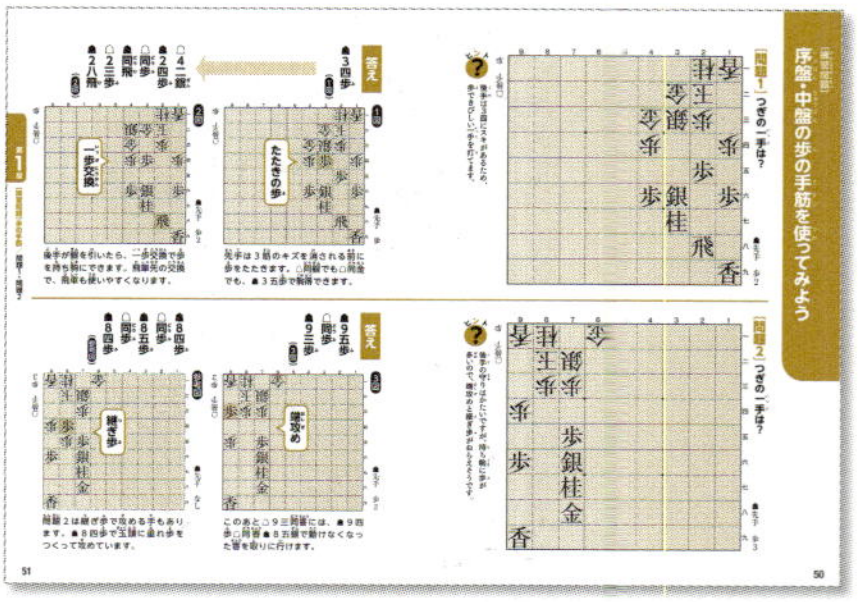
序盤・中盤の歩の手筋を使ってみよう
答え

序章

手筋《てすじ》ってなんだろう？

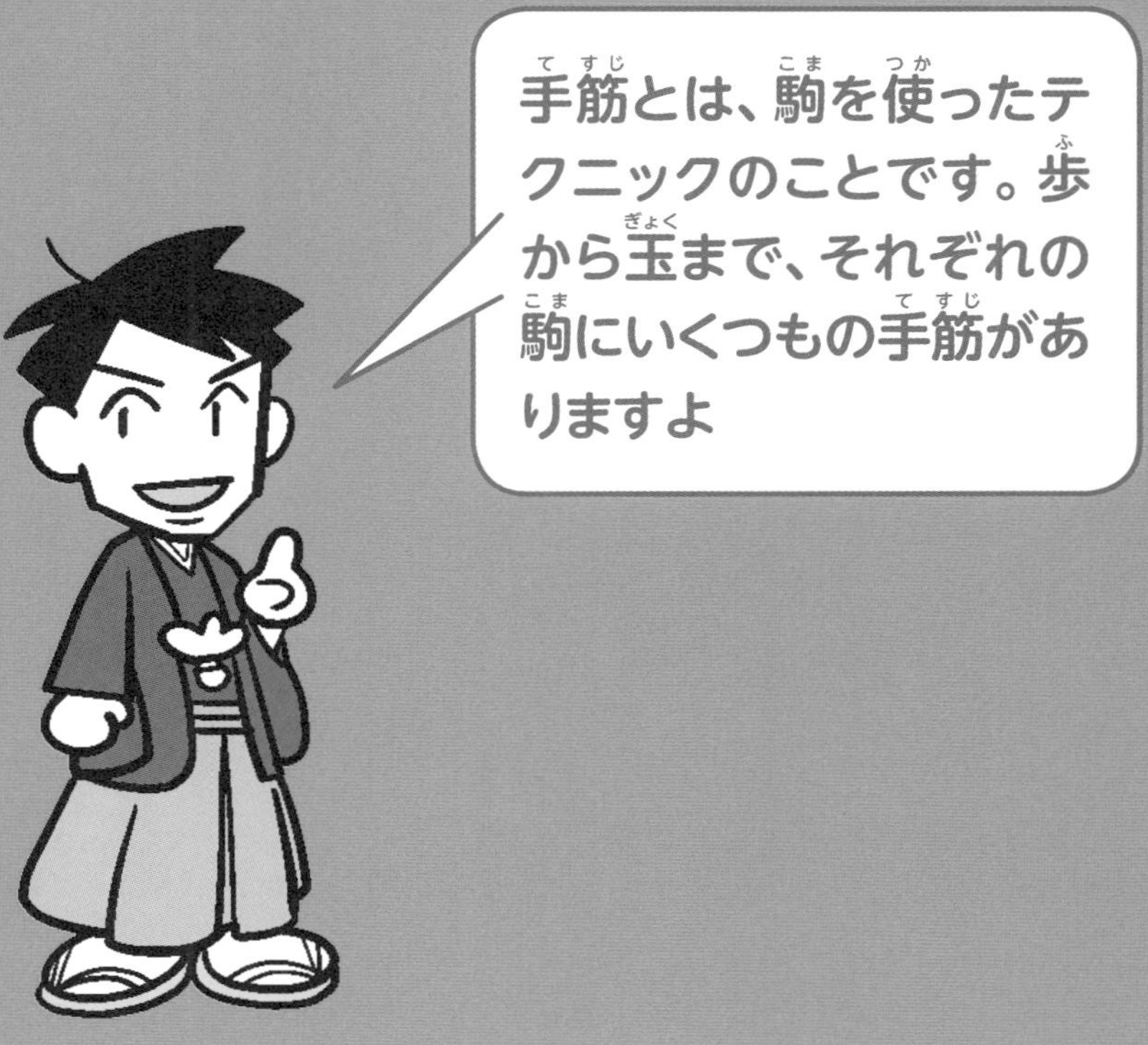
手筋《てすじ》とは、駒《こま》を使《つか》ったテクニックのことです。歩《ふ》から玉《ぎょく》まで、それぞれの駒《こま》にいくつもの手筋《てすじ》がありますよ

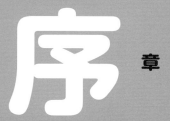

手筋《てすじ》をおぼえると 駒《こま》の使《つか》い方《かた》がじょうずになる！

手筋《てすじ》は実際《じっさい》の対局《たいきょく》でたくさん使《つか》える！

手筋《てすじ》とは、駒《こま》をじょうずに使《つか》うためのテクニックのことです。

一手《いって》でできるかんたんなものから、上級者《じょうきゅうしゃ》向《む》けのものまで、たくさんの手筋《てすじ》があります。

手筋《てすじ》は実際《じっさい》の対局《たいきょく》でよく使《つか》われるため、１つでも多《おお》くおぼえれば、それだけ将棋《しょうぎ》が強《つよ》くなります。

手筋《てすじ》をおぼえて駒《こま》マスターになろう！

駒《こま》は、それぞれに強《つよ》みと弱《よわ》みがあります。**手筋《てすじ》をおぼえると、駒《こま》の強《つよ》みをじょうずに使《つか》い、弱《よわ》みをすくなくするような戦《たたか》い方《かた》ができるようになります。**つまり、手筋《てすじ》をおぼえることで駒《こま》の使《つか》い方《かた》がじょうずになるのです。

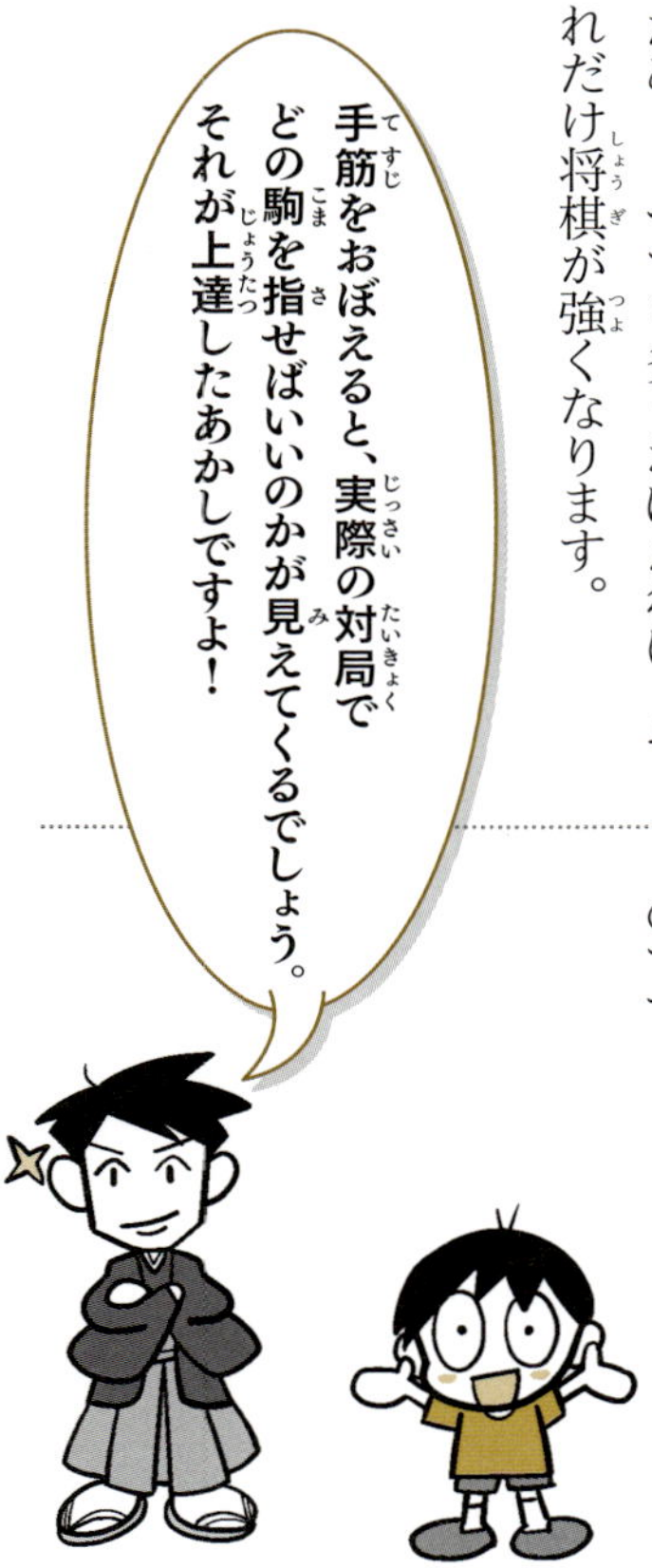
手筋《てすじ》をおぼえると、実際《じっさい》の対局《たいきょく》でどの駒《こま》を指《さ》せばいいのかが見《み》えてくるでしょう。それが上達《じょうたつ》したあかしですよ！

さっそく手筋《てすじ》を見《み》ていこう

後手《ごて》の玉《ぎょく》がおいつめられています。先手《せんて》の番《ばん》だと、一手《いって》で「詰《つ》み」です。

1図

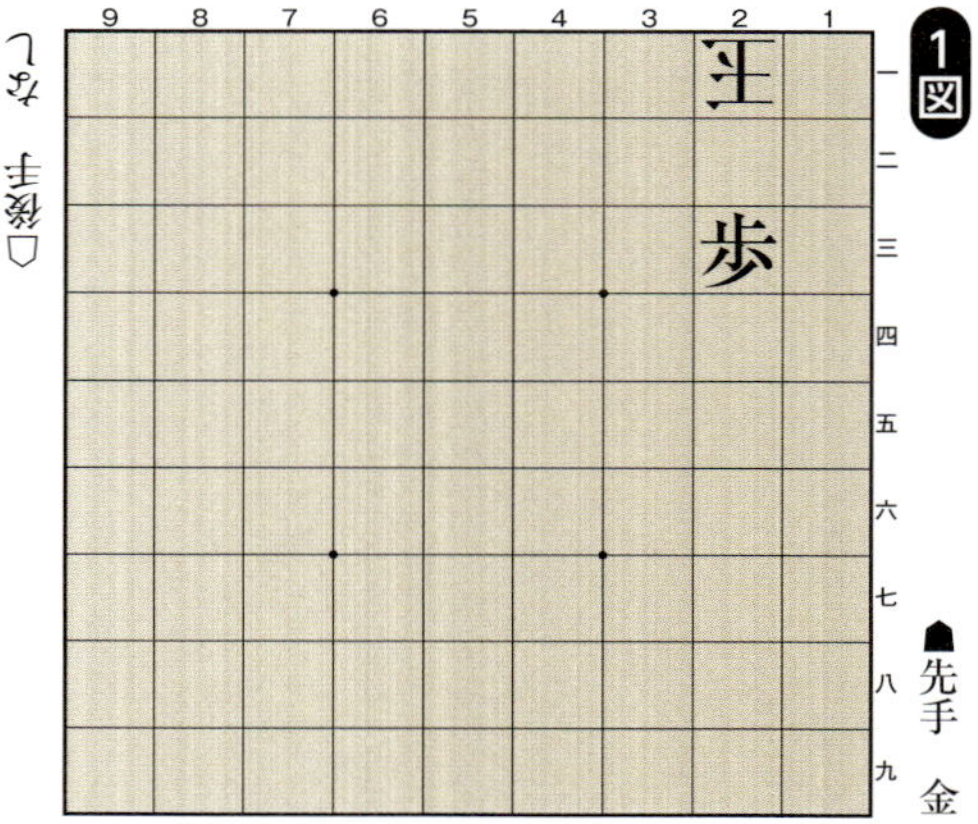
9 8 7 6 5 4 3 2 1
一 二 三 四 五 六 七 八 九
王
歩
▲先手 金
△後手 なし

カギとなるのは持《も》ち駒《ごま》の金《きん》だ。

知《し》っているだけで一手《いって》で詰《つ》みに！

1図では、☗2二金《きん》と玉《ぎょく》の前《まえ》に金《きん》を打《う》てば詰《つ》みです2図。これは頭金《あたまきん》（→170ページ）という手筋《てすじ》で、詰《つ》みの基本《きほん》となる手筋《てすじ》です。

手筋《てすじ》を知《し》っていれば相手《あいて》の手筋《てすじ》をかわせる

頭金《あたまきん》をおぼえていれば、この手《て》を打《う》たれる前《まえ》に玉《ぎょく》を動《うご》かして詰《つ》みをかわすことができます。1図では、☖1二玉《ぎょく》とかわせます3図。

早《はや》にげの手筋《てすじ》で詰《つ》みをさける

ほかには☖3一玉《ぎょく》4図、または☖3二玉《ぎょく》でも詰《つ》みにはなりません。これは、頭金《あたまきん》をかわす「玉《ぎょく》の早《はや》にげ」という手筋《てすじ》です（→210ページ）。

2図【1図より1手目】

☖後手 なし

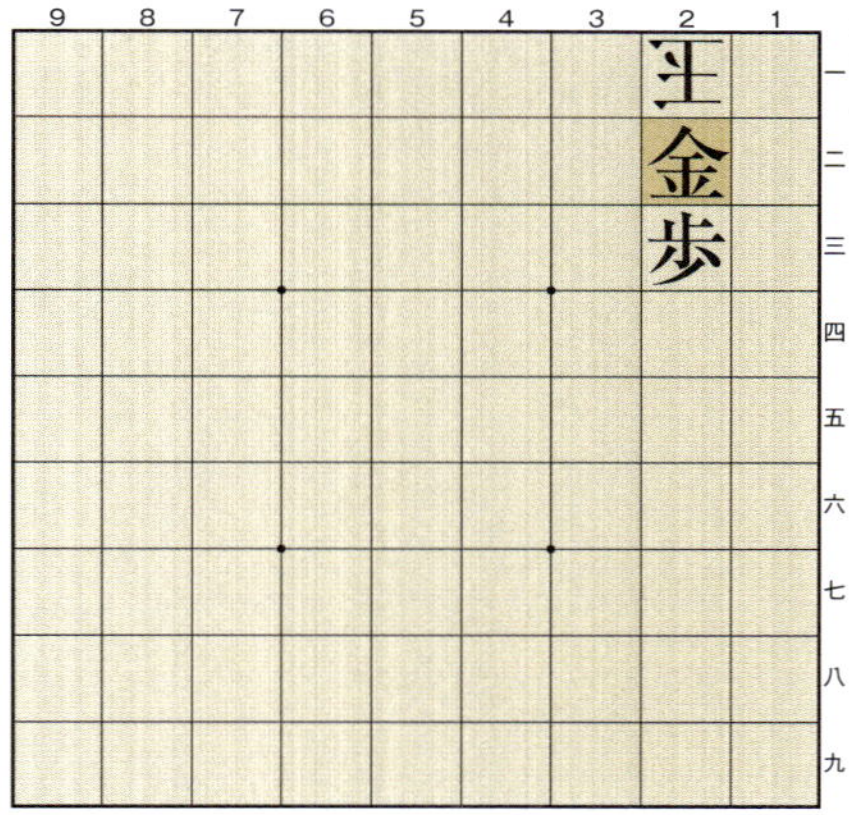

☗先手 なし

頭金《あたまきん》で玉《ぎょく》のにげ道《みち》をなくした。

3図【1図より1手目】

☖後手 なし

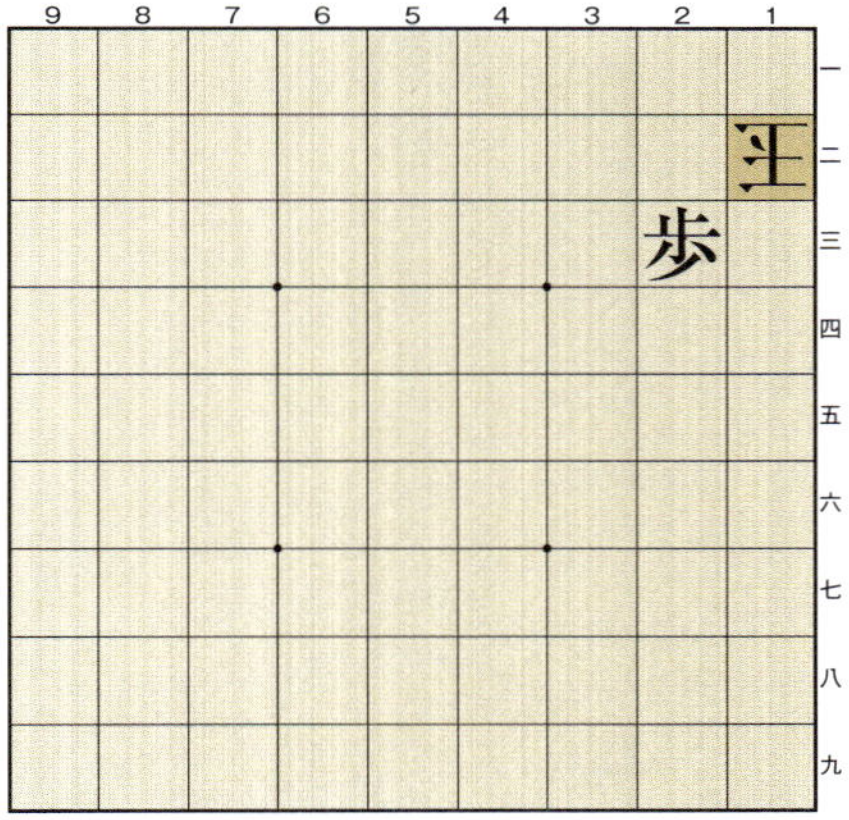

☗先手 金

頭金《あたまきん》を知《し》っているから玉《ぎょく》がにげられる。

4図【1図より1手目】

☖後手 なし

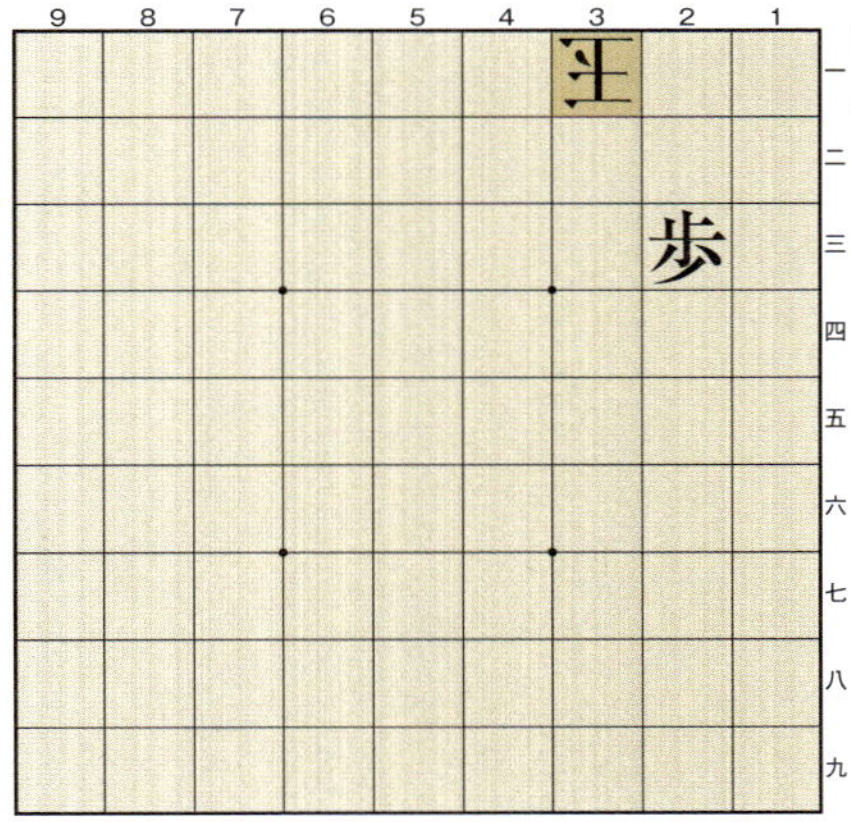

☗先手 金

「玉《ぎょく》の早《はや》にげ」でピンチをのがれた。

手筋《てすじ》をおぼえると 読《よ》みをはぶけるようになる！

はやく正解《せいかい》の手《て》を指《さ》せるようになる

手筋《てすじ》をおぼえると、「読《よ》み」をはぶいて手《て》を指《さ》せるようになります。読《よ》みとは、自分《じぶん》がこう指《さ》したら、相手《あい》がこう指《さ》して……という先《さき》をかんがえることです。読《よ》みをはぶくことで、今《いま》までよりもはやく正解《せいかい》の手《て》を指《さ》せるようになり、さらにべつの読《よ》みに頭《あたま》を使《つか》えるのです。

手筋《てすじ》には、中盤《ちゅうばん》で※駒得《こまどく》できるものや、攻《せ》めや守《まも》りがうまくいくようになるもの、終盤戦《しゅうばんせん》に強《つよ》くなるものなどがたくさんあります。1つでも多《おお》くおぼえて、どんどん使《つか》ってみましょう。

手筋《てすじ》のかたちに持《も》ちこむには？

1図は、頭金《あたまきん》のかたちをつくることで、相手《あいて》の玉《ぎょく》を詰《つ》みにできます。

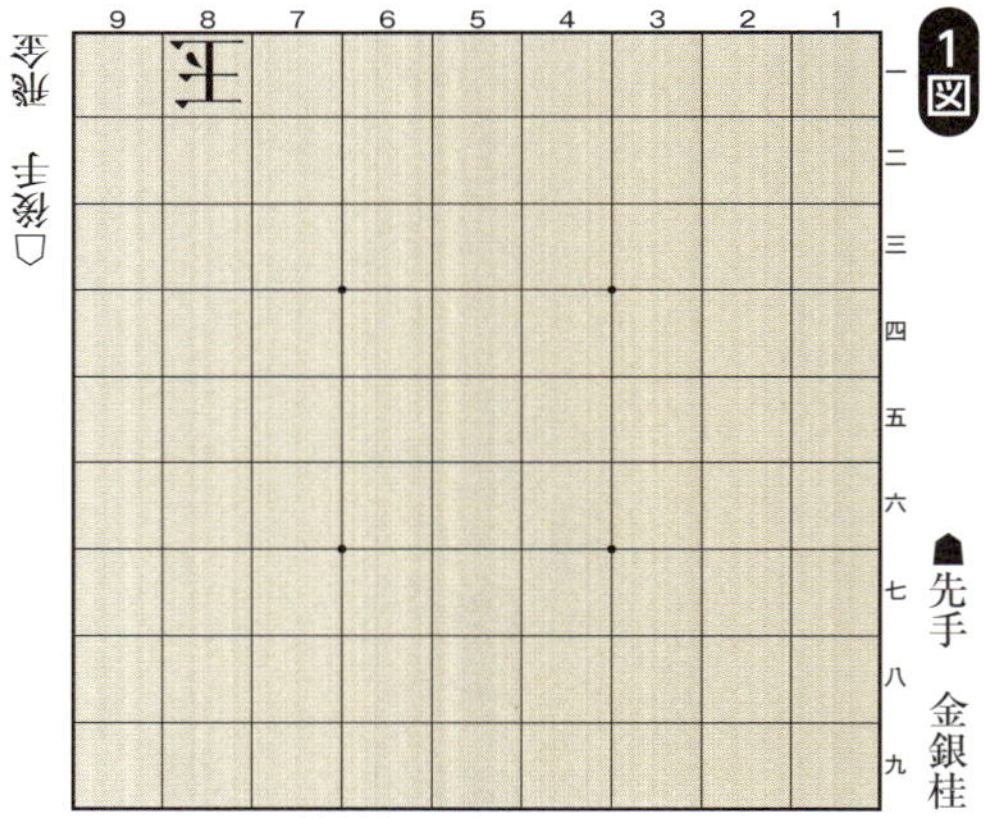

どうしたら頭金《あたまきん》を使《つか》えるかな？

まずは▲8三銀《ぎん》と、玉《ぎょく》の上《うえ》にせまる一手《いって》で玉《ぎょく》をおいつめます2図。

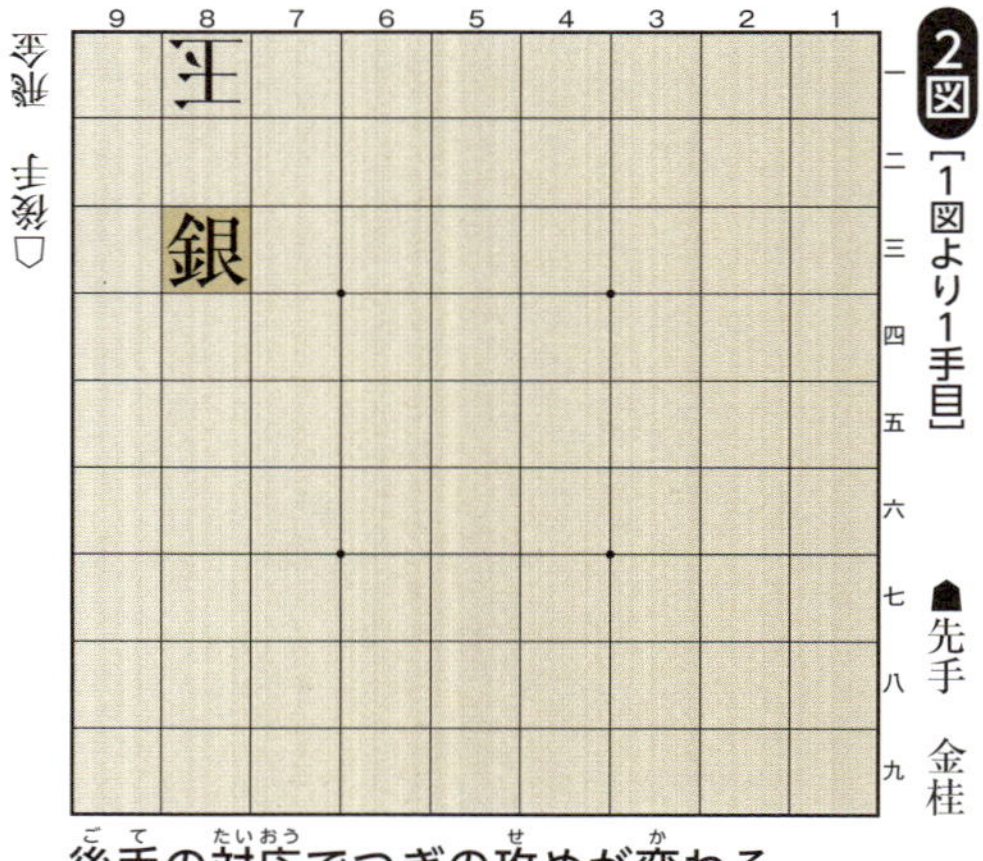

後手《ごて》の対応《たいおう》でつぎの攻《せ》めが変《か》わる。

※駒得《こまどく》とは、相手《あいて》の駒《こま》をタダで取《と》ることや、価値《かち》のひくい駒《こま》で価値《かち》の高《たか》い駒《こま》を取《と》ること。

王手《おうて》で相手《あいて》の動《うご》きをコントロールする

後手《ごて》は☗8二金《きん》という頭金《あたまきん》をさけたいところ。そのため、☖8二金《きん》と受《う》けに強《つよ》い金《きん》を打《う》ちますが、それには☗7三桂《けい》でさらに王手《おうて》です（3図）。

3図【2図より2手目】

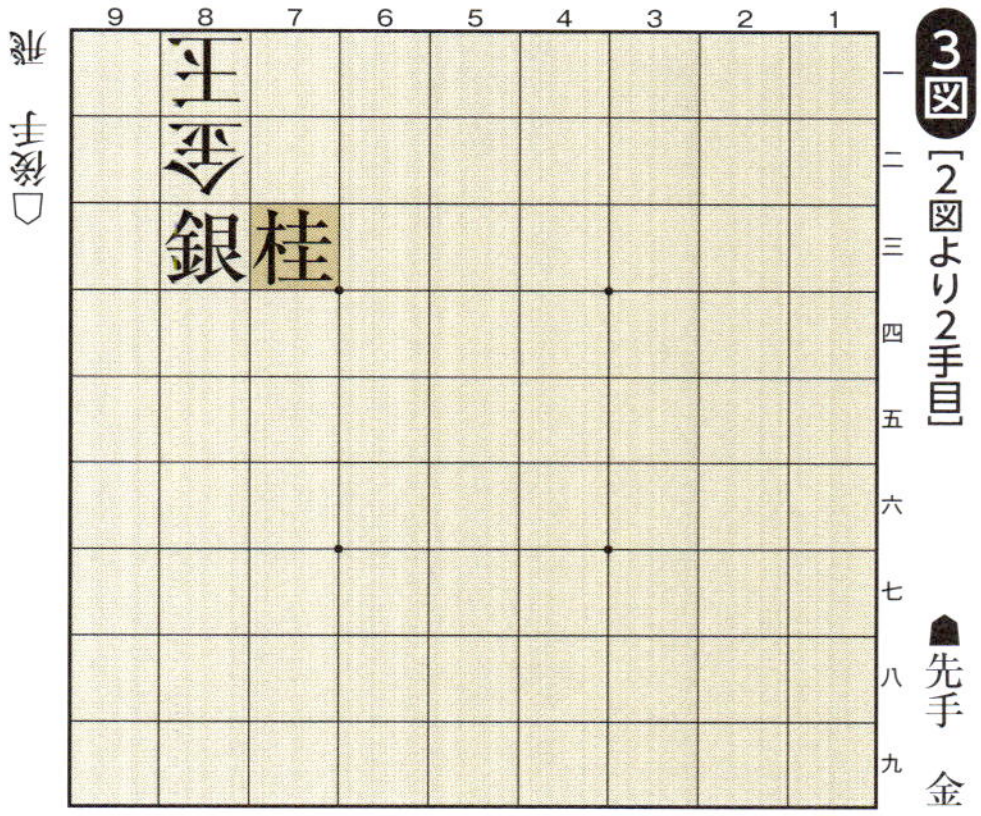
9 8 7 6 5 4 3 2 1
一 二 三 四 五 六 七 八 九
王
金
銀 桂
☗先手 金
☖後手 飛

守《まも》りに強《つよ》い金《きん》でも王手《おうて》をさけられない。

「頭金《あたまきん》」の手筋《てすじ》で玉《ぎょく》のにげ場《ば》はなし！

（2図）で☖6二飛《ひ》のような受《う》けでも、☗7三桂《けい》から詰《つ》みます。（3図）の☗7三桂《けい》に☖同金《どうきん》は、頭《あたま》金《きん》が使《つか》えます。☗8二金《きん》で詰《つ》みです（4図）。ほかにも、☖7一玉《ぎょく》☗6一金《きん》の詰《つ》みなどがあります。

4図【3図より2手目】

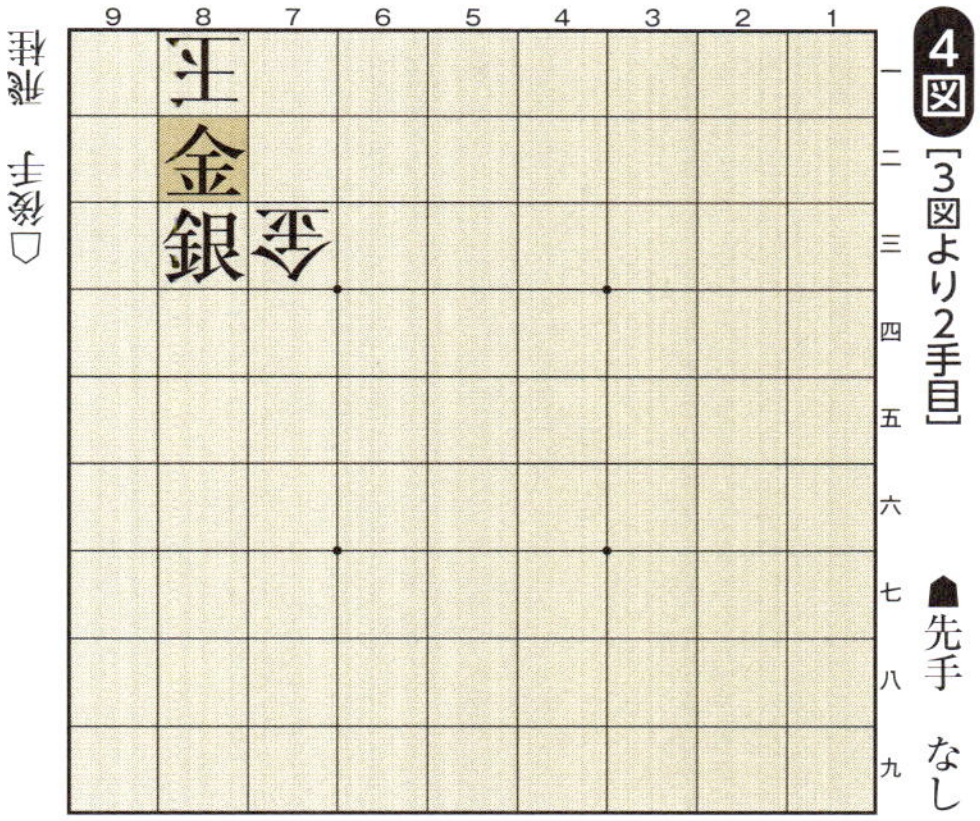
9 8 7 6 5 4 3 2 1
一 二 三 四 五 六 七 八 九
王
金
銀 金
☗先手 なし
☖後手 飛桂

さいごは頭金《あたまきん》で詰《つ》み！

持《も》ち駒《ごま》を活《い》かして玉《ぎょく》を追《お》いつめる

金《きん》と桂《けい》を持《も》っていて、玉《ぎょく》の上《うえ》を銀《ぎん》などでおさえて「頭金《あたまきん》」をすれば勝《か》てるという※寄《よ》せの手筋《てすじ》を見《み》てきました。

この寄《よ》せの手筋《てすじ》を知《し》っていれば、☗8三銀《ぎん》のかたちまでをどのようにつくるか、そこまでを読《よ》めばその先《さき》の読《よ》みをはぶくことができます。これが手筋《てすじ》をおぼえることで身《み》につく力《ちから》の1つです。

手筋《てすじ》を使《つか》えるかたちをつくったらあとはむずかしくかんがえなくても詰《つ》みになるってわかるんだね！

※寄《よ》せとは、終盤《しゅうばん》になって、相手《あいて》の玉《ぎょく》をねらって攻《せ》めること。

手筋《てすじ》をおぼえると守《まも》りが強《つよ》くなる！

手筋《てすじ》を知《し》っていればピンチを脱出《だっしゅつ》できる

1図では、角《かく》の頭《あたま》（前方《ぜんぽう》）が銀《ぎん》に攻《せ》められています。

1図から、△8七銀成《ぎんなり》▲同金《どうきん》△同飛成《どうひなり》となると、後手《ごて》にとっていちばんいい流《なが》れです2図。

1図で後手《ごて》の攻《せ》めをかわす手《て》としては、▲6六角《かく》があります3図。

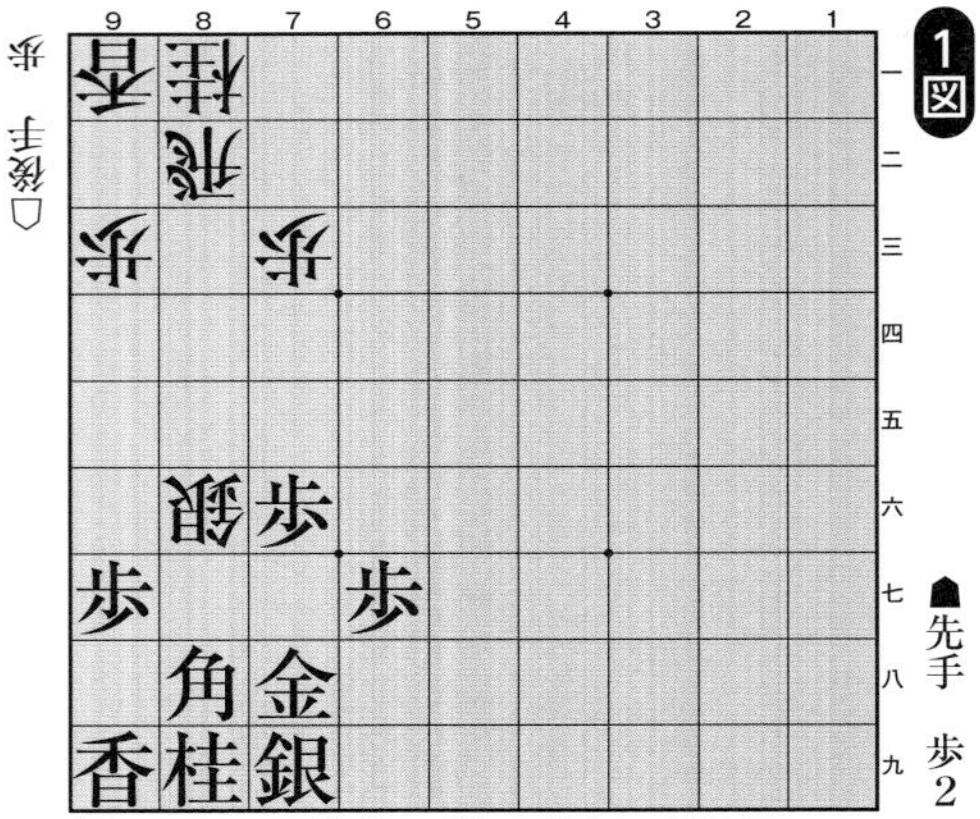
1図
△後手 歩
▲先手 歩2

角《かく》をねらう後手《ごて》の銀《ぎん》と飛車《ひしゃ》に注意《ちゅうい》。

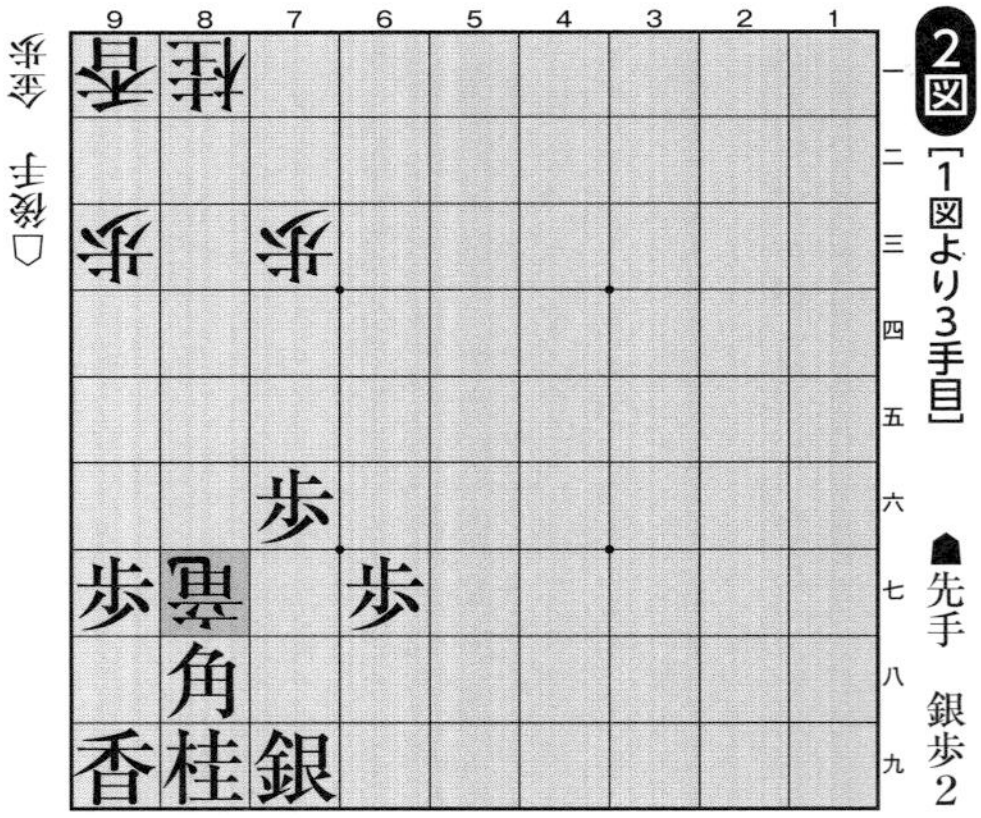
2図【1図より3手目】
△後手 金歩
▲先手 銀歩2

竜《りゅう》までつくられてしまった！

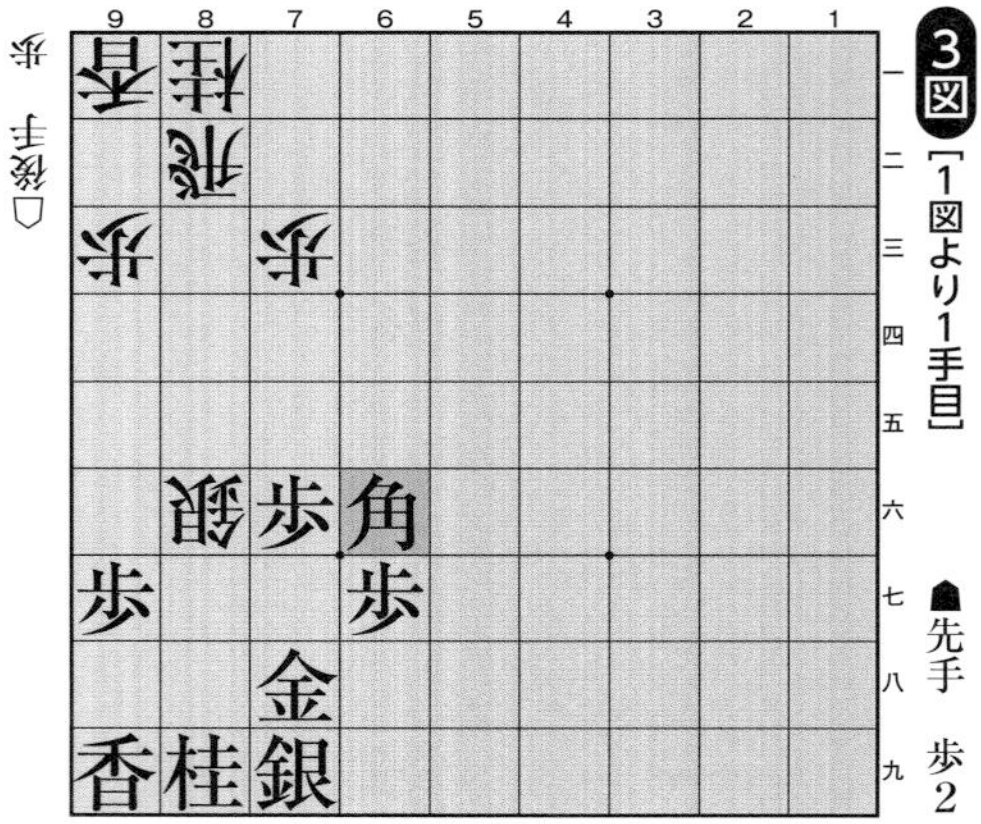
3図【1図より1手目】
△後手 歩
▲先手 歩2

角《かく》がにげれば、取《と》られることはない。

ここで手筋《てすじ》、連打《れんだ》の歩《ふ》!

3図で☖8七銀成《ぎんなり》とされたら、手筋《てすじ》の出番《でばん》。☗8四歩《ふ》と**4図**、飛車《ひしゃ》の前《まえ》に歩《ふ》を連続《れんぞく》で打《う》ちます。このように飛車《ひしゃ》の頭《あたま》につづけて歩《ふ》を打《う》つ手筋《てすじ》を、**「連打《れんだ》の歩《ふ》」**（→46ページ）といいます。

4図【3図より3手目】

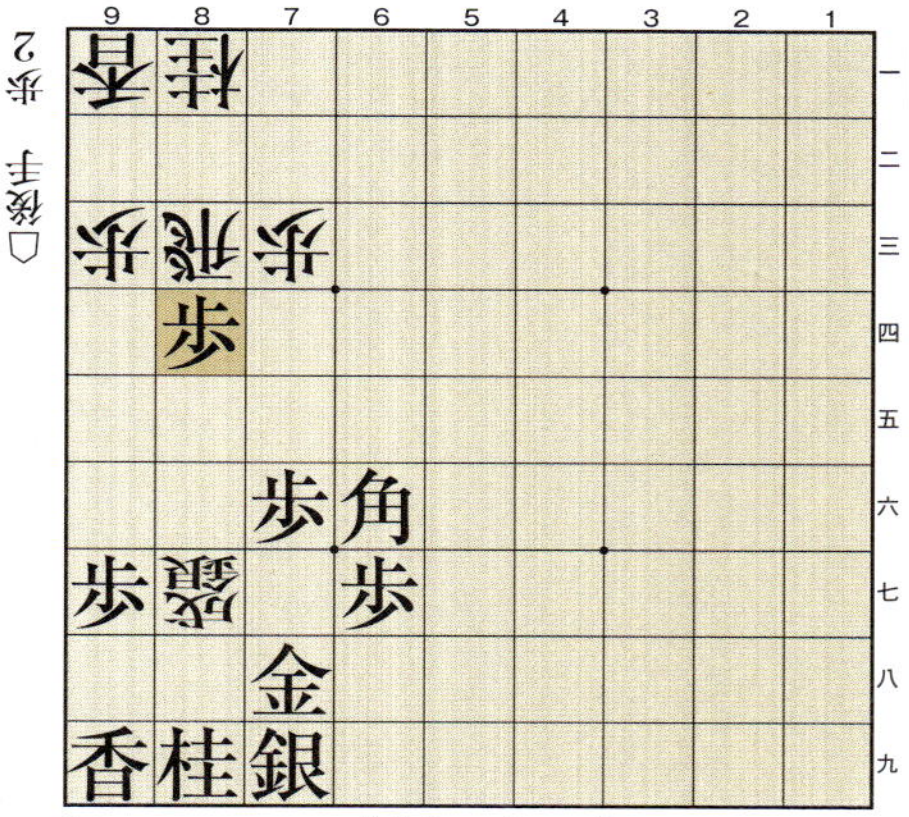
☗先手 なし
☖後手 歩2

角《かく》がいるから飛車《ひしゃ》は歩《ふ》を取《と》れない！

攻《せ》めをとめながら駒得《こまどく》もできる

☗6六の角《かく》が利《き》いているので、**4図**で後手《ごて》が☖8二飛《ひ》と飛車《ひしゃ》を引《ひ》いたら、☗8七金《きん》で銀《ぎん》をタダで取《と》ることができます**5図**。

5図【4図より2手目】

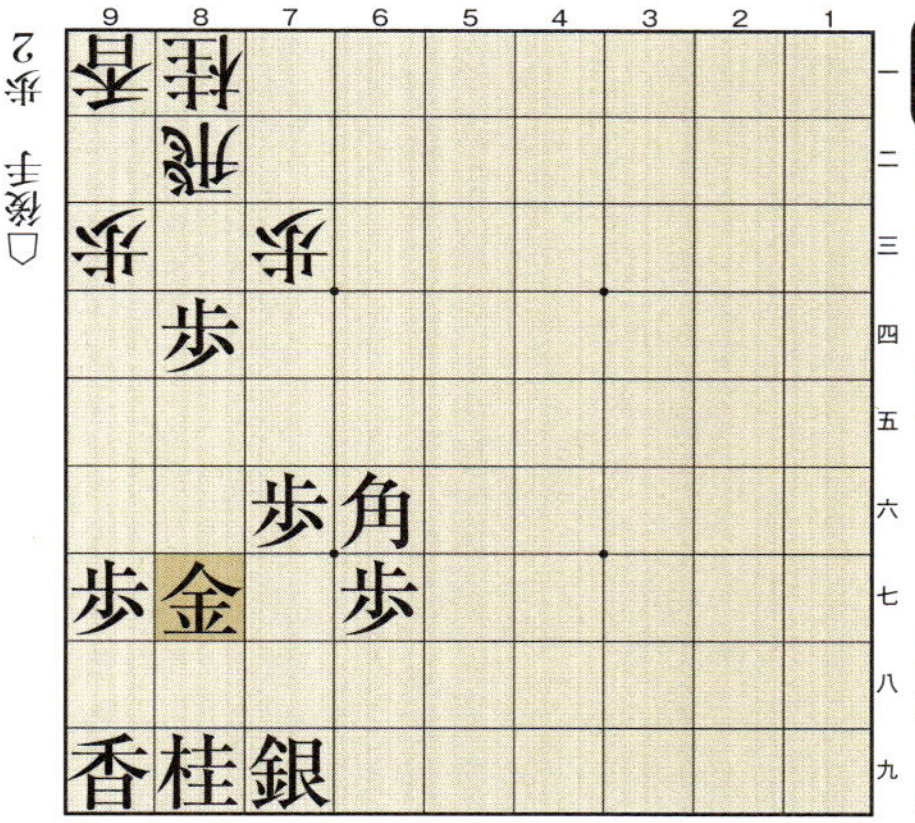
☗先手 銀
☖後手 歩2

銀《ぎん》をゲットし、攻《せ》めをとめた！

手筋《てすじ》を知《し》るほど戦術《せんじゅつ》が深《ふか》くなる

相手《あいて》もこの手筋《てすじ》を知《し》っていれば、☖8七銀成《ぎんなり》と突《つ》っこんでくることはなく、ほかの手《て》を指《さ》してくることでしょう。いずれにしても、**1図**～**2図**のような流《なが》れになることはありません。このように手筋《てすじ》をおぼえておくと、守《まも》りにも強《つよ》くなるのです。

かぎられた駒《こま》で相手《あいて》の強《つよ》い攻《せ》めをはね返《かえ》す……
こんな手筋《てすじ》をくり出《だ》せたら気持《きも》ちいいね！

手筋《てすじ》をおぼえると

かたい囲《かこ》いをくずせるようになる！

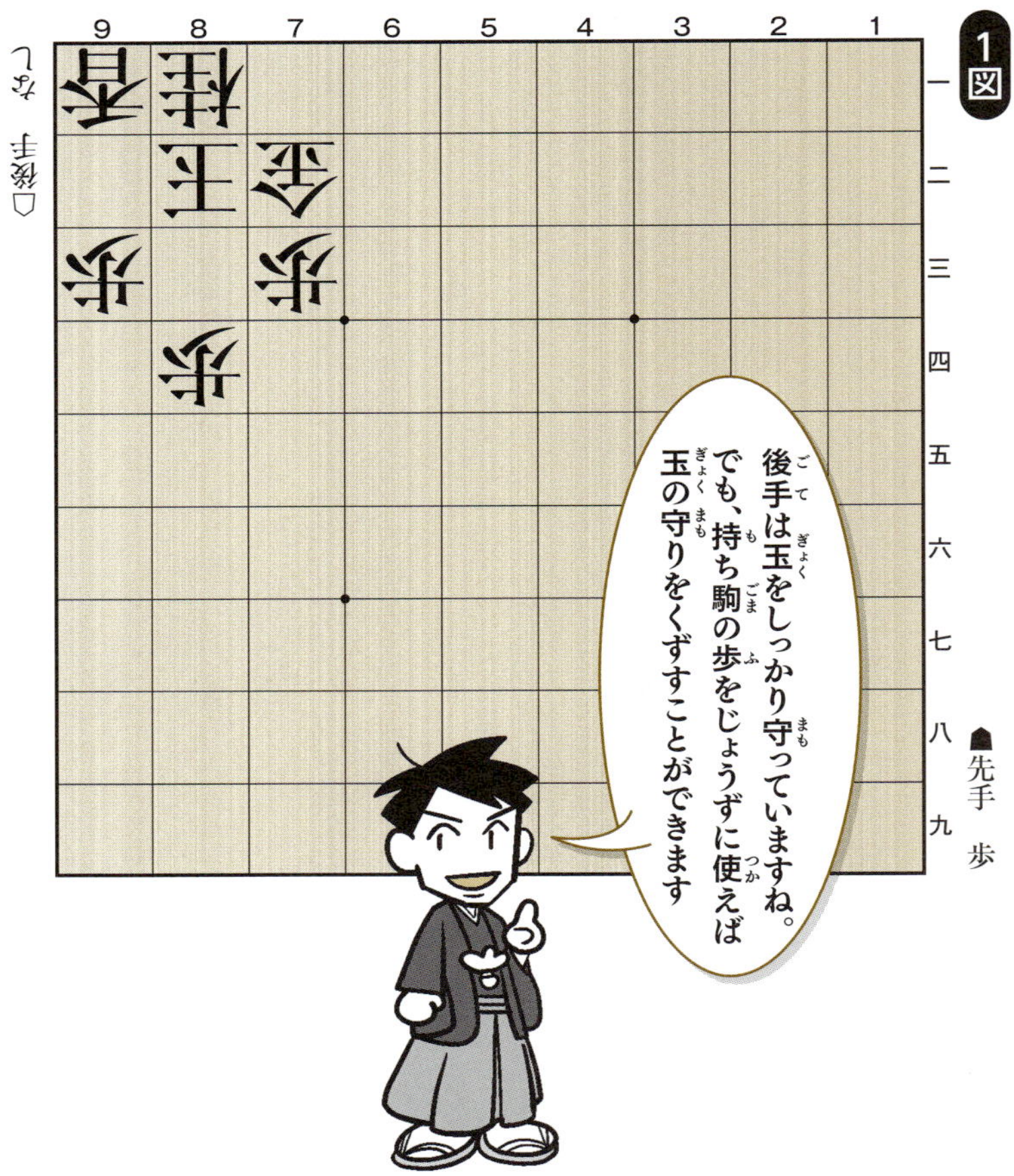

1図
▲先手　歩
△後手　なし
後手《ごて》は玉《ぎょく》をしっかり守《まも》っていますね。
でも、持《も》ち駒《ごま》の歩《ふ》をじょうずに使《つか》えば
玉《ぎょく》の守《まも》りをくずすことができます

すくない駒《こま》で相手《あいて》の囲《かこ》いをくずす

1図では▲8三歩《ふ》と打《う》てば、そのあとの攻《せ》めがスムーズになります。△8三同玉《どうぎょく》なら玉《ぎょく》の位置《いち》をずらし、王手《おうて》をかけやすくなります。さらに8一の桂《けい》も※うき駒《ごま》になります。△8三同金《どうきん》とされても、玉《ぎょく》の横《よこ》があくので、大《おお》きなスキをつくることができます。

▲8三歩《ふ》のように、相手《あいて》の駒《こま》の頭《あたま》に持《も》ち駒《ごま》の歩《ふ》を打《う》つ手筋《てすじ》を、**「たたきの歩《ふ》」**といいます（→40ページ）。

※うき駒《ごま》とは、味方《みかた》の駒《こま》の利《き》きがなく、その駒《こま》を取《と》られても取《と》り返《かえ》せないマス目《め》にいる駒《こま》のこと。

かんがえないで攻《せ》めるとかわされる

こんどは2図を見《み》てください。桂《けい》を取《と》りに☗8二歩《ふ》を打《う》ってみたくなりますが、☖9三桂《けい》とにげられてしまいます。

手筋《てすじ》を使《つか》って攻《せ》めてみよう

2図では、直接桂《ちょくせつけい》の前《まえ》には打《う》たず☗8三歩《ふ》と打《う》ちます3図。桂取《けいと》りではありませんが、つぎに☗8二歩成《ふなり》と、と金《きん》をつくって駒得《こまどく》をねらいます。これは「垂《た》れ歩《ふ》」（→44ページ）という手筋《てすじ》です。

ちょっとした工夫《くふう》でリードをつかむ！

後手《ごて》は☖8三同銀《どうぎん》と取《と》りますが、そこで☗8二歩《ふ》と歩《ふ》を打《う》つのがよいタイミングです4図。

2図

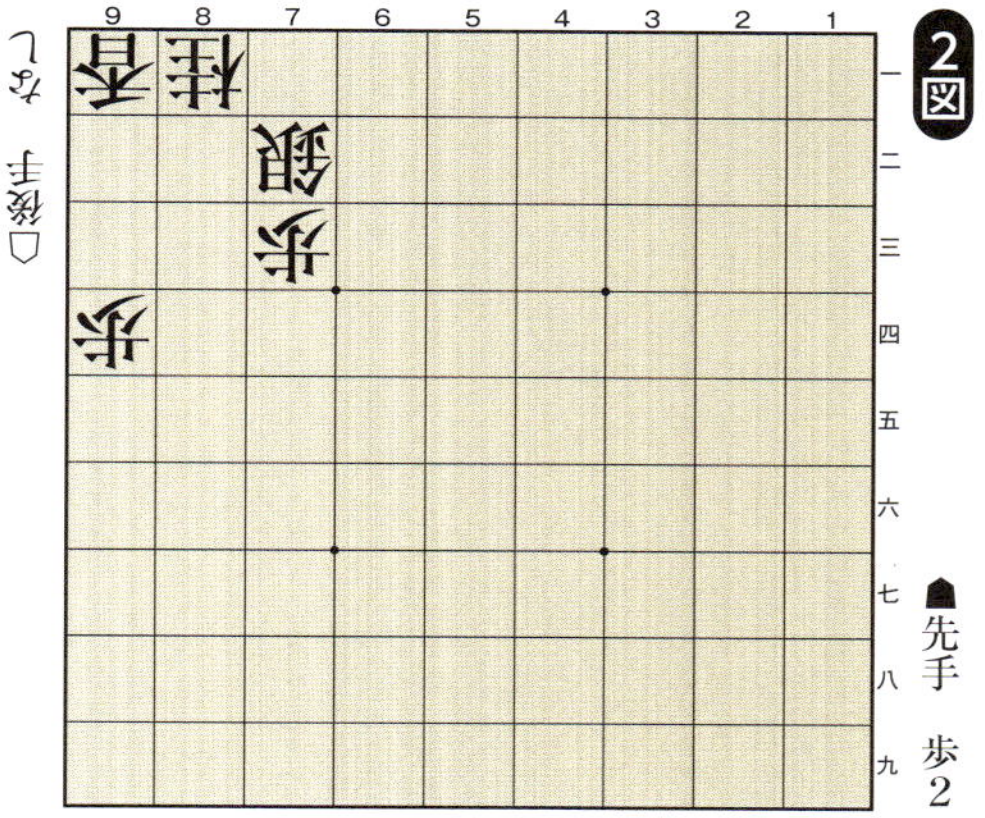

☗8二歩《ふ》はすぐにかわされてしまう。

3図 [2図より1手目]

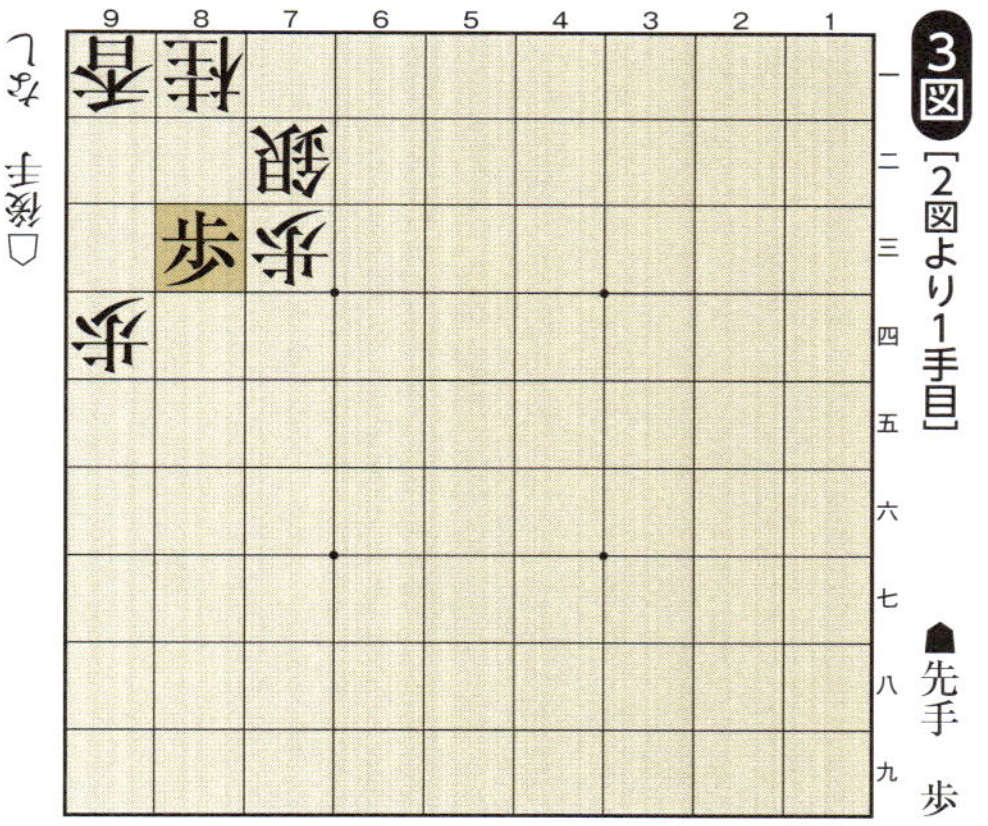

つぎにと金《きん》をつくるねらいの手筋《てすじ》だ。

4図 [3図より2手目]

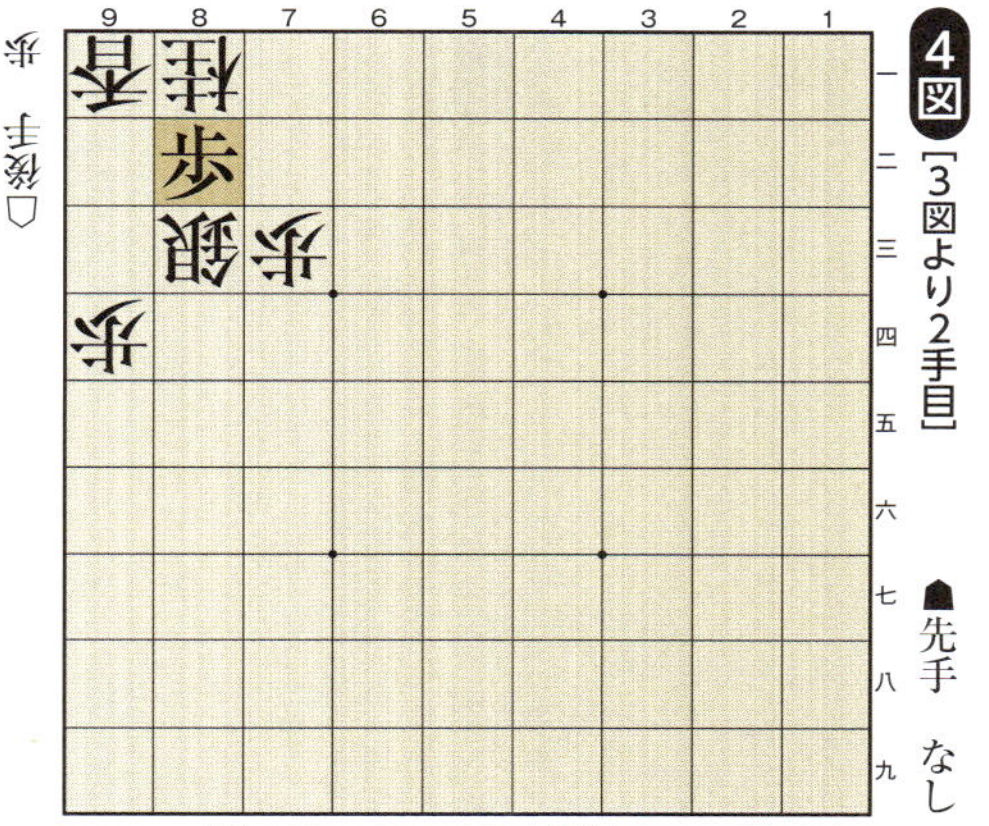

☖9三桂《けい》とにげても、と金《きん》をつくれる。

囲《かこ》いをくずす手《て》筋《すじ》もある

相手《あいて》の囲《かこ》いくずしにも、多《おお》くの手《て》筋《すじ》があります。5図では多《おお》くの攻《せ》める方法《ほうほう》がありますが、その1つは9筋《すじ》からの**「端攻《はしぜ》め」**（→48ページ）です。

5図

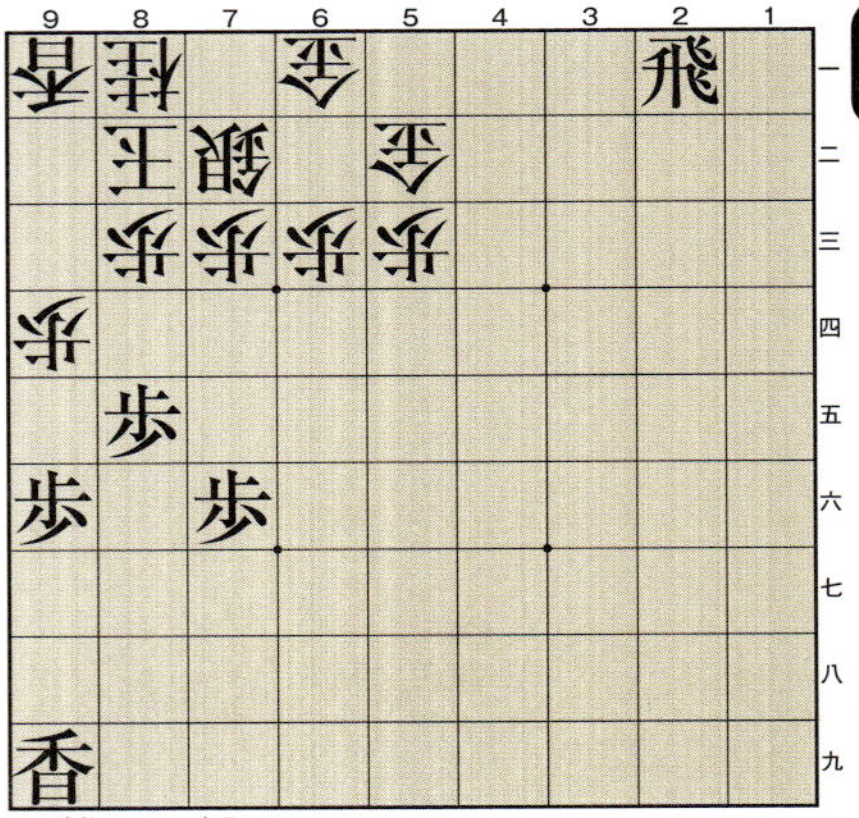

後手☖ 歩

☗先手 桂香歩2

9筋《すじ》から囲《かこ》いをくずしていこう。

歩《ふ》の連打《れんだ》で9筋《すじ》にスキをつくる

5図から、☗9五歩《ふ》☖同歩《どうふ》☗9三歩《ふ》☖同香《どうきょう》☗9四歩《ふ》と、ひたすら端《はし》を攻《せ》めます6図。

6図［5図より5手目］

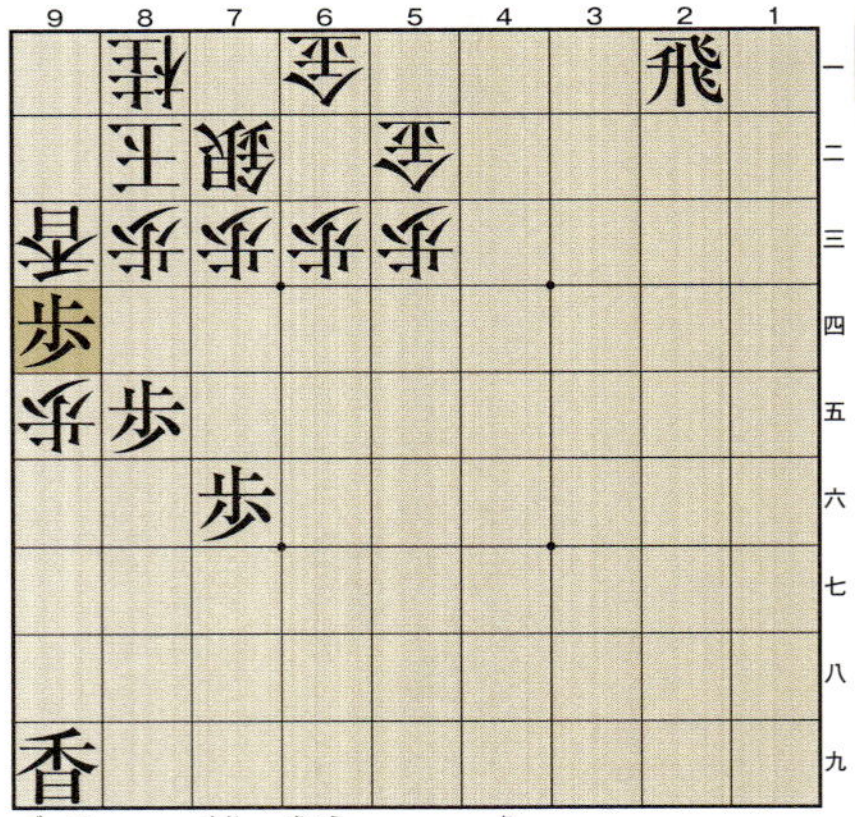

後手☖ 歩3

☗先手 桂香

後手《ごて》の9筋《すじ》の香《きょう》をつり上《あ》げた。

ここで桂《けい》が香《きょう》をねらう

さらに☖9四同香《どうきょう》と香《きょう》を前進《ぜんしん》させてから、☗8六桂《けい》で香《きょう》取《と》りです7図。かたい玉《ぎょく》の7筋側《すじがわ》をさけて、9筋《すじ》から寄《よ》せに入《はい》れそうです。

7図［6図より2手目］

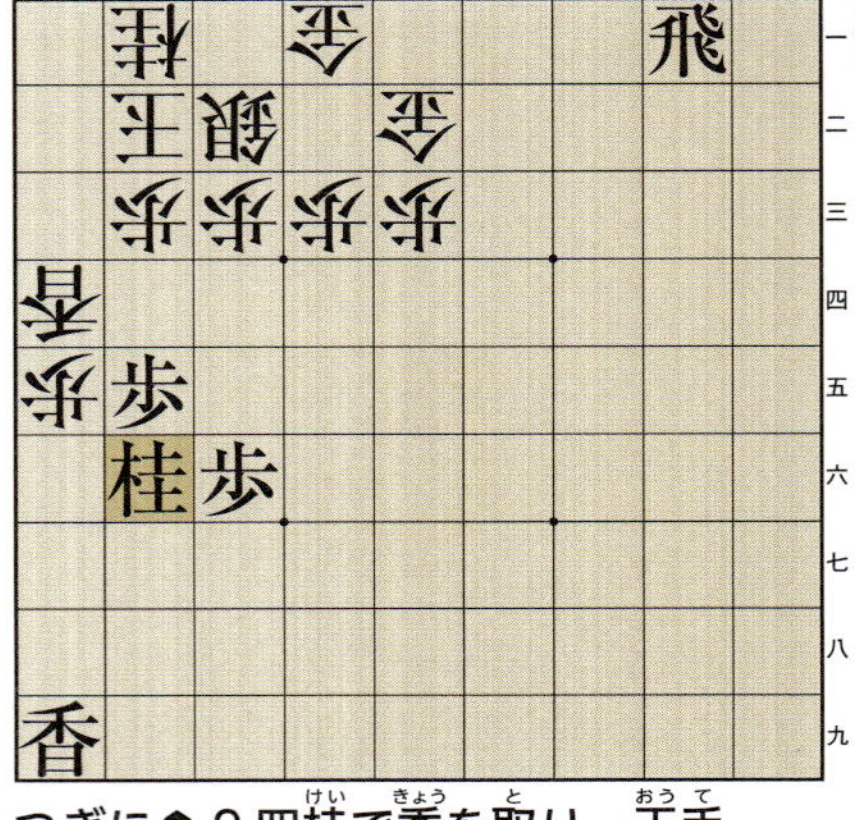

後手☖ 歩4

☗先手 香

つぎに☗9四桂《けい》で香《きょう》を取《と》り、王手《おうて》。

第1章

序盤《じょばん》・中盤《ちゅうばん》の手筋《てすじ》を学《まな》ぼう!

序盤《じょばん》・中盤《ちゅうばん》の手筋《てすじ》を見《み》ていきましょう。基本《きほん》となる攻《せ》めの手筋《てすじ》や、全体《ぜんたい》の駒《こま》をスムーズに動《うご》かせる手筋《てすじ》など、たくさんの種類《しゅるい》があります

序盤《じょばん》・中盤《ちゅうばん》の歩《ふ》

相手《あいて》の歩《ふ》とぶつかったら取《と》る！

たとえ歩《ふ》1枚《まい》でも損《そん》はしたくない！

序盤《じょばん》・中盤《ちゅうばん》の歩《ふ》の使《つか》い方《かた》で大切《たいせつ》なのは、つぎの2つです。

①歩《ふ》が相手《あいて》の駒《こま》とぶつかったら取《と》る。
②歩《ふ》がなくなって攻《せ》められそうなマス目《め》は歩《ふ》を打《う》って守《まも》る。

①について、歩《ふ》がぶつかったらまずは取《と》ることをかんがえましょう。歩《ふ》がぶつかったときに取《と》らないと歩《ふ》を損《そん》して、攻《せ》めこまれやすくなります。序盤《じょばん》・中盤《ちゅうばん》において、駒《こま》の損得《そんとく》はとても大《おお》きいので、たとえ歩《ふ》1枚《まい》でも損《そん》はしたくないところです。

②は**「キズを消《け》す」**といわれます。守《まも》りの歩《ふ》は体《からだ》でいえば皮膚《ひふ》のようなもの。皮膚《ひふ》がないところからはバイ菌《きん》が入《はい》りやすいので、バンソウコウを貼《は》ってキズをふさぎましょう、ということです。

歩《ふ》はさいしょにぶつかることが多《おお》い駒《こま》です。「取《と》る」「キズを消《け》す」という基本《きほん》をしっかり身《み》につけましょう。

歩《ふ》がぶつかったら取《と》る、とは？

では、1図を見《み》てください。おたがいが飛車先《ひしゃさき》の歩《ふ》を突《つ》き、駒組《こまぐ》みを進《すす》め、☗2四歩《ふ》とぶつけたところです。

駒組《こまぐ》みとは、攻《せ》めと守《まも》りの陣形《じんけい》をつくることです。玉《ぎょく》の囲《かこ》い（↓90ページ）や、振《ふ》り飛車《びしゃ》や居飛車《いびしゃ》などのかたちをつくることも駒組《こまぐ》みの1つです。

1図

☗先手 なし

☖後手 なし

歩《ふ》が相手《あいて》の駒《こま》とぶつかった。どうする？

ほうっておかれたらどうなる?

1図で、△6二金《きん》など、ほかの手《て》を指《さ》すと、▲2三歩成《ふなり》でと金《きん》をつくることができます2図。

2図【1図より2手目】

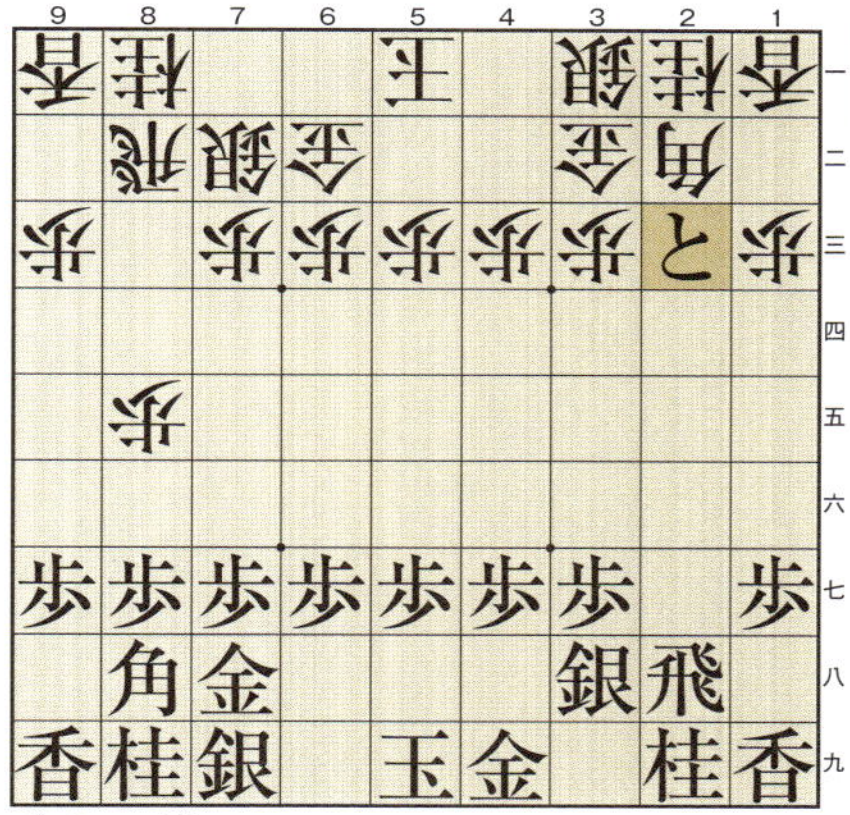

▲先手 歩　△後手 なし

後手《ごて》は大《おお》きなマイナスだ。

ぶつかったらまよわず取《と》る!

1図では、△同歩《どうふ》とまよわず歩《ふ》を取《と》ります。これが「①歩《ふ》がぶつかったら取《と》る」です3図。

3図【1図より1手目】

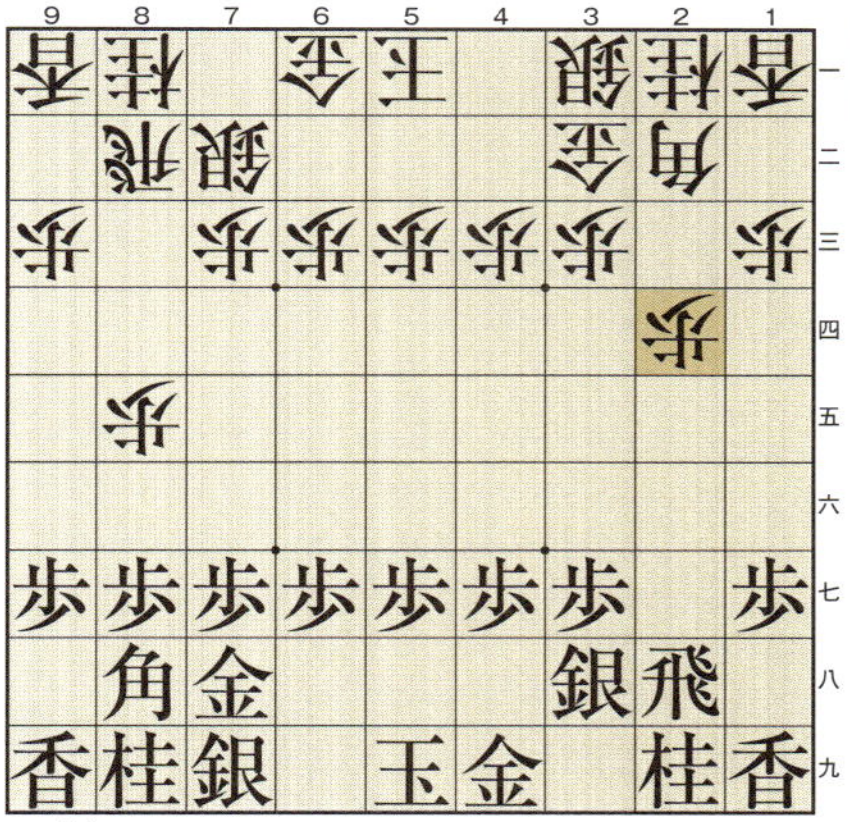

▲先手 なし　△後手 歩

と金《きん》をつくられずにすんだ!

キズを消《け》すってなんだろう?

3図から▲2四同飛《どうひ》に、△2三歩《ふ》と2三のマス目《め》をうめたところです4図。▲2四同飛《どうひ》をほうっておくと、▲2三歩《ふ》で角《かく》を取《と》られてしまうので、歩《ふ》を打《う》って角《かく》の頭《あたま》を守《まも》りました。

4図【3図より2手目】

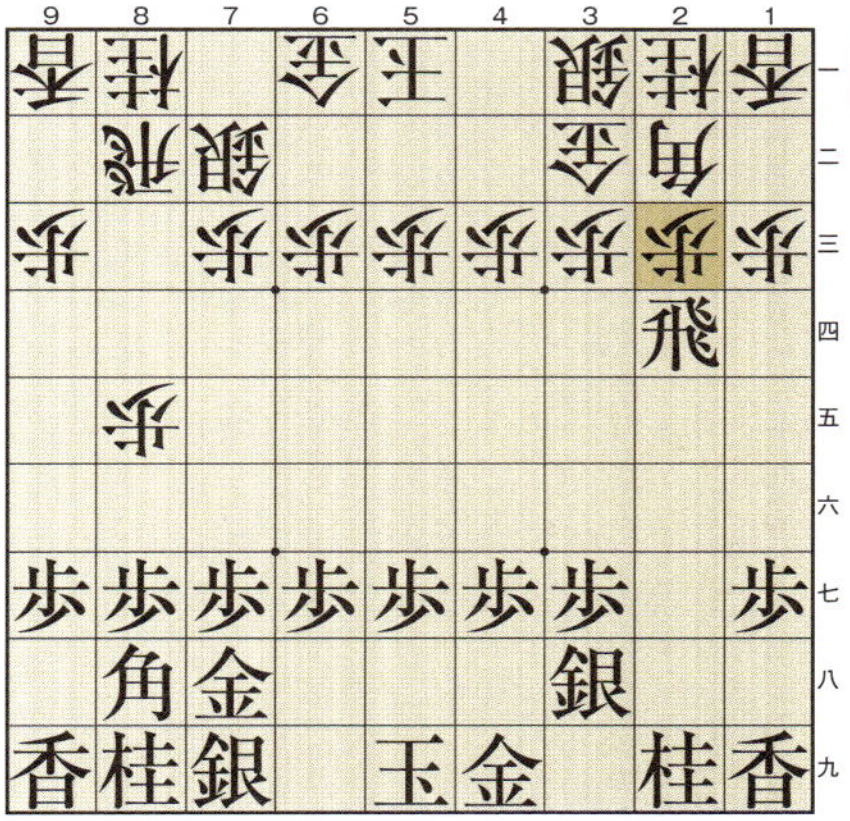

▲先手 歩　△後手 なし

△2三歩《ふ》が「キズを消《け》す」歩《ふ》の使《つか》い方《かた》だ。

一歩交換《いっぷこうかん》

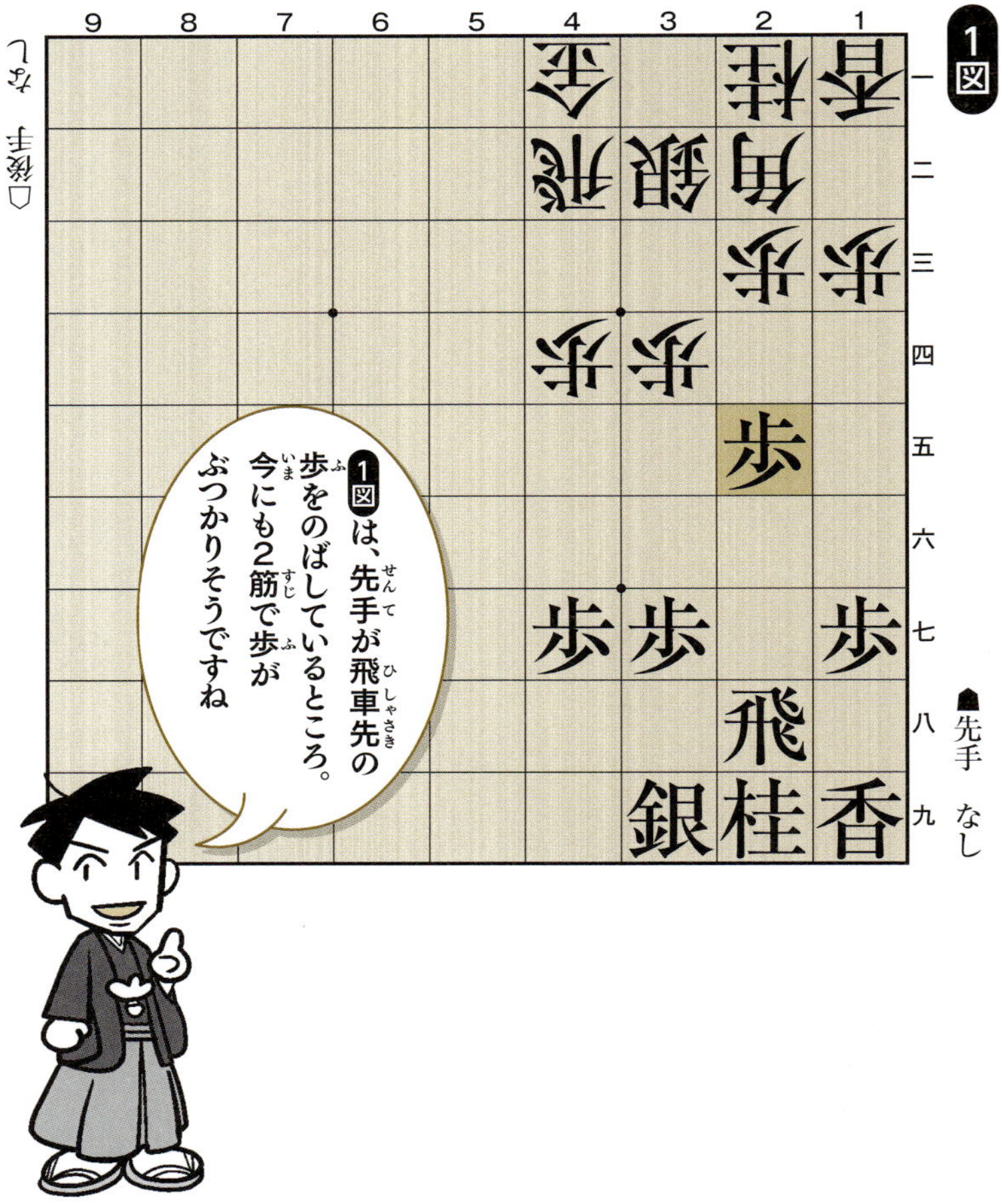
1図
後手 なし
先手 なし
1図は、先手《せんて》が飛車先《ひしゃさき》の歩《ふ》をのばしているところ。今《いま》にも2筋《すじ》で歩《ふ》がぶつかりそうですね

一歩交換《いっぷこうかん》の3つのメリット

一歩交換《いっぷこうかん》とは、おたがいの歩《ふ》をぶつけて、歩《ふ》を持《も》ち駒《ごま》にする手筋《てすじ》です。とくに飛車先《ひしゃさき》の歩《ふ》を交換《こうかん》するときに効果《こうか》があります。

一歩交換《いっぷこうかん》には大《おお》きく分《わ》けて、3つのポイントがあります。

①歩《ふ》を持《も》ち駒《ごま》にできる。

②駒《こま》の運《はこ》びがスムーズになる。（歩《ふ》を交換《こうかん》することで、駒《こま》を前進《ぜんしん》させやすくなる。）

③飛車先《ひしゃさき》が相手《あいて》の陣地《じんち》である一《いち》〜三《さん》段《だん》（後手《ごて》の場合《ばあい》は七《なな》〜九段《くだん》）にとどくようになる。

これら3つの効果《こうか》を学《まな》んでいきましょう。

攻《せ》めるチャンスをねらおう

1図で後手《ごて》は、△3三角《かく》と上《あ》がると、一歩交換《いっぷこうかん》をふせぐことができます2図。その手《て》を指《さ》さなかった場合《ばあい》には、先手《せんて》のチャンスです。

2図【1図より1手目】

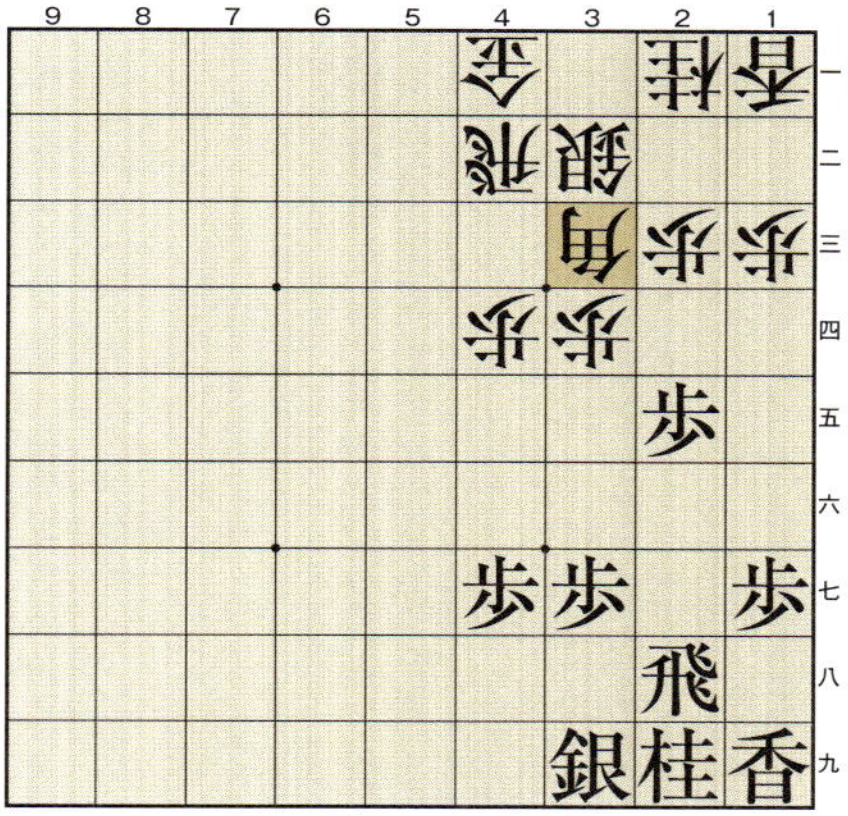

▲先手 なし

△後手 なし

これでは▲2四歩《ふ》とぶつけられない。

相手《あいて》が角《かく》を上《あ》がらなかったら?

1図から▲2四歩《ふ》と歩《ふ》をぶつけ、△同歩《どうふ》と取《と》られたら、▲同飛《どうひ》と取《と》り返《かえ》します3図。

3図【1図より3手目】

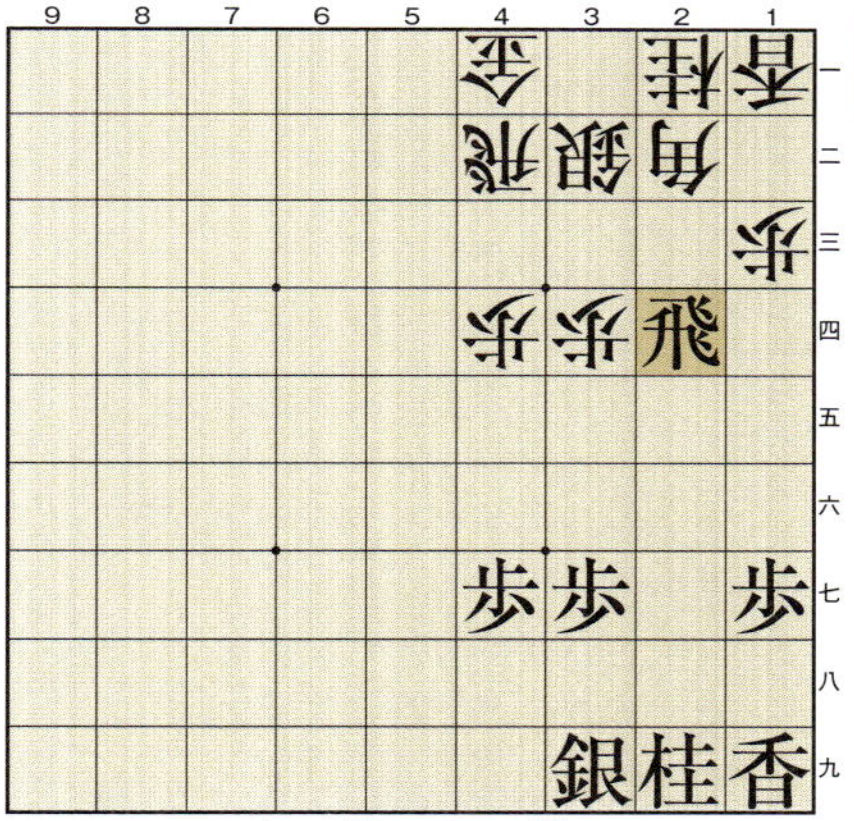

▲先手 歩

△後手 歩

おたがいが歩《ふ》1枚《まい》を持《も》ち駒《ごま》にした。

一歩交換《いっぷこうかん》がとおって順調《じゅんちょう》な攻《せ》めができる

3図で、後手《ごて》がキズを消《け》すために△2三歩《ふ》としたら、▲2八飛《ひ》と引《ひ》きます4図。飛車《ひしゃ》のいる2筋《すじ》で歩《ふ》を交換《こうかん》したことで、飛車《ひしゃ》の利《き》きが相《あい》手《て》の陣地《じんち》にとどくようになり、さらに、歩《ふ》を持《も》ち駒《ごま》にできました。

4図【3図より2手目】

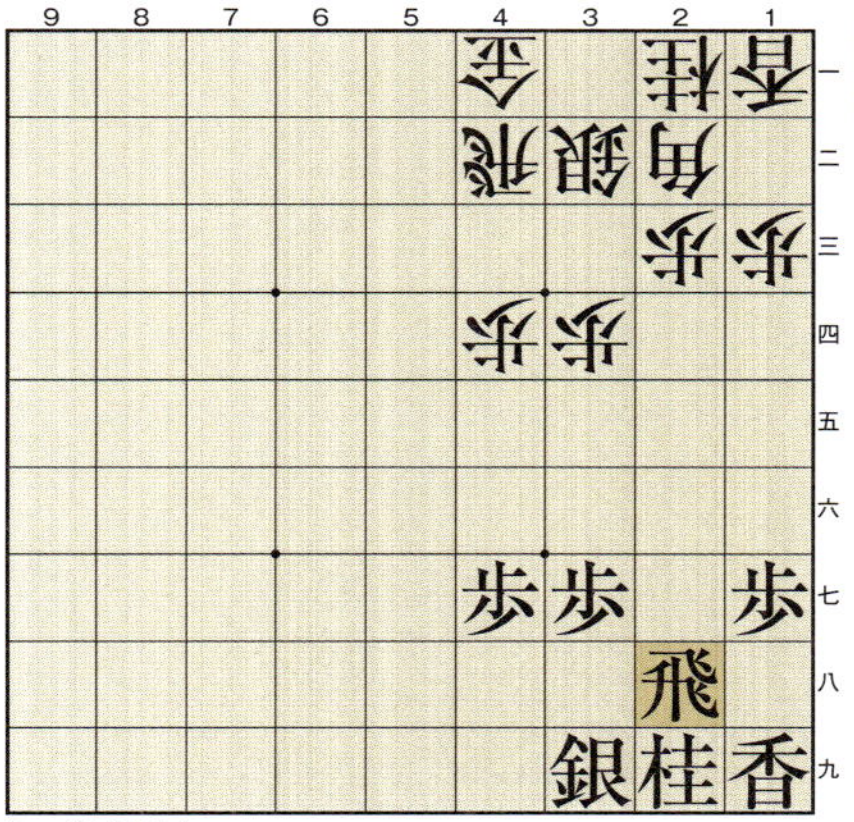

▲先手 歩

△後手 なし

一歩交換《いっぷこうかん》がうまくいった!

歩《ふ》の手筋《てすじ》［序盤《じょばん》・中盤《ちゅうばん》］

桂《けい》を取《と》る

1図

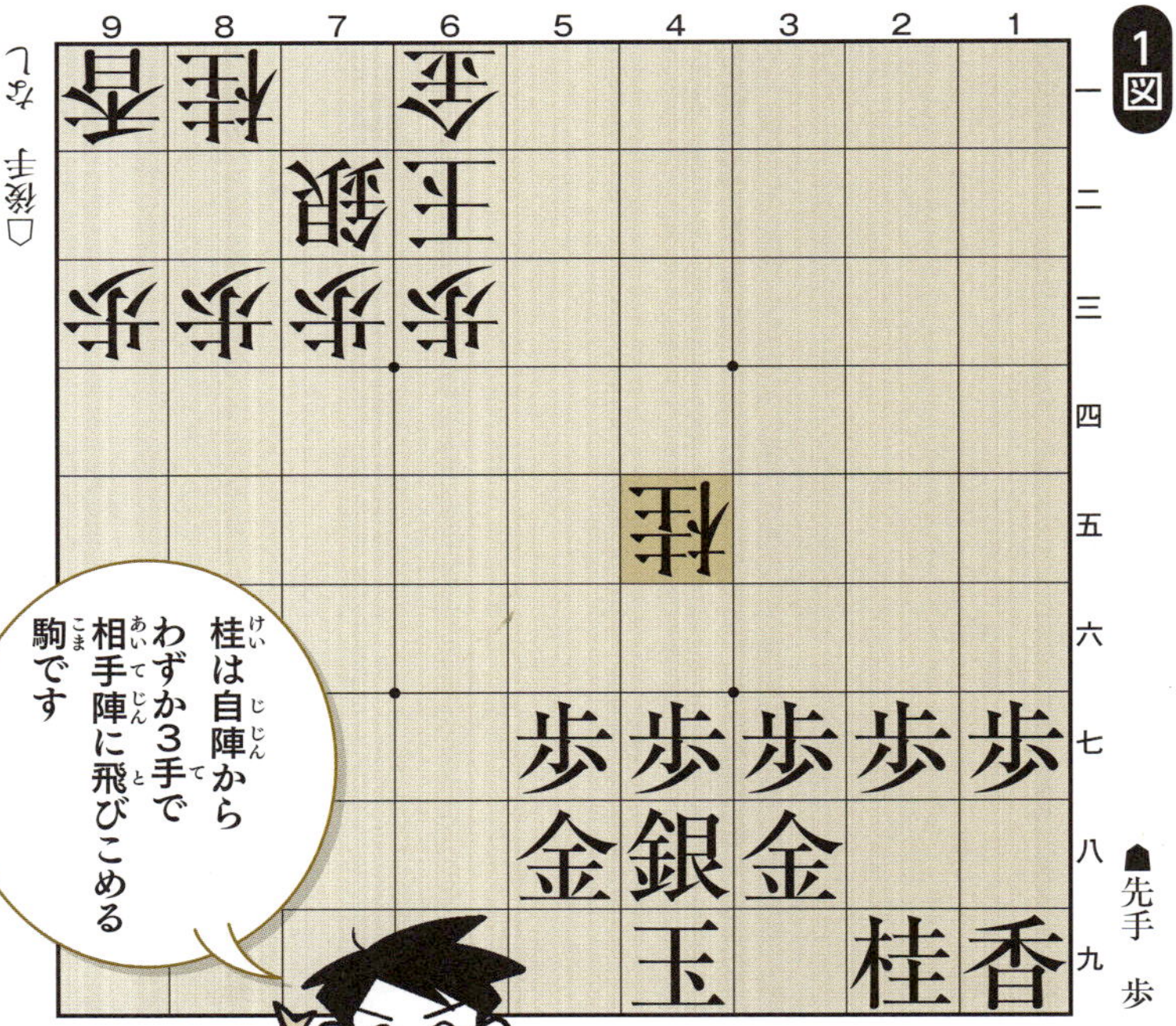
9 8 7 6 5 4 3 2 1
一 二 三 四 五 六 七 八 九
△後手 なし
▲先手 歩
香 桂 金
銀 王
歩 歩 歩 歩
桂
歩 歩 歩 歩 歩
金 銀 金
玉 桂 香

桂《けい》は自陣《じじん》から
わずか3手《て》で
相手陣《あいてじん》に飛《と》びこめる
駒《こま》です

桂《けい》の弱点《じゃくてん》を知《し》ろう

桂《けい》は駒《こま》を跳《と》びこえることができますが、うしろにもどることはできません。また、1マス前《まえ》に利《き》きのない駒《こま》なので、**うかつに前《まえ》に出《で》ていくとあっさり歩《ふ》で取《と》られてしまいます。**1枚《まい》だけで出《で》てきた桂《けい》を歩《ふ》で取《と》られてしまうことを、**「桂《けい》の高跳《たかと》び歩《ふ》の餌食《えじき》」**といいます。

そこで、相手《あいて》が桂《けい》を跳《は》ねてきたら、その桂《けい》を歩《ふ》で取《と》ることができないか、かんがえてみましょう。

高《たか》跳《と》び！
餌食《えじき》！

桂《けい》の高跳《たかと》び 歩《ふ》の餌食《えじき》

1図は後手《ごて》が桂《けい》を跳《は》ねてきたところですが、先手《せんて》は金銀《きんぎん》でしっかり守《まも》っています。2図のように、☗4六歩《ふ》と突《つ》けば、後手《ごて》の桂《けい》を取《と》ることができます。

2図【1図より1手目】

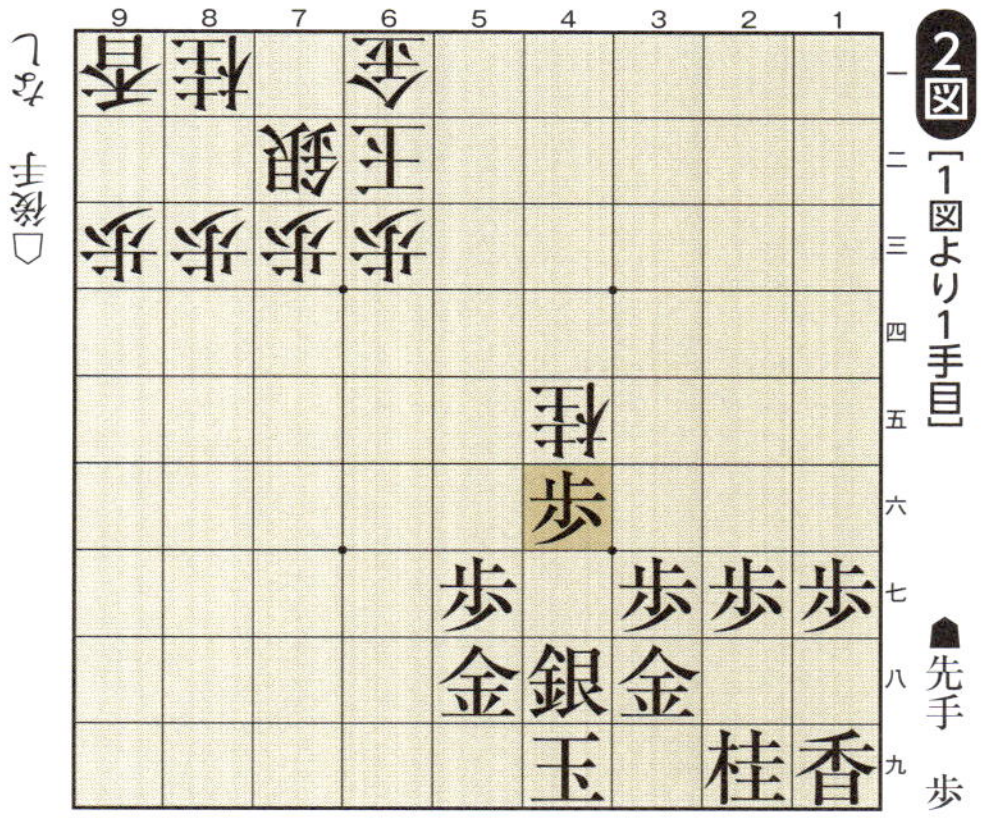

桂《けい》の高跳《たかと》びは歩《ふ》でとめよう！

桂《けい》の頭《あたま》に気《き》をつけよう

さらに2図からは、☗8二歩《ふ》と打《う》てば桂《けい》を取《と》ることができます3図。☖7二銀《ぎん》のように銀《ぎん》がまっすぐ前《まえ》に立《た》つと、桂《けい》の頭《あたま》に歩《ふ》を打《う》たれるスキが生《う》まれるのです。

3図【2図より1手目】

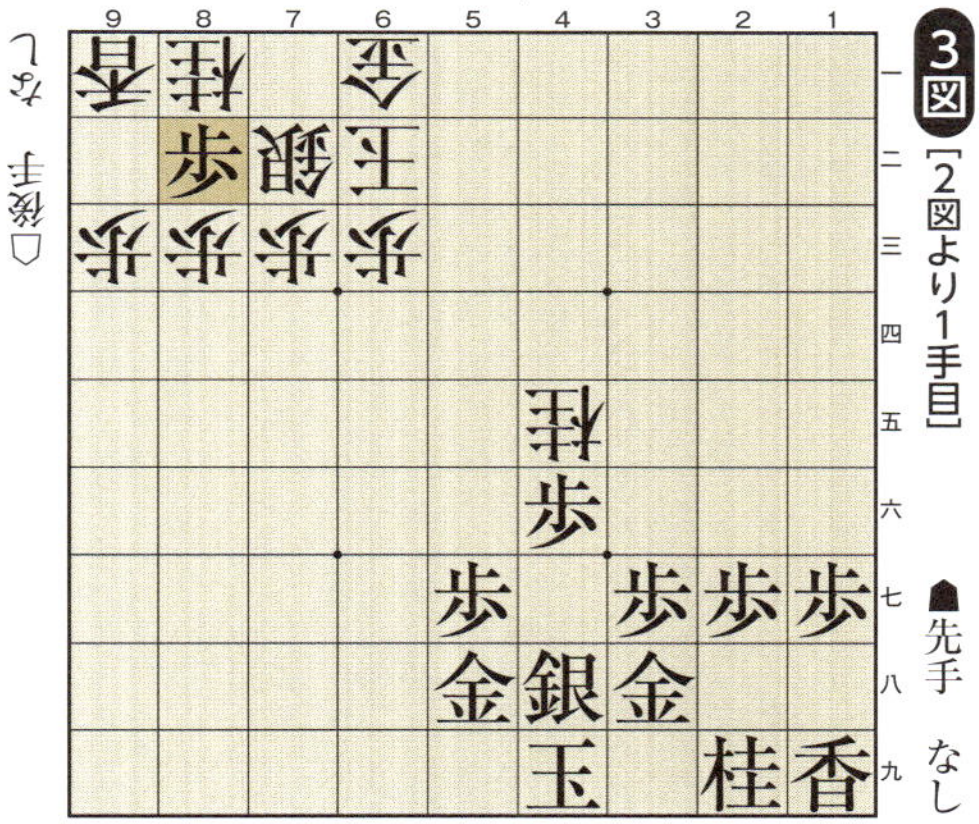

後手《ごて》は8二を守《まも》る駒《こま》がいなかった！

守《まも》るときは、3図のように自陣《じじん》に弱点《じゃくてん》をつくらないように気《き》をつけよう

序盤《じょばん》・中盤《ちゅうばん》で歩《ふ》と桂《けい》を交換《こうかん》できれば有利《ゆうり》になるね

歩《ふ》の手筋《てすじ》【序盤《じょばん》・中盤《ちゅうばん》】

突《つ》き捨《す》て①

1図

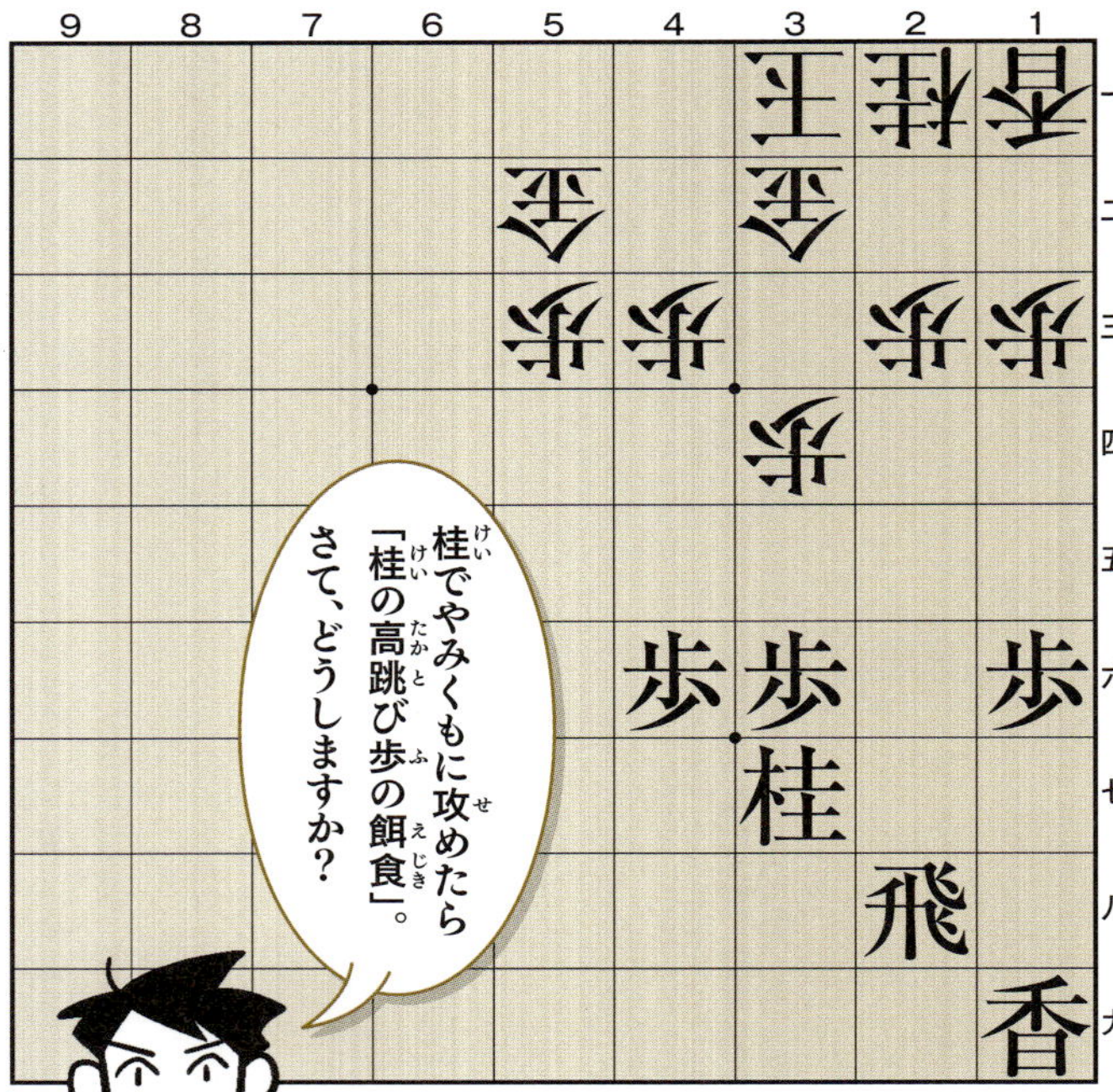

9 8 7 6 5 4 3 2 1
一 二 三 四 五 六 七 八 九
香 桂 王 金 金 歩 歩 歩 歩 歩
歩 歩 歩 桂 飛 香

△後手 なし

▲先手 銀歩2

桂《けい》でやみくもに攻《せ》めたら
「桂《けい》の高跳《たかと》び歩《ふ》の餌食《えじき》」。
さて、どうしますか?

戦《たたか》いのはじまりは歩《ふ》の突《つ》き捨《す》てから

「歩《ふ》の突《つ》き捨《す》て」とは、歩《ふ》をぶつけて取《と》らせることで、相手陣《あいてじん》にスキをつくるテクニックです。

「桂《けい》の高跳《たかと》び歩《ふ》の餌食《えじき》」をふせぎつつ、攻《せ》めのきっかけをつくることもできます。

相手《あいて》に歩《ふ》をわたすのは損《そん》なようですが、歩《ふ》がいなくなることで、うしろにいるほかの駒《こま》が動《うご》きやすくなります。そのことをあらわして、**「開戦《かいせん》は歩《ふ》の突《つ》き捨《す》てから」**という格言《かくげん》もあります。

さっそく、歩《ふ》の突《つ》き捨《す》てを見《み》ていきましょう。

バッチバチ

※拠点《きょてん》とは、攻《せ》めのきっかけにすることのできる駒《こま》のこと。攻《せ》めの中心《ちゅうしん》となる大事《だいじ》な場所《ばしょ》。

むやみに桂《けい》を跳《は》ねると?

1図で▲4五桂《けい》と跳《は》ねるのは、△4四歩《ふ》と突《つ》かれてしまいます2図。

2図【1図より2手目】

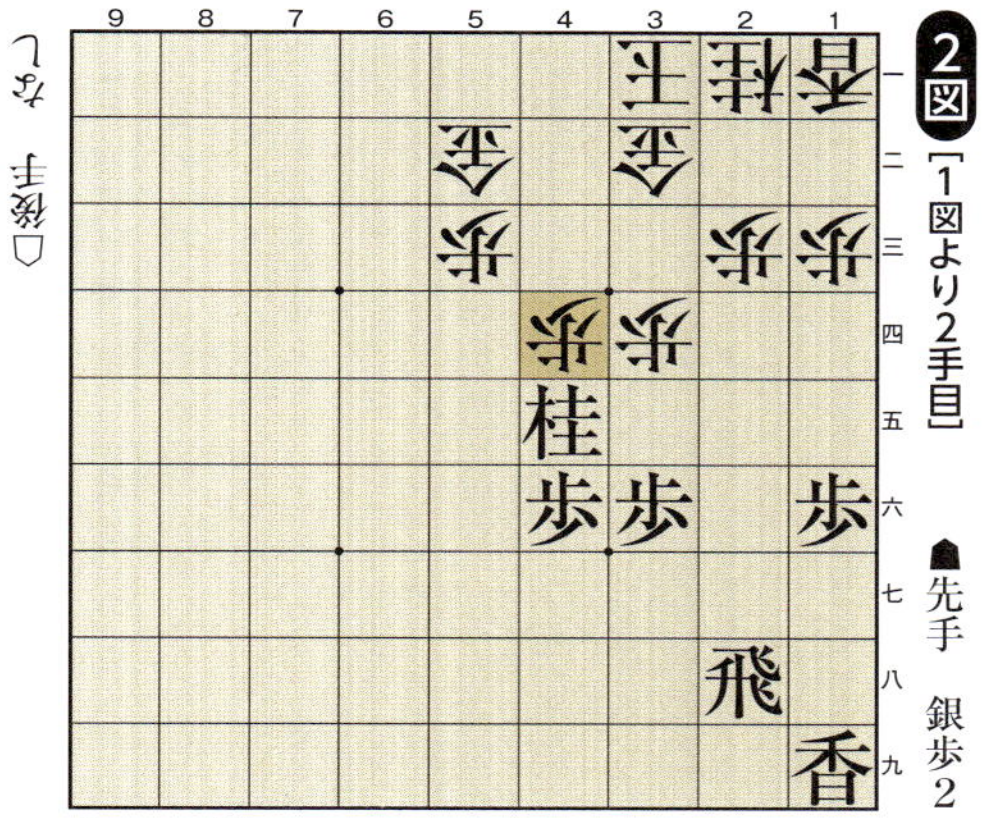
▲先手 銀歩2
△後手 なし

跳《は》ねた桂《けい》をあっさり取《と》られる!

相手《あいて》の駒《こま》に歩《ふ》をぶつけていく

1図は、▲3五歩《ふ》と突《つ》くのが突《つ》き捨《す》ての手筋《てすじ》です3図。つぎに▲3四歩《ふ》と取《と》れば、歩《ふ》を得《とく》しながら攻《せ》めの※拠点《きょてん》をつくることができます。

3図【1図より1手目】

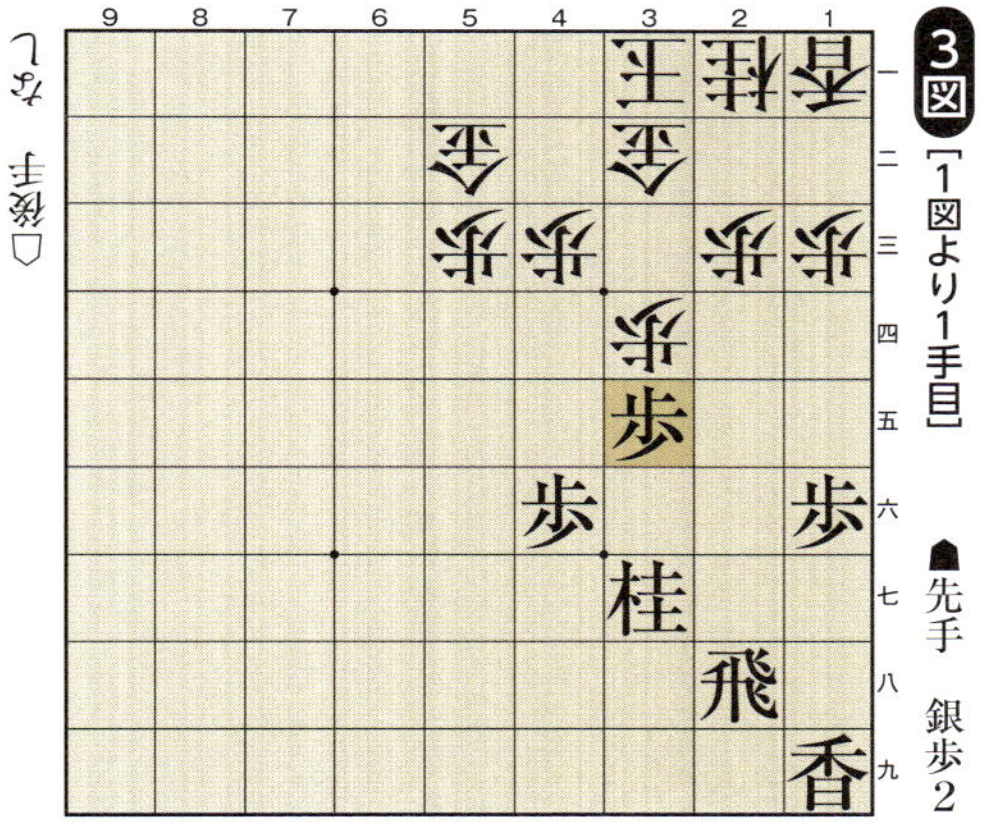
▲先手 銀歩2
△後手 なし

歩《ふ》と歩《ふ》のぶつかりあいだ!

歩《ふ》の打《う》てるマス目《め》がグンと増《ふ》える

後手《ごて》が△3五同歩《どうふ》と取《と》ったら、先《せん》手《て》は▲4五桂《けい》と跳《は》ねます。こんどは※二歩《にふ》ではないので、△4四歩《ふ》に▲3三歩《ふ》と歩《ふ》を打《う》って、攻《せ》めの拠点《きょてん》をつくることができます4図。

4図【3図より4手目】

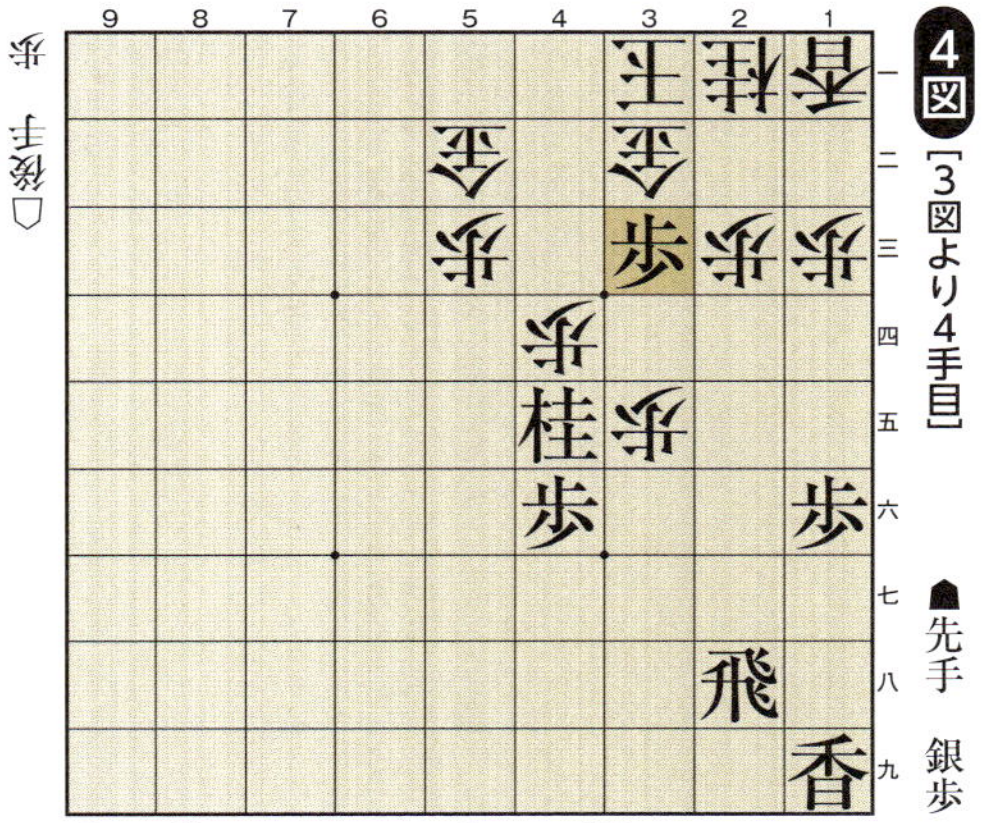
▲先手 銀歩
△後手 歩

突《つ》き捨《す》てにより、攻《せ》めが広《ひろ》がった。

※二歩《にふ》とは、歩《ふ》を2枚同《まいおな》じ筋《すじ》におくこと。二歩《にふ》とした瞬間《しゅんかん》に反則負《はんそくま》けとなる。

歩《ふ》の手筋《てすじ》 [序盤《じょばん》・中盤《ちゅうばん》]

突《つ》き捨《す》て②

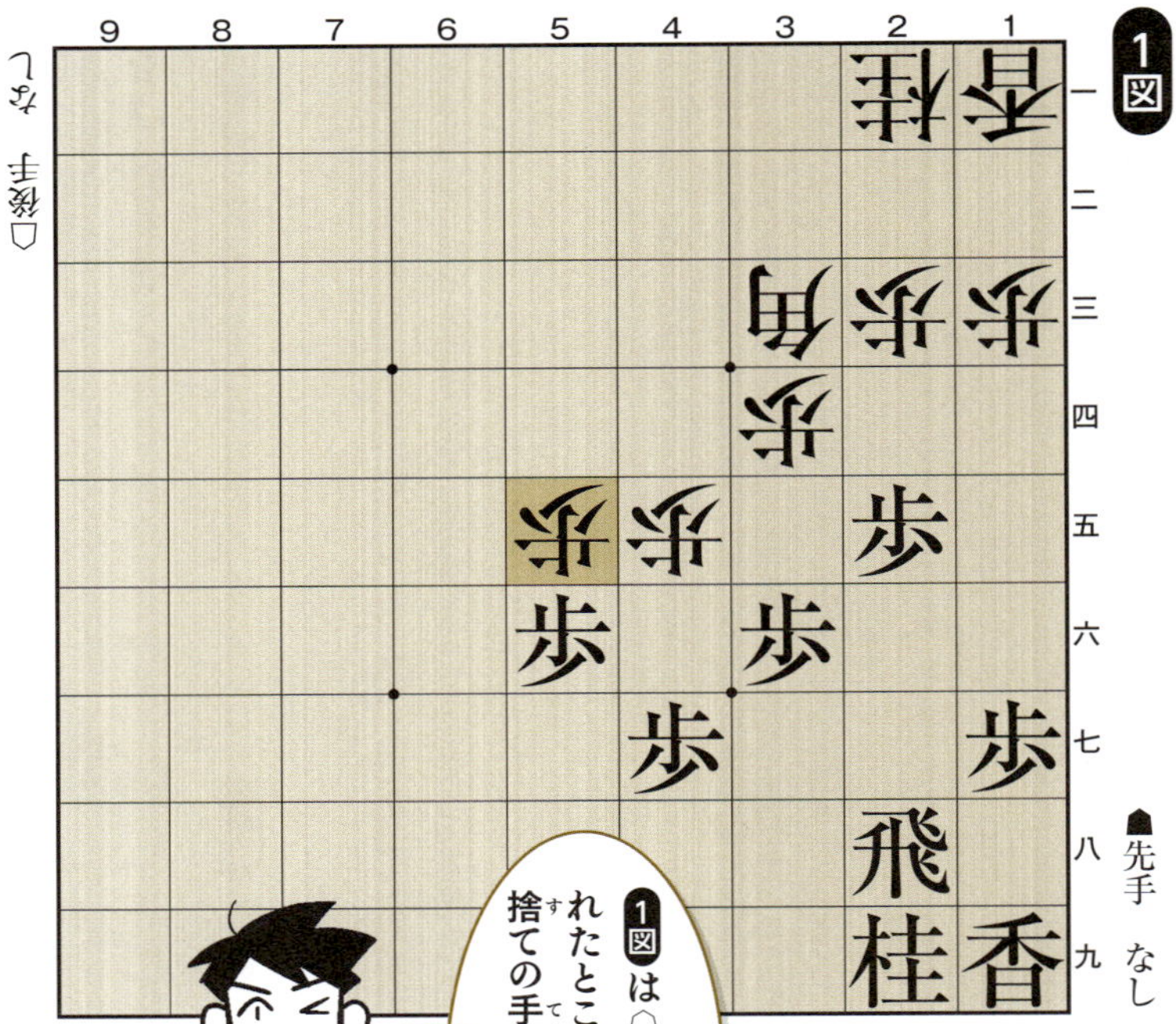
1図
☗先手 なし
☖後手 なし

1図は☖5五歩《ふ》と突《つ》かれたところ。今回《こんかい》も突《つ》き捨《す》ての手筋《てすじ》が使《つか》えます

相手《あいて》の突《つ》き捨《す》てを入《い》れさせない

歩《ふ》の突《つ》き捨《す》てには

①持《も》ち駒《ごま》の歩《ふ》が使《つか》えるようになる。
②攻《せ》め駒《ごま》の動《うご》きがスムーズになる。
③相手《あいて》の手《て》を先《さき》に見《み》られるので、対《たい》応《おう》しやすくなる。

など、さまざまな効果《こうか》があります。

とくに相手《あいて》の突《つ》き捨《す》てを無視《むし》してもよいときは、こちらから攻撃《こうげき》できないかかんがえたいところです。じっさいに見《み》てみましょう。

勝負《しょうぶ》!
テクテク…
応《おう》じませ〜ん

相手《あいて》の突《つ》き捨《す》てから思《おも》わぬピンチに！

1図から▲5五同歩《どうふ》と取《と》ったら△同角《どうかく》が飛車《ひしゃ》取《と》りとなり、守《まも》りづらくなります 2図。後手《ごて》の突《つ》き捨《す》てが決《き》まってしまいました。相手《あいて》の突《つ》き捨《す》てをゆるすと、苦《くる》しくなりそうです。

2図 [1図より2手目]

▲先手 歩

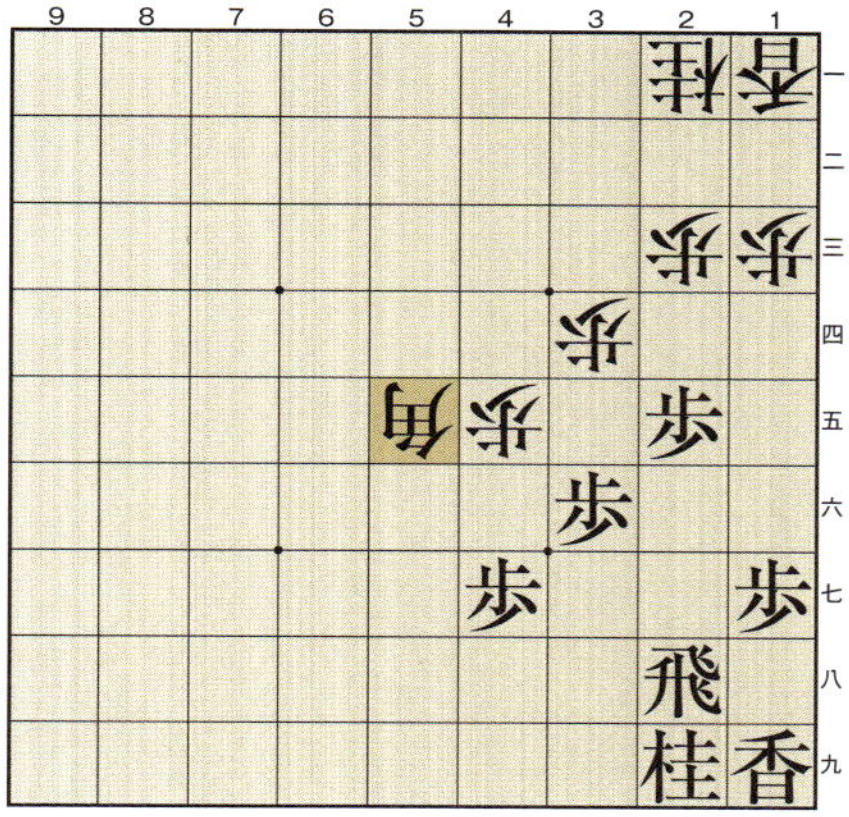

△後手 歩

この飛車《ひしゃ》取《と》りは守《まも》りにくい。

あえて突《つ》き捨《す》てに応《おう》じない

1図では、▲2四歩《ふ》と突《つ》いておくのがよい手《て》です 3図。**相手《あいて》の突《つ》き捨《す》てを無視《むし》し、こちらが突《つ》き捨《す》てをくり出《だ》します。**

3図 [1図より1手目]

▲先手 なし

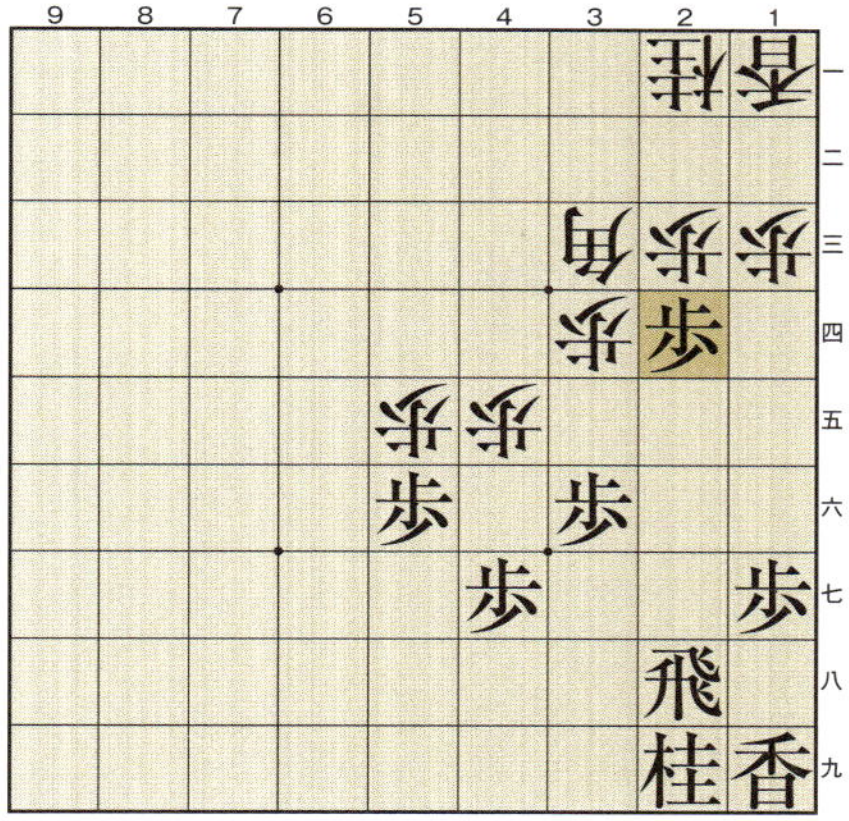

△後手 なし

2筋《すじ》で歩《ふ》をぶつける！

駒《こま》の動《うご》きがスムーズになる

3図では、△2四同歩《どうふ》から▲5五歩《ふ》とすれば、△5五同角《どうかく》には▲2四飛《ひ》と飛車《ひしゃ》が大《おお》きく前進《ぜんしん》します 4図。先《さき》にこちらの突《つ》き捨《す》てを取《と》らせることで、飛車《ひしゃ》取《と》りをふせぎながら攻《せ》めを進《すす》めました。

4図 [3図より4手目]

▲先手 歩2

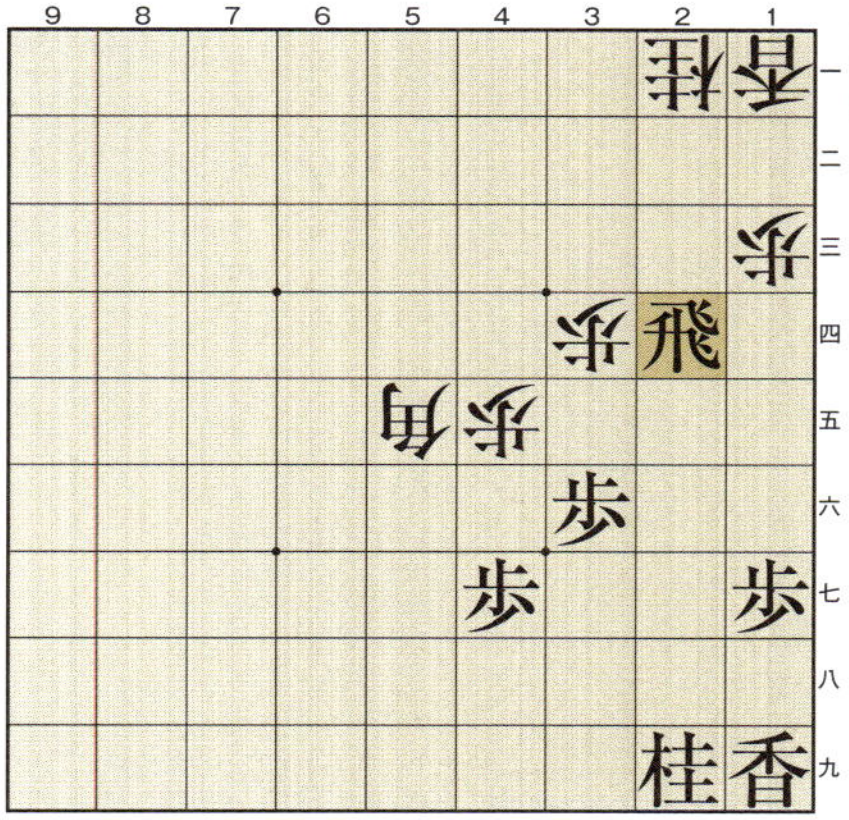

△後手 歩2

先手《せんて》の突《つ》き捨《す》てが成功《せいこう》した。

歩《ふ》の手筋《てすじ》［序盤《じょばん》・中盤《ちゅうばん》］

飛車先《ひしゃさき》の突破《とっぱ》

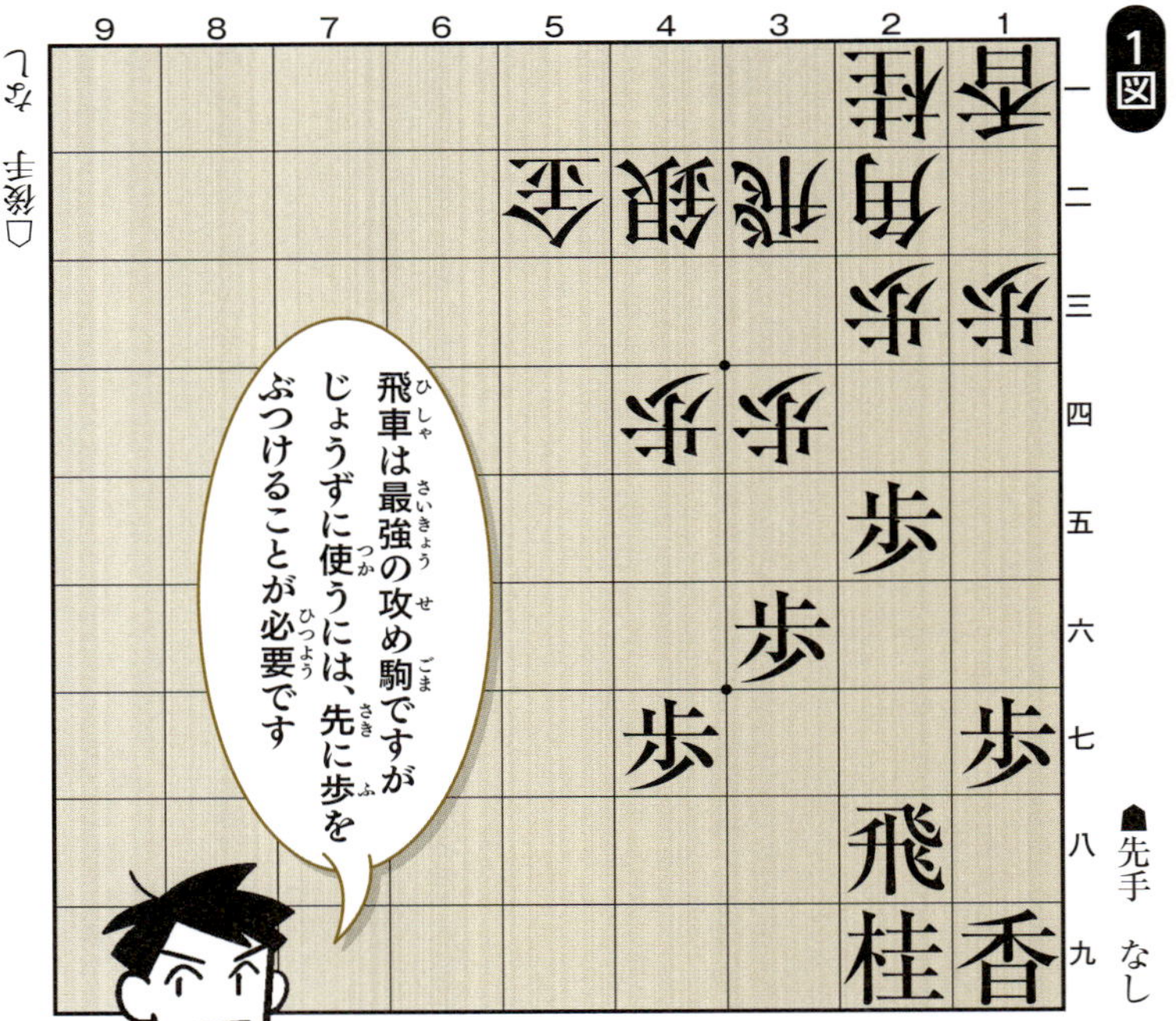
1図
9 8 7 6 5 4 3 2 1
一 二 三 四 五 六 七 八 九
▲先手 なし
△後手 なし

飛車《ひしゃ》は最強《さいきょう》の攻《せ》め駒《ごま》ですが
じょうずに使《つか》うには、先《さき》に歩《ふ》を
ぶつけることが必要《ひつよう》です

守《まも》りの駒《こま》をねらおう

飛車先《ひしゃさき》の突破《とっぱ》とは、飛車《ひしゃ》の正面《しょうめん》の筋《すじ》にいる駒《こま》や、そこに利《き》きのある駒《こま》をどかすことをいいます。**飛車《ひしゃ》は攻《せ》めの中心《ちゅうしん》になる駒《こま》なので、飛車先《ひしゃさき》の突破《とっぱ》はつねにねらいたいところです。**

1図は▲2四歩《ふ》△同歩《どうふ》▲同飛《どうひ》と攻《せ》めれば後手《ごて》は2筋《すじ》を守《まも》りきれないので、飛車先《ひしゃさき》の突破《とっぱ》に成功《せいこう》します。ですから、1図で後手《ごて》は△3三角《かく》と、飛車先《ひしゃさき》を守《まも》るのが基本《きほん》です。

このように相手《あいて》が攻《せ》めをふせいできたときは、**守《まも》りの駒《こま》（3三の角《かく》）をねらうことができないか、かんがえてみましょう。**

ドーーーン…
……

飛車先《ひしゃさき》を守《まも》られていたら？

では、守《まも》りの駒《こま》をねらう方法《ほうほう》を見《み》ていきましょう。2図は、飛車先《ひしゃさき》を守《まも》られているかたちです。3三の銀《ぎん》が2四のマス目《め》を守《まも》っています。

2図

▲先手 歩

△後手 なし

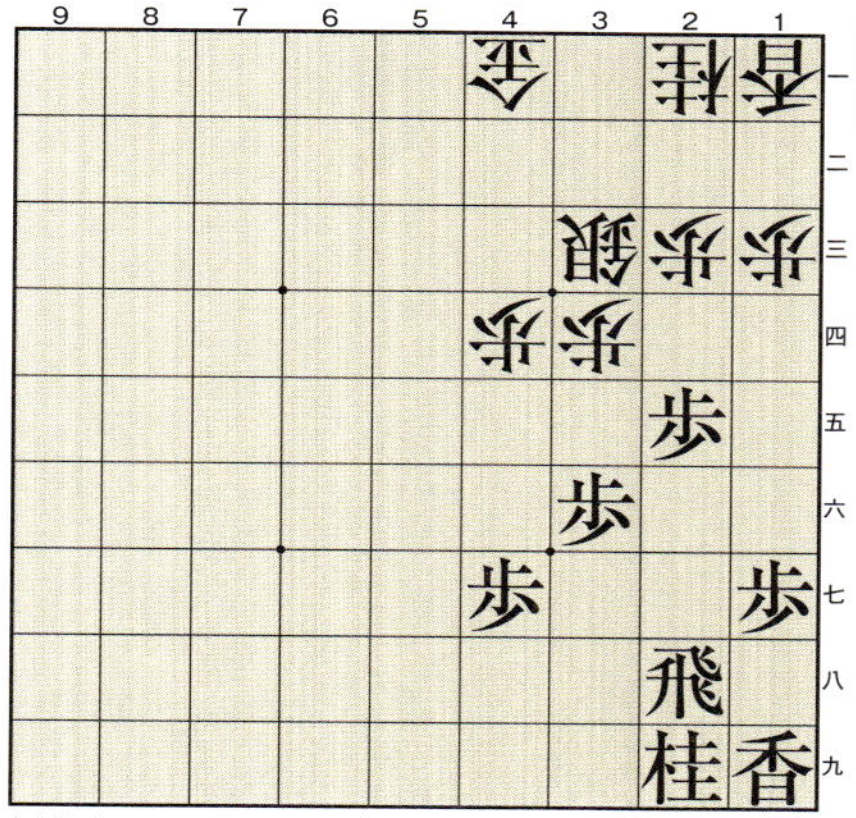

単純《たんじゅん》な2筋《すじ》の突破《とっぱ》はできない。

歩《ふ》を使《つか》って攻《せ》めていこう

守《まも》りの銀《ぎん》をどかせるために、まず▲3五歩と3筋《すじ》の歩《ふ》をぶつけます3図。

3図【2図より1手目】

▲先手 歩

△後手 なし

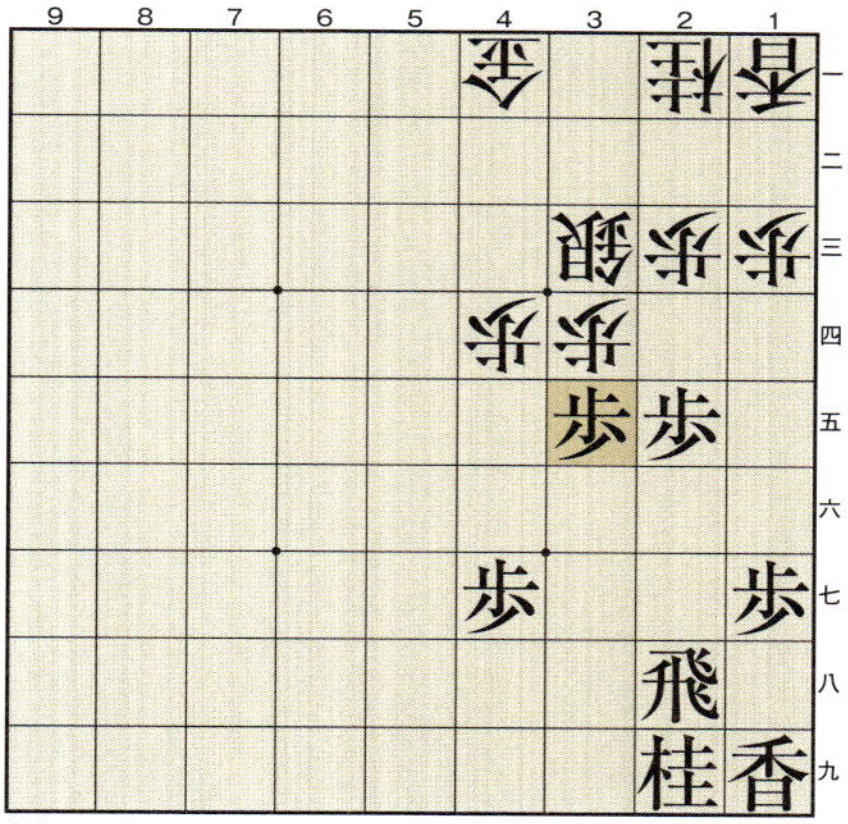

先《さき》に歩《ふ》を突《つ》く。これが大事《だいじ》！

さいごは飛車《ひしゃ》で銀《ぎん》と桂《けい》の両取《りょうど》り

3図より、△3五同歩《どうふ》▲3四歩《ふ》△同銀《どうぎん》。銀《ぎん》の利《き》きを2四からずらすことができました。

そこですかさず、飛車先《ひしゃさき》の突破《とっぱ》。▲2四歩《ふ》△同歩《どうふ》▲同飛《どうひ》。銀《ぎん》と桂《けい》の両《りょう》取《ど》りが決《き》まって大成功《だいせいこう》です4図。

4図【3図より6手目】

▲先手 歩

△後手 歩3

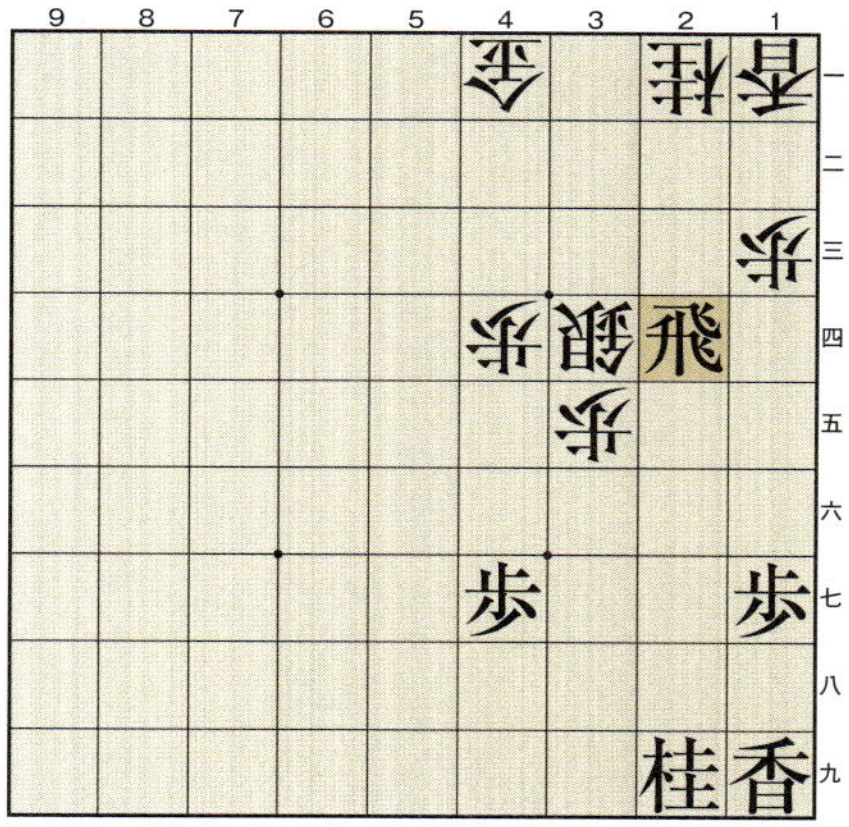

飛車《ひしゃ》を活《い》かしたうえに銀桂《ぎんけい》の両取《りょうど》り！

歩《ふ》の手筋《てすじ》［序盤《じょばん》・中盤《ちゅうばん》］

ダンスの歩《ふ》

金銀《きんぎん》の守《まも》りをくずす「ダンスの歩《ふ》」

「ダンスの歩《ふ》」は、歩《ふ》によって相手《あいて》の金銀《きんぎん》をおどらせるようにして取《と》る手筋《てすじ》です。**連続《れんぞく》で歩《ふ》を打《う》ったり、※成《な》り捨《す》てたりして攻《せ》めます。**連携《れんけい》している金銀《きんぎん》をねらうことが多《おお》く、金銀《きんぎん》のどちらかを取《と》れれば、大《おお》きな駒得《こまどく》になります。

1図のように相手《あいて》の金銀《きんぎん》が横《よこ》にならんでいて、こちらの持《も》ち駒《ごま》に3枚以上《まいいじょう》の歩《ふ》、盤上《ばんじょう》に銀《ぎん》などの拠点《きょてん》があるときに使《つか》えます。

※成《な》り捨《す》てとは、相手陣《あいてじん》の相手《あいて》がタダで取《と》れるマス目《め》に、味方《みかた》の駒《こま》を動《うご》かして成《な》ること。

歩《ふ》で金銀《きんぎん》を攻《せ》めていく

1図から、まずは☗4三歩《ふ》成《なり》とします。後手《ごて》は☖4三同金右《どうきんみぎ》と取《と》りますが、☗4四歩《ふ》と打《う》ちます2図。

2図【1図より3手目】

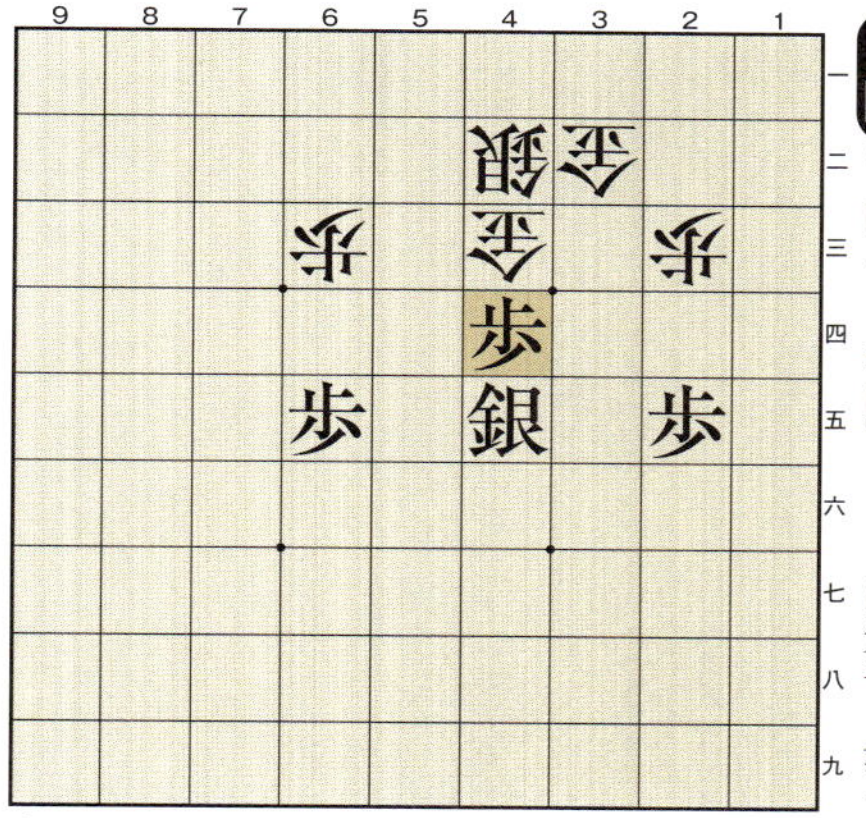

☗先手　歩4
☖後手　歩

歩《ふ》でどんどんアタックだ！

何度《なんど》も歩《ふ》で攻《せ》める

後手《ごて》は☖5三金《きん》とにげますが、☗5四歩《ふ》と金《きん》の前方《ぜんぽう》を押《お》さえてから、また☖5二金《きん》☗4三歩成《ふなり》と成《な》り捨《す》てます3図。

3図【2図より4手目】

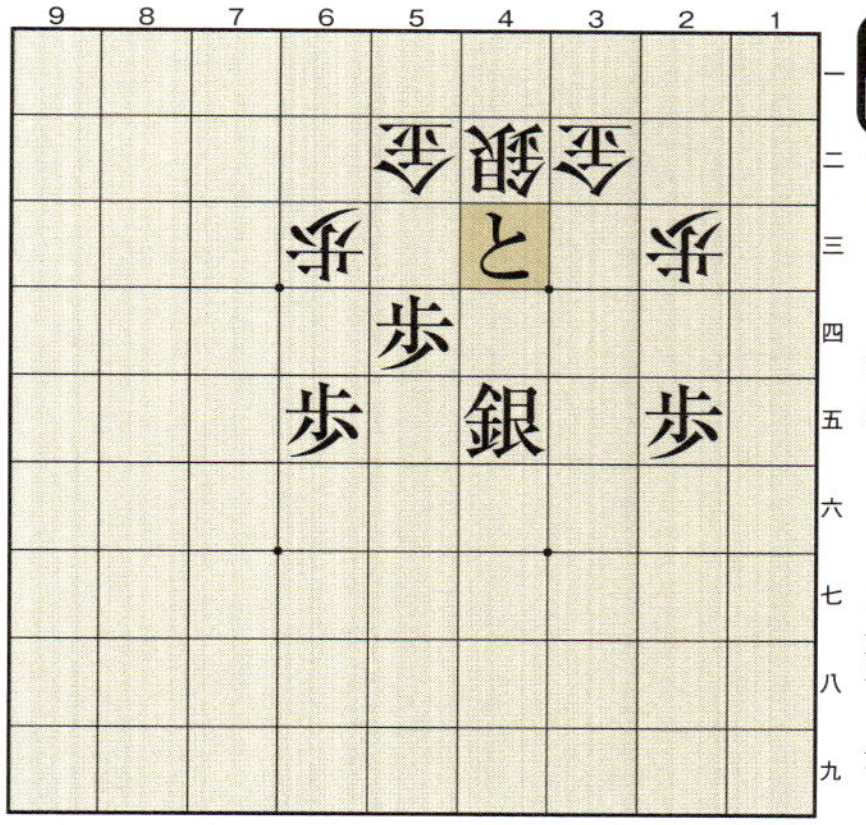

☗先手　歩3
☖後手　歩

と金《きん》で金銀《きんぎん》の守《まも》りをくずそう。

歩《ふ》のラインができた

☖4三同金左《どうきんひだり》☗4四歩《ふ》☖3三金《きん》☗3四歩《ふ》☖3二金《きん》と金銀《きんぎん》をおどらせているうちに、3～5筋《すじ》に歩《ふ》のラインをつくり、☗4三歩成《ふなり》で金《きん》か銀《ぎん》を取《と》ることができます4図。

4図【3図より6手目】

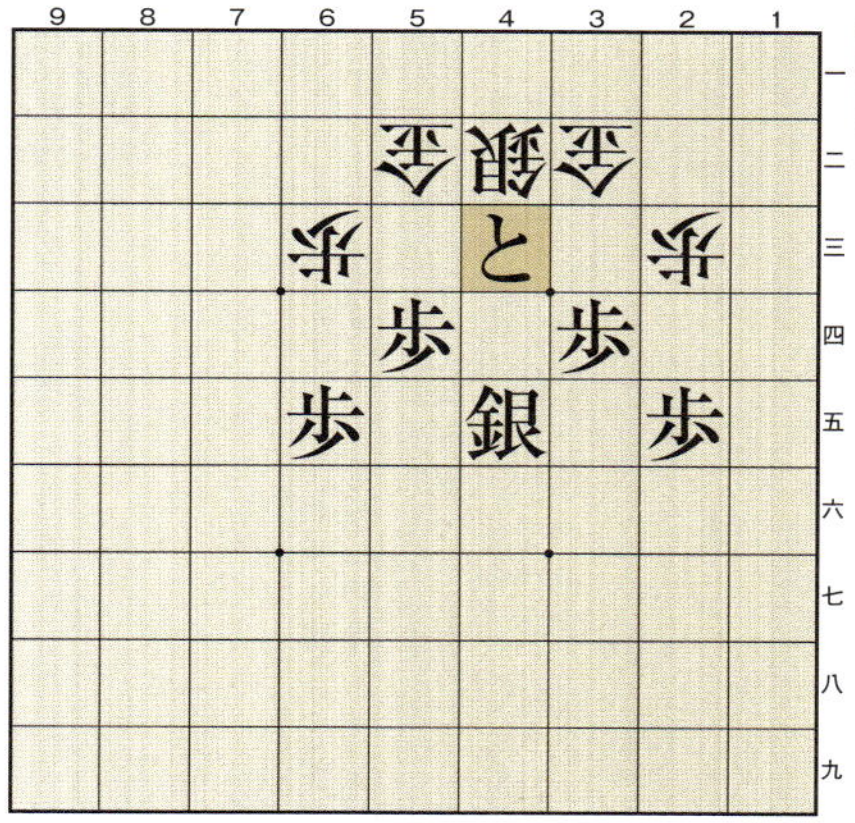

☗先手　歩
☖後手　歩2

どの駒《こま》で取《と》られても☗4四歩《ふ》で取《と》れる。

歩《ふ》の手筋《てすじ》【序盤《じょばん》・中盤《ちゅうばん》】

合《あ》わせの歩《ふ》

合《あ》わせの歩《ふ》って？

相手《あいて》の歩《ふ》に持《も》ち駒《ごま》の歩《ふ》をぶつけることを、「合《あ》わせの歩《ふ》」といいます。**歩《ふ》をぶつけて（合《あ》わせて）取《と》りあうことで、駒《こま》を前進《ぜんしん》させやすくなります。**

1図は、歩《ふ》のカベが分厚《ぶあつ》く、3筋《すじ》の銀《ぎん》も2四のマス目《め》を守《まも》っているので、このまま2筋《すじ》の歩《ふ》と飛車《ひしゃ》で突破《とっぱ》しようとしてもうまくいきません。

歩《ふ》で相手《あいて》のカベをくずしてみよう

1図では、☗3五歩《ふ》と合《あ》わせます 2図。

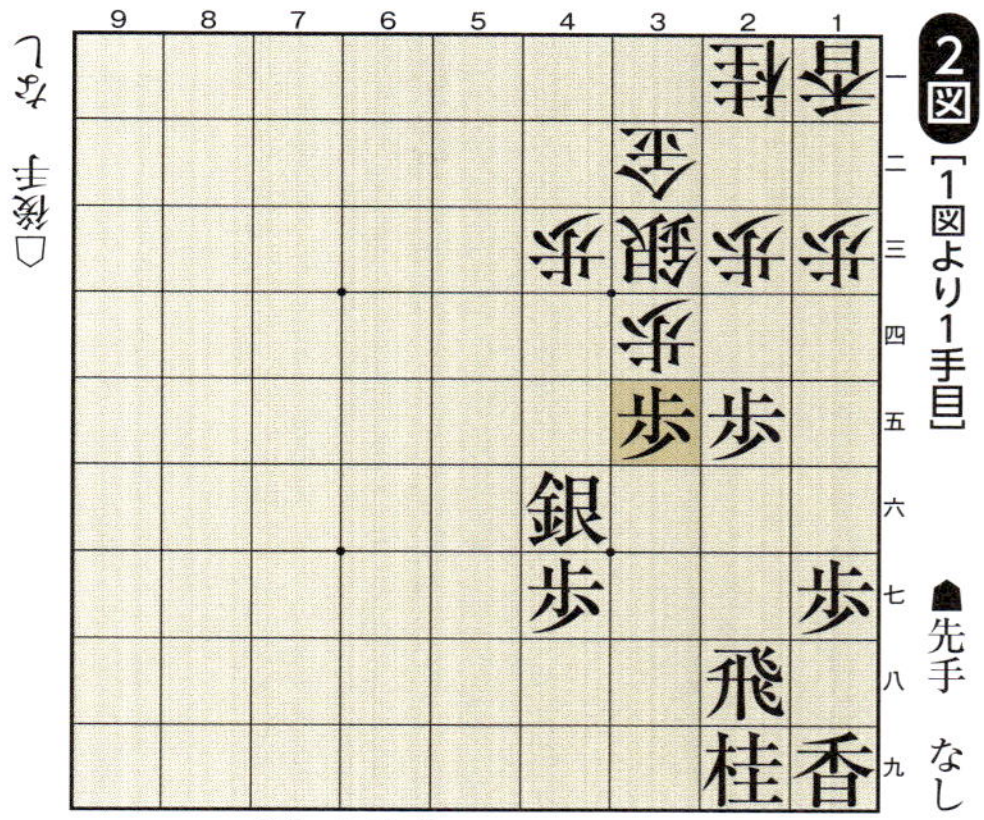
2図 【1図より1手目】
☗先手 なし
☖後手 なし

まずは3筋《すじ》で勝負《しょうぶ》をしかける。

歩《ふ》を使《つか》って相手《あいて》のカベをくずす

☖3五同歩《どうふ》と取《と》られたら、☗同銀《どうぎん》と銀《ぎん》を前進《ぜんしん》させます 3図。

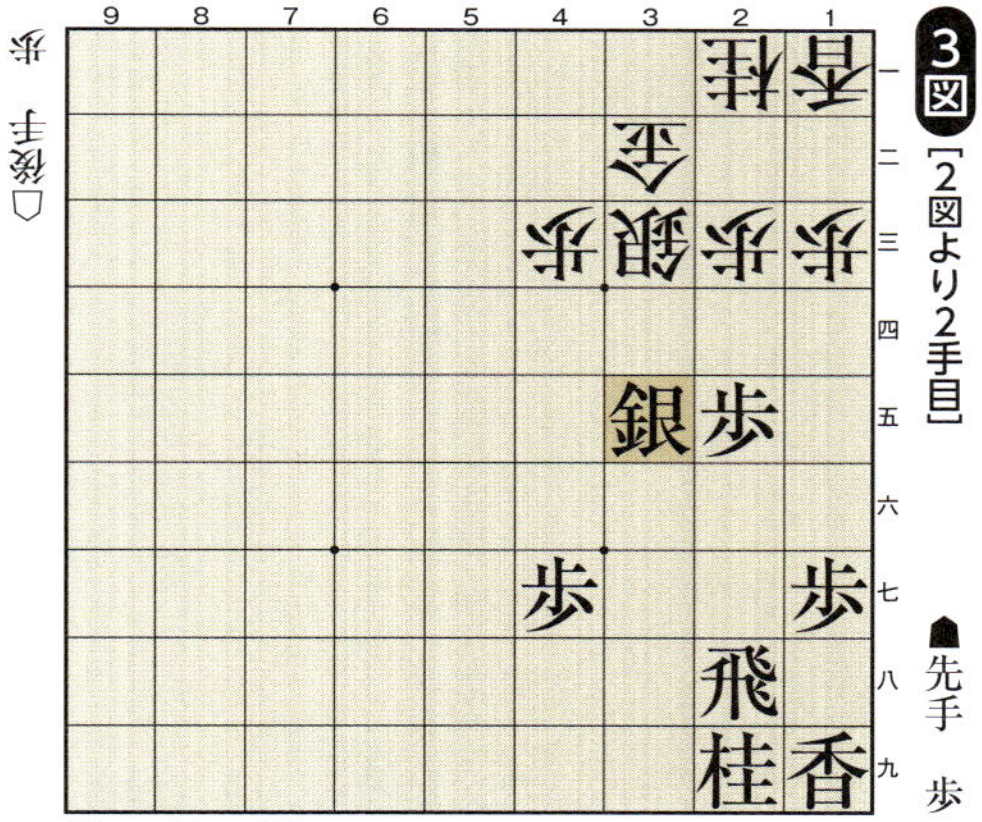
3図 【2図より2手目】
☗先手 歩
☖後手 歩

銀《ぎん》を前《まえ》に進《すす》めることができた。

歩《ふ》のカベを消《け》して駒《こま》を前進《ぜんしん》させていく

つぎに☖3四歩《ふ》には、☗2四歩《ふ》で攻《せ》めこむことができます 4図。

こちらの攻《せ》め駒《ごま》を進《すす》めたいときや、ほかのマス目《め》に駒《こま》を動《うご》かしたいときは、合《あ》わせの歩《ふ》で相手《あいて》にスキができないかかんがえてみましょう。

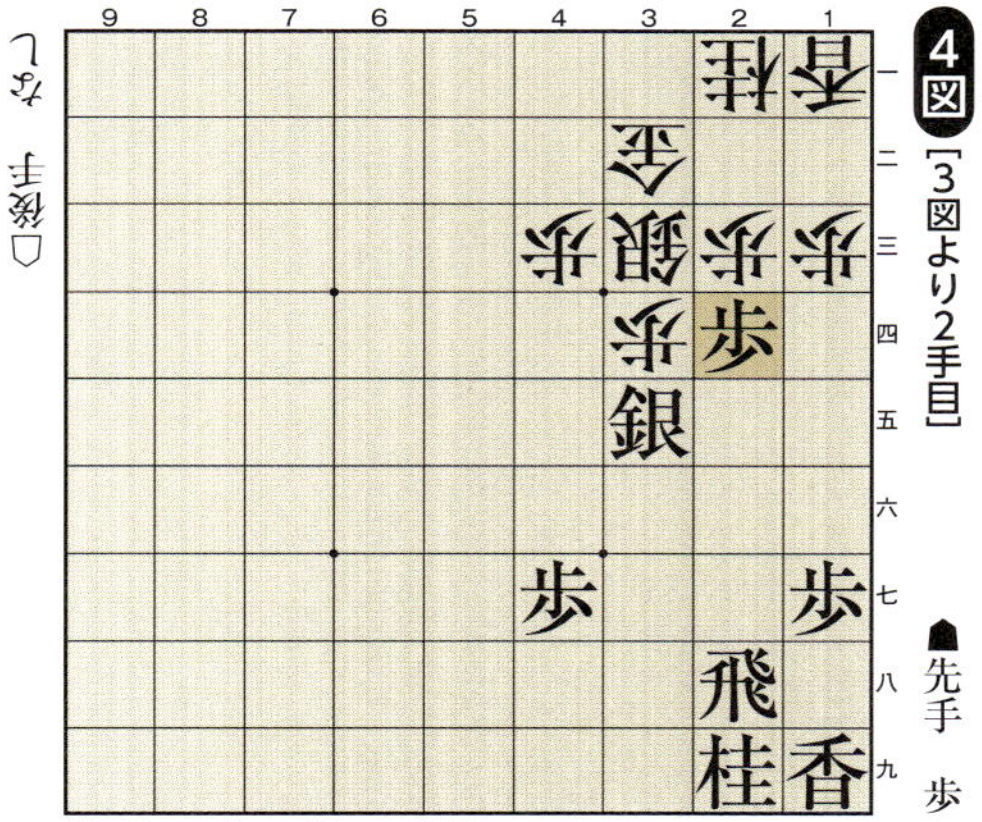
4図 【3図より2手目】
☗先手 歩
☖後手 なし

先手《せんて》の攻《せ》め駒《ごま》が分厚《ぶあつ》くなった！

歩《ふ》の手《て》筋《すじ》【序盤《じょばん》・中盤《ちゅうばん》】

銀《ぎん》ばさみ

1図

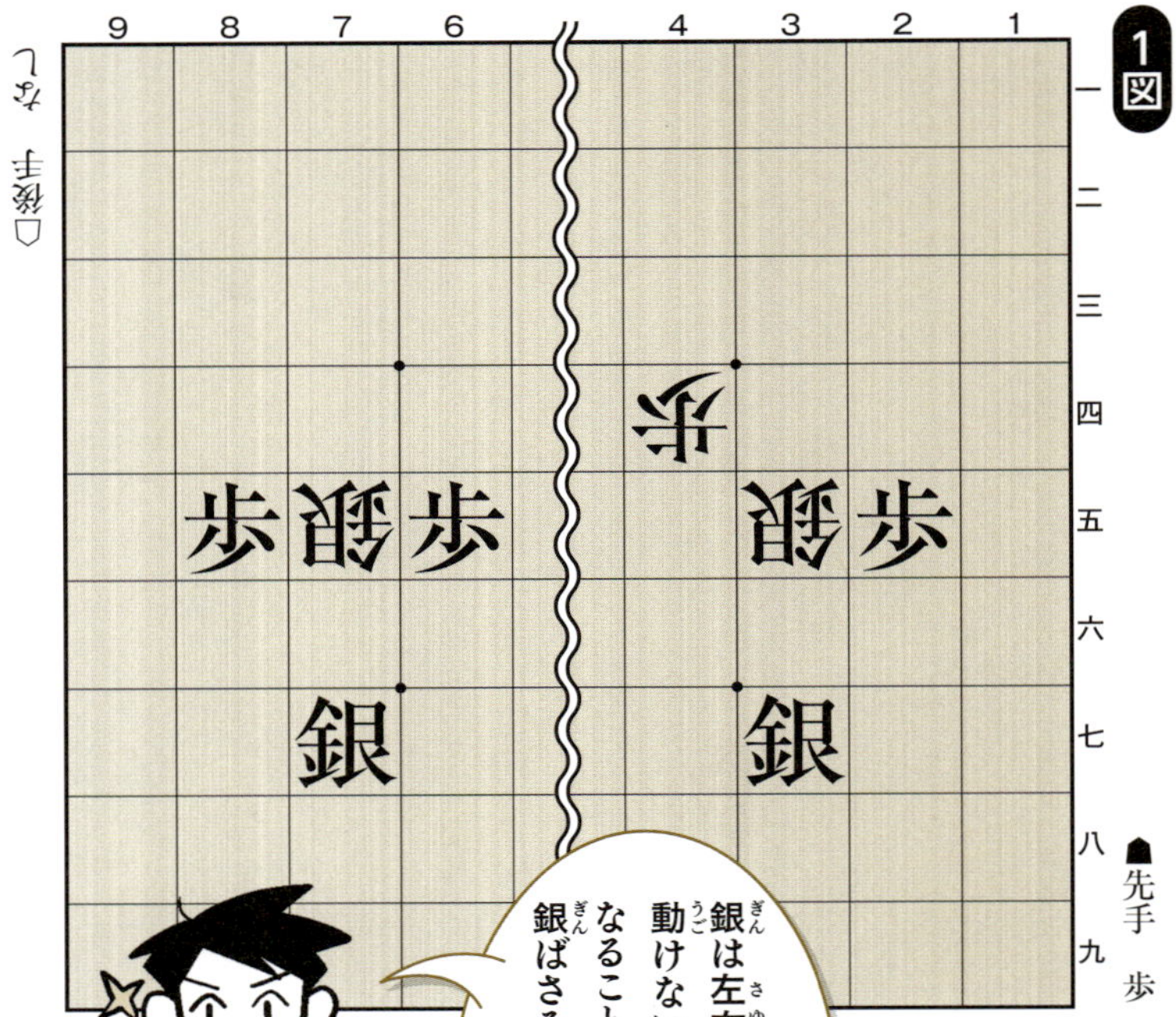

9 8 7 6 4 3 2 1
一 二 三 四 五 六 七 八 九
△後手 なし
▲先手 歩
歩 銀 歩 歩 銀 歩
歩
銀 銀

銀《ぎん》は左右《さゆう》とうしろに動《うご》けないので、行《い》き場《ば》がなくなることがあります。銀《ぎん》ばさみのチャンスです

銀《ぎん》の弱点《じゃくてん》を突《つ》く それが銀《ぎん》ばさみ

1図の左側《ひだりがわ》のように、**銀《ぎん》の両横《りょうよこ》を歩《ふ》で押《お》さえたかたちを「銀《ぎん》ばさみ」といいます。** 銀《ぎん》の動《うご》けるマス目《め》すべてに先手《せんて》の利《き》きがあるため、先手《せんて》は▲7六歩《ふ》と打《う》てば、銀《ぎん》を取《と》ることができます。

また、右側《みぎがわ》のように、ほかの駒《こま》があって下《さ》がれないかたちも同《おな》じ。こちらも▲3六歩《ふ》と打《う》って、後手《ごて》の銀《ぎん》を取《と》ることができます。このように銀《ぎん》ばさみは、**いくつかの駒《こま》で銀《ぎん》をはさみ、銀《ぎん》の弱点《じゃくてん》を突《つ》いて駒得《こまどく》をめざす手筋《てすじ》です。**

にがすか!

歩《ふ》で銀《ぎん》をどうはさむか

では、2図を見《み》てください。後《ご》手《て》が△7五歩《ふ》と突《つ》いてきたところです。

2図

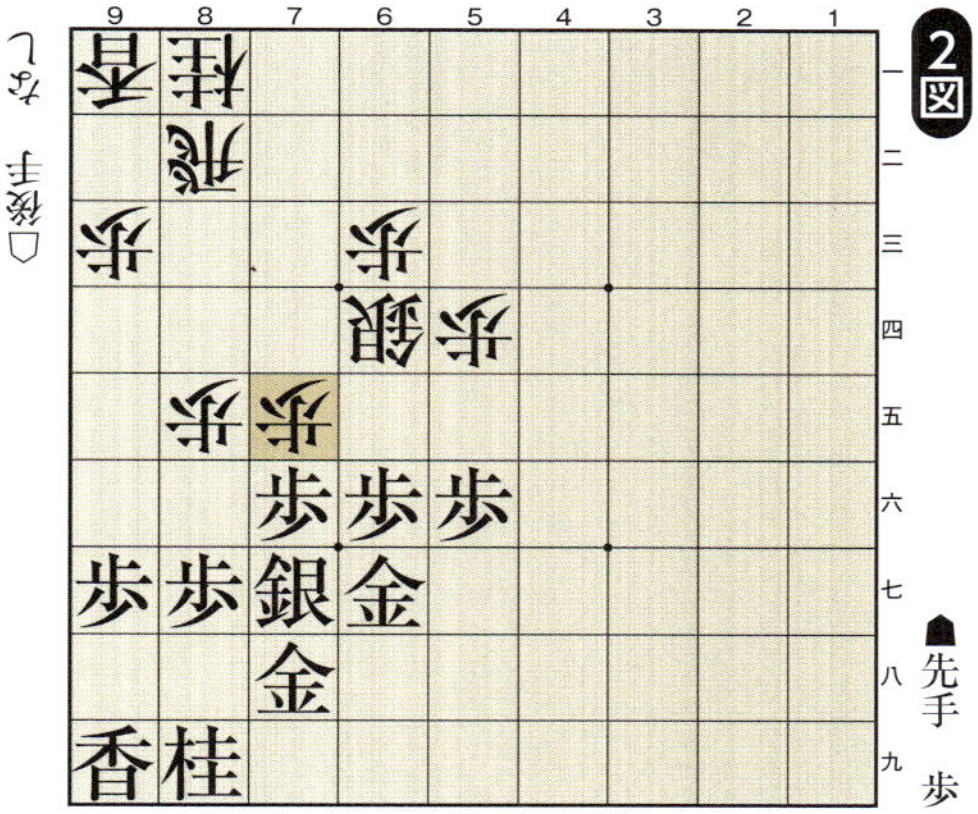

▲7五同歩《どうふ》では△同銀《どうぎん》で進《すす》まれる。

まずは銀《ぎん》に勝負《しょうぶ》をしかける

2図では、▲6五歩《ふ》が銀《ぎん》ばさみをねらった手《て》になります3図。

3図【2図より1手目】

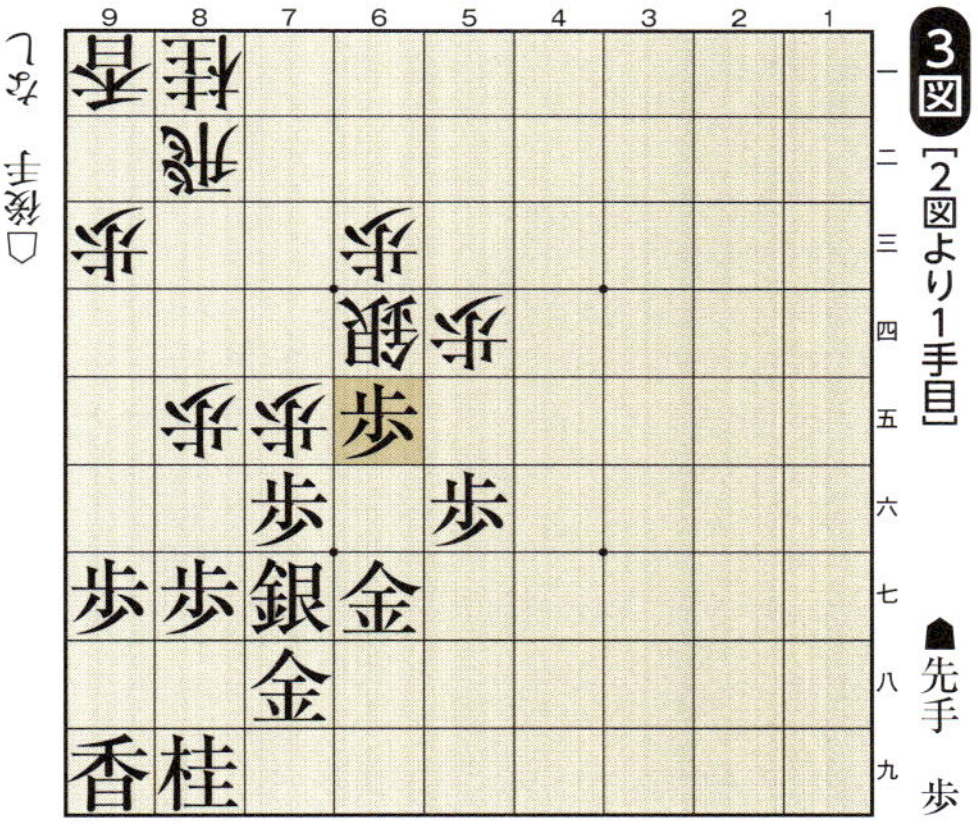

銀《ぎん》に歩《ふ》をぶつけた。

銀《ぎん》ばさみの完成《かんせい》

△6五同銀《どうぎん》なら▲7五歩《ふ》と取《と》り、△7六歩《ふ》▲8八銀《ぎん》と引《ひ》きます4図。つぎに▲6六歩《ふ》の銀《ぎん》取《と》りを止《と》められず、銀《ぎん》ばさみの完成《かんせい》です。

4図【3図より4手目】

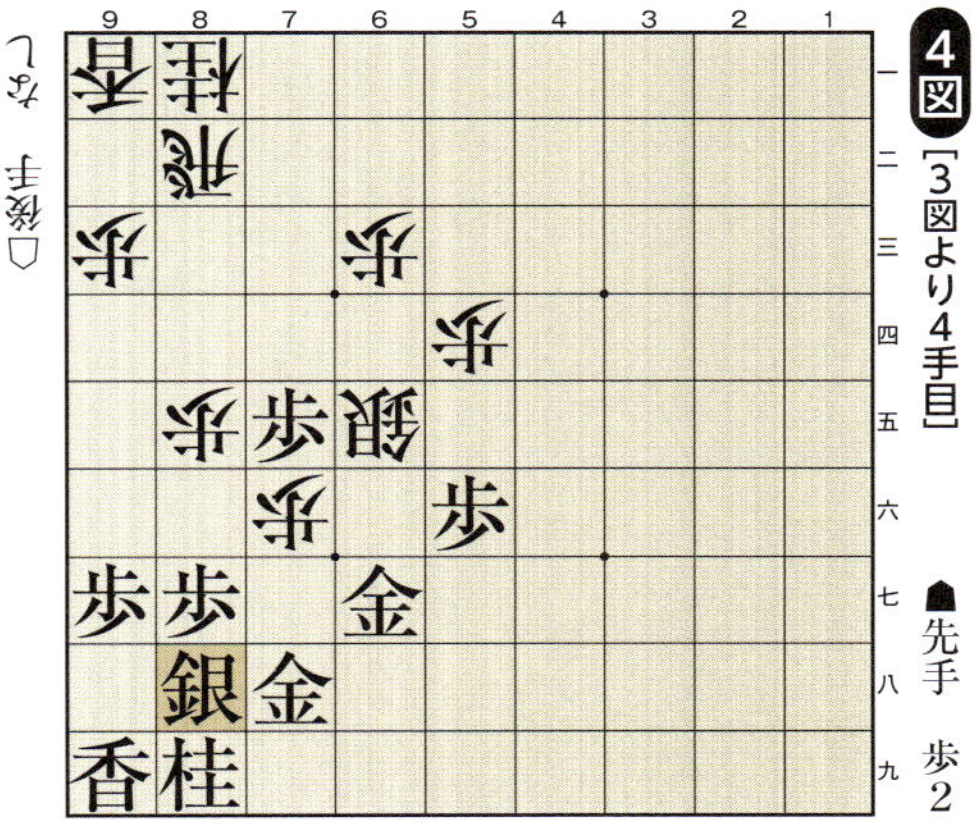

6五の銀《ぎん》のにげ場《ば》がなくなった！

たたきの歩《ふ》①

1図

歩《ふ》はわたしても
ダメージの少《すく》ない駒《こま》なので
どんどん使《つか》いたいところです

☖後手 なし

☗先手 銀歩2

歩《ふ》はわたしてもこわくない

たとえば、**1図**で☗2二歩《ふ》、あるいは☗4三歩《ふ》と打《う》つ手はいずれも**「たたきの歩《ふ》」**という手筋《てすじ》です。☗2二歩《ふ》は☖同飛《どうひ》☗3一銀《ぎん》、☗4三歩《ふ》は☖同金《どうきん》☗3二銀《ぎん》の攻《せ》めがあります。

このように**「たたきの歩《ふ》」**とは、**相手《あいて》の玉《ぎょく》・飛車《ひしゃ》・金《きん》・銀《ぎん》のように、大《おお》きな駒《こま》の前《まえ》に歩《ふ》を打《う》つことをいいます。**相手《あいて》の駒《こま》の連携《れんけい》がよいときに、あえて相手《あいて》に歩《ふ》を取《と》らせるように打《う》つことで、その連携《れんけい》をくずすねらいがあります。

歩《ふ》で相手《あいて》の連携《れんけい》をくずすには？

では、2図を見《み》てください。後《ご》手《て》は金銀《きんぎん》3枚《まい》で連携《れんけい》し、玉《ぎょく》をかたく守《まも》っています。ここで、きびしい攻《せ》めとなる「たたきの歩《ふ》」をかんがえてみましょう。

たたきの歩《ふ》でいきおいよく攻《せ》める

2図では☗3四歩《ふ》のたたきがきびしい攻《せ》めです3図。☖同銀《どうぎん》、☖同金《どうきん》のどちらで取《と》りにきても☗3五歩《ふ》と打《う》てば、金銀《きんぎん》3枚《まい》の連携《れんけい》を弱《よわ》め、駒得《こまどく》することができます。

歩《ふ》を打《う》ってキズを消《け》す

自陣《じじん》の弱点《じゃくてん》となるマス目《め》に歩《ふ》を打《う》つことを「キズを消《け》す」といいます。たとえば、2図で後手《ごて》の手番《てばん》なら☖3四歩《ふ》と打《う》つのが、「キズを消《け》す」手筋《てすじ》。☗3四歩《ふ》からの攻《せ》めをふせぐことができます。

2図

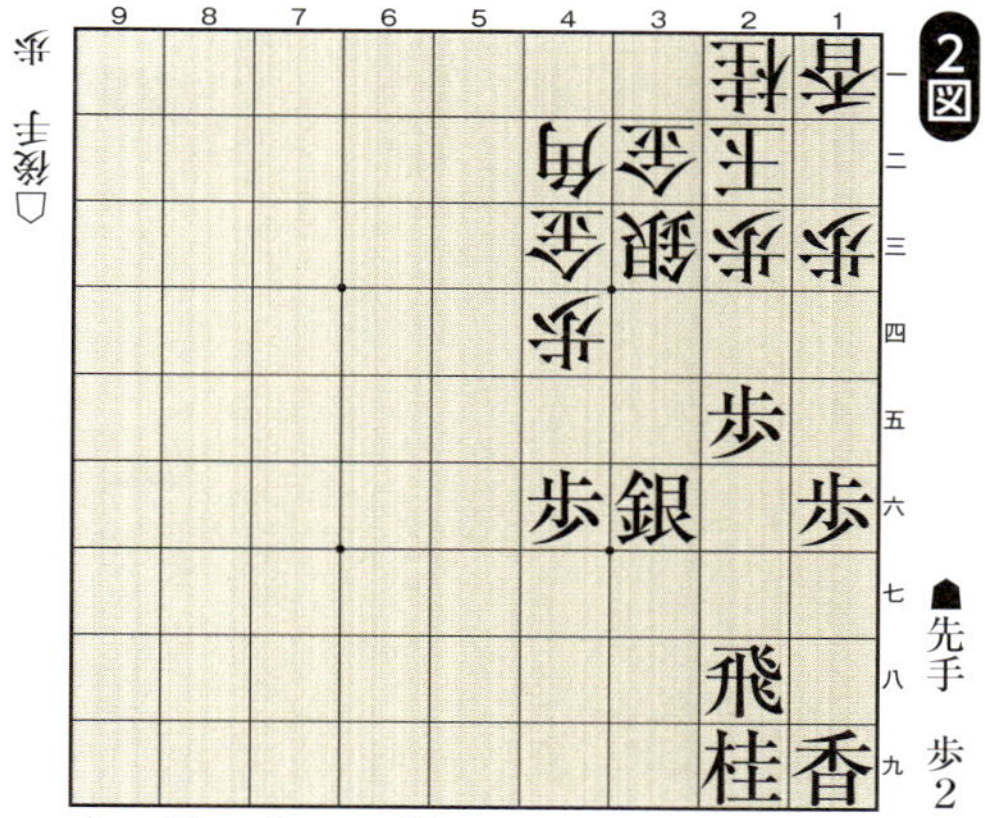

☖後手 歩
☗先手 歩2

持《も》ち駒《ごま》の歩《ふ》は2枚《まい》あるぞ！

3図 [2図より1手目]

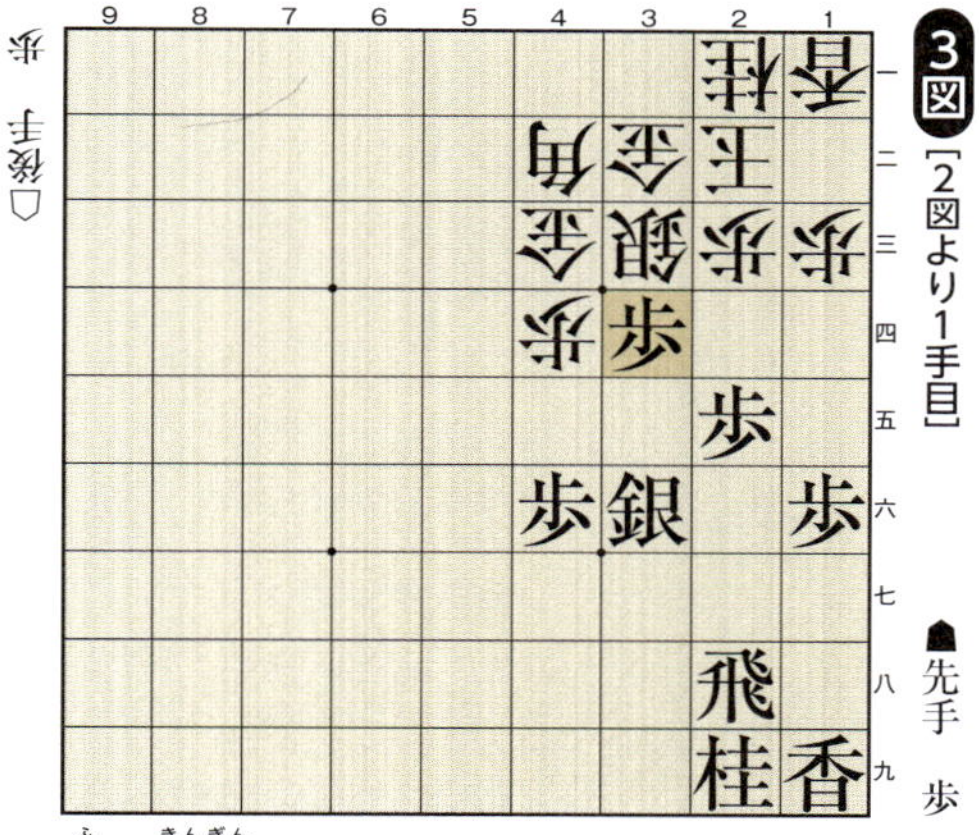

☖後手 歩
☗先手 歩

歩《ふ》で金銀《きんぎん》にプレッシャーをかける！

「敵《てき》の打《う》ちたいところに打《う》て」という格言《かくげん》があるわ。相手《あいて》の攻《せ》めたいマス目《め》に打《う》つと、キズを消《け》すことにつながるの

継《つ》ぎ歩《ふ》

1図
9 8 7 6 5 4 3 2 1
一 二 三 四 五 六 七 八 九
△後手 なし
▲先手 歩
2筋《すじ》の歩《ふ》が五段《だん》まで進《すす》んでいます。
さらに持《も》ち駒《ごま》の歩《ふ》を使《つか》って
飛車《ひしゃ》を活《い》かしましょう

持《も》ち駒《ごま》の歩《ふ》で相手《あいて》にスキをつくる

「継《つ》ぎ歩《ふ》」とは、相手《あいて》の歩《ふ》の頭《あたま》に連続《れんぞく》して歩《ふ》を打《う》って、相手《あいて》の歩《ふ》をつり出《だ》すことで、自分《じぶん》の攻《せ》め駒《ごま》が進《すす》めるマス目《め》をつくる手筋《てすじ》です。合《あ》わせの歩《ふ》に似《に》た手筋《てすじ》で、盤面《ばんめん》と持《も》ち駒《ごま》の歩《ふ》を合《あ》わせて何枚《なんまい》かあるときに使《つか》えます。

継《つ》ぎ歩《ふ》は少《すこ》しむずかしい手筋《てすじ》ですが、**使《つか》い方《かた》をおぼえれば飛車《ひしゃ》を活《い》かしやすくなります。**

ターッ
まだまだ!

歩《ふ》の頭《あたま》に継《つ》ぎ足《た》す それが継《つ》ぎ歩《ふ》

7五の銀《ぎん》がういていることに目《め》をつけ、▲2四歩《ふ》と攻《せ》めます 2図。

2図【1図より1手目】

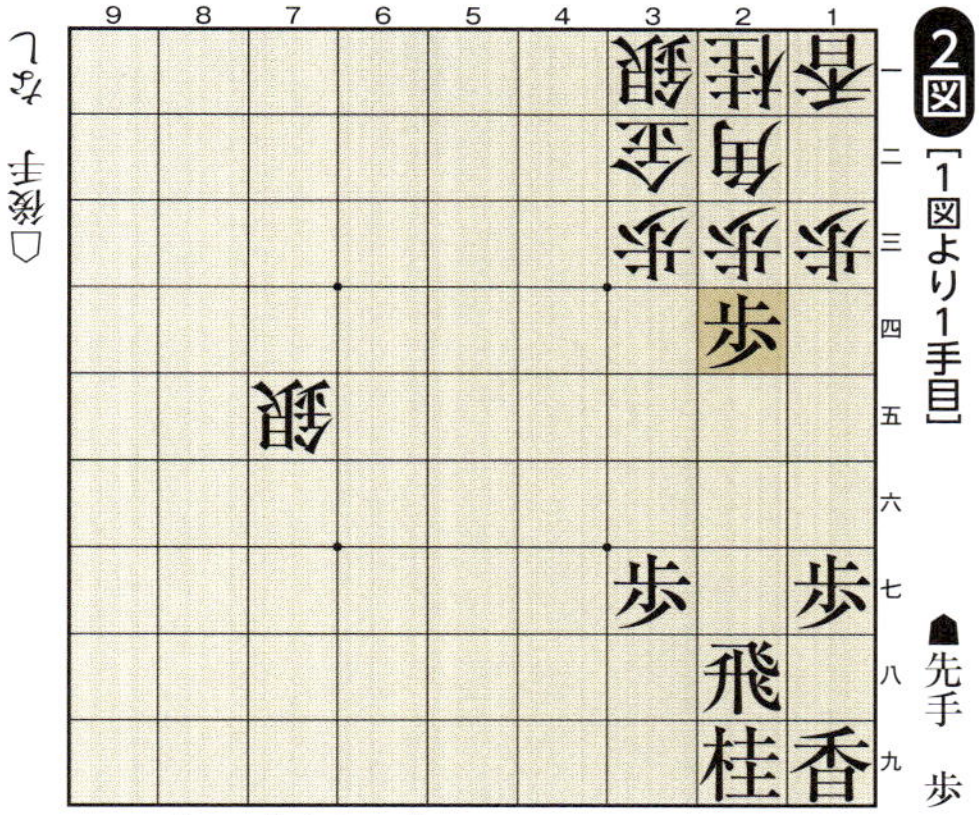

この歩《ふ》は飛車《ひしゃ》を活《い》かすねらいがある。

歩《ふ》をぶつけて相手《あいて》の駒《こま》をつり上《あ》げる

2図で△同歩《どうふ》とされたら、▲2五歩《ふ》と歩《ふ》を継《つ》ぎます。これが継《つ》ぎ歩《ふ》の正《ただ》しい攻《せ》め方《かた》です 3図。後手《ごて》の2筋《すじ》の歩《ふ》をつり上《あ》げます。

3図【2図より2手目】

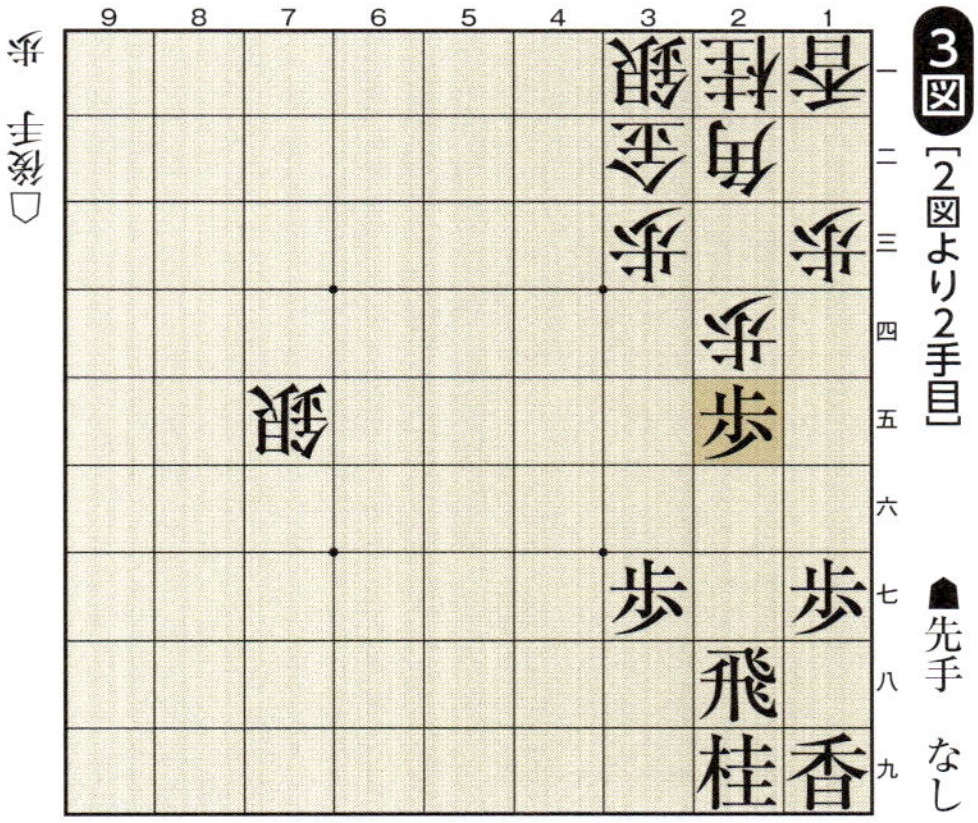

さらに持《も》ち駒《ごま》の歩《ふ》をぶつける。

とても強力《きょうりょく》な十字飛車《じゅうじびしゃ》が決《き》まる

△2五同歩《どうふ》に▲同飛《どうひ》となれば 4図、後手《ごて》は▲2三歩《ふ》と▲7五飛《ひ》の2つの攻《せ》めをふせげません。

このように飛車《ひしゃ》の縦横両方《たてよこりょうほう》の利《き》きで、相手《あいて》の駒《こま》を取《と》るぞとするかたちを十字飛車《じゅうじびしゃ》といいます（→86ページ）。

4図【3図より2手目】

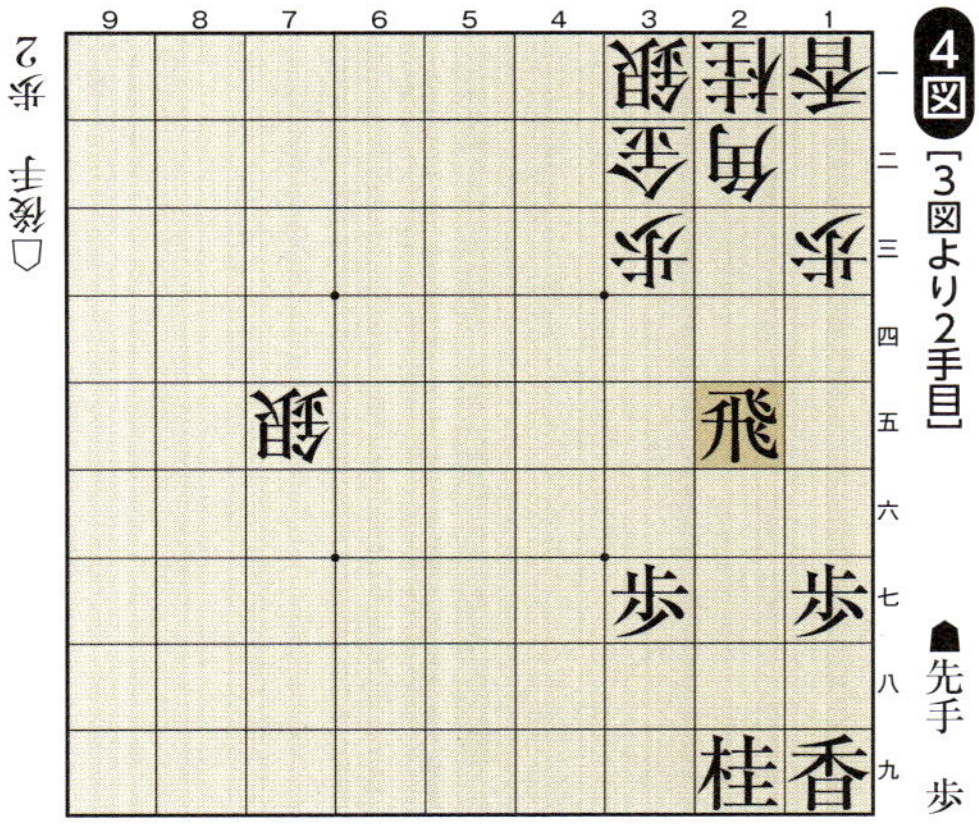

後手《ごて》は2つの攻《せ》めをふせげない。

歩《ふ》の手筋《てすじ》［序盤《じょばん》・中盤《ちゅうばん》］

垂《た》れ歩《ふ》①

1図
9 8 7 6 5 4 3 2 1
一 二 三 四 五 六 七 八 九
香 桂 銀 角 金 歩 歩 歩
歩 歩 飛 香 桂
☖後手 なし
☗先手 歩2
持《も》ち駒《ごま》の歩《ふ》をうまく使《つか》って
と金《きん》をつくることができれば
相手《あいて》の2筋《すじ》を突破《とっぱ》できそうです

垂《た》れ歩《ふ》でと金《きん》をつくって攻《せ》める

1図で▲2三歩《ふ》と打《う》っても、角《かく》をにげられるためイマイチです。正解《せいかい》は▲2四歩《ふ》。後手《ごて》は、つぎの▲2三歩成《ふなり》が止《と》めにくくなります。と金《きん》をつくることができれば、飛車先《ひしゃさき》の突破《とっぱ》や駒得《こまどく》がねらえます。

▲2四歩《ふ》のように、つぎにと金《きん》をつくるために二～四段目《だんめ》に持《も》ち駒《ごま》の歩《ふ》を打《う》つことを**「垂《た》れ歩《ふ》」**といいます。**歩《ふ》はそのままでは弱《よわ》い駒《こま》ですが、と金《きん》になると一気《いっき》に強《つよ》い駒《こま》へとパワーアップします。**

きびしいところに歩《ふ》を打《う》って垂《た》らす！

垂《た》れ歩《ふ》の別《べつ》の例《れい》を見《み》ていきましょう。2図では☗7七桂《けい》もありますが、この場《ば》合《あい》はよわい攻《せ》めです。

相《あい》手《て》陣《じん》の深《ふか》いところにと金《きん》をつくれた！

☗7二歩《ふ》がと金《きん》づくりをねらった「垂《た》れ歩《ふ》」です（3図）。後《ご》手《て》はわかっていても、つぎの☗7一歩《ふ》成《なり》を止《と》められません。

と金《きん》ができて攻《せ》めやすくなった！

☗7一歩《ふ》成《なり》が成《せい》功《こう》すれば（4図）、☗8一とで桂《けい》を取《と》ってから、☗7三飛《ひ》成《なり》をねらう手《て》があります。

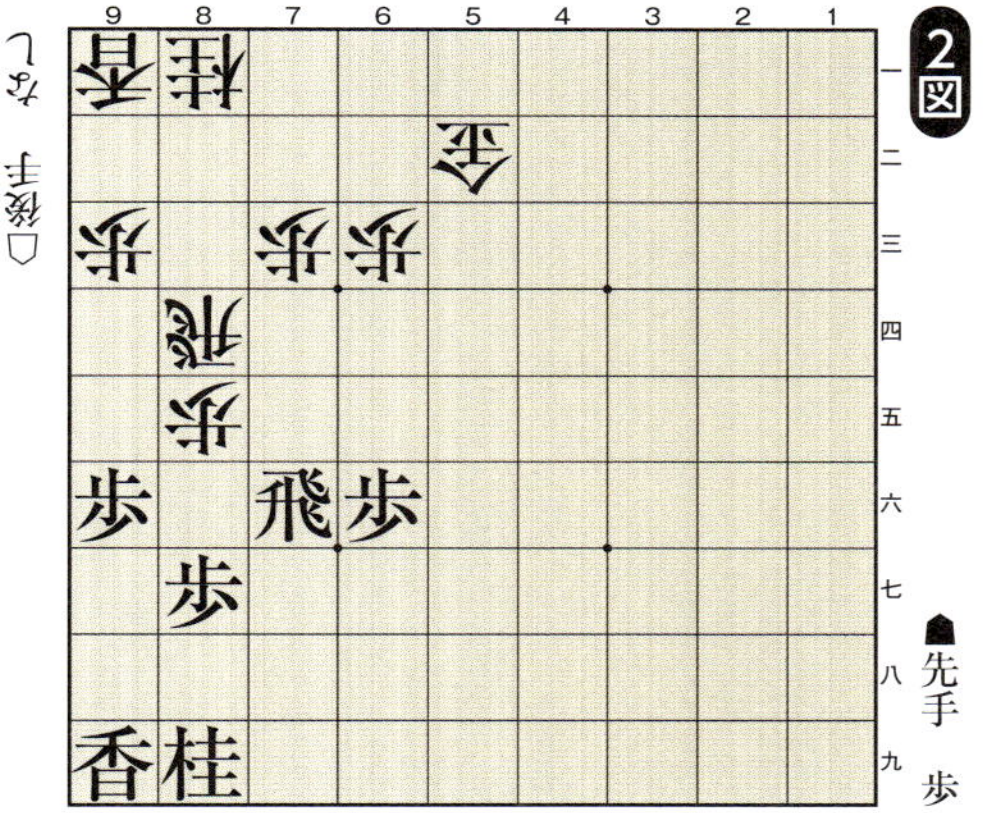
2図
☗先手　歩
☖後手　なし

☗7七桂《けい》よりも強《つよ》い攻《せ》めをかんがえよう。

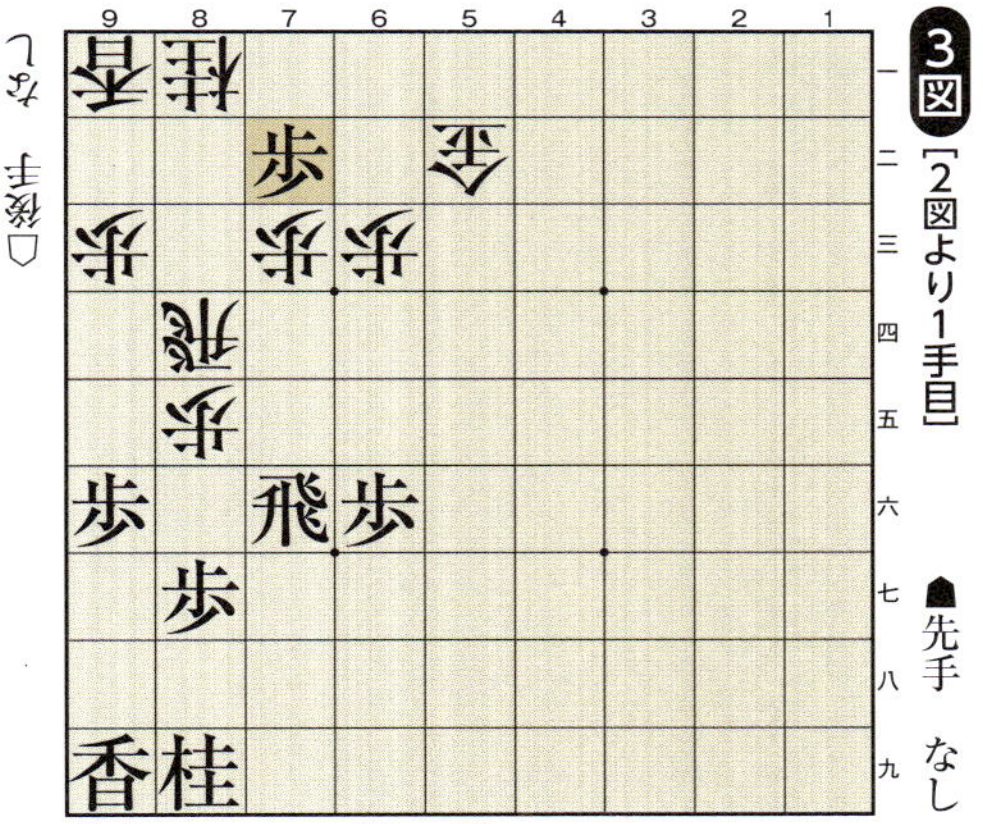
3図
［2図より1手目］
☗先手　なし
☖後手　なし

後《ご》手《て》は7一を守《まも》る駒《こま》がいない。

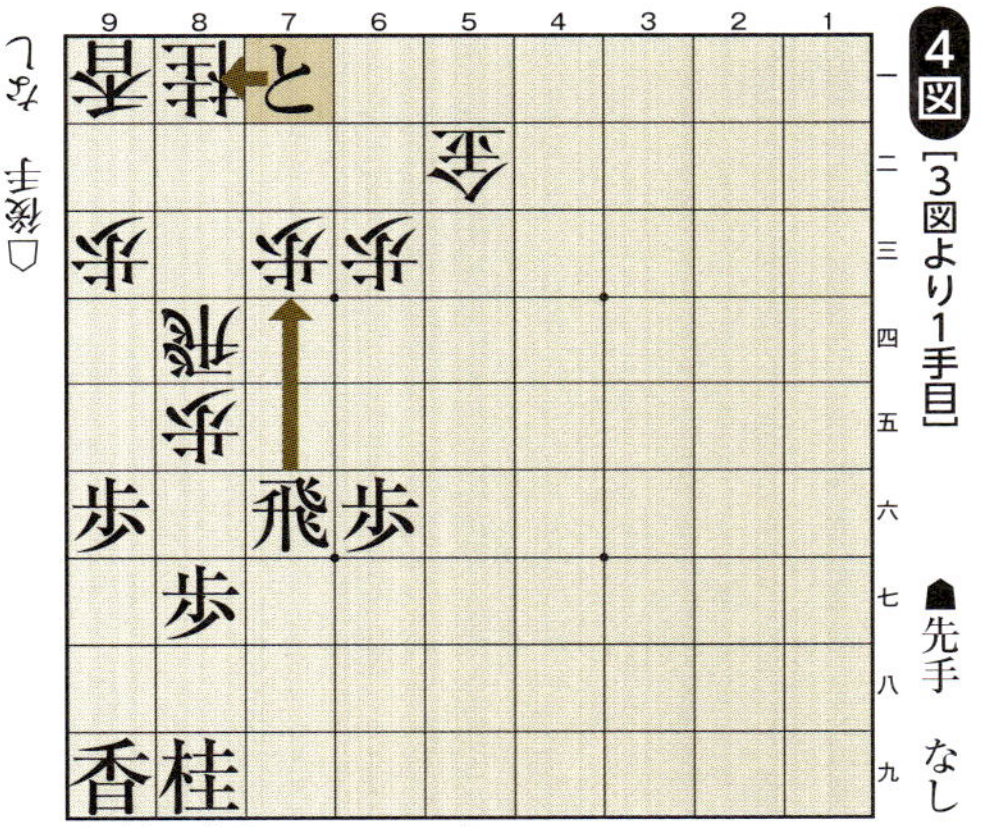
4図
［3図より1手目］
☗先手　なし
☖後手　なし

と金《きん》と竜《りゅう》があれば攻《せ》めはバッチリ。

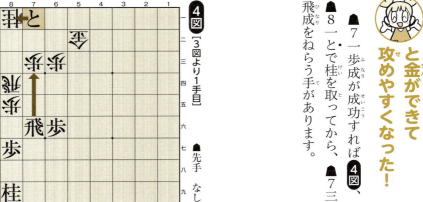

歩《ふ》の手筋《てすじ》［序盤《じょばん》・中盤《ちゅうばん》］

連《れん》打《だ》の歩《ふ》

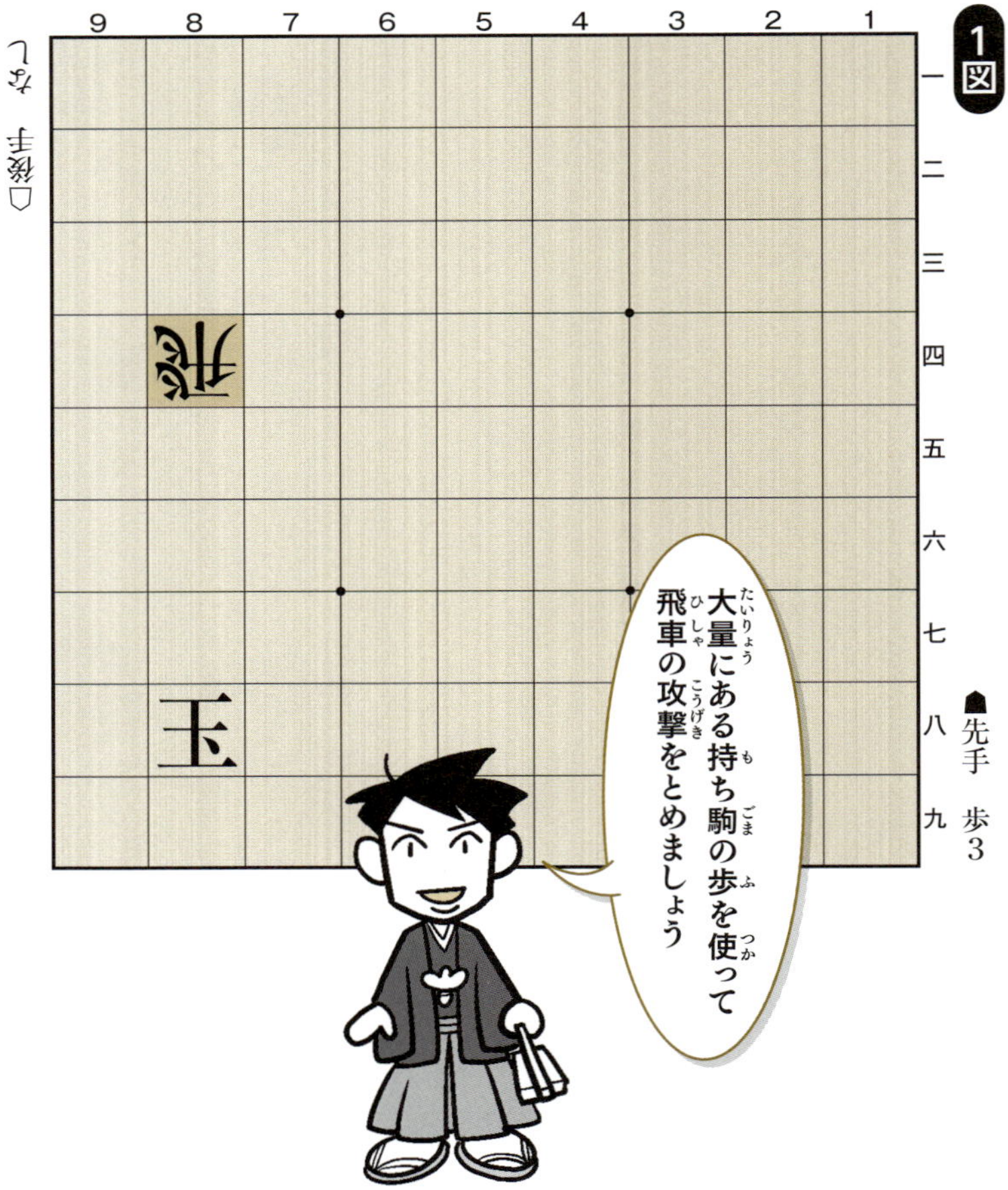
1図
後手 なし
先手 歩3
飛
玉
大量《たいりょう》にある持《も》ち駒《ごま》の歩《ふ》を使《つか》って
飛車《ひしゃ》の攻撃《こうげき》をとめましょう

飛車《ひしゃ》の頭《あたま》を連続《れんぞく》でたたく

1図は、先手《せんて》の玉《ぎょく》が飛車《ひしゃ》に王手《おうて》をかけられたところです。よくある※受《う》けは▲8七歩《ふ》ですが、歩《ふ》の持《も》ち駒《ごま》が多《おお》いときはほかの受《う》けもあります。

▲8五歩《ふ》△同飛《どうひ》▲8六歩《ふ》△同飛《どうひ》▲8七歩《ふ》と、飛車《ひしゃ》の頭《あたま》を連続《れんぞく》でたたいて受《う》けるのです。後手《ごて》も飛車取《ひしゃと》りがつづくので、ほかの手《て》を指《さ》す余裕《よゆう》がありません。持《も》ち駒《ごま》の歩《ふ》を多《おお》く使《つか》いますが、守《まも》りつつ反撃《はんげき》に出《で》ることができます。

このような手筋《てすじ》を「連打《れんだ》の歩《ふ》」といいます。飛車《ひしゃ》や香《きょう》に対《たい》して使《つか》われやすい手筋《てすじ》です。

※相手《あいて》の攻《せ》めをふせぐこと。相手《あいて》の攻《せ》め駒《ごま》を取《と》ったり、それ以上《いじょう》進《すす》ませないようにすることも受《う》けである。

相手《あいて》の飛車先《ひしゃさき》を連打《れんだ》の歩《ふ》でとめる

では、2図でよい受《う》けをかんがえてみましょう。後手《ごて》が△8六歩《ふ》と垂《た》らしてから△8七歩成《ふなり》と、と金《きん》をつくってきたところです。

2図

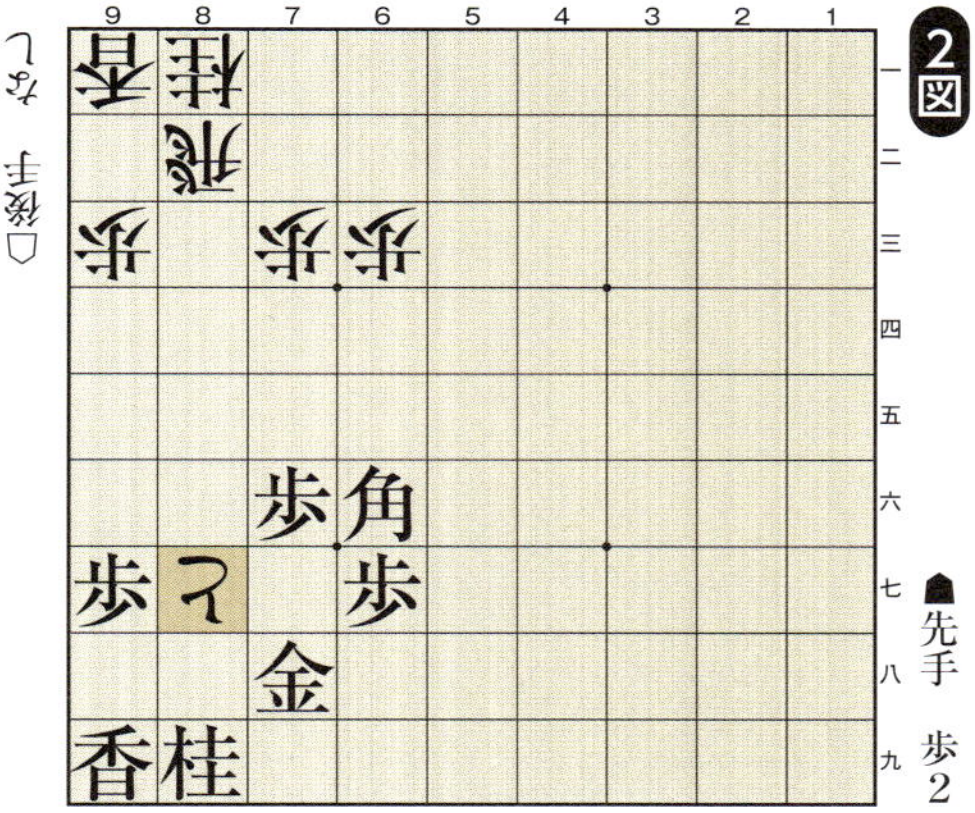

と金《きん》と飛車《ひしゃ》の強力《きょうりょく》な攻《せ》めだ！

飛車《ひしゃ》の頭《あたま》を連続《れんぞく》でたたく！

大《だい》ピンチですが、ここでは▲8三歩《ふ》△同飛《どうひ》▲8四歩《ふ》と、連打《れんだ》の歩《ふ》で受《う》けることができます3図。

3図【2図より3手目】

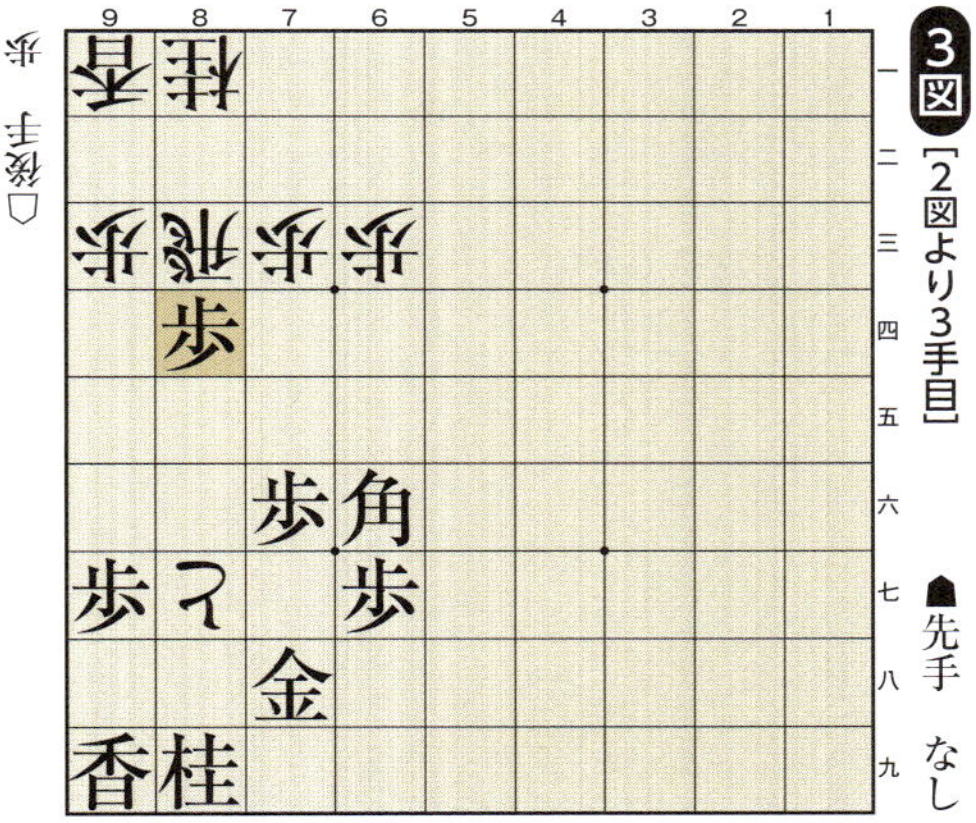

△同飛《どうひ》は▲同角《どうかく》があるから指《さ》せない。

と金《きん》を取《と》って守《まも》りきった！

後手《ごて》は△8二飛《ひ》とにげますが、そこで▲8七金《きん》とと金《きん》を取《と》り、8筋《すじ》の攻《せ》めをふせぐことができました4図。

4図【3図より2手目】

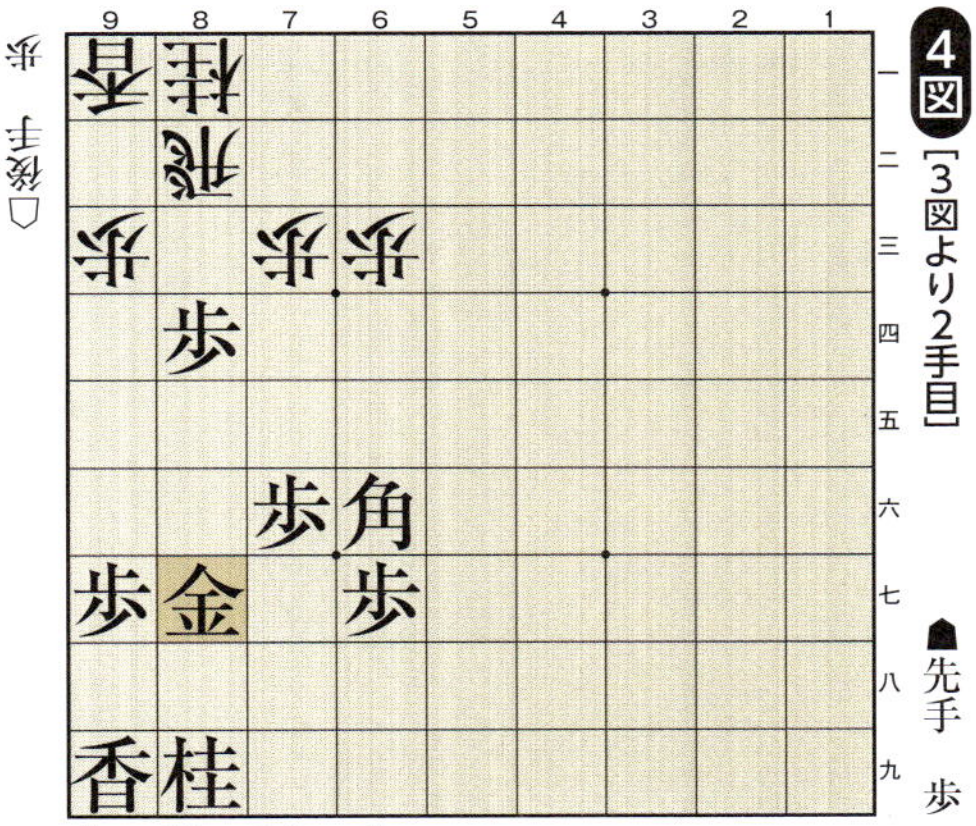

歩《ふ》2枚《まい》で強《つよ》い攻《せ》めをふせいだ！

歩《ふ》の手筋《てすじ》 [序盤《じょばん》・中盤《ちゅうばん》]

端攻《はしぜ》め①

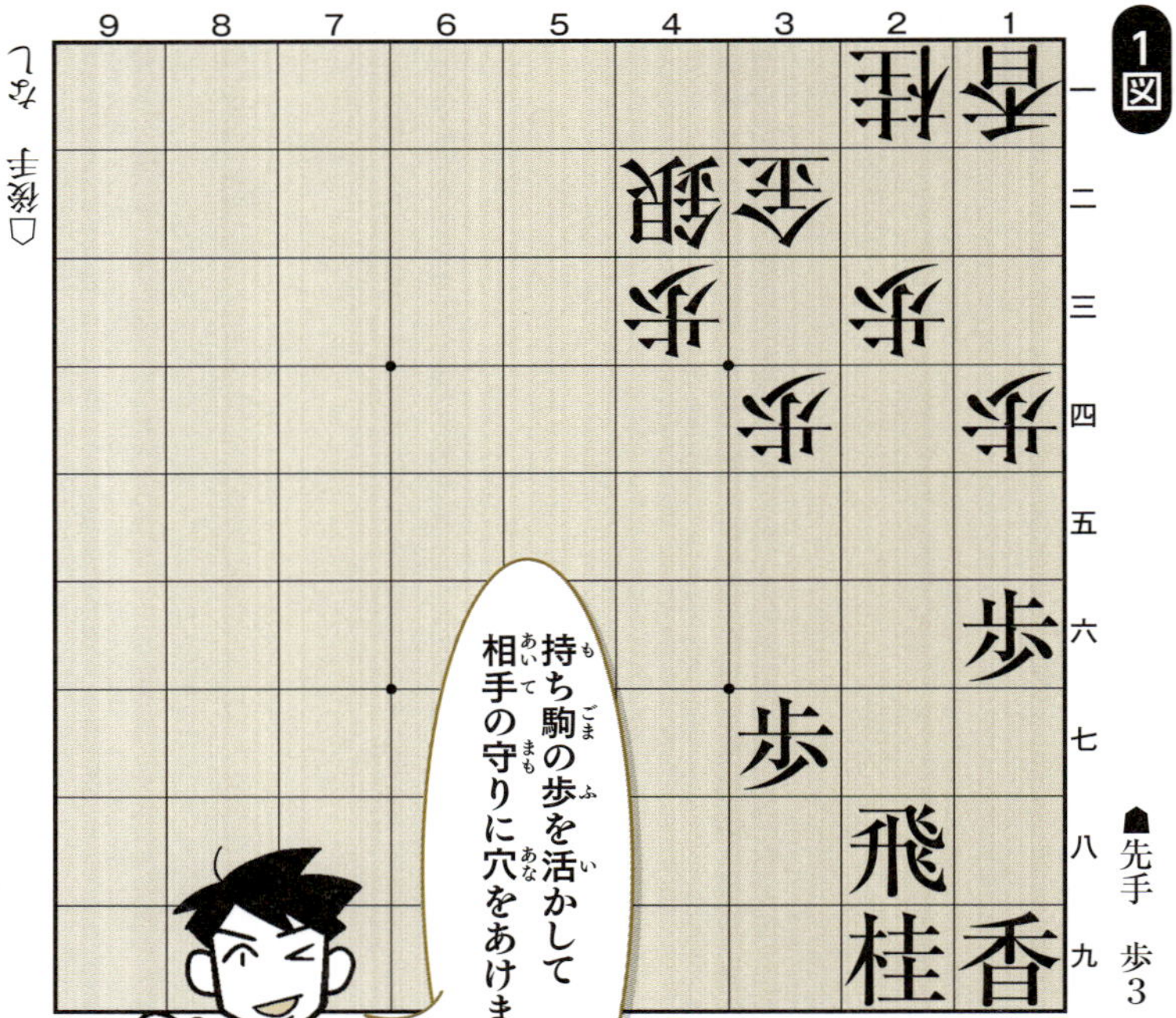
1図
9 8 7 6 5 4 3 2 1
一 二 三 四 五 六 七 八 九
▲先手 歩3
△後手 なし

持《も》ち駒《ごま》の歩《ふ》を活《い》かして
相手《あいて》の守《まも》りに穴《あな》をあけましょう

歩《ふ》を3枚《まい》持《も》ったら継《つ》ぎ歩《ふ》と端攻《はしぜ》め

「端攻《はしぜ》め」とは、歩《ふ》と香《きょう》がいる1筋《すじ》あるいは9筋《すじ》を攻める手筋《てすじ》です。

ただし、1図でむやみに▲1五歩《ふ》△同歩《どうふ》▲同香《どうきょう》△同香《どうきょう》と攻《せ》めてもうまくいきません。

しかし、持《も》ち駒《ごま》に歩《ふ》がたくさんあるときはちがいます。つまり、**1図は端攻《はしぜ》めをねらう、絶好《ぜっこう》の局《きょく》面《めん》です。**

ねらいは1～2筋《すじ》の桂《けい》や香《きょう》です。歩《ふ》を使《つか》って、香《きょう》をつり上《あ》げてみましょう。

「3歩《ぶ》持《も》ったら継《つ》ぎ歩《ふ》と端攻《はしぜ》め」
という格言《かくげん》があるんだって！

端《はし》の1筋《すじ》に歩《ふ》をぶつけていく

1図では、▲1五歩《ふ》△同《どう》歩《ふ》▲1三歩《ふ》と攻《せ》めます2図。

後手《ごて》が桂《けい》で受《う》けてきたら……

△1三同桂《どうけい》には、2図でマス目《め》をあけた▲1四歩《ふ》で桂《けい》を取《と》れます3図。相手《あいて》が桂損《けいぞん》をいやがって1三歩《ふ》をほうっておけば、▲1五香《きょう》▲で歩《ふ》を取《と》ります。

後手《ごて》の香《きょう》をつり上《あ》げることができたら……

2図から△1三同香《どうきょう》には、▲1四歩《ふ》△同香《どうきょう》とつり上《あ》げます。さらに▲2四歩《ふ》△同歩《どうふ》▲同飛《どうひ》となり、香取《きょうと》りと桂取《けいと》りの十字飛車《じゅうじびしゃ》（→86ページ）です4図。

2図［1図より3手目］

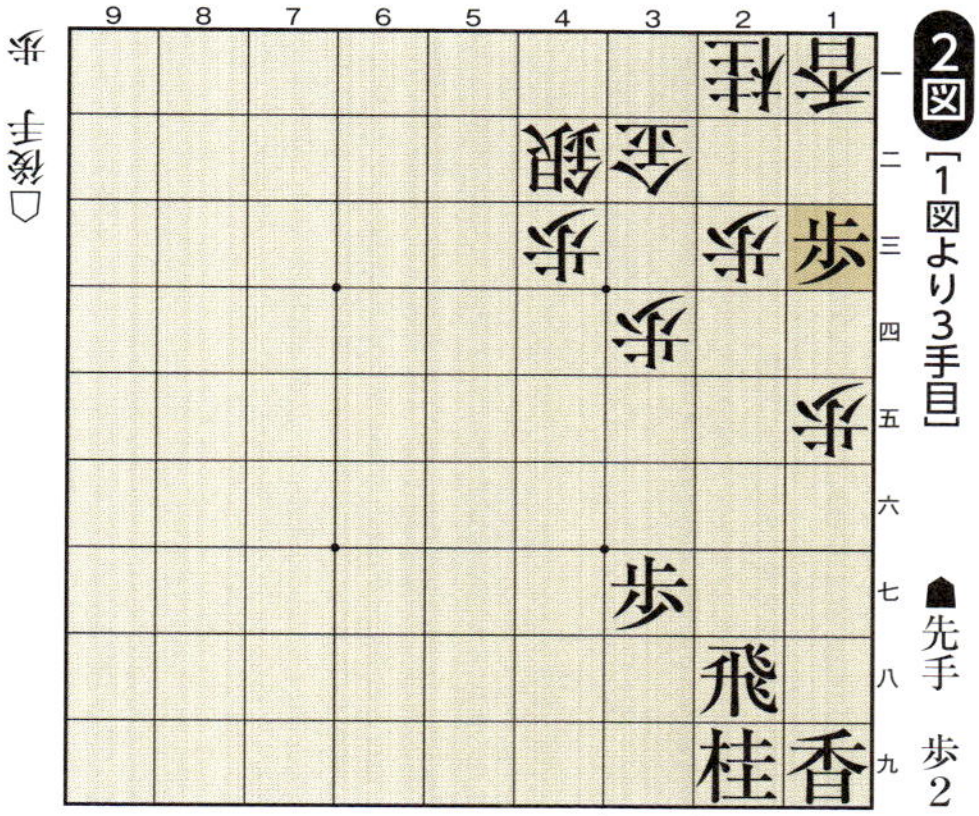

1四をあけてから1三に歩《ふ》を打《う》ちこむ！

3図［2図より2手目］

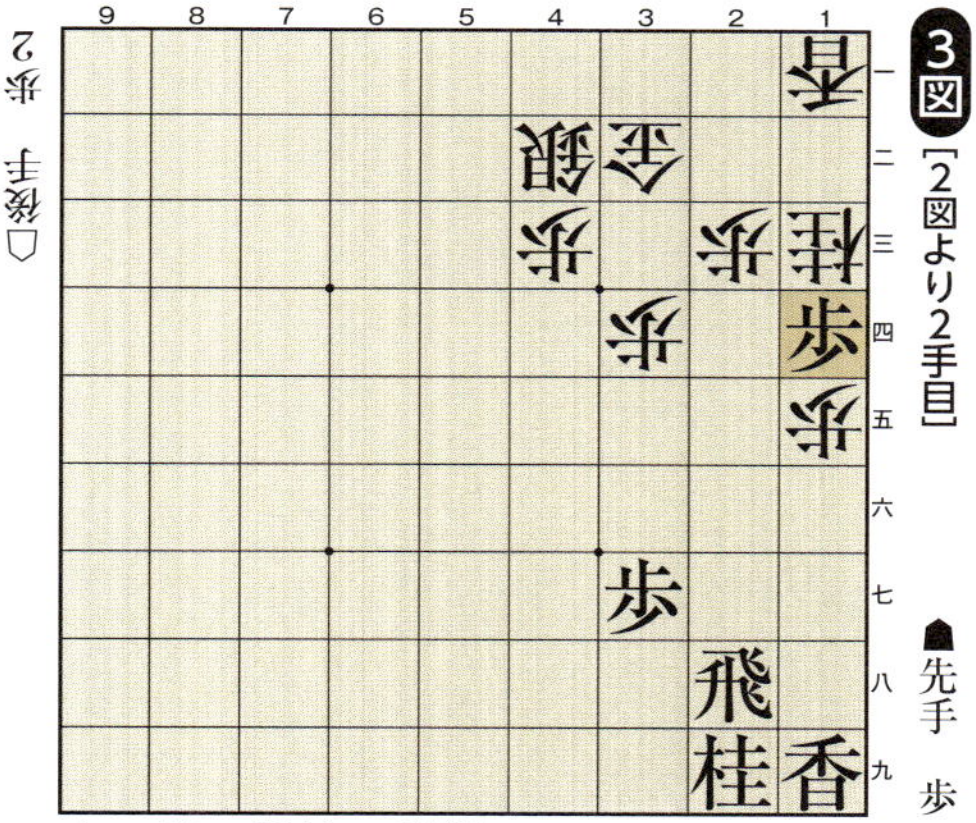

歩《ふ》と桂《けい》の交換《こうかん》で駒得《こまどく》だ！

4図［2図より6手目］

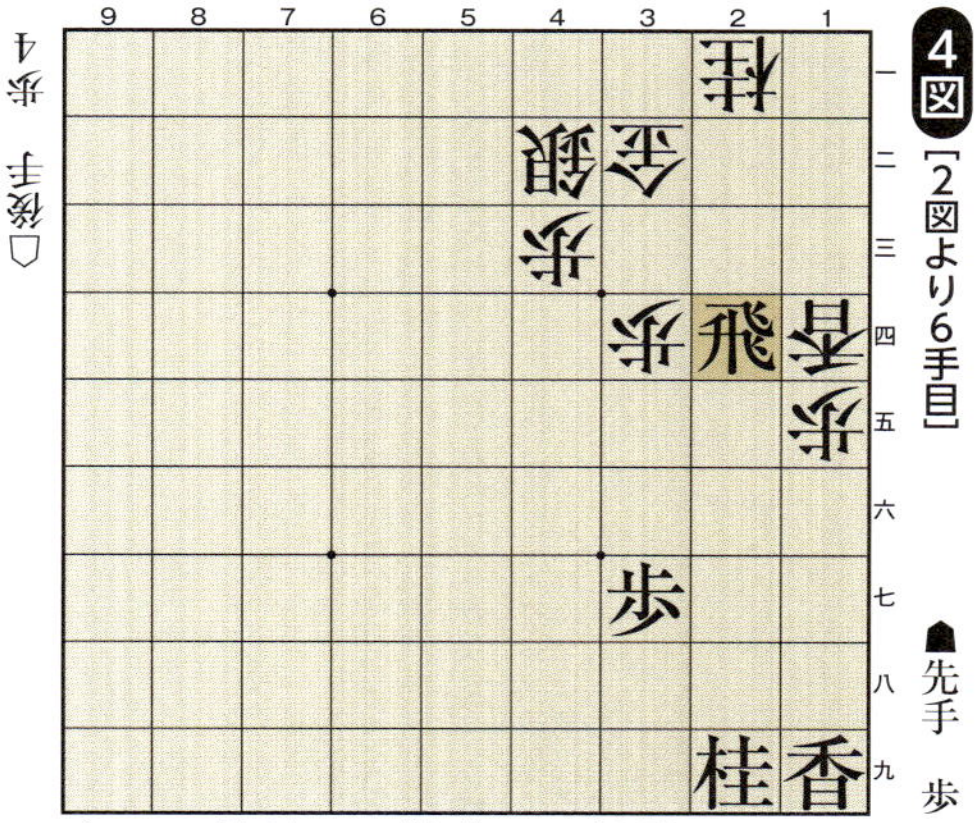

歩《ふ》を3枚使《まいつか》って端攻《はしぜ》めに成功《せいこう》！

【練習問題《れんしゅうもんだい》】序盤《じょばん》・中盤《ちゅうばん》の歩《ふ》の手筋《てすじ》を使《つか》ってみよう

【問題1】つぎの一手《いって》は？

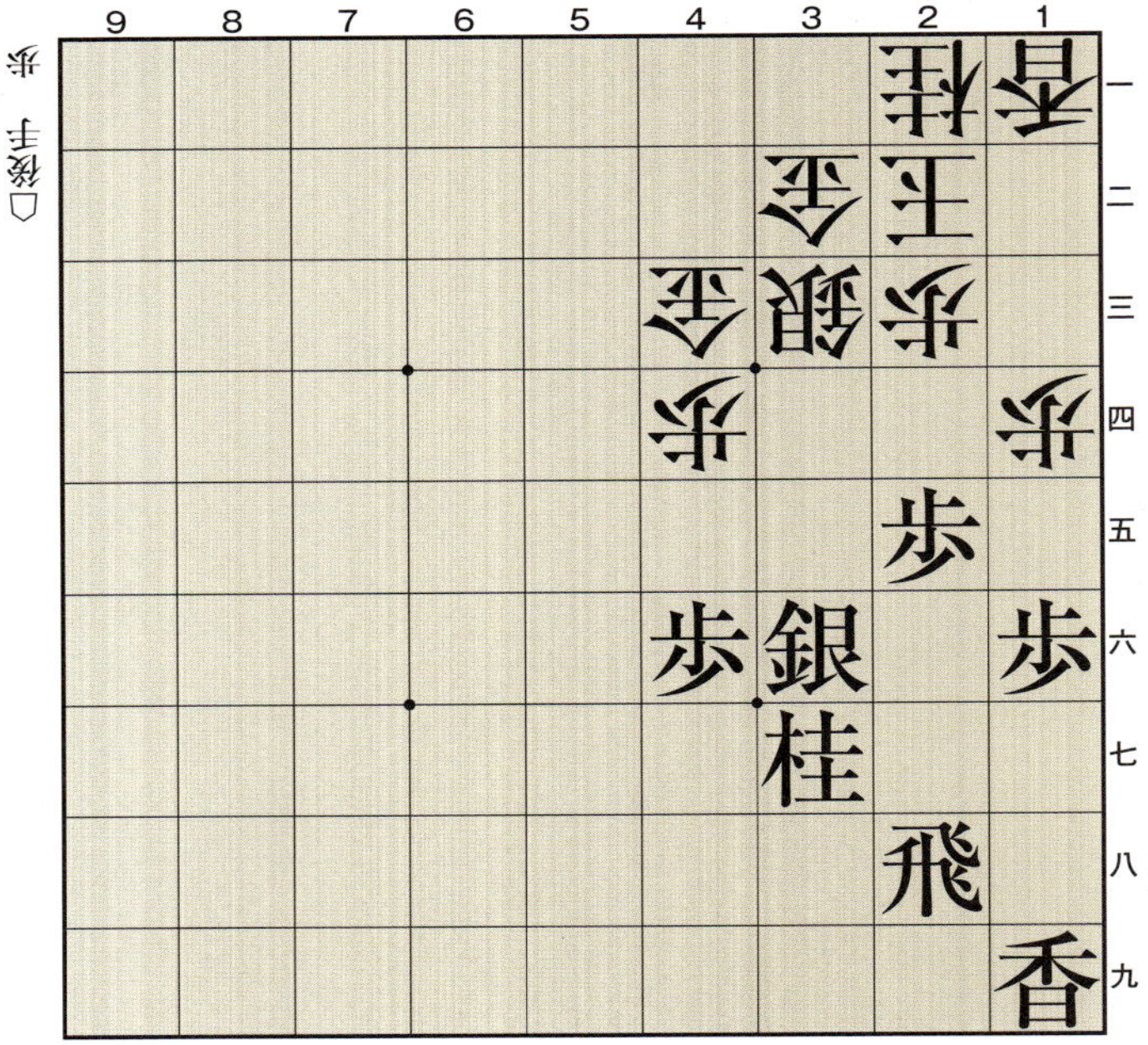

ヒント
後手《ごて》は3四にスキがあるため、歩《ふ》できびしい一手《いって》を打《う》てます。

【問題2】つぎの一手《いって》は？

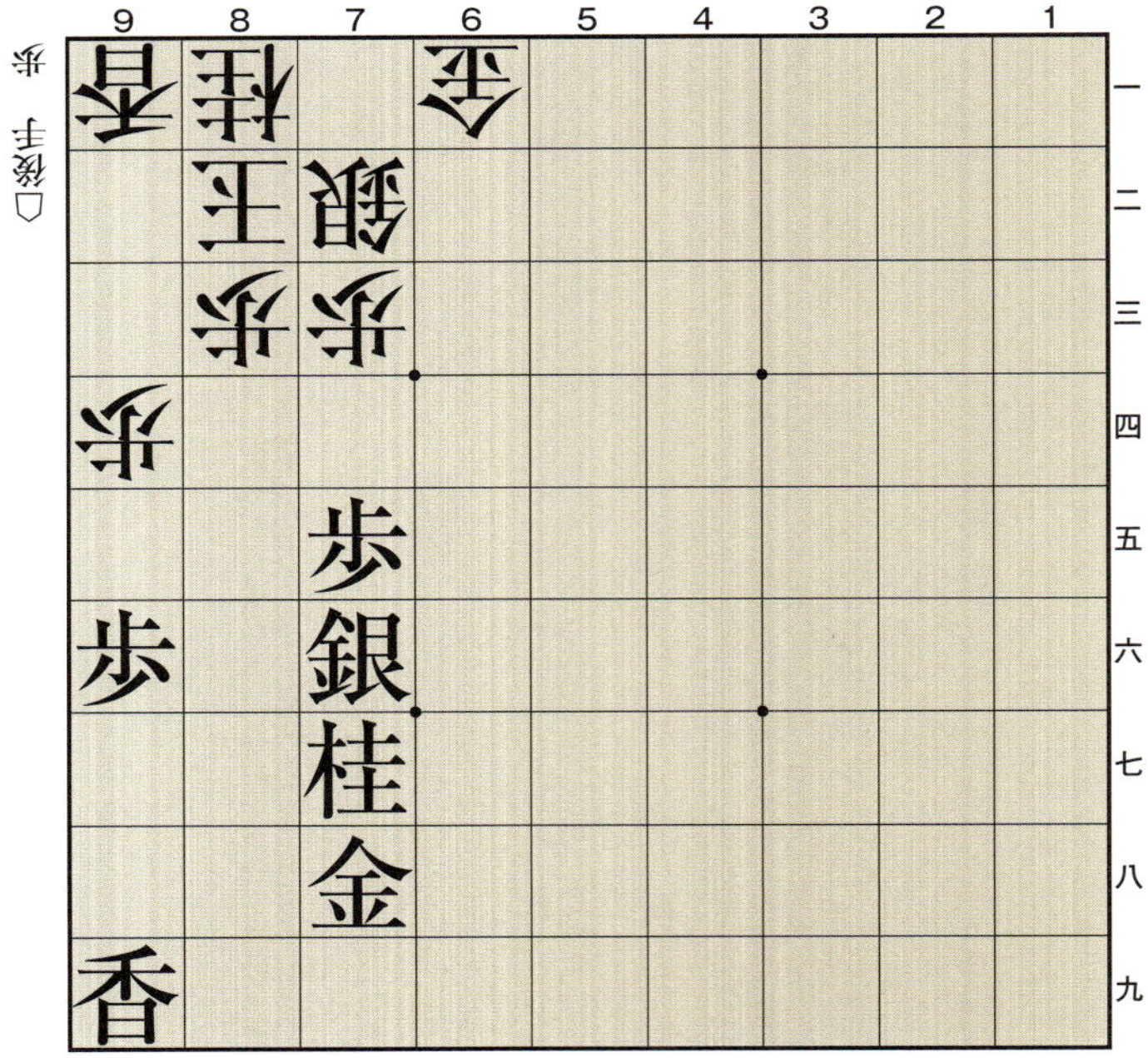

ヒント
後手《ごて》の守《まも》りはかたいですが、持《も》ち駒《ごま》に歩《ふ》が多《おお》いので、端攻《はしぜ》めと継《つ》ぎ歩《ふ》がねらえそうです。

答え

▲3四歩《ふ》（1図）

△4二銀《ぎん》 ▲2四歩《ふ》 △同歩《どうふ》 ▲同飛《どうひ》 △2三歩《ふ》 ▲2八飛《ひ》（2図）

1図

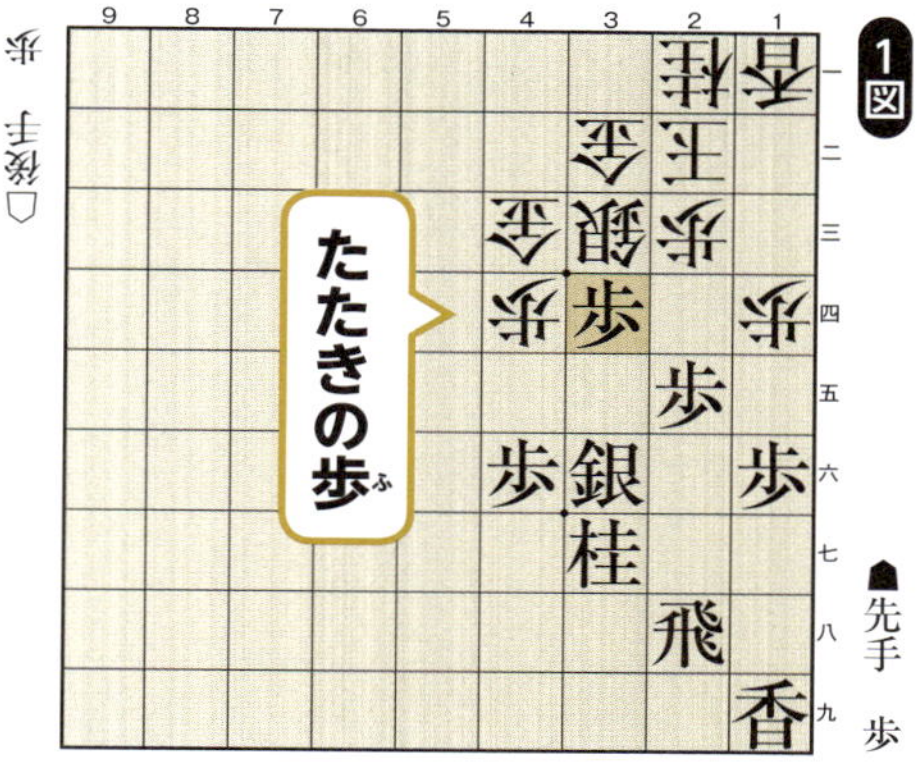
たたきの歩《ふ》
後手
先手 歩

先手《せんて》は３筋《すじ》のキズを消《け》される前《まえ》に歩《ふ》をたたきます。△同銀《どうぎん》でも△同金《どうきん》でも、▲３五歩《ふ》で駒得《こまどく》できます。

2図

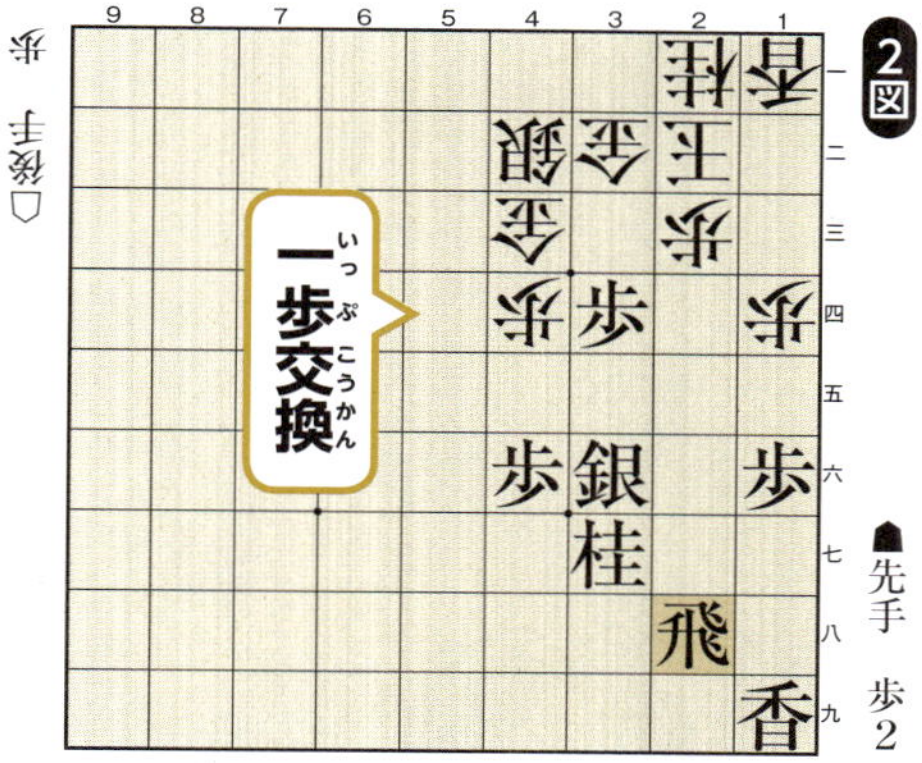
一歩交換《いっぷこうかん》
後手
先手 歩2

後手《ごて》が銀《ぎん》を引《ひ》いたら、一歩交換《いっぷこうかん》で歩《ふ》を持《も》ち駒《ごま》にできます。飛車先《ひしゃさき》の交換《こうかん》で、飛車《ひしゃ》も使《つか》いやすくなります。

答え

▲9五歩《ふ》 △同歩《どうふ》 ▲9三歩《ふ》（3図）

▲8四歩《ふ》 △同歩《どうふ》 ▲8五歩《ふ》 △同歩《どうふ》 ▲8四歩《ふ》（参考図）

3図

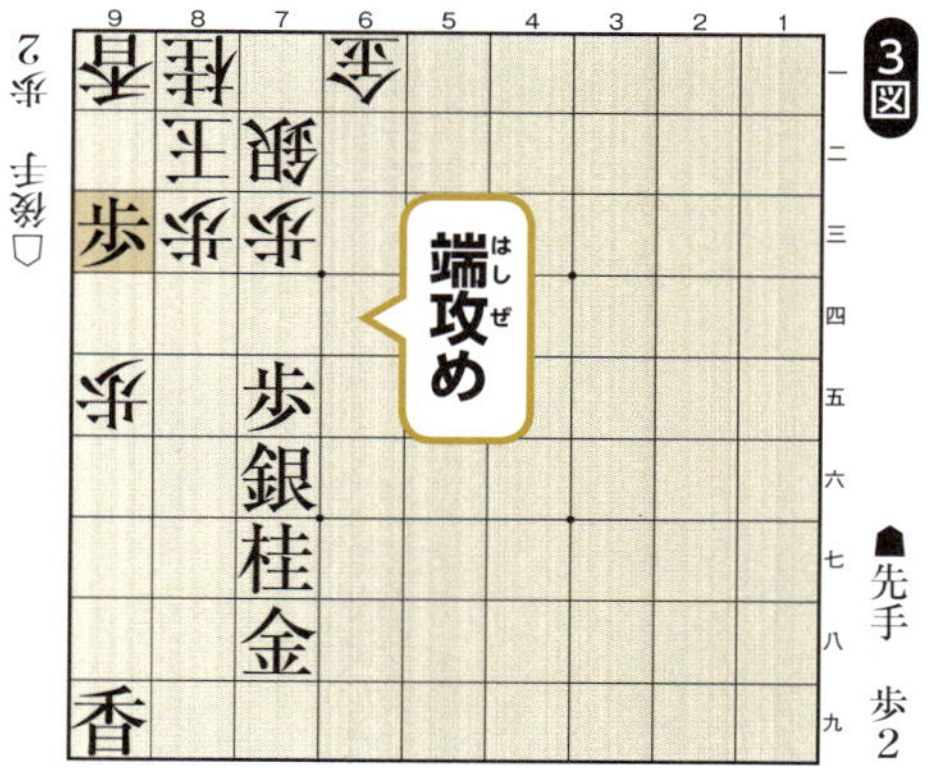
端攻《はしぜ》め
後手 歩2
先手 歩2

このあと△９三同香《どうきょう》には、▲９四歩《ふ》△同香《どうきょう》▲８五銀《ぎん》で動《うご》けなくなった香《きょう》を取《と》りに行《い》けます。

参考図

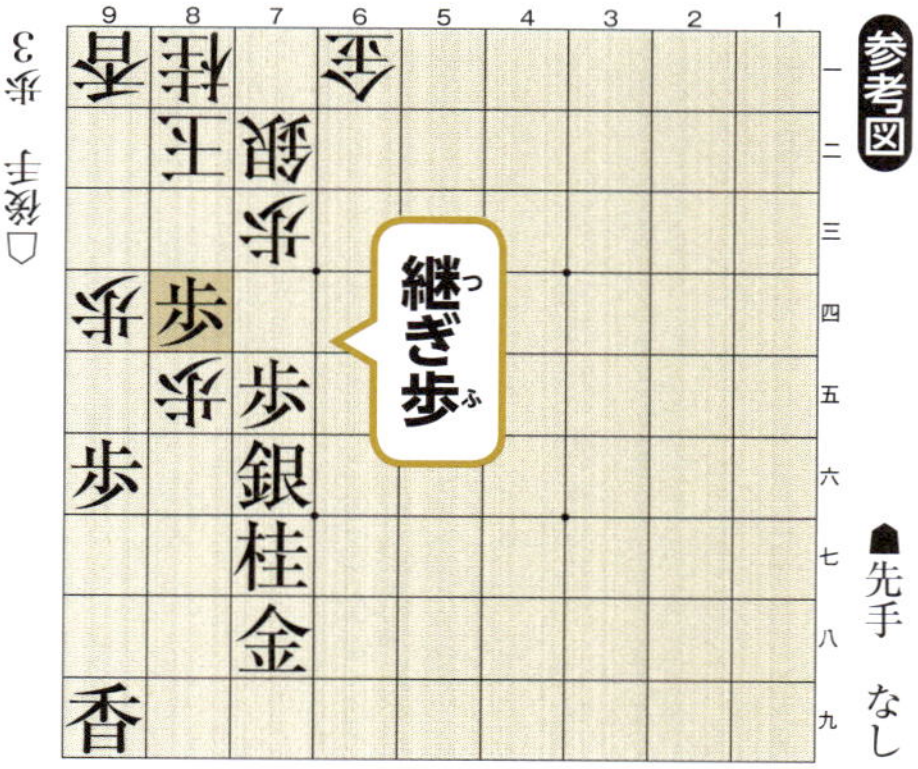
継《つ》ぎ歩《ふ》
後手 歩3
先手 なし

問題《もんだい》２は継《つ》ぎ歩《ふ》で攻《せ》める手《て》もあります。▲８四歩《ふ》で玉頭《ぎょくとう》に垂《た》れ歩《ふ》をつくって攻《せ》めています。

香《きょう》・桂《けい》は攻守《こうしゅ》に活《い》かす

攻《せ》めの香《きょう》・桂《けい》と守《まも》りの香《きょう》・桂《けい》

序盤《じょばん》で玉《ぎょく》の近《ちか》くにいる香《きょう》と桂《けい》は、守《まも》りの駒《こま》として使《つか》います。とおくまでとどく利《き》きを活《い》かして、とおくからの攻《せ》めをふせぎましょう。

一方《いっぽう》、玉《ぎょく》からはなれている香《きょう》と桂《けい》は、攻《せ》めに使《つか》います。序盤《じょばん》・中盤《ちゅうばん》では、攻《せ》めの桂《けい》を活躍《かつやく》させるのがポイントです。香《きょう》は序盤《じょばん》のあいだはあまり活躍《かつやく》するチャンスがありませんが、大事《だいじ》な駒《こま》なのでタダで取《と》られることのないように気《き》をつけましょう。

それぞれ、実際《じっさい》に見《み》てみましょう。

攻《せ》めの桂《けい》を活《い》かせているか

1図は攻《せ》めにくわわっている駒《こま》の数《かず》で、後手《ごて》が有利《ゆうり》です。

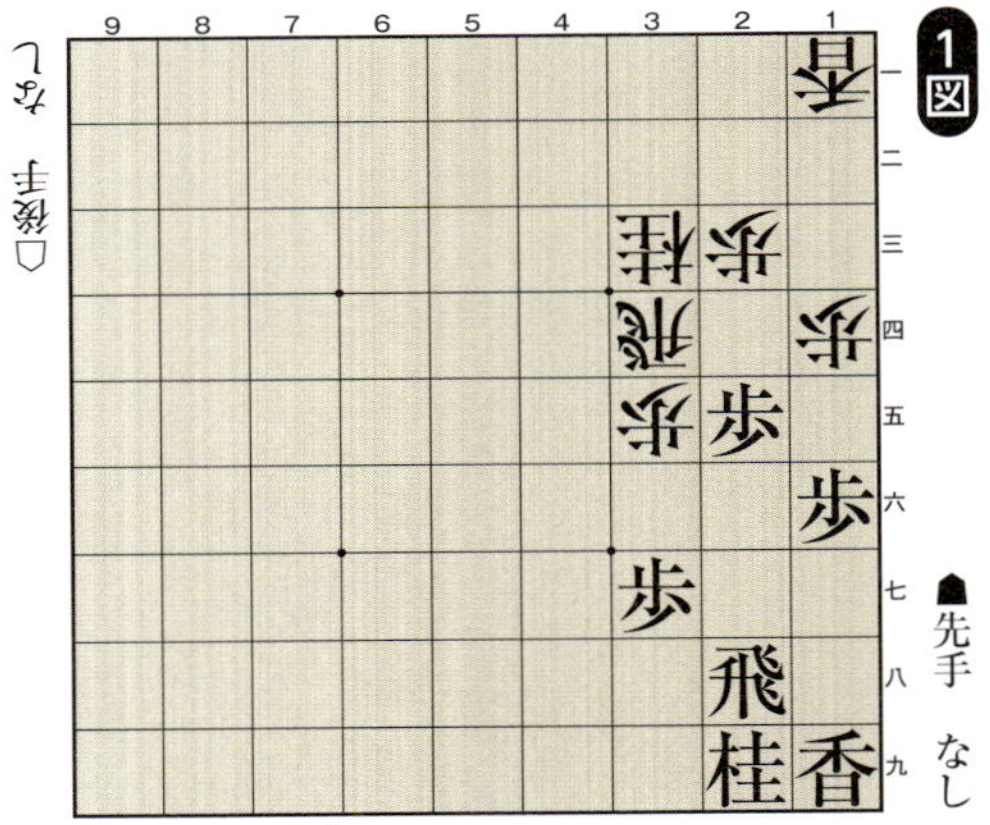
1図
▲先手 なし
△後手 なし

後手《ごて》は桂《けい》も攻《せ》めにくわわっている。

後手《ごて》の桂《けい》は、3三へと前進《ぜんしん》してよい攻《せ》めができています。一方《いっぽう》、先手《せんて》の桂《けい》は2九のまま。3筋《すじ》で後手《ごて》に押《お》されていて、うまく攻《せ》めに活《い》かせていません。

このままでは、駒《こま》の数《かず》で上回《うわまわ》っている後手《ごて》に突破《とっぱ》されてしまいます。

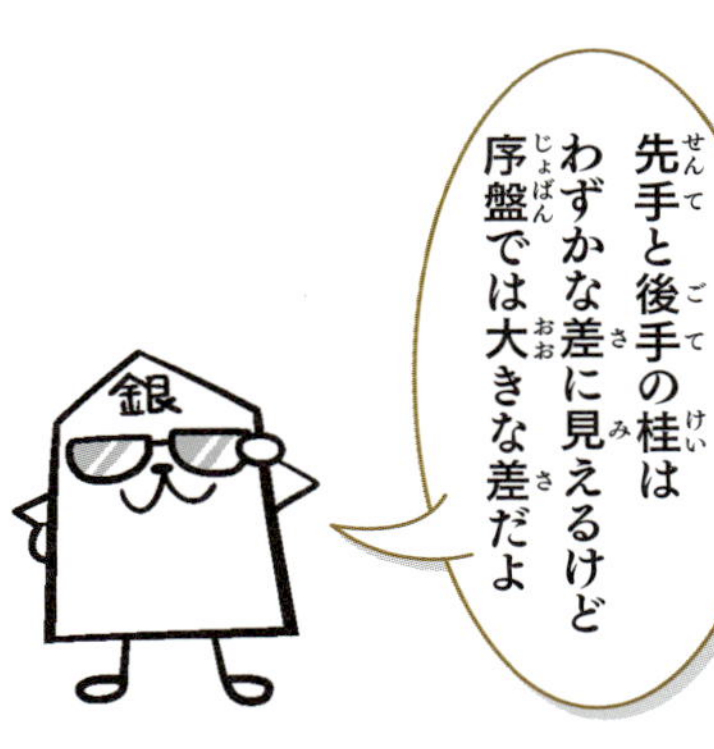
先手《せんて》と後手《ごて》の桂《けい》はわずかな差《さ》に見《み》えるけど序盤《じょばん》では大《おお》きな差《さ》だよ

※駒損《こまぞん》とは、駒《こま》をタダで取《と》られたり、価値《かち》のひくい駒《こま》で価値《かち》の高《たか》い駒《こま》を取《と》られること。

攻《せ》めに活《い》かせない香《きょう》はどうする？

2図は、後手《ごて》が※居飛車《いびしゃ》、先手《せんて》は※振《ふ》り飛車《びしゃ》です。９九の香《きょう》は攻《せ》めに使《つか》いにくいですが、タダで取《と》られたくはありません。歩《ふ》をはさんで２二の角《かく》にねらわれていますが、このまま大丈夫《だいじょうぶ》でしょうか。

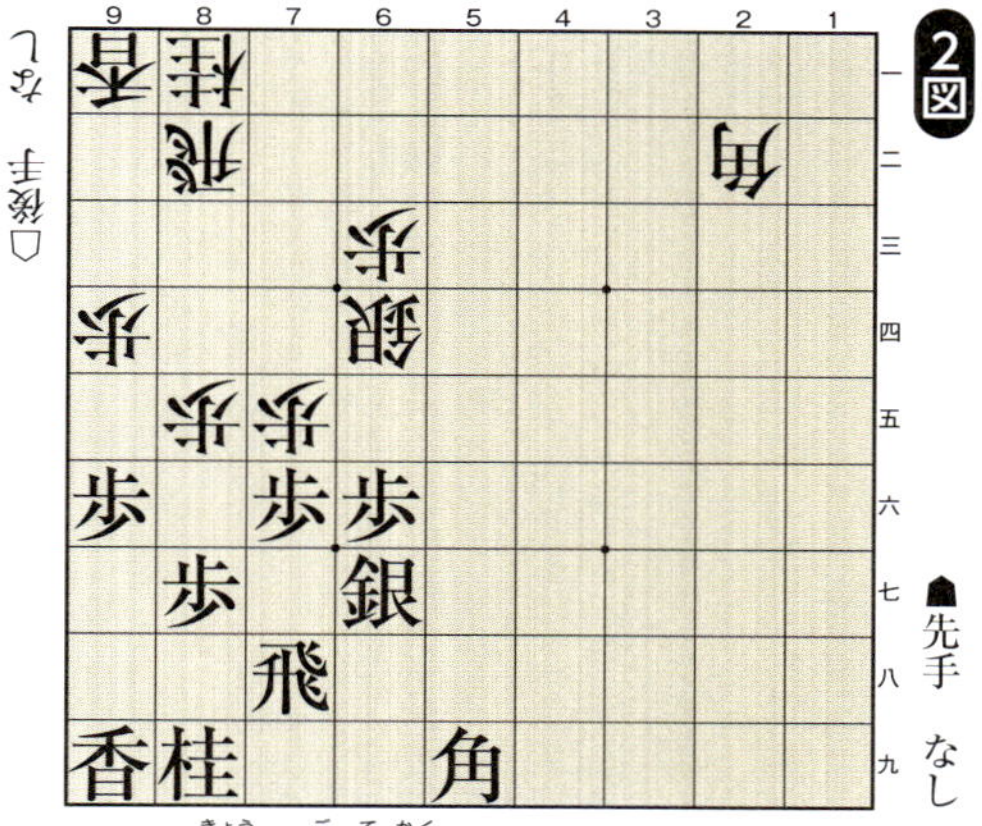
2図
▲先手　なし
△後手　なし

９九の香《きょう》を後手《ごて》角《かく》がねらっている。

香《きょう》のタダ損《ぞん》をふせいでおこう

2図からは、▲９八香《きょう》と上《あ》がるのが振《ふ》り飛車《びしゃ》でよく出《で》てくる手《て》です 3図。後手《ごて》の角《かく》の利《き》きが自陣《じじん》までとおったときに、△９九角成《かくなり》と香《きょう》を取《と》られるのをふせぎます。

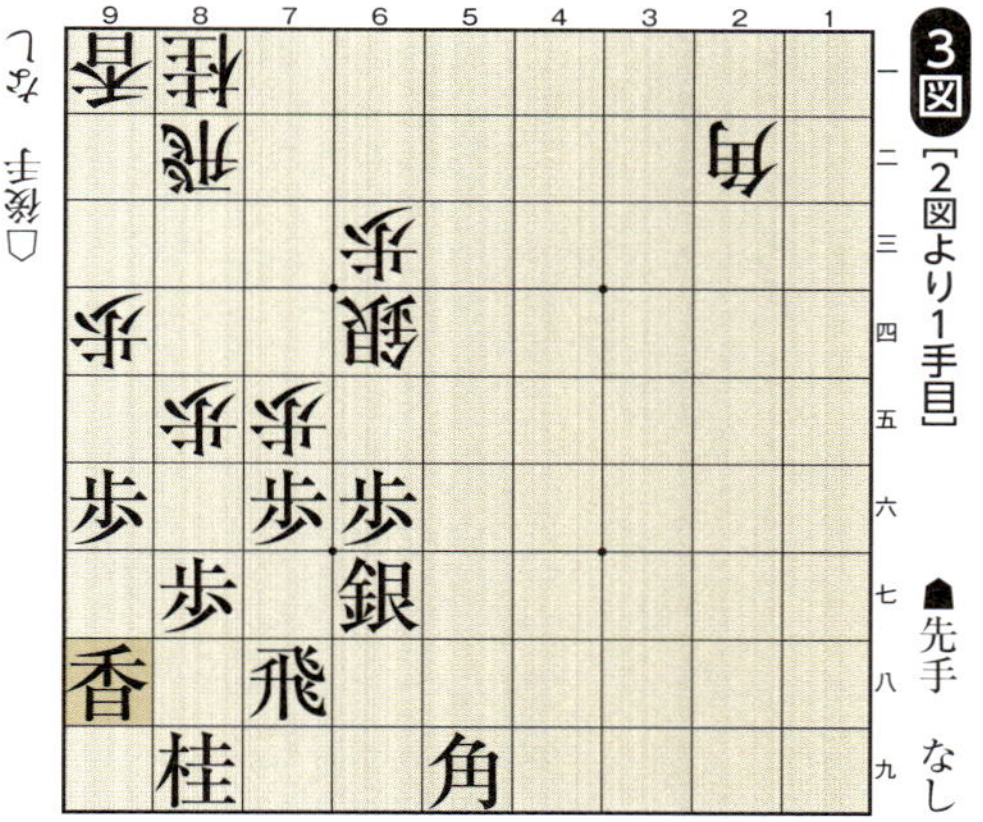
3図
【2図より1手目】
▲先手　なし
△後手　なし

これで角《かく》に香《きょう》を取《と》られない。

序盤《じょばん》・中盤《ちゅうばん》の駒損《こまぞん》はさけよう

攻《せ》めの香《きょう》を端攻《はしぜ》めで活《い》かせないときは、せめて※駒損《こまぞん》することだけはさけましょう。香《きょう》を取《と》られながら馬《うま》をつくられるのと、ただ馬《うま》をつくられるだけでは、一手《いって》の価値《かち》が大《おお》きくちがいます。

序盤《じょばん》・中盤《ちゅうばん》では、駒得《こまどく》・駒損《こまぞん》で差《さ》がつきます。香《きょう》と桂《けい》のむやみな駒損《こまぞん》をさけ、攻《せ》めと守《まも》りに活《い》かせれば、いいかたちで終盤《しゅうばん》に入《はい》れますよ！

※居飛車《いびしゃ》は、飛車《ひしゃ》を先手《せんて》は2筋《すじ》、後手《ごて》は8筋《すじ》のまま戦《たたか》うこと。振《ふ》り飛車《びしゃ》は、飛車《ひしゃ》を5筋《すじ》から左側《ひだりがわ》に動《うご》かして戦《たたか》うこと。

スズメ刺《ざ》し

1図
9 8 7 6 5 4 3 2 1
一 二 三 四 五 六 七 八 九
香
歩
歩
飛
香
☗先手 なし
☖後手 なし
飛車《ひしゃ》と香《きょう》を協力《きょうりょく》させることで、1筋《すじ》を突破《とっぱ》することができます

スズメ刺《ざ》しは飛車《ひしゃ》と香《きょう》の協力《きょうりょく》プレイ

突破《とっぱ》をねらうマス目《め》に対《たい》し、相手《あいて》よりも利《き》きの数《かず》で上回《うわまわ》っていれば攻略《こうりゃく》することができます。**これを「数《かず》の攻《せ》め」といい、将棋《しょうぎ》の基本《きほん》です。**数《かず》の攻《せ》めで端《はし》の突破《とっぱ》をねらう手筋《てすじ》に、**「スズメ刺《ざ》し」**があります。**飛車《ひしゃ》と香《きょう》を協力《きょうりょく》させるテクニックです。**さっそく見《み》ていきましょう。

「スズメ刺《ざ》し」のねらいは、飛車《ひしゃ》と香《きょう》を協力《きょうりょく》させて1筋《すじ》や9筋《すじ》の端《はし》から攻《せ》めることだよ

先《さき》に攻《せ》めたほうが損《そん》をする？

1図で▲1五歩《ふ》△同歩《どうふ》▲同香《どうきょう》と攻《せ》めても、△同香《どうきょう》と取《と》られてしまい駒損《こまぞん》になるだけです2図。

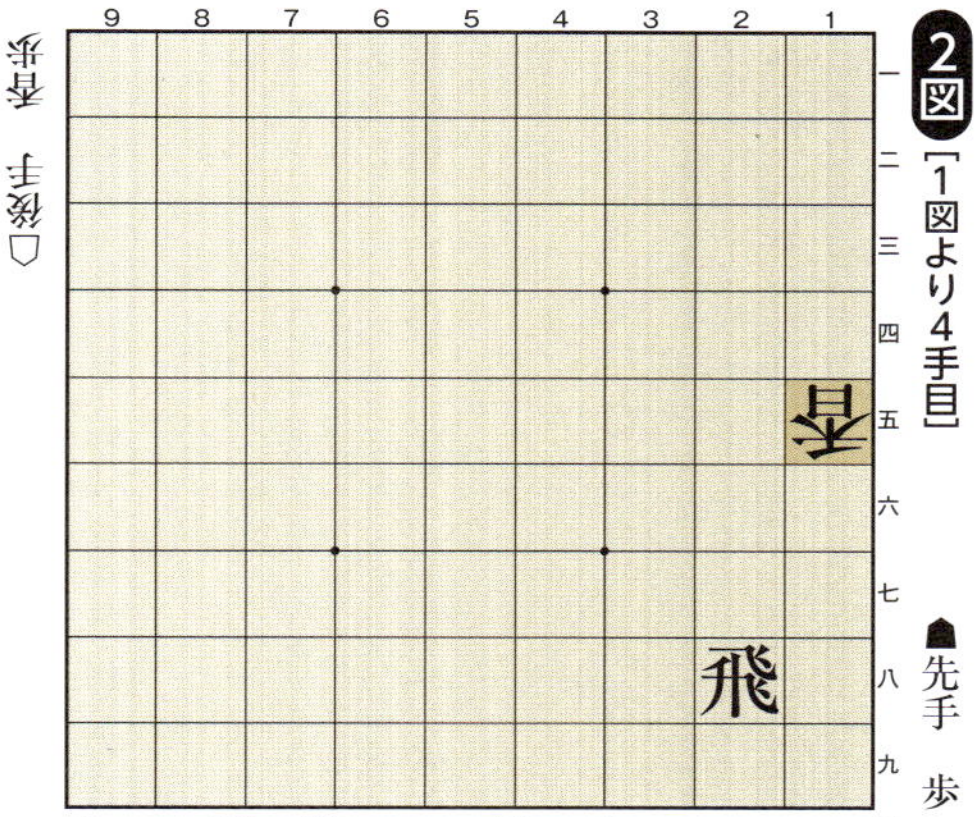
2図 [1図より4手目]
9 8 7 6 5 4 3 2 1
一 二 三 四 五 六 七 八 九
香
飛
▲先手 歩
△後手 香歩

利《き》きの数《かず》が同《おな》じだと先《さき》に攻《せ》めたほうが損《そん》！

飛車《ひしゃ》で助《たす》けて駒《こま》の数《かず》を足《た》そう

1図では、▲1七香《きょう》～▲1八飛《ひ》としてみましょう3図。香《きょう》を上《あ》がり、その下《した》に飛車《ひしゃ》をかまえるかたちが「スズメ刺《ざ》し」です。

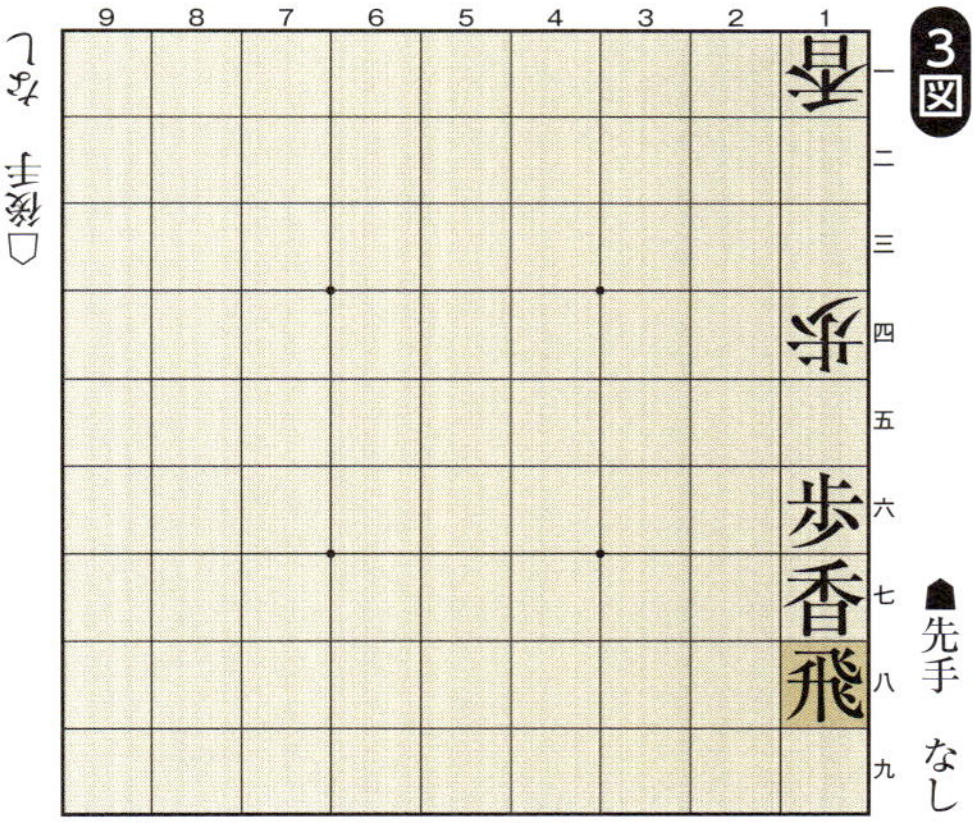
3図
9 8 7 6 5 4 3 2 1
一 二 三 四 五 六 七 八 九
香
歩
歩
香
飛
▲先手 なし
△後手 なし

1筋《すじ》の利《き》きで先手《せんて》が上回《うわまわ》った！

数《かず》の攻《せ》めで端《はし》を突破《とっぱ》する

3図から、▲1五歩《ふ》△同歩《どうふ》▲同《どう》香《きょう》△同香《どうきょう》とされても、こんどは▲同《どう》飛《ひ》と取《と》り返《かえ》しました4図。

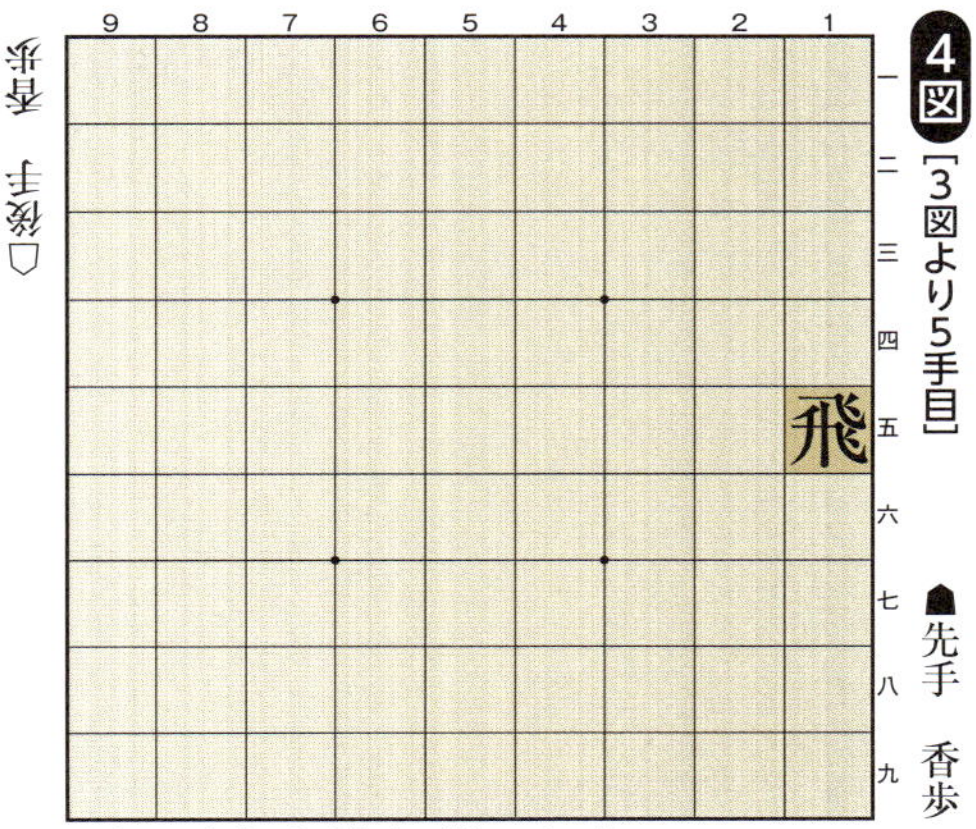
4図 [3図より5手目]
9 8 7 6 5 4 3 2 1
一 二 三 四 五 六 七 八 九
飛
▲先手 香歩
△後手 香歩

飛車《ひしゃ》と香《きょう》の協力《きょうりょく》で端《はし》を突破《とっぱ》！

香《きょう》・桂《けい》の手筋《てすじ》［序盤《じょばん》・中盤《ちゅうばん》］

田《でん》楽《がく》刺《ざ》し

1図
9 8 7 6 5 4 3 2 1
一 二 三 四 五 六 七 八 九
王 飛 角 飛 歩
▲先手 香
△後手 なし
持《も》ち駒《ごま》の香《きょう》を使《つか》って
相手《あいて》の大駒《おおごま》を
ねらうことが
できますよ！

香《きょう》で大駒《おおごま》をねらう おいしい手筋《てすじ》

1図で▲8五香《きょう》とすると、玉《ぎょく》がいるので8四の飛車《ひしゃ》はにげられません。香《きょう》で飛車《ひしゃ》を取《と》ることができます。また、大駒《おおごま》がならんでいる3筋《すじ》に▲3四香《きょう》とすれば、角《かく》か飛車《ひしゃ》のどちらかを取《と》れます。

このように前後《ぜんご》にならんだ大駒《おおごま》をつらぬくように、香《きょう》を打《う》つことを「田楽刺《でんがくざ》し」といいます。香《きょう》と飛車《ひしゃ》角金銀《かくきんぎん》を交換《こうかん》できれば、大《おお》きな駒得《こまどく》です。

ギュ〜ーン
まっすぐに利《き》く香《きょう》を串《くし》に、前後《ぜんご》にならんだ大駒《おおごま》を具《ぐ》にそれぞれ見立《みた》てて田楽刺《でんがくざ》しとよばれるんだ！

※田楽《でんがく》とは、長方形《ちょうほうけい》に切《き》ったとうふなどを串《くし》にさして焼《や》いた料理《りょうり》のこと。

大駒《おおごま》がならんでいたらチャンス！

2図では、8筋《すじ》に後手《ごて》の角《かく》と飛《ひ》車《しゃ》がならんでいるため田楽刺《でんがくざ》しのチャンスですが、持《も》ち駒《ごま》に香《きょう》はありません。

香取《きょうと》りをねらって端《はし》をきびしく攻《せ》める

2図では、香《きょう》をねらうために、☗1五歩《ふ》とします。以下《いか》、☖同歩《どうふ》☗1二歩《ふ》☖同香《どうきょう》☗1三歩《ふ》☖同香《どうきょう》☗2五桂《けい》がきびしい攻《せ》めです3図。

香《きょう》を持《も》つことが田楽刺《でんがくざ》しの始《はじ》まり

☖2四銀《ぎん》と後手《ごて》が香《きょう》ではなく銀《ぎん》をにがしたら、☗1三桂成《けいなり》で香《きょう》を手《て》にできます。後手《ごて》が☖同桂《どうけい》と取《と》りかえしてきたら、☗8六香《きょう》で田楽刺《でんがくざ》しが決《き》まります4図。

2図

☗先手 歩3

☖後手 なし

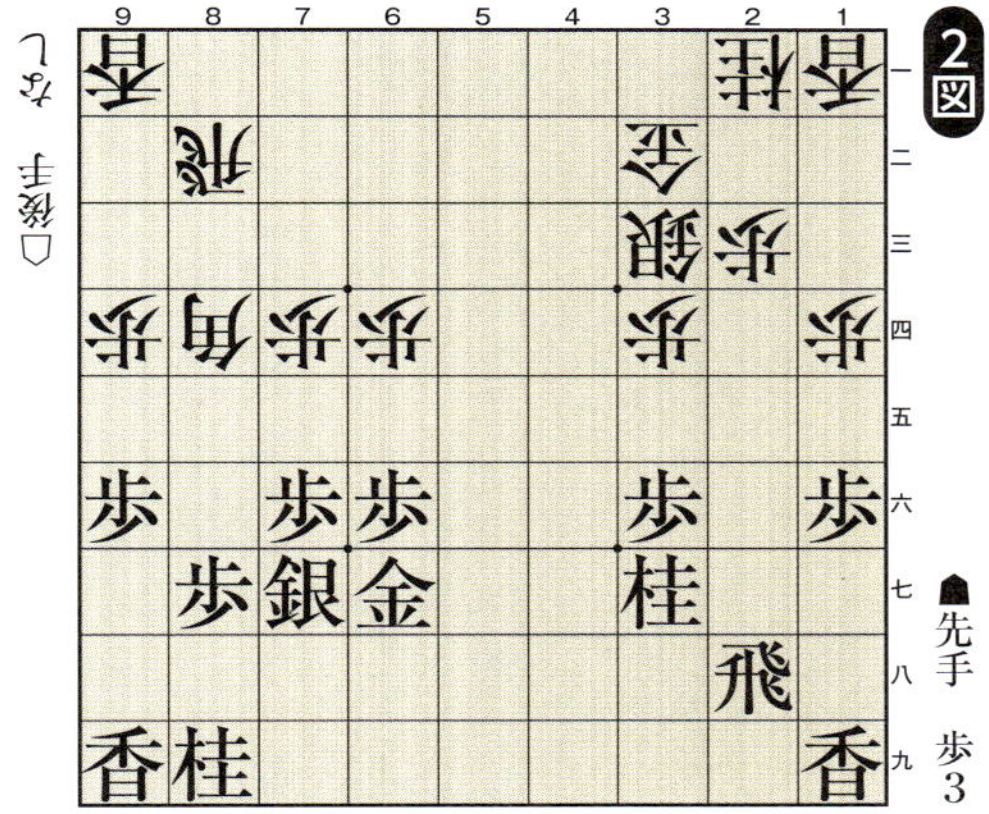

香《きょう》を持《も》ち駒《ごま》にしたいところ……。

3図 [2図より7手目]

☗先手 歩

☖後手 歩3

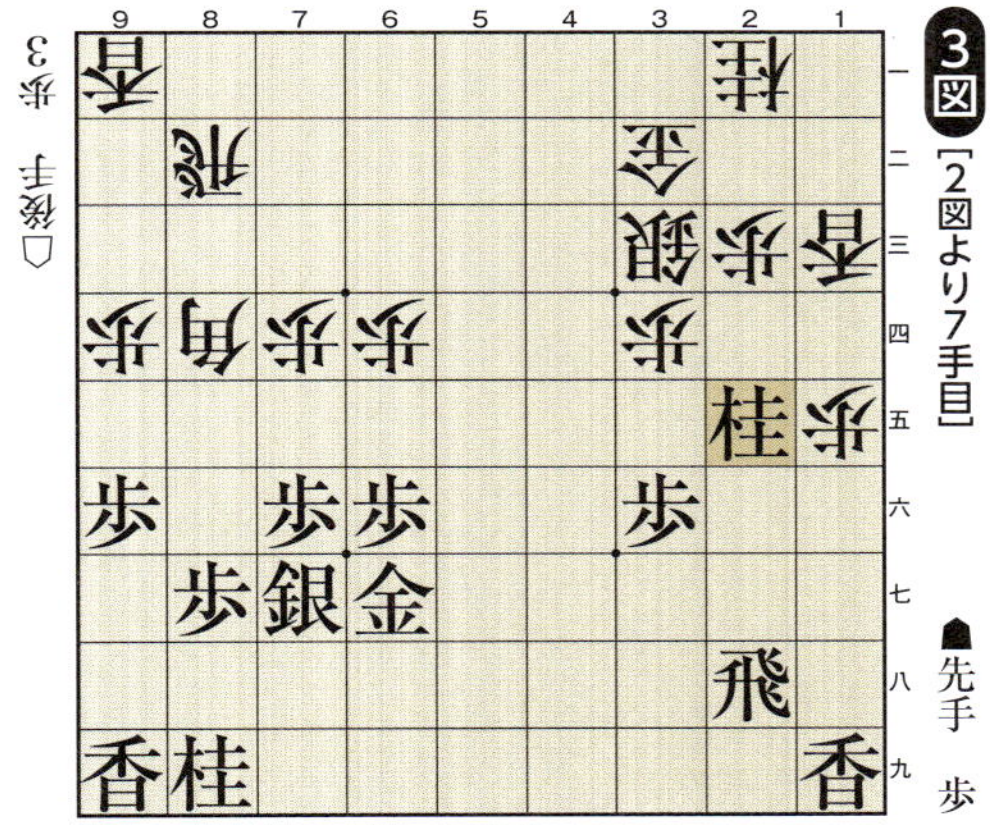

桂《けい》による香《きょう》と銀《ぎん》の両取《りょうど》り！

4図 [3図より4手目]

☗先手 歩

☖後手 桂 歩3

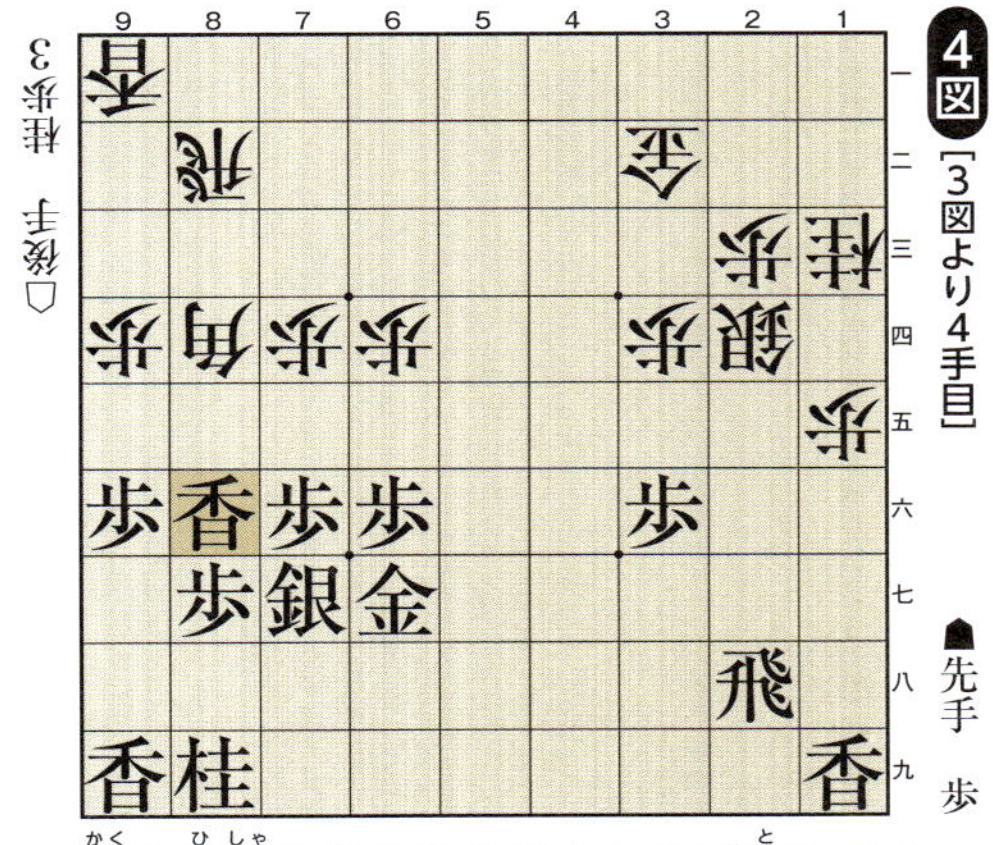

角《かく》か飛車《ひしゃ》のどちらかはかならず取《と》れる！

飛《ひ》車《しゃ》を詰《つ》ませる

1図
9 8 7 6 5 4 3 2 1
一 二 三 四 五 六 七 八 九
飛 香 歩
歩
歩 歩 銀
玉
香
先手 なし
後手 なし
じつは香《きょう》は飛車《ひしゃ》の天敵《てんてき》です。
香《きょう》で飛車《ひしゃ》をねらってみましょう

香《きょう》は飛車《ひしゃ》をまっすぐにねらえる駒《こま》

香《きょう》は飛車《ひしゃ》をねらうのに向《む》いている駒《こま》です。 香《きょう》の飛車《ひしゃ》に対《たい》する強《つよ》さを見《み》てみましょう。

1図は後手《ごて》から「スズメ刺《ざ》し」をされているかたちです。9筋《すじ》の利《き》きの数《かず》は後手《ごて》が多《おお》いですが、先手《せんて》は後手《ごて》の数《かず》の攻《せ》めをふせぐ方法《ほうほう》があるでしょうか。

じーっ

香《きょう》を活《い》かすまっすぐの攻《せ》め

1図から△9六歩《ふ》▲同歩《どうふ》△同香《どうきょう》▲同香《どうきょう》△同飛《どうひ》と、後手《ごて》がまっすぐに攻《せ》めてきました2図。

どこまでにげても香《きょう》は追《お》いかける

2図には▲9九香《きょう》がよい手《て》です3図。2図では飛車《ひしゃ》が左右《さゆう》に動《うご》けないので、香《きょう》でねらうことができるのです。

反対《はんたい》に香《きょう》から飛車《ひしゃ》を守《まも》る方法《ほうほう》がある

じっさいはこんなかんたんに飛《ひ》車《しゃ》を取《と》られたくないので、後手《ごて》は2図の▲9六同香《どうきょう》に△9五歩《ふ》と打《う》つでしょう4図。

2図【1図より5手目】

後手△ 香歩

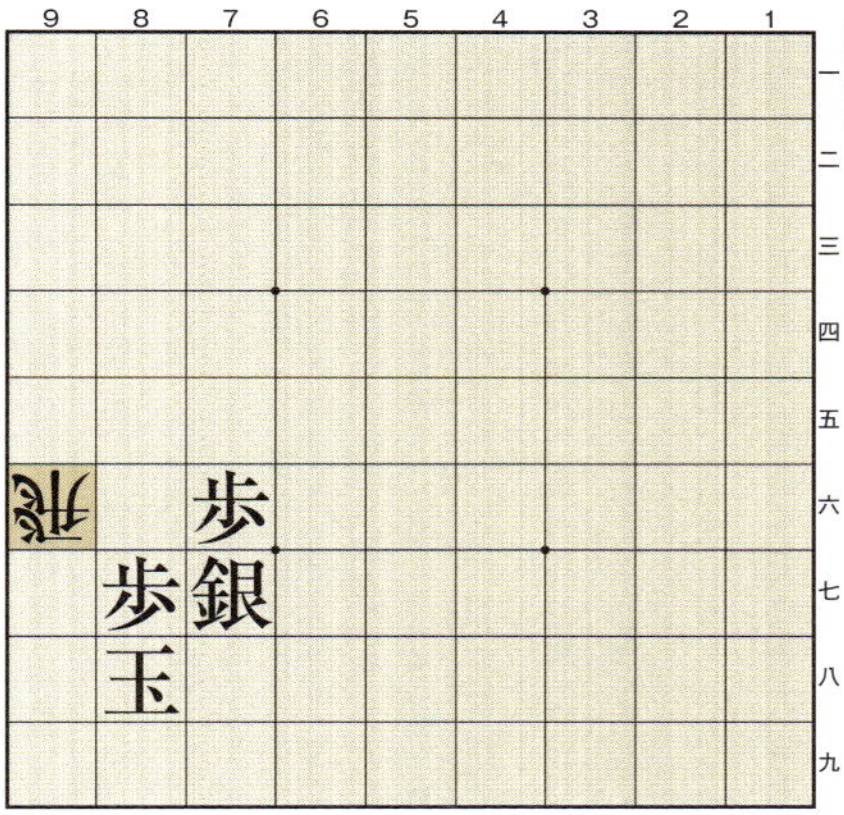

▲先手 香歩

香《きょう》を手《て》にしたが、9筋《すじ》はピンチ。

3図【2図より1手目】

後手△ 香歩

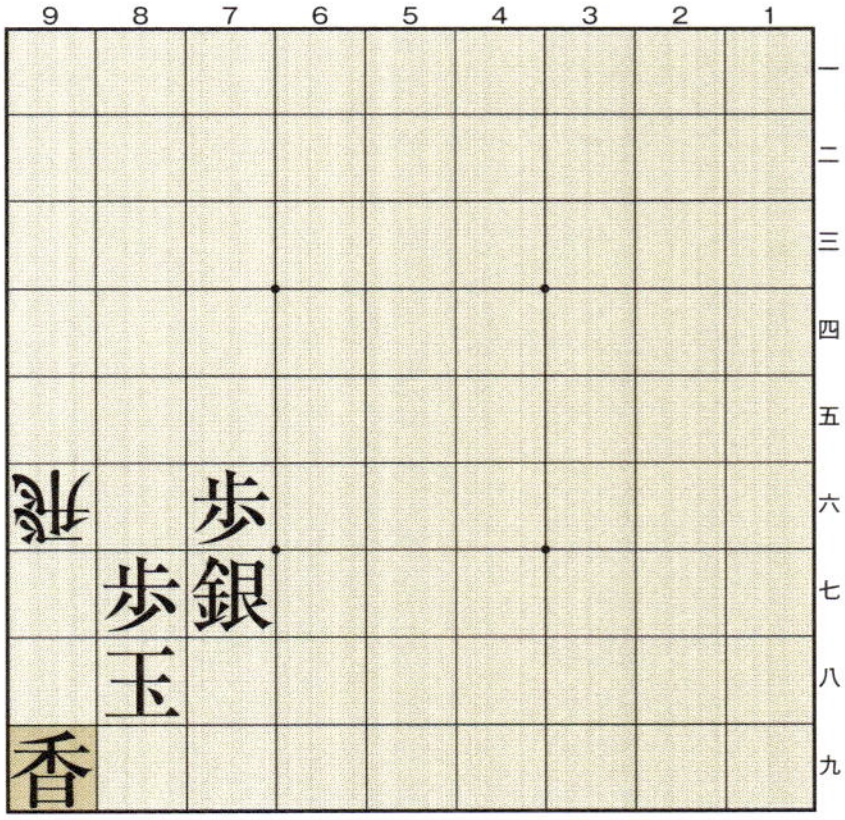

▲先手 歩

飛車《ひしゃ》がどこへ動《うご》いても取《と》れる！

4図【2図より1手目】

後手△ なし

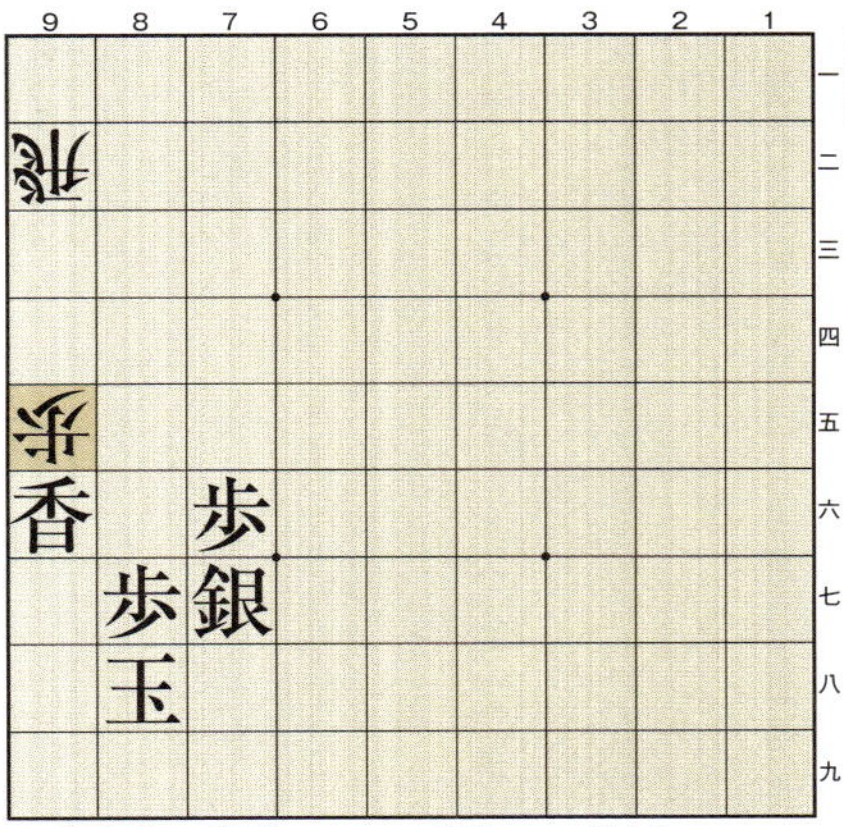

▲先手 香歩

▲同香《どうきょう》△同飛《どうひ》▲9九香《きょう》なら飛車《ひしゃ》はセーフ。

歩《ふ》の補充《ほじゅう》

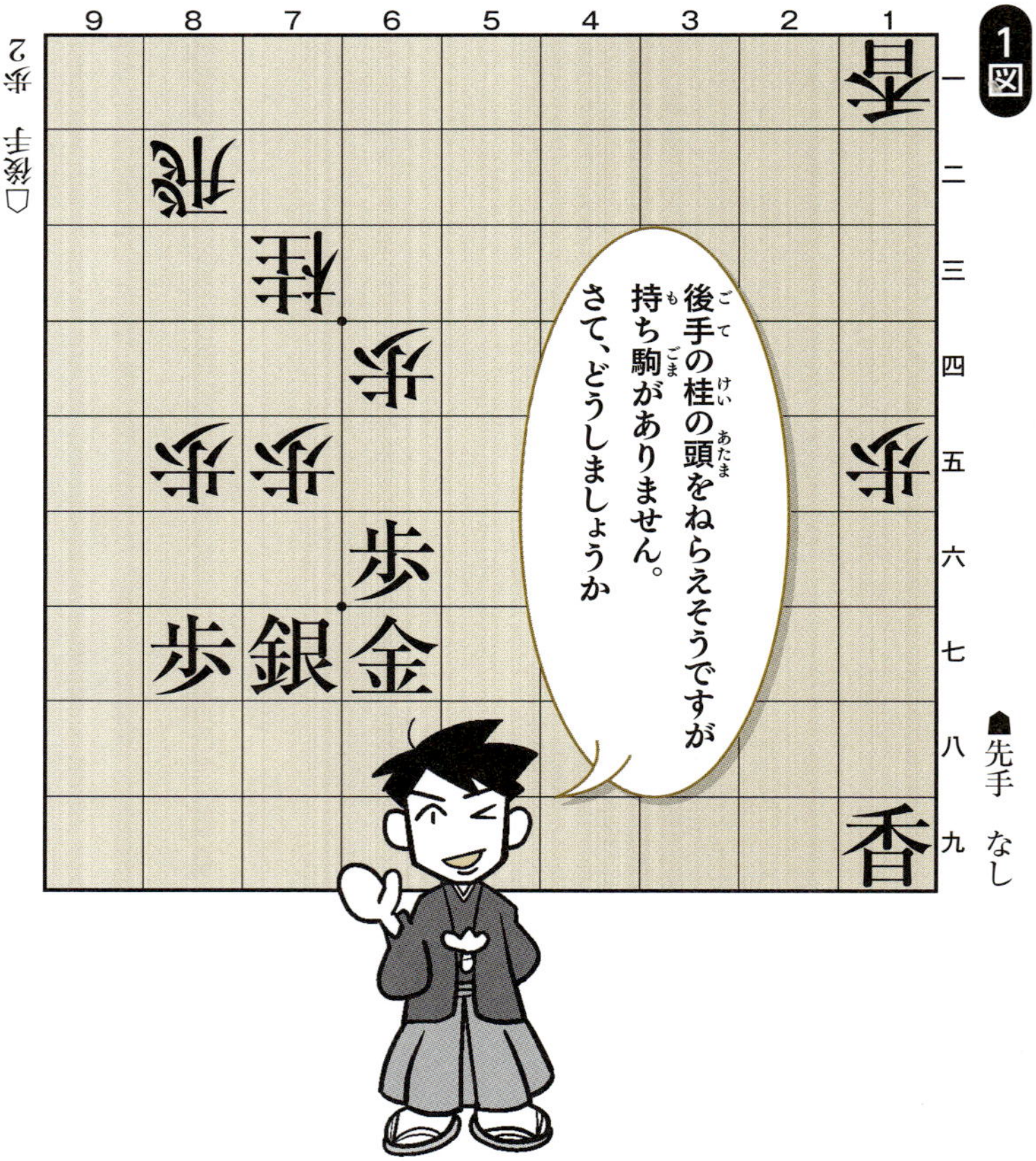
1図
後手 歩2
先手 なし
後手《ごて》の桂《けい》の頭《あたま》をねらえそうですが持《も》ち駒《ごま》がありません。さて、どうしましょうか

攻《せ》めのきっかけとなる歩《ふ》を補充《ほじゅう》する

持《も》ち駒《ごま》に歩《ふ》がないと、攻《せ》めのきっかけをうまくつくることができず、こまってしまうことがあります。**そのようなときは、香《きょう》を捨《す》てることで歩《ふ》を1枚《まい》補充《ほじゅう》して、攻《せ》めをつなぐ手筋《てすじ》があります。**

たとえば、1図。先手《せんて》は☗7四歩《ふ》と打《う》ちたいところですが、持《も》ち駒《ごま》に歩《ふ》がありません。

持《も》ち駒《ごま》の歩《ふ》は使《つか》いやすいからついなくなっちゃうんだよな…

香《きょう》を捨《す》てて歩《ふ》を手《て》にいれる

1図では、▲1五香《きょう》△同香《どうきょう》と、歩《ふ》を取《と》って補充《ほじゅう》します2図。

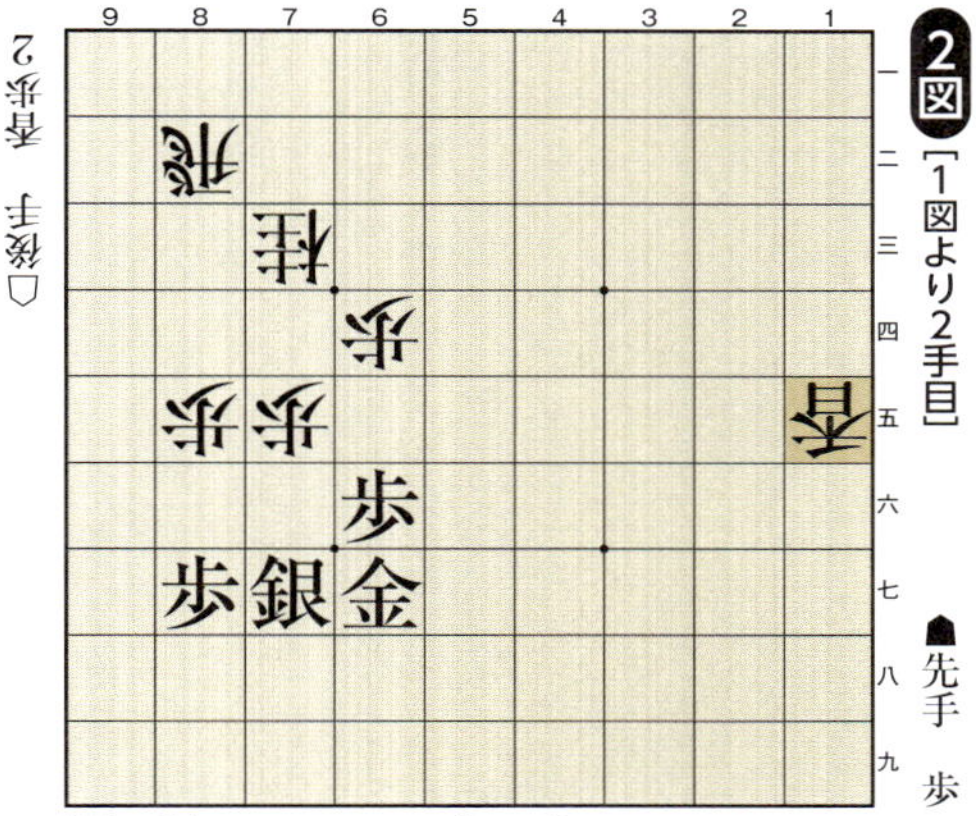
2図【1図より2手目】
▲先手 歩
△後手 香歩2
9 8 7 6 5 4 3 2 1
一 二 三 四 五 六 七 八 九

香《きょう》は損《そん》したけど、歩《ふ》を手《て》にしたぞ。

補充《ほじゅう》したばかりの歩《ふ》を打《う》って攻《せ》める

取《と》ったばかりの歩《ふ》を▲7四歩《ふ》と打《う》てば、つぎに桂《けい》を取《と》ることができます3図。

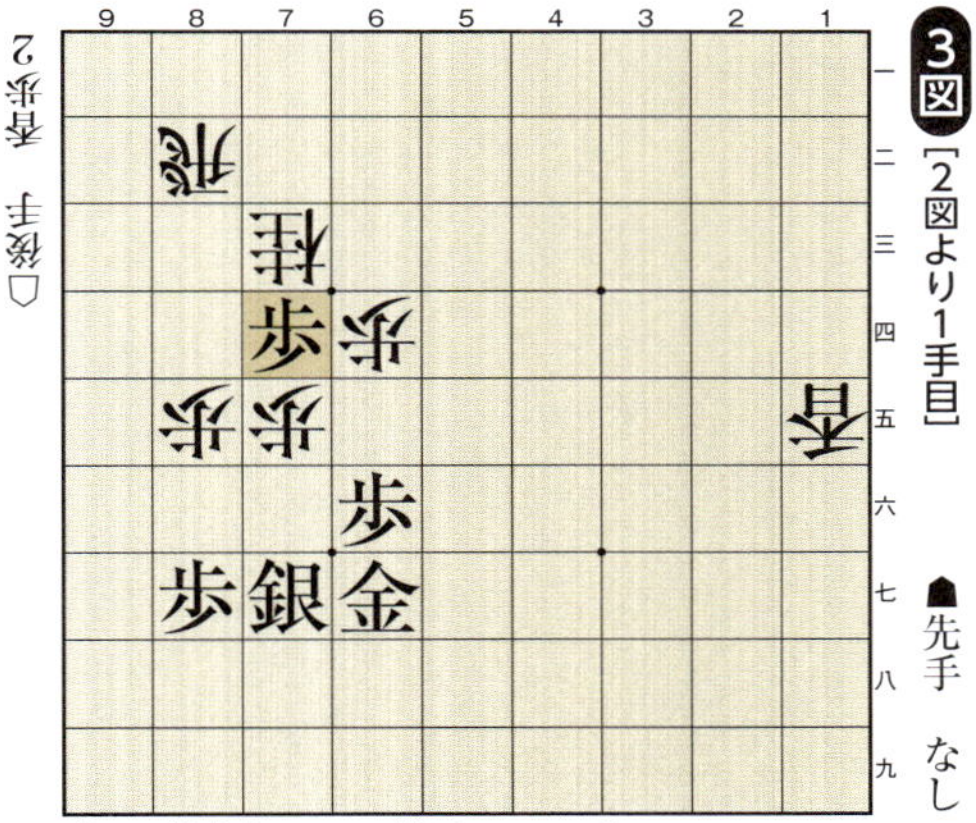
3図【2図より1手目】
▲先手 なし
△後手 香歩2
9 8 7 6 5 4 3 2 1
一 二 三 四 五 六 七 八 九

歩《ふ》の補充《ほじゅう》により桂《けい》取《と》りが決《き》まった。

歩《ふ》の補充《ほじゅう》は玉《ぎょく》の反対側《はんたいがわ》で！

ただし、3図では後手《ごて》にも△7一香《きょう》があるので、かんたんではありません。それでも、「歩《ふ》の補充《ほじゅう》」はぜひぜひおぼえておきたい手筋《てすじ》です。なお、歩《ふ》を補充《ほじゅう》するのは自分《じぶん》の玉《ぎょく》を囲《かこ》っている側《がわ》と反対《はんたい》にしましょう。玉《ぎょく》の近《ちか》くにある香《きょう》を捨《す》てると、玉《ぎょく》の守《まも》りがうすくなってしまうからです。

持《も》ち駒《ごま》の歩《ふ》がなくて こまったときは どこかで補充《ほじゅう》できないか かんがえてみよう

香《きょう》・桂《けい》の手筋《てすじ》［序盤《じょばん》・中盤《ちゅうばん》］

二枚桂《にまいけい》の攻《せ》め

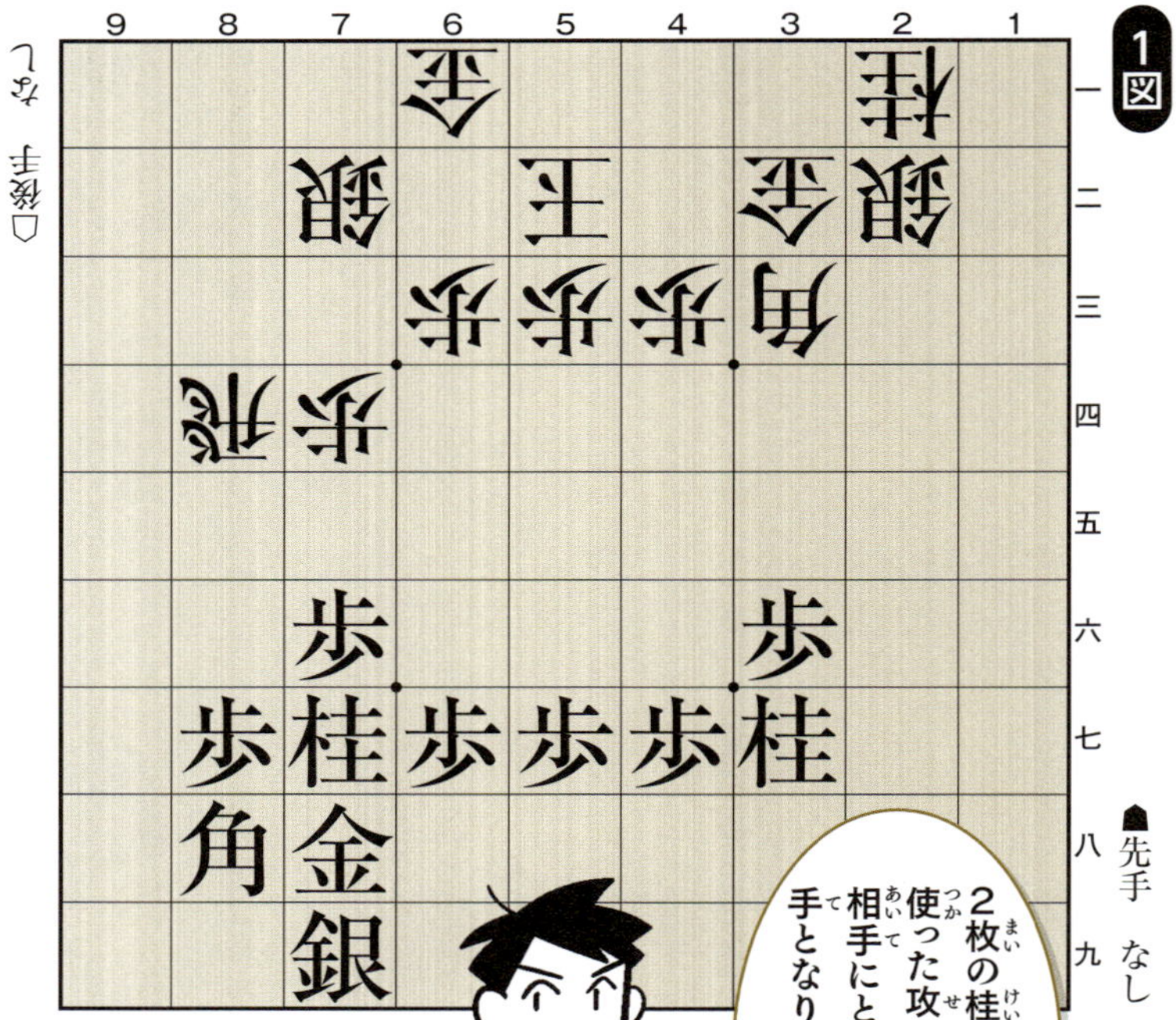
1図
△後手 なし
▲先手 なし

2枚《まい》の桂《けい》を使《つか》った攻《せ》めが相手《あいて》にとって守《まも》りにくい手《て》となります

2枚《まい》の桂《けい》できびしく攻《せ》める

桂《けい》はあっという間に相手《あいて》の陣地《じんち》へ進《すす》むことができる駒《こま》です。

1図では▲4五桂《けい》～▲6五桂《けい》と跳《は》ねて、左右《さゆう》の桂《けい》で集中砲火《しゅうちゅうほうか》することができれば、気持《きも》ちのよい攻めです。これは、**「二枚桂《にまいけい》の攻《せ》め」**という手筋《てすじ》です。

二枚桂《にまいけい》とは、2枚《まい》の桂《けい》の利《き》きを同《おな》じマス目《め》にあつめるテクニックです。「スズメ刺《ざ》し」とおなじく数《かず》の攻《せ》めで、相手陣《あいてじん》を突破《とっぱ》します。

桂《けい》1枚《まい》では「桂《けい》の高跳《たかと》び歩《ふ》の餌食《えじき》」に終《お》わってしまうときでも、二《に》枚桂《まいけい》なら守《まも》りの金銀《きんぎん》を取《と》ったり、相《あい》手《て》の玉《ぎょく》に近《ちか》づいたりすることができます。

どちらの桂《けい》を先《さき》に跳《は》ねるか

1図では、3七と7七の桂《けい》を跳《は》ねて、玉《ぎょく》の頭《あたま》にいる5三の歩《ふ》にアタックしたいところ。さらに、☗5三桂左《けいひだり》（右《みぎ》）成《なり》というきびしい攻《せ》めをねらっています。そこで、まずは☗4五桂《けい》と跳《は》ねます2図。

2枚《まい》の桂《けい》で集中砲火《しゅうちゅうほうか》

角取《かくと》りなので、後手《ごて》はすかさず、☖4四角《かく》とにげます。先手《せんて》はすかさず、☗6五桂《けい》と跳《は》ねましょう3図。

2枚《まい》の桂《けい》で玉《ぎょく》を追《お》いつめた

ポイントは☗4五桂《けい》で、先《さき》に角取《かくと》りをかけたことでした。もし3三に角《かく》がいなければ☖4四歩《ふ》で、また、先《さき》に☗6五桂《けい》としたら☖6四歩《ふ》で、いずれも桂《けい》を取《と》られていました。まさしく「歩《ふ》の餌食《えじき》」です。

2図【1図より1手目】

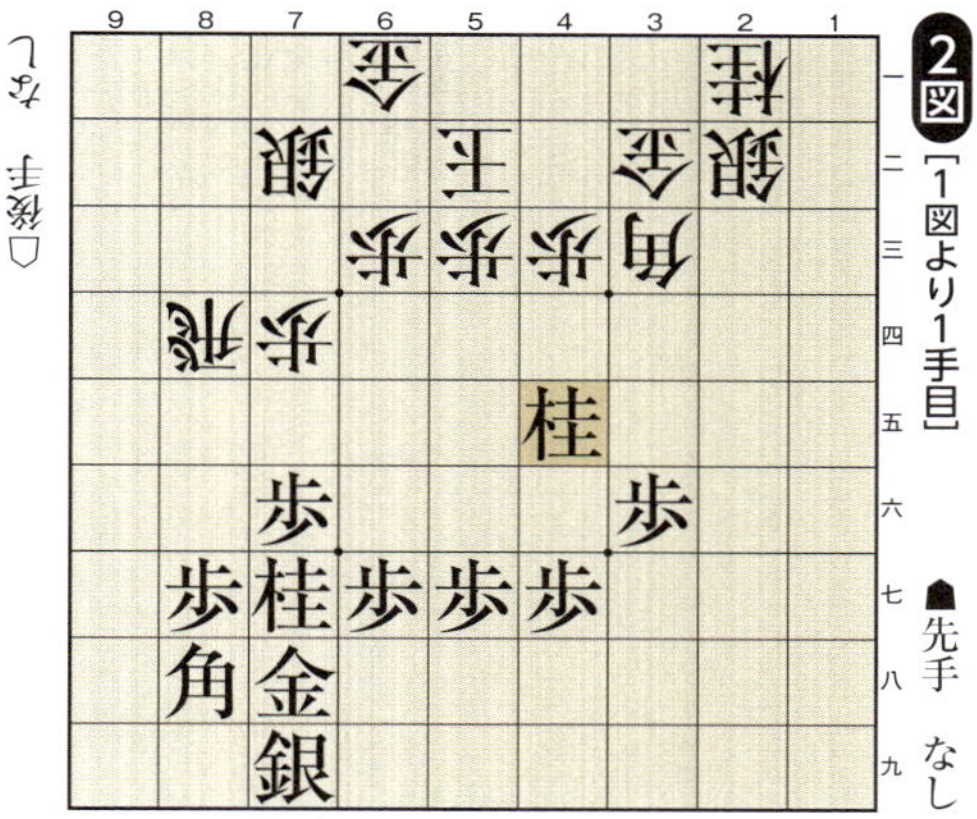
☖後手 なし
☗先手 なし

まずは1枚目《まいめ》の桂《けい》を跳《は》ねた。

3図【2図より2手目】

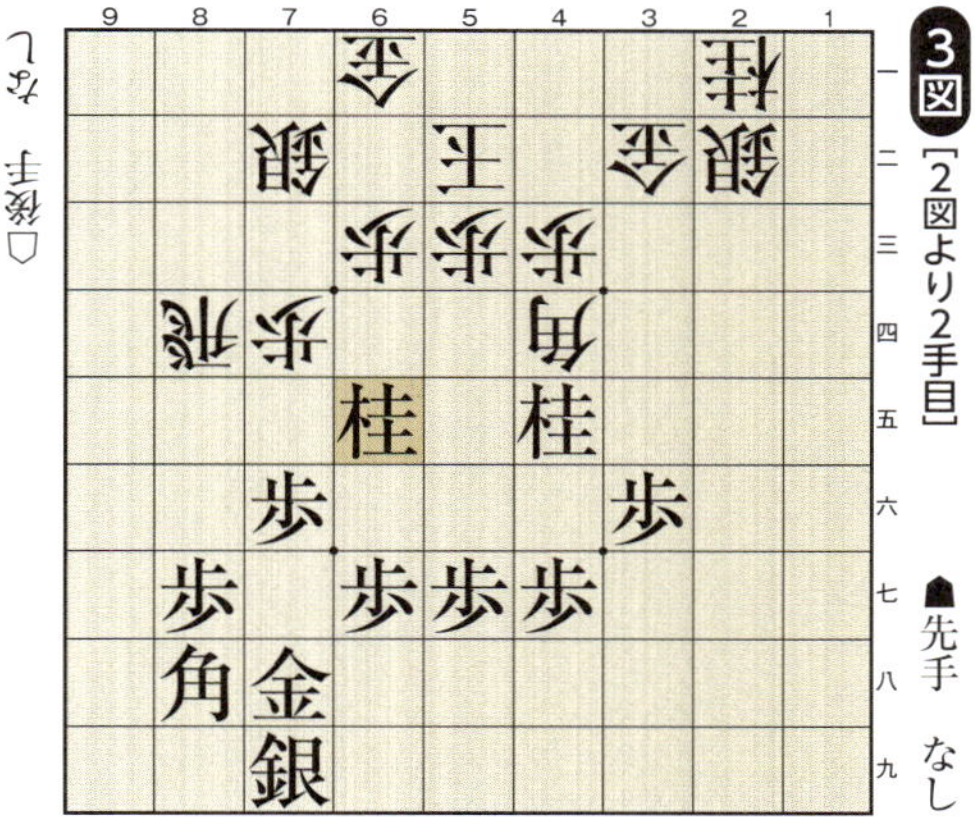
☖後手 なし
☗先手 なし

ねらいどおり5三に2枚《まい》の桂《けい》が集中《しゅうちゅう》した。

相手《あいて》の大駒《おおごま》にはたらきかけたように、桂《けい》を取《と》る手《て》が相手《あいて》に間《ま》に合《あ》わないかたちで跳《は》ねるのがポイントなんだね

桂《けい》の両《りょう》取《ど》り

1図

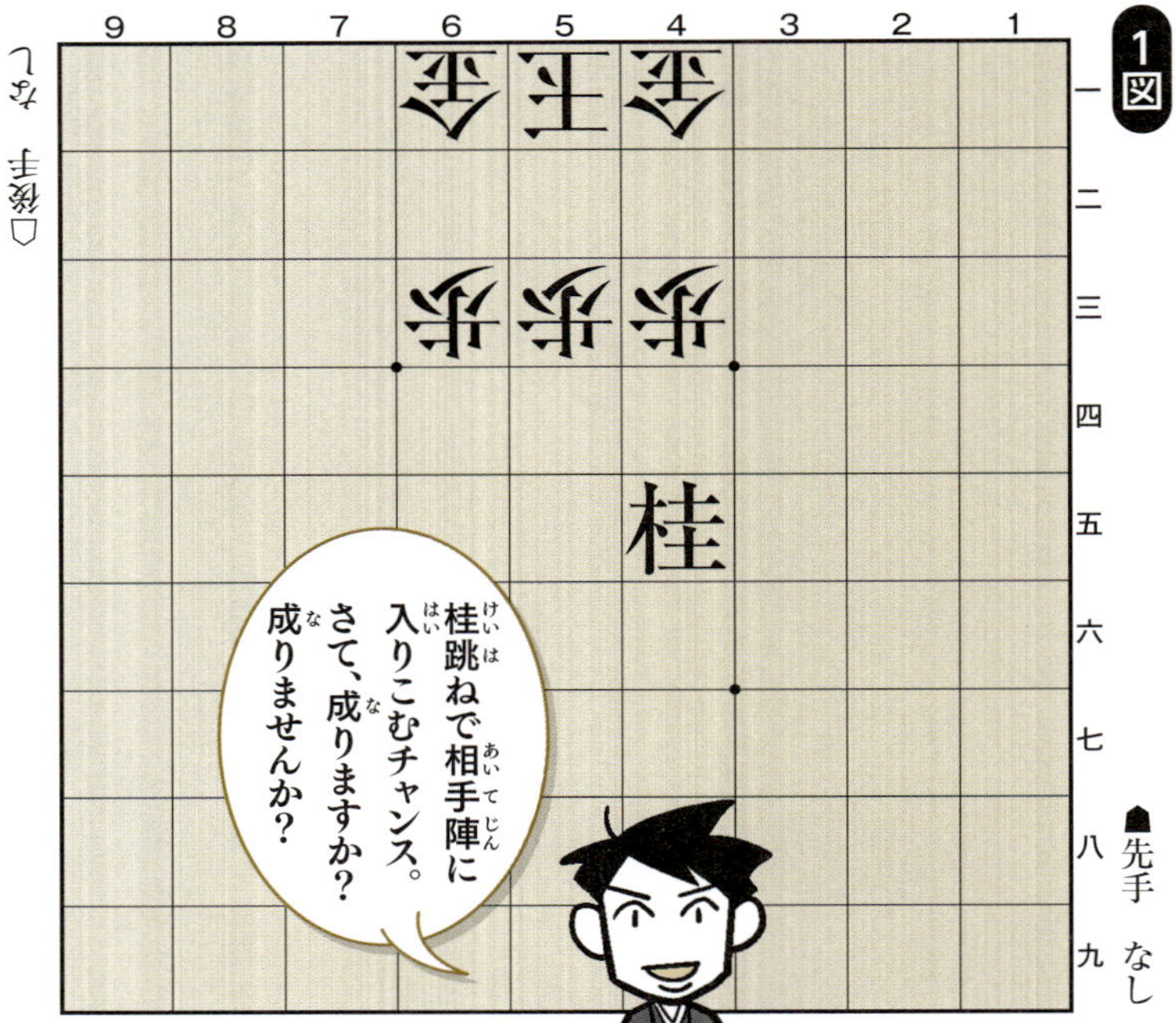

9 8 7 6 5 4 3 2 1
一 二 三 四 五 六 七 八 九
金 王 金
歩 歩 歩
桂
△後手 なし
▲先手 なし

桂跳《けいは》ねで相手陣《あいてじん》に入《はい》りこむチャンス。さて、成《な》りますか？成《な》りませんか？

桂《けい》の成《な》る状況《じょうきょう》を見《み》きわめよう

1図では、つい▲5三桂成《けいなり》としてしまいそうですが、▲5三桂不成《けいならず》が正解《せいかい》です。金《きん》の両取《りょうど》りになって、金《きん》と桂《けい》の交換《こうかん》なので駒得《こまどく》できます。

桂《けい》の利《き》きを活《い》かして、一度《いちど》に2枚《まい》の相手駒《あいてごま》に取《と》るぞとすると、相手《あいて》はどちらか1枚《まい》しかにげることができず、のこったほうを取《と》ることができます。

こういった両取《りょうど》りをかけられるのが、桂《けい》の魅力《みりょく》の1つです。

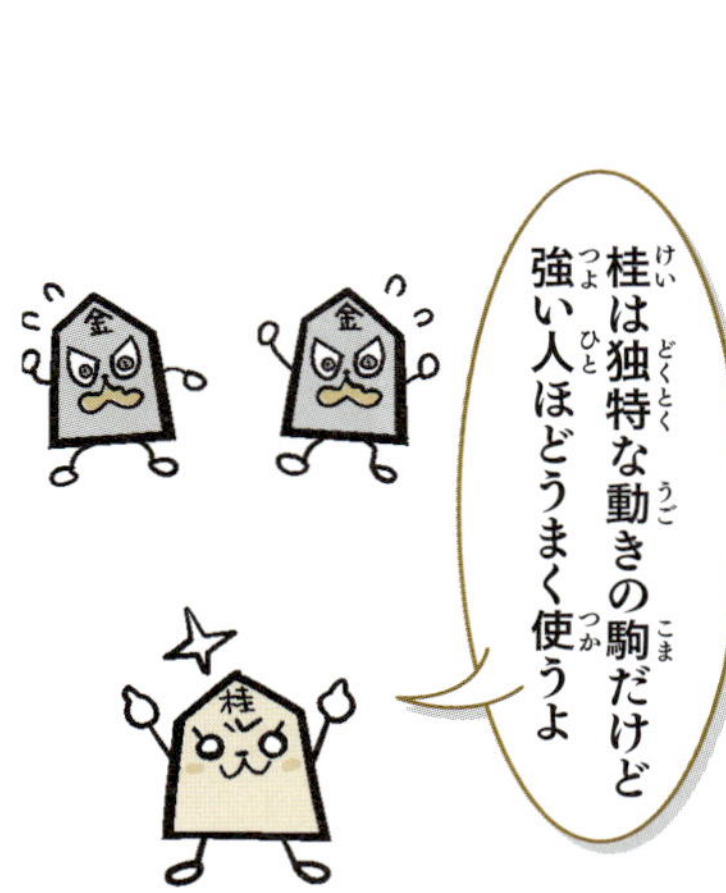

桂《けい》は独特《どくとく》な動《うご》きの駒《こま》だけど強《つよ》い人《ひと》ほどうまく使《つか》うよ

桂《けい》で守《まも》りの銀《ぎん》にアタックだ！

では、2図を見《み》てください。☗2五桂《けい》と、銀《ぎん》と歩《ふ》をねらってきびしく攻《せ》めたところです。

持《も》ち駒《ごま》の桂《けい》を使《つか》うとどうなる？

後手《ごて》は☖2四銀《ぎん》と銀《ぎん》をかわしながら、1三のマス目《め》を守《まも》ります。ここで、☗4六桂《けい》がよい攻《せ》めです3図。

桂《けい》の両取《りょうど》りが成功《せいこう》した！

☖5三金《きん》と金《きん》をにがしたら、☗3四桂《けい》4図。王手角取《おうてかくと》りです。桂《けい》による3連続《れんぞく》アタックで、一気《いっき》に後手《ごて》を追《お》いつめました。

2図

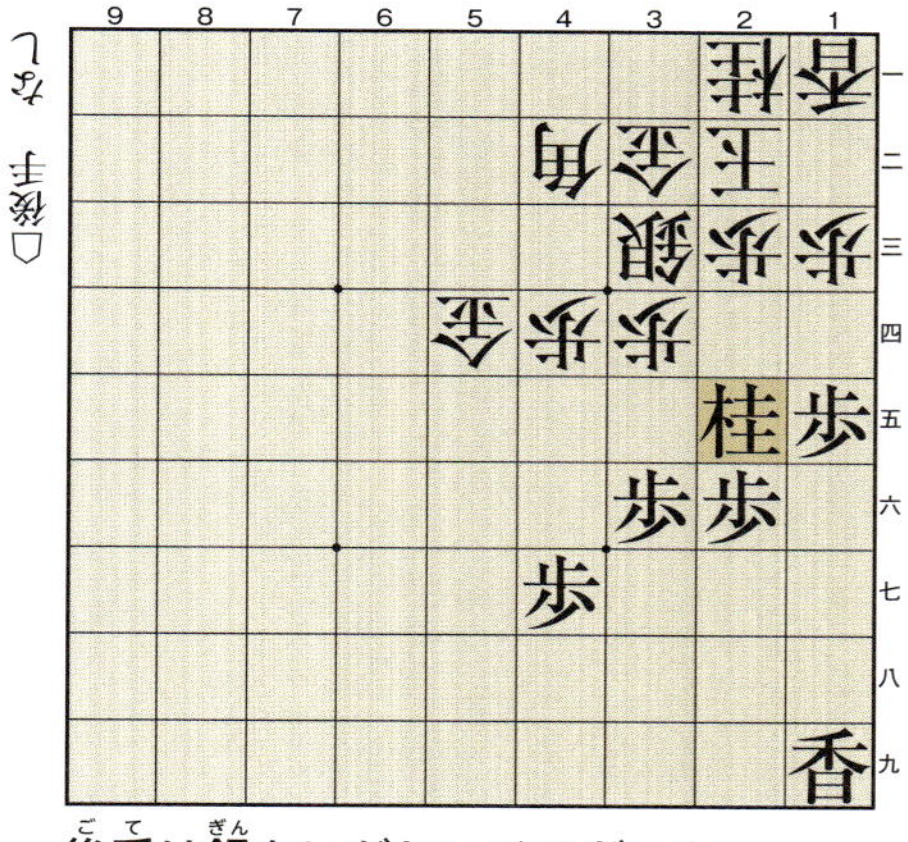

☗先手　桂

☖後手　なし

後手《ごて》は銀《ぎん》をにがしてくるだろう。

3図【2図より2手目】

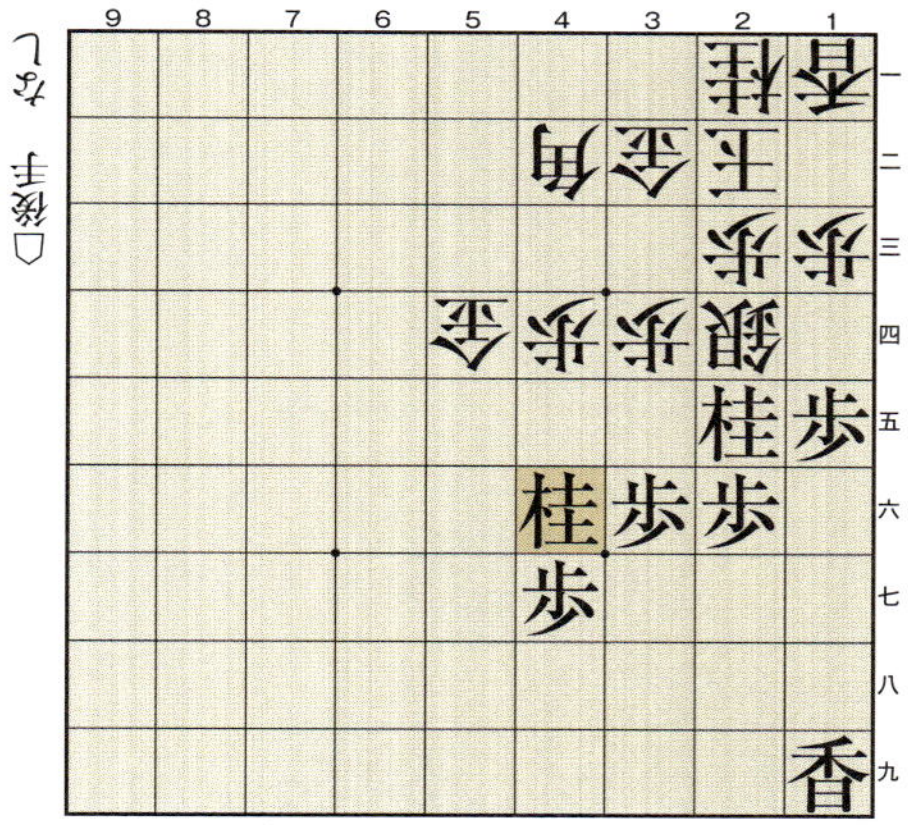

☗先手　なし

☖後手　歩

こんどは金《きん》をねらって桂打《けいう》ち！

4図【3図より2手目】

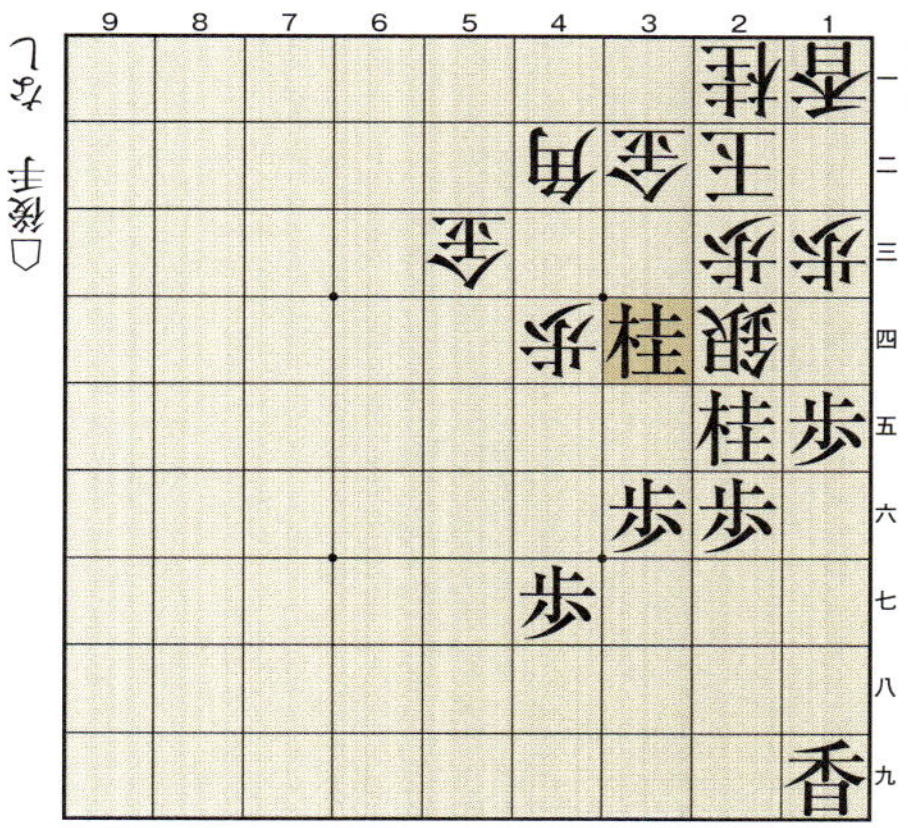

☗先手　歩

☖後手　なし

みごとな桂《けい》のワザが決《き》まった！

序盤《じょばん》・中盤《ちゅうばん》の香《きょう》・桂《けい》の手筋《てすじ》を使《つか》ってみよう

【問題1】つぎの一手《いって》は？

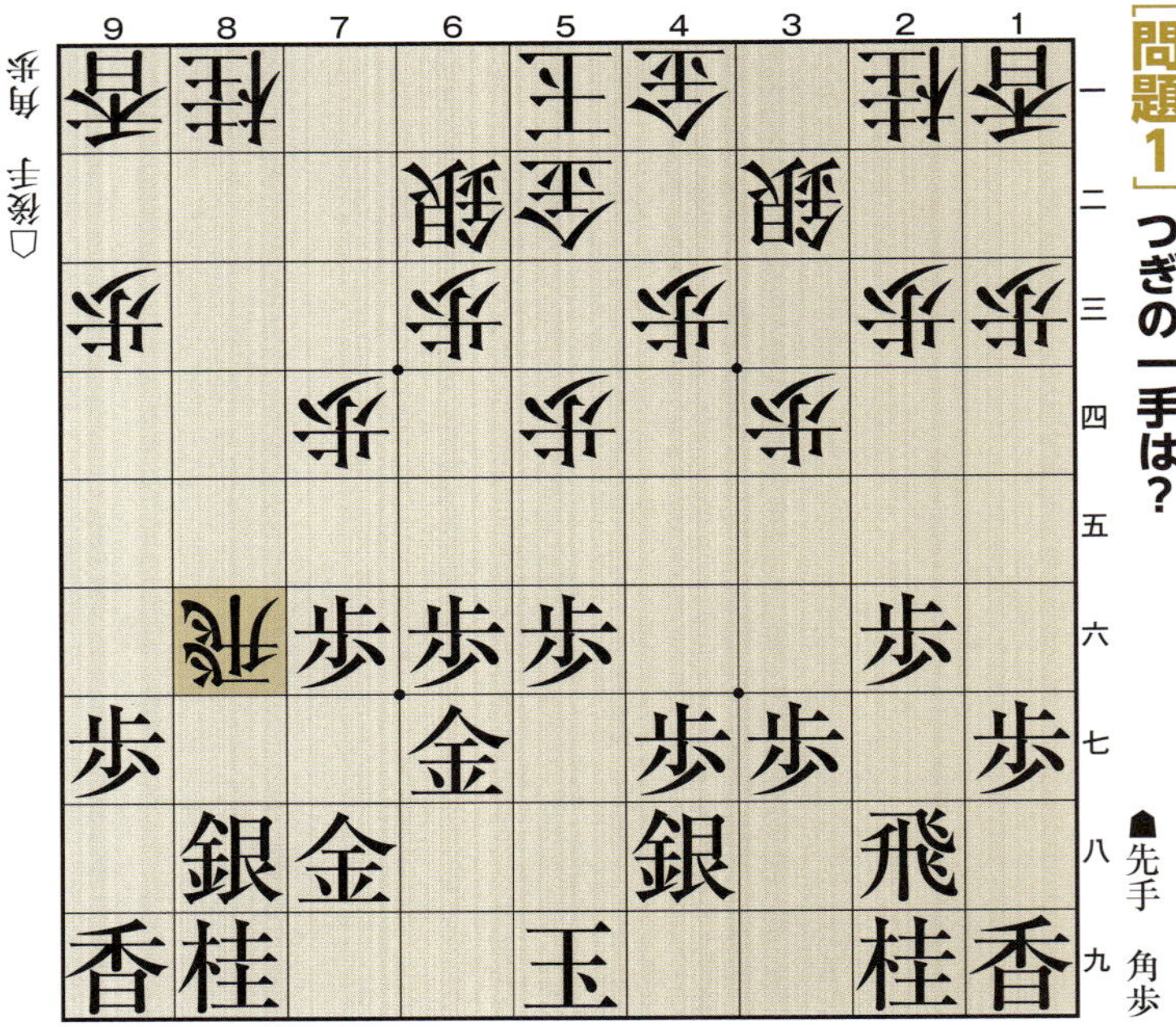

ヒント

角《かく》と歩《ふ》を交換《こうかん》しました。☗8七歩《ふ》☖8二飛《ひ》は後手《ごて》のねらいどおりなので、うまく後手《ごて》の飛車《ひしゃ》をねらいたいところです。

【問題2】つぎの一手《いって》は？

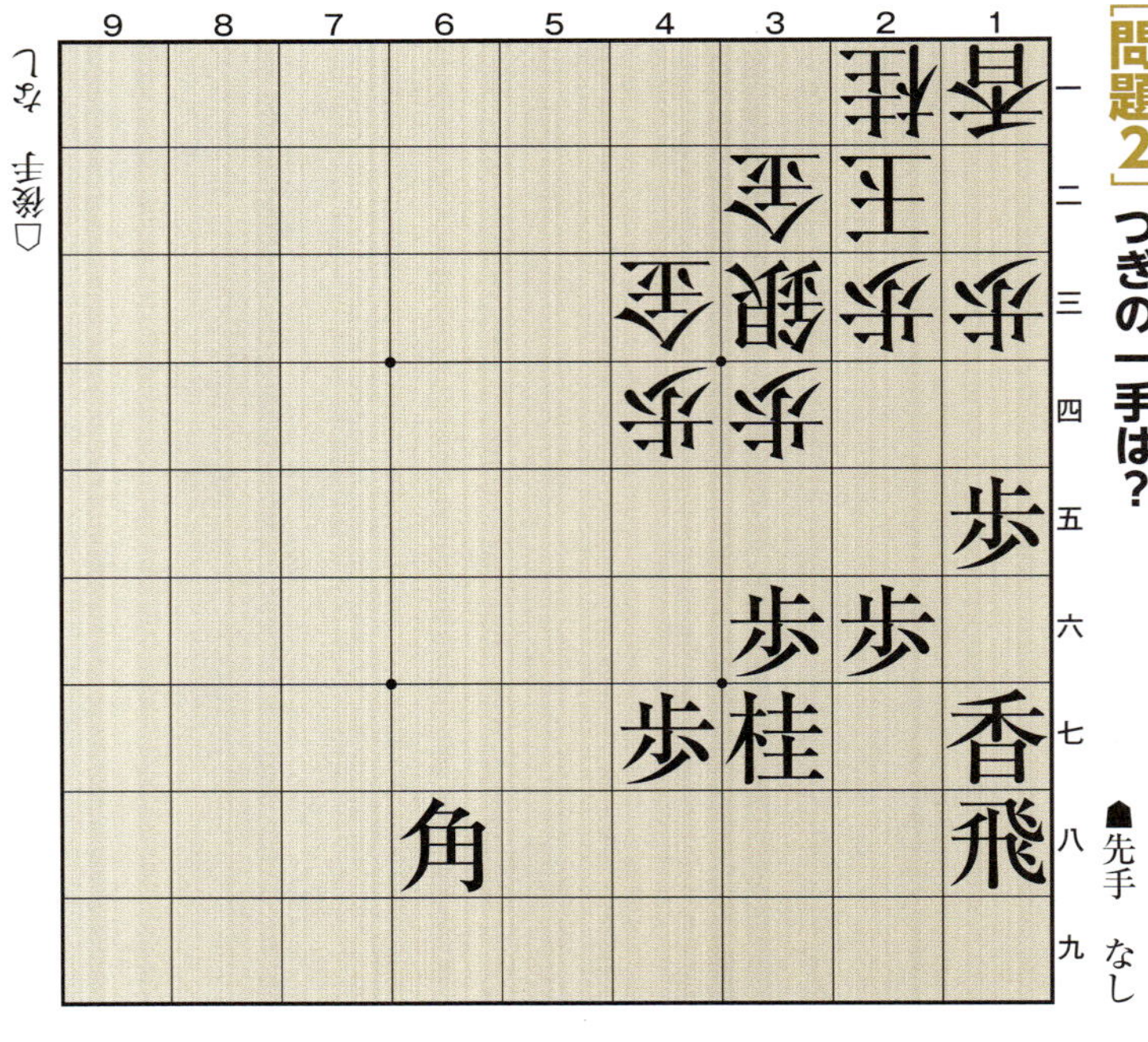

ヒント

スズメ刺《ざ》しは香《きょう》と飛車《ひしゃ》だけでなく、角《かく》や桂《けい》をくわえた攻《せ》めもできます。数《かず》を足《た》して、1筋《すじ》を攻略《こうりゃく》しましょう。

答え

▲2二角《かく》
△3三角《かく》
▲1一角成《かくなり》
（1図）

△1一同角《どうかく》
▲8七香《きょう》
（2図）

飛車《ひしゃ》を詰《つ》ませる

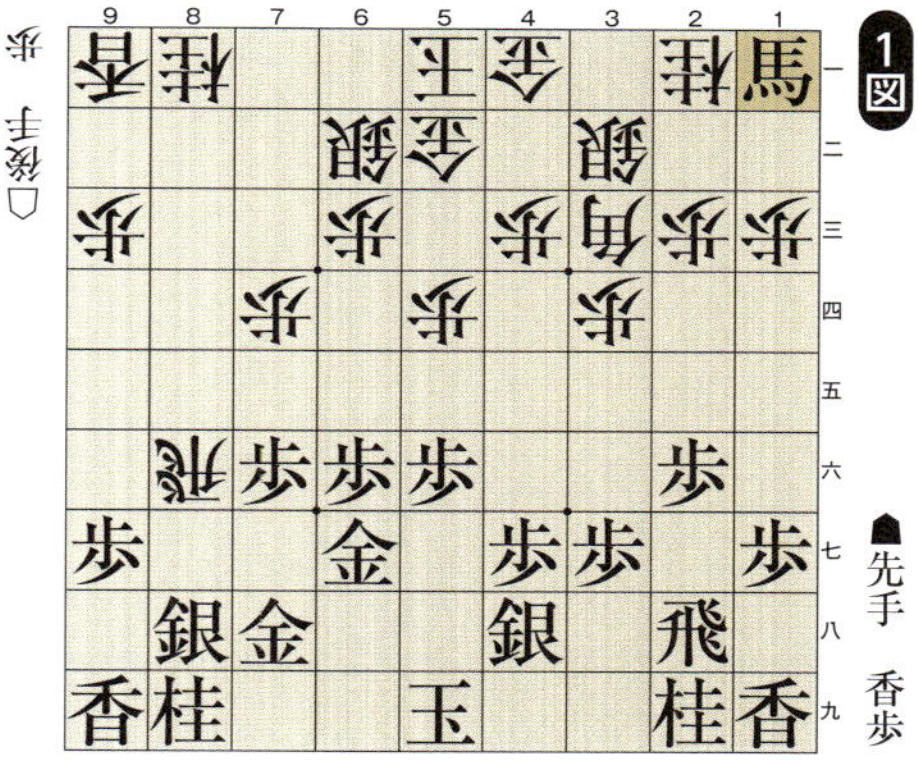

つぎに△1一同角《どうかく》で、角《かく》と香《きょう》の交換《こうかん》となり、駒損《こまぞん》です。しかし、持《も》ち駒《ごま》にした香《きょう》がつぎに活《い》きます。

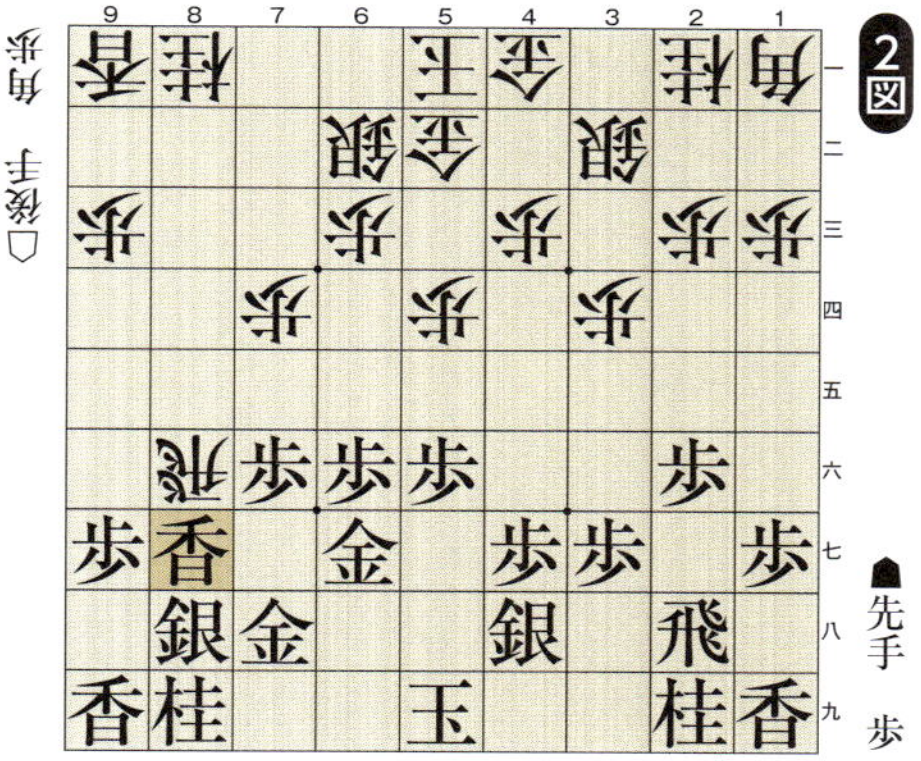

後手《ごて》の飛車《ひしゃ》がどこに動《うご》いても取《と》ることができます。飛車《ひしゃ》と角《かく》を交換《こうかん》したようなもので、先手《せんて》の成功《せいこう》です。

答え

▲2五桂《けい》
（3図）

△2四銀《ぎん》
▲1三桂成《けいなり》
（4図）

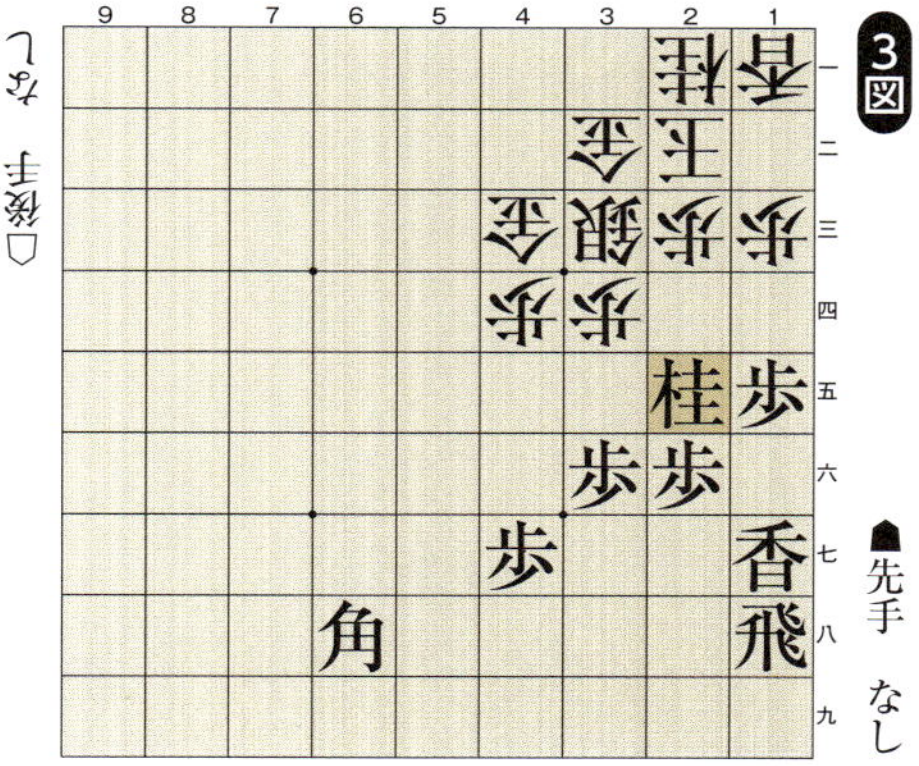

銀《ぎん》取《と》りをかけつつ、1三のマス目《め》に利《き》きを足《た》しました。1筋《すじ》の攻《せ》めに、桂《けい》もくわわりました。

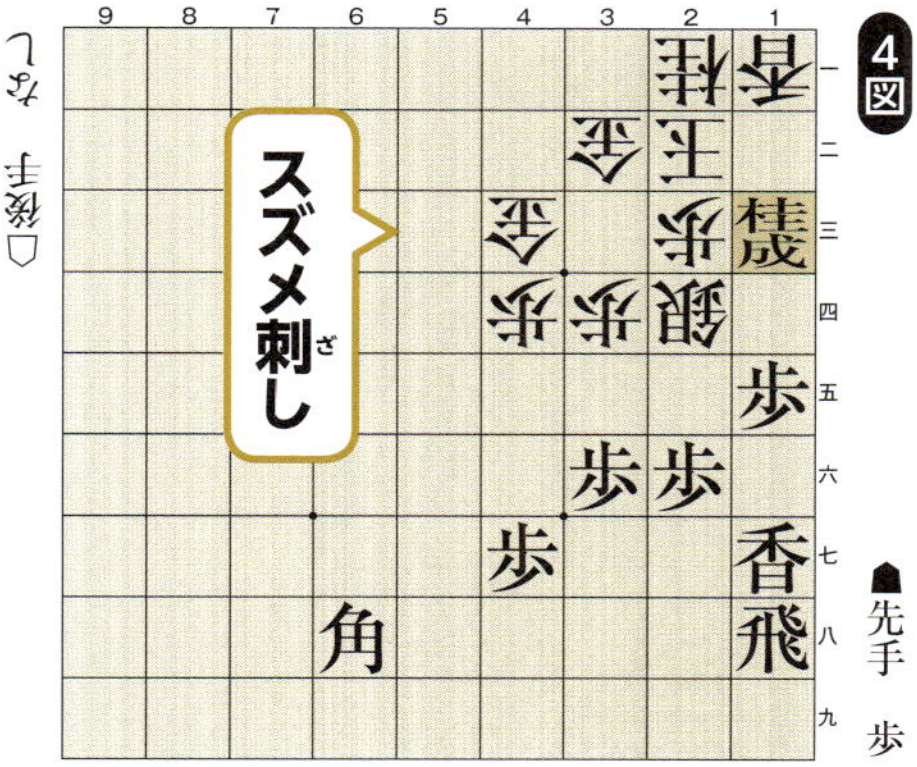

成桂《なりけい》で王手《おうて》。1筋《すじ》は先手《せんて》が歩香成桂角飛車《ふきょうなりけいかくひしゃ》の5枚《まい》、後手《ごて》は香桂銀玉《きょうけいぎんぎょく》の4枚《まい》。数《かず》で突破《とっぱ》できそうです。

序盤《じょばん》・中盤《ちゅうばん》の金《きん》・銀《ぎん》

金《きん》銀《ぎん》3枚《まい》で守《まも》る!

金《きん》2枚《まい》と銀《ぎん》1枚《まい》を玉《ぎょく》につけて守《まも》る

序盤《じょばん》では、玉《ぎょく》の近《ちか》くに金《きん》2枚《まい》と銀《ぎん》1枚《まい》をくっつけて守《まも》りをかためて、のこりの銀《ぎん》1枚《まい》を攻《せ》めに使《つか》います。

1図は玉《ぎょく》のそばにいる金銀《きんぎん》3枚《まい》が力《ちから》をあわせて守《まも》りをかためています。

1図のかたちは金《きん》2枚《まい》と銀《ぎん》1枚《まい》の利《き》きがつながっているので、かんたんにはくずれません。

後手《ごて》の攻《せ》めによっては、6六の銀《ぎん》を活《い》かして、▲5五歩などの手《て》で真《ま》ん中《なか》から攻《せ》めをしかけます2図。

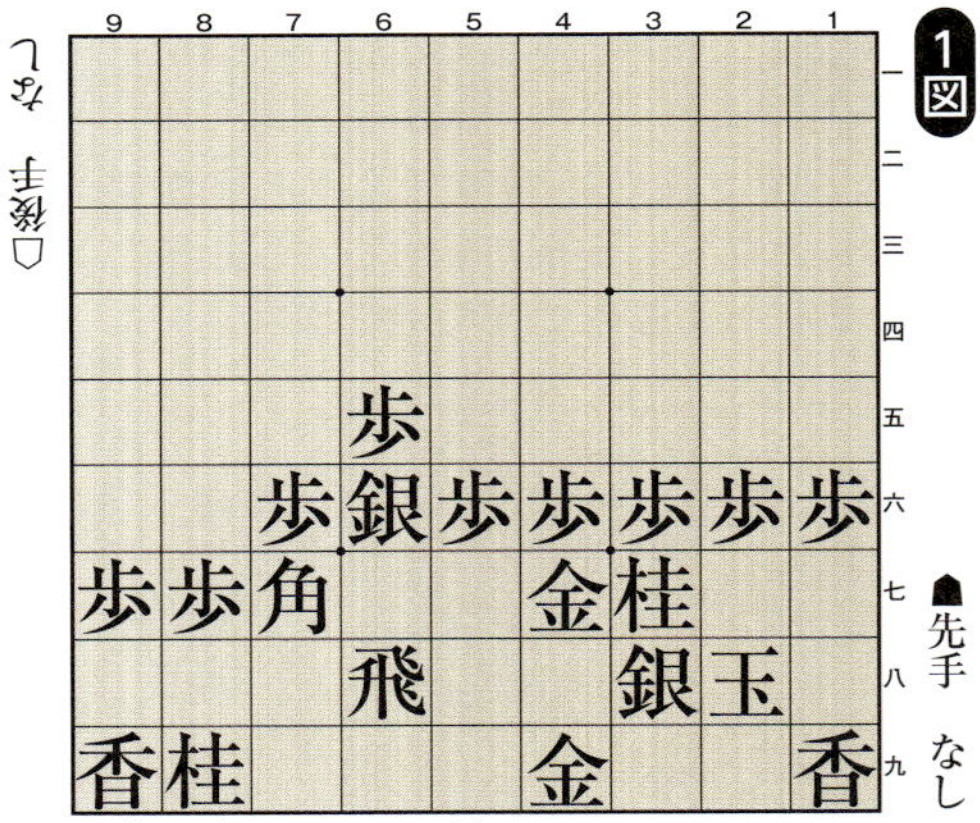

金銀《きんぎん》3枚《まい》でかたい守《まも》りをつくる。

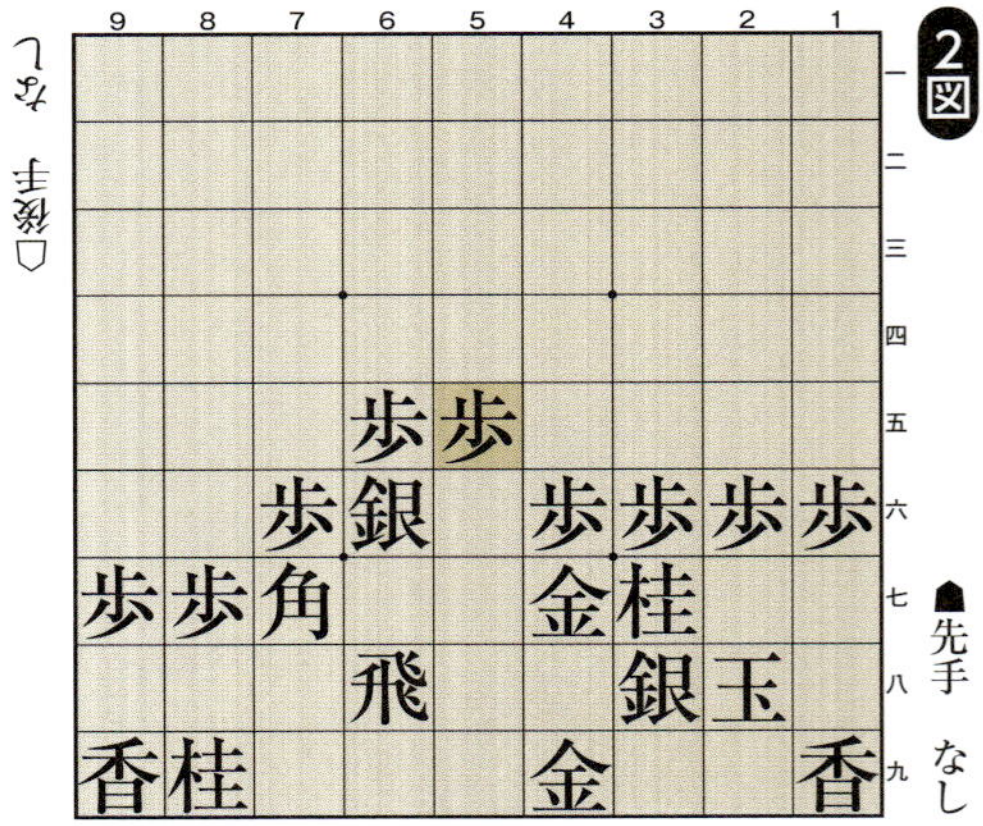

6六の銀《ぎん》が攻《せ》める役割《やくわり》だ。

銀冠《ぎんかんむり》でさらにかたい守《まも》り

ほかには、☗2七銀《ぎん》～☗3八金《きん》のように組《く》みかえる戦《たたか》い方《かた》もあります3図。3図のように玉《ぎょく》の頭《あたま》（1マス前《まえ》）に銀《ぎん》をかまえる駒組《こまぐ》みは銀冠《ぎんかんむり》というかたちで、玉《ぎょく》の上《うえ》を手厚《てあつ》くすることができます。

角交換《かくこうかん》での金銀《きんぎん》の役割《やくわり》

金銀《きんぎん》3枚《まい》以外《いがい》の守《まも》り方《かた》もあります。**おたがいの角《かく》を交換《こうかん》する戦法《せんぽう》では、金《きん》1枚《まい》を玉《ぎょく》からはなれたところにおいて、角《かく》の打《う》ちこみをふせぎます。**金銀《きんぎん》1枚《まい》ずつで玉《ぎょく》を守《まも》るので、玉《ぎょく》の守《まも》りはうすくなりますが、全体《ぜんたい》のバランスはよくなります。

たとえば、4図。7八の金《きん》と7七の銀《ぎん》が、玉《ぎょく》を守《まも》る駒《こま》です。4八の金《きん》が3八への角《かく》の打《う》ちこみをふせいでいます。5六の銀《ぎん》が攻《せ》めの駒《こま》です。

5六の銀《ぎん》や3七の桂《けい》が4五に利《き》いているので、先手《せんて》は4筋《すじ》からの攻《せ》めをねらえます。

3図

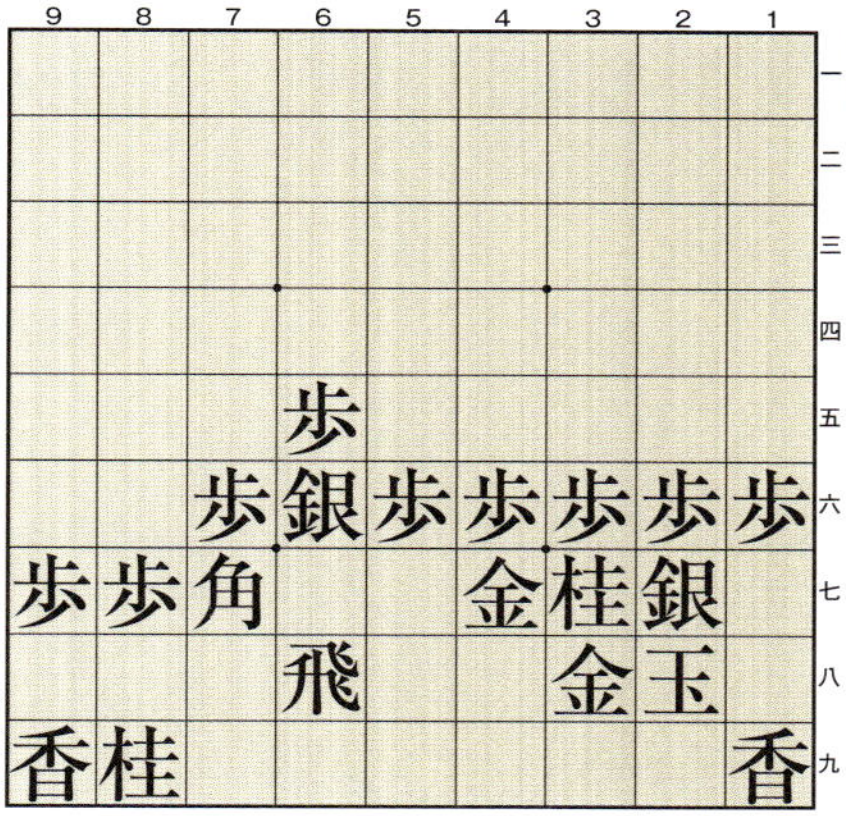
9 8 7 6 5 4 3 2 1
一 二 三 四 五 六 七 八 九
歩
歩 銀 歩 歩 歩 歩 歩
歩 歩 角 金 桂 銀
飛 金 玉
香 桂 香

☗先手 なし

☖後手 なし

こうした組《く》みかえもありえるぞ！

4図

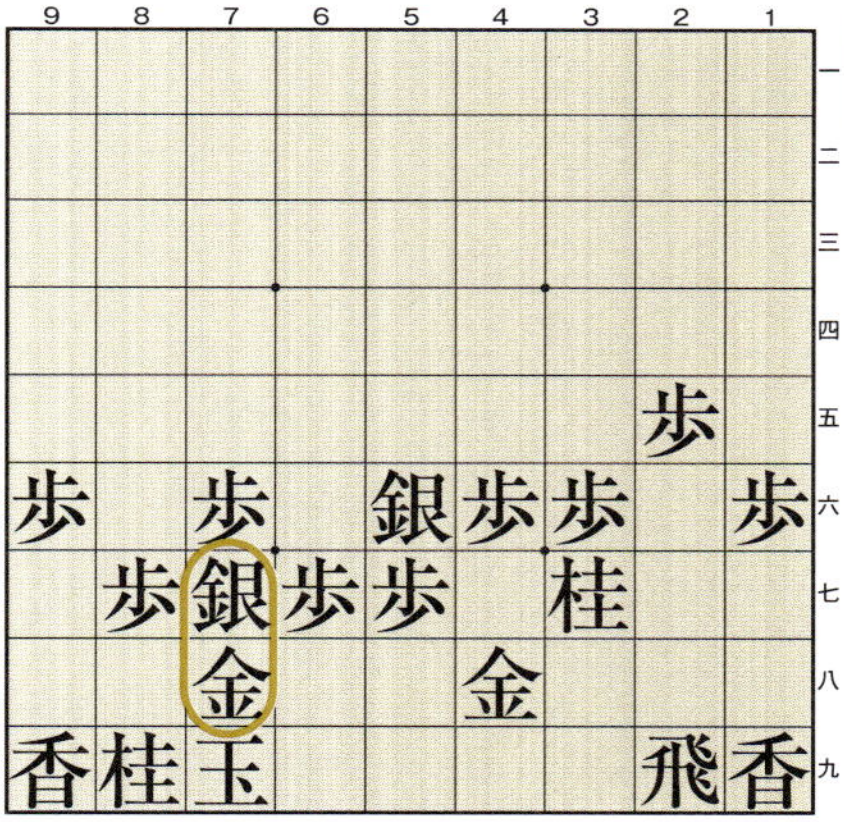
9 8 7 6 5 4 3 2 1
一 二 三 四 五 六 七 八 九
歩
歩 歩 銀 歩 歩 歩
歩 銀 歩 歩 桂
金 金
香 桂 玉 飛 香

☗先手 角

☖後手 角

金銀《きんぎん》1枚《まい》ずつで玉《ぎょく》を守《まも》っている。

4八の金《きん》が陣形《じんけい》のバランスをとる駒《こま》。
こういう使《つか》い方《かた》もあるんです

銀《ぎん》・金《きん》の手筋《てすじ》［序盤《じょばん》・中盤《ちゅうばん》］

棒《ぼう》銀《ぎん》の攻《せ》め

1図
9 8 7 6 5 4 3 2 1
一 二 三 四 五 六 七 八 九
香 桂
飛
歩 角 銀
歩 歩 歩
歩
歩 歩 銀 歩
飛
桂 香
☗先手 なし
☖後手 なし
飛車《ひしゃ》と銀《ぎん》を協力《きょうりょく》させてじょうずに攻《せ》めていきましょう

数《かず》の攻《せ》めで相手《あいて》を突破《とっぱ》する棒銀《ぼうぎん》

将棋《しょうぎ》をおぼえてはじめにマスターしたい攻《せ》めが、「棒銀《ぼうぎん》」です。**「棒銀《ぼうぎん》」とは、飛車《ひしゃ》と銀《ぎん》が協力《きょうりょく》して、駒《こま》の数《かず》で攻《せ》める手筋《てすじ》です。**おもに相《あい》手《て》の角《かく》の頭《あたま》をねらうほか、守《まも》りの銀《ぎん》との交換《こうかん》をめざすのがポイントです。

棒銀《ぼうぎん》の攻《せ》めは加藤一二三《かとうひふみ》九段《くだん》も現役時代《げんえきじだい》に得意《とくい》としていたそうだよ

歩《ふ》を動《うご》かすことで銀《ぎん》を前進《ぜんしん》させる

1図では、先手《せんて》は「棒銀《ぼうぎん》」でかまえています。先手《せんて》は▲3五歩《ふ》と、3筋《すじ》で攻《せ》めをしかけます 2図。

銀《ぎん》が前《まえ》に出《で》て棒銀《ぼうぎん》の成功《せいこう》

△3五同歩《どうふ》▲同銀《どうぎん》と銀《ぎん》の利《き》きを2四に足《た》します。△3四歩《ふ》となれば、つぎに▲2四歩《ふ》と飛車先《ひしゃさき》の歩《ふ》を突《つ》きます 3図。△同歩《どうふ》▲同銀《どうぎん》△同角《どうかく》▲同飛《どうひ》と数《かず》の攻《せ》めが決《き》まるので、飛車《ひしゃ》先《さき》を突破《とっぱ》できます。

数《かず》で攻《せ》めるため飛車《ひしゃ》を動《うご》かす

2図から後手《ごて》が3五の歩《ふ》を取《と》らず△3二飛《ひ》と3筋《すじ》を守《まも》ってきたら、先手《せんて》も▲3八飛《ひ》と3筋《すじ》の数《かず》を増《ふ》やします 4図。これで3筋《すじ》での戦《たたか》いになって、いい勝負《しょうぶ》です。

2図【1図より1手目】

△後手 なし

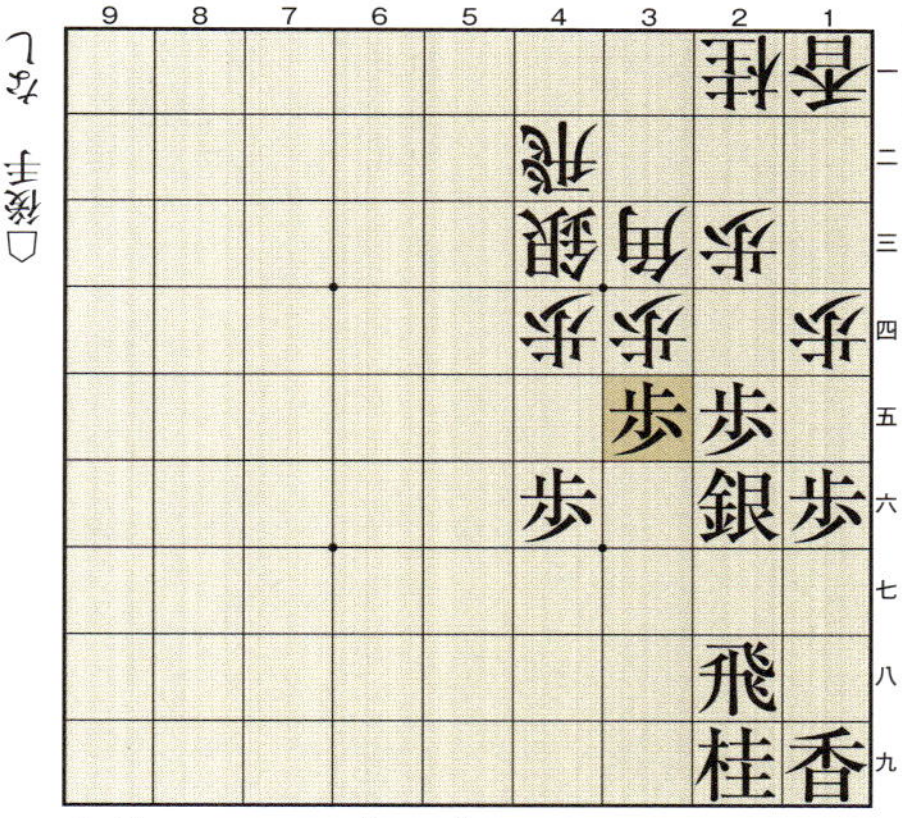

▲先手 なし

後手《ごて》は▲3五歩《ふ》を取《と》りにくるだろう。

3図【2図より4手目】

△後手 なし

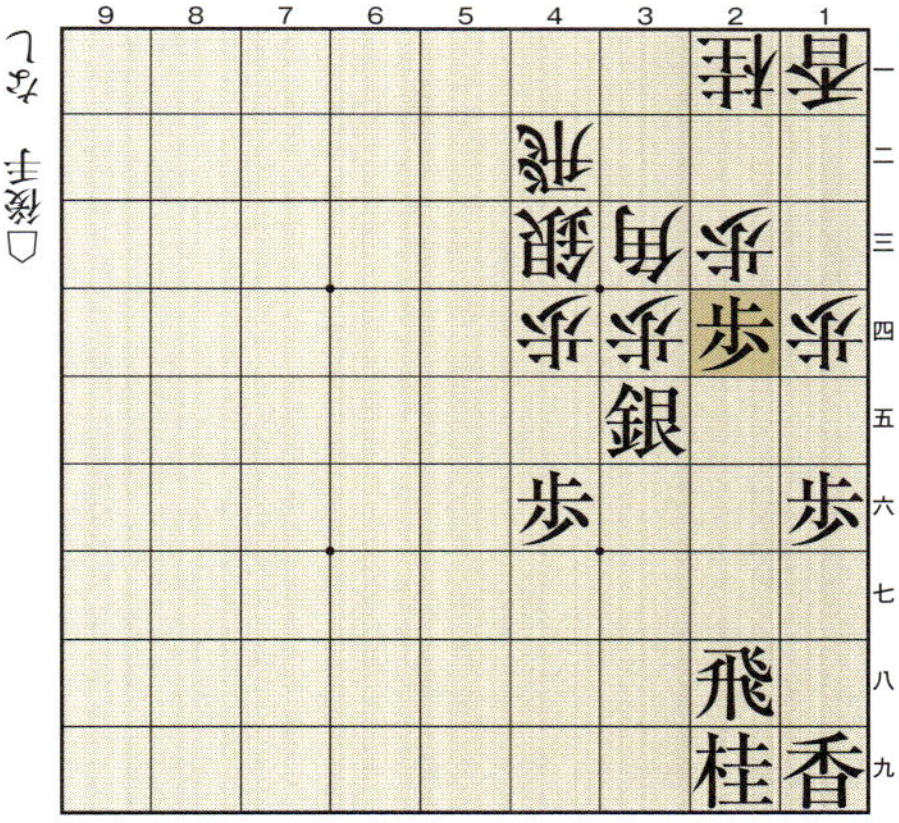

▲先手 歩

後手《ごて》は2筋《すじ》の数《かず》が足《た》りなくなった。

4図【2図より2手目】

△後手 なし

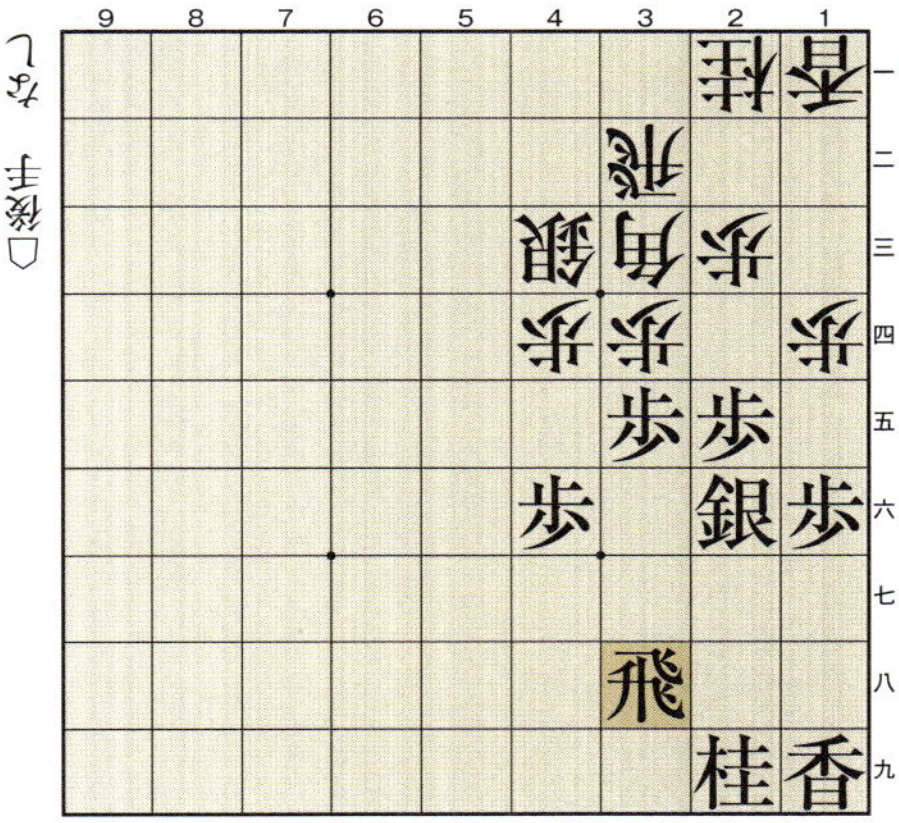

▲先手 なし

数《かず》でいかに上回《うわまわ》るかがポイントだ。

銀《ぎん》・金《きん》の手筋《てすじ》
[序盤《じょばん》・中盤《ちゅうばん》]

割《わ》り打《う》ちの銀《ぎん》

守《まも》りの金《きん》には割《わ》り打《う》ちの銀《ぎん》

1図のように、2枚《まい》の金《きん》が動《うご》けないななめうしろに銀《ぎん》を打《う》って両取《りょうど》りをかけることを、「割《わ》り打《う》ちの銀《ぎん》」といいます。

両取《りょうど》りとは、相手《あいて》の2つの駒《こま》に取《と》るぞとすることです。片方《かたほう》の駒《こま》がにげても、どちらか1つの駒《こま》を取《と》ることができます。このかたちでは、かならず金《きん》と銀《ぎん》を交換《こうかん》することができます。

「割《わ》り打《う》ちの銀《ぎん》」は、銀《ぎん》で金《きん》をねらうテクニックです。相手陣《あいてじん》の守《まも》りをうすくする効果《こうか》があります。

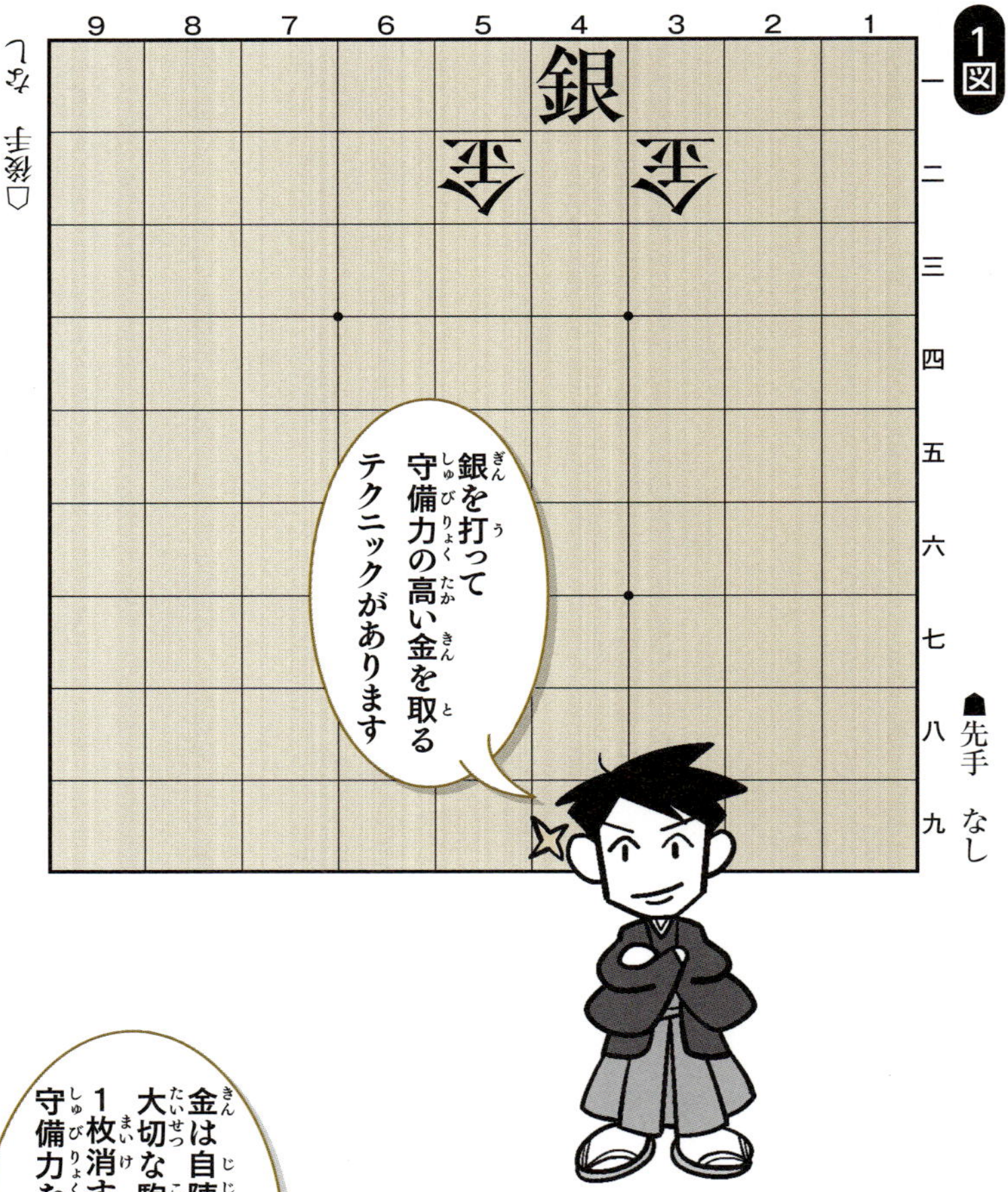
1図
後手 なし
先手 なし
銀《ぎん》を打《う》って守備力《しゅびりょく》の高《たか》い金《きん》を取《と》るテクニックがあります

金《きん》は自陣《じじん》を守《まも》るのに大切《たいせつ》な駒《こま》なの。1枚消《まいけ》すことができれば守備力《しゅびりょく》を下《さ》げられるね

両取《りょうど》りのやり方《かた》はさまざまある

割《わ》り打《う》ちのように銀《ぎん》を使《つか》って、飛《ひ》車《しゃ》と金《きん》の両取《りょうど》りをねらうこともあります（2図）。

また、銀《ぎん》ではなく、駒《こま》を損《そん》してでも角《かく》で両取《りょうど》りをねらうこともあります。

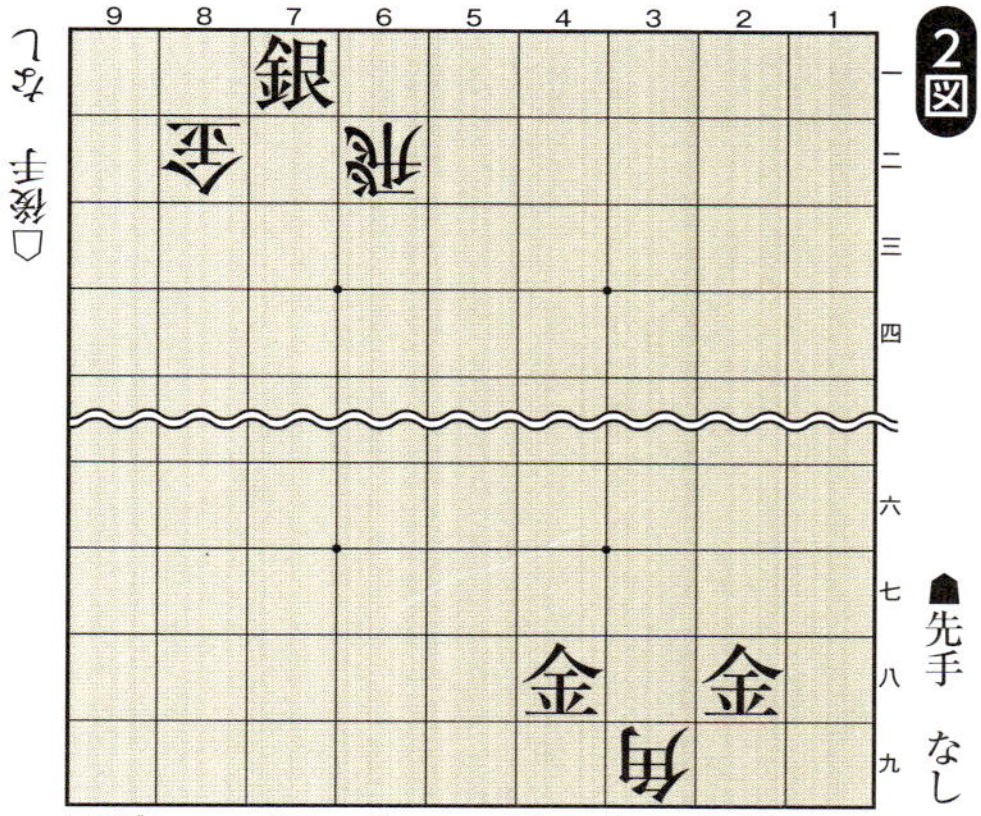
2図
9 8 7 6 5 4 3 2 1
一 二 三 四 六 七 八 九
銀 飛 金
金 金 角
後手 なし
先手 なし

終盤《しゅうばん》では角《かく》を捨《す》てて金《きん》を取《と》る場面《ばめん》も！

大駒《おおごま》への両取《りょうど》りは破壊力《はかいりょく》バツグン！

3図のように、ななめのマス目《め》にいる飛車《ひしゃ》と金《きん》のあいだに打《う》つ銀《ぎん》の両取《りょうど》りは、より強《つよ》い攻《せ》めです。飛車《ひしゃ》を動《うご》かさないといけないうえに、金《きん》を取《と》られて後手《ごて》は大《だい》ダメージです。

銀《ぎん》による両取《りょうど》りを決《き》めるには、銀《ぎん》を持《も》ち駒《ごま》にしておく必要《ひつよう》があります。銀《ぎん》は攻《せ》め駒《ごま》として使《つか》うことが多《おお》いので、相手《あいて》にわたしたあとの反撃《はんげき》には注意《ちゅうい》しましょう。

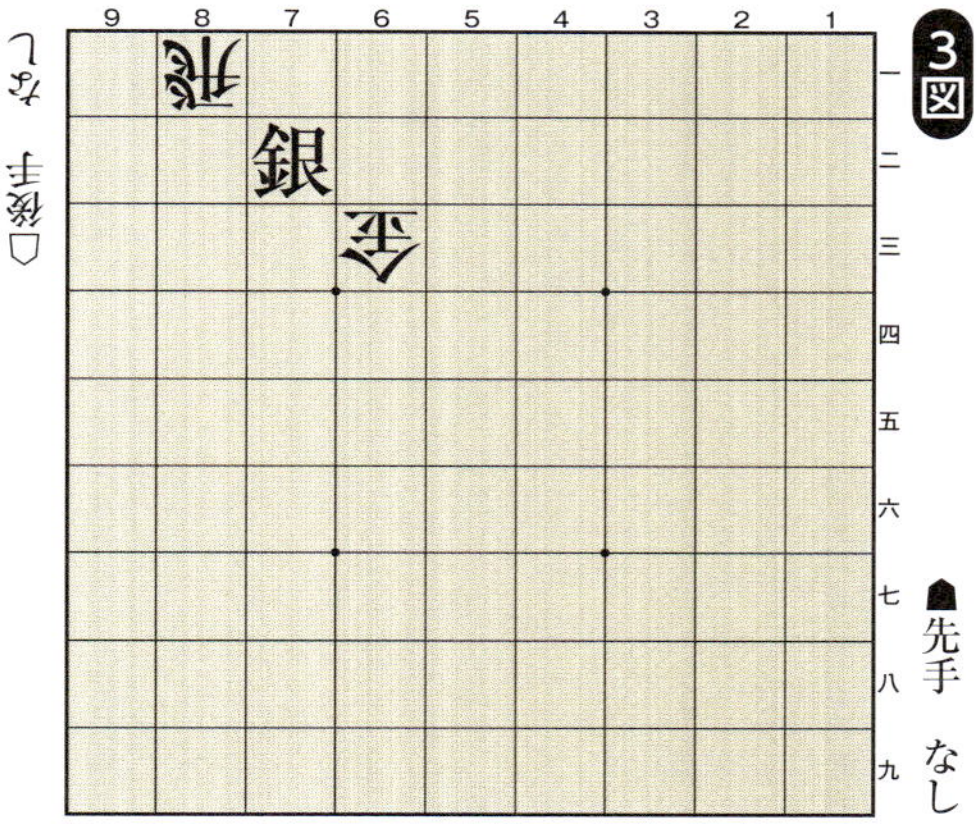
3図
9 8 7 6 5 4 3 2 1
一 二 三 四 五 六 七 八 九
飛 銀 金
後手 なし
先手 なし

銀《ぎん》のななめの利《き》きが活《い》きている！

将棋《しょうぎ》の囲《かこ》い（守《まも》りの陣形《じんけい》）には割《わ》り打《う》ちをされないためのものが多《おお》くなっています
それほど割《わ》り打《う》ちの銀《ぎん》は強烈《きょうれつ》なんだね！

角《かく》の頭《あたま》を守《まも》る

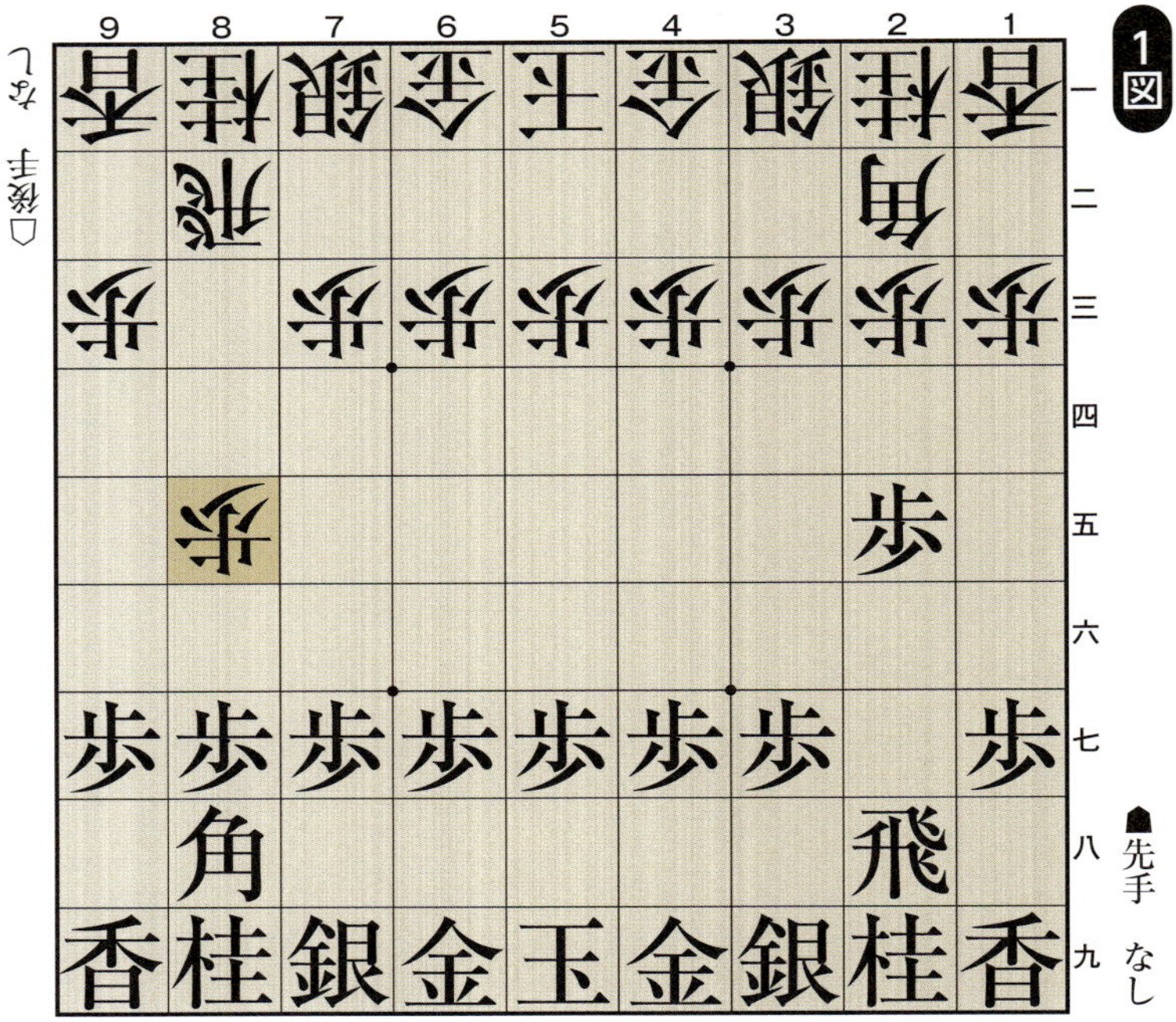
1図
▲先手 なし
△後手 なし

※相《あい》がかりの出《で》だし。おたがいに飛車先《ひしゃさき》の歩《ふ》をのばして、今《いま》にも戦《たたか》いがはじまりそうです

角《かく》の頭《あたま》はしっかり守《まも》ろう

角《かく》は強《つよ》い駒《こま》ですが、前《まえ》に進《すす》めないため、頭《あたま》を歩《ふ》でねらわれるとこまってしまいます。そのため、**角《かく》の頭《あたま》は金《きん》や銀《ぎん》で守《まも》るのが基本《きほん》**です。

※相居飛車《あいいびしゃ》では角《かく》が向《む》かい合《あ》いやすいから金《きん》で角《かく》の頭《あたま》を守《まも》るの
金
安全
角

※相《あい》がかりとは、おたがいに居飛車《いびしゃ》のまま、ずんずんと飛車先《ひしゃさき》の歩《ふ》をのばす戦型《せんけい》です。

まずは金《きん》で角《かく》を守《まも》ろう

1図では、角《かく》の頭《あたま》を守《まも》るために☗7八金《きん》と受《う》け、後手《ごて》も☖3二金《きん》と指《さ》すのが定跡《じょうせき》です2図。定跡《じょうせき》とは、「この局面《きょくめん》ではこう指《さ》す」と、これまでに指《さ》された実戦《じっせん》をとおして正《ただ》しいとされている手順《てじゅん》をいいます。

2図【1図より2手目】

☗先手 なし

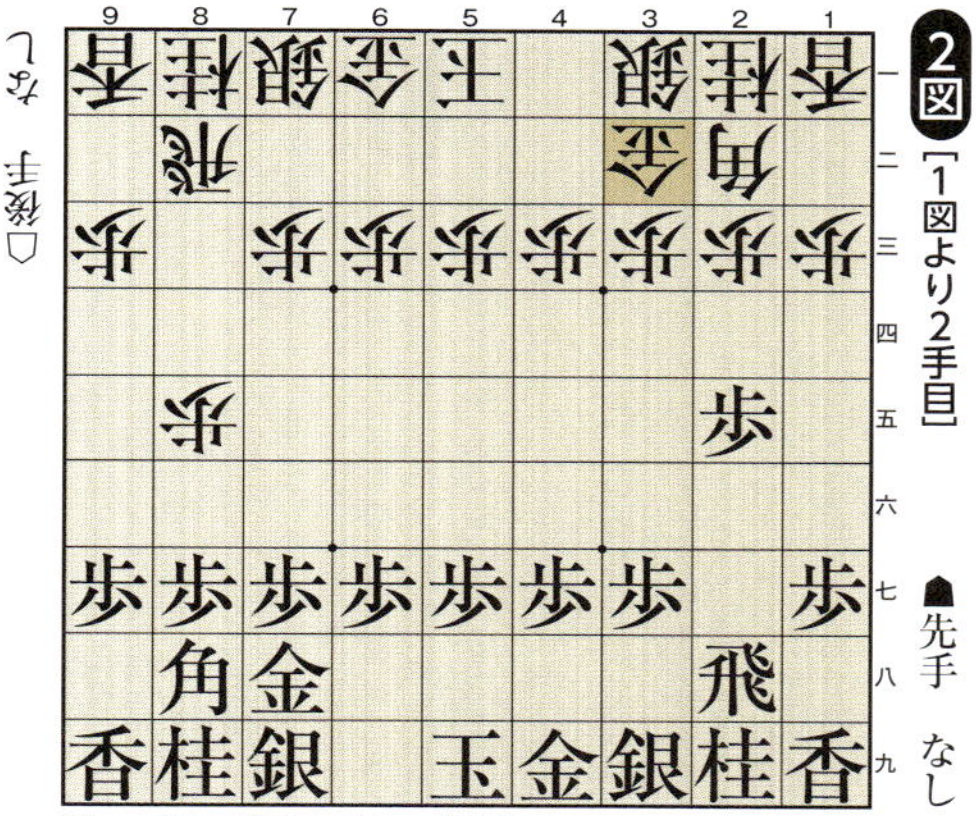

☖後手 なし

金《きん》が角《かく》の頭《あたま》を守《まも》る役目《やくめ》にぴったり。

金《きん》ではなく銀《ぎん》で守《まも》ると？

☗7八銀《ぎん》や☖3二銀《ぎん》だと、☗7六歩《ふ》や☖3四歩《ふ》で角《かく》の利《き》きをあけたあとに、角《かく》がうき駒《ごま》になってあぶないです3図。このあと、☗2二角成《かくなり》や☖8八角成《かくなり》のように相手陣《あいてじん》に入《はい》ると、銀《ぎん》の利《き》きでは対応《たいおう》できません。

3図【1図より4手目】

☗先手 なし

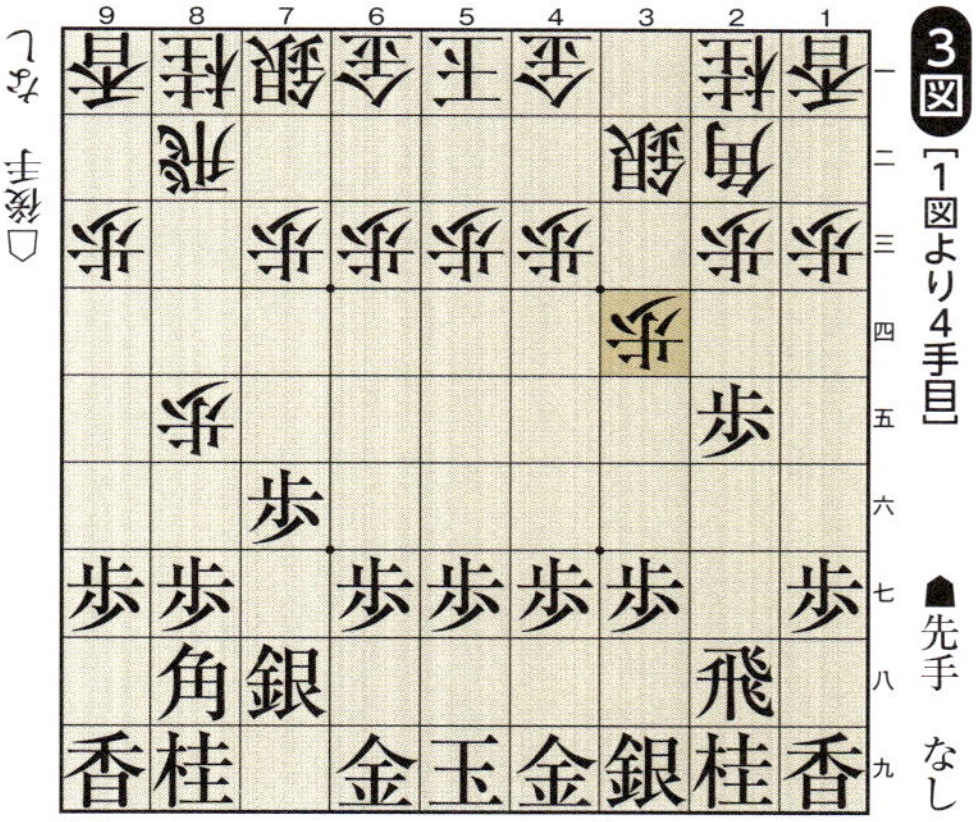

☖後手 なし

角《かく》をねらわれたら、タダ取《ど》りされる。

角《かく》を守《まも》らず攻《せ》めつづけたら？

1図から☗7八金《きん》を指《さ》さずに、☗2四歩《ふ》☖同歩《どうふ》☗同飛《どうひ》といくと、☖8六歩《ふ》☗同歩《どうふ》☖8七歩《ふ》となり、角《かく》の頭《あたま》をねらわれます4図。

4図【1図より6手目】

☗先手 歩2

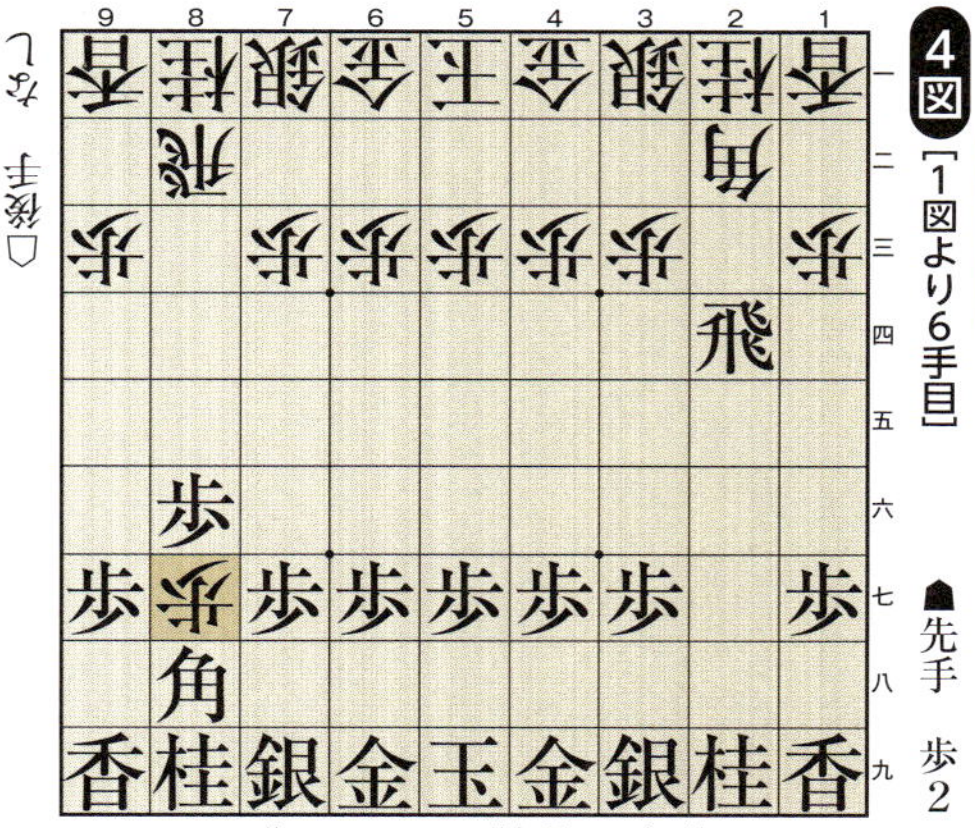

☖後手 なし

まっすぐ攻《せ》めあうと先手《せんて》が不利《ふり》だ。

※相居飛車《あいいびしゃ》とは、おたがいに居飛車《いびしゃ》で戦《たたか》うこと。

銀《ぎん》・金《きん》の手筋《てすじ》［序盤《じょばん》・中盤《ちゅうばん》］

打《う》ちこみにそなえる

1図

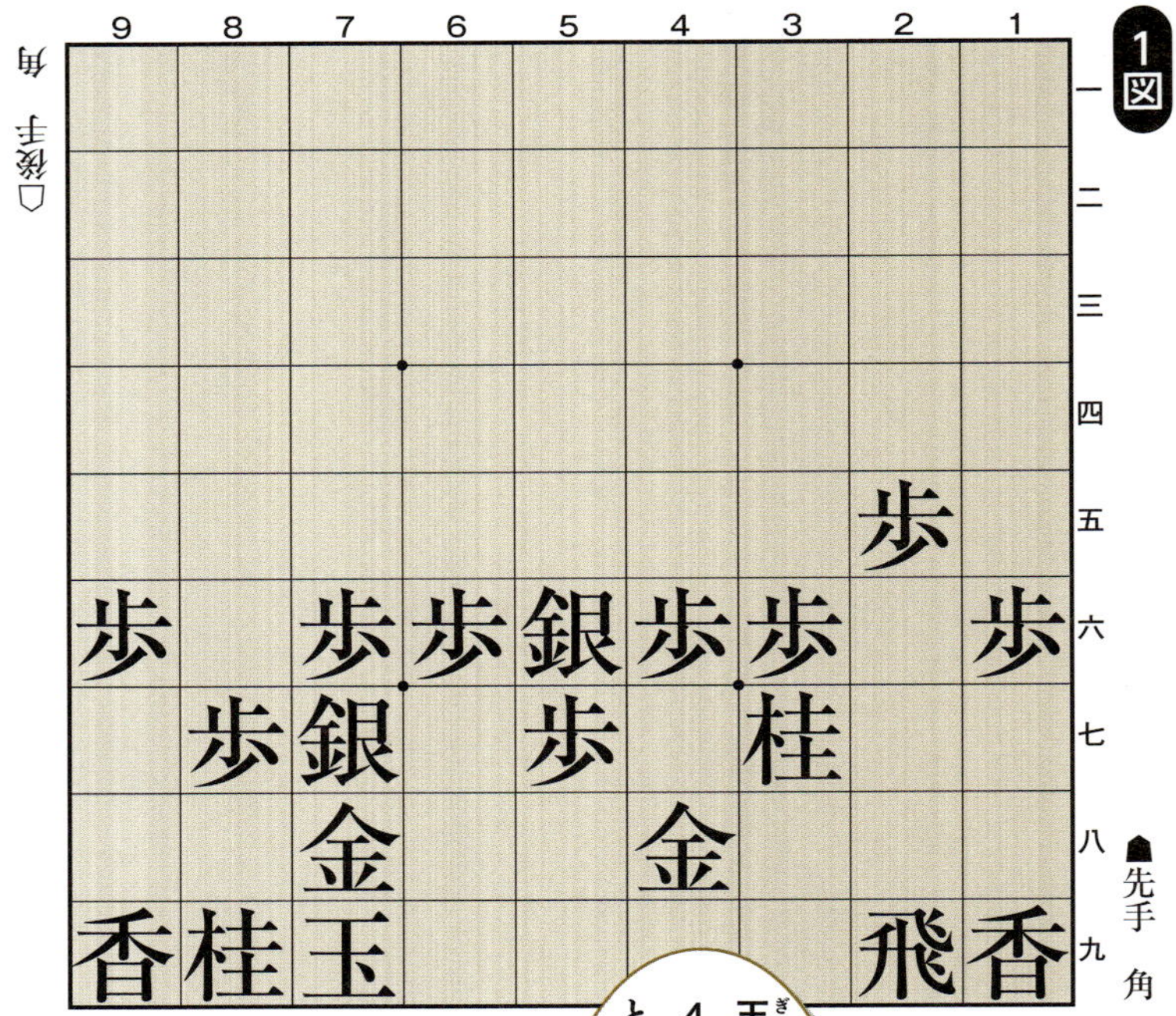

9 8 7 6 5 4 3 2 1
一 二 三 四 五 六 七 八 九
☖後手 角
☗先手 角
歩
歩 歩 歩 銀 歩 歩 歩
歩 銀 歩 桂
金 金
香 桂 玉 飛 香

玉《ぎょく》からはなれている４八の金《きん》は守《まも》りの駒《こま》として大切《たいせつ》な存在《そんざい》です

金《きん》は相手《あいて》がこちらの陣地《じんち》に打《う》ってきた角《かく》に対応《たいおう》するのに大切《たいせつ》な駒《こま》だよ

金《きん》を玉《ぎょく》からはなす守《まも》り方《かた》

1図は、※角換《かくが》わり腰《こし》かけ銀《ぎん》の戦《たたか》いであらわれるかたちです。

金《きん》はふつう玉《ぎょく》の近《ちか》くにいたほうが、守《まも》りの駒《こま》として役立《やくだ》ちます。しかし**角交換《かくこうかん》の戦《たたか》いでは、玉《ぎょく》からはなすことで相手《あいて》がこちらの陣地《じんち》に持《も》ち駒《ごま》の角《かく》を打《う》ってきても、対応《たいおう》することができます。**

※角換《かくが》わり腰《こし》かけ銀《ぎん》とは、ふつうの角《かく》の交換《こうかん》から、銀《ぎん》を５六（５四）と歩《ふ》の上《うえ》においた戦型《せんけい》です。

角《かく》を打《う》ちこまれると大《だい》ピンチになる！

金《きん》が４八ではなく、５八や６八にいると、☖３八角《かく》と打《う》ちこまれてしまいます（2図）。

2図

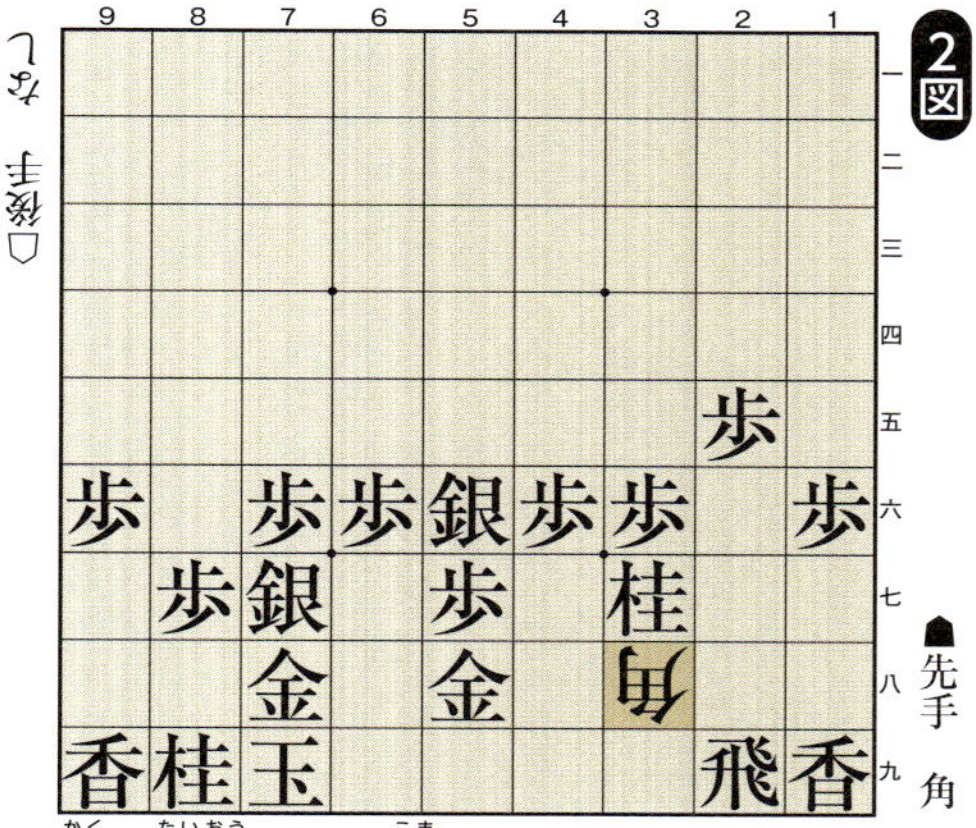

角《かく》に対応《たいおう》できる駒《こま》がいない！

いろいろなかたちの駒組《こまぐ》みで使《つか》われる

3図は、※升田式石田流《ますだしきいしだりゅう》とよばれるかたちです。これは７八の金《きん》が、角《かく》の打《う》ちこみにそなえています。

3図

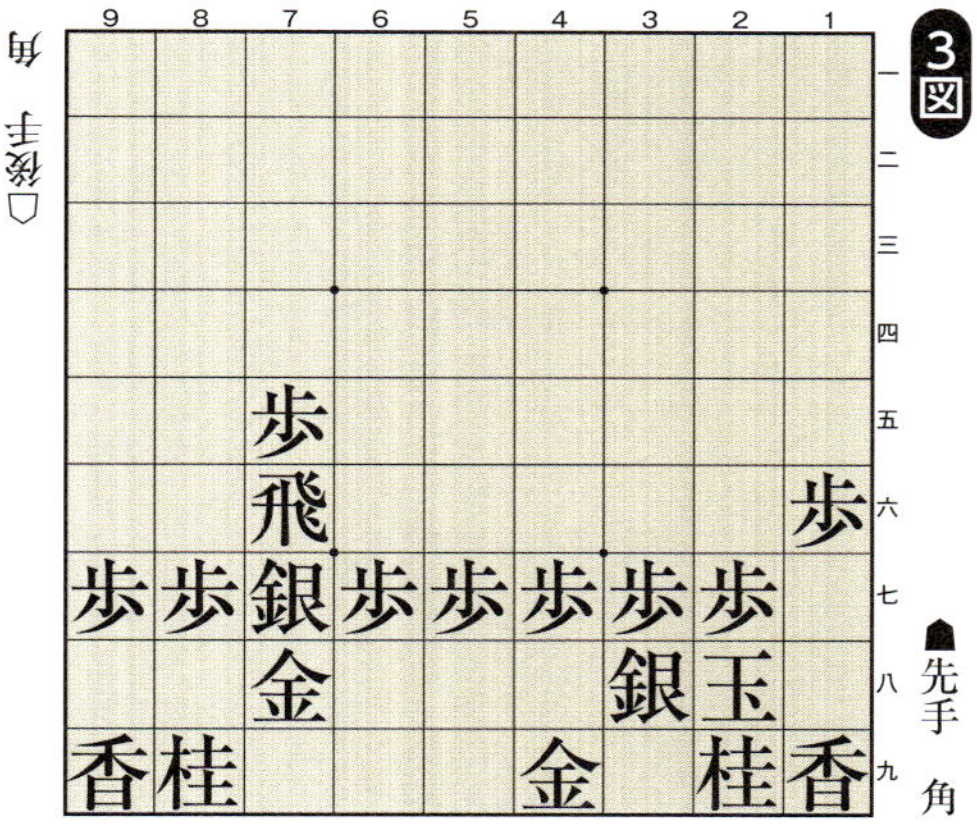

角《かく》にそなえたバランスのよいかまえ。

場所《ばしょ》をまちがえると金《きん》がはたらかない

たとえば、７八の金《きん》が５八にいると、７八や８七にスキが生《う》まれるため、角《かく》を打《う》ちこまれてピンチになります（4図）。

4図

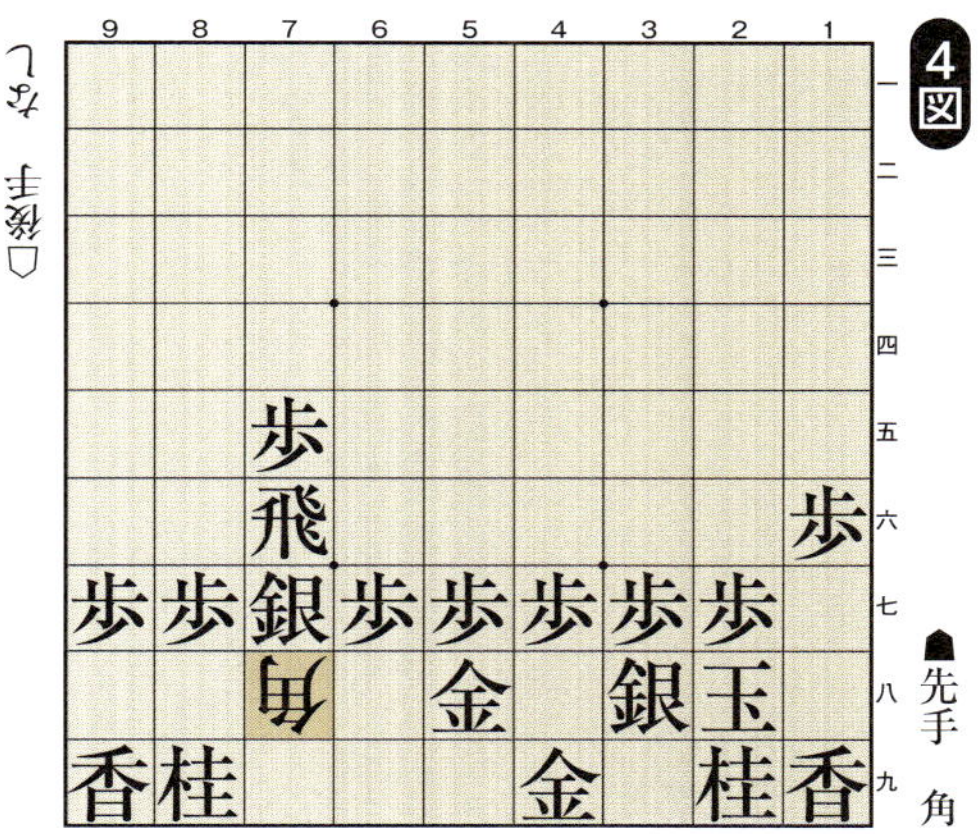

かんたんに馬《うま》をつくられてしまう。

※升田式石田流《ますだしきいしだりゅう》とは、角交換《かくこうかん》をおそれない石田流《いしだりゅう》三間飛車《さんげんびしゃ》で、升田幸三実力《ますだこうぞうじつりょく》制第四代名人《せいだいよんだいめいじん》が開発《かいはつ》した戦法《せんぽう》です。

【練習問題《れんしゅうもんだい》】

序盤《じょばん》・中盤《ちゅうばん》の銀《ぎん》・金《きん》の手筋《てすじ》を使《つか》ってみよう

【問題1】つぎの一手《いって》は?

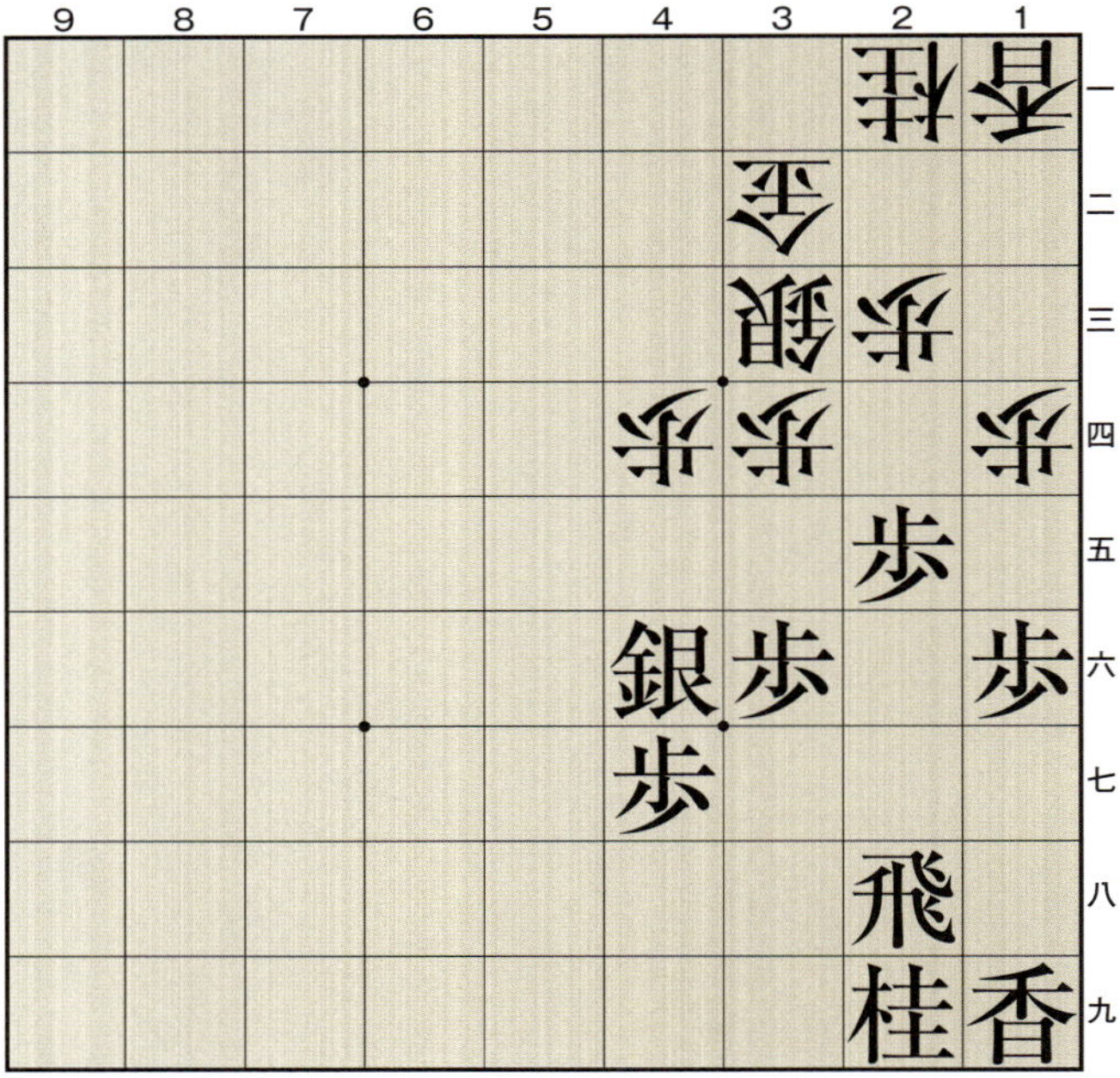

☗先手　なし

☖後手　なし

ヒント

4六の銀《ぎん》を攻《せ》めに活《い》かしたいところです。銀《ぎん》はななめの利《き》きを活《い》かして攻《せ》めるのが基本《きほん》です。

【問題2】つぎの一手《いって》は?

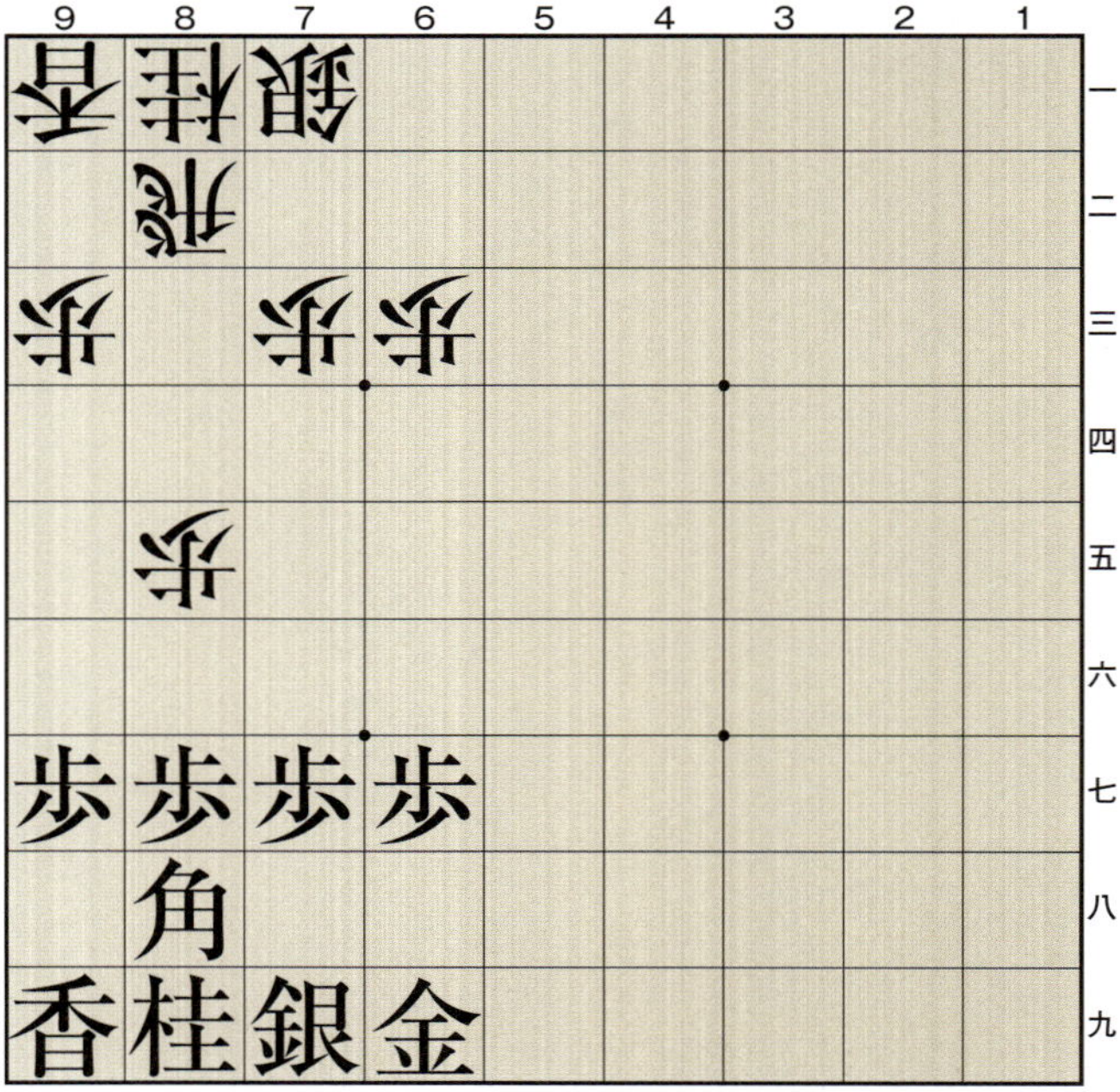

☗先手　なし

☖後手　なし

ヒント

このままでは8筋《すじ》にいる角《かく》がねらわれそうでこわいので、金《きん》で受《う》けるかまえをつくりましょう。

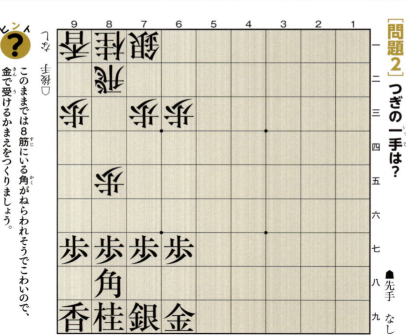

答え

☗3五歩《ふ》 ☖同《どう》歩《ふ》 ☗同銀《どうぎん》 ☖3四歩《ふ》 ☗2四歩《ふ》（1図）

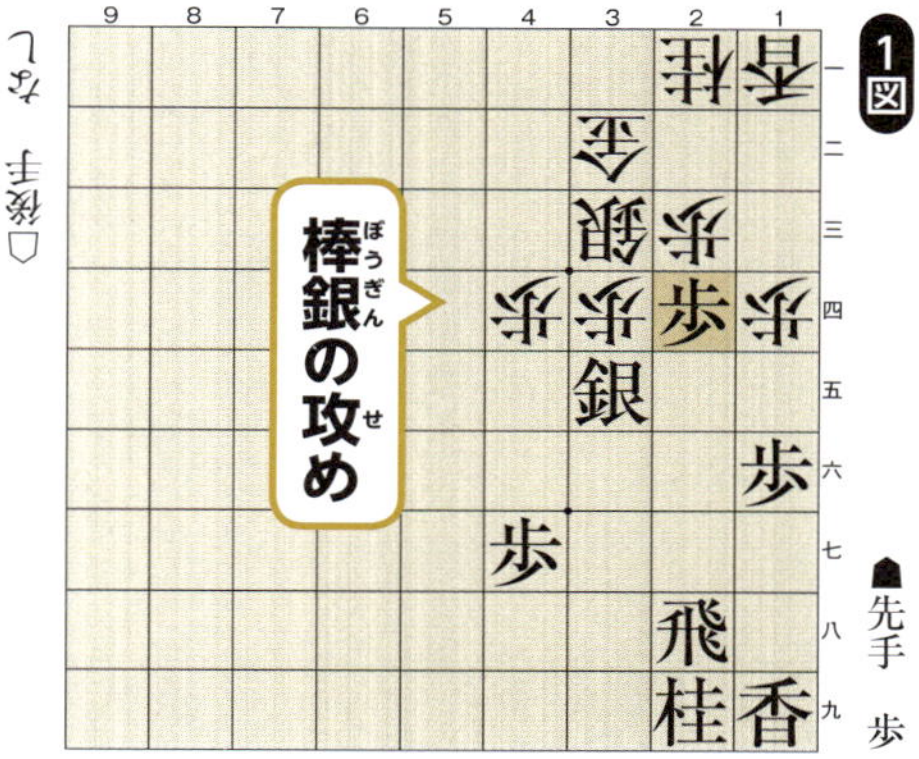

銀《ぎん》が3五に前進《ぜんしん》して、飛車《ひしゃ》と銀《ぎん》の利《き》きが2四に集《あつ》まりました。数《かず》の攻《せ》めで、2筋《すじ》の突破《とっぱ》をねらいます。

☖2四同《どう》歩《ふ》 ☗同銀《どうぎん》 ☖同銀《どうぎん》 ☗同飛《どうひ》（2図）

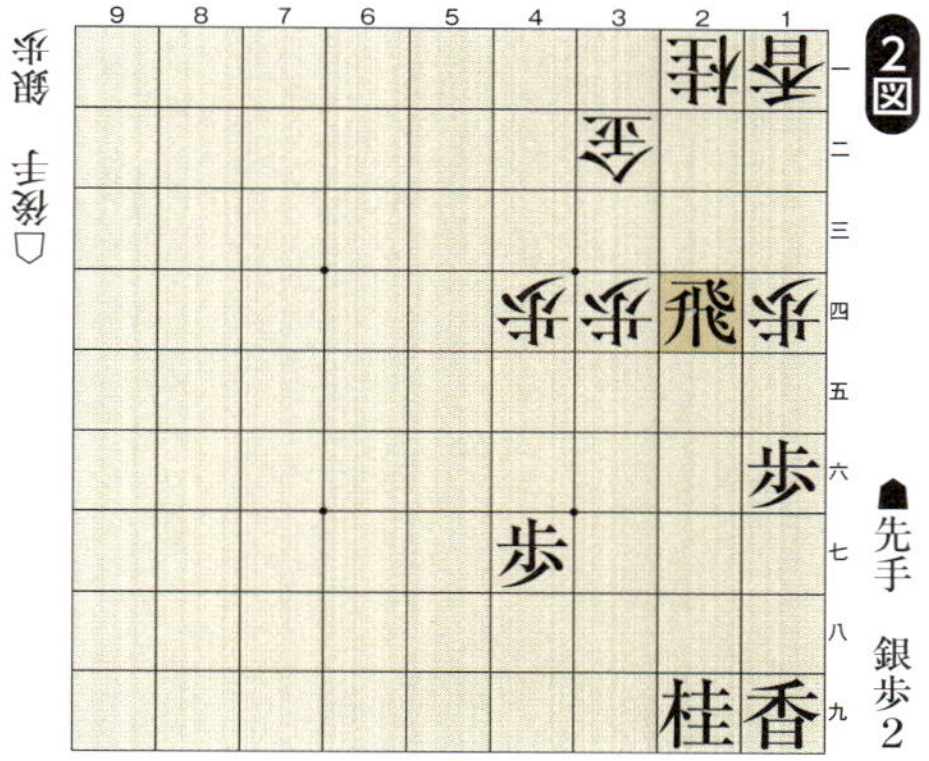

2四への利《き》きは先手《せんて》が3枚《まい》、後手《ごて》が2枚《まい》だったので突破《とっぱ》に成功《せいこう》。4六にいた銀《ぎん》をじょうずに使《つか》えました。

答え

☗7八金《きん》（3図）

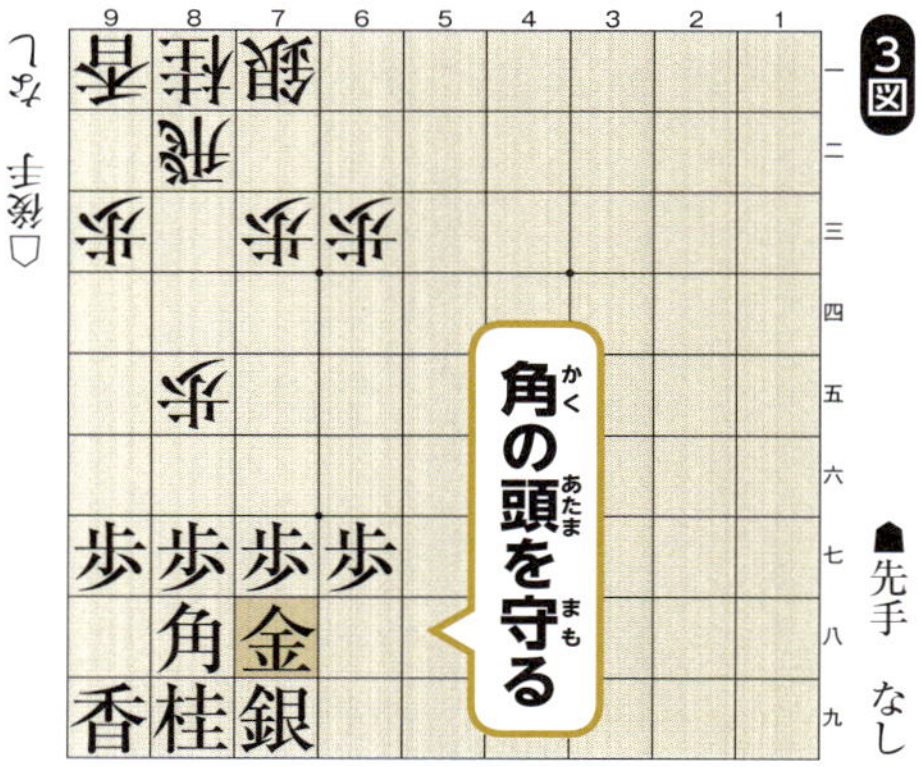

角《かく》の頭《あたま》をねらわれる前《まえ》に、8七のマス目《め》を金《きん》で守《まも》ります。角《かく》の頭《あたま》は金《きん》で守《まも》るのが基本《きほん》です。

☖8六歩《ふ》 ☗同《どう》歩《ふ》 ☖同飛《どうひ》 ☗8七歩《ふ》（4図）

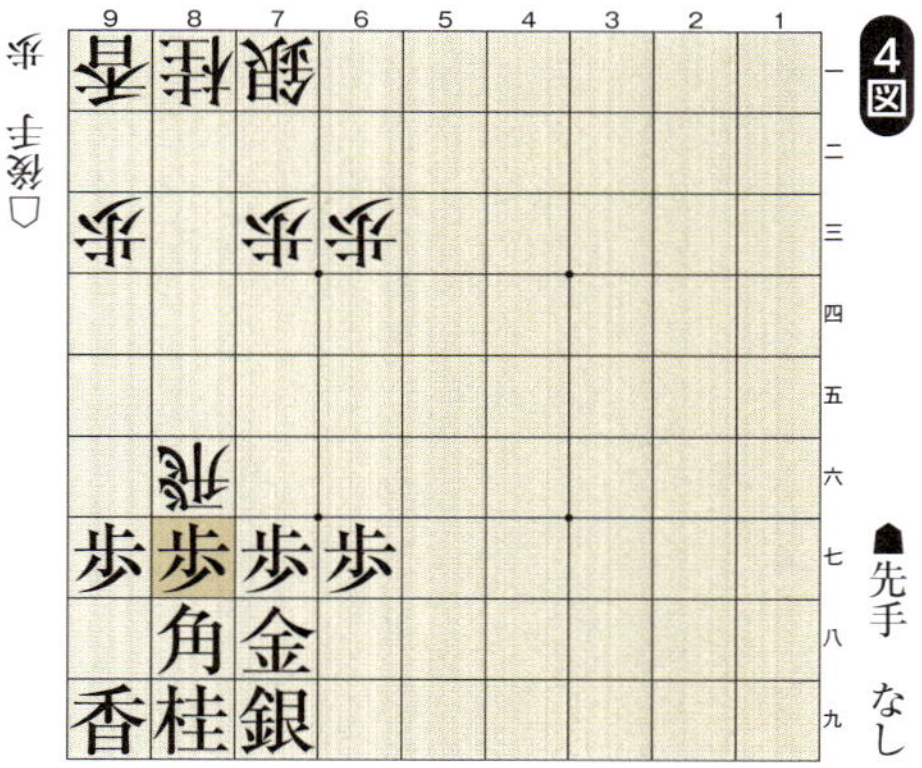

金《きん》のおかげで飛車《ひしゃ》をはね返《かえ》せます。☗7八銀《ぎん》の受《う》けでは角《かく》のヒモがはずれ、☗7六歩《ふ》としづらくなります。

序盤《じょばん》・中盤《ちゅうばん》の角《かく》・飛《ひ》・玉《ぎょく》

大駒《おおごま》のはたらきをよくする！

将棋《しょうぎ》は大駒《おおごま》を活《い》かすところから

将棋《しょうぎ》のさいしょの一手《いって》は、先手《せんて》なら☗7六歩《ふ》か☗2六歩《ふ》と指《さ》すのが基本《きほん》です。**それぞれ、角《かく》と飛車《ひしゃ》という大駒《おおごま》の利《き》きがとおるからです。**

将棋《しょうぎ》で勝《か》つためには、飛車《ひしゃ》と角《かく》を活《い》かすことが大切《たいせつ》です。さいしょのかたちのままでは、角《かく》も飛車《ひしゃ》もちょっときゅうくつなので、それぞれをはたらかせることからはじめましょう。

さいしょの一手《いって》で大駒《おおごま》をはたらかせる

1図は、さいしょの一手《いって》で☗7六歩《ふ》と指《さ》したところ。角《かく》のとおり道《みち》があいて、一気《いっき》に角《かく》のはたらきがよくなりました。

後手《ごて》の初手《しょて》は☖8四歩《ふ》2図。飛《ひ》車先《しゃさき》の歩《ふ》を突《つ》いて、飛車《ひしゃ》の利《き》きをのばすねらいです。

1図

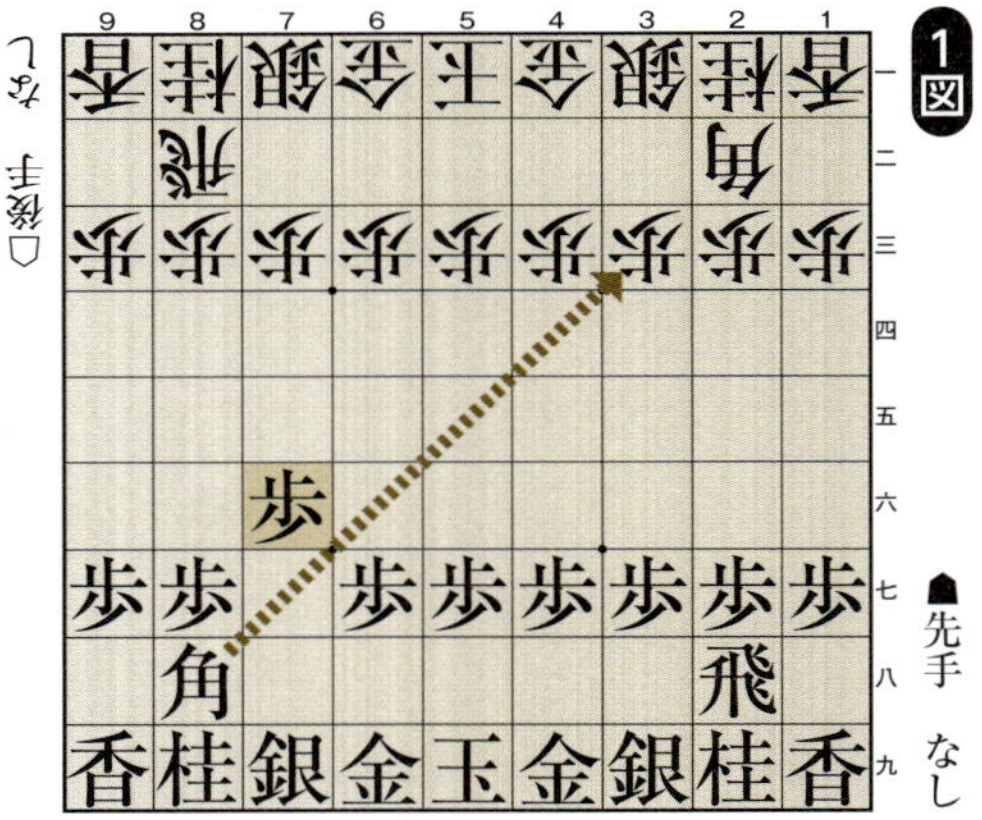

角《かく》の利《き》きが相手陣《あいてじん》にぶつかった！

2図

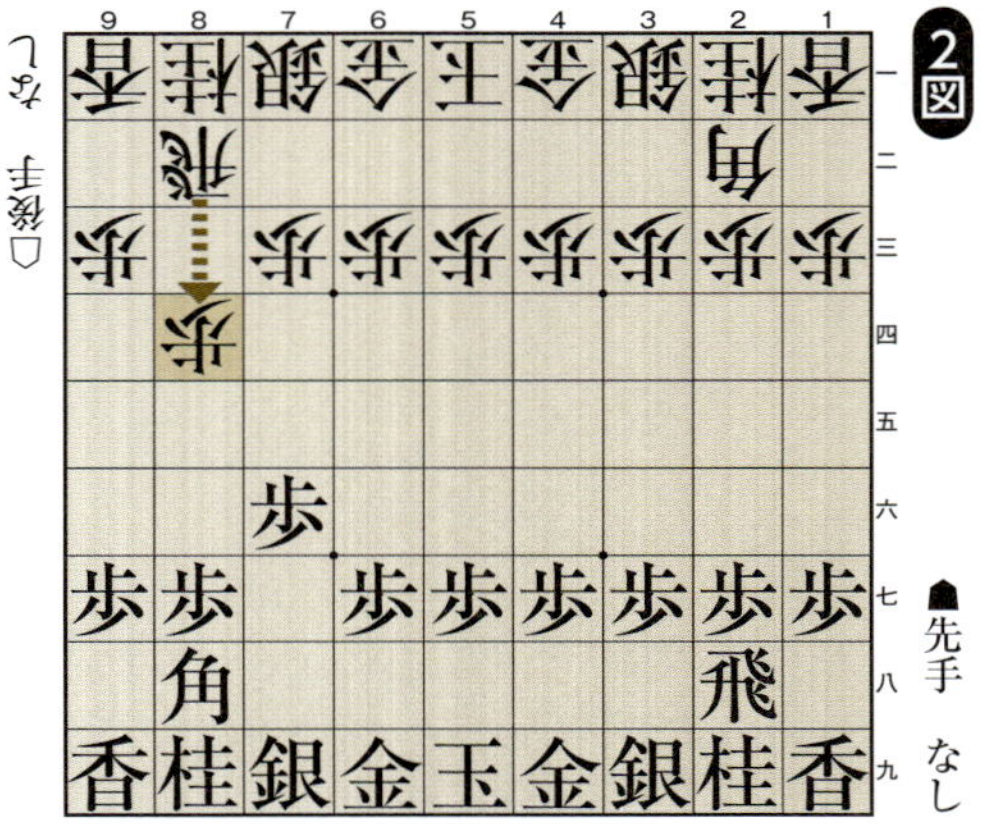

後手《ごて》の飛車《ひしゃ》の利《き》きがのびた！

そのあとの動《うご》きはどうなるかな

たとえば、3図では先手《せんて》が☗7八飛《ひしゃ》と飛車《ひしゃ》を振《ふ》りました。さらに☖3四歩《ふ》☗6六歩《ふ》☖8五歩《ふ》☗7七角《かく》と、おたがい飛車《ひしゃ》と角《かく》のはたらきをよくしていきます。

さらに、玉《ぎょく》ははやめに安全《あんぜん》なところへうつしましょう。☖6二銀《ぎん》☗6八銀《ぎん》☖4二玉《ぎょく》☗4八玉《ぎょく》と、玉《ぎょく》を飛車《ひしゃ》からはなしていきます4図。

戦型《せんけい》が決《き》まってから玉《ぎょく》を囲《かこ》うのが、序盤《じょばん》の基本《きほん》です。

飛車《ひしゃ》の近《ちか》くはかならず激戦《げきせん》になる

さらに☖3二玉《ぎょく》☗3八銀《ぎん》☖5四歩《ふ》☗3九玉《ぎょく》と、おたがいに玉《ぎょく》の守《まも》りをかためます5図。

飛車《ひしゃ》の近《ちか》くでははげしい戦《たたか》いが起《お》こるため、玉《ぎょく》はまきぞえを食《く》わないようにはなして守《まも》るのです。

3図【2図より5手目】

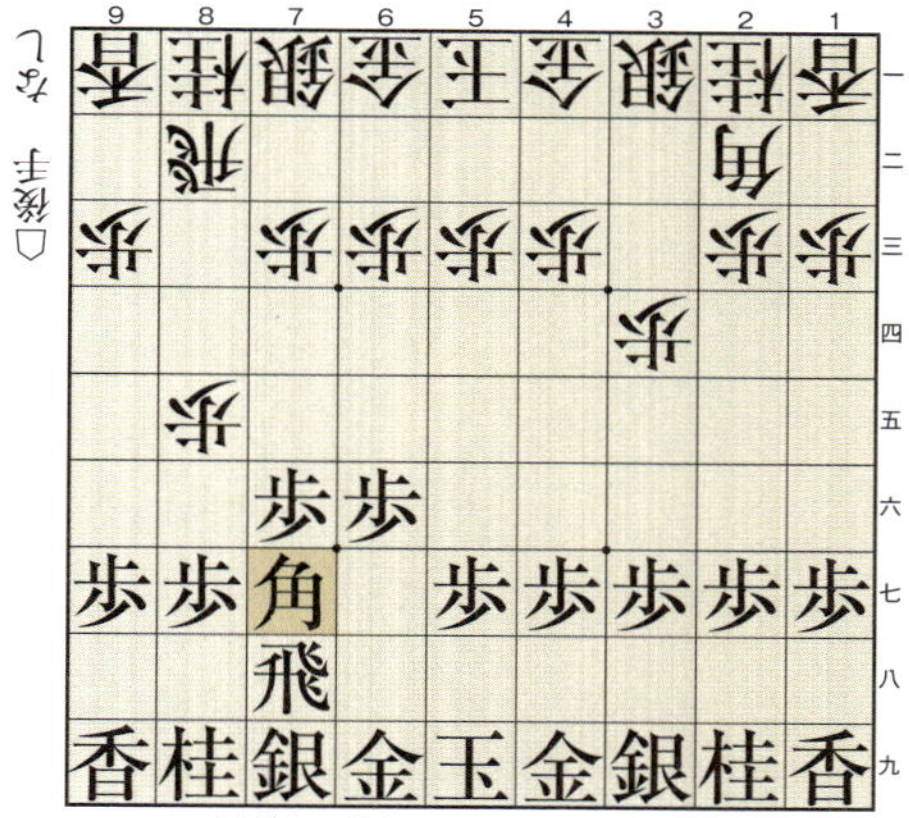

ともに大駒《おおごま》の動《うご》けるマス目《め》が増《ふ》えた。

4図【3図より4手目】

はやめに飛車《ひしゃ》から玉《ぎょく》をはなそう。

5図【4図より4手目】

玉《ぎょく》を守《まも》ってじゅんびはバッチリ！

角《かく》の両取《りょうど》り

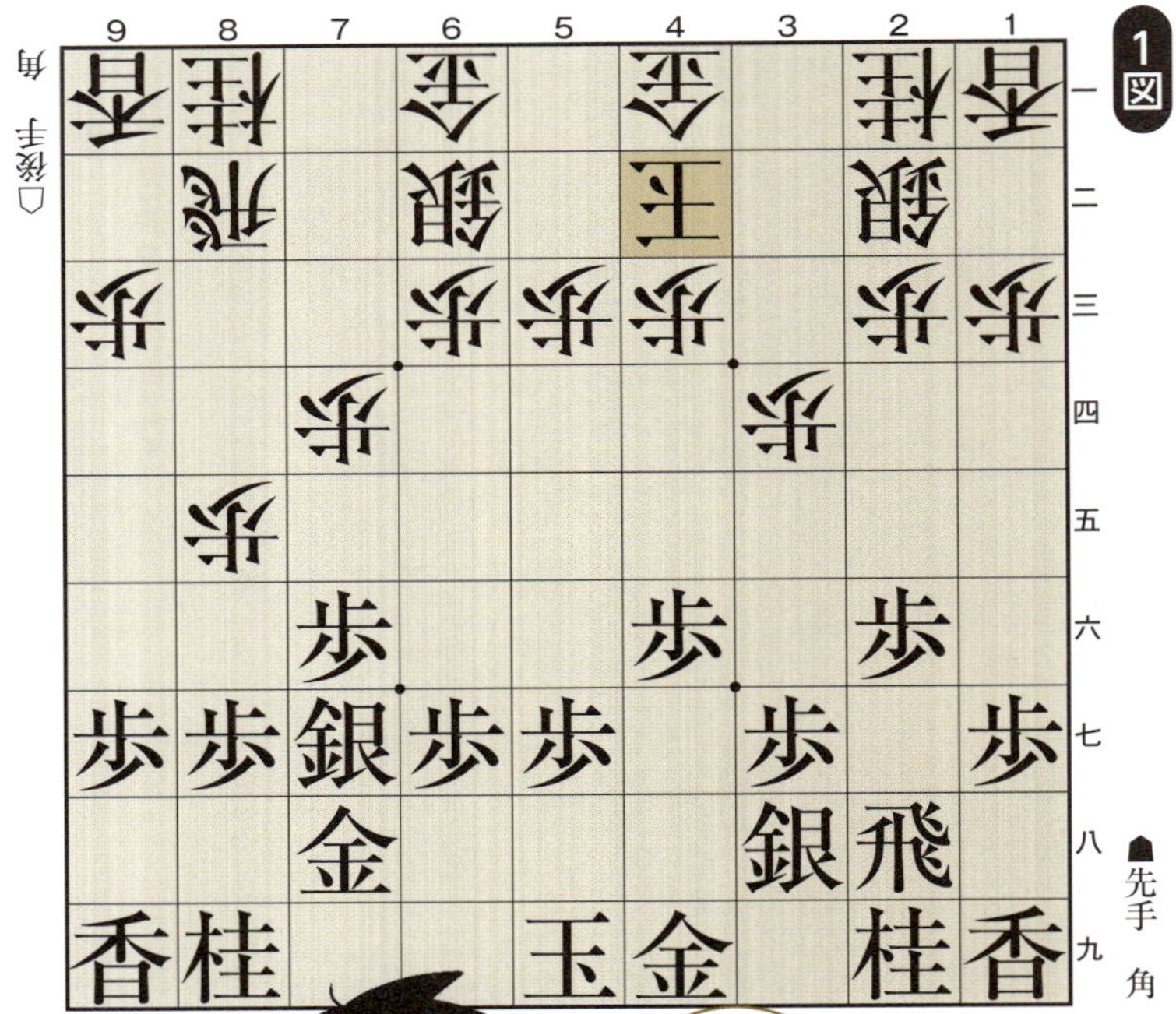
1図
△後手 角
▲先手 角

持《も》ち駒《ごま》の角《かく》で
両取《りょうど》りをねらえます。
どこに角《かく》を打《う》つとよい
でしょうか？

角《かく》の両取《りょうど》りはとても強烈《きょうれつ》！

角《かく》による両取《りょうど》りはきびしい手《て》です。とくに「王手飛車取《おうてひしゃど》り」など、玉《ぎょく》と大駒《おおごま》をねらう両取《りょうど》りは強烈《きょうれつ》です。王《おう》手《て》はかならずふせがなくてはいけないので、もう一方《いっぽう》の駒《こま》を取《と》ることができます。

序盤《じょばん》・中盤《ちゅうばん》の両取《りょうど》りは
「技《わざ》あり」だ！
駒《こま》を1枚得《まいとく》できれば
大《おお》きくリード！

とおい駒《こま》もねらえる角《かく》の両取《りょうど》り

1図はおたがいの角《かく》を交換《こうかん》したところです。☗5五角《かく》と打《う》てば、飛《ひ》車《しゃ》と銀《ぎん》の両取《りょうど》りとなり、大成功《だいせいこう》です2図。

二手前《にてまえ》に打《う》つ角《かく》はどうだろう？

では、3図で☗5五角《かく》は、よい手《て》となるでしょうか。

ちなみに、3図から☗4六歩《ふ》☖4二玉《ぎょく》で1図となる、二手前《にてまえ》の場《ば》面《めん》です。

後手《ごて》の玉《ぎょく》の位置《いち》に注目《ちゅうもく》！

相手《あいて》の守《まも》りまでかんがえて打《う》つべし

☗5五角《かく》には☖7三銀《ぎん》と、飛車《ひしゃ》取《と》りを受《う》けられます4図。後手《ごて》の玉《ぎょく》は一段《だん》にいるので、☗2二角成《かくなり》は☖同飛《どうひ》で取《と》られます。わずかな差《さ》で強《きょう》烈《れつ》な角《かく》の両取《りょうど》りが失敗《しっぱい》してしまいます。

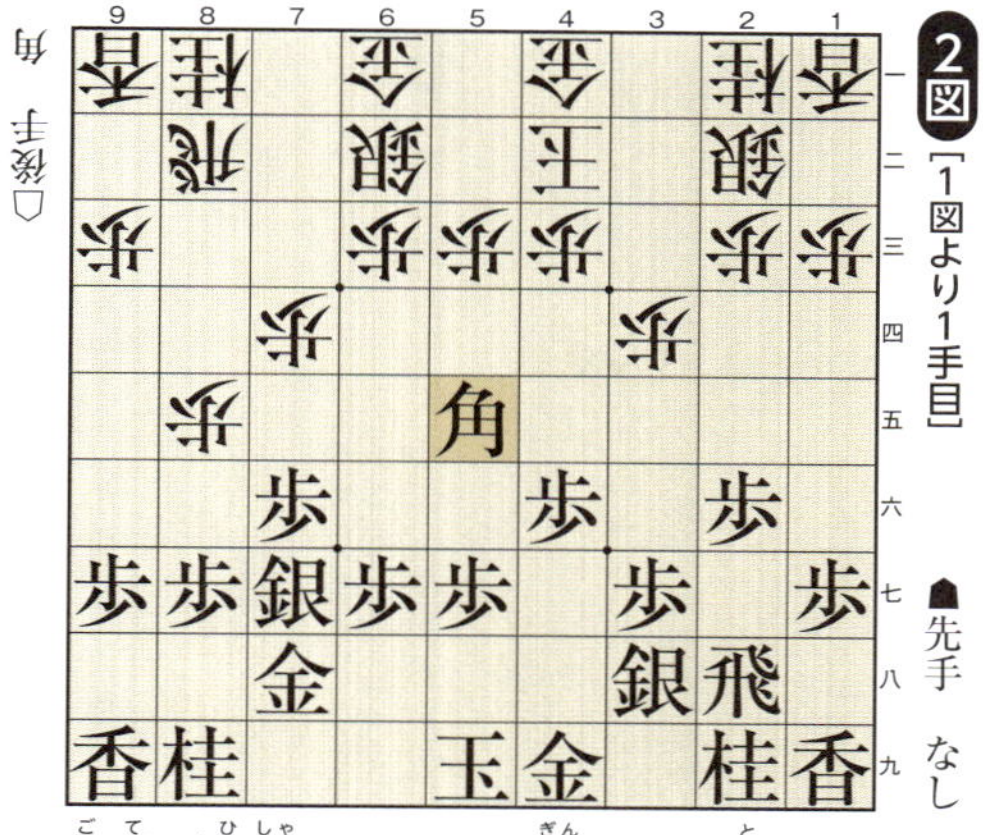
2図
【1図より1手目】
☗先手 なし
☖後手 角
後手《ごて》が飛車《ひしゃ》をにがせば銀《ぎん》をタダ取《と》り。

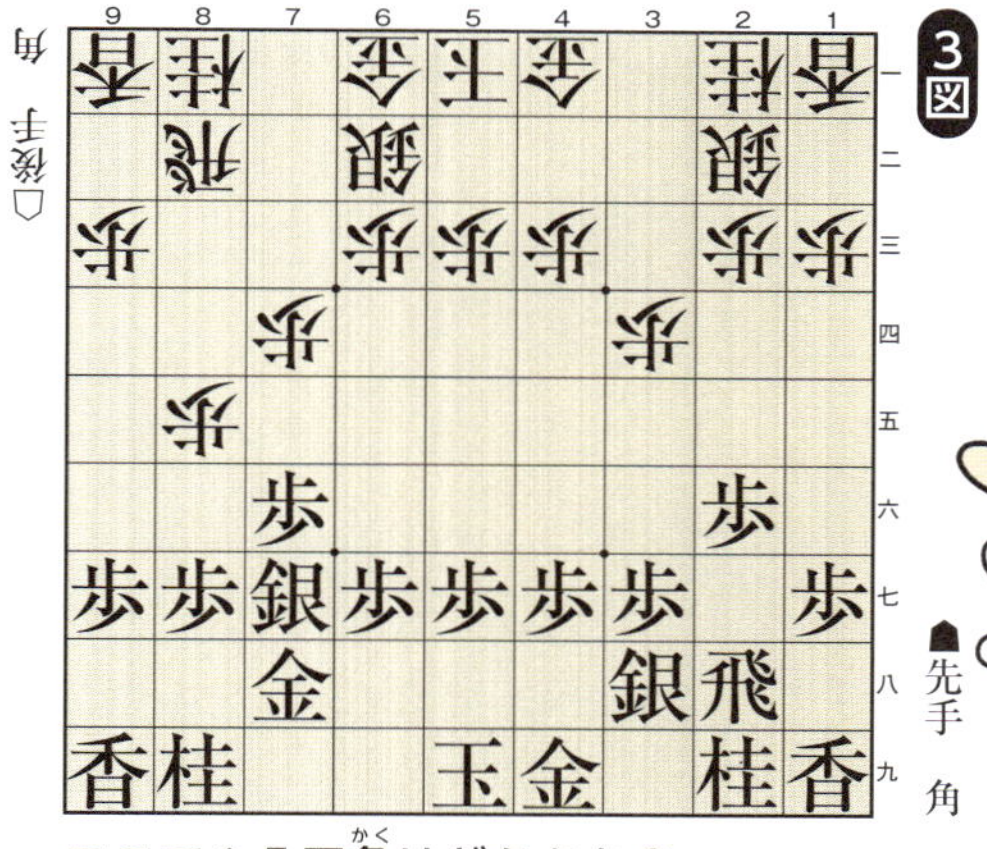
3図
☗先手 角
☖後手 角
ここで☗5五角《かく》はどうかな？

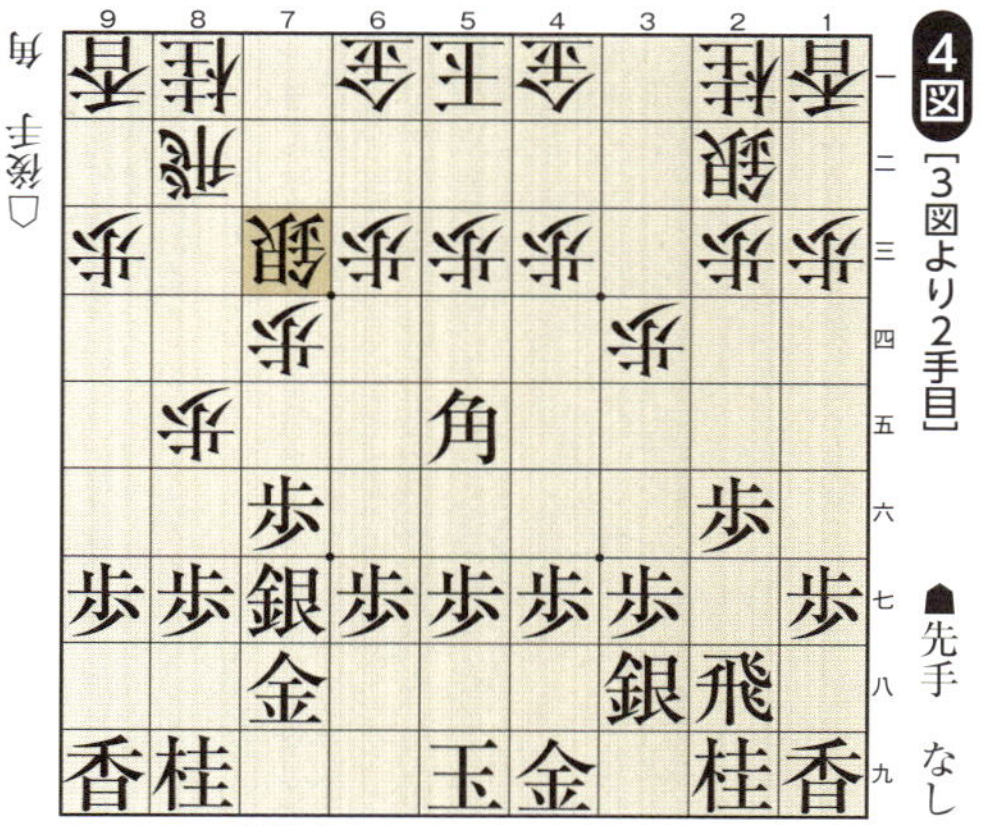
4図
【3図より2手目】
☗先手 なし
☖後手 角
ピッタリ両取《りょうど》りをふせがれた！

角《かく》・飛《ひ》・玉《ぎょく》の手筋《てすじ》［序盤《じょばん》・中盤《ちゅうばん》］

遠《と》見《おみ》の角《かく》

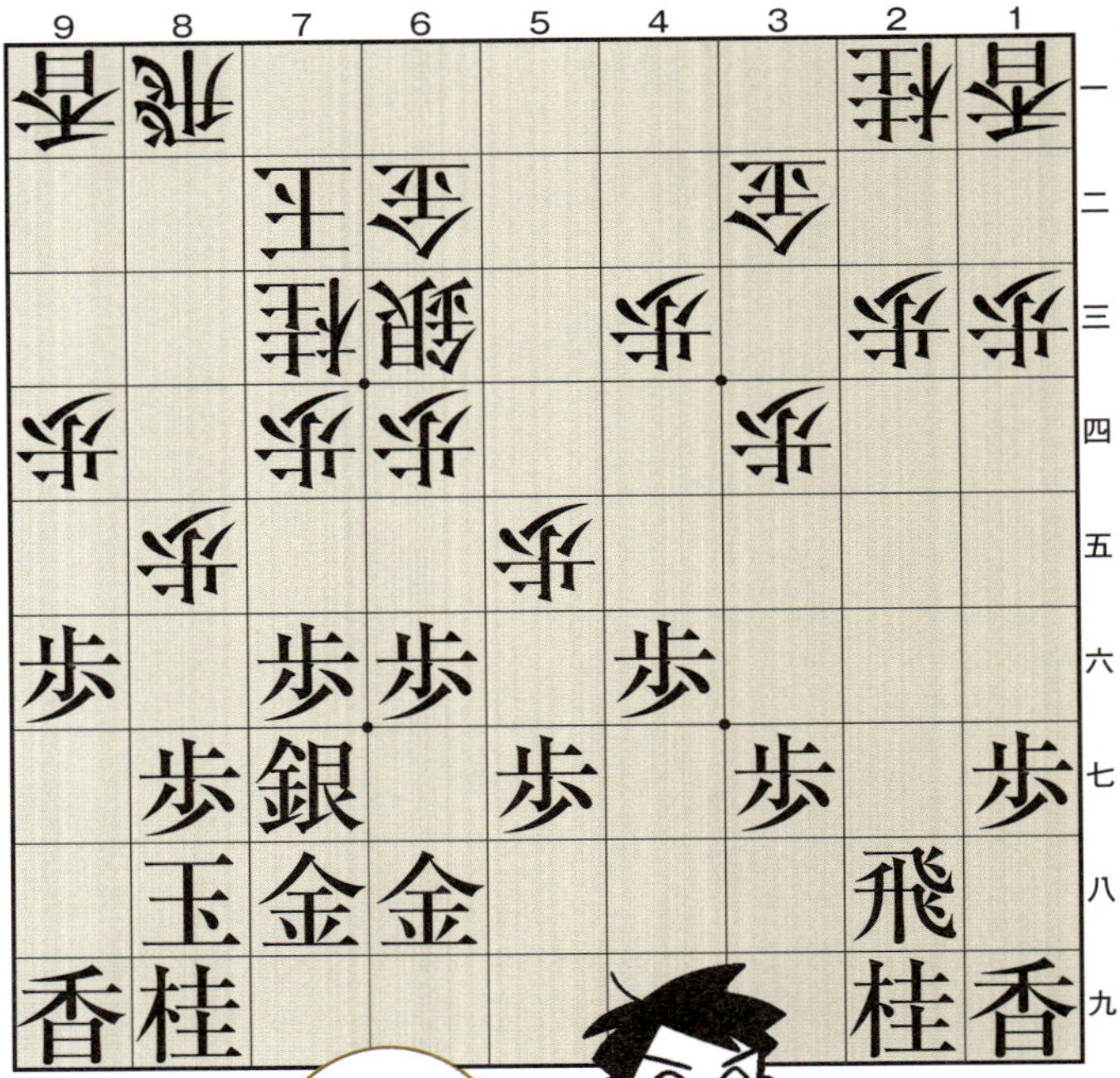

1図

後手　角銀

先手　角銀歩

持《も》ち駒《ごま》の角《かく》を打《う》つよい手《て》がありますよ

自陣《じじん》から相手《あいて》をにらむ遠見《とおみ》の角《かく》

角《かく》はとおくまで利《き》きのとどく駒《こま》なので、自陣《じじん》に打《う》って相手陣《あいてじん》ににらみを利《き》かせることができます。それが「遠見《とおみ》の角《かく》」という手筋《てすじ》です。

ただし、ほかの駒《こま》があいだに入《はい》るとにらみがとどかなくなり、攻《せ》めに使《つか》うこともむずかしくなります。そのため、先《さき》の手順《てじゅん》まで読《よ》んでから指《さ》したい手《て》です。

どくなよ！どくなよ！

右《みぎ》に移動《いどう》した玉《ぎょく》を自陣《じじん》から攻《せ》める

よく使《つか》われるのが、1図のような右側《みぎがわ》に移動《いどう》している玉《ぎょく》を攻《せ》めるときです。ここで☗1八角《かく》が遠見《とおみ》の角《かく》2図。

角《かく》を打《う》ったあとはすばやく攻《せ》める

後手《ごて》が☖3三桂《けい》とのんびりしていると、☗7五歩《ふ》☖同歩《どうふ》☗7四歩《ふ》で桂《けい》を取《と》ることができます3図。

1八の角《かく》が7二の玉《ぎょく》をにらんでいるため、守《まも》りの駒《こま》である6三の銀《ぎん》など、相手陣《あいてじん》にプレッシャーをかけています。

玉《ぎょく》をにらむ角《かく》で相手《あいて》の動《うご》きをしばったり、駒得《こまどく》をしたり、相手《あいて》のかたちをくずしたりするのが、「遠見《とおみ》の角《かく》」の効果《こうか》です。

2図【1図より1手目】

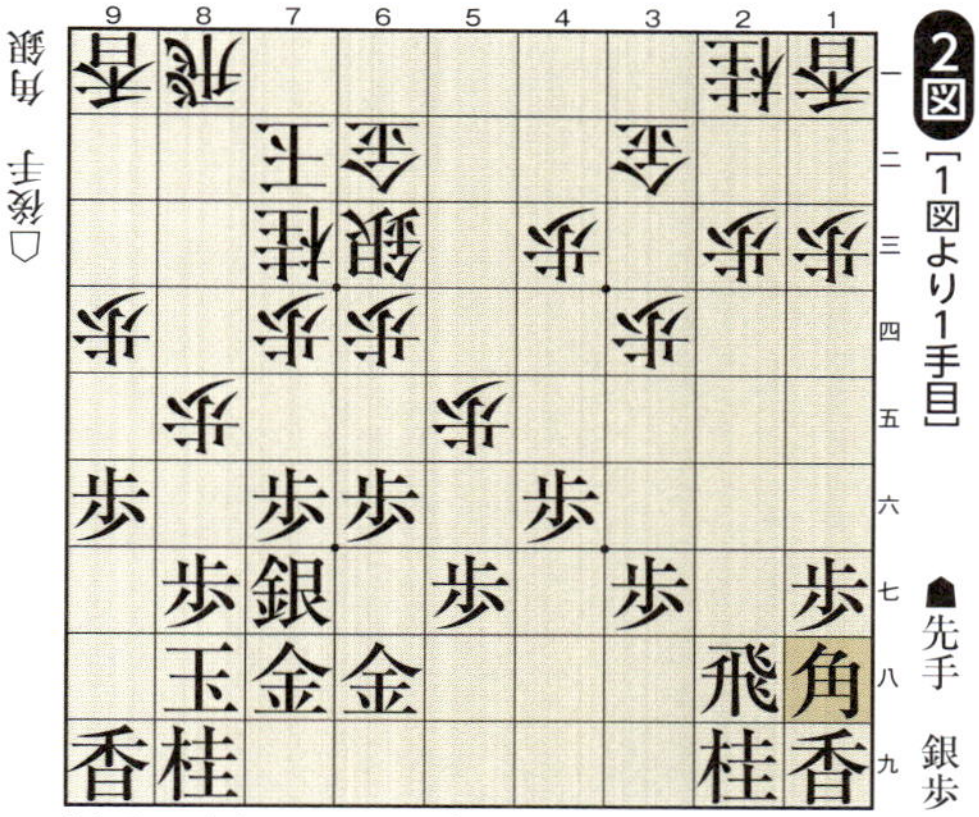
☖後手 角銀
☗先手 銀歩

先手《せんて》の角《かく》が７二の玉《ぎょく》をにらむ！

3図【2図より4手目】

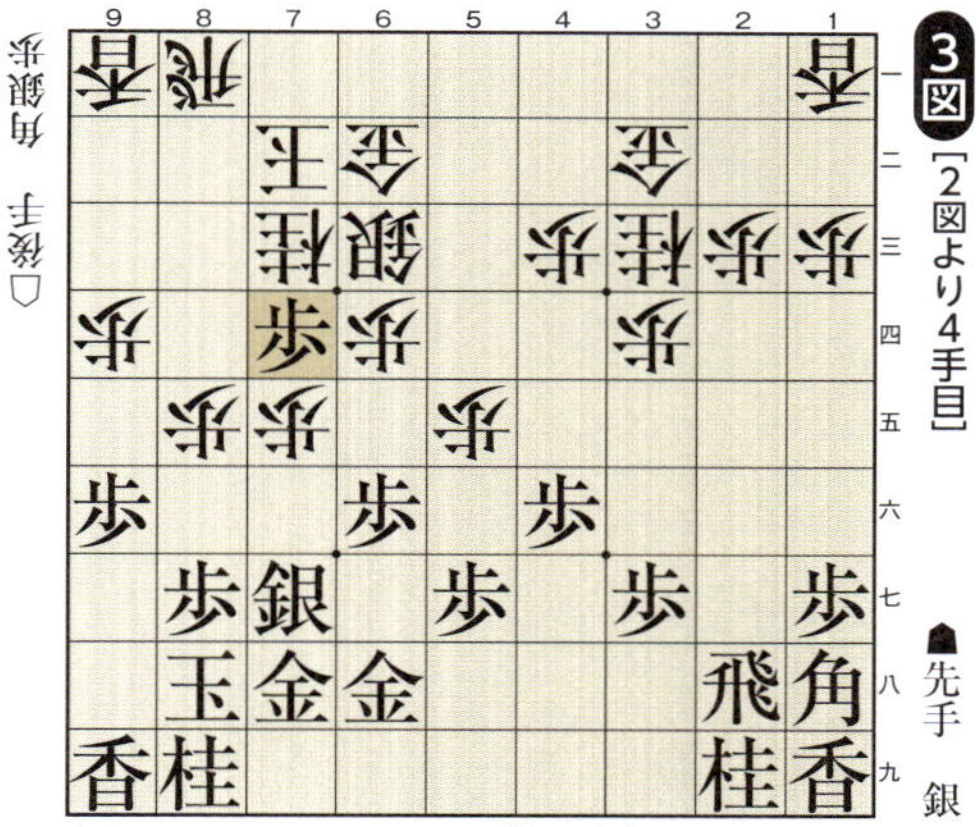
☖後手 角銀歩
☗先手 銀

角《かく》のにらみで６三の銀《ぎん》が動《うご》けない！

相手《あいて》に守《まも》りがないか
打《う》った角《かく》が相手陣《あいてじん》に利《き》くか
を読《よ》むことが大切《たいせつ》です！

十字飛車《じゅうじびしゃ》

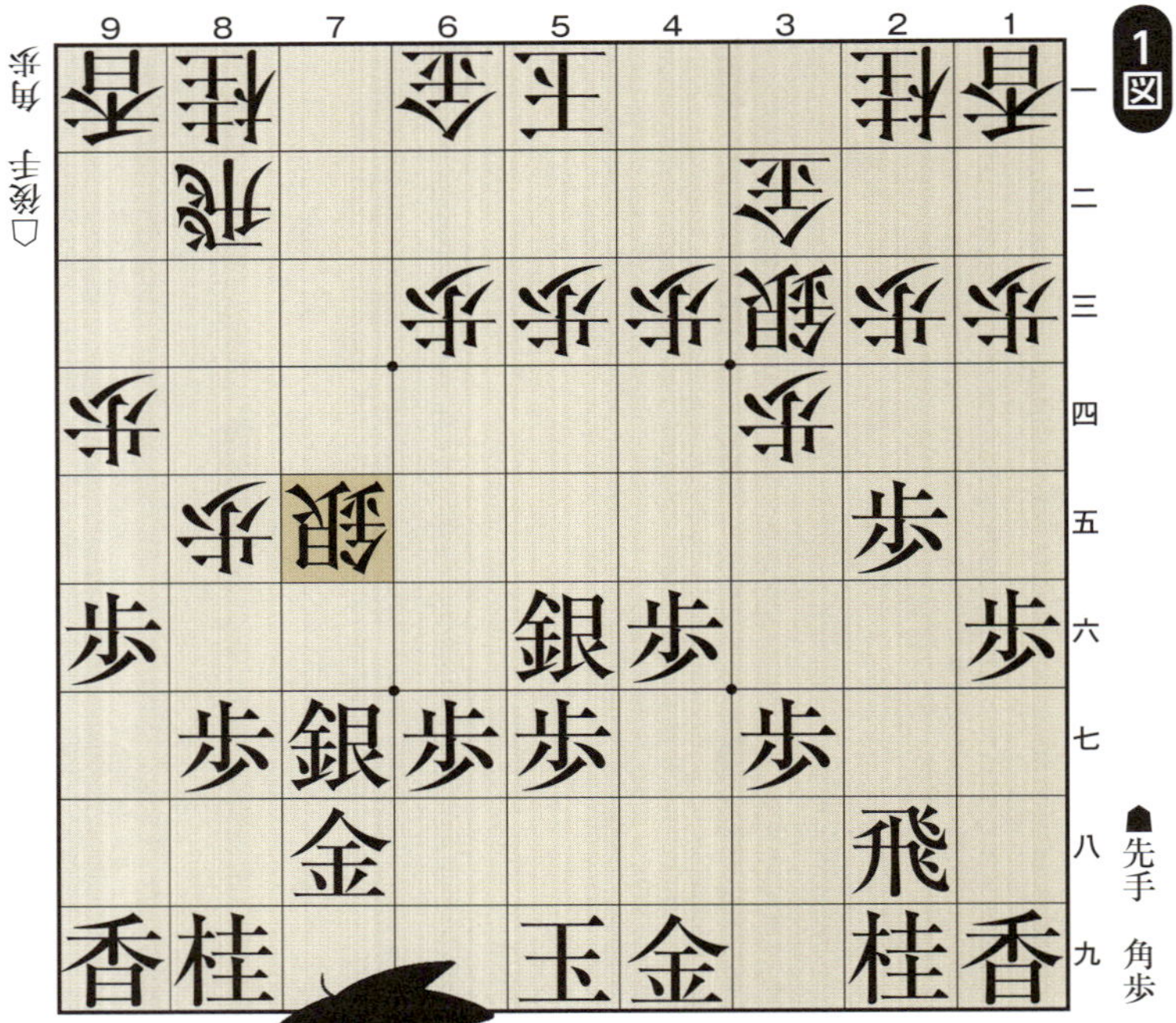
1図
後手 角歩
先手 角歩

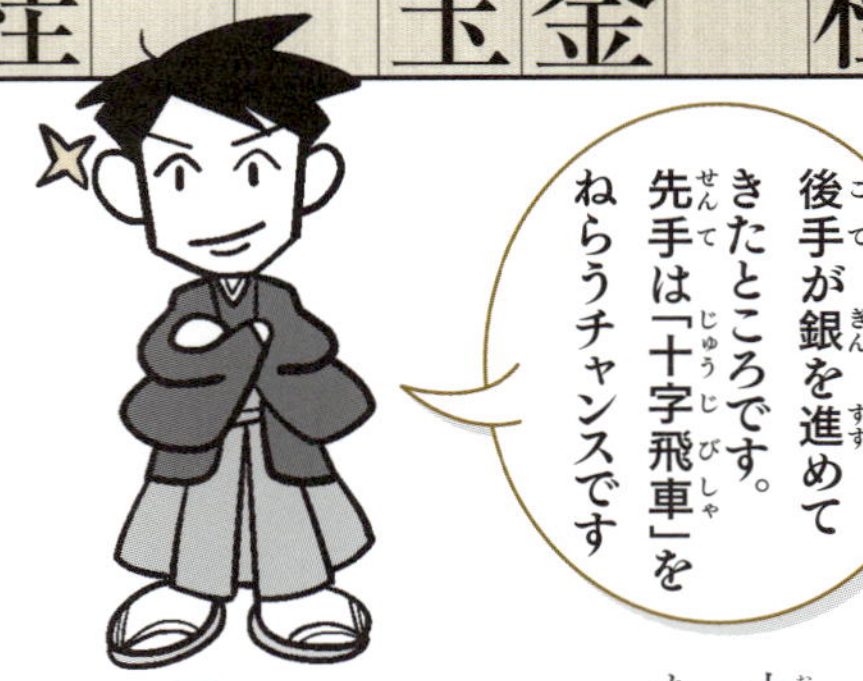
後手《ごて》が銀《ぎん》を進《すす》めてきたところです。先手《せんて》は「十字飛車《じゅうじびしゃ》」をねらうチャンスです

十字飛車《じゅうじびしゃ》で両取《りょうど》りをねらおう

飛車《ひしゃ》の縦《たて》と横《よこ》の利《き》きを活《い》かし、2枚以上《まいいじょう》の駒《こま》をねらう手筋《てすじ》を「十字飛車《じゅうじびしゃ》」といいます。「十字飛車《じゅうじびしゃ》」はとても強力《きょうりょく》なので、チャンスがあればねらっていきましょう。

なお、飛車《ひしゃ》はとても強《つよ》い駒《こま》ですが、大《おお》きく動《うご》いた先《さき》で相手《あいて》の駒《こま》にとられないように気《き》をつけましょう。

飛車《ひしゃ》が攻《せ》めるときはほかの駒《こま》でサポートしてあげよう

守《まも》っても攻《せ》めはとまらない

1図から▲7六歩《ふ》と打《う》つのは、おとなしい一手《いって》です。△8六歩《ふ》▲同《どう》歩《ふ》△同銀《どうぎん》と攻《せ》められてしまいます2図。

ここは守《まも》らずに飛車先《ひしゃさき》から攻《せ》める

1図では▲2四歩《ふ》が反撃《はんげき》の一手《いって》です3図。もし△2四同銀《どうぎん》なら▲5五角《かく》で、飛車《ひしゃ》と香《きょう》の両取《りょうど》りをねらえます。

十字飛車《じゅうじびしゃ》が火《ひ》をふく！

後手《ごて》は3図から△2四同歩《どうふ》と取《と》りますが、そこで▲2五歩《ふ》がねらいの攻《せ》め。△2五同歩《どうふ》▲同飛《どうひ》とすれば、「十字飛車《じゅうじびしゃ》」が決《き》まります4図。

2図【1図より4手目】

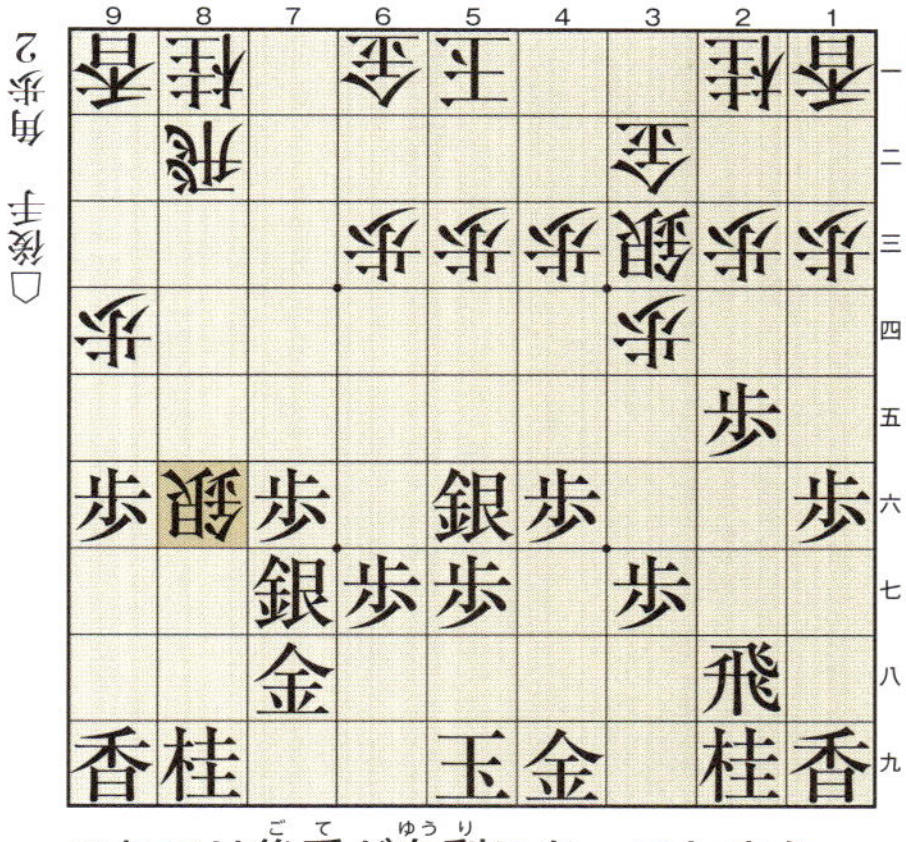

これでは後手《ごて》が有利《ゆうり》になってしまう。

3図【1図より1手目】

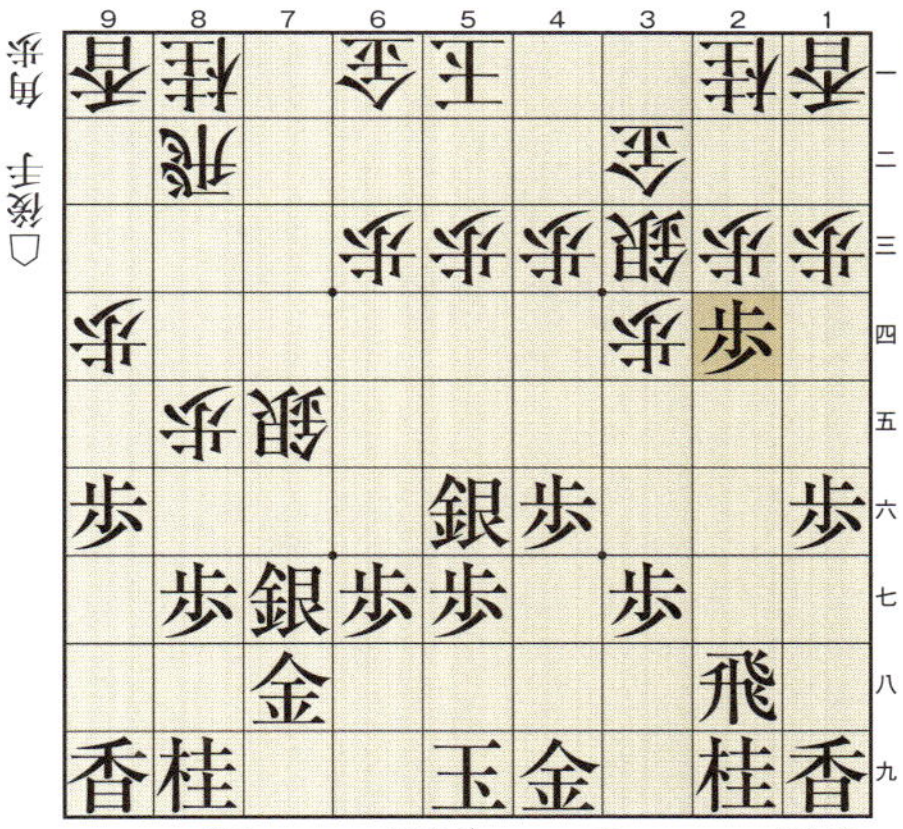

▲5五角《かく》という両取《りょうど》りも見《み》すえた一手《いって》！

4図【3図より4手目】

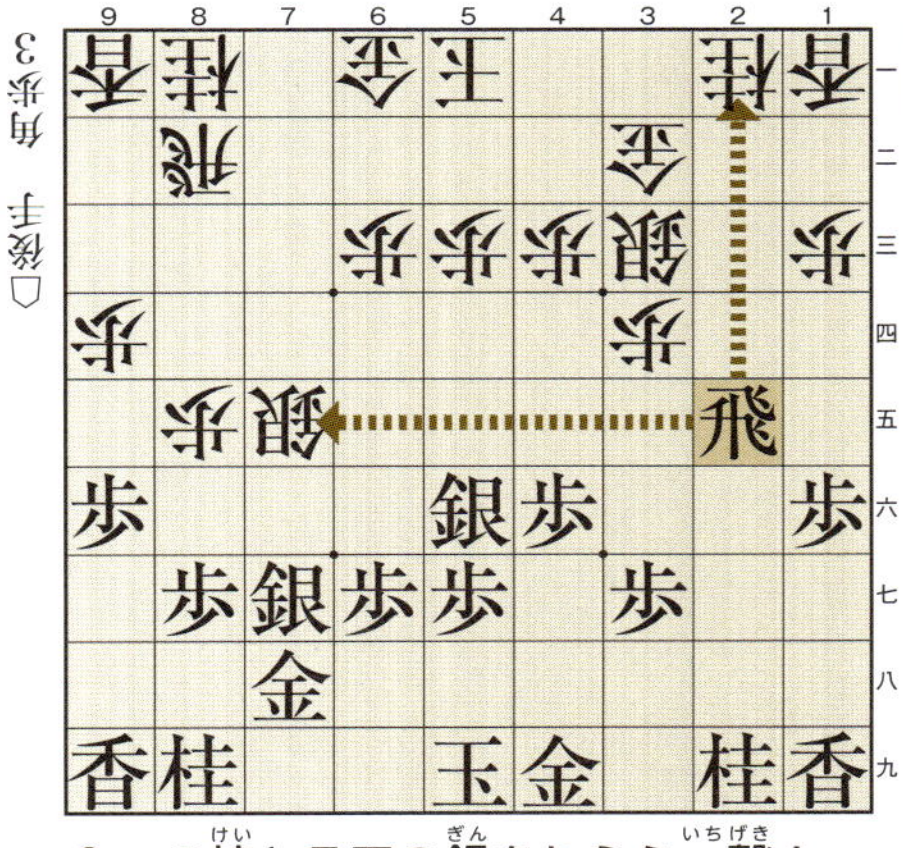

2一の桂《けい》と7五の銀《ぎん》をねらう一撃《いちげき》！

自陣飛車《じじんびしゃ》

1図
先手 飛歩
後手 飛歩
中盤《ちゅうばん》で飛車交換《ひしゃこうかん》になったところです。飛車《ひしゃ》の使《つか》い方《かた》で状況《じょうきょう》が大《おお》きく変《か》わります

自陣《じじん》に打《う》って飛車《ひしゃ》で守《まも》る

攻《せ》めに強《つよ》い飛車《ひしゃ》ですが、じょうずに使《つか》えば受《う》けでも活躍《かつやく》します。

それが自陣飛車《じじんびしゃ》という手筋《てすじ》です。**自陣《じじん》に飛車《ひしゃ》を打《う》って、受《う》けに使《つか》います。**

そのときに気《き》をつけたいのは、玉《ぎょく》と飛車《ひしゃ》をまとめてねらわれると、玉《ぎょく》がきけんになることです。玉《ぎょく》が飛車《ひしゃ》のまきぞえをくらわないようにしましょう。

飛車《ひしゃ》を受《う》けに使《つか》うときはなるべくねらわれないところに打《う》とう

不用意《ふようい》な飛車《ひしゃ》打《う》ちはあっさり取《と》られる

1図から▲2二飛と飛車《ひしゃ》を打《う》ちこむと、△2三歩《ふ》と打《う》たれたときに、にげ場《ば》がなくなり、すぐに取《と》られてしまいます（つぎに△3一金《きん》とされると受《う》けなし）2図。

2図【1図より2手目】

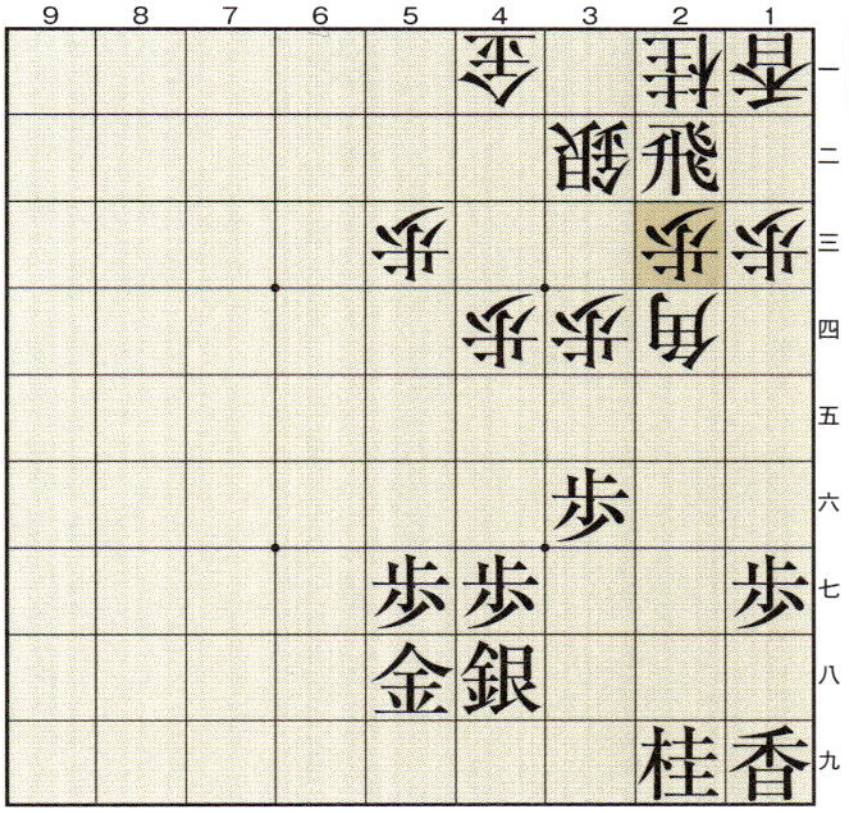

▲先手 歩
後手△

大事《だいじ》な飛車《ひしゃ》を取《と》られ、大《おお》きな駒損《こまぞん》だ。

飛車《ひしゃ》を持《も》っているのは自分《じぶん》だけではない

1図では、▲2二歩《ふ》△3三桂《けい》▲2一歩成《なり》と、と・金《きん》で攻《せ》める手《て》もあります3図。しかし後手《ごて》が飛車《ひしゃ》を打《う》って攻《せ》めてきたら、守《まも》りがおくれてしまいます。

3図【1図より3手目】

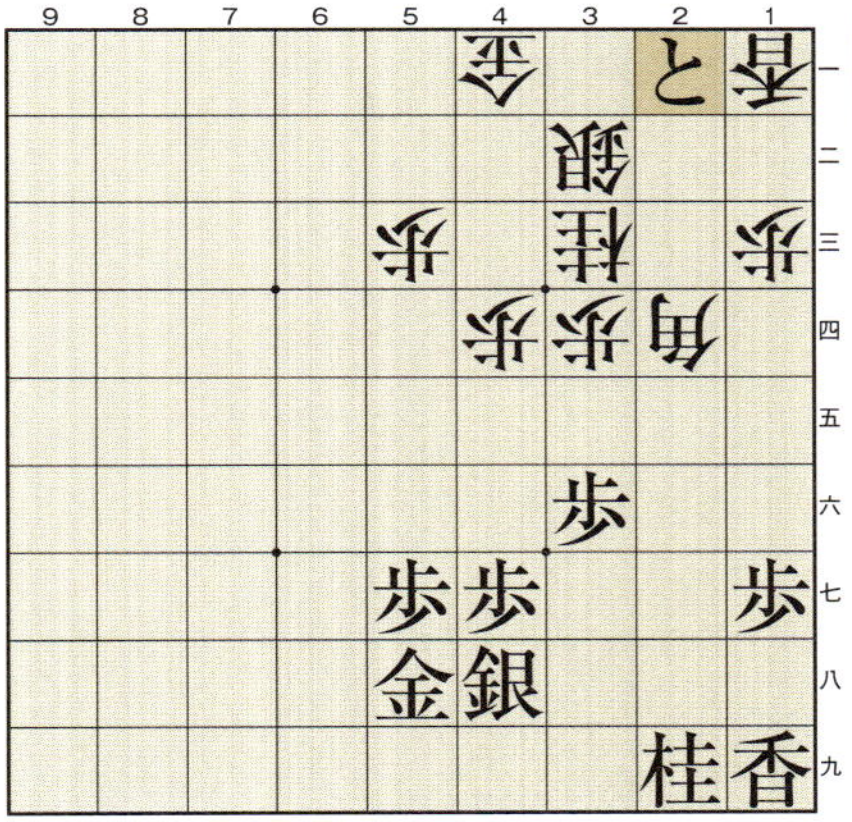

▲先手 飛
後手△ 飛 歩

と・金《きん》は強《つよ》いが、後手《ごて》の飛車《ひしゃ》がこわい。

自陣《じじん》に飛車《ひしゃ》を打《う》ち相手《あいて》の攻《せ》めを受《う》ける

1図で、後手《ごて》のねらいは△2八歩《ふ》や△2七飛《ひ》です。そこで、▲2八飛《ひ》が自陣《じじん》のスキをなくすよい手《て》です4図。あらかじめ後手《ごて》の飛車《ひしゃ》に気《き》をつけて、玉《ぎょく》を守《まも》ります。

4図【1図より1手目】

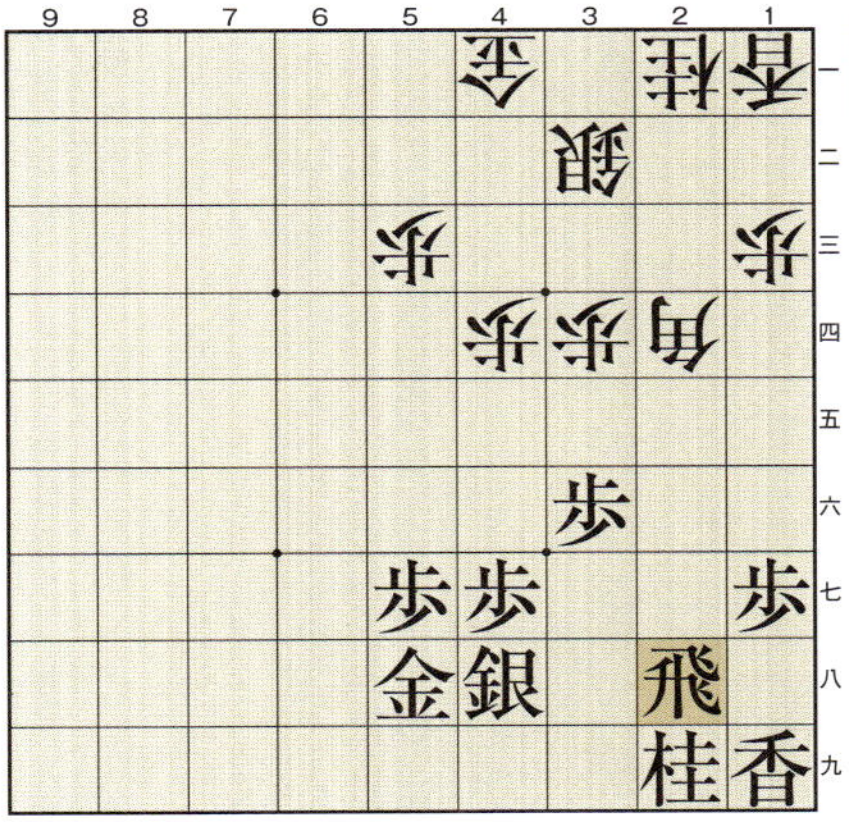

▲先手 歩
後手△ 歩

これで2筋《すじ》からの攻《せ》めはふせげる！

玉《ぎょく》を囲《かこ》う

1図
先手《せんて》が詰《つ》まされたかたちです。玉《ぎょく》を囲《かこ》うことで、このような詰《つ》みをさけることができます
△後手 なし
▲先手 なし
9 8 7 6 5 4 3 2 1
一 二 三 四 五 六 七 八 九
桂 と 金 玉 金

囲《かこ》いで玉《ぎょく》を守《まも》ろう

1図のように、※居玉《いぎょく》のまま詰《つ》まされた経験《けいけん》のある人《ひと》も多《おお》いでしょう。居玉《いぎょく》はにげ道《みち》が少《すく》なく、王手《おうて》がかかりやすいため、どこかであっさり詰《つ》まされてしまうことがよくあります。

そこで、序盤《じょばん》のうちに玉《ぎょく》を囲《かこ》うようにしましょう。基本的《きほんてき》には金《きん》2枚《まい》と銀《ぎん》1枚《まい》で囲《かこ》うことが多《おお》いです。

ガッチリ

※居玉《いぎょく》とは玉《ぎょく》を先手《せんて》なら５九、後手《ごて》なら５一とさいしょのマス目《め》においたままで戦《たたか》うこと。

横《よこ》からの攻《せ》めに強《つよ》い 美濃囲《みのがこ》い

振《ふ》り飛車《びしゃ》でもっとも人気《にんき》の高《たか》い囲《かこ》いが、**美濃囲《みのがこ》い**です2図。横《よこ》からの攻《せ》めに強《つよ》い特徴《とくちょう》があります。

2図

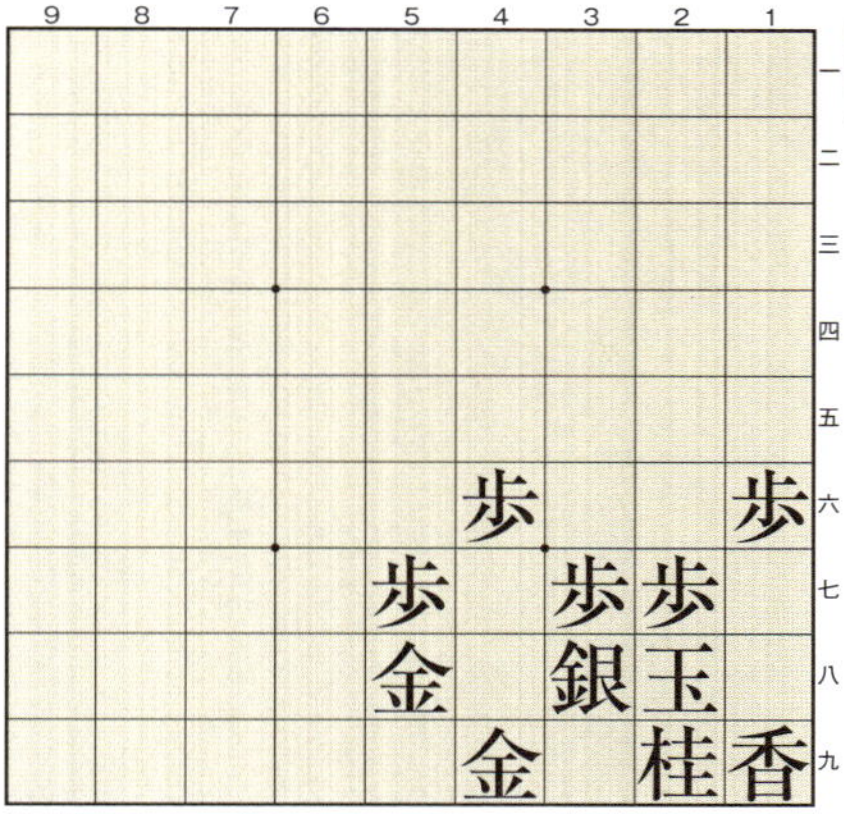

金銀《きんぎん》3枚《まい》で横《よこ》からの攻《せ》めに対応《たいおう》する。

上《うえ》からの攻《せ》めに強《つよ》い 矢倉囲《やぐらがこ》い

3図は**矢倉囲《やぐらがこ》い**です。ここまで囲《かこ》わずに、6七の金《きん》が4八や5八、玉《ぎょく》の位置《いち》が7九のこともあります。

3図

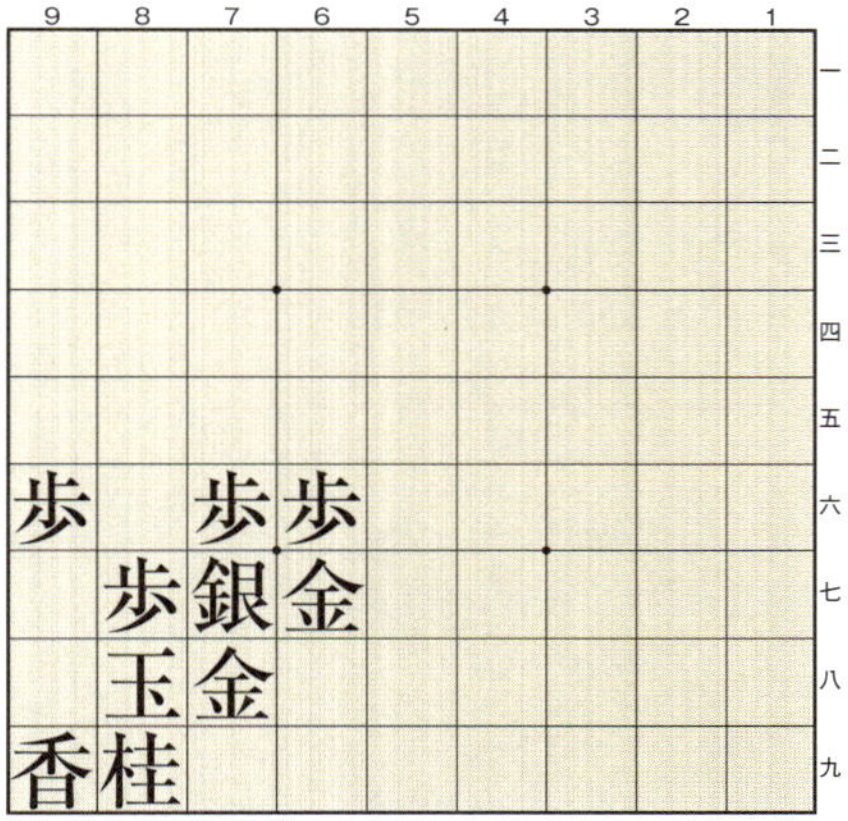

相居飛車《あいいびしゃ》の戦《たたか》いに向《む》いたかたちだ。

王手《おうて》がかかりにくい 穴熊囲《あなぐまがこ》い

4図は**穴熊囲《あなぐまがこ》い**です。王手《おうて》がかかりにくいのが魅力《みりょく》で、相手《あいて》が大駒《おおごま》を切って豪快《ごうかい》に寄《よ》せてきても、厚《あつ》く守《まも》って反撃《はんげき》することができます。

4図

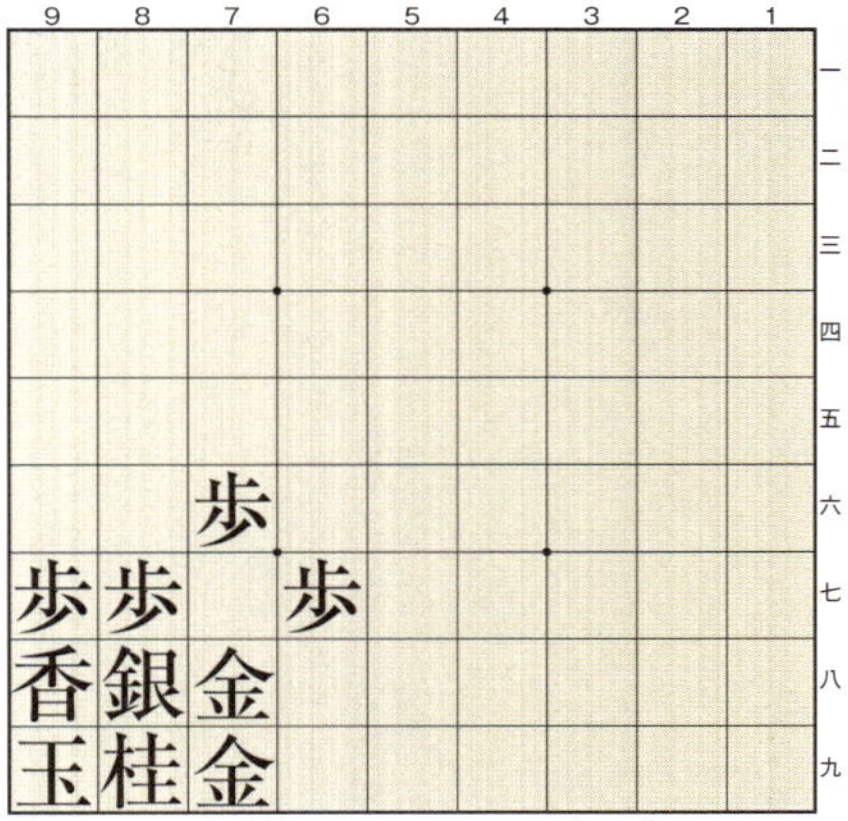

組《く》むのに時間《じかん》がかかるのが難点《なんてん》。

【練習問題《れんしゅうもんだい》】

序盤《じょばん》・中盤《ちゅうばん》の角《かく》・飛車《ひしゃ》の手筋《てすじ》を使《つか》ってみよう

【問題1】 つぎの一手《いって》は?

後手 なし

先手 なし

ヒント

角道《かくみち》が大《おお》きくあいています。このまま角《かく》を取《と》るなら、そのあとのねらいも必要《ひつよう》です。

【問題2】 つぎの一手《いって》は?

後手 歩2

先手 歩2

ヒント

飛車《ひしゃ》を活《い》かして、7五の銀《ぎん》ににらみを利《き》かせましょう。そのためには、持《も》ち駒《ごま》の歩《ふ》で相手《あいて》をくずします。

答え

▲2二角成《かくなり》（1図）

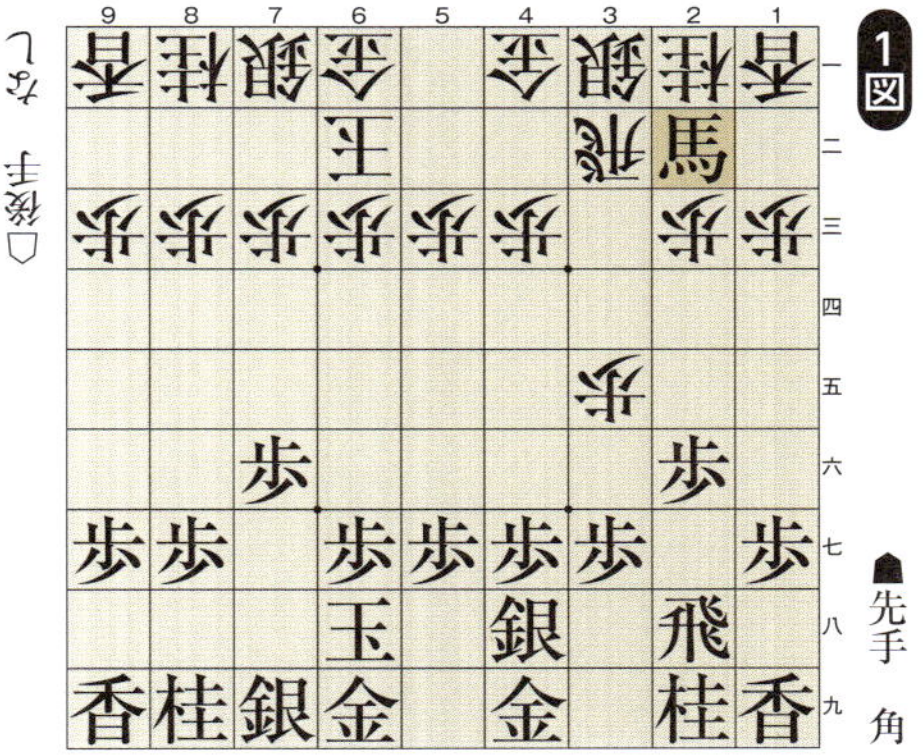

▲2二角成《かくなり》として、角《かく》を交換《こうかん》するのが正解《せいかい》です。この馬《うま》は取《と》られますが、つぎのねらいがあります。

△2二同銀《どうぎん》
▲6五角《かく》（2図）

角交換《かくこうかん》で手《て》にした角《かく》を打《う》ちます。後《ご》手《て》は▲4三角成《かくなり》と▲8三角成《かくなり》の両取《りょうど》りを受《う》けられません。

答え

▲2四歩《ふ》
△同歩《どうふ》
▲2五歩《ふ》（3図）

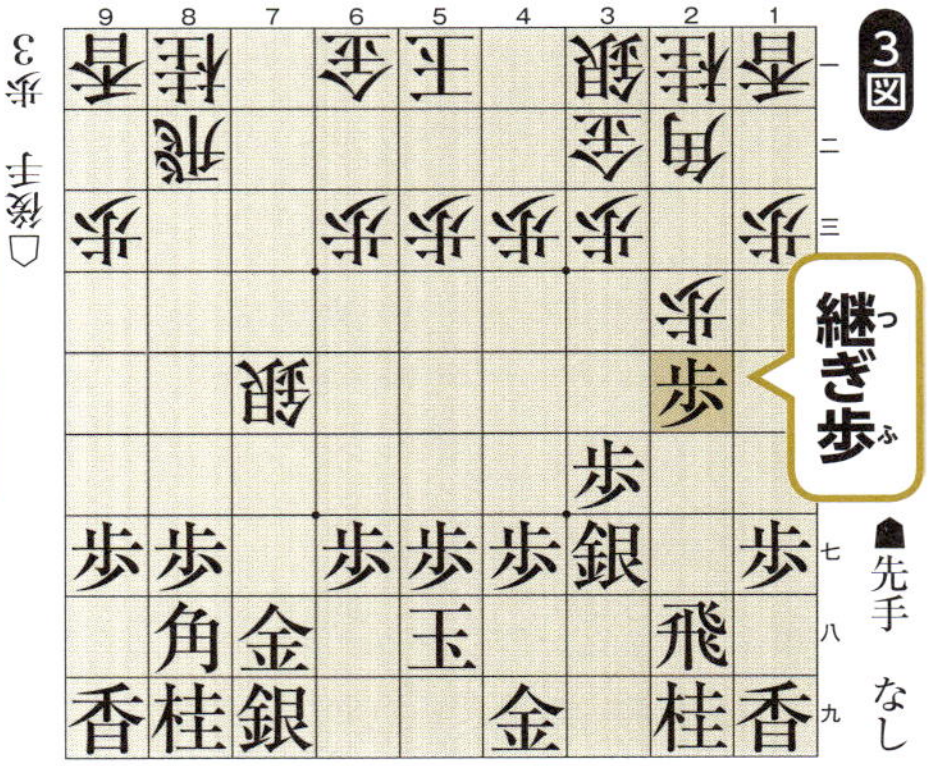

ただ▲2五飛《ひ》としても、銀《ぎん》ににげられてしまうだけなのでひと工夫《くふう》。後《ご》手《て》の歩《ふ》を五段《だん》までつり上《あ》げます。

△2五同歩《どうふ》
▲同飛《どうひ》（4図）

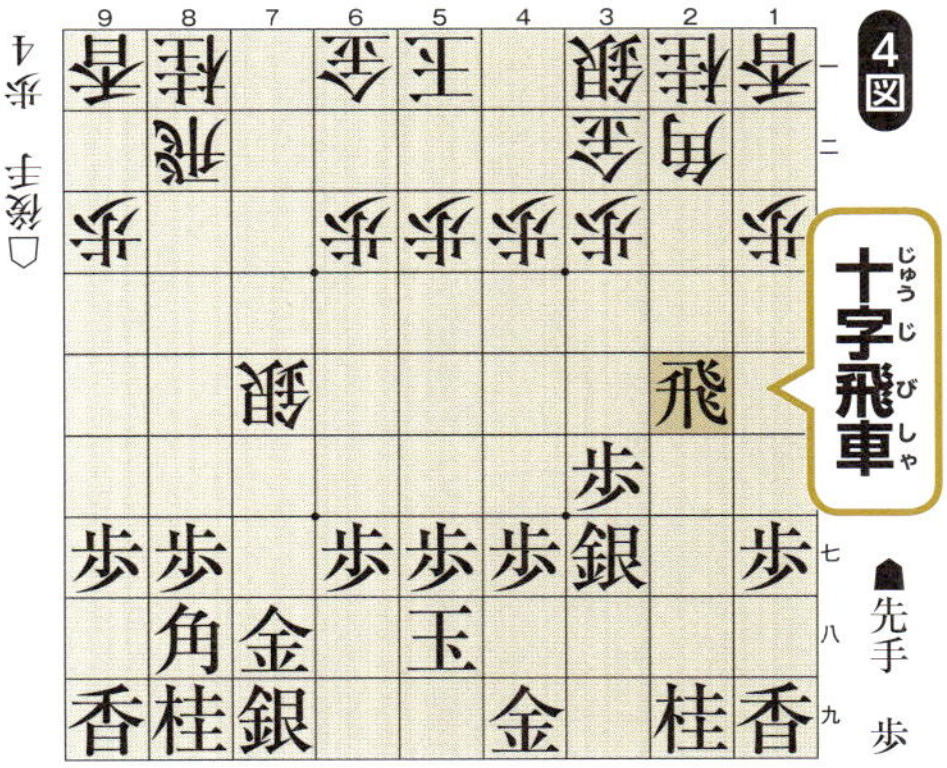

銀《ぎん》と角《かく》をねらう十字飛車《じゅうじびしゃ》！　このあと持《も》ち駒《ごま》にした歩《ふ》を2筋《すじ》に打《う》てば、しっかりと角《かく》をねらえます。

つぎの一手をかんがえてみよう

チャレンジ問題

[序盤《じょばん》・中盤編《ちゅうばんへん》]

実戦《じっせん》ではいくつかの手筋《てすじ》を組《く》み合《あ》わせる!

序盤《じょばん》・中盤《ちゅうばん》をリードするための手筋《てすじ》をたくさん見《み》てきましたが、どうでしたか。実際《じっさい》の対局《たいきょく》では、ここまで学《まな》んだような手《て》筋《すじ》をいくつか組《く》み合《あ》わせて使《つか》うことが大切《たいせつ》です。

そこで、ここからは実戦《じっせん》でよくある局面《きょくめん》を見《み》て、「つぎの一手《いって》はなにか?」「どんな手筋《てすじ》を使《つか》うと、有利《ゆうり》に進《すす》められるか?」をかんがえる問題《もんだい》にチャレンジしてみましょう。

なお、このチャレンジ問題《もんだい》は実際《じっさい》の対局《たいきょく》に近《ちか》いかたちになっています。実際《じっさい》の対局《たいきょく》では、ねらいによっていくつかかんがえられる手《て》がありますが、このチャレンジ問題《もんだい》では、その中《なか》でもよりよい手《て》を正解《せいかい》としています。

チャレンジ問題《もんだい》のルール

- 問題図《もんだいず》を見《み》て、「つぎの一手《いって》」と「使《つか》う手筋《てすじ》」を答《こた》える。
- 二手《にて》、三手先《さんてさき》の手順《てじゅん》までかんがえてから、問題図《もんだいず》のつぎのページにある「答《こた》え」と「解説《かいせつ》」を読《よ》む。

もしまちがえてしまったら、解説《かいせつ》をよく読《よ》んで、そのとおりに駒《こま》をならべてみましょう

［第1問］つぎの一手《いって》は？

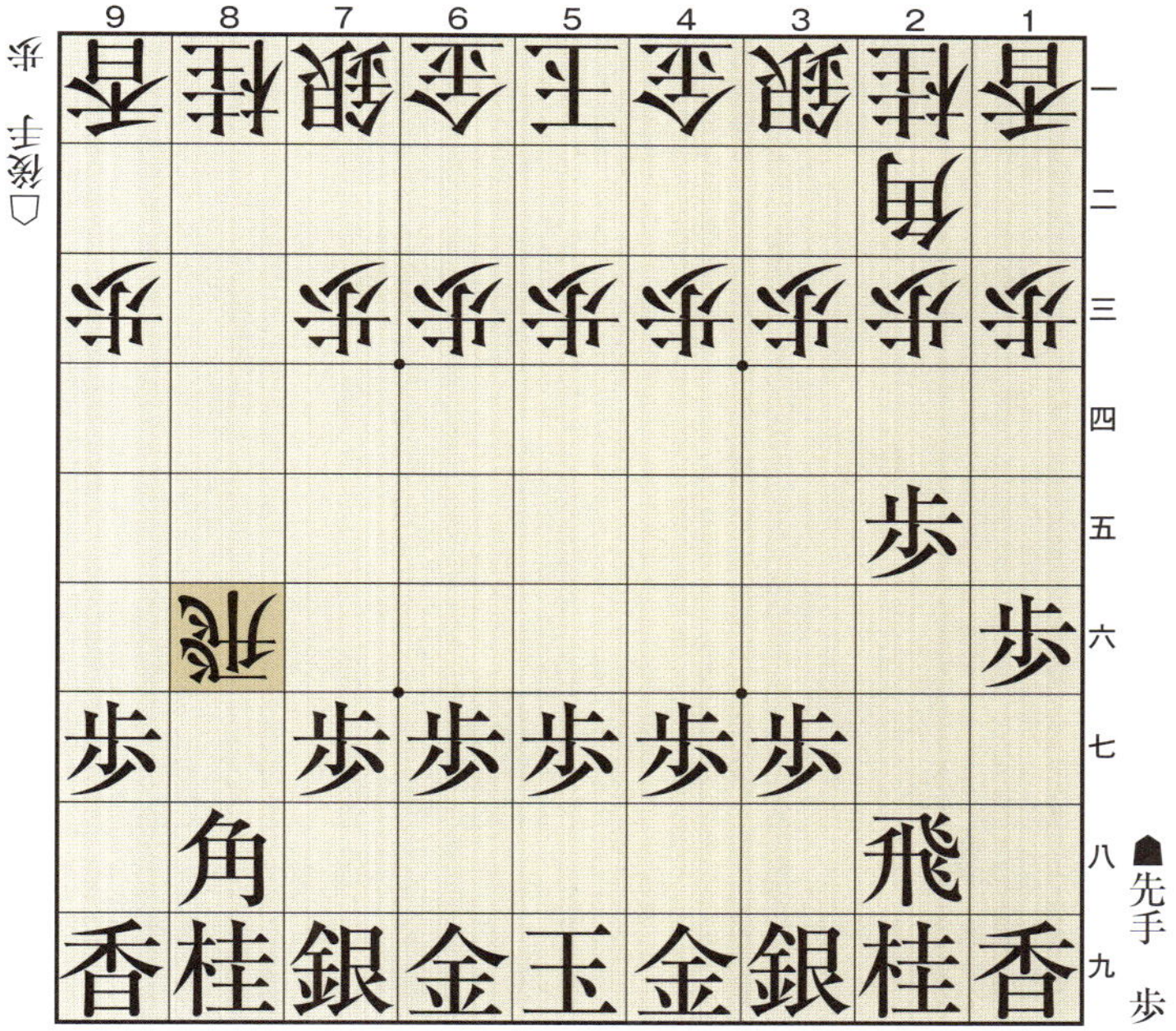

［第2問］つぎの一手《いって》は？

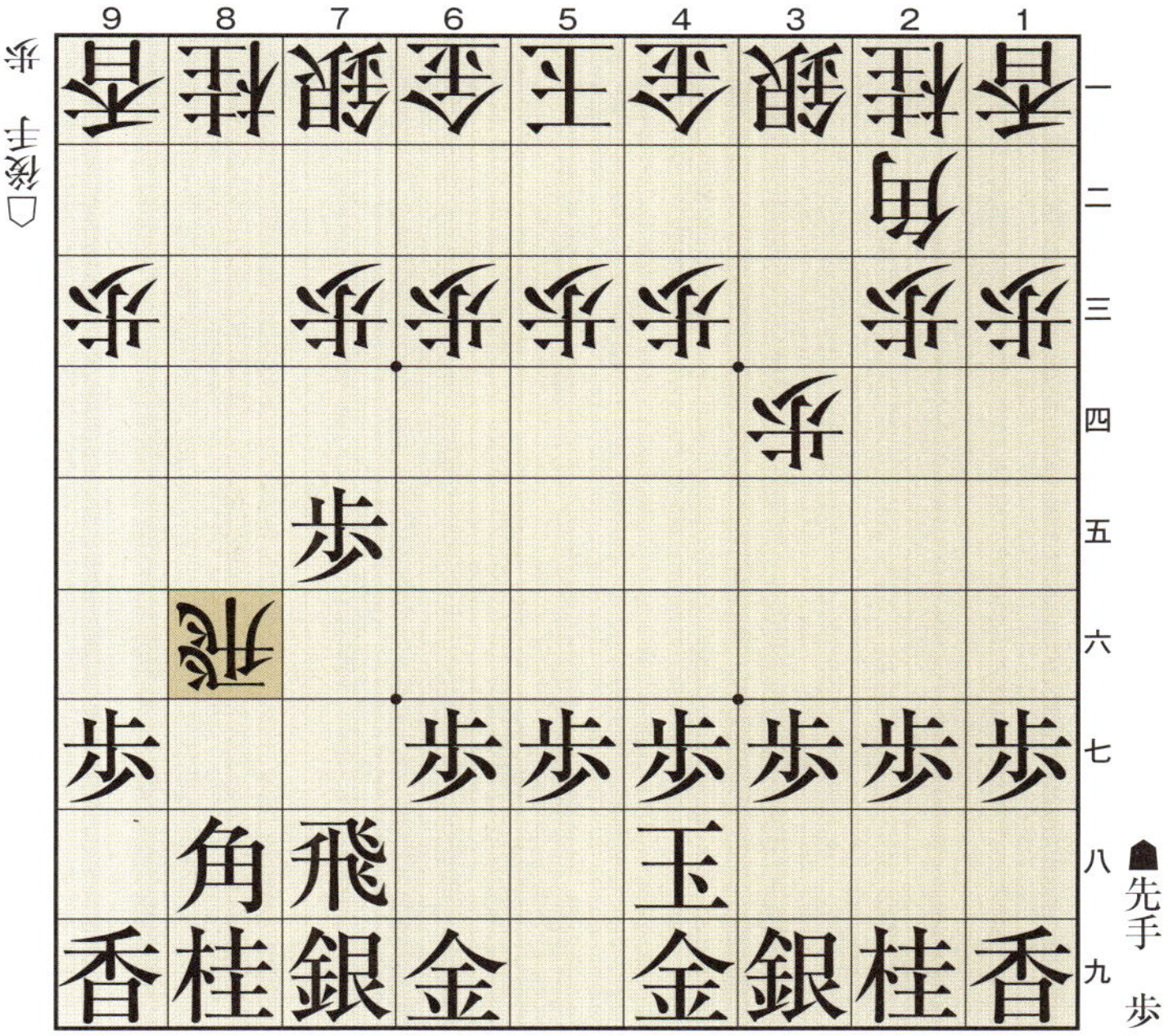

つぎの一手

第1問の答え

☗2四歩《ふ》　使《つか》う手筋《てすじ》 突《つ》き捨《す》て

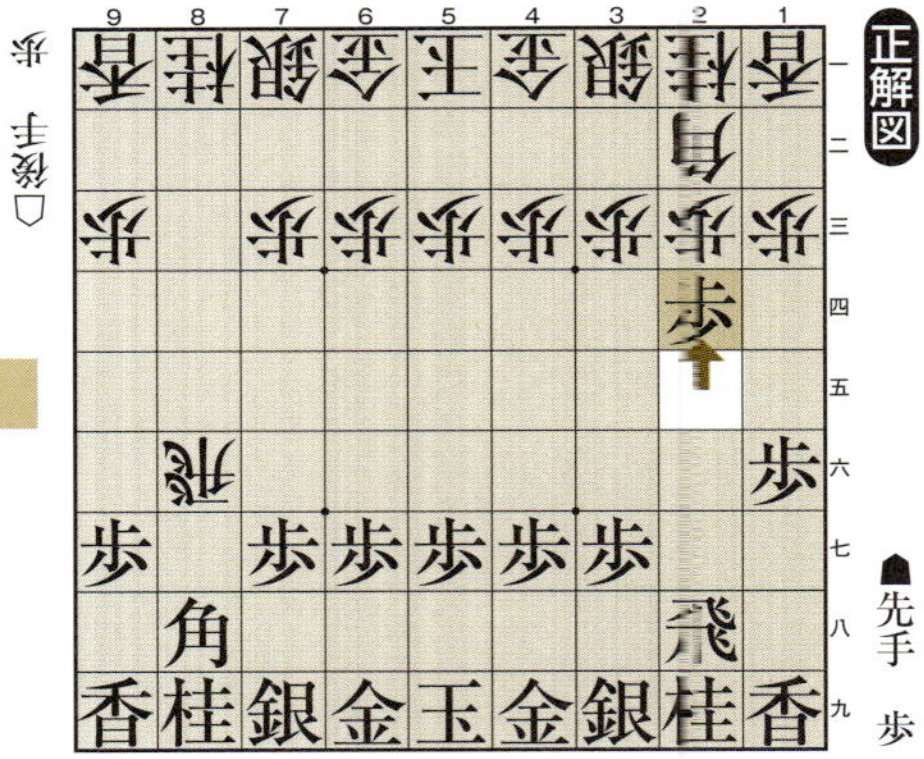
正解図
▲先手　歩
△後手　歩

おたがいに飛車先《ひしゃさき》を突《つ》くはじまりです。さらに、☗2四歩《ふ》と進《すす》めます正解図。後手《ごて》が☖同歩《どうふ》なら、☗2三歩《ふ》で角《かく》の頭《あたま》をねらいます。

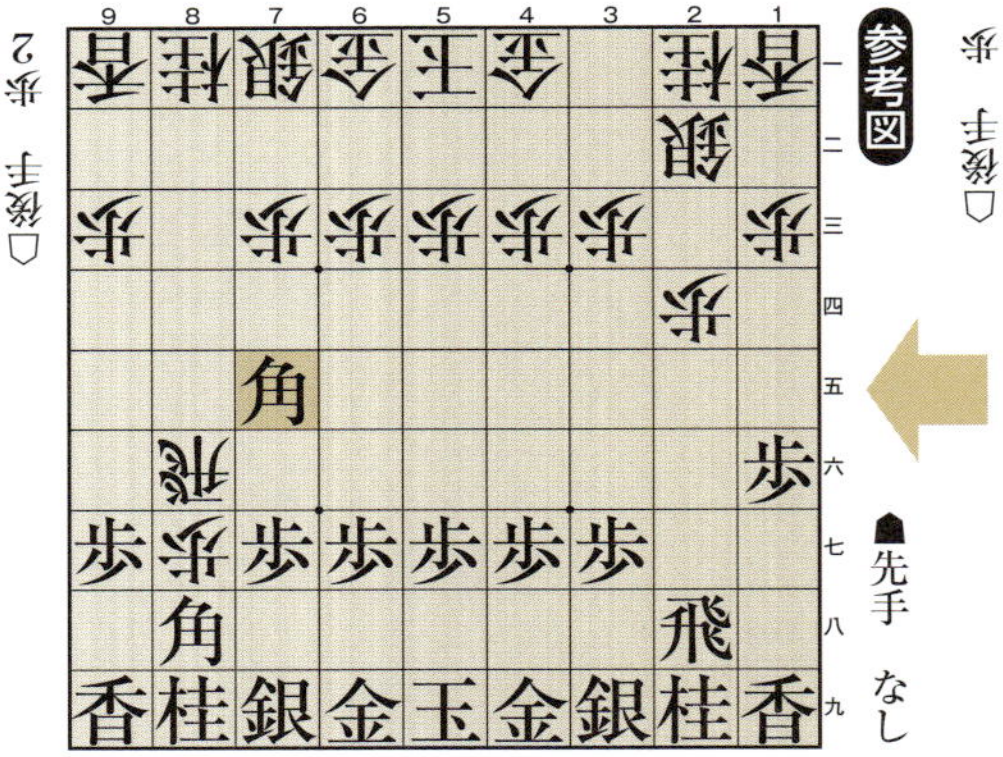
参考図
▲先手　なし
△後手　歩2

後手《ごて》も☖8七歩《ふ》と角《かく》を取《と》りにきたら、☗2二歩成《ふなり》☖同銀《どうぎん》☗7五角《かく》と打《う》ちます参考図。つぎの☗5三角成《かくなり》で、先手《せんて》だけ馬《うま》をつくれます。

つぎの一手

第2問の答え

☗7四歩《ふ》　使《つか》う手筋《てすじ》 突《つ》き捨《す》て＋角《かく》の両取《りょうど》り

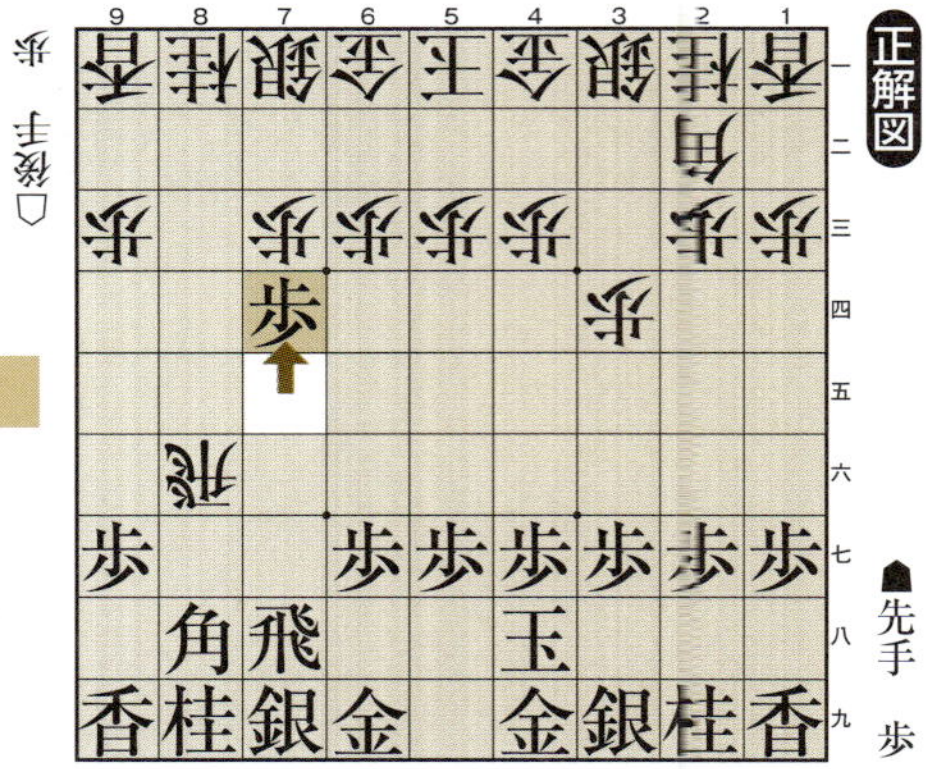
正解図
▲先手　歩
△後手　歩

7筋《すじ》の歩《ふ》を突《つ》く先手《せんて》に対《たい》して、後手《ごて》が飛車先《ひしゃさき》を交換《こうかん》。角《かく》の頭《あたま》の守《まも》りが弱《よわ》そうですが、ここは☗7四歩《ふ》と歩《ふ》を突《つ》き捨《す》てます正解図。

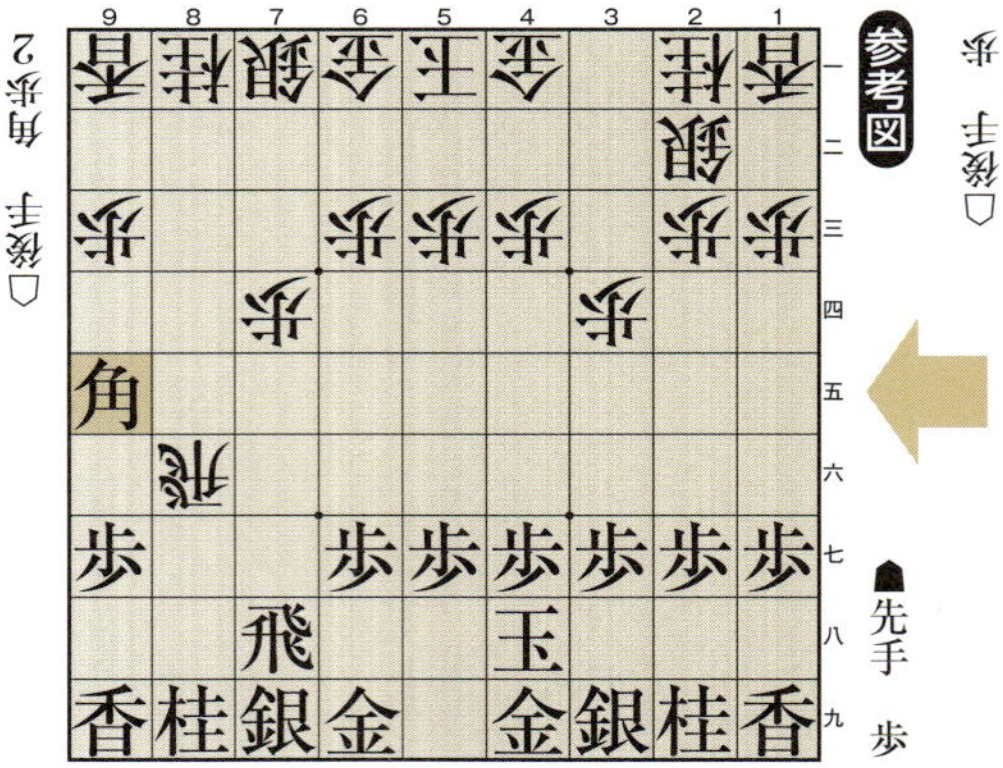
参考図
▲先手　歩
△後手　角 歩2

☖7四同歩《どうふ》に、☗2二角成《かくなり》☖同銀《どうぎん》で角《かく》を交換《こうかん》。☗9五角《かく》で王手飛車取《おうてひしゃと》りとなります参考図。突《つ》き捨《す》てで攻《せ》めがスムーズになりました。

［第3問］つぎの一手《いって》は？

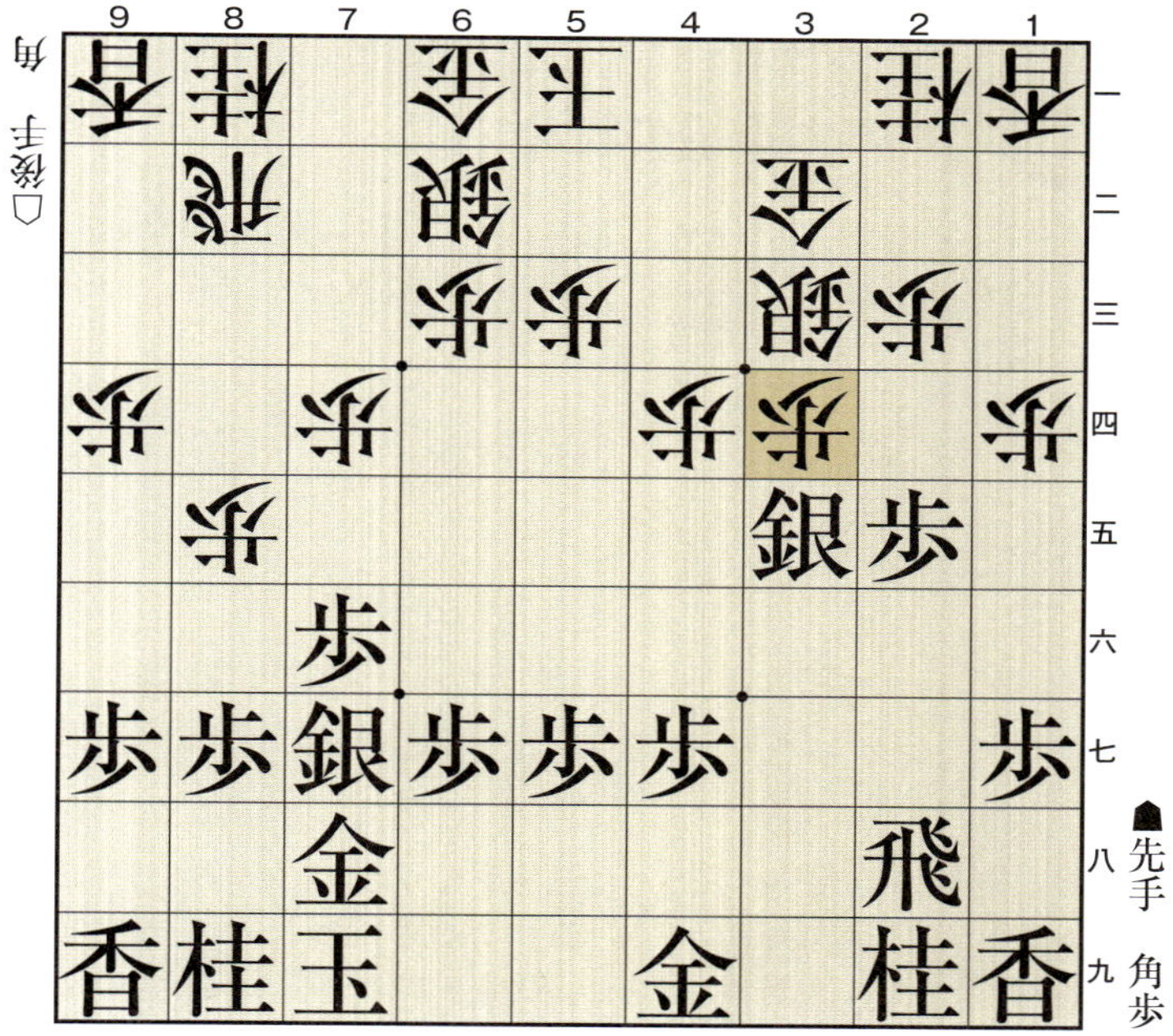

［第4問］つぎの一手《いって》は？

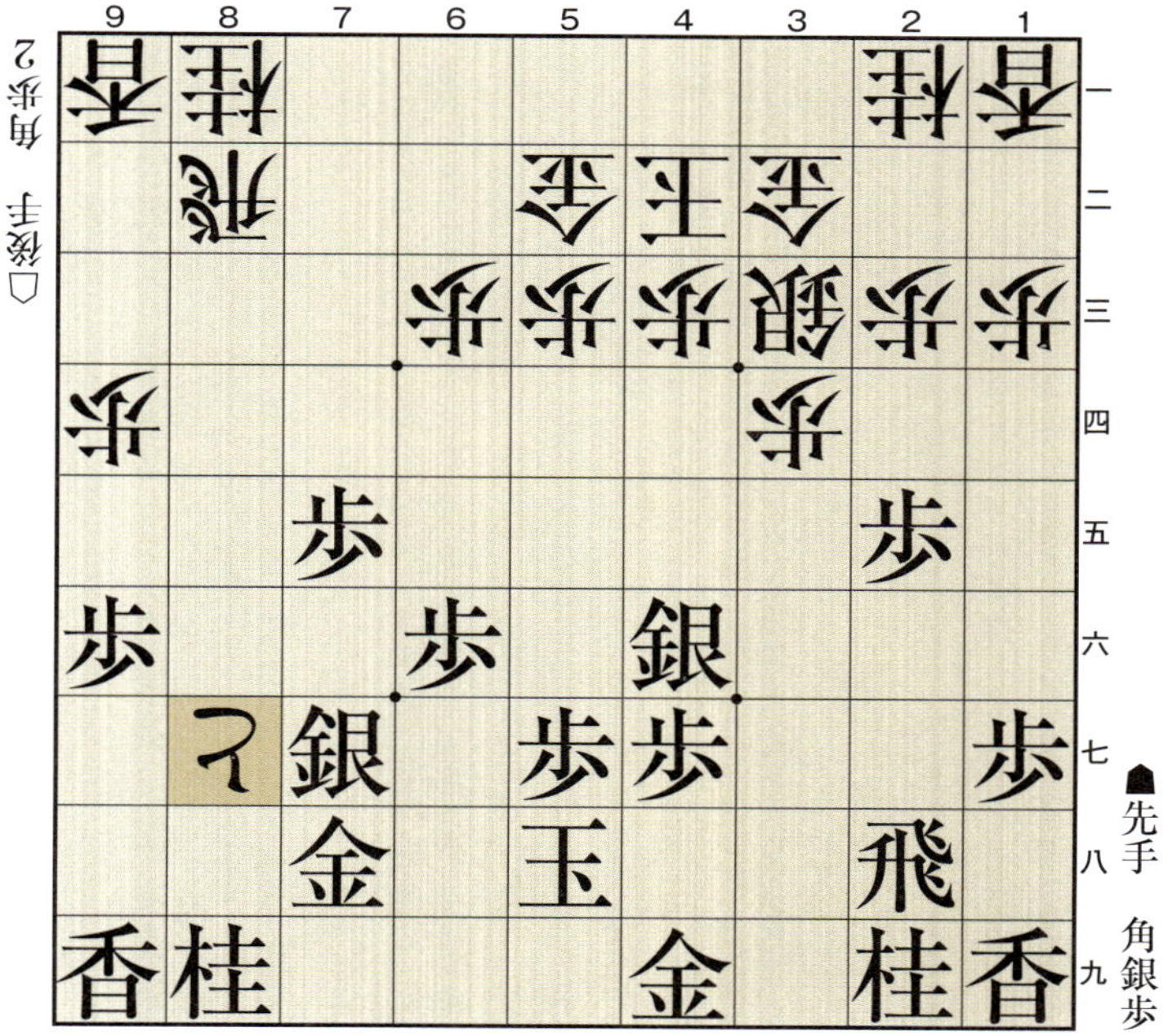

つぎの一手

第3問の答え

☗２四歩《ふ》 使《つか》う手筋《てすじ》 棒銀《ぼうぎん》の攻《せ》め

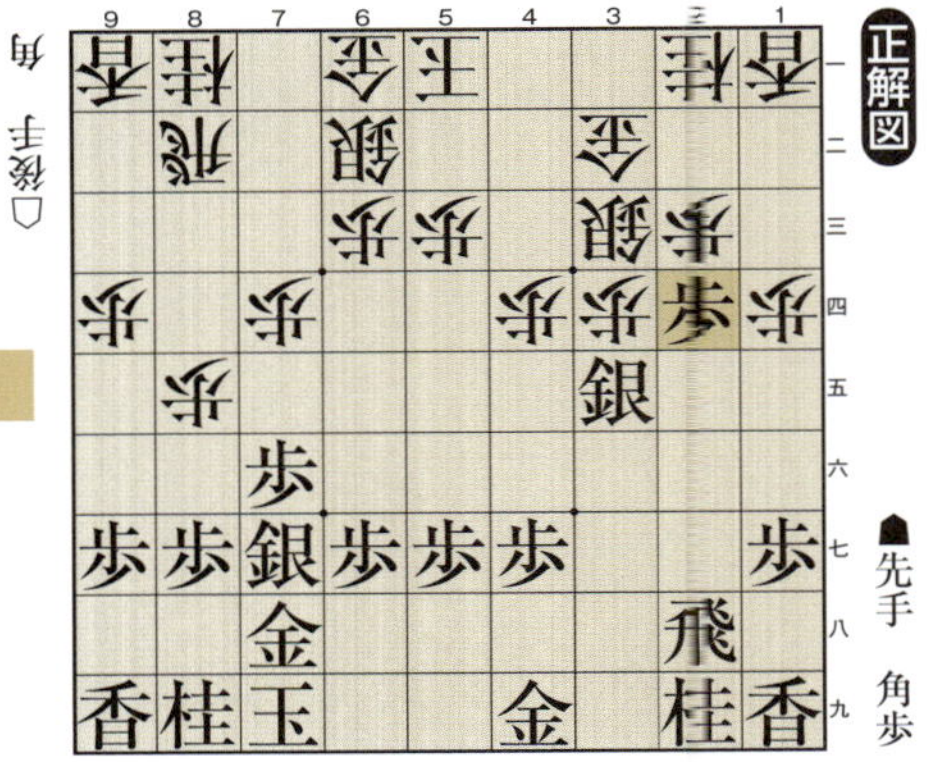

先手《せんて》がくり出《だ》した３五の銀《ぎん》に対《たい》し、後手《ごて》が歩《ふ》を打《う》ったところです。ここで☗４六銀《ぎん》と引《ひ》くのではなく、☗２四歩《ふ》と攻《せ》めます正解図。

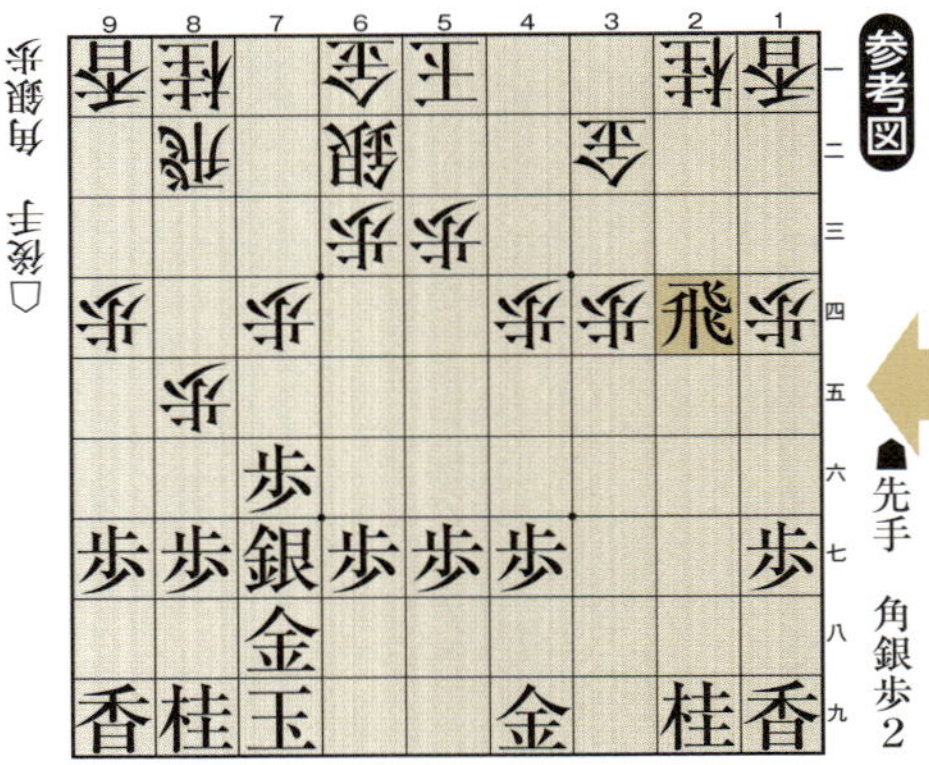

☖２四同歩《どうふ》☗同銀《どうぎん》☖同銀《どうぎん》☗同飛《どうひ》と２筋《すじ》での攻《せ》めがつづきます参考図。銀《ぎん》を交換《こうかん》して、後手《ごて》の守《まも》りをくずすことに成功《せいこう》しました。

つぎの一手

第4問の答え

☗８三歩《ふ》 使《つか》う手筋《てすじ》 たたきの歩《ふ》+角《かく》の両取《りょうど》り

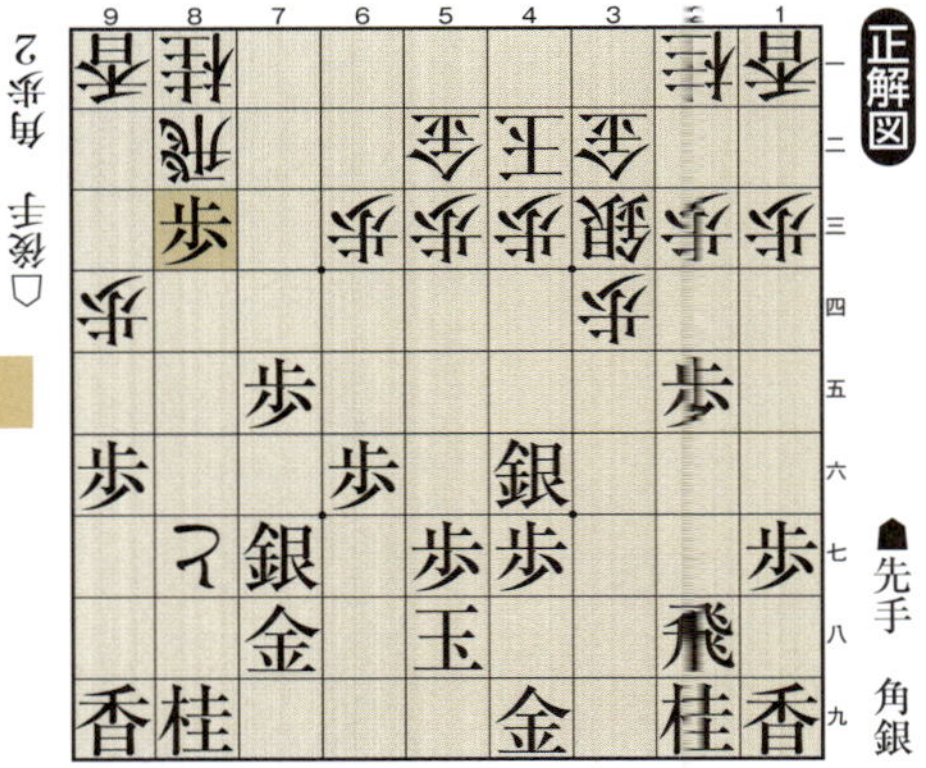

☖８七歩成《ふなり》とされ、後手《ごて》が８筋《すじ》からと金《きん》と飛車《ひしゃ》で攻《せ》めてくるところです。ここで☗８三歩《ふ》と打《う》ち、飛車《ひしゃ》の動《うご》きを止《と》めましょう正解図。

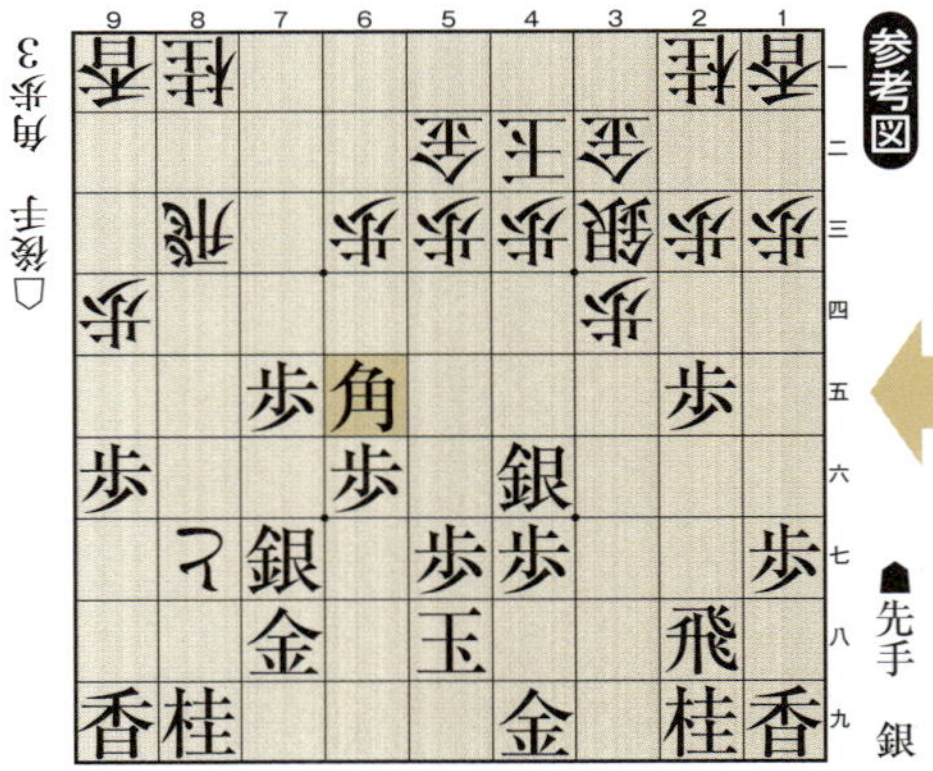

☖８三同飛《どうひ》には☗６五角《かく》と打《う》てば、飛車《ひしゃ》とと金《きん》の両取《りょうど》りとなります参考図。歩《ふ》でうまく飛車《ひしゃ》をつり上《あ》げ、角《かく》の両取《りょうど》りが決《き》まりました。

［第5問］つぎの一手《いって》は？

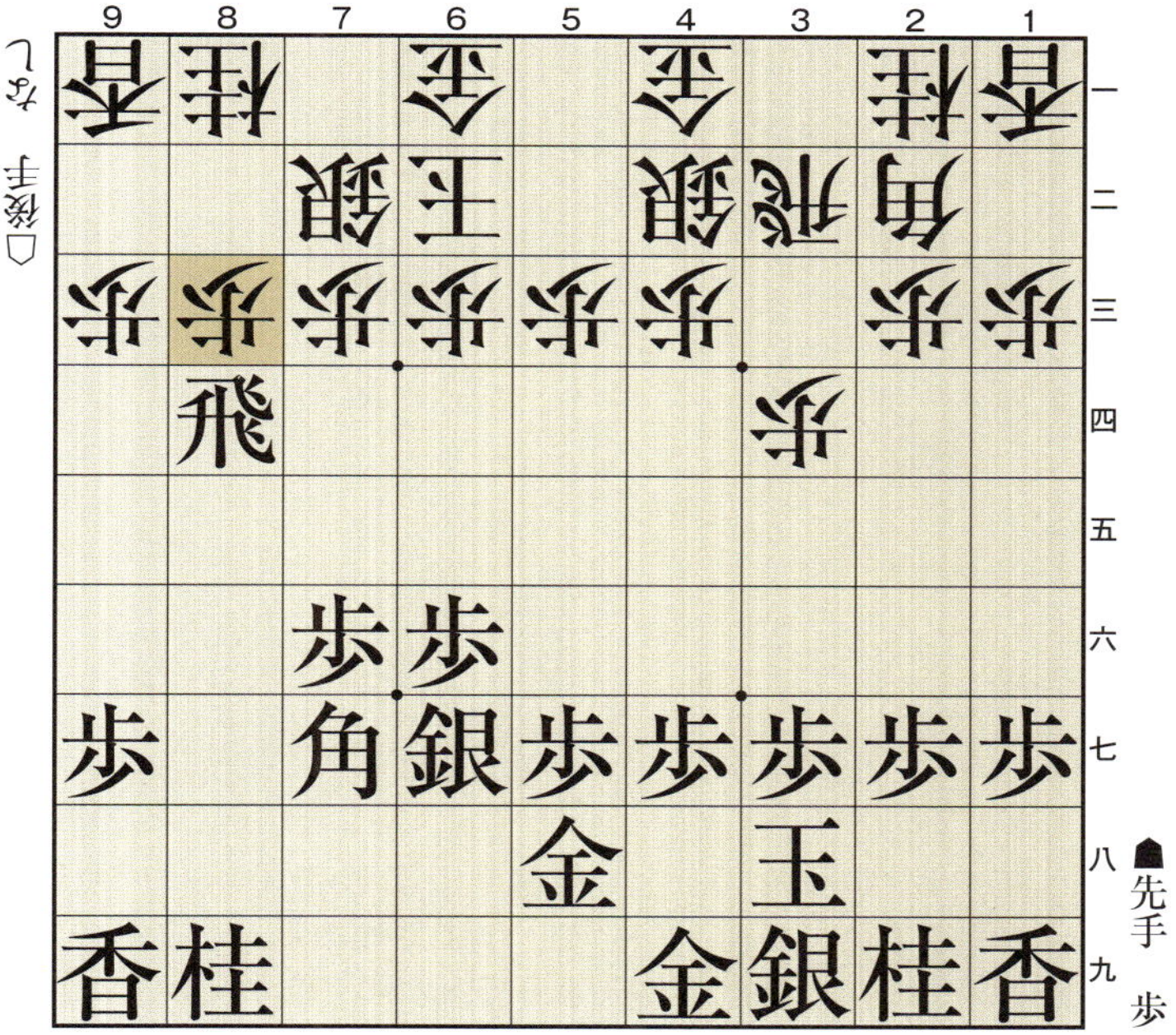

［第6問］つぎの一手《いって》は？

つぎの一手

▲8五飛《ひ》 使《つか》う手筋《てすじ》 桂《けい》を取《と》る(▲8二歩《ふ》)

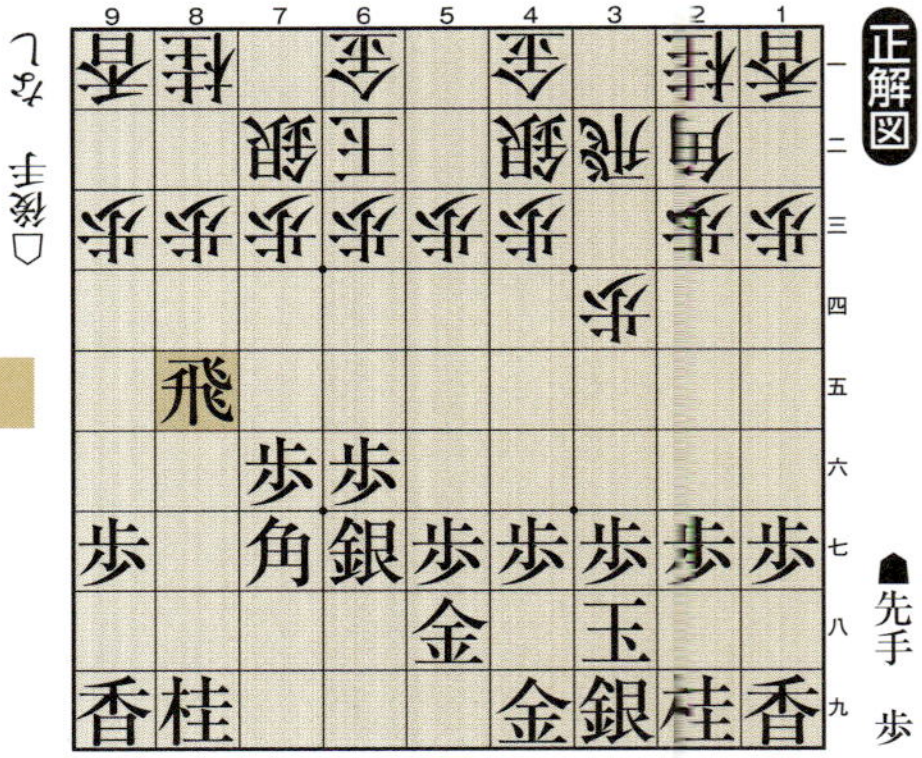

相振《あいふ》り飛車《びしゃ》で飛車先《ひしゃさき》を交換《こうかん》しました。飛車《ひしゃ》で攻《せ》めたいところですが、▲8五飛《ひ》と引《ひ》くのが、つぎの攻《せ》めにもつながります正解図。

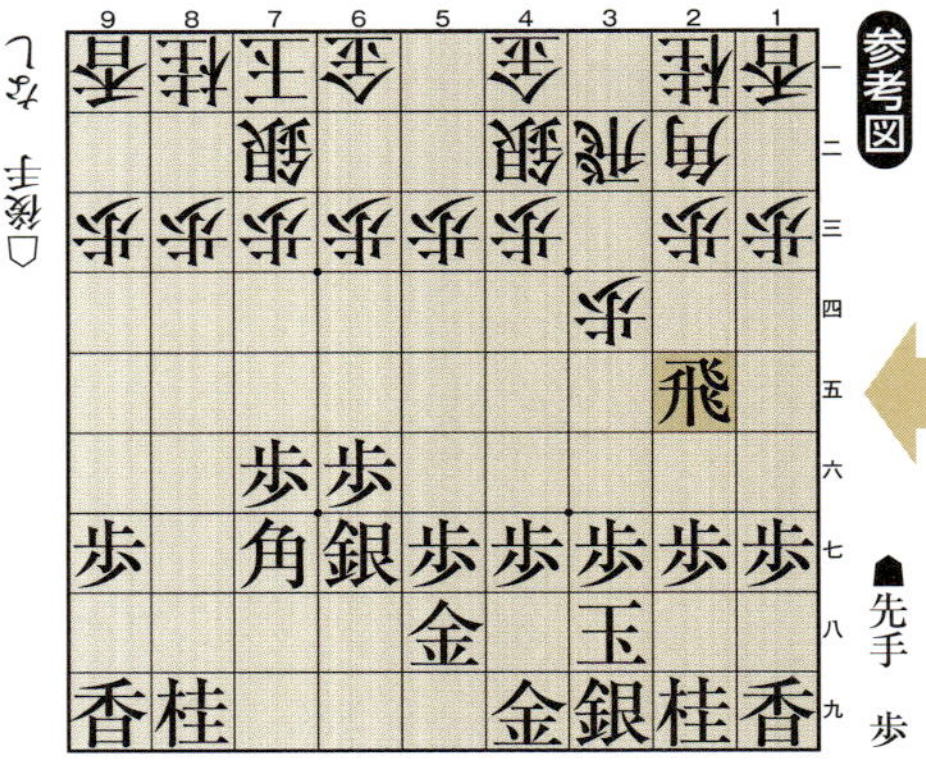

つぎに▲8二歩《ふ》では桂《けい》のタダ損《ぞん》なので、後手《ごて》は△7一玉《ぎょく》と引《ひ》きます。そこで先手《せんて》は▲2五飛《ひ》と、2筋《すじ》から飛《ひ》成《なり》にねらいを切《き》りかえます参考図。

つぎの一手

▲2八飛《ひ》 使《つか》う手筋《てすじ》 自陣飛車《じじんびしゃ》+垂《た》れ歩《ふ》

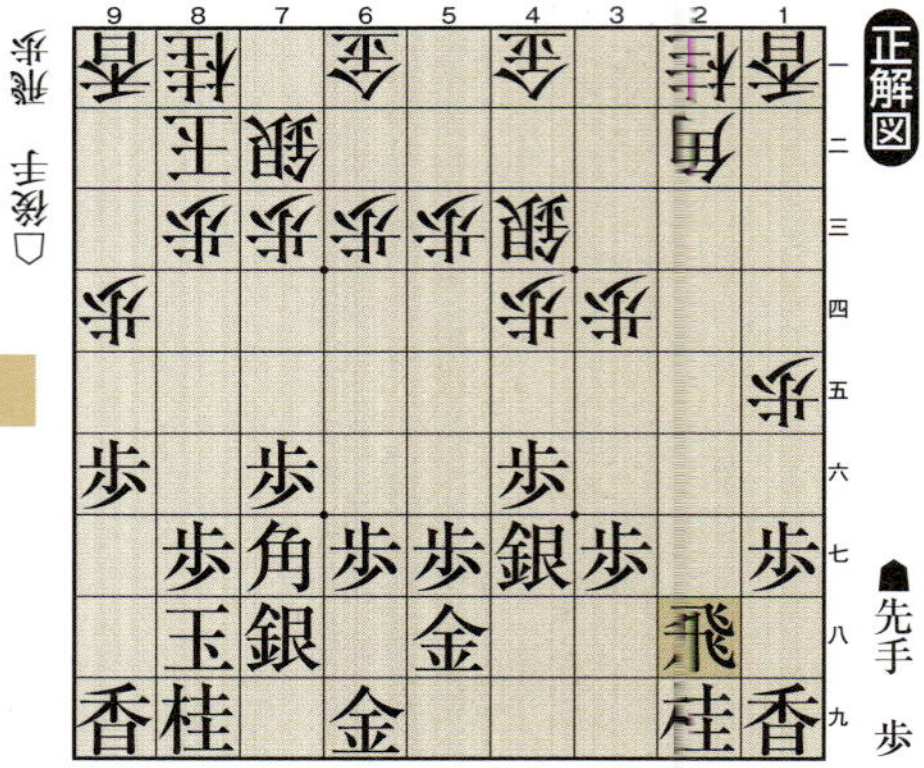

飛車交換《ひしゃこうかん》になりました。ここはよりきびしい攻《せ》めができます。▲2八飛《ひ》と、自陣《じじん》に打《う》つのが正解《せいかい》です正解図。

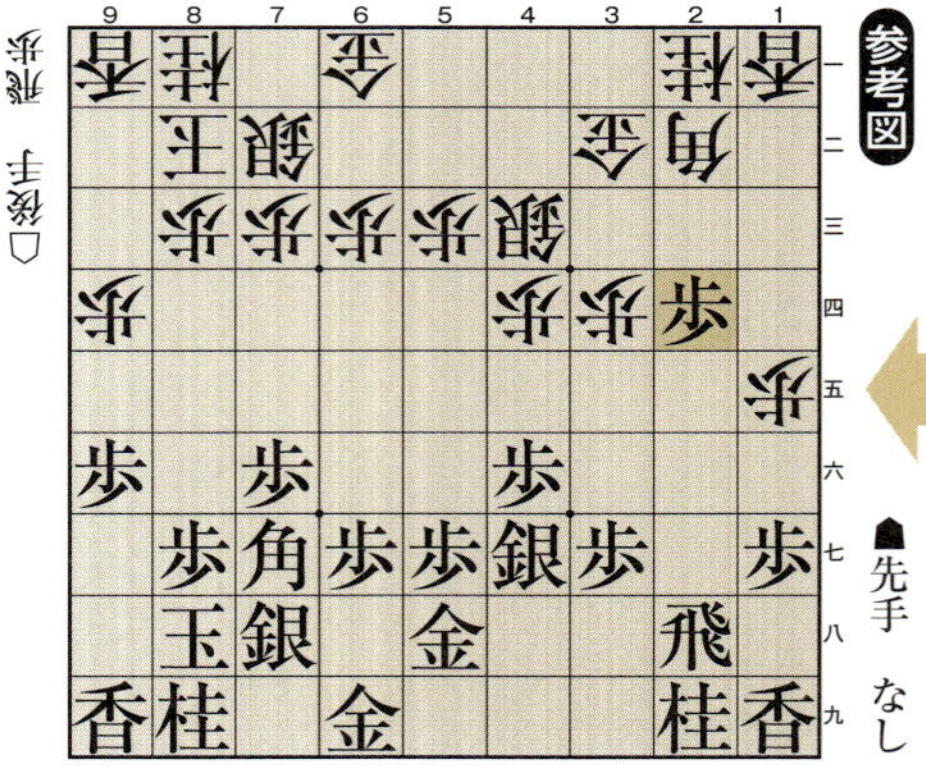

△3二金《きん》には、▲2四歩《ふ》と垂《た》れ歩《ふ》のかたちをつくります参考図。後手《ごて》は先手《せんて》のねらいである▲2三歩成《ふなり》をふせぎづらく、先手《せんて》のリードです。

第2章

終盤《しゅうばん》の手筋《てすじ》を学《まな》ぼう!

終盤《しゅうばん》では玉《ぎょく》をねらう寄《よ》せの手筋《てすじ》や、玉《ぎょく》を守《まも》る受《う》けの手《て》筋《すじ》などがあります。この章《しょう》の手筋《てすじ》をおぼえて、終盤《しゅうばん》の寄《よ》せ合《あ》いで有利《ゆうり》になりましょう!

終盤《しゅうばん》の歩《ふ》

歩《ふ》を使《つか》って相手陣《あいてじん》をくずす！

終盤《しゅうばん》は駒《こま》の損得《そんとく》よりも速度《そくど》

「終盤《しゅうばん》は駒《こま》の損得《そんとく》よりも速度《そくど》」といわれます。**駒《こま》の損得《そんとく》を気《き》にするより、一手《いって》でも早《はや》く相手玉《あいてぎょく》にせまったほうがよいということです。**

歩《ふ》を使《つか》うときも、相手《あいて》の守《まも》りをくずすために、歩《ふ》を捨《す》ててでも相手《あいて》の駒《こま》を取《と》りにいくなど、きびしい手《て》をねらいましょう。

歩《ふ》を使《つか》いこなせるようになろう！

歩《ふ》で守《まも》りをくずし玉《ぎょく》にせまる

1図では持《も》ち駒《ごま》に飛車《ひしゃ》もありますが、まずは歩《ふ》を使《つか》って後手《ごて》の守《まも》りをくずしにいきます。

1図では、▲8四歩が終盤《しゅうばん》のきびしい一手《いって》2図。歩《ふ》で玉《ぎょく》の頭《あたま》を守《まも》る銀《ぎん》にアタックします。

1図

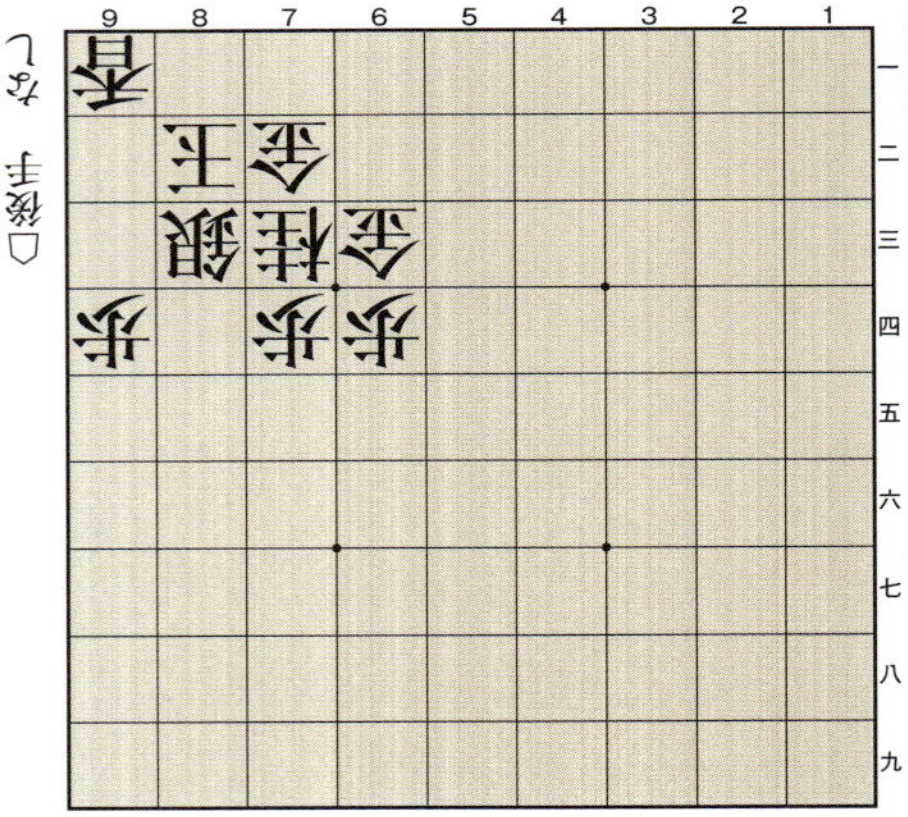
9 8 7 6 5 4 3 2 1
一 二 三 四 五 六 七 八 九
▲先手 飛歩4
△後手 なし

守《まも》りはかたい。さて、どうする？

2図【1図より1手目】

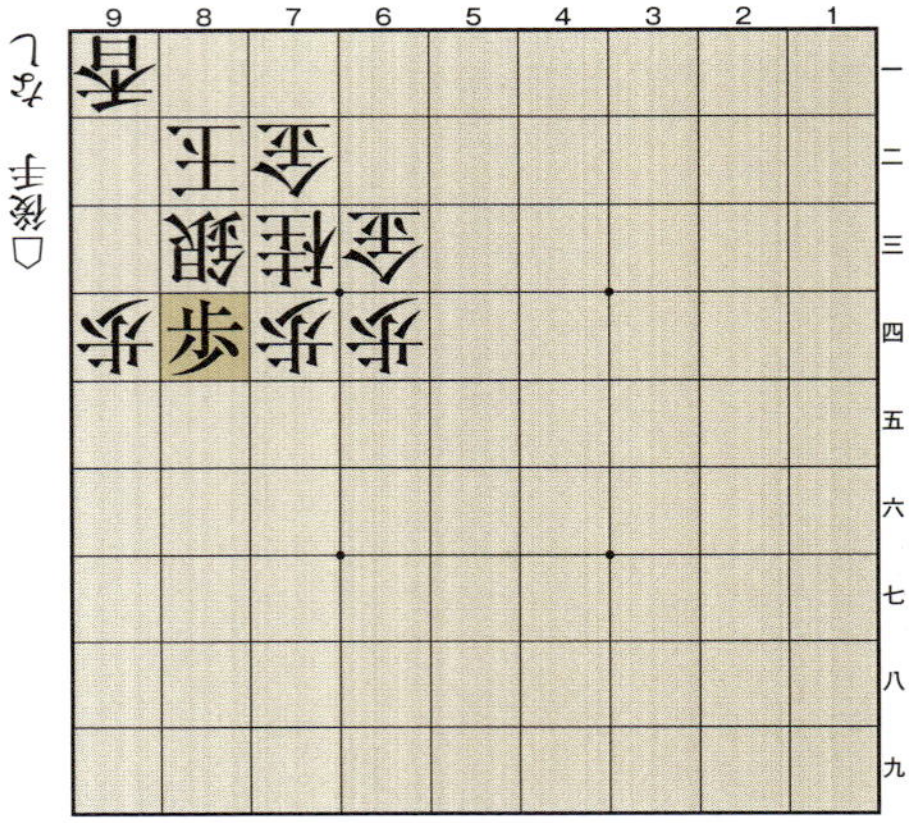
9 8 7 6 5 4 3 2 1
一 二 三 四 五 六 七 八 九
▲先手 飛歩3
△後手 なし

後手《ごて》は銀《ぎん》で取《と》るしかなさそうだ。

スキができたら すかさず王手《おうて》！

△8四同銀《どうぎん》とされたら▲8三歩《ふ》と、ふたたび歩《ふ》を打《う》って王手《おうて》をかけます（3図）。▲8四歩も▲8三歩も、「たたきの歩《ふ》」という手筋《てすじ》です（→108ページ）。相手陣《あいてじん》のキズに打《う》って、守《まも》りを弱《よわ》めます。

3図【2図より2手目】

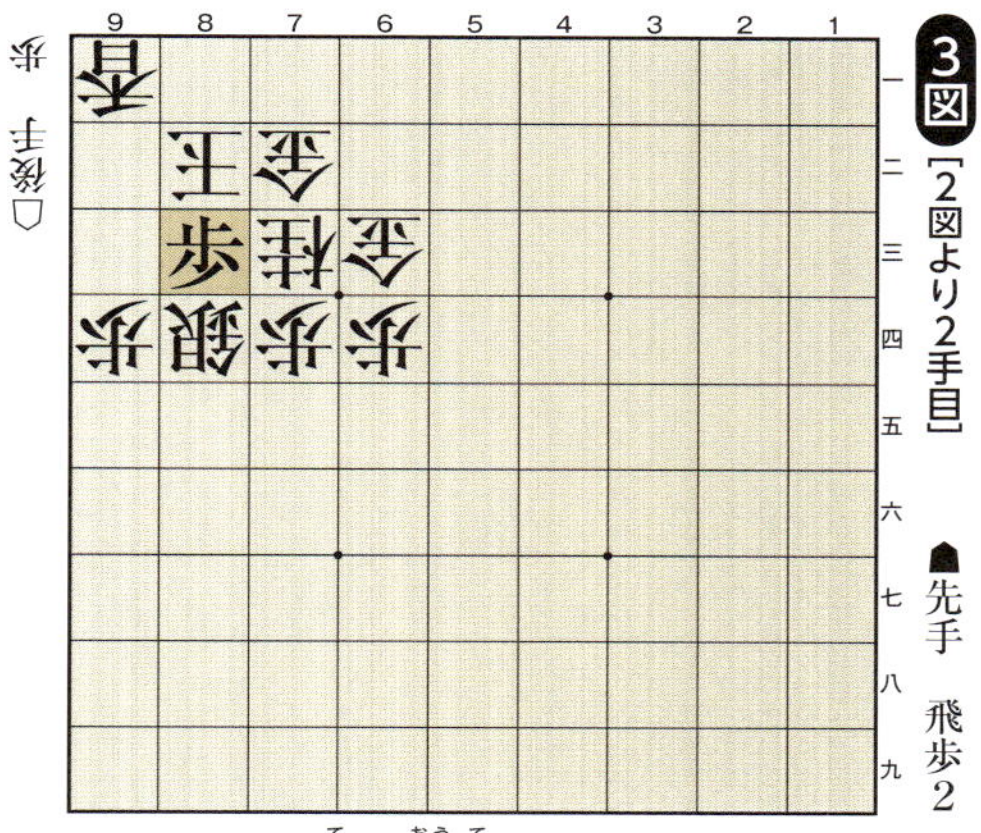
9 8 7 6 5 4 3 2 1
一 二 三 四 五 六 七 八 九
▲先手 飛歩2
△後手 歩

1図から3手《て》で王手《おうて》！

きびしい攻《せ》めで守《まも》りをくずす

△8三同金《どうきん》とされたら、▲6一飛《ひ》と大駒《おおごま》を相手陣《あいてじん》に打《う》ちこみます（4図）。1図とくらべて、後手玉《ごてぎょく》の守《まも》りがかなりうすくなっているため、飛車《ひしゃ》を安全《あんぜん》に使《つか》えます。

4図【3図より2手目】

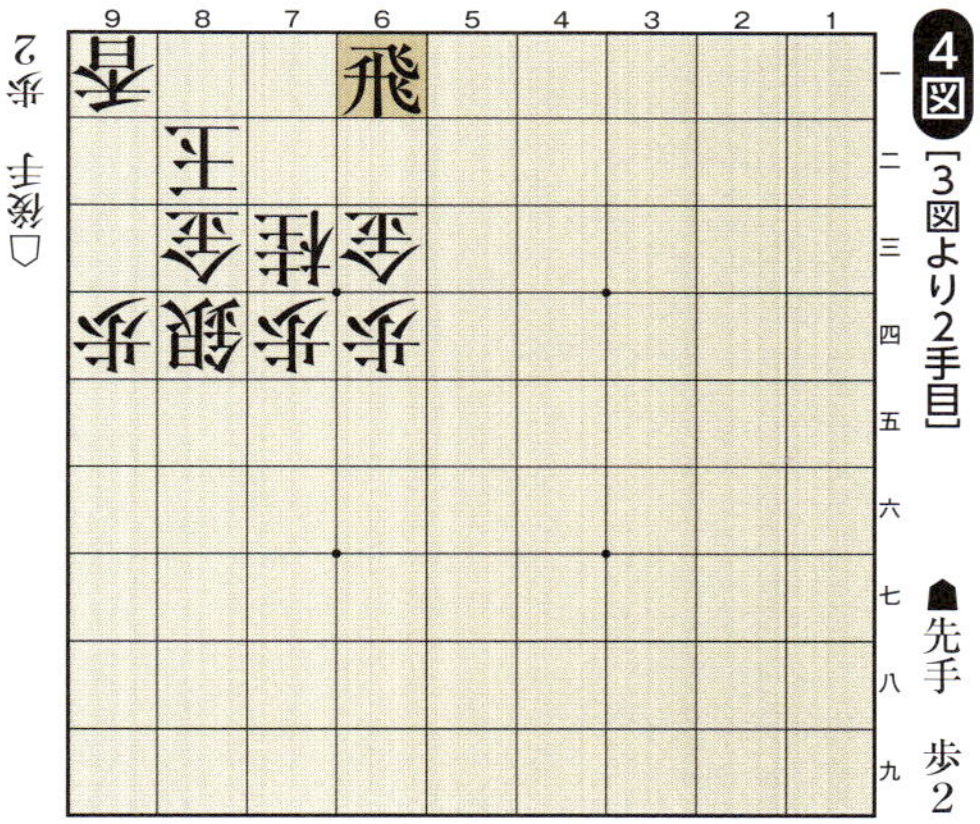
9 8 7 6 5 4 3 2 1
一 二 三 四 五 六 七 八 九
▲先手 歩2
△後手 歩2

歩《ふ》2枚《まい》でここまで守《まも》りをくずした！

▲8四歩《ふ》も▲8三歩《ふ》も、玉《ぎょく》にせまるきびしい手《て》なので、後手《ごて》も無視《むし》できない一手《いって》となりました
終盤《しゅうばん》は駒《こま》の損得《そんとく》よりも早《はや》さが大事《だいじ》なんだね

歩《ふ》の手筋《てすじ》【終盤《しゅうばん》】

焦点《しょうてん》の歩《ふ》

1図

後手 歩
先手 歩
3三を見《み》てください。後手《ごて》の飛車《ひしゃ》、角《かく》、桂《けい》の利《き》きが集《あつ》まっています

歩《ふ》で相手《あいて》の守《まも》りを弱《よわ》めることができる

相手《あいて》の利《き》きが集中《しゅうちゅう》しているマス目《め》に歩《ふ》を打《う》つ手筋《てすじ》を、**焦点《しょうてん》の歩《ふ》**といいます。

焦点《しょうてん》の歩《ふ》は、相手《あいて》の守《まも》りのかたちをくずしたり、相手《あいて》の駒《こま》のマス目《め》を移動《いどう》させたりすることができます。取《と》られてもダメージの少《すく》ない歩《ふ》を活《い》かして、そのあとの攻《せ》めにつなげましょう。

焦点《しょうてん》の歩《ふ》で相手《あいて》の出方《でかた》を見《み》てから攻《せ》めることでさらにほかの駒《こま》を活《い》かせるようになるよ

利《き》きの集《あつ》まっているマス目《め》に歩《ふ》を打《う》つ

1図で▲3三歩《ふ》と打《う》つのが、焦《しょう》点《てん》の歩《ふ》です2図。飛《ひ》車《しゃ》取《と》りなので、後《ご》手《て》は見《み》のがせません。

2図【1図より1手目】

▲先手 なし

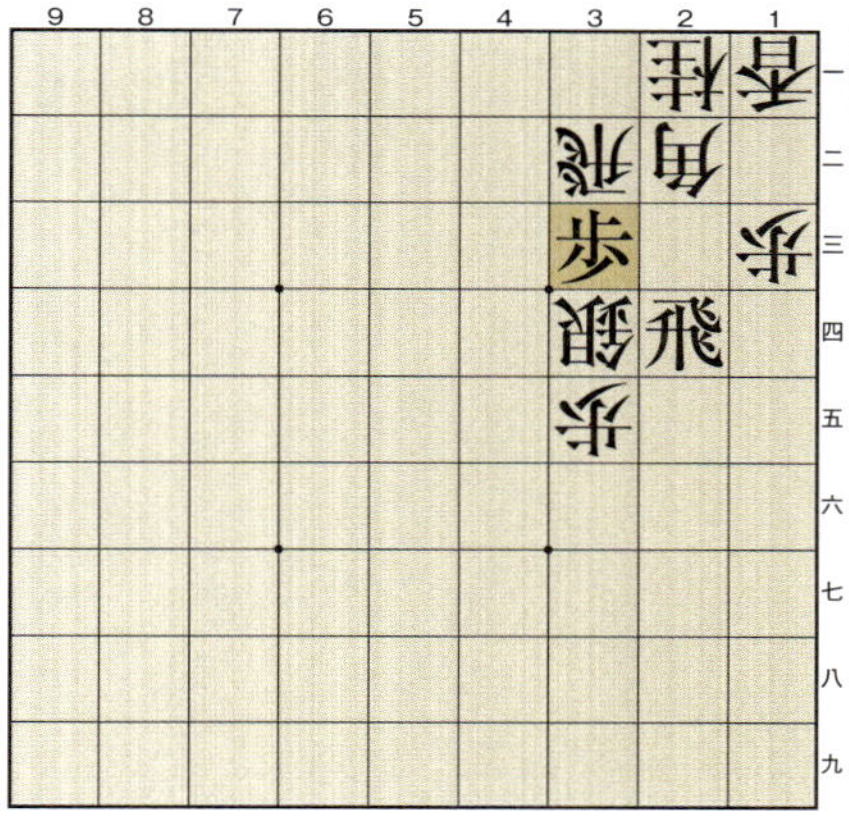

△後手 歩

焦《しょう》点《てん》である3三に歩《ふ》を打《う》った！

相《あい》手《て》がどう取《と》っても駒《こま》得《どく》できる

後《ご》手《て》が△3三同《どう》桂《けい》と桂《けい》で取《と》ったら、▲3四飛《ひ》と指《さ》します3図。銀《ぎん》と歩《ふ》の交《こう》換《かん》となり、駒《こま》得《どく》です。

3図【2図より2手目】

▲先手 銀

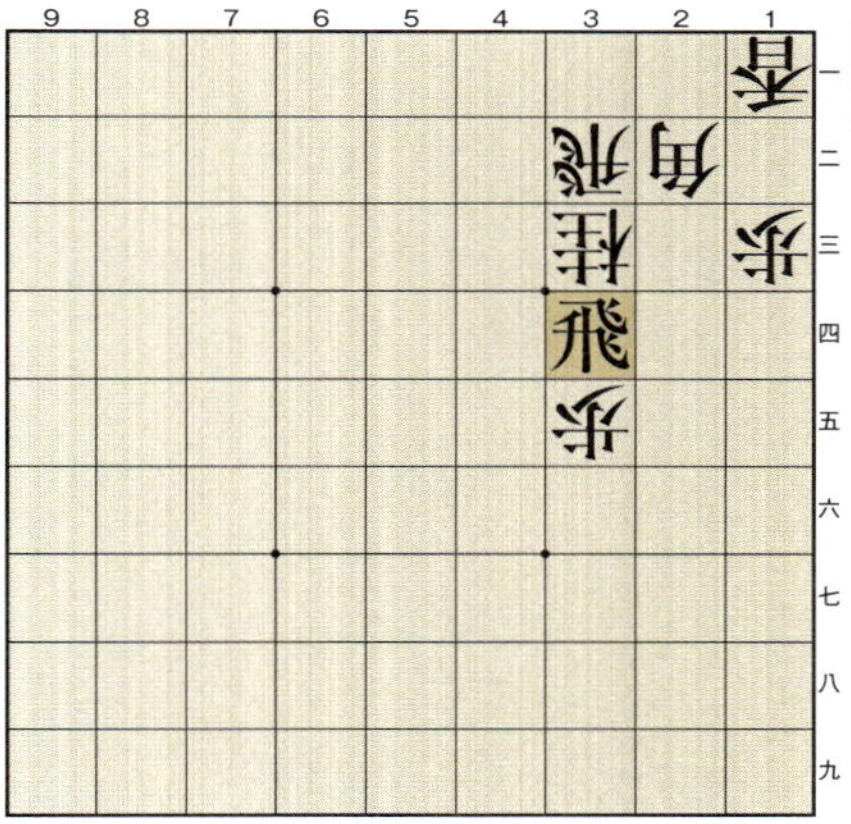

△後手 歩2

攻《せ》めに強《つよ》い銀《ぎん》を取《と》って大《おお》きな得《とく》だ。

守《まも》りをくずして駒《こま》得《どく》もできる！

また、2図から△3三同《どう》角《かく》は▲2一飛《ひ》成《なり》4図。桂《けい》と歩《ふ》の交《こう》換《かん》となり、駒《こま》得《どく》です。△3三同《どう》飛《ひ》の場《ば》合《あい》は▲2二飛《ひ》成《なり》で、角《かく》と歩《ふ》の交《こう》換《かん》となります。どちらも駒《こま》得《どく》をしたうえ、竜《りゅう》をつくることもできて、先《せん》手《て》の大《だい》成《せい》功《こう》です。

4図【2図より2手目】

▲先手 桂

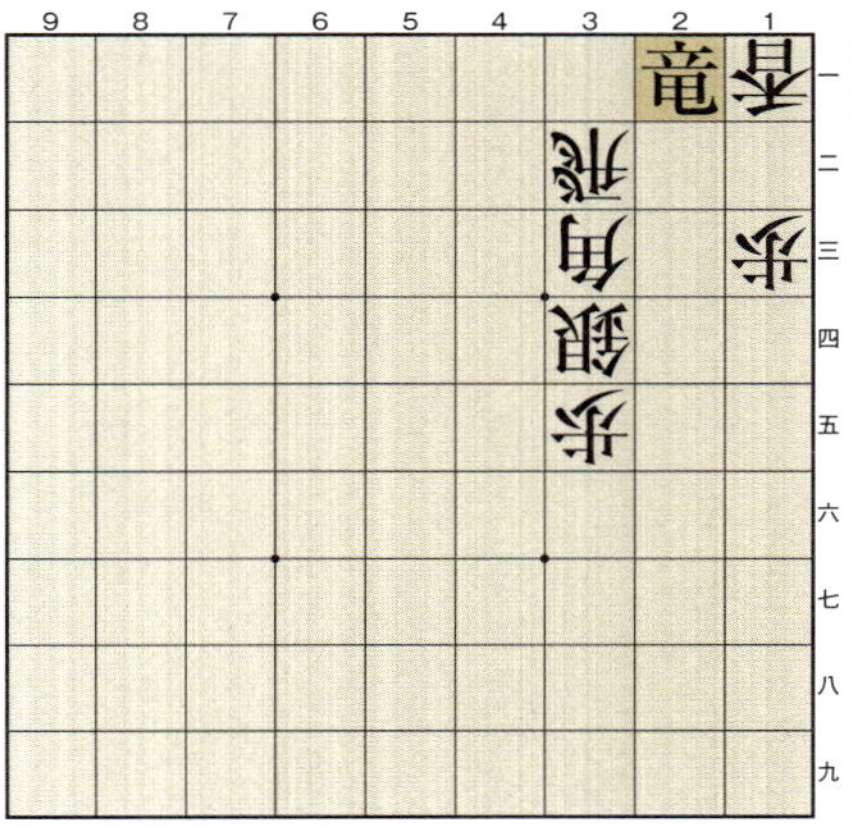

△後手 歩2

焦《しょう》点《てん》の歩《ふ》で駒《こま》得《どく》して守《まも》りもくずした。

キズを消《け》す

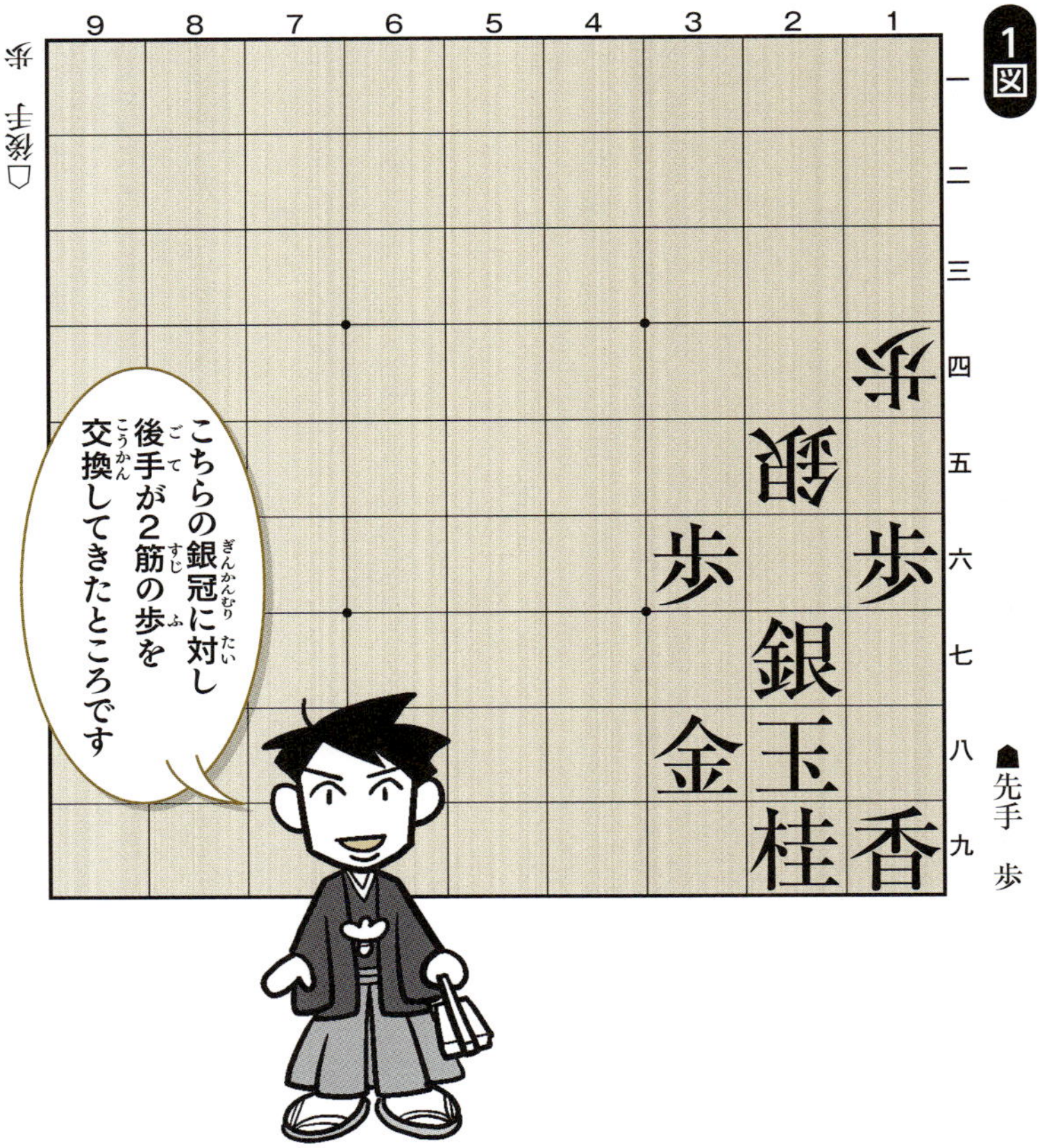
1図
9 8 7 6 5 4 3 2 1
一 二 三 四 五 六 七 八 九
△後手 歩
▲先手 歩
歩 銀 歩 歩 銀 金 玉 桂 香
こちらの銀冠《ぎんかんむり》に対《たい》し
後手《ごて》が2筋《すじ》の歩《ふ》を
交換《こうかん》してきたところです

キズを消《け》すことで相手《あいて》の攻《せ》めをふせぐ

1図では、後手《ごて》に△2六歩《ふ》と打《う》たれると苦《くる》しくなるので、歩《ふ》を打《う》ってキズを消《け》したいところです。

「キズを消《け》す」とは、自陣《じじん》のあぶないマス目《め》を先《さき》に受《う》けて、相手《あいて》の攻《せ》めを消《け》すことです。盤上《ばんじょう》の駒《こま》を動《うご》かして受《う》けることもあれば、持《も》ち駒《ごま》を打《う》って消《け》すこともあります。

自分《じぶん》の玉《ぎょく》を守《まも》ることは
攻《せ》めるための
準備《じゅんび》でもあるんだ
ぐーる
ぐーる

キズを消《け》さないとどうなる？

1図から△2六歩《ふ》▲1八銀《ぎん》のように攻《せ》めこまれ、玉《ぎょく》の前方《ぜんぽう》に後手《ごて》の拠点《きょてん》ができてしまいます2図。

2図【1図より2手目】

△後手 なし

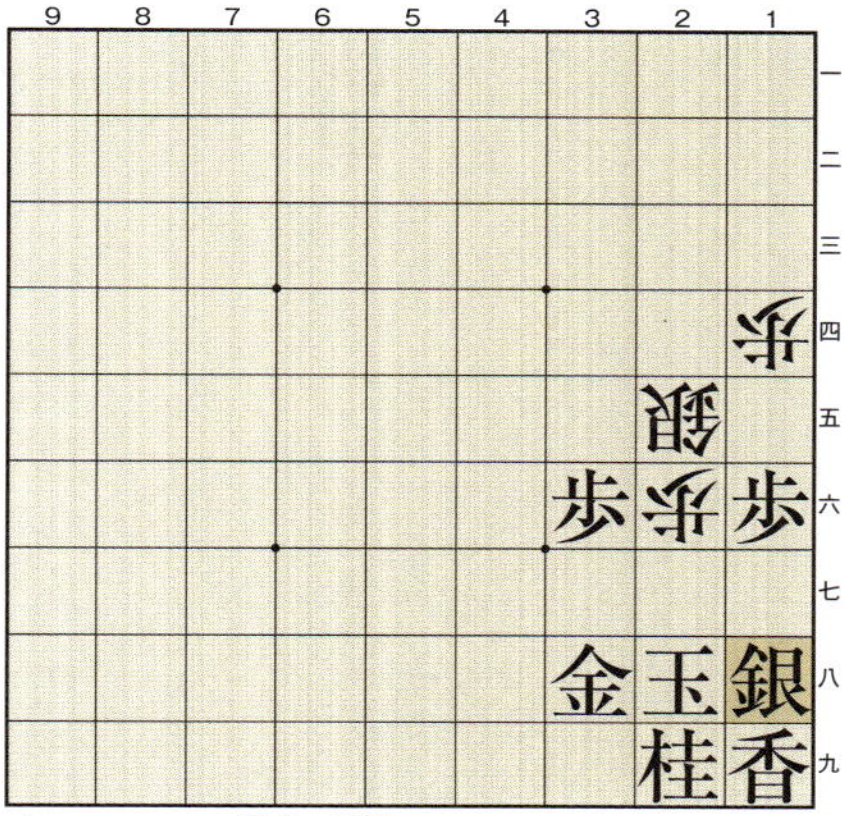

▲先手 歩

見《み》るからに玉《ぎょく》が心《こころ》ぼそいね！

打《う》たれたくないマス目《め》を歩《ふ》で守《まも》る

1図では、▲2六歩《ふ》がよい受《う》け。打《う》たれたくないマス目《め》に歩《ふ》を打《う》って、キズを消《け》します3図。

3図【1図より1手目】

△後手 歩

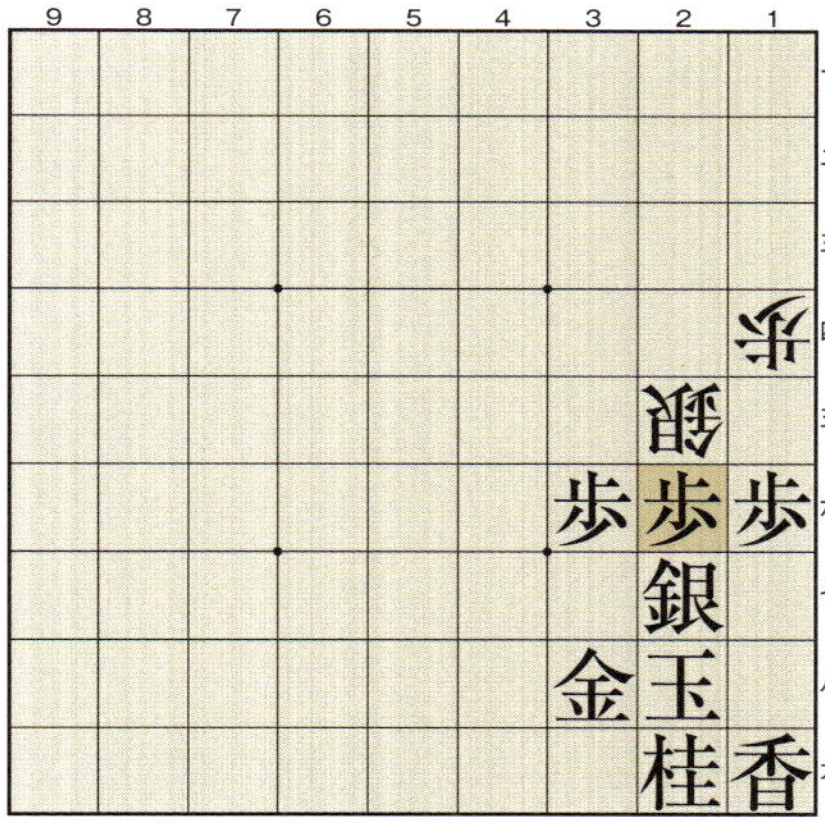

▲先手 なし

△2六同銀《どうぎん》▲同銀《どうぎん》で撃退《げきたい》できる。

キズを消《け》すと守《まも》りをたもてる

3図で△3四銀《ぎん》と下《さ》がらせることができれば、銀冠《ぎんかんむり》のかたちをくずされることもありません4図。

4図【3図より1手目】

△後手 歩

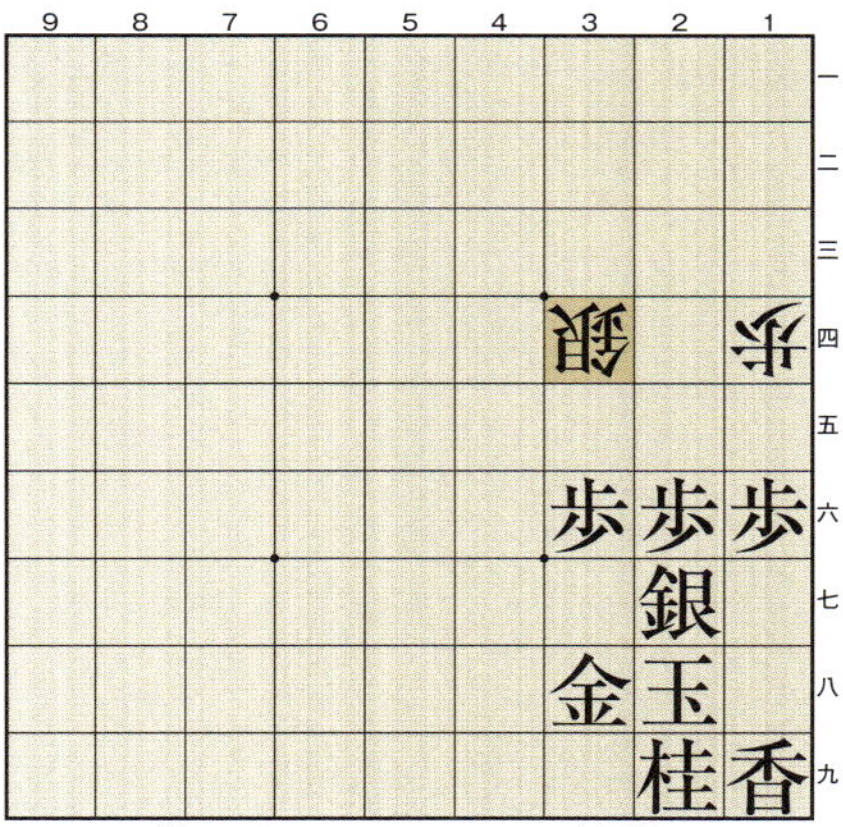

▲先手 なし

△3四銀《ぎん》と引《ひ》くしかなく、安全《あんぜん》になる。

歩《ふ》の手筋《てすじ》［終盤《しゅうばん》］
たたきの歩《ふ》②

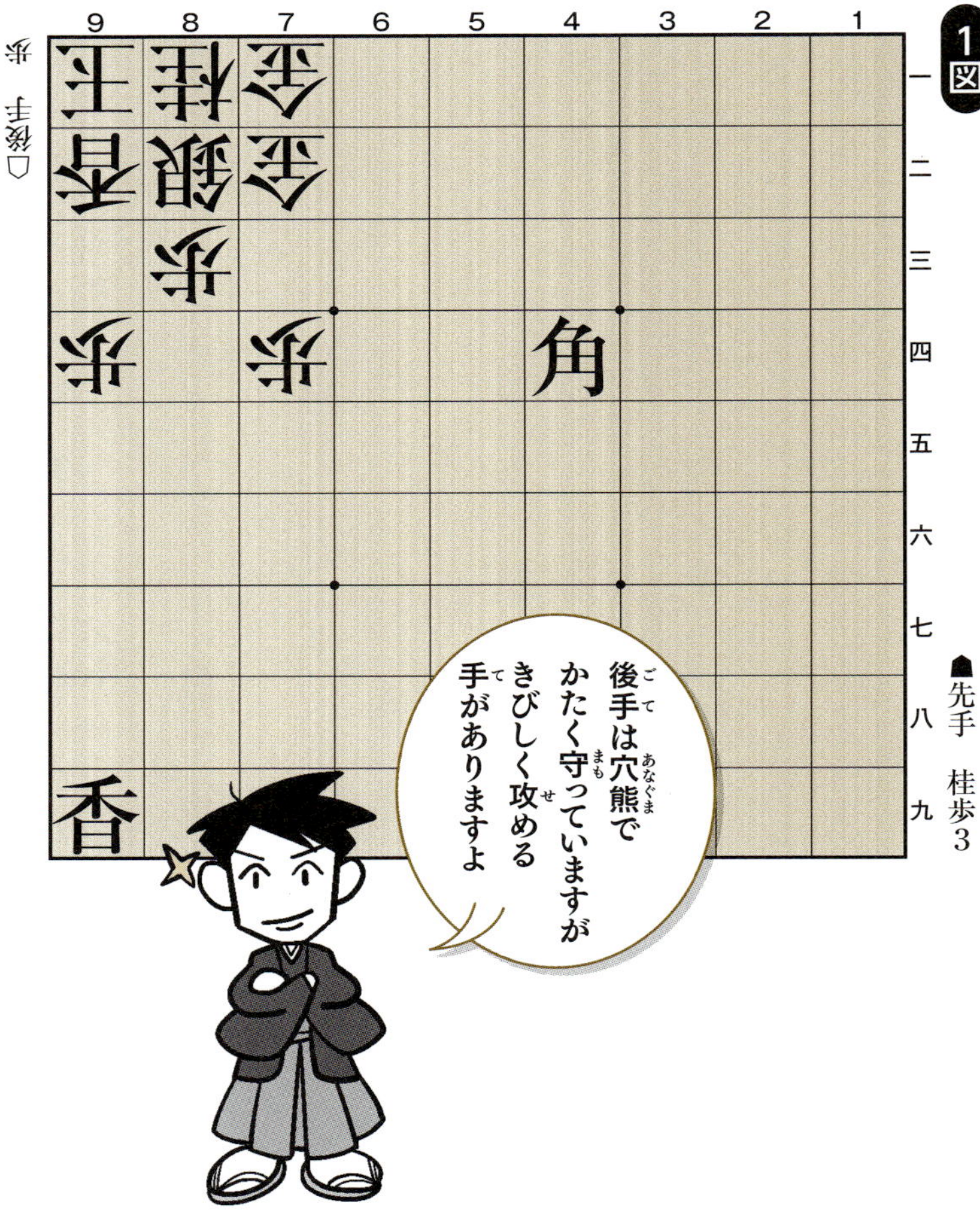
1図
先手　桂歩3
後手　歩
後手《ごて》は穴熊《あなぐま》でかたく守《まも》っていますがきびしく攻《せ》める手《て》がありますよ

守《まも》りを弱《よわ》らせるたたきの歩《ふ》

「キズを消《け》す」とは反対《はんたい》に、相手《あいて》を攻《せ》める手筋《てすじ》としてたたきの歩《ふ》があります。**相手《あいて》のキズに歩《ふ》を打《う》つ手筋《てすじ》で、相手陣《あいてじん》を大《おお》きく弱《よわ》らせることができます。**

どこに攻《せ》めたらきびしい一手《いって》となるか、相手《あいて》のキズはどこか、見《み》きわめることが大切《たいせつ》です。

キズが…
たたき！
たたきの歩《ふ》が決《き》まると攻《せ》めにいきおいがつくよ

相手《あいて》の陣形《じんけい》をくずす

1図では、▲9三歩《ふ》がたたきの歩《ふ》です2図。△9三同桂《どうけい》なら、穴《あな》熊《ぐま》が弱《よわ》くなります。

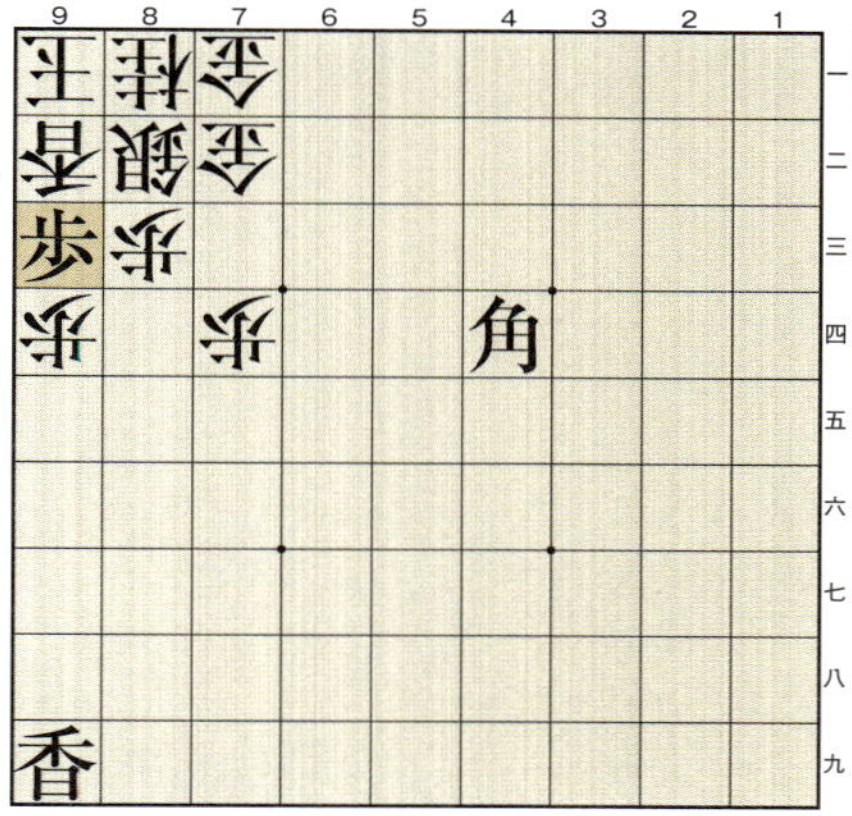

2図【1図より1手目】

▲先手 桂歩2

△後手 歩

穴熊《あなぐま》のキズに歩《ふ》を打《う》つ！

相手《あいて》が応《おう》じるほど守《まも》りがくずれていく

2図から△9三同銀《どうぎん》（もしくは△9三同香《どうきょう》）なら、▲8五桂《けい》とよい攻《せ》めがつづきます3図。

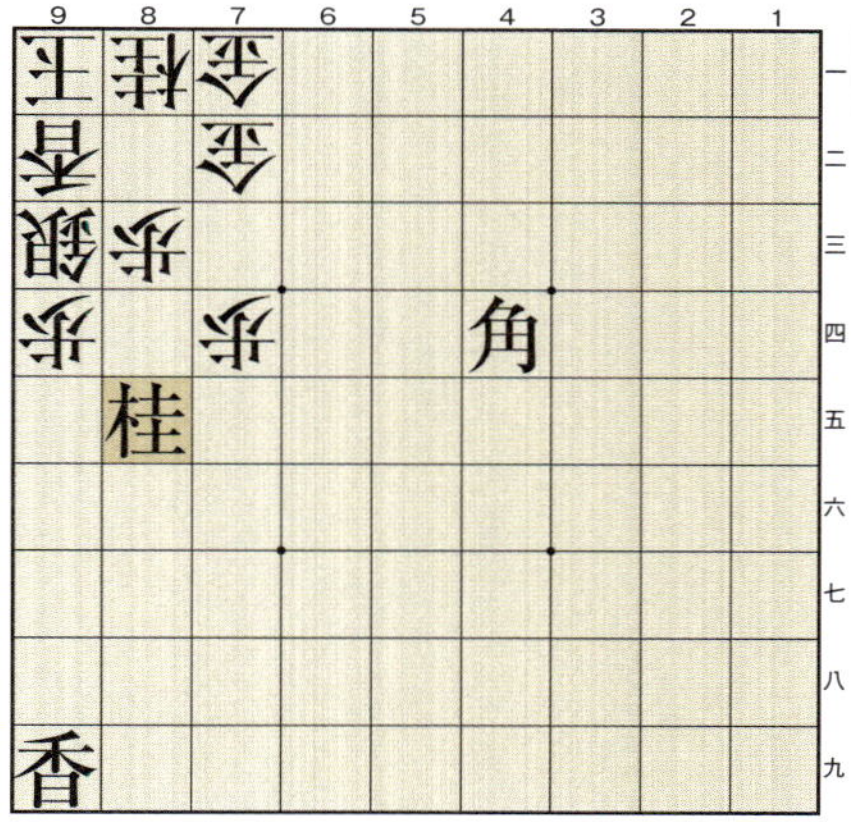

3図【2図より2手目】

▲先手 歩2

△後手 歩2

こんどは桂《けい》で銀取《ぎんと》り。いい調子《ちょうし》！

後手《ごて》はふせぐことしかできない

あるいは1図から、▲7三歩《ふ》△7三同金《どうきん》なら4図、▲9三歩《ふ》～▲8五桂《けい》が金取《きんと》りにもなります。

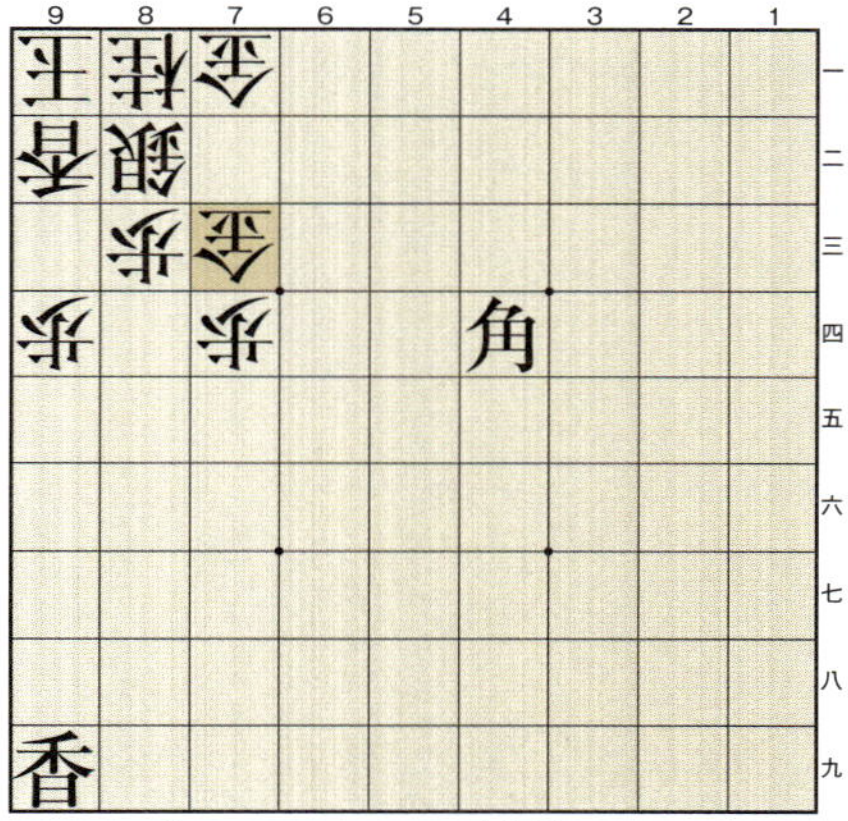

4図【1図より2手目】

▲先手 桂歩2

△後手 歩2

▲7三歩《ふ》のたたきでも相手《あいて》はこまる。

垂《た》れ歩《ふ》②

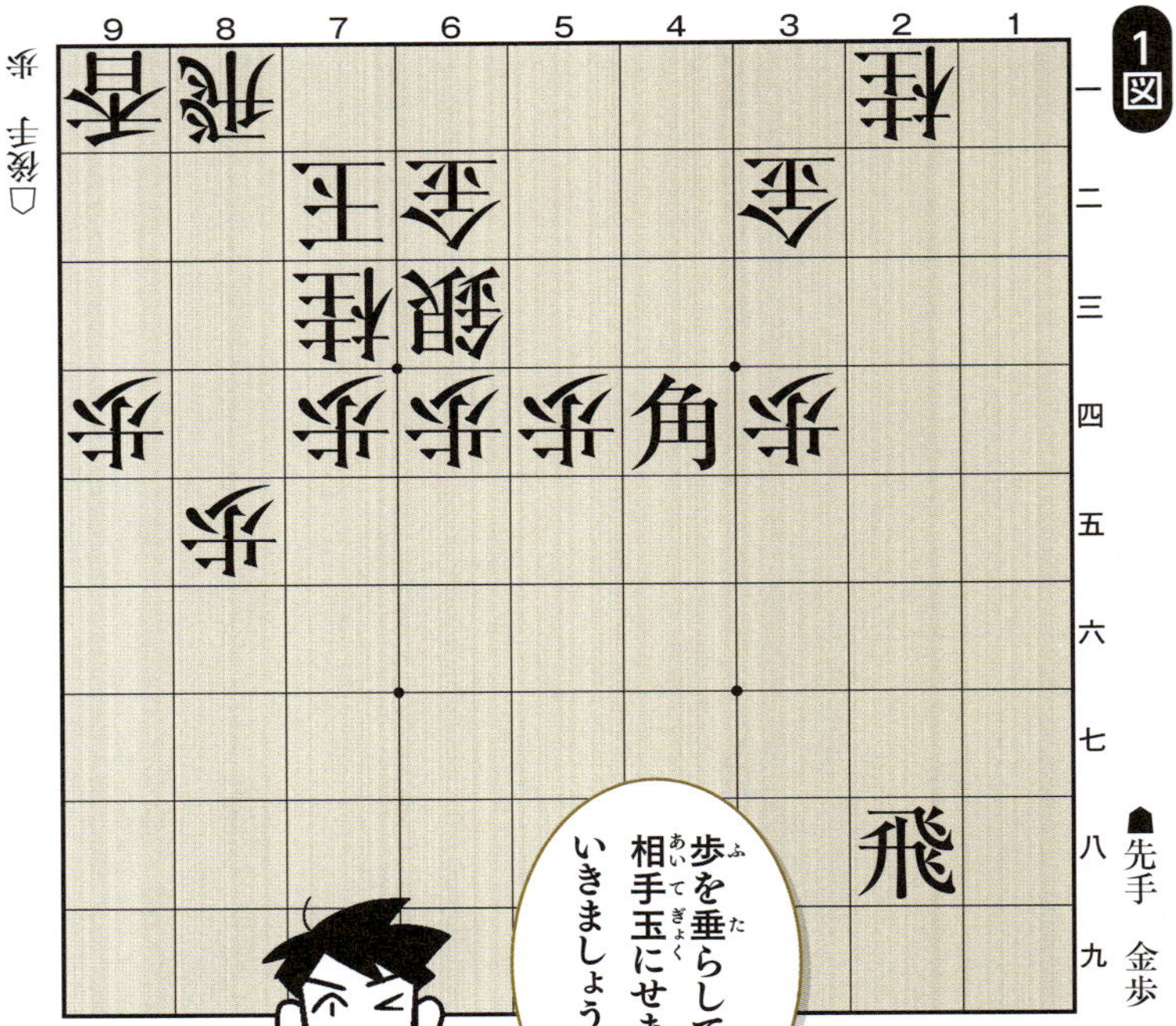
1図
9 8 7 6 5 4 3 2 1
一 二 三 四 五 六 七 八 九
▲先手 金歩
△後手 歩
香 飛 桂 王 金 金 桂 銀 歩 歩 歩 歩 角 歩 歩 飛

歩《ふ》を垂《た》らして相手玉《あいてぎょく》にせまっていきましょう

終盤《しゅうばん》の垂《た》れ歩《ふ》は攻《せ》めの拠点《きょてん》をつくる

序盤《じょばん》・中盤《ちゅうばん》の垂《た》れ歩《ふ》（→44ページ）は、と金《きん》をつくるためのものでしたが、**終盤《しゅうばん》では攻《せ》めの拠点《きょてん》づくりになります。**

相手玉《あいてぎょく》の近《ちか》くに歩《ふ》を垂《た》らすことができれば、その歩《ふ》をきっかけにして相手《あいて》の守《まも》りの駒《こま》を取《と》ることができます。これが「拠点《きょてん》をつくる」ということです。

垂《た》らして打《う》ちこむ。シンプルな攻《せ》めだけど相手玉《あいてぎょく》の守《まも》りを確実《かくじつ》にうすくできるよ

玉《ぎょく》の近《ちか》くに歩《ふ》を垂《た》らす！

1図では、▲8三歩《ふ》と垂《た》らします2図。△8三同飛《どうひ》には▲2一飛《ひ》成《なり》、△8三同玉《どうぎょく》には▲6二角成《かくなり》があります。

2図［1図より1手目］

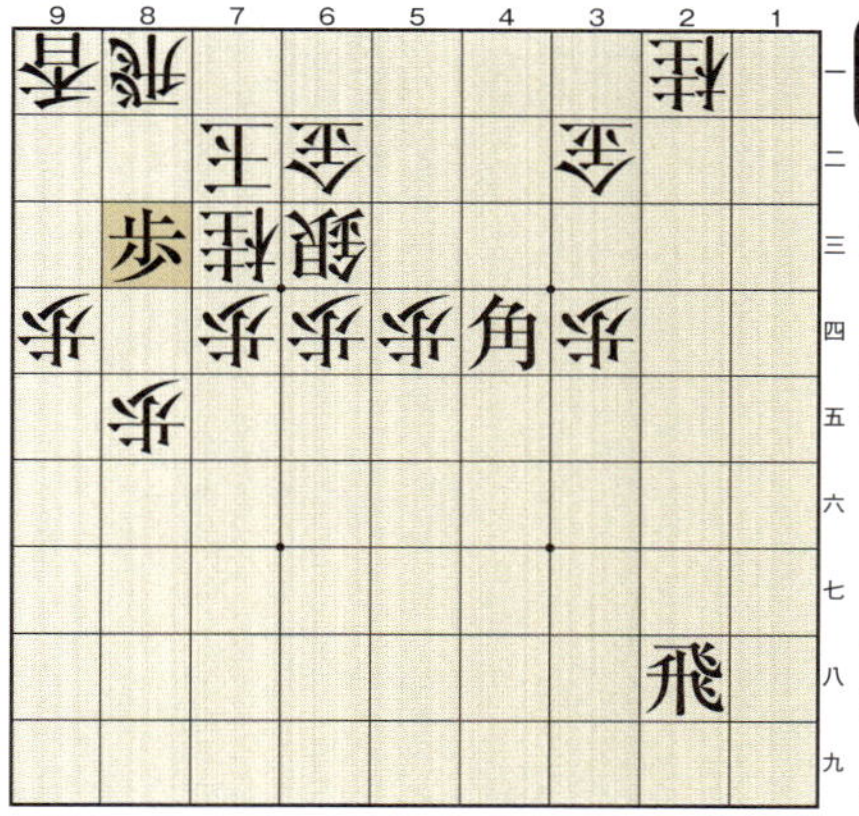

▲先手 金

△後手 歩

大駒《おおごま》がいるから後手《ごて》は歩《ふ》を取《と》りにくい。

拠点《きょてん》があると攻《せ》めが分厚《ぶあつ》くなる

先手《せんて》の飛車《ひしゃ》と角《かく》を気《き》にして、△5二金《きん》と後手《ごて》が▲8三歩《ふ》を取《と》らなかったら、▲8二金《きん》と手《て》をゆるめずに攻《せ》めます3図。

3図［2図より2手目］

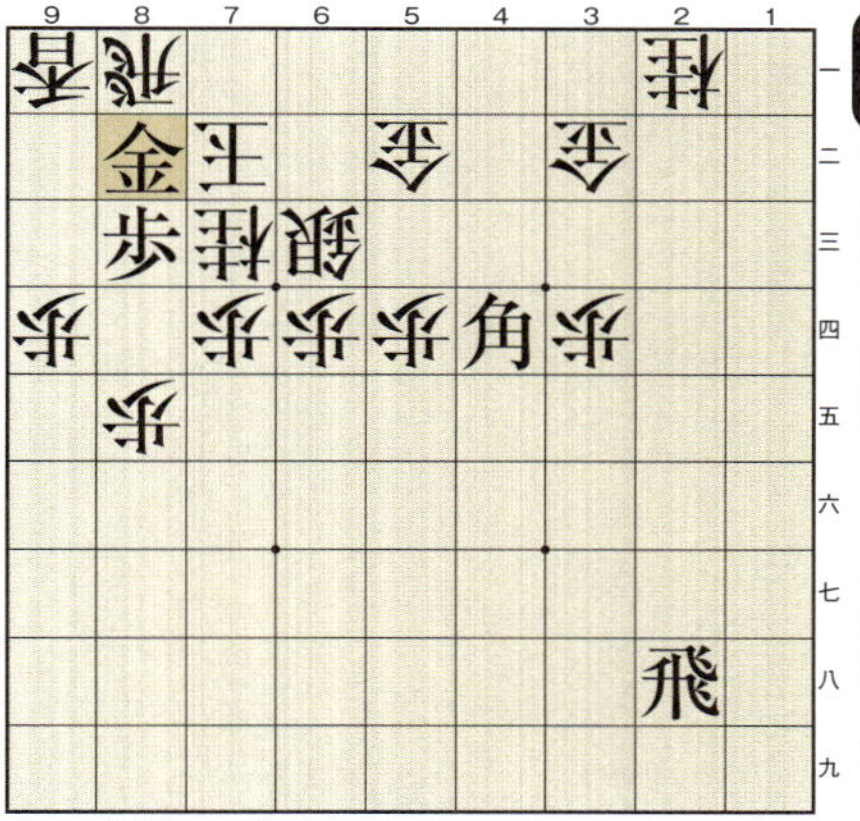

▲先手 なし

△後手 歩

歩《ふ》を拠点《きょてん》に金《きん》打《う》ちで寄《よ》せる！

垂《た》れ歩《ふ》をきっかけに相手《あいて》の守《まも》りはガタガタ

2図で△4一飛《ひ》と飛車《ひしゃ》をにげても、▲8二歩成《ふなり》がきびしい一手《いって》です4図。終盤《しゅうばん》の寄《よ》せでは、玉《ぎょく》の近《ちか》くに歩《ふ》を垂《た》らすだけで、相手《あいて》をこまらせることができます。

4図［2図より2手目］

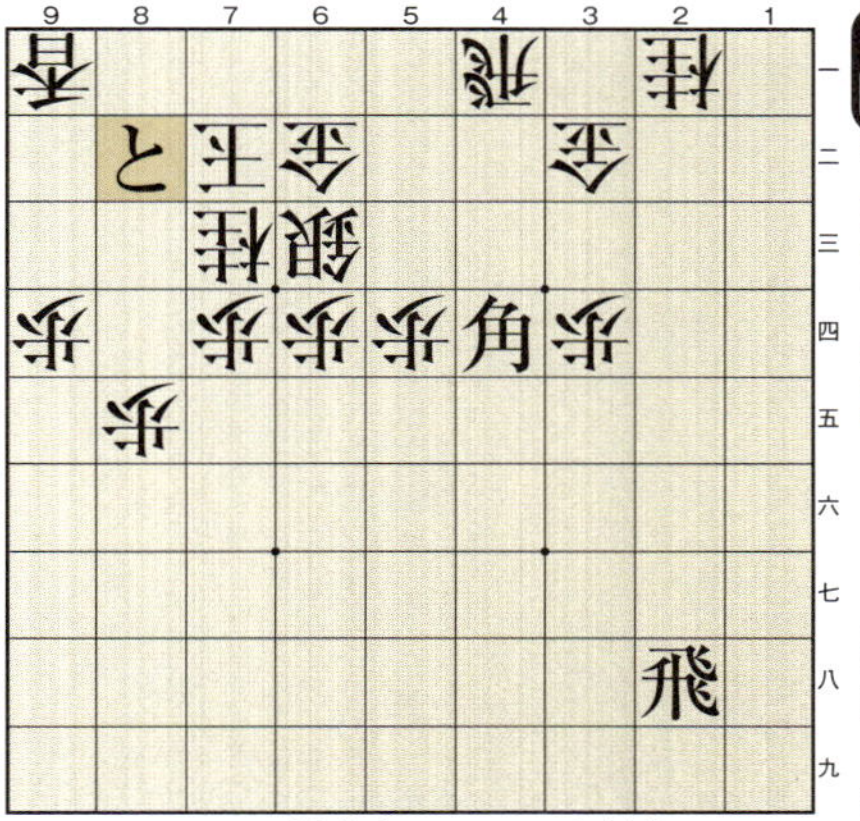

▲先手 金

△後手 歩

つぎに△8二同玉《どうぎょく》は▲6二角成《かくなり》がある！

攻防《こうぼう》の突《つ》き捨《す》て

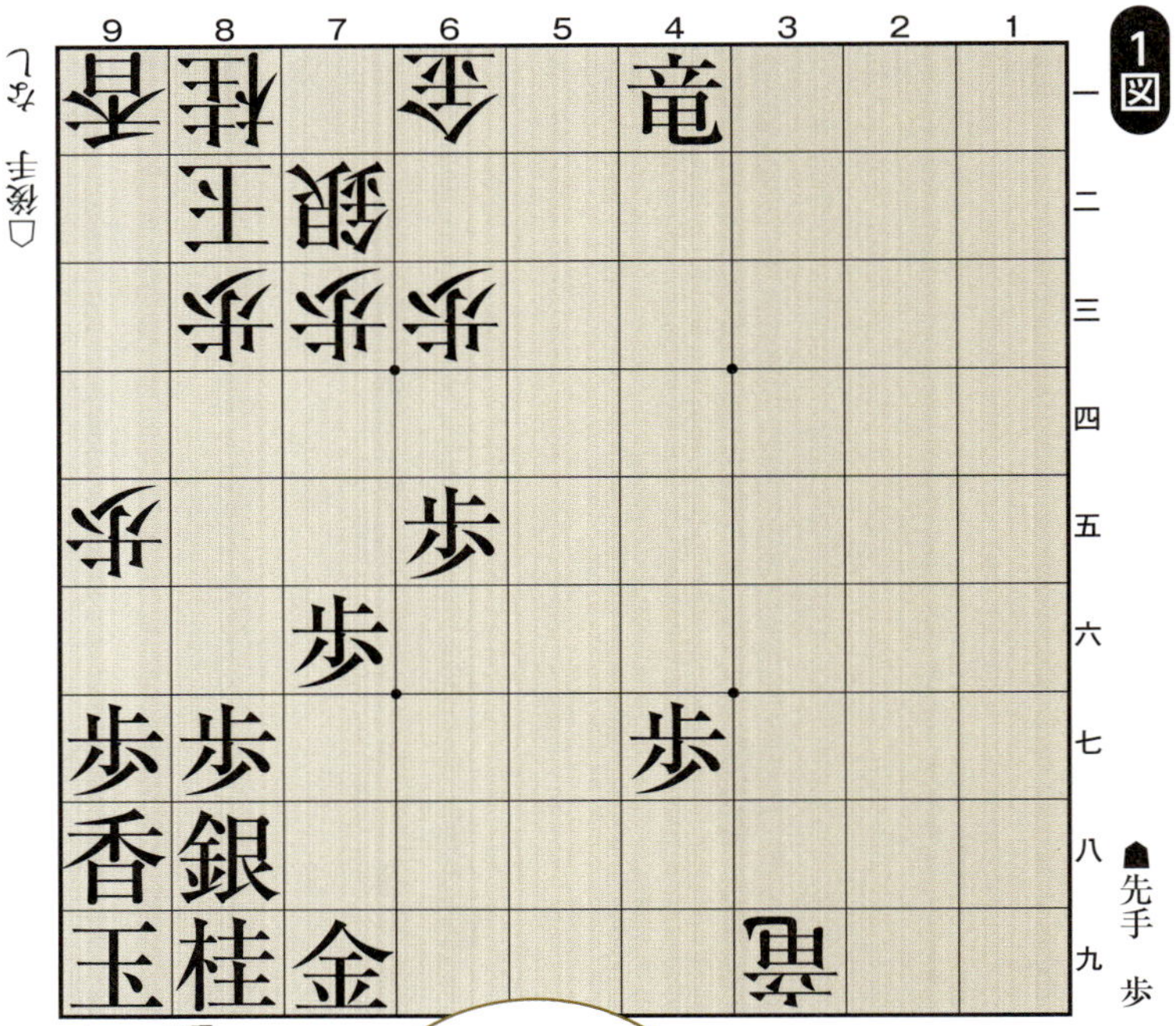
1図
後手 なし
先手 歩

居飛車《いびしゃ》対《たい》振《ふ》り飛車《びしゃ》の終盤戦《しゅうばんせん》です。歩《ふ》を突《つ》き捨《す》てることで攻守《こうしゅ》のバランスがよくなります

終盤《しゅうばん》の歩《ふ》の突《つ》き捨《す》ては攻《せ》めだけではなく、守《まも》りにも役立《やくだ》つことがあるぞ

突《つ》き捨《す》てを使《つか》いこなそう

居飛車《いびしゃ》対《たい》振《ふ》り飛車《びしゃ》では、歩《ふ》を突《つ》き捨《す》てるタイミングがむずかしいところです。突《つ》き捨《す》てがおそいと※手抜《てぬ》かれてしまいますし、玉《ぎょく》の頭《あたま》で突《つ》き捨《す》てる場合《ばあい》は、早《はや》すぎると反撃《はんげき》されやすいからです。

突《つ》き捨《す》てをうまく使《つか》って相手陣《あいてじん》をみだしながら、自分《じぶん》の陣地《じんち》の守《まも》りをかためましょう。

※手抜《てぬ》きとは、つぎに駒《こま》を取《と》られる状況《じょうきょう》や相手《あいて》に攻《せ》めこまれている状況《じょうきょう》で、それを無視《むし》してほかの手《て》を指《さ》すこと。

歩《ふ》の突《つ》き捨《す》てが攻《せ》めの拠点《きょてん》になる

1図では、▲6四歩がよい一手《いって》になります2図。この突《つ》き捨《す》てが、攻《せ》めと守《まも》りの両方《りょうほう》にきいてきます。

2図【1図より1手目】

▲先手 歩

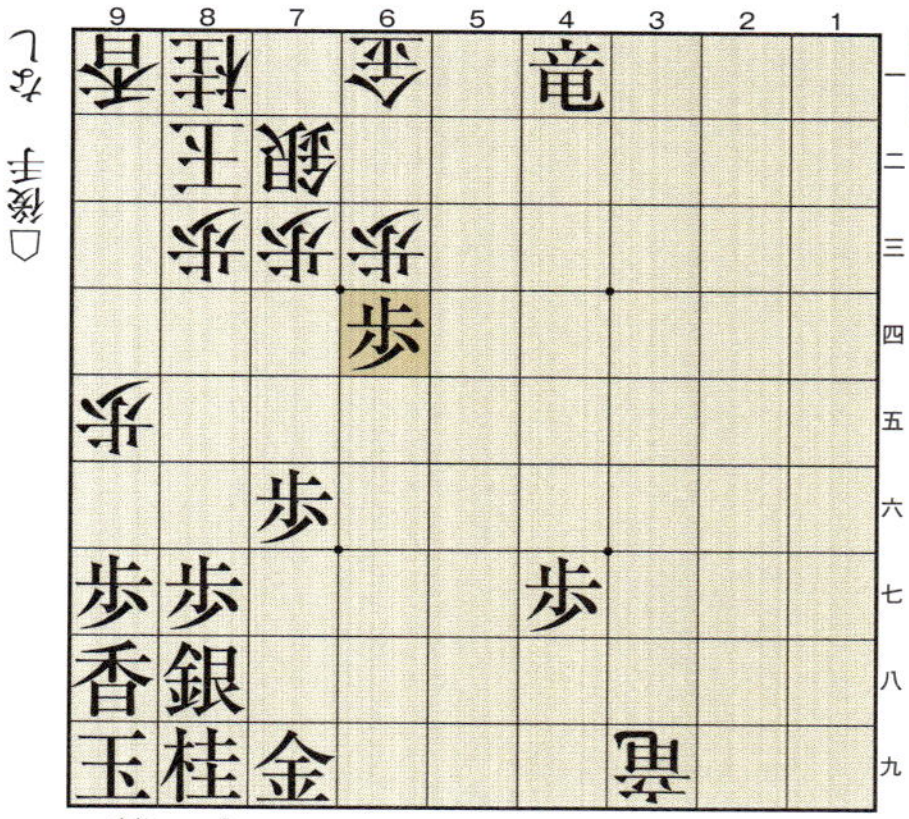

△後手 なし

6筋《すじ》で歩《ふ》をぶつけていく。

あえて相手《あいて》に歩《ふ》を取《と》らせる

つぎに▲6三歩成《ふなり》△同銀《どうぎん》▲6一竜《りゅう》をねらっているので、後手《ごて》はそうはさせまいと△6四同歩《どうふ》と応《おう》じます3図。

3図【2図より1手目】

▲先手 歩

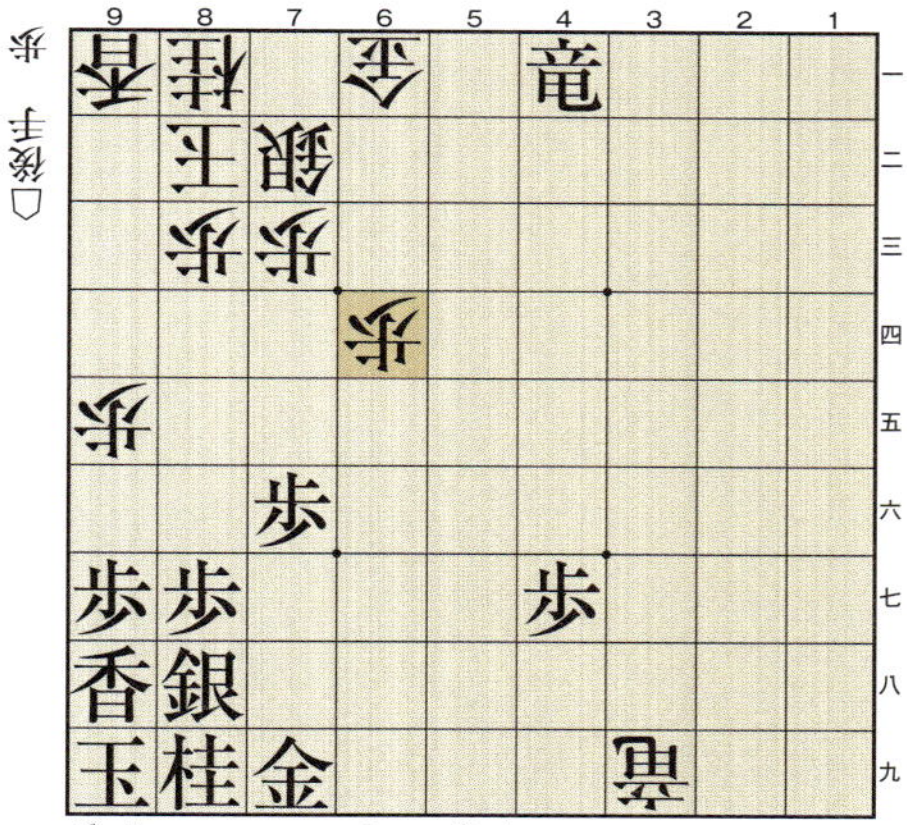

△後手 歩

後手《ごて》は▲6四歩《ふ》を無視《むし》できない。

相手《あいて》をつり出《だ》してそこから攻《せ》める

6筋《すじ》の歩《ふ》を突《つ》き捨《す》てたことで、▲6二歩《ふ》4図や▲6三歩《ふ》の攻《せ》めができるようになりました。▲6九歩《ふ》と底歩《そこふ》（→128ページ）で守《まも》ることもできます。

4図【3図より1手目】

▲先手 なし

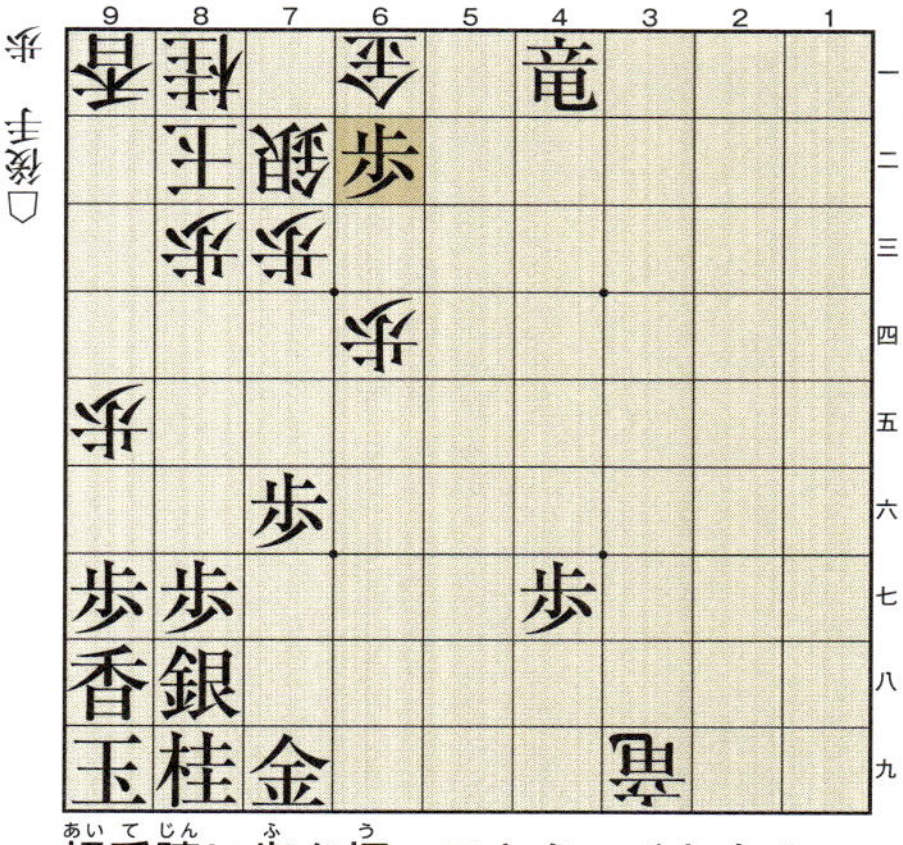

△後手 歩

相手陣《あいてじん》に歩《ふ》を打《う》つスキをつくれた！

歩《ふ》の手筋《てすじ》［終盤《しゅうばん》］

ヒモをつける

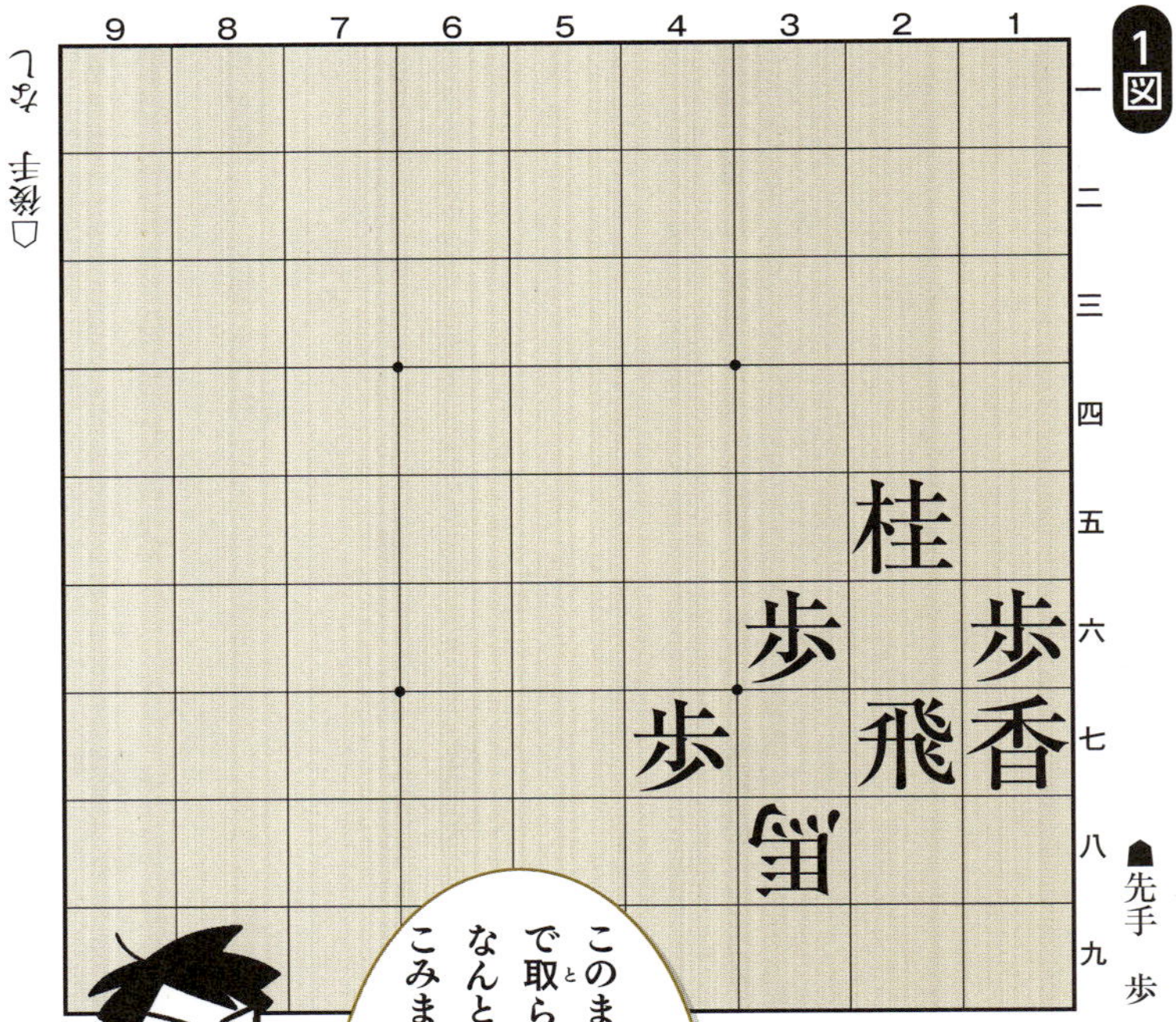
1図
9 8 7 6 5 4 3 2 1
一 二 三 四 五 六 七 八 九
桂
歩 歩
歩 飛 香
馬
▲先手 歩
△後手 なし

このままでは、飛車《ひしゃ》がタダで取《と》られてしまいそうです。なんとか馬《うま》との交換《こうかん》に持《も》ちこみましょう

ヒモをつけて駒損《こまぞん》をふせごう

ヒモをつけるとは、ある駒《こま》にほかの駒《こま》の利《き》きをつなぐことです。ヒモをつけることで取《と》られてもすぐに取《と》りかえせるので、タダ損《ぞん》をふせぐことができます。

1図では、▲2六飛《ひ》△3七馬《うま》▲2九飛《ひ》と飛車《ひしゃ》をにがす手《て》もありますが、相手《あいて》も馬《うま》を活用《かつよう》しやすくなります。ここはヒモをつける手筋《てすじ》で、飛《ひ》車《しゃ》と馬《うま》の交換《こうかん》をねらいましょう。

ヒモのついていない駒《こま》（ういている駒《こま》）がいたら、ヒモをつけてタダ損《ぞん》をふせごう

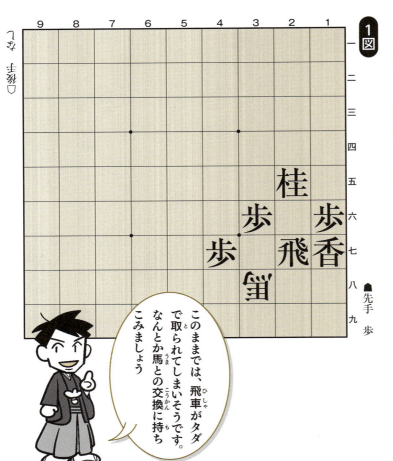

だいじな飛車《ひしゃ》にヒモをつける

1図では、▲2八歩と打《う》って飛《ひ》車《しゃ》にヒモをつけます2図。これにより、飛車《ひしゃ》のタダ損《ぞん》をふせげます。

飛車《ひしゃ》と馬《うま》の交換《こうかん》なら わるい交換《こうかん》ではないよ!

ヒモをつける手筋《てすじ》は攻《せ》めにも使《つか》える

3図は後手《ごて》玉《ぎょく》を追《お》いつめたところですが、▲7二銀成《ぎんなり》と取《と》ると△同《どう》玉《ぎょく》で楽《らく》にしてしまいます。

ねばり強《づよ》く攻《せ》めることができる

▲7四歩《ふ》とヒモをつけることで4図、つぎの攻《せ》めにつなげることができます。7四の歩《ふ》が拠点《きょてん》としてのこるため、そのまま▲7二銀成《ぎんなり》とするよりも攻《せ》めがつづきやすくなっています。

2図［1図より1手目］

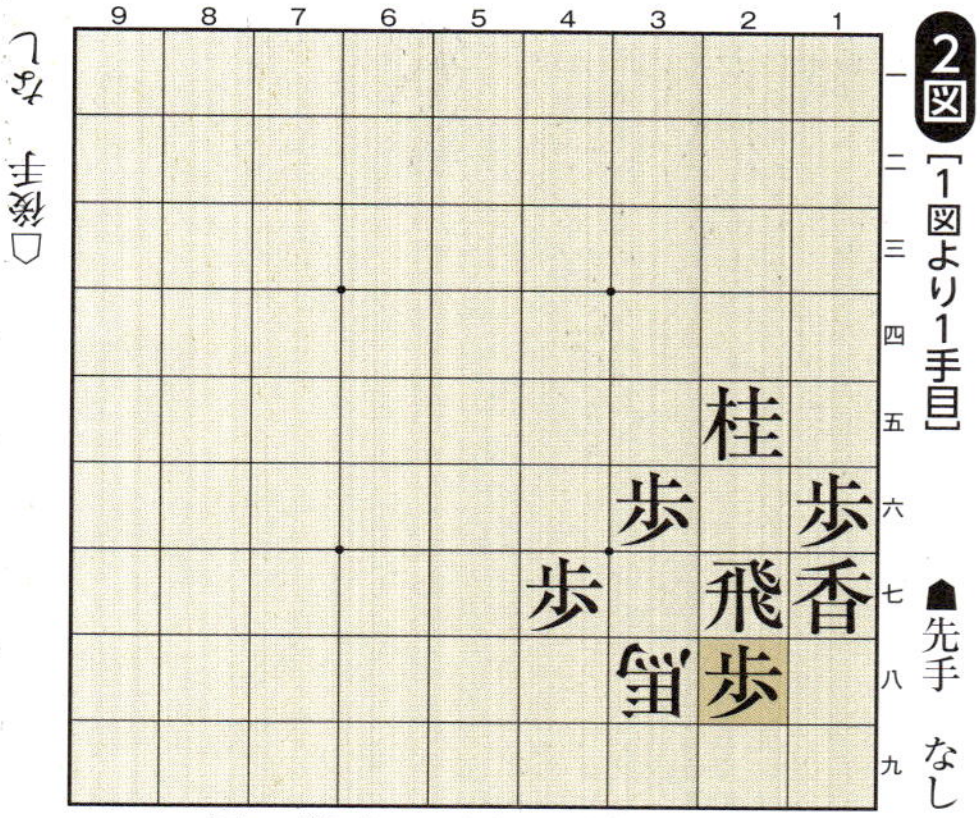
△後手 なし
▲先手 なし

△2七馬《うま》▲同歩《どうふ》で飛車《ひしゃ》と馬《うま》の交換《こうかん》だ。

3図

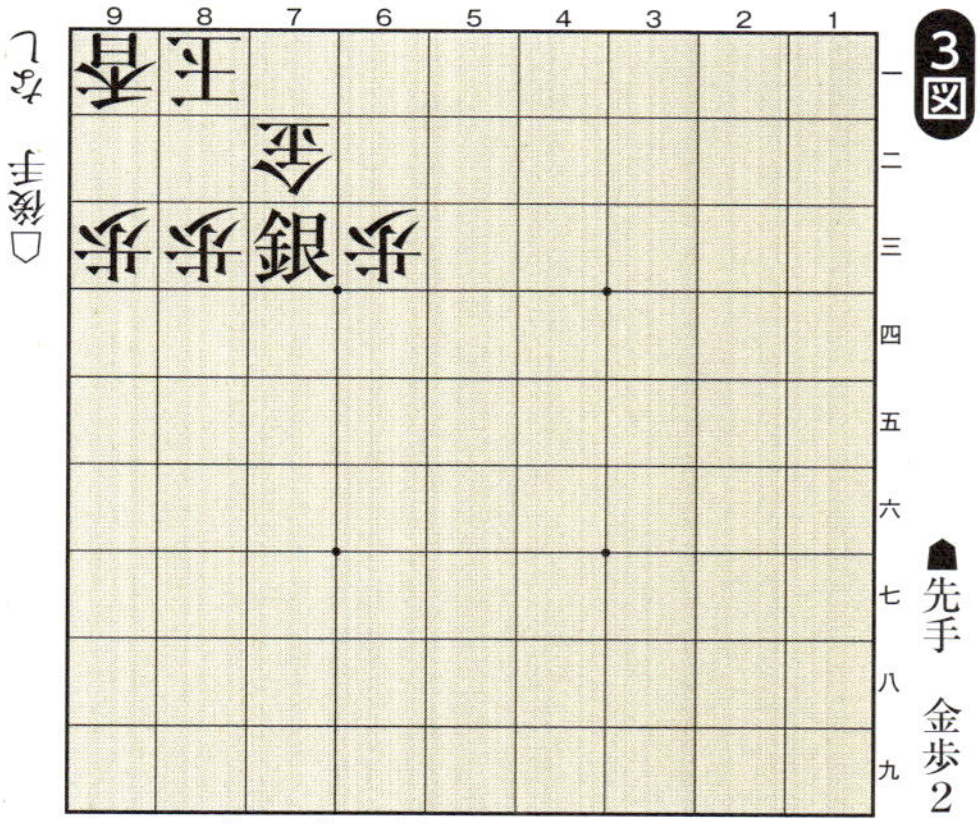
△後手 なし
▲先手 金歩2

つぎの攻《せ》め駒《ごま》を用意《ようい》したいが……。

4図［3図より1手目］

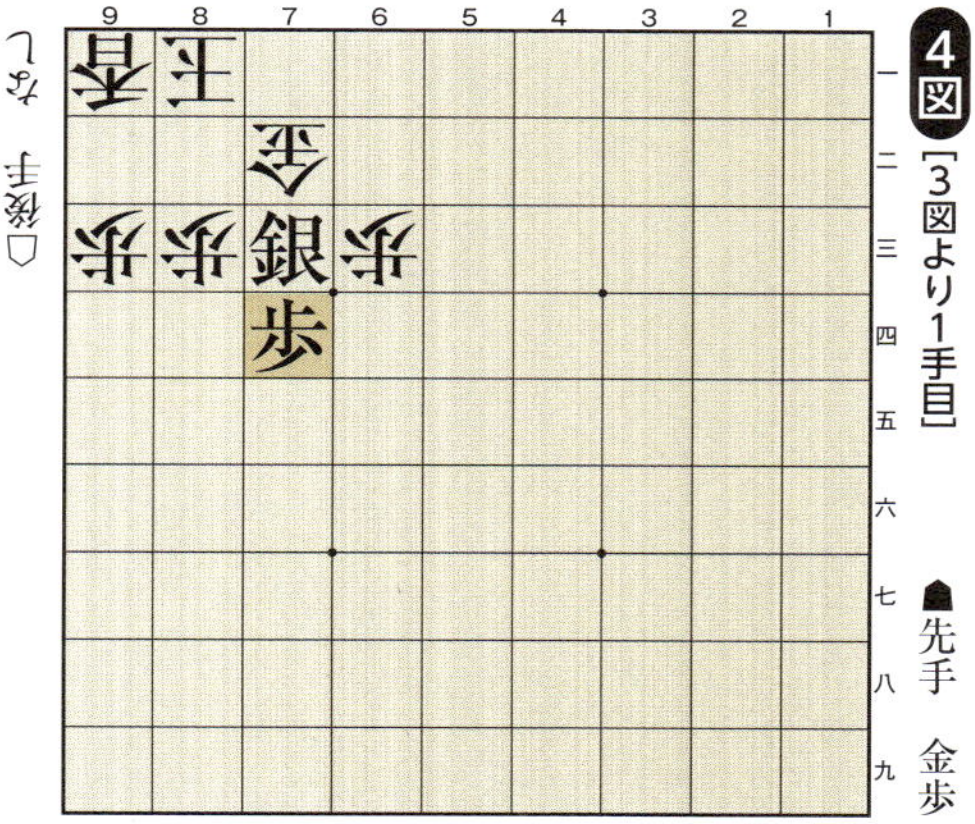
△後手 なし
▲先手 金歩

銀《ぎん》を取《と》られても歩《ふ》が待《ま》ちかまえている。

成《な》り捨《す》て

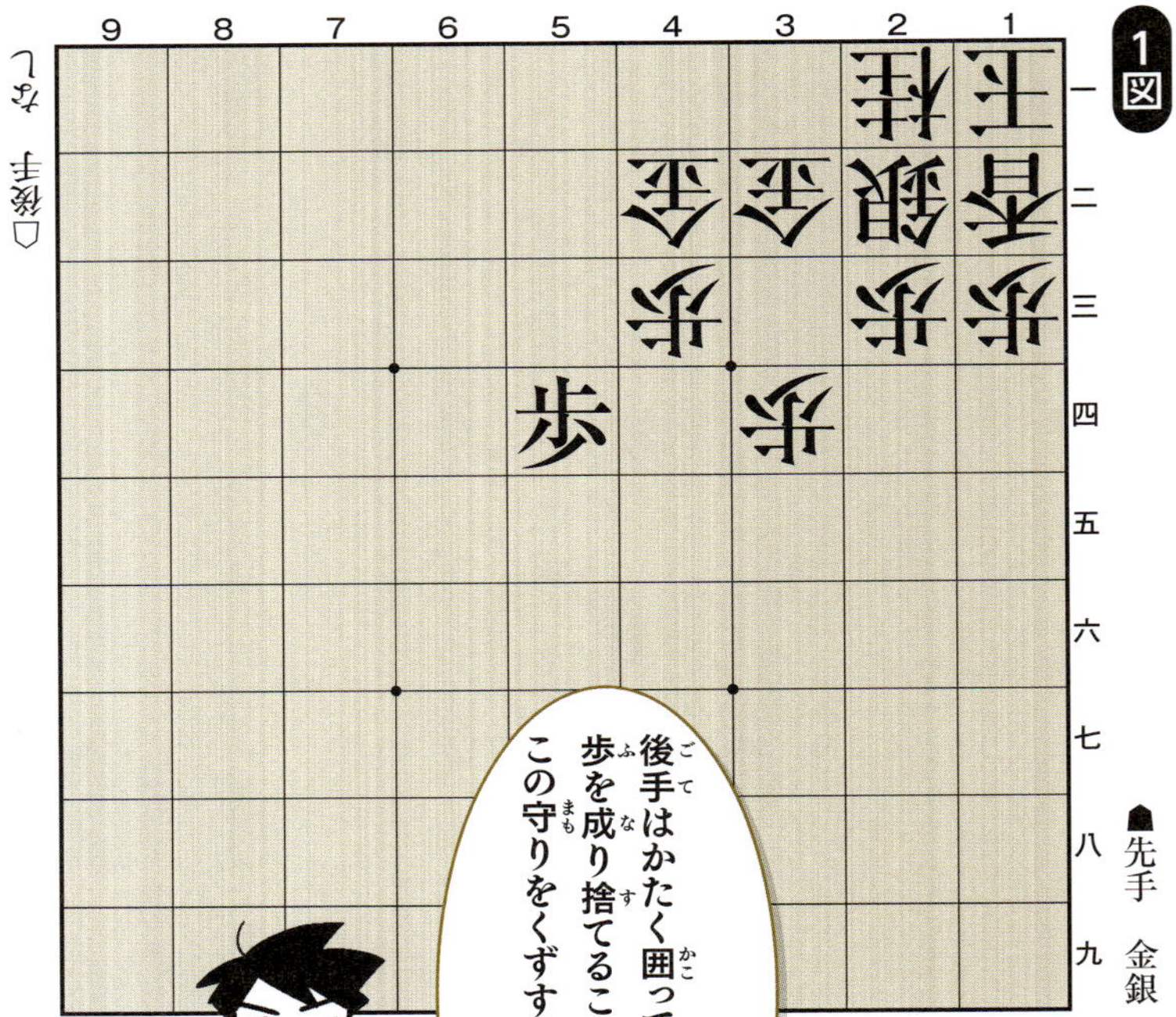
1図
△後手　なし
▲先手　金銀
9 8 7 6 5 4 3 2 1
一 二 三 四 五 六 七 八 九
玉 桂 香 銀 金 金 歩 歩 歩 歩 歩

後手《ごて》はかたく囲《かこ》っています。
歩《ふ》を成《な》り捨《す》てることで
この守《まも》りをくずすことができます

攻《せ》めの拠点《きょてん》になる成《な》り捨《す》ての歩《ふ》

成《な》り捨《す》ての歩《ふ》とは、と金《きん》をつくって（成《な》って）、そのと金《きん》を相手《あいて》に取《と》らせる（捨《す》てる）テクニックです。と金《きん》をつくる強力《きょうりょく》な手筋《てすじ》のため、相手《あいて》はこの攻《せ》めを無視《むし》できません。

成《な》り捨《す》てを使《つか》って守《まも》りをくずして、ほかの駒《こま》で攻《せ》めこみましょう。

と金《きん》を捨《す》てるのは
もったいないかもしれないけど
取《と》られても歩《ふ》にもどるだけなので
ダメージはほとんどないよ

歩《ふ》の成《な》り捨《す》てで相《あい》手《て》陣《じん》に攻《せ》めこむ

いきなり▲5三銀《ぎん》や▲5三金《きん》とすると、△4一金《きん》と引《ひ》かれるだけでなく、と金《きん》をつくるのにも手数《てかず》がかかります。1図では、▲5三歩成《ふなり》が成《な》り捨《す》ての歩《ふ》です2図。

守《まも》りの金《きん》をななめにさそう

後手《ごて》はと金《きん》を無視《むし》できず、△5三同金《どうきん》と応《おう》じます3図。「金《きん》はななめにさそえ」という格言《かくげん》があります。金《きん》はななめに動《うご》くと、もとのマス目《め》に利《き》きがなくなり、守《まも》りのはたらきが弱《よわ》くなるのです。

守《まも》りを弱《よわ》くして一気《いっき》に攻《せ》めこむ

ここで▲4一銀《ぎん》と打《う》てば、△3一金《きん》▲3二金《きん》で4図、後手陣《ごてじん》にきびしく攻《せ》めこむことができます。

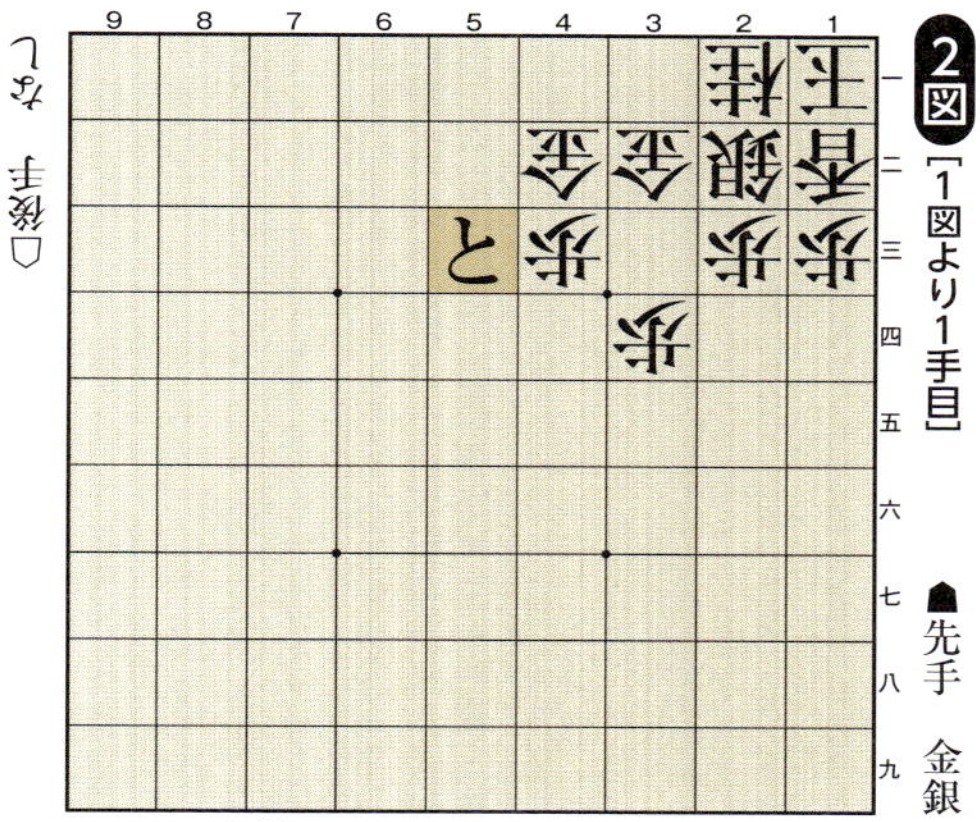
2図［1図より1手目］
▲先手 金銀
△後手 なし
まずはと金《きん》をつくろう。

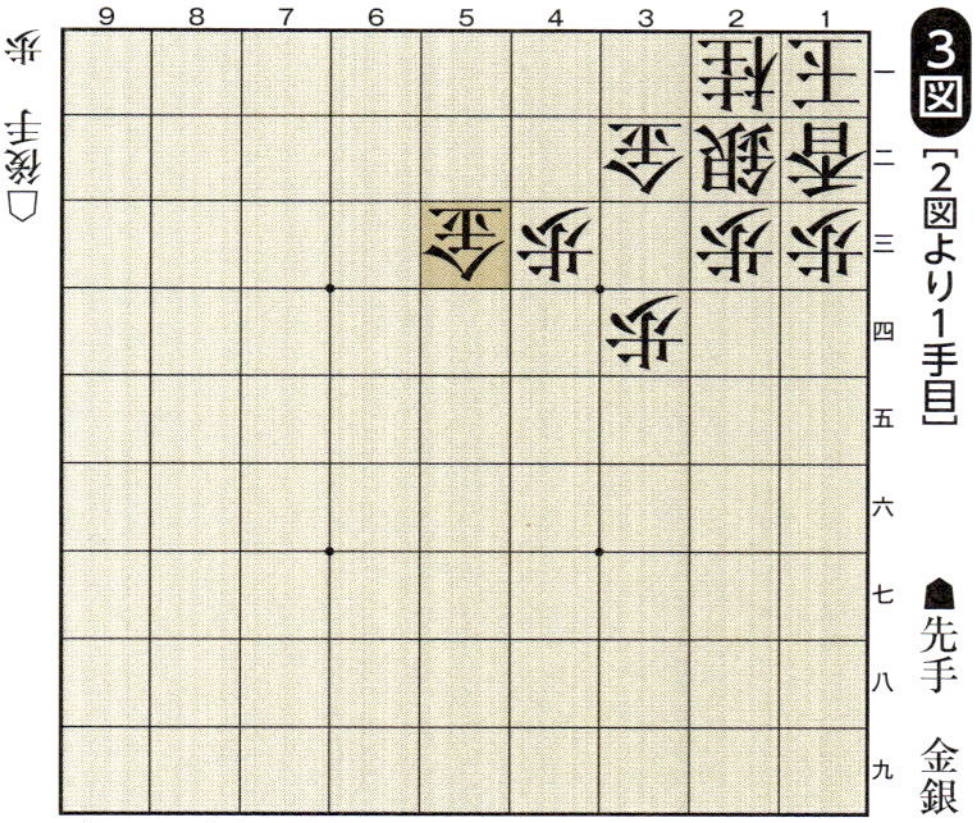
3図［2図より1手目］
▲先手 金銀
△後手 歩
後手《ごて》の金《きん》を守《まも》りから引《ひ》きはなした。

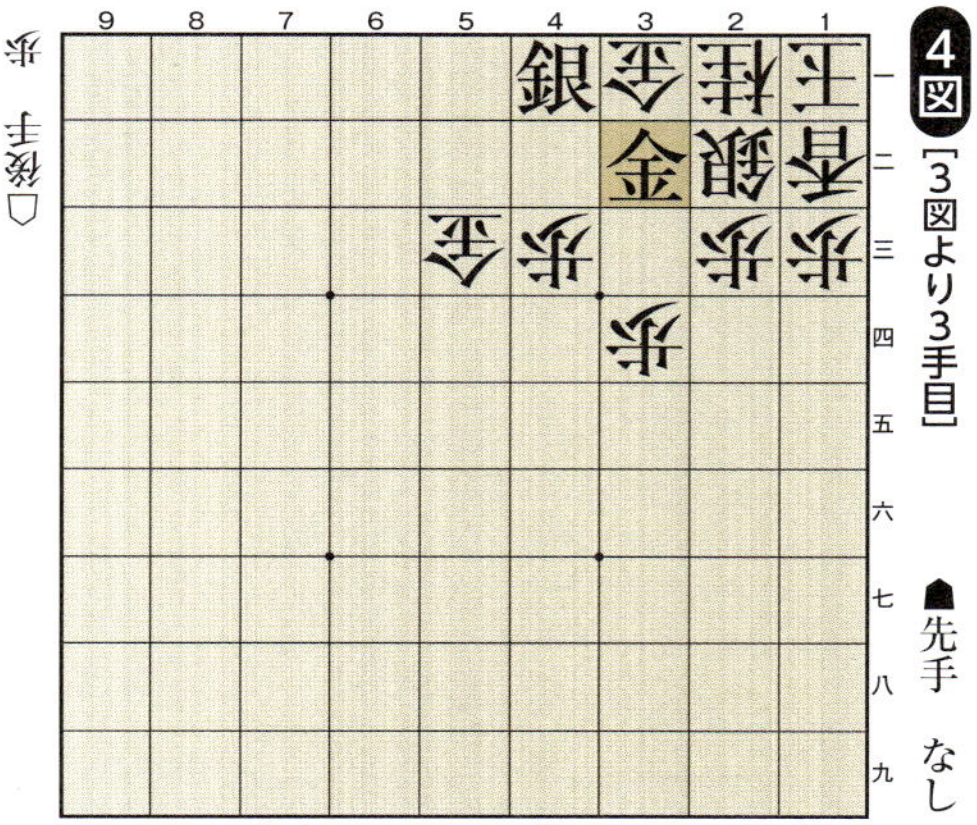
4図［3図より3手目］
▲先手 なし
△後手 歩
守《まも》りの金銀《きんぎん》をくずして玉《ぎょく》にせまれる！

歩《ふ》の手筋《てすじ》【終盤《しゅうばん》】

端《はし》攻《ぜ》め②

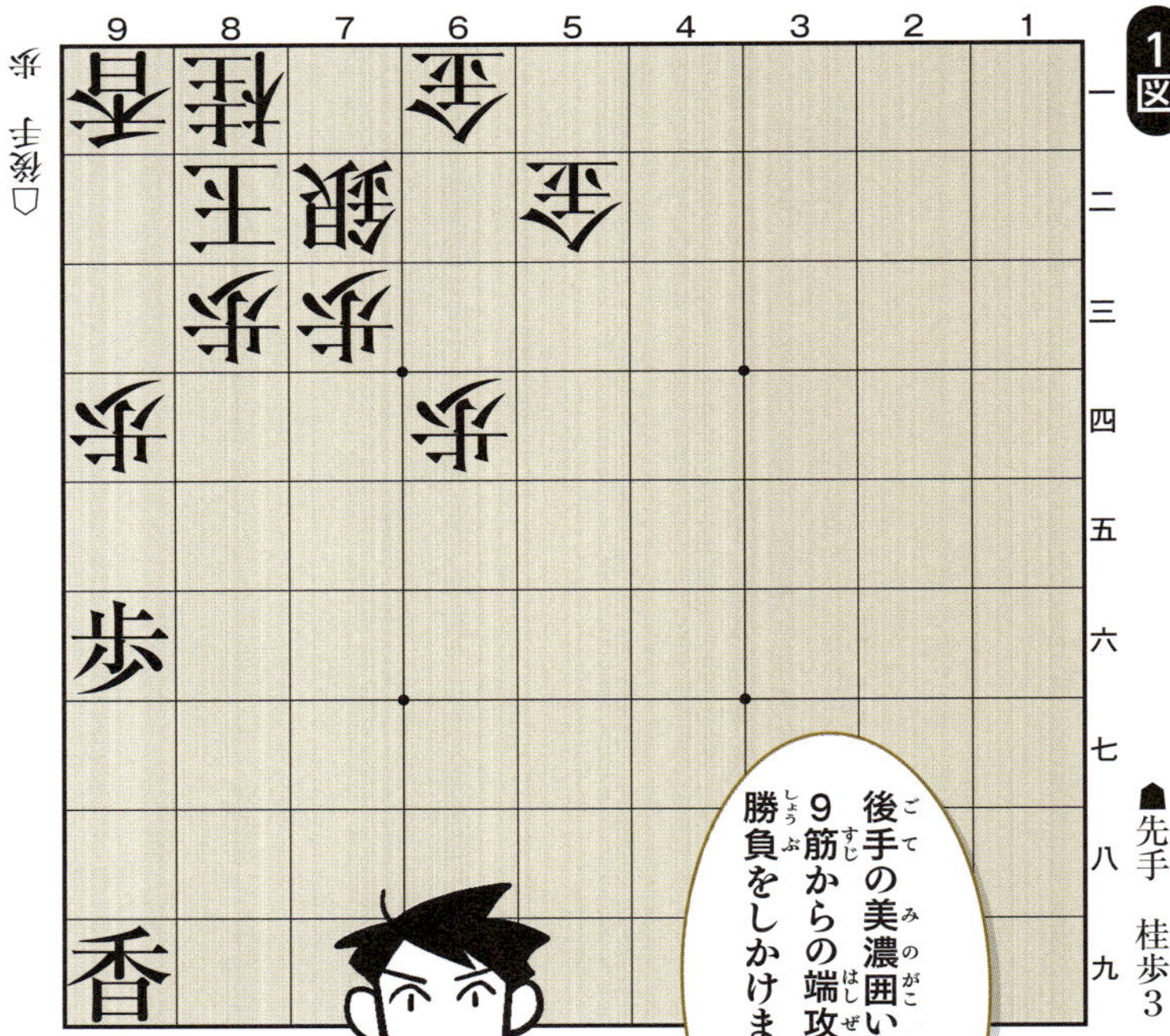

1図
9 8 7 6 5 4 3 2 1
一 二 三 四 五 六 七 八 九
▲先手　桂歩3
△後手　歩

後手《ごて》の美濃囲《みのがこ》いに対《たい》して
9筋《すじ》からの端攻《はしぜ》めで
勝負《しょうぶ》をしかけます

終盤《しゅうばん》では玉《ぎょく》を直接《ちょくせつ》攻《せ》めることができる

48ページでも見《み》た端攻《はしぜ》めは、終盤《しゅうばん》戦《せん》になるとより力《ちから》を発揮《はっき》する手筋《てすじ》です。囲《かこ》いの金銀《きんぎん》を無視《むし》して、相手玉《あいてぎょく》を直接《ちょくせつ》攻《せ》めることができるからです。**端攻《はしぜ》めは歩《ふ》に桂《けい》を組《く》み合《あ》わせることで、より効果《こうか》が増《ま》します。**さっそく、そのテクニックを見《み》ていきましょう。

端攻《はしぜ》めが成功《せいこう》すれば
すくない戦力《せんりょく》で相手玉《あいてぎょく》に
せまることができるよ！

まずは歩《ふ》の突《つ》き捨《す》てから

1図では、☗9五歩《ふ》☖同歩《どうふ》と突《つ》き捨《す》てを入《い》れます2図。

2図［1図より2手目］

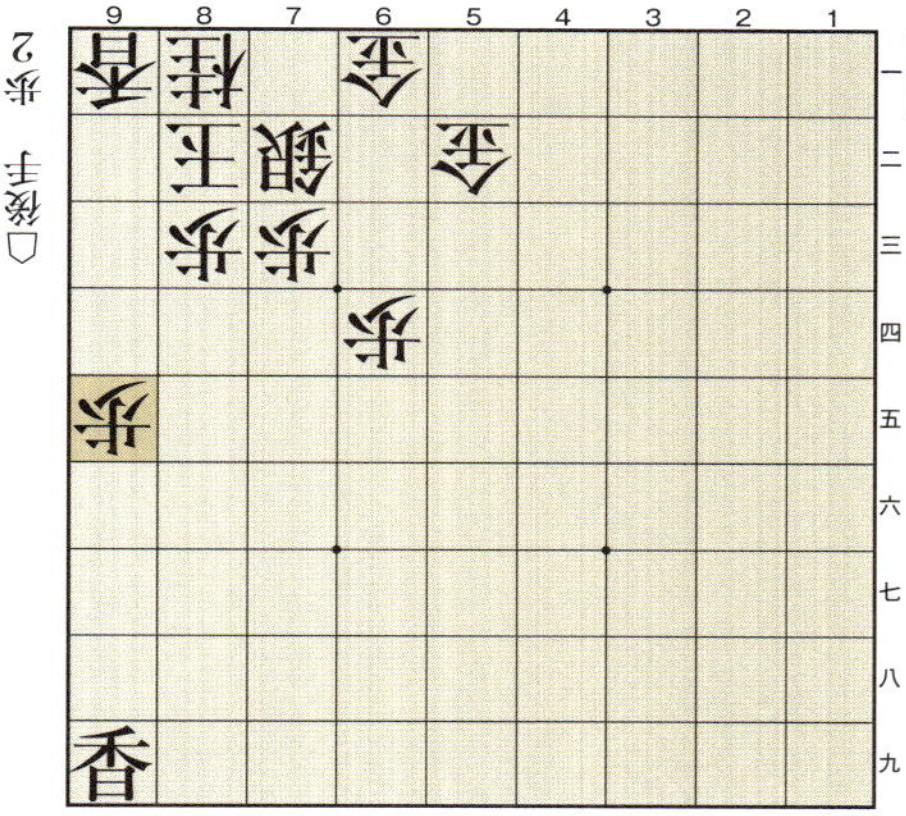

☗先手　桂歩3
☖後手　歩2

相手《あいて》の歩《ふ》が五段《だん》まで上《あ》がった。

さらに歩《ふ》を打《う》ちつづける

つづいて、☗9三歩《ふ》☖同香《どうきょう》☗9四歩《ふ》☖同香《どうきょう》と歩《ふ》打《う》ちで香《きょう》をつり上《あ》げてから、☗8六桂《けい》と香《きょう》にアタックします3図。

3図［2図より5手目］

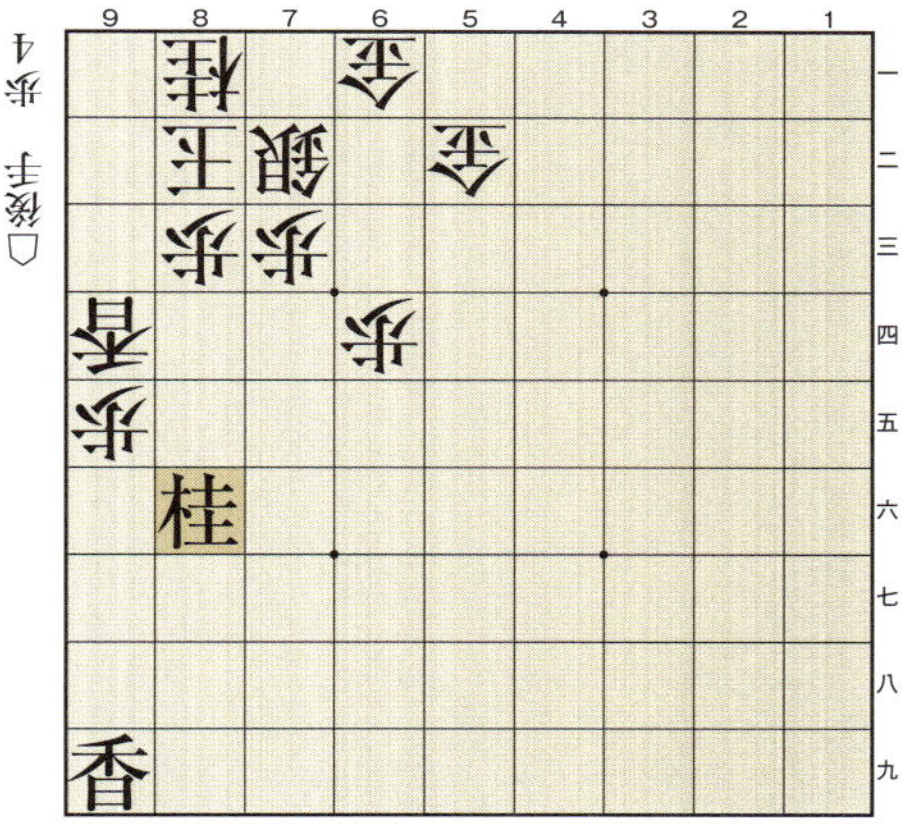

☗先手　歩
☖後手　歩4

後手《ごて》の9筋《すじ》の駒《こま》をすべてつり上《あ》げた。

歩《ふ》と桂《けい》のみごとなコンビネーション

つぎに☗9四桂《けい》で香《きょう》を取《と》り、さらに王手《おうて》です4図。端攻《はしぜ》めに成功《せいこう》しました。

4図

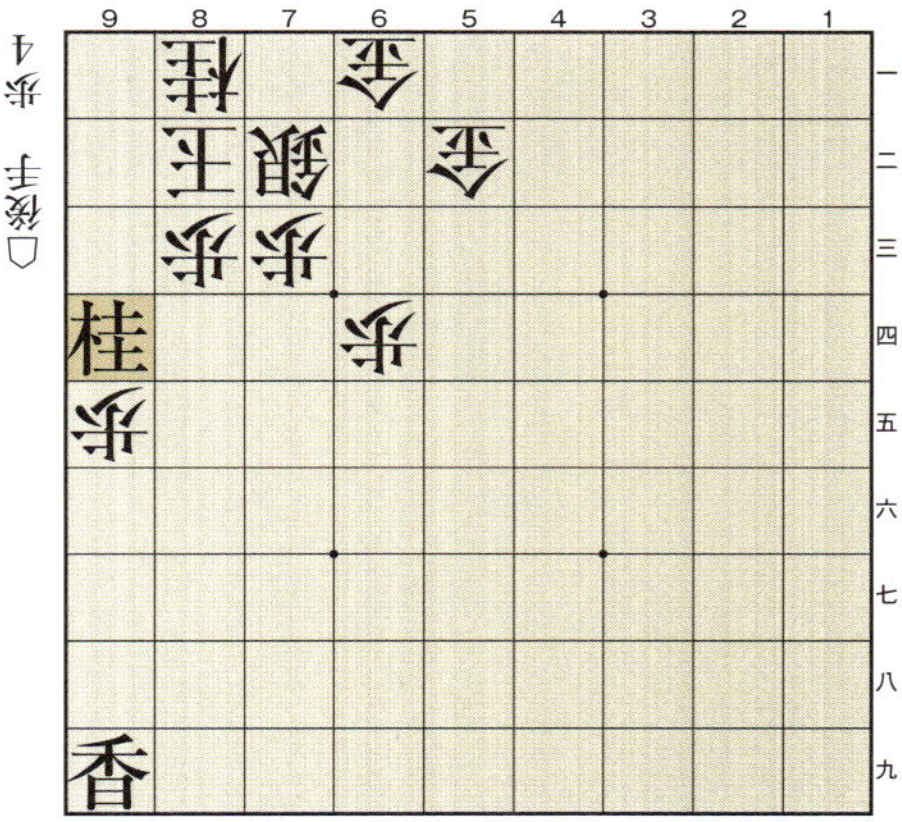

☗先手　香歩
☖後手　歩4

守《まも》りの金銀《きんぎん》がいても王手《おうて》に成功《せいこう》！

争《そう》点《てん》をずらす

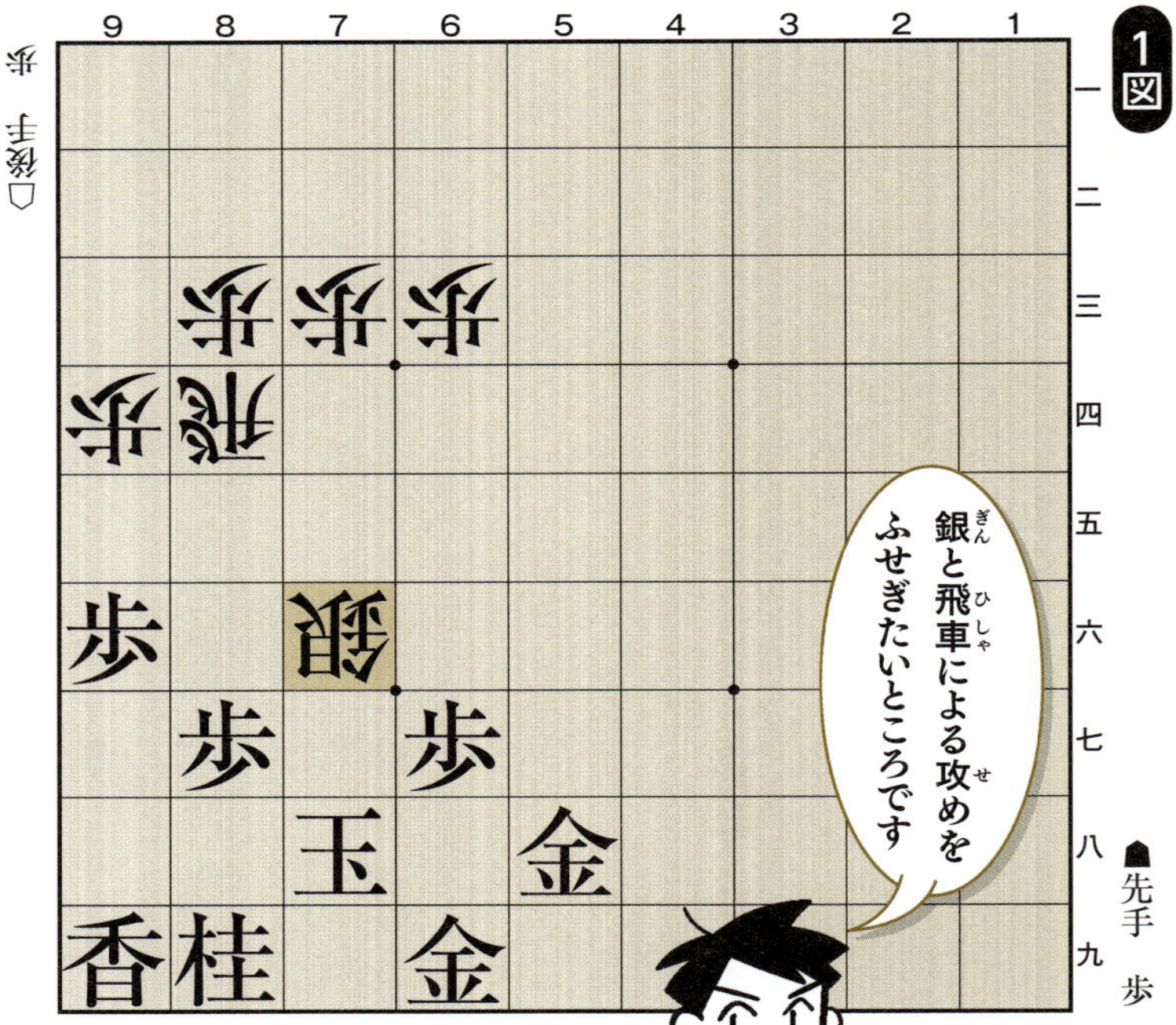
1図
後手 歩
先手 歩

銀《ぎん》と飛車《ひしゃ》による攻《せ》めをふせぎたいところです

争点《そうてん》をずらして攻《せ》めを受《う》ける

歩《ふ》を使《つか》って、相手駒《あいてごま》の利《き》いているマス目《め》をずらすことを「争点《そうてん》をずらす」といいます。

1図は8七が「争点《そうてん》」で、先手《せんて》は玉《ぎょく》の守《まも》りがうすくてピンチです。

相手《あいて》の利《き》きがあるから動《うご》かせずにいた駒《こま》も、争点《そうてん》をずらすことで活《い》かせるようになることがあるよ！

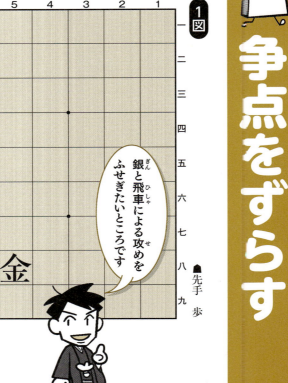

強気《つよき》に歩《ふ》を突《つ》き出《だ》す一手《いって》

1図では、☗8六歩《ふ》と歩《ふ》を突《つ》くのが正解《せいかい》です2図。

2図

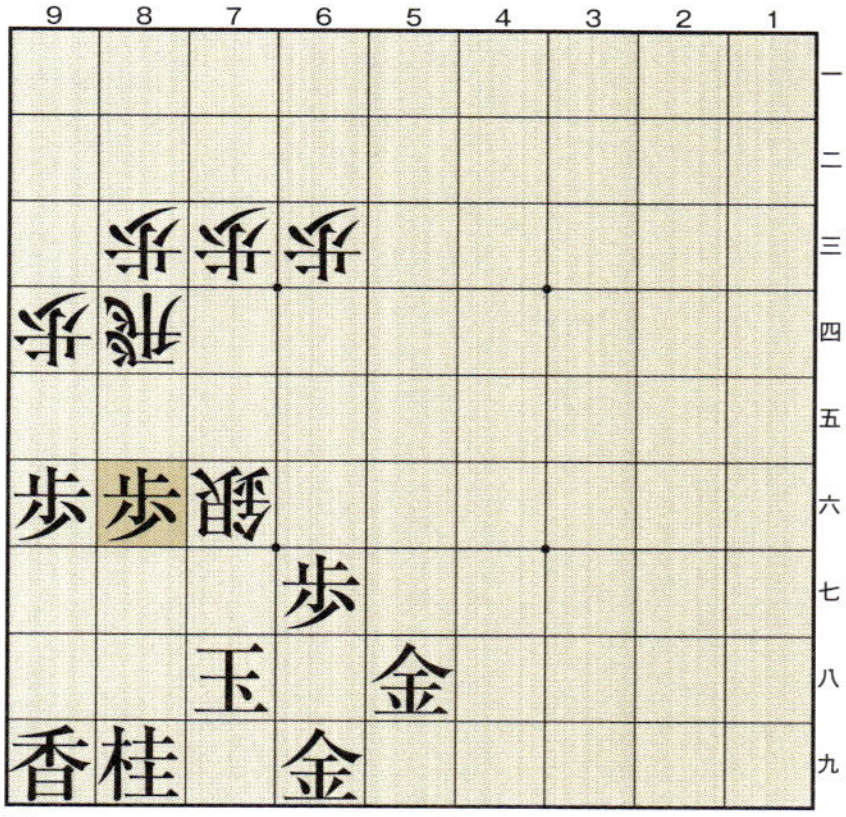

☗先手 歩
☖後手 歩

守《まも》りはうすいままに見《み》えるけど…？

盤上《ばんじょう》と持《も》ち駒《ごま》の歩《ふ》で受《う》けきった

後手《ごて》は☖8六同飛《どうひ》と取《と》りますが、そこで☗8八歩《ふ》と受《う》けます3図。

☖8八同飛成《どうひなり》には☗同玉《どうぎょく》、
☖8七銀成《ぎんなり》には☗同歩《どうふ》と
はねかえせるよ

3図【2図より2手目】

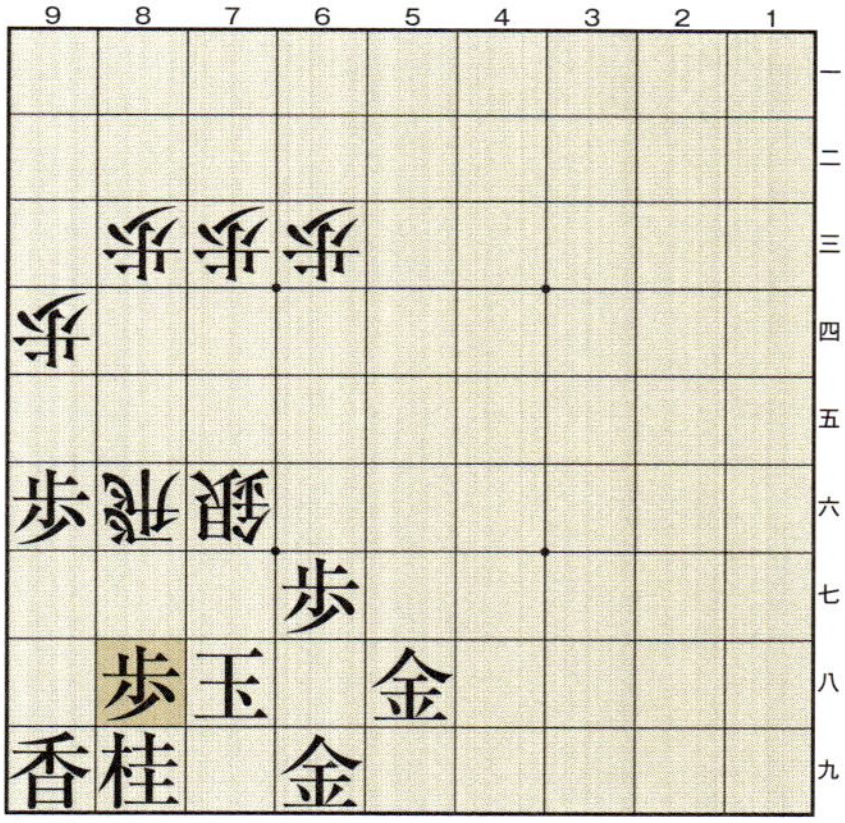

☗先手 なし
☖後手 歩2

二歩《にふ》になるから☖8七歩《ふ》を打《う》てない。

争点《そうてん》をずらして攻《せ》めることも！

こんどは4図。☗2五歩《ふ》☖同歩《どうふ》から☗同桂《どうけい》と攻《せ》めると、相手《あいて》の玉《ぎょく》の頭《あたま》めがけて、桂《けい》を攻《せ》めに使《つか》うことができます。これにより、☗3七の桂《けい》が歩《ふ》を取《と》りながら安全《あんぜん》に2五へと進《すす》みました。

4図

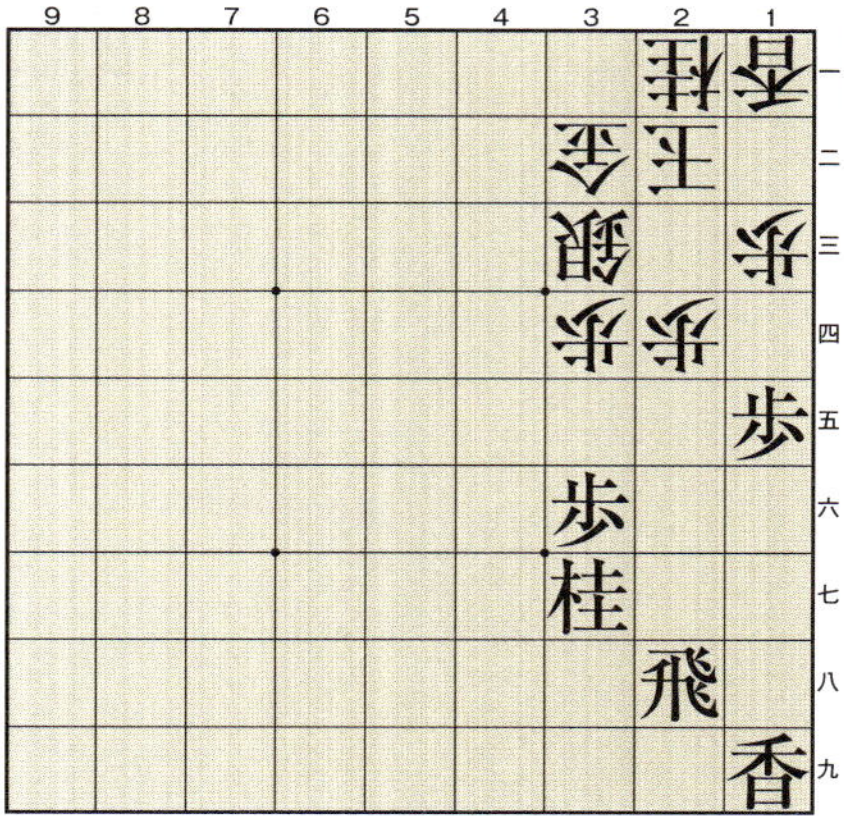

☗先手 歩
☖後手 歩2

桂《けい》を活《い》かすために争点《そうてん》をずらそう。

歩《ふ》の手筋《てすじ》［終盤《しゅうばん》］

合駒《あいごま》でふせぐ

1図
9 8 7 6 5 4 3 2 1
一 二 三 四 五 六 七 八 九
後手 飛金
先手 金銀歩
香
歩
歩 銀 歩
玉
桂
香《きょう》にとおくから王手《おうて》をかけられました。何《なに》か受《う》ける方法《ほうほう》はあるでしょうか？

とおくからの王手《おうて》をふせぐ

飛車《ひしゃ》・角《かく》・香《きょう》は、はなれたところから王手《おうて》をかけることができます。**こうしたとおくからの王手《おうて》には、あいだに駒《こま》を打《う》つことで受《う》けることができます。**この手筋《てすじ》を**合駒《あいごま》**といいます。

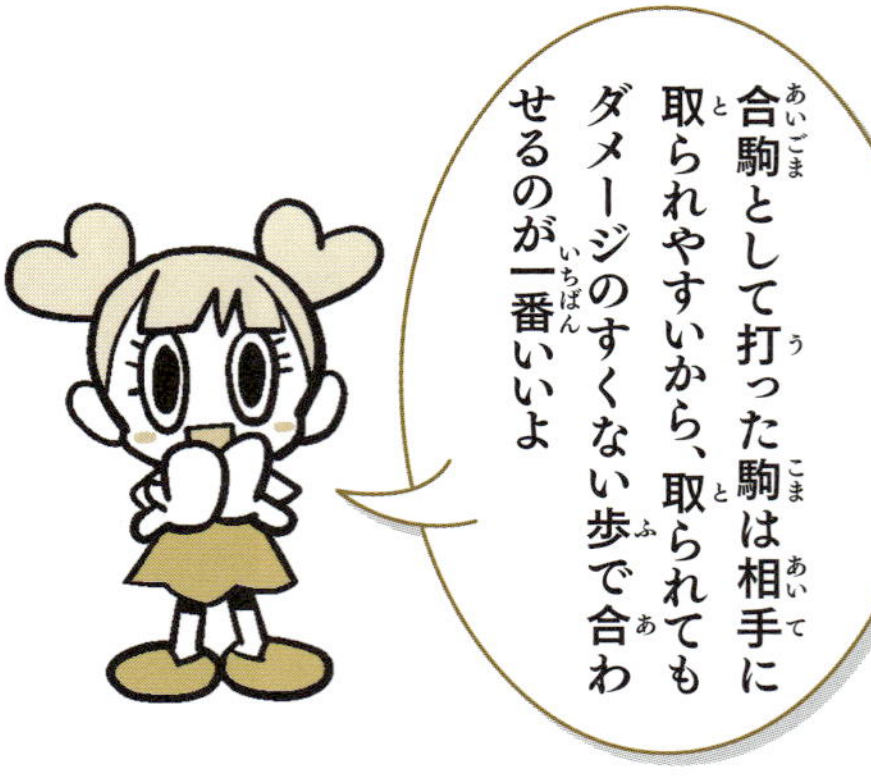
合駒《あいごま》として打《う》った駒《こま》は相手《あいて》に取《と》られやすいから、取《と》られてもダメージのすくない歩《ふ》で合《あ》わせるのが一番《いちばん》いいよ

合駒《あいごま》を打《う》たないと詰《つ》んでしまうことも

1図から▲8八玉《ぎょく》とかわすと、△9八飛《ひ》▲7九玉《ぎょく》△7八金《きん》であっさり詰《つ》んでしまいます2図。

詰《つ》まないために合駒《あいごま》を打《う》つ

1図では、▲9七歩《ふ》が玉《ぎょく》を守《まも》る合駒《あいごま》です3図。これで先手《せんて》の玉《ぎょく》はかんたんには詰《つ》みません。

なるべく小《ちい》さな駒《こま》で合駒《あいごま》をしよう

ちなみに▲9七銀《ぎん》や▲9七金《きん》のように強《つよ》い駒《こま》で合駒《あいごま》をすると、△同香成《どうきょうなり》と取《と》られて駒損《こまぞん》となり、玉《ぎょく》の守《まも》りが不安定《ふあんてい》になってしまいます。

2図【1図より4手目】

▲先手 金銀歩

△後手 なし

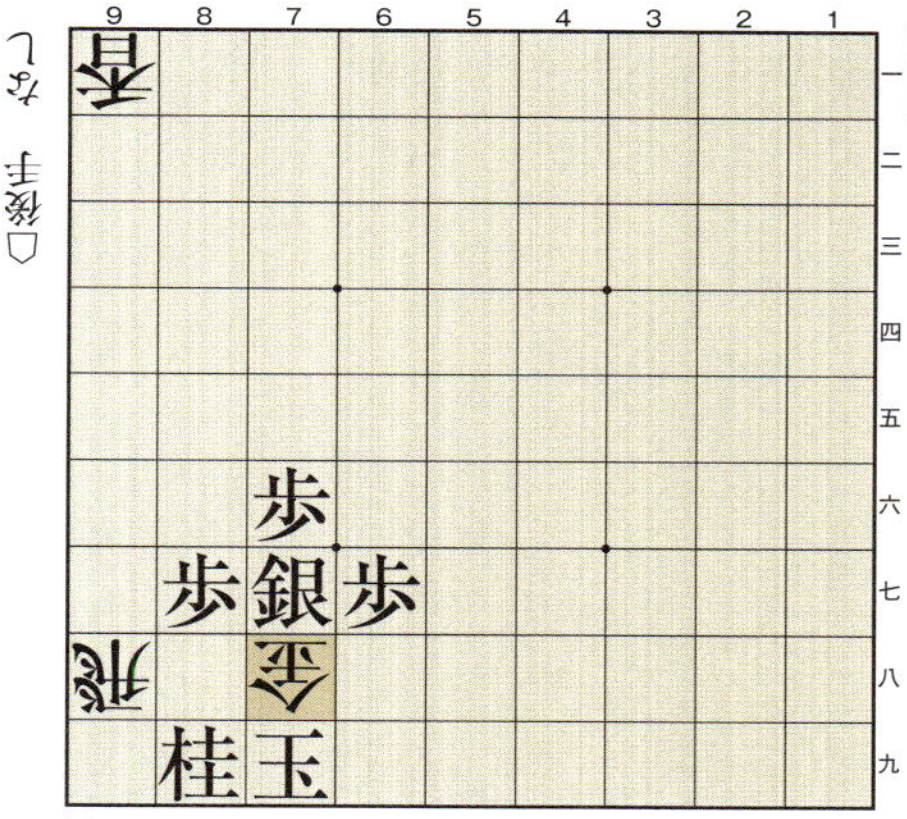

王手《おうて》をかわすだけではにげきれない。

3図【1図より1手目】

▲先手 金銀

△後手 飛金

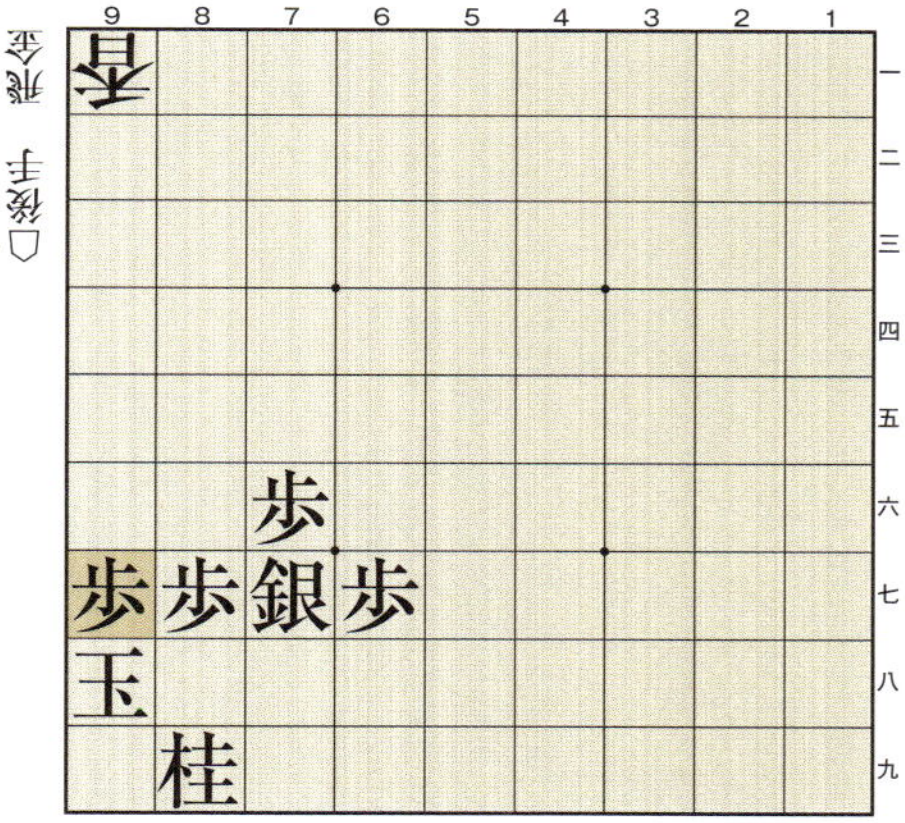

歩《ふ》を合《あ》わせて王手《おうて》をふせいだ。

持《も》ち駒《ごま》に歩《ふ》がなかったり
二歩《にふ》で歩《ふ》を打《う》てないときに
香《きょう》で王手《おうて》をかけられると
とてもこまるね

歩《ふ》の手筋《てすじ》［終盤《しゅうばん》］

と金《きん》攻《ぜ》め①

1図
後手 なし
先手 歩
後手《ごて》のかたい穴熊《あなぐま》に対《たい》し
先手《せんて》の駒《こま》は飛車《ひしゃ》と
持《も》ち駒《ごま》の歩《ふ》だけです

と金《きん》攻《ぜ》めで金銀《きんぎん》をはがす

金銀《きんぎん》をわたす攻《せ》めは、相手《あいて》が取《と》った金銀《きんぎん》ですぐに受《う》けてくるので、なかなか守《まも》りをくずすことができません。

しかし、**と金《きん》なら相手《あいて》にわたしても歩《ふ》にもどるだけなので、相手《あいて》の守《まも》りを弱《よわ》めることができます。**

こうしたと金《きん》のよさを活《い》かして守《まも》りの金銀《きんぎん》をはがすのは、かなりきびしい寄《よ》せです。

守《まも》りのかたい穴熊囲《あなぐまがこ》いには
と金攻《きんぜ》めがいい手《て》だよ。
守《まも》りの金銀《きんぎん》を1枚《まい》ずつ取《と》っていこう

相手陣《あいてじん》に垂《た》らしてと金《きん》をつくる

1図では、▲5二歩《ふ》と垂《た》らすのがよい攻《せ》めです（2図）。

2図【1図より1手目】

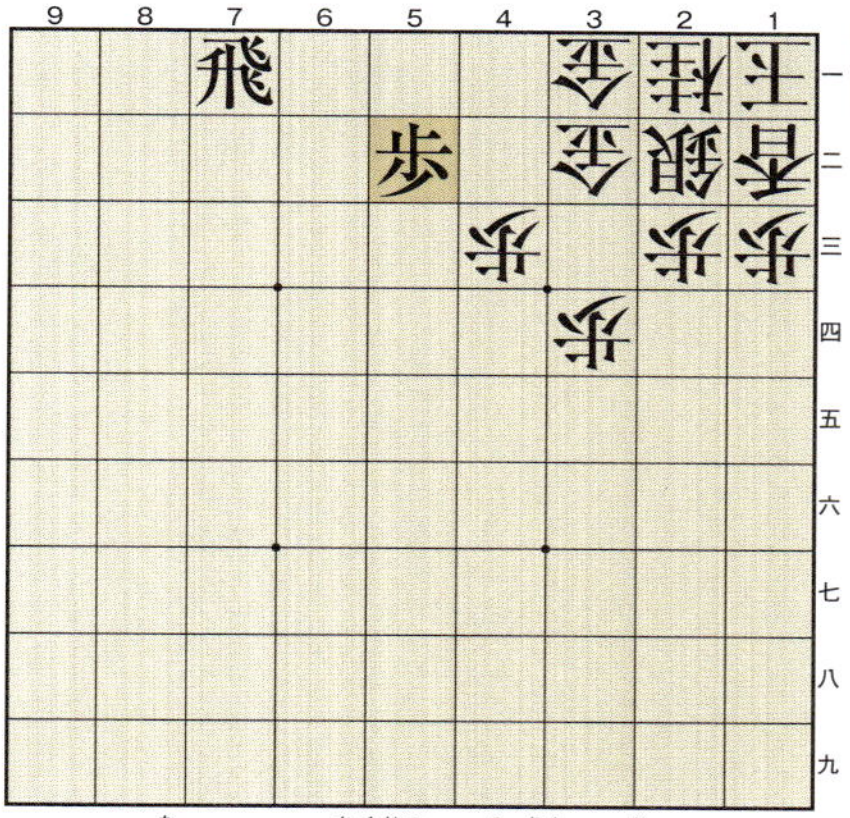

▲先手 なし
△後手 なし

ここに垂《た》らせば確実《かくじつ》にと金《きん》に成《な》れる。

守《まも》りの金銀《きんぎん》を取《と》って穴熊《あなぐま》をくずそう

このあと先手《せんて》は、▲5一歩成《ふなり》～▲4一と～▲3一とと守《まも》りの駒《こま》に近《ちか》づいていくと（3図）、相手《あいて》の金《きん》をはがすことができます。

3図

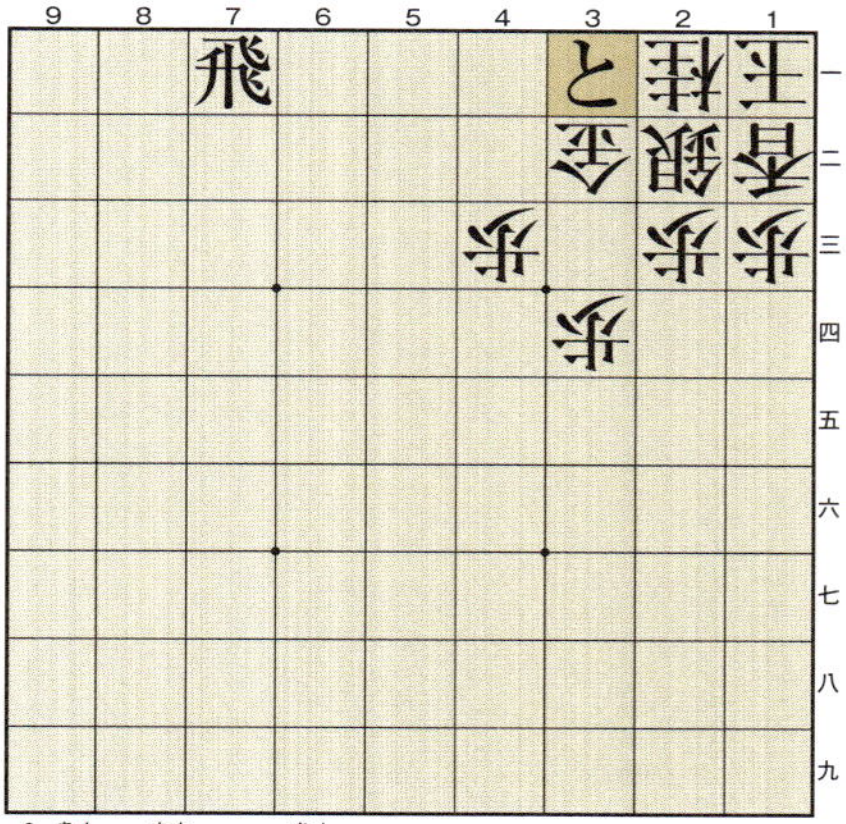

▲先手 金
△後手 なし

と金《きん》で守《まも》りの金《きん》をはがした！

穴熊《あなぐま》にはとにかくと金《きん》づくりで！

4図のような局面《きょくめん》でも、▲5二歩《ふ》が好手《こうしゅ》。▲5一歩成《ふなり》～▲4一とで銀《ぎん》をはがすねらいです。△4二銀《ぎん》なら、いつでも▲5一歩成《ふなり》△同銀《どうぎん》があるので、穴熊《あなぐま》を弱《よわ》くすることができます。

4図

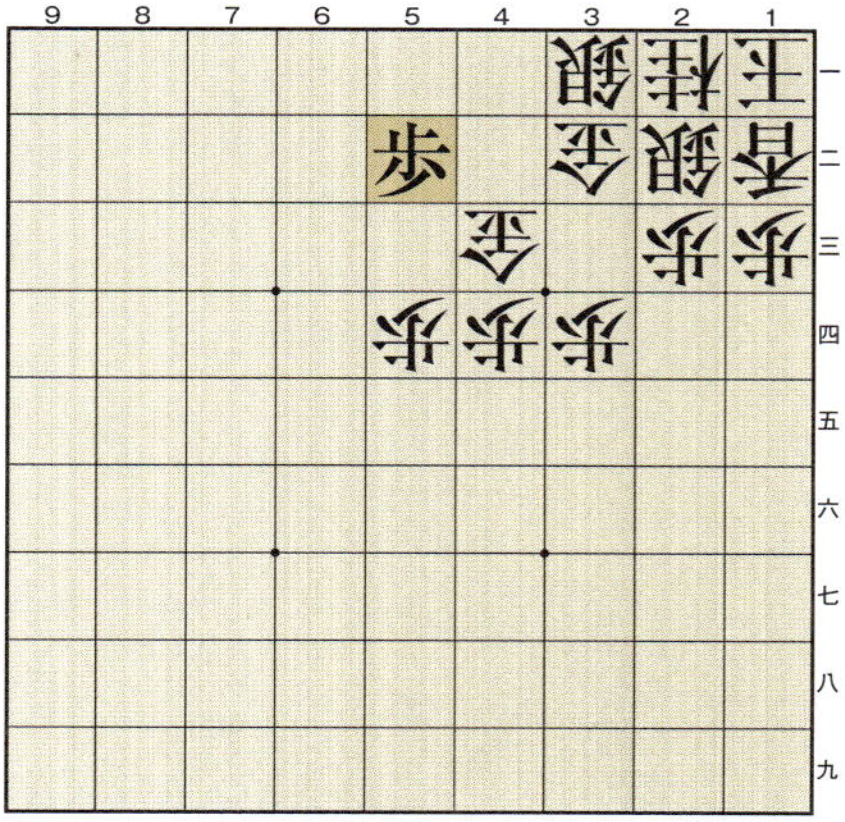

▲先手 なし
△後手 なし

穴熊《あなぐま》は1枚《まい》ずつ金銀《きんぎん》をはがしていこう！

歩《ふ》の手筋《てすじ》【終盤《しゅうばん》】

と金《きん》攻《ぜ》め②

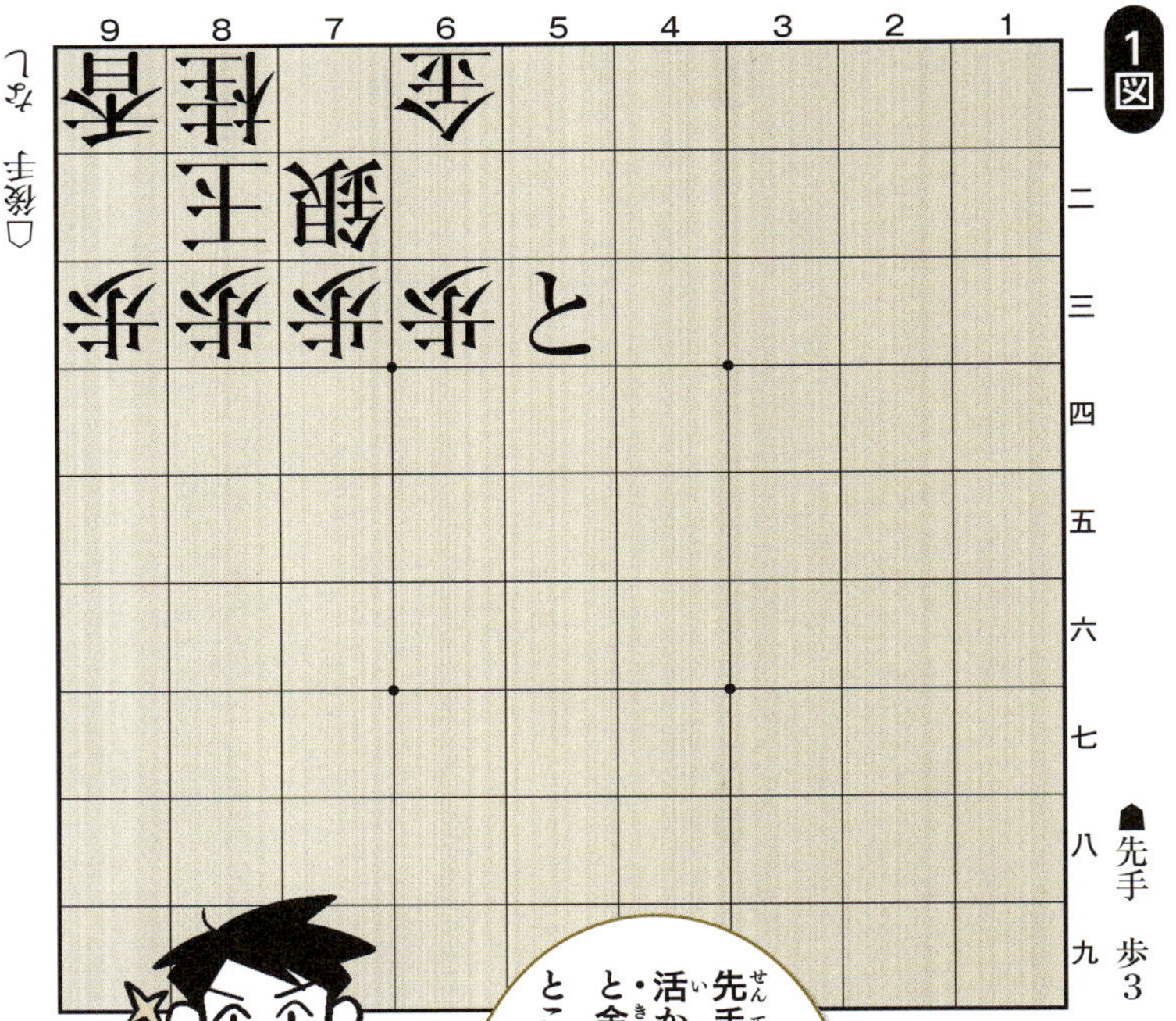

1図
9 8 7 6 5 4 3 2 1
一 二 三 四 五 六 七 八 九
香 桂 金
王 銀
歩 歩 歩 歩 と
▲先手　歩3
△後手　なし

先手《せんて》は持《も》ち駒《ごま》の歩《ふ》を活《い》かして、もう1枚《まい》と金《きん》をつくりたいところです

と金《きん》2枚《まい》で分厚《ぶあつ》く攻《せ》めよう

1図のように、相手陣《あいてじん》の5三にと金《きん》ができると、相手《あいて》の守《まも》りにプレッシャーをかけることができます。

さらに**と金《きん》は1枚《まい》でも強力《きょうりょく》な駒《こま》ですが、2枚以上《まいいじょう》つくると、より攻《せ》めが分厚《ぶあつ》くなります。**

中央《ちゅうおう》の拠点《きょてん》を活《い》かして、2枚《まい》のと金《きん》をつくって攻《せ》めてみましょう。

「5三のと金《きん》に負《ま》けなし」という格言《かくげん》もあるくらい、相手陣《あいてじん》でのと金《きん》は存在感《そんざいかん》があるよ

金取《きんと》りに歩《ふ》を打《う》ってしまうと？

1図では、▲6二歩《ふ》と直接《ちょくせつ》、金《きん》取《と》りに打《う》ってから▲5二と～▲6一歩成《ふなり》と、と金《きん》を2枚《まい》つくってみます 2図。

銀《ぎん》ははがせたけど攻《せ》め駒《ごま》がきえてしまう

しかし、△6一同銀《どうぎん》▲同《どう》と△同金《どうきん》と 3図、攻《せ》め駒《ごま》がきえてしまうのがもったいないところです。

せっかくの攻《せ》めの拠点《きょてん》もなくなっちゃった

持《も》ち駒《ごま》の歩《ふ》をどんどん使《つか》おう

1図では、▲6四歩《ふ》と打《う》つのが正解《せいかい》です。△6四同歩《どうふ》には▲6三歩《ふ》と垂《た》らします 4図。つぎに▲6二歩成《ふなり》と、相手《あいて》の銀《ぎん》が利《き》いていないところに2枚目《まいめ》のと金《きん》をつくりにいくのです。

2図

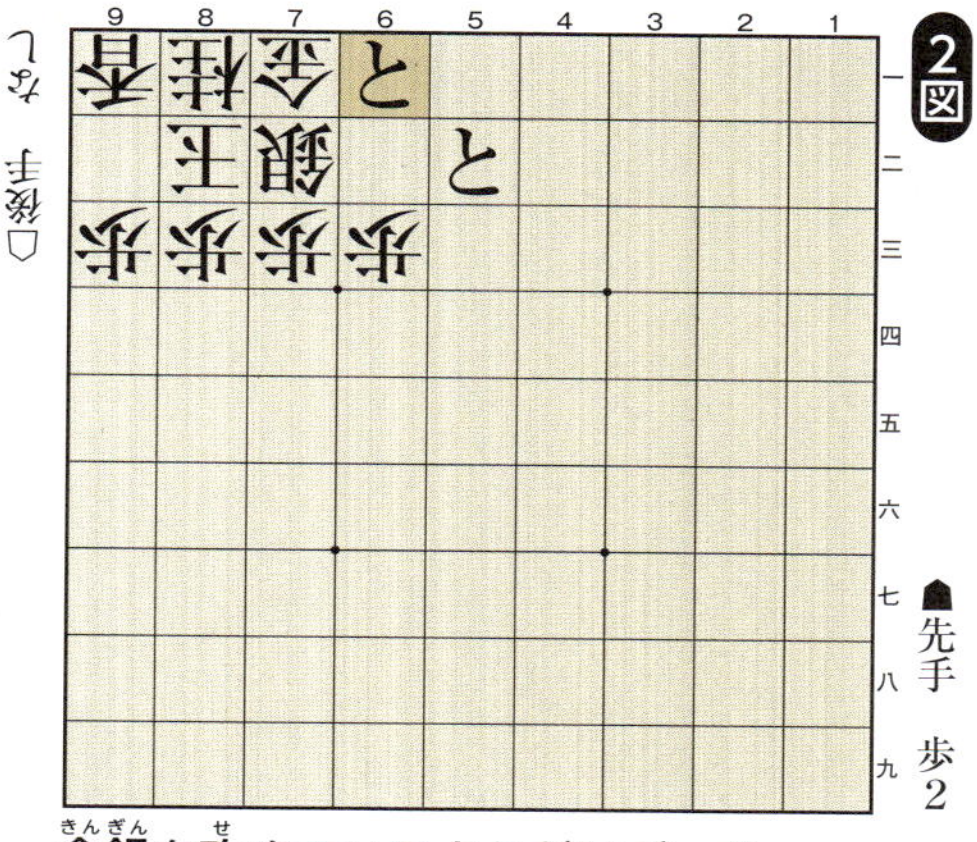
▲先手 歩2
△後手 なし

金銀《きんぎん》を攻《せ》めているようだけど…？

3図【2図より3手目】

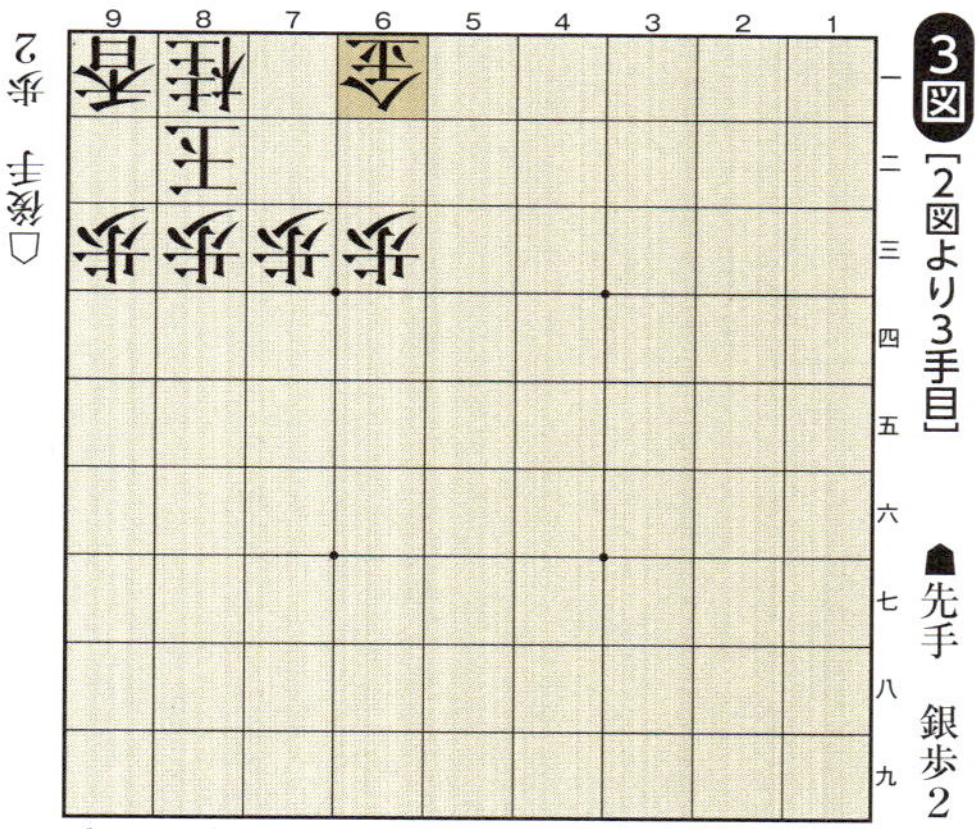
▲先手 銀歩2
△後手 歩2

後手《ごて》に守《まも》りきられてしまった。

4図【1図より3手目】

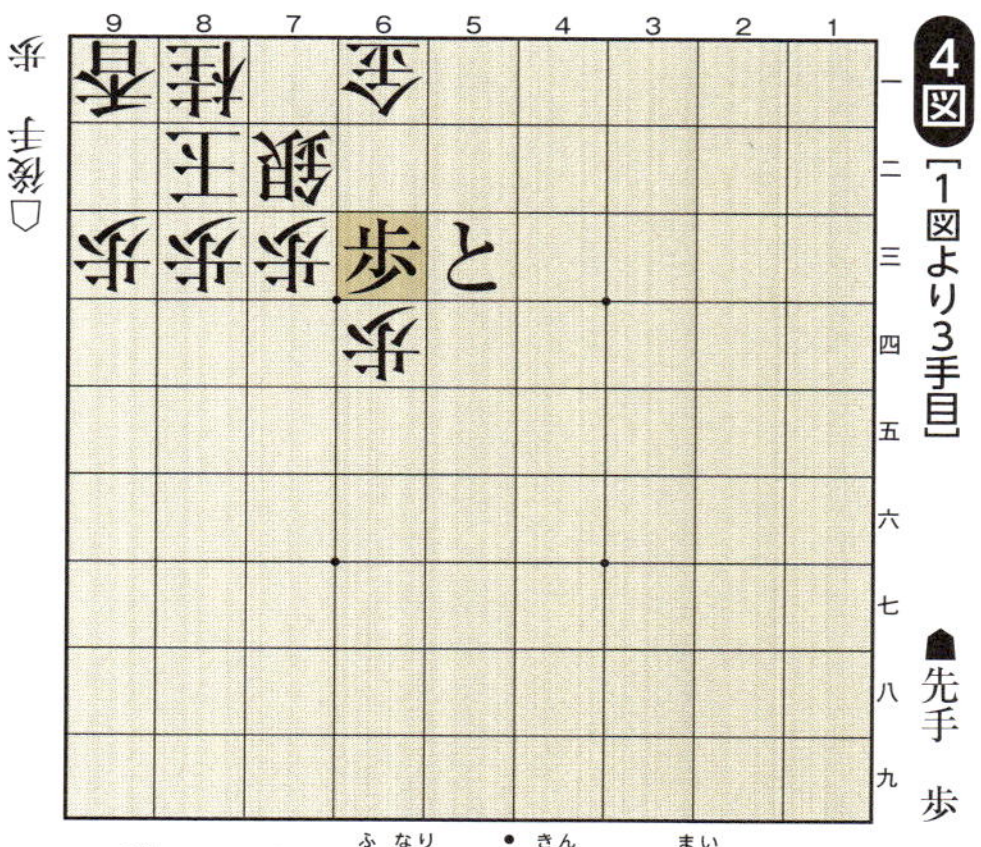
▲先手 歩
△後手 歩

つぎに▲6二歩成《ふなり》でと金《きん》を2枚《まい》にする。

底歩《そこふ》

1図

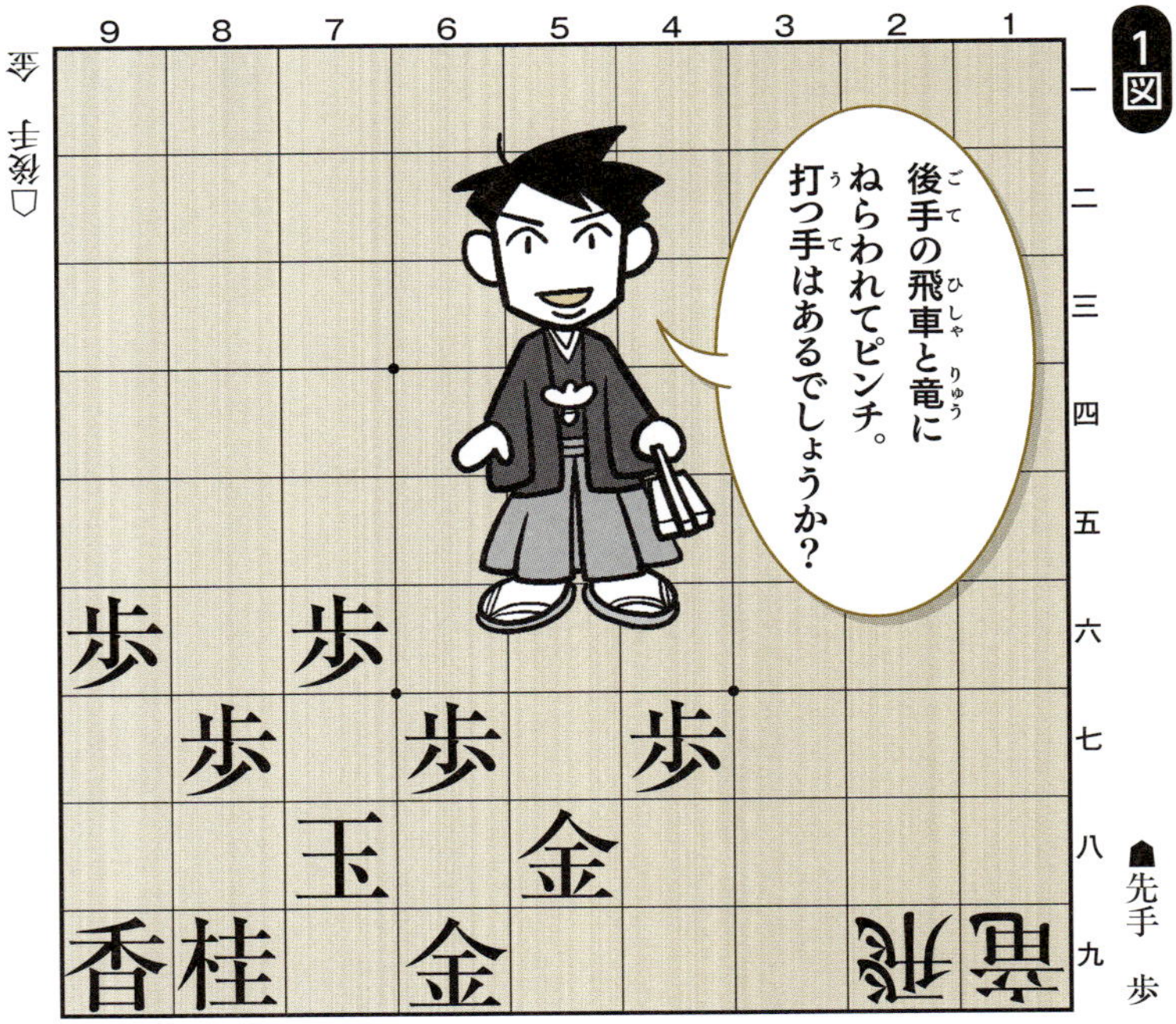

金《きん》との連携《れんけい》で力《ちから》を発揮《はっき》する底歩《そこふ》

1図から△6九飛成《ひなり》とされてしまっては、ひとたまりもありません。ここは歩《ふ》を合駒《あいごま》に使《つか》い、相手《あいて》の攻撃《こうげき》をとめましょう。

自陣《じじん》の最下段《さいげだん》（先手《せんて》なら九段目《だんめ》、後手《ごて》なら一段目《だんめ》）に歩《ふ》を打《う》つと、かたく守《まも》ることができます。これを**底歩《そこふ》**といいます。とくに金《きん》の下《した》に歩《ふ》を打《う》つかたちにできると、かたさが増《ま》します。

「金底《きんぞこ》の歩岩《ふいわ》よりもかたし」という格言《かくげん》がある。金《きん》の下《した》にある歩《ふ》は駒《こま》の連結《れんけつ》がよく、守《まも》りに向《む》いているんだ

歩《ふ》と金《きん》でがっちり守《まも》ろう

1図では、▲5九歩《ふ》が底歩《そこふ》の守《まも》りです2図。これだけで飛車《ひしゃ》と竜《りゅう》の攻《せ》めを受《う》けることができます。

底歩《そこふ》を打《う》つとき、二歩《にふ》にならないように注意《ちゅうい》！

飛車《ひしゃ》と竜《りゅう》の二枚飛車《にまいびしゃ》も撃退《げきたい》！

2図からは、たとえば△5九飛《ひ》成《なり》▲同金引《どうきんひく》△同竜《どうりゅう》▲同金《どうきん》で守《まも》りきることができます3図。当然《とうぜん》、後手《ごて》はこんな攻《せ》めをしないので、2図からほかの手《て》を指《さ》してくるでしょう。

歩《ふ》を打《う》たず金《きん》2枚《まい》でふせごうとすると？

6九に数《かず》を足《た》す手《て》としては▲6八金寄《きんよる》もありますが、△5八金《きん》とされたら守《まも》りきれません4図。つぎに▲同金寄《どうきんよる》△6九飛成《ひなり》で、玉《ぎょく》の守《まも》りをはがされてしまいます。

2図【1図より1手目】

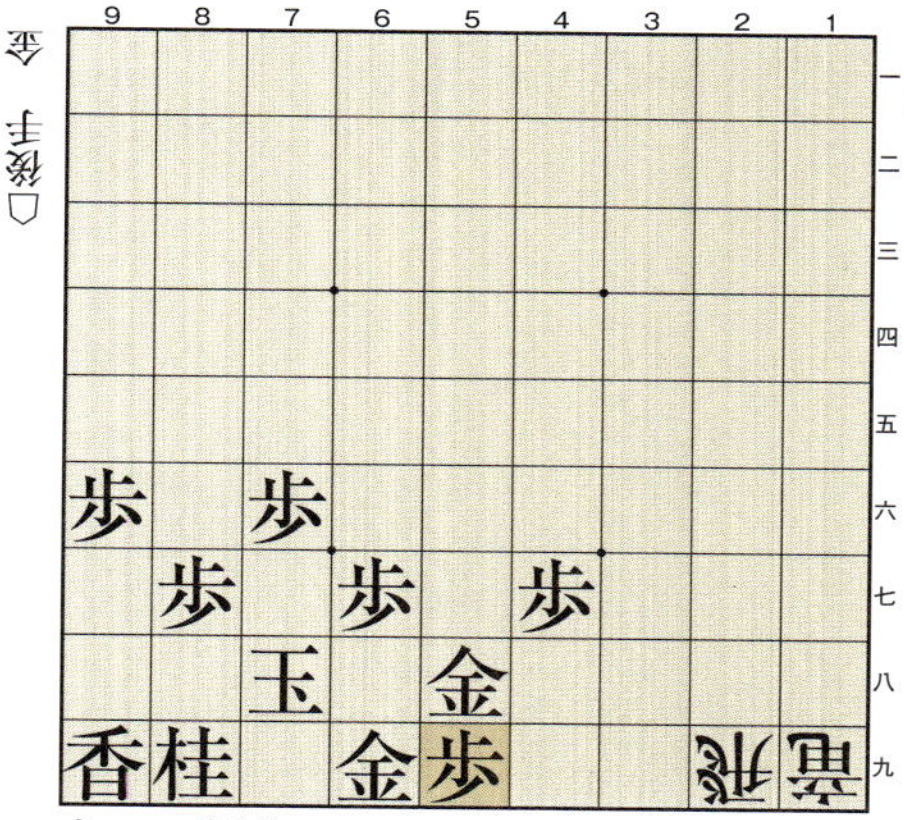
△後手 金
▲先手 なし

歩《ふ》を1枚《まい》足《た》しただけだが…？

3図【2図より4手目】

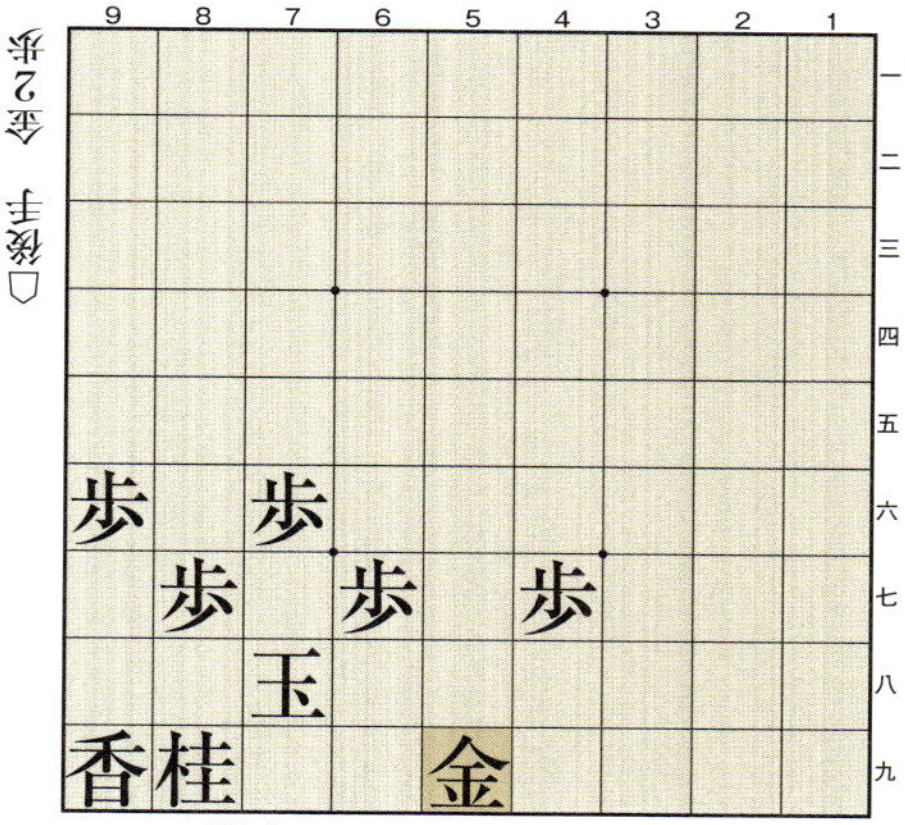
△後手 金2歩
▲先手 飛2

これが底歩《そこふ》のかたさだ！

4図【1図より2手目】

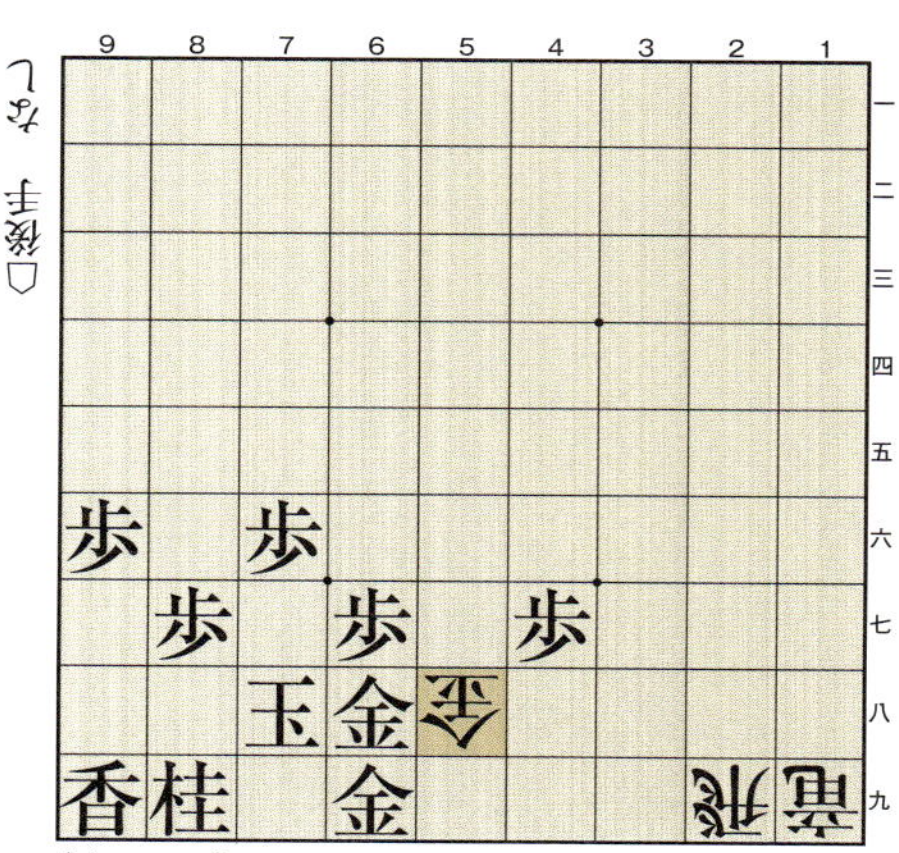
△後手 なし
▲先手 歩

金《きん》まで打《う》ちこまれてしまう。

歩《ふ》の手筋《てすじ》【終盤《しゅうばん》】

中合《ちゅうあい》

1図

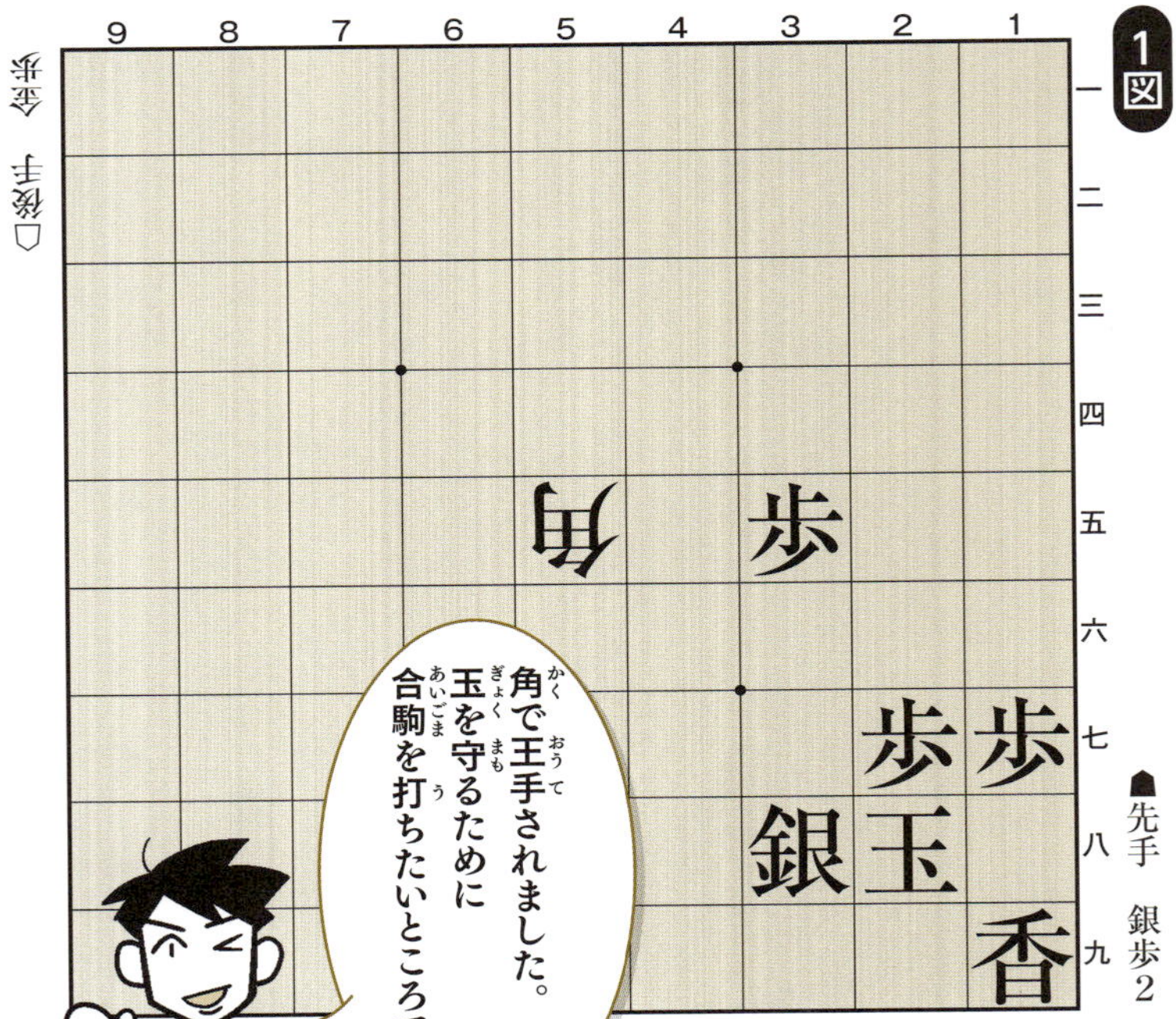

9 8 7 6 5 4 3 2 1
一 二 三 四 五 六 七 八 九
角 歩
歩 歩
玉 銀
香
先手 銀歩2
後手 金歩

角《かく》で王手《おうて》されました。玉《ぎょく》を守《まも》るために合駒《あいごま》を打《う》ちたいところです

中合《ちゅうあい》は王手《おうて》をふせぐ一手《いって》

中合《ちゅうあい》とは、玉《ぎょく》から1マス以上《いじょう》はなれたところに合駒《あいごま》を打《う》つことです。合駒《あいごま》にはヒモがついていないので、タダ取《ど》りされてしまいます。**それでも、王手《おうて》をかけてきた駒《こま》を自陣《じじん》に近《ちか》づけることができます。**それにより、受《う》けやすくしたり、相手《あいて》の攻《せ》め駒《ごま》のはたらきを弱《よわ》くしたりすることができます。

「大駒《おおごま》は近《ちか》づけて受《う》けよ」という格言《かくげん》があるのだ。相手《あいて》の大駒《おおごま》を自陣《じ》に近《ちか》づけると、守《まも》りながらその大駒《おおごま》をねらうことができるぞ

合駒《あいごま》はどこに打《う》つべきか

1図で▲3七銀打《ぎんうち》と玉《ぎょく》にピッタリつけて合駒《あいごま》をすると、△3六歩《ふ》と打《う》たれて、銀《ぎん》を損《そん》することになります2図。

2図【1図より2手目】

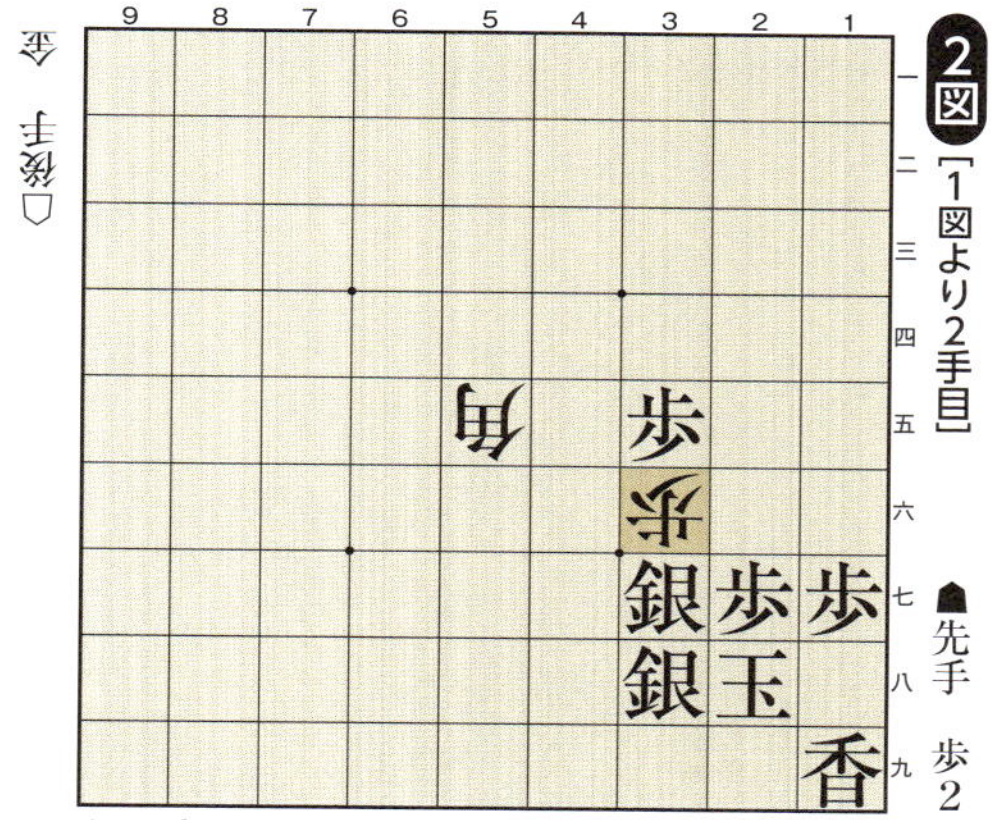

歩《ふ》と銀《ぎん》の交換《こうかん》では大《おお》きな駒損《こまぞん》だ。

玉《ぎょく》から1マスはなして合駒《あいごま》を打《う》つ！

1図では、▲4六歩《ふ》が玉《ぎょく》を守《まも》る中合《ちゅうあい》のテクニックです3図。

3図【1図より1手目】

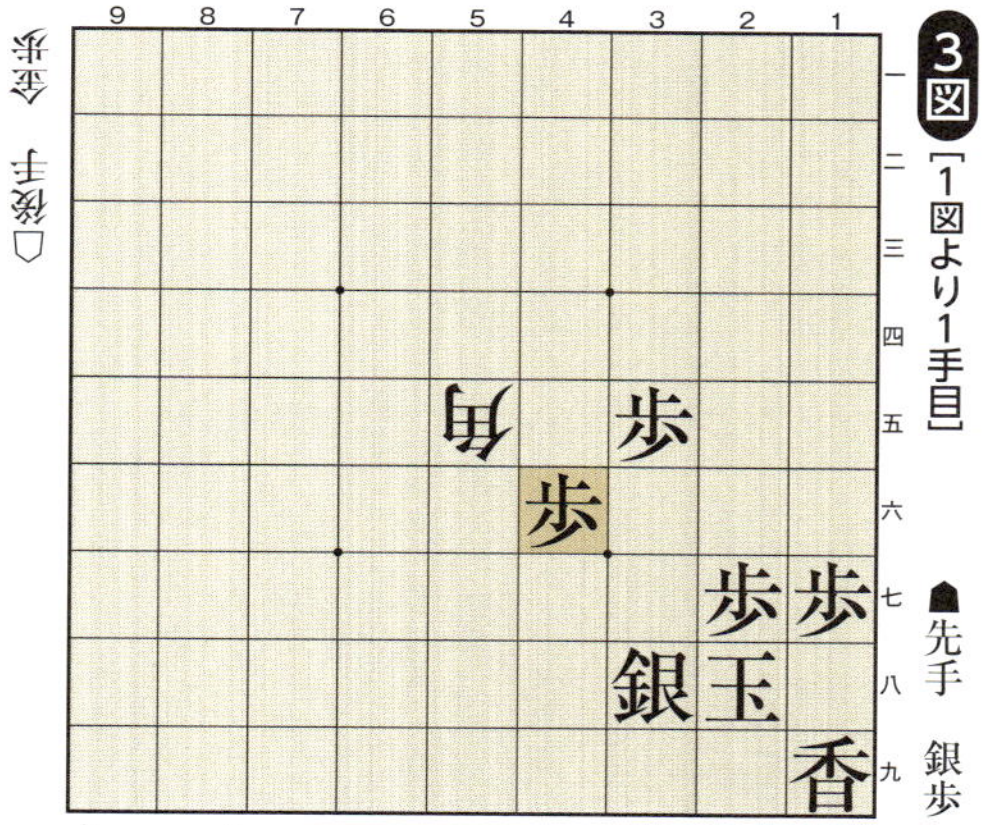

打《う》った歩《ふ》はういているけれど…？

さらに大駒《おおごま》を自陣《じじん》に近《ちか》づける

3図から△同角《どうかく》▲3七銀打《ぎんうち》で、合駒《あいごま》をしつつ、角取《かくと》りとなります4図。後手《ごて》は角《かく》をにげるしかありません。先手《せんて》は大駒《おおごま》をはね返《かえ》しつつ、王手《おうて》をふせぐことができました。

4図【3図より2手目】

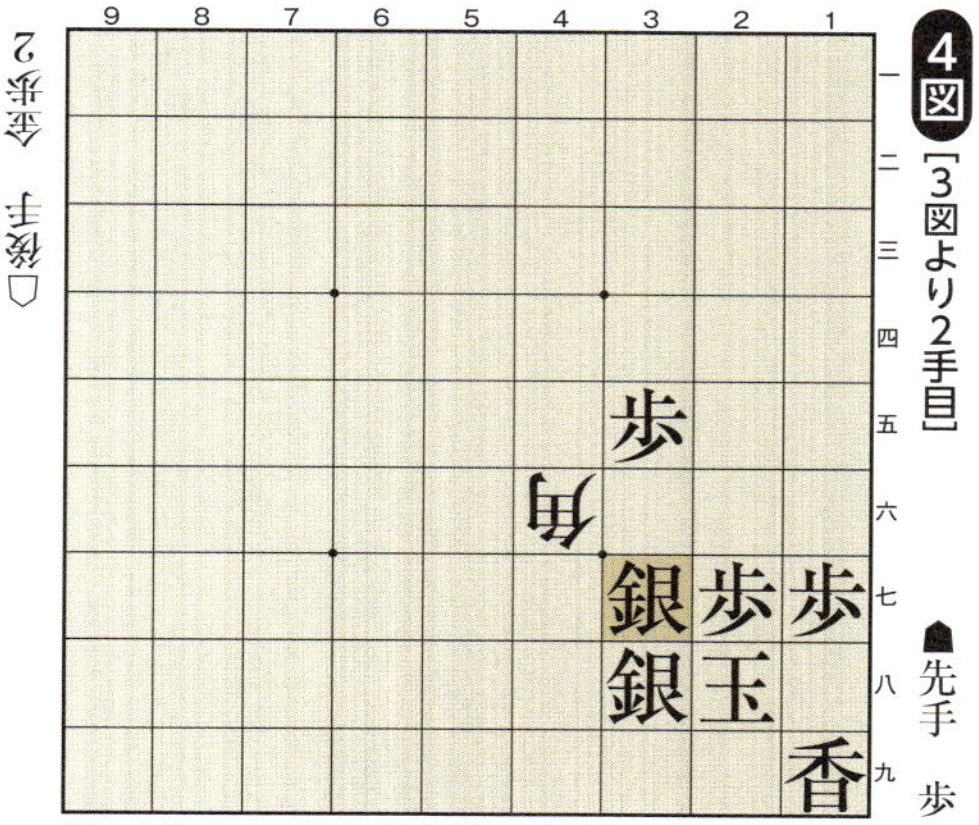

角《かく》を引《ひ》きよせる中合《ちゅうあい》が成功《せいこう》した！

【練習問題《れんしゅうもんだい》】終盤《しゅうばん》の歩《ふ》の手筋《てすじ》を使《つか》ってみよう

【問題1】つぎの一手《いって》は？

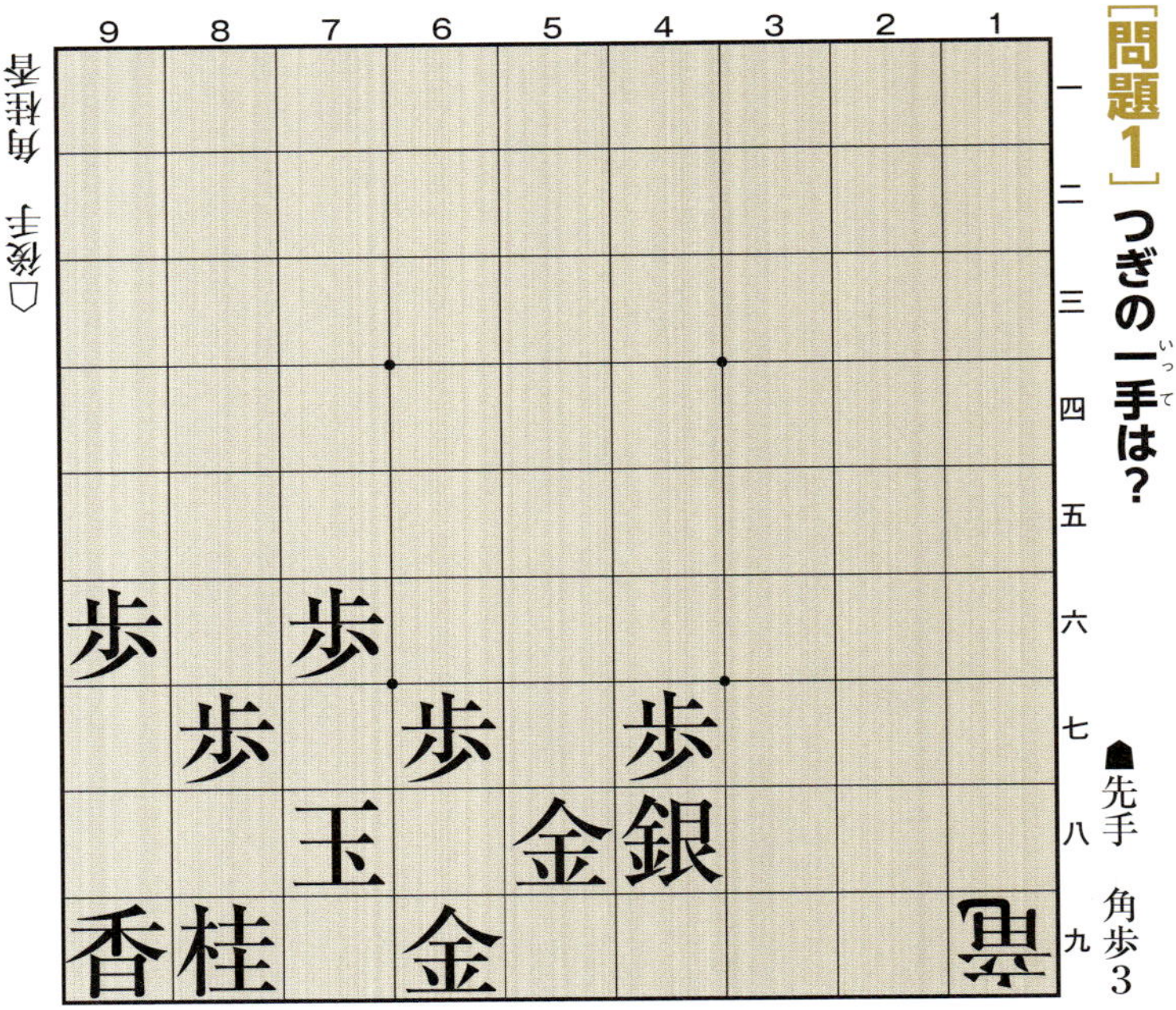

ヒント
後手《ごて》の竜《りゅう》が、自分《じぶん》の玉《ぎょく》のちかくにまで利《き》いています。歩《ふ》を使《つか》った守《まも》りをかんがえてみましょう。

【問題2】つぎの一手《いって》は？

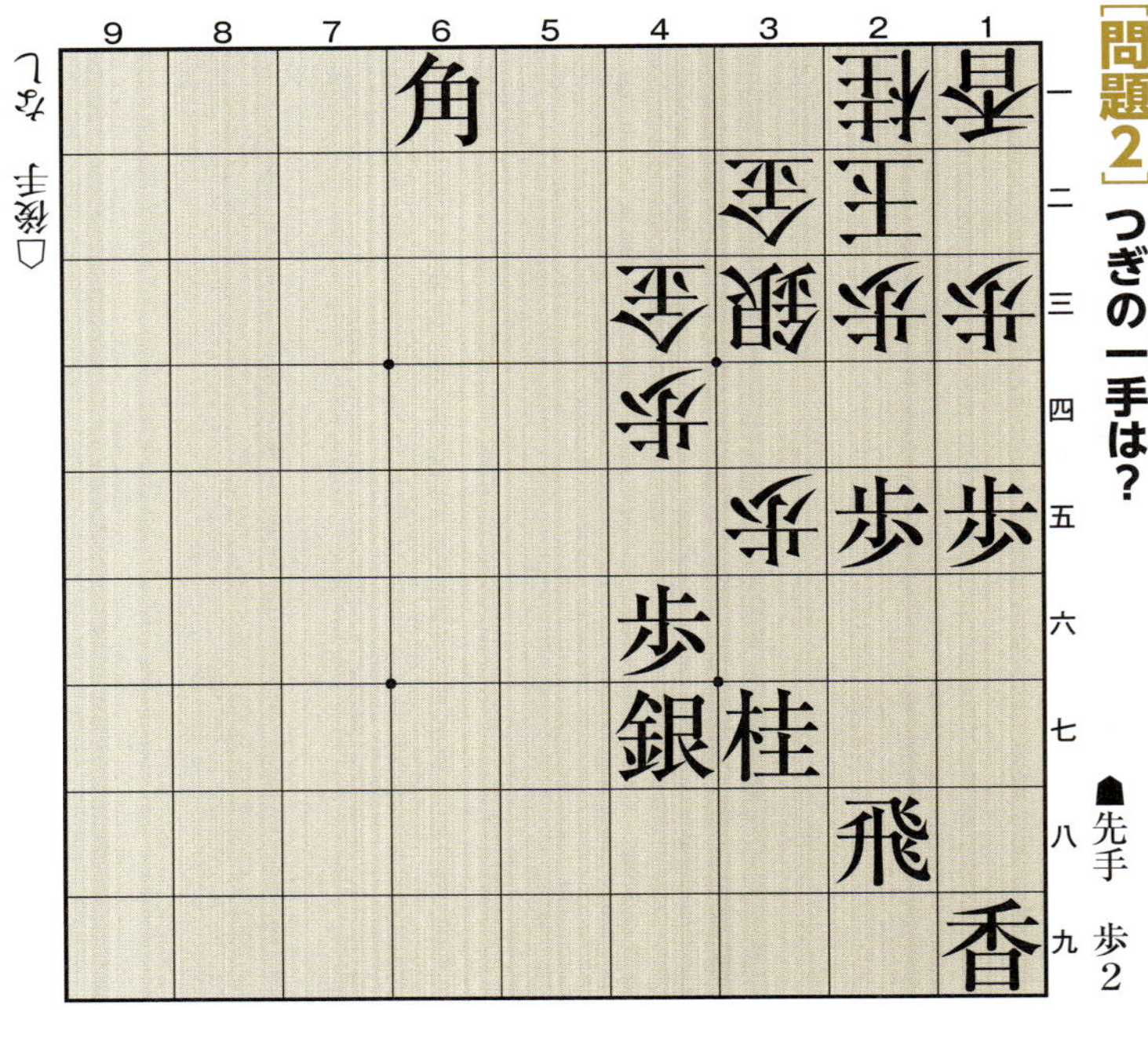

ヒント
2筋《すじ》の飛車《ひしゃ》を活《い》かして攻《せ》めたいところです。おなじ2筋《すじ》の歩《ふ》をはたらかせてみましょう。

答え

▲3九歩《ふ》（1図）

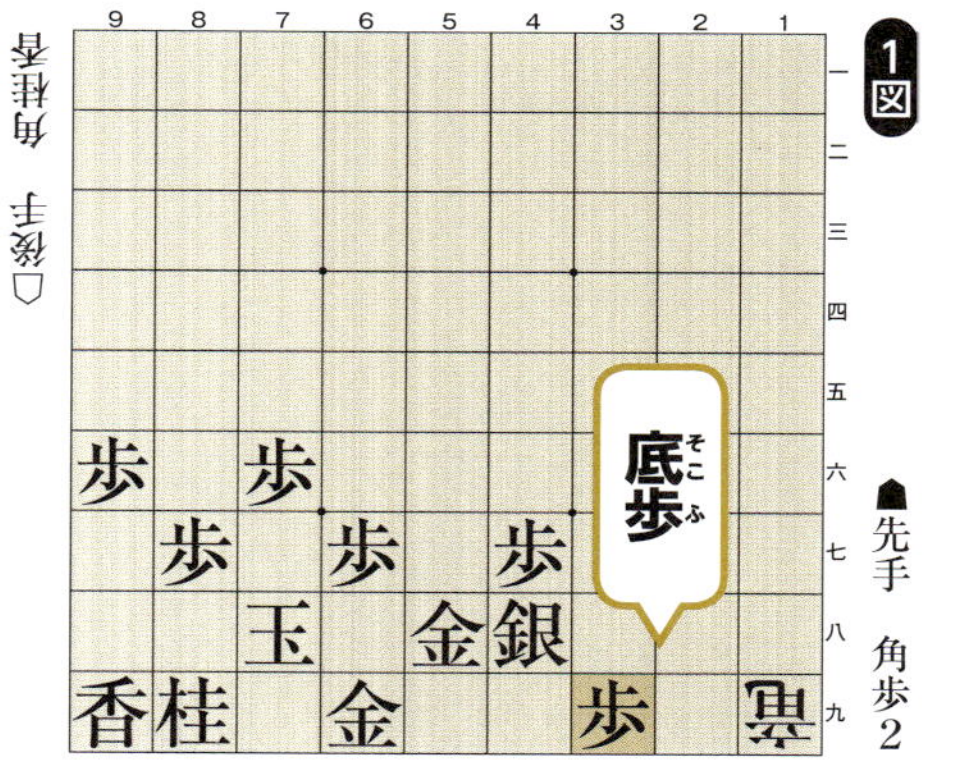

銀《ぎん》のななめうしろへの利《き》きを活《い》かした底歩《そこふ》です。これで、いったん竜《りゅう》の攻《せ》めをとめることができます。

▲5九歩《ふ》（参考図）

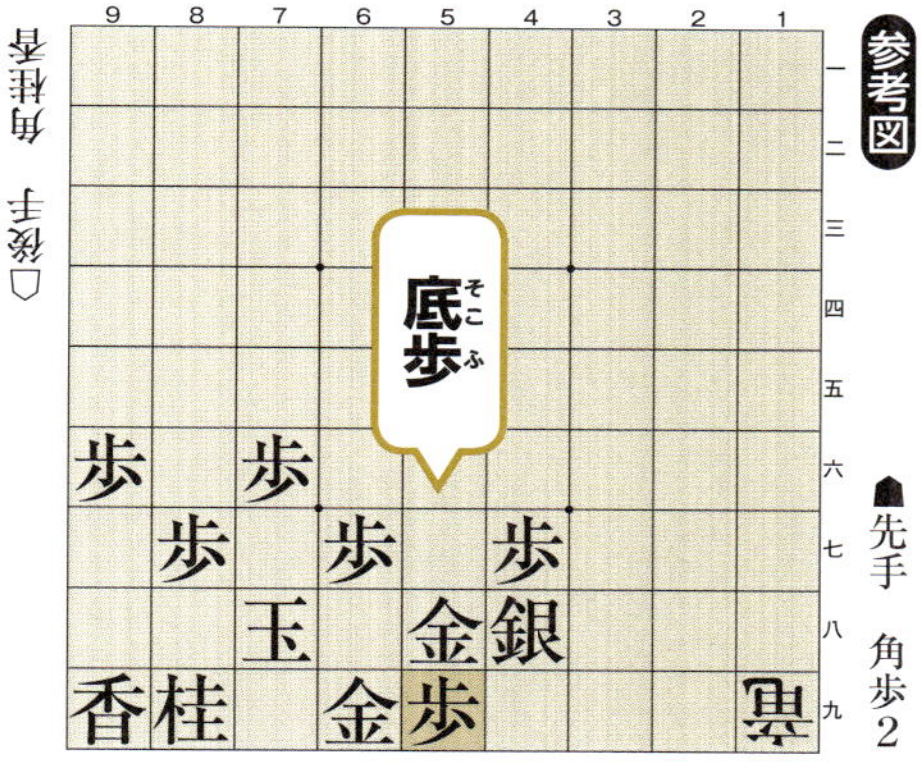

▲5九歩《ふ》の「金底《きんぞこ》の歩《ふ》」も、かたい守《まも》りです。ただし、5筋《すじ》に香《きょう》を打《う》たれたら苦《くる》しくなります。

答え

▲2四歩《ふ》 △同歩《どうふ》 ▲2五歩《ふ》（2図）

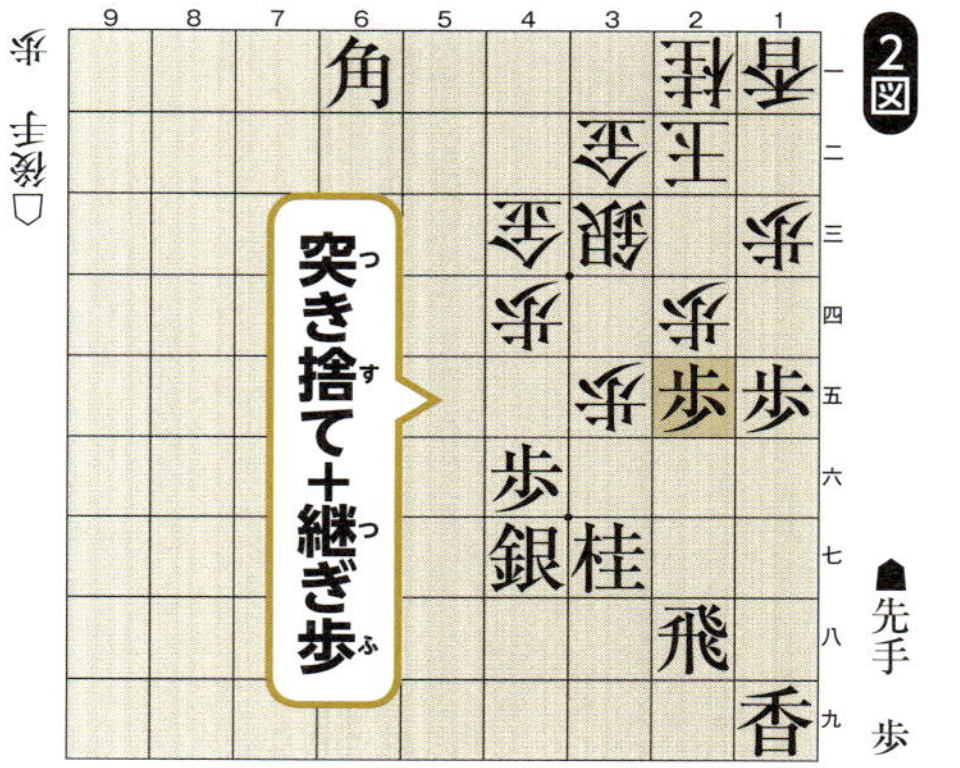

▲2四歩《ふ》の突《つ》き出《だ》しに、後手《ごて》が△同《どう》歩《ふ》と応《おう》じたら、おなじみの継《つ》ぎ歩《ふ》。飛車先《ひしゃさき》の突破《とっぱ》をねらいます。

▲2四歩《ふ》 △同銀《どうぎん》 ▲3四歩《ふ》（参考図）

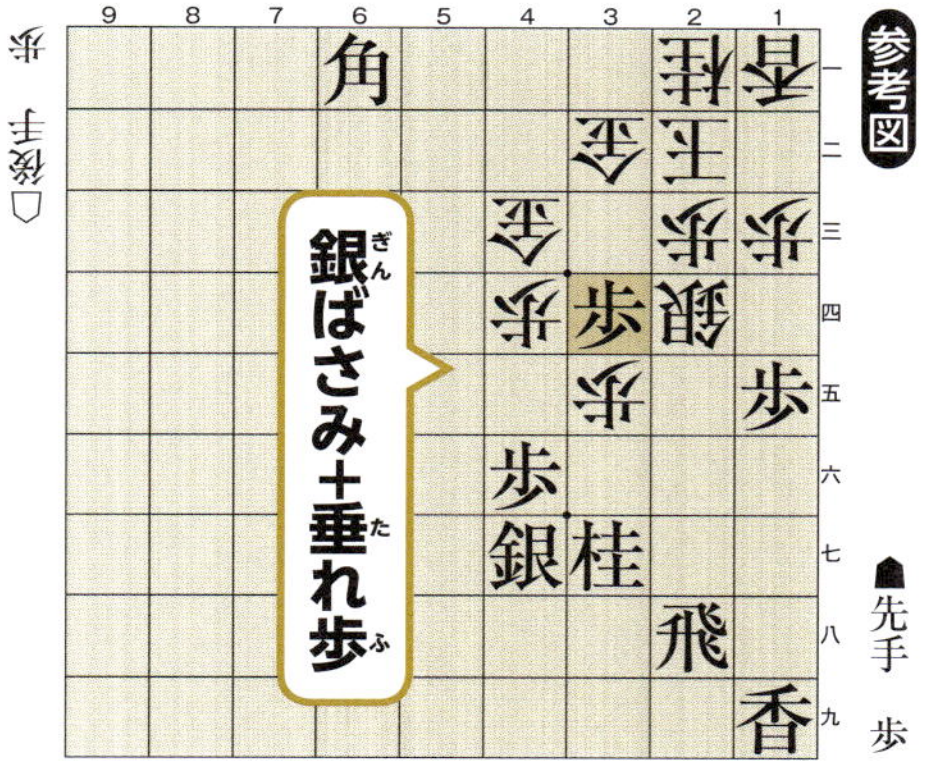

もし後手《ごて》が△2四同銀《どうぎん》と取《と》っても、▲3四歩《ふ》で銀《ぎん》ばさみです。このあと、▲2五歩《ふ》で銀取《ぎんと》りがねらえます。

終盤《しゅうばん》の香《きょう》・桂《けい》

守《まも》りの金銀《きんぎん》をはがす

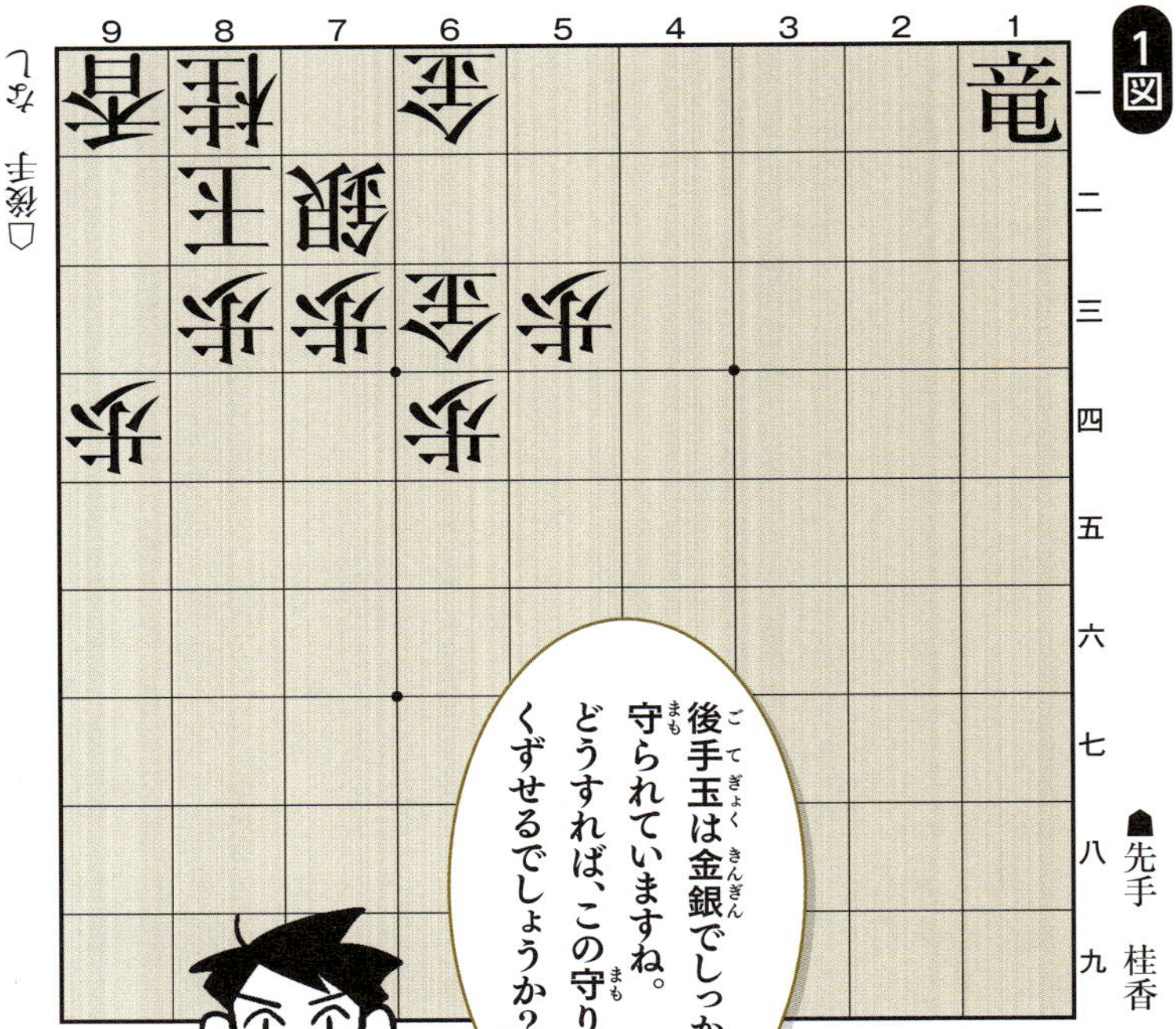
1図
△後手 なし
▲先手 桂香

後手玉《ごてぎょく》は金銀《きんぎん》でしっかり守《まも》られていますね。どうすれば、この守《まも》りをくずせるでしょうか?

守《まも》りをくずして玉《ぎょく》に近《ちか》づく

終盤《しゅうばん》の香《きょう》と桂《けい》は、守《まも》りの金《きん》や銀《ぎん》をくずす駒《こま》として使《つか》います。守《まも》りの駒《こま》をなくすことができれば、自然《しぜん》と相《あい》手《て》の玉《ぎょく》にせまることができます。

桂《けい》ははなれたところからアタックできる動《うご》きを、香《きょう》は一直線《いっちょくせん》にのびる利《き》きを活《い》かしていきましょう。

桂《けい》ではなれたところからアタック

1図では、▲7五桂《けい》（または▲5五桂《けい》）がよい手《て》です2図。早《はや》さが大事《だいじ》だからといって、▲7四桂《けい》などといきなり王手《おうて》するのではなく、**まずは守《まも》りの駒《こま》をねらいます。**

香《きょう》の利《き》きを活《い》かして守《まも》りの金《きん》をねらう

△6二金引《きんひく》とされたら、▲6三香《きょう》が強烈《きょうれつ》な一手《いって》です3図。香《きょう》の一直線《いっちょくせん》の利《き》きで、2枚《まい》の金《きん》をくし刺《ざ》しにしました。これは田楽刺《でんがくざ》しという手《て》筋《すじ》です（→56ページ）。

香《きょう》を取《と》ってきたら攻《せ》めが成功《せいこう》

3図から、△6三同金《どうきん》としてくれれば、▲同桂成《どうけいなり》△同銀《どうぎん》▲6一竜《りゅう》4図。守《まも》りの金《きん》をきれいにはがし、竜《りゅう》で玉《ぎょく》を追《お》いつめました。

2図【1図から1手目】

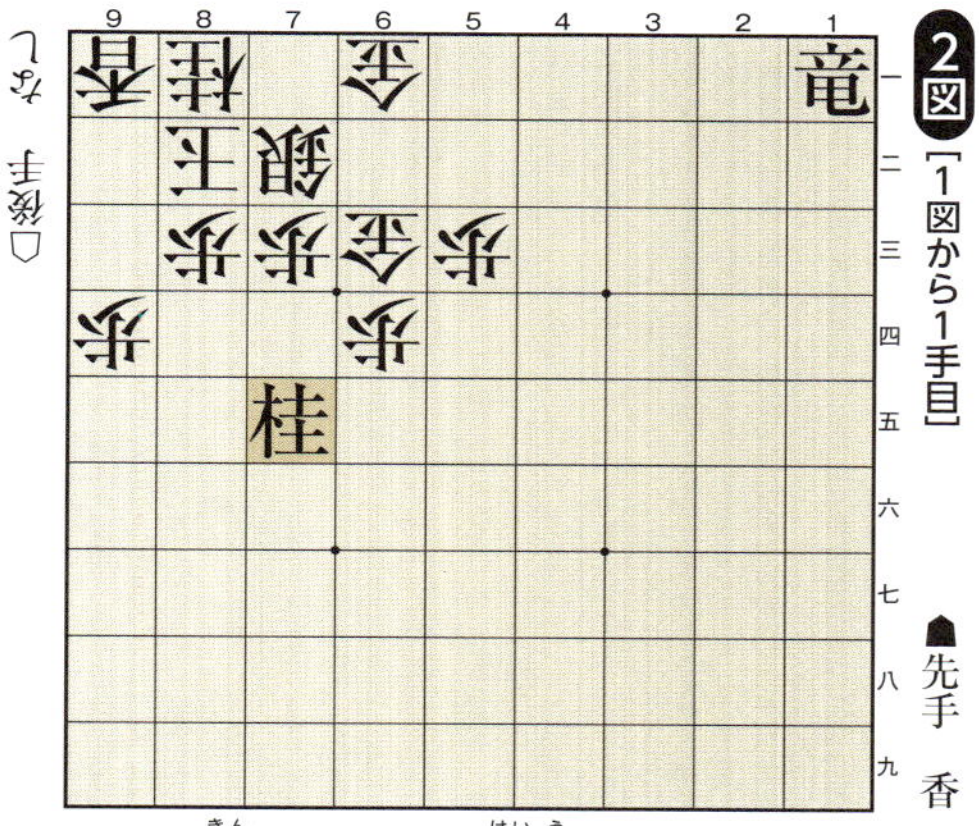

6三の金《きん》をねらった桂打《けいう》ち！

3図【2図から2手目】

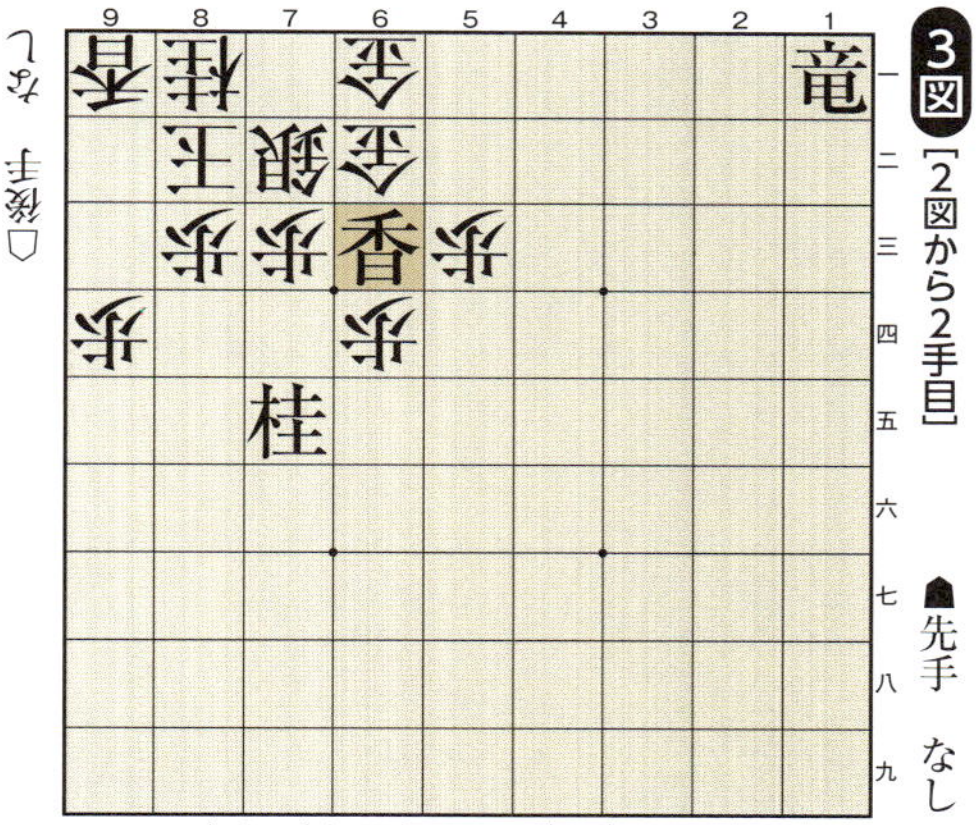

▲6三香《きょう》で金《きん》2枚《まい》を田楽刺《でんがくざ》し！

4図【3図から4手目】

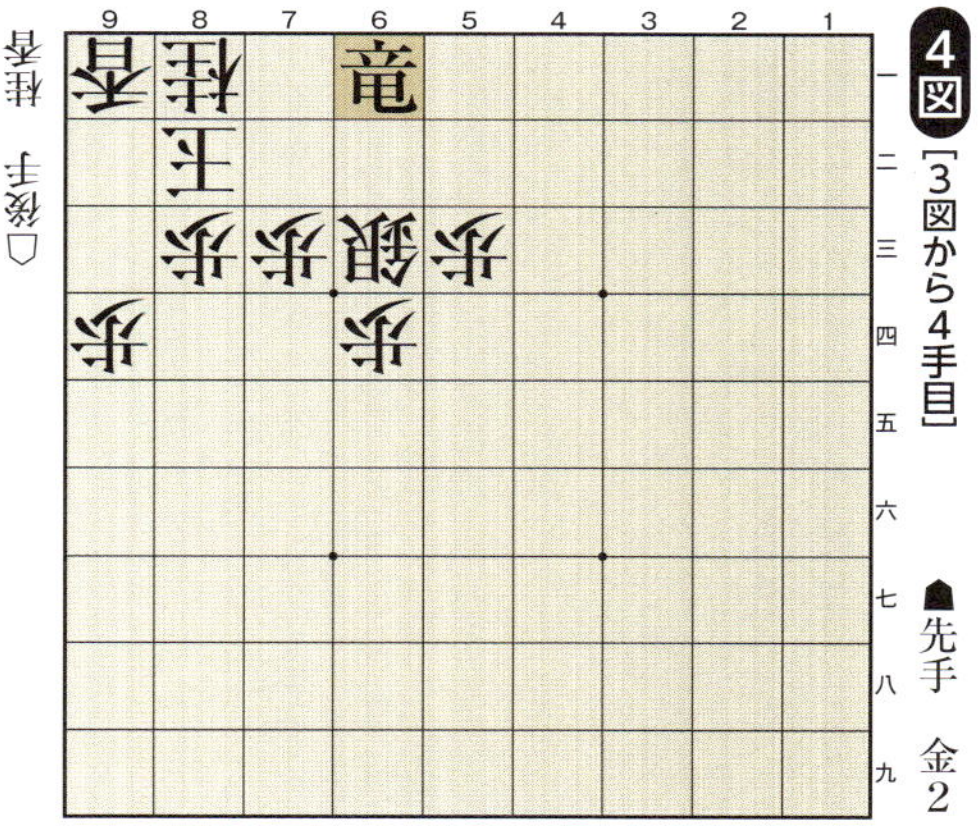

かたかった守《まも》りがあとかたもない！

香《きょう》をならべる攻《せ》め

1図
☖後手 なし
☗先手 香
2筋《すじ》に香《きょう》を打《う》つことで
2枚《まい》の香《きょう》で強力《きょうりょく》な攻《せ》めが
できます

香《きょう》2枚《まい》による数《かず》の攻《せ》め

「香《きょう》をならべる攻《せ》め」は、香《きょう》のまっすぐの利《き》きを活《い》かした「数《かず》の攻《せ》め」です。ねらったマス目《め》に利《き》きをあつめて突破《とっぱ》する「数《かず》の攻《せ》め」は、単純《たんじゅん》ですがふせぎにくいものです。

1図では、☗2五香打《きょううち》とならべる手《て》が強烈《きょうれつ》。2枚《まい》の香《きょう》が連携《れんけい》して、2五のマス目《め》に利《き》きをあつめています。いきなり☗2三香成《きょうなり》☖3一玉《ぎょく》☗2二成香《なりきょう》という※詰《つ》めろになっています。うしろにもう1枚《まい》の香《きょう》がいるので、後手《ごて》は飛《と》びこんできた香《きょう》（成《なり》香《きょう》）を取《と》れません。

後手《ごて》は角《かく》をにがすくらいですが、☗2三香成《きょうなり》（あるいは☗2三香《きょう》不成《ならず》）で突破《とっぱ》に成功《せいこう》します。

※詰《つ》めろとは、つぎに何《なに》もしなければ詰《つ》むかたちのこと。

まずは香《きょう》を持《も》ち駒《ごま》にする

2図は、穴熊《あなぐま》に対《たい》する端攻《はしぜ》めです。

香《きょう》を取《と》ったらさらに端《はし》を攻《せ》める

2図から、▲1三桂成《けいなり》と香《きょう》を取《と》ります。△同桂《どうけい》には、▲1五歩《ふ》△同《どう》歩《ふ》▲1四歩がよい攻《せ》めです3図。

2枚《まい》の香《きょう》で1筋《すじ》を制《せい》する

2図から▲1三桂成《けいなり》に△1三同《どう》銀《ぎん》と取《と》ったら、「香《きょう》をならべる攻《せ》め」の出番《でばん》。▲1八香打《きょううち》とならべて、1四からの突破《とっぱ》をねらいます4図。

2図

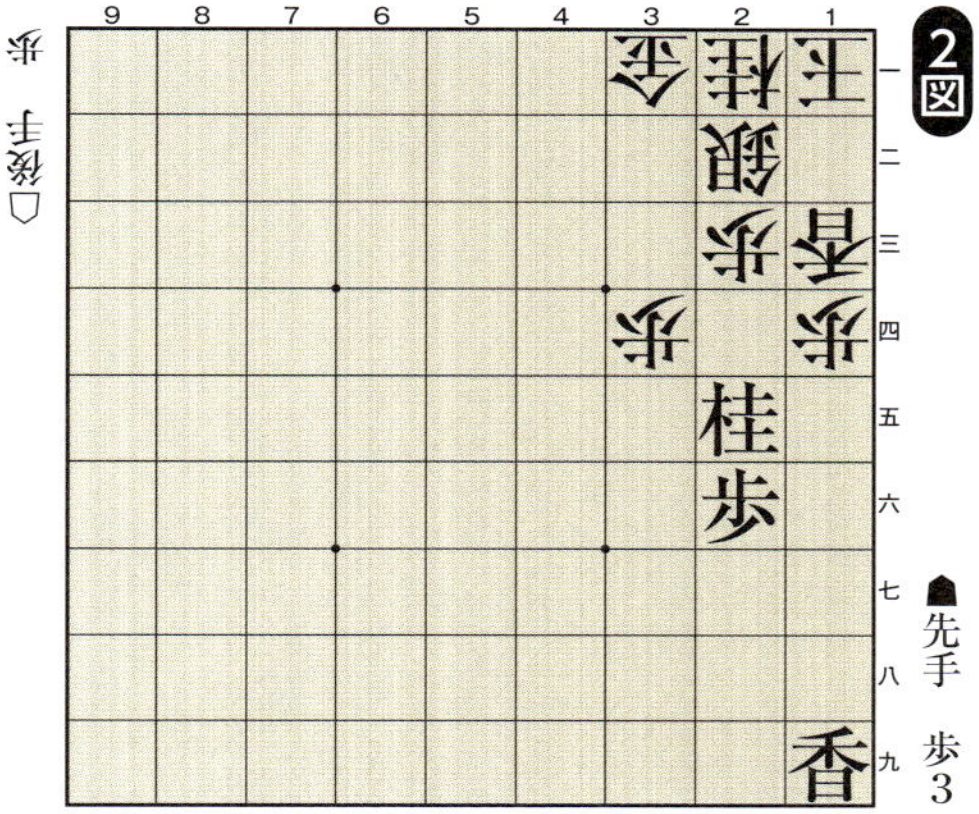

桂《けい》で1三の香《きょう》を取《と》ることができそう。

3図【2図より5手目】

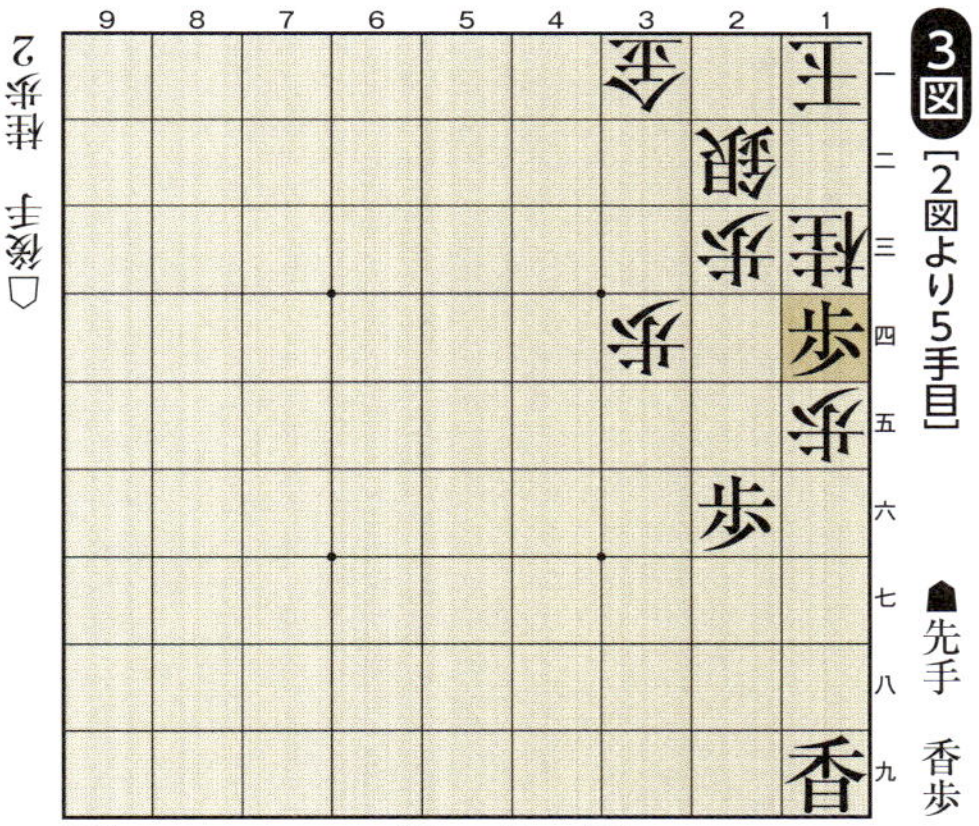

香《きょう》だけでなく、桂《けい》も手《て》に入《はい》りそうだ。

4図【2図より3手目】

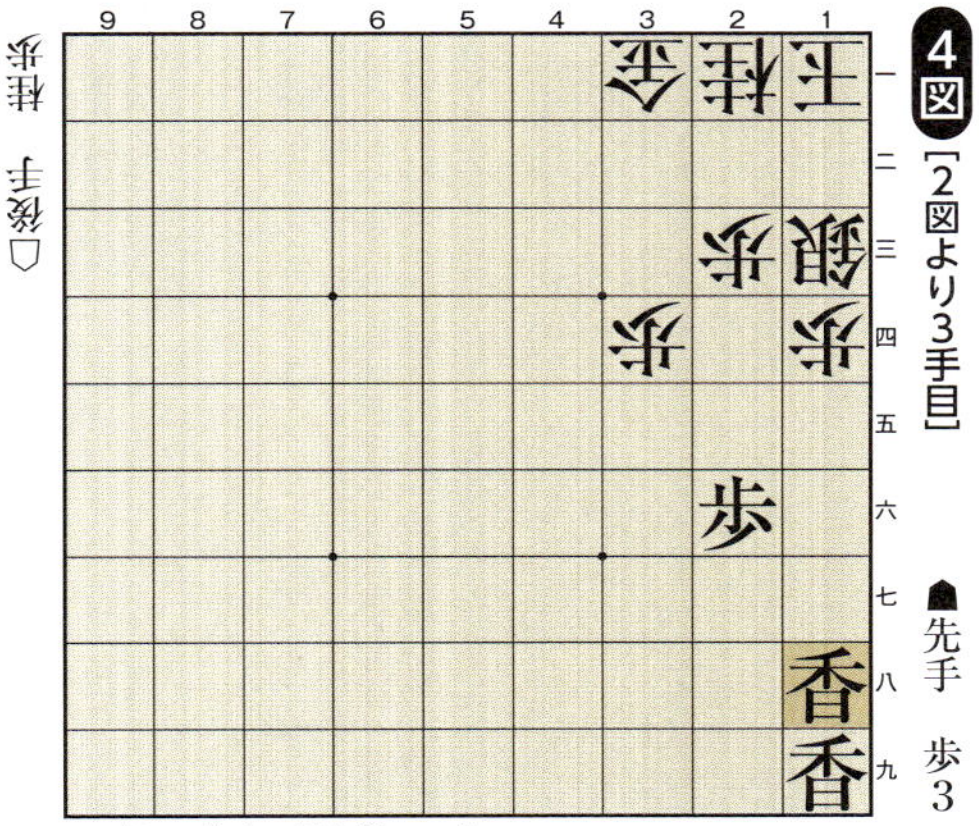

2枚《まい》の香《きょう》で力強《ちからづよ》く攻《せ》めることができる。

香《きょう》・桂《けい》の手筋《てすじ》［終盤《しゅうばん》］

はなして打《う》つ香《きょう》

1図

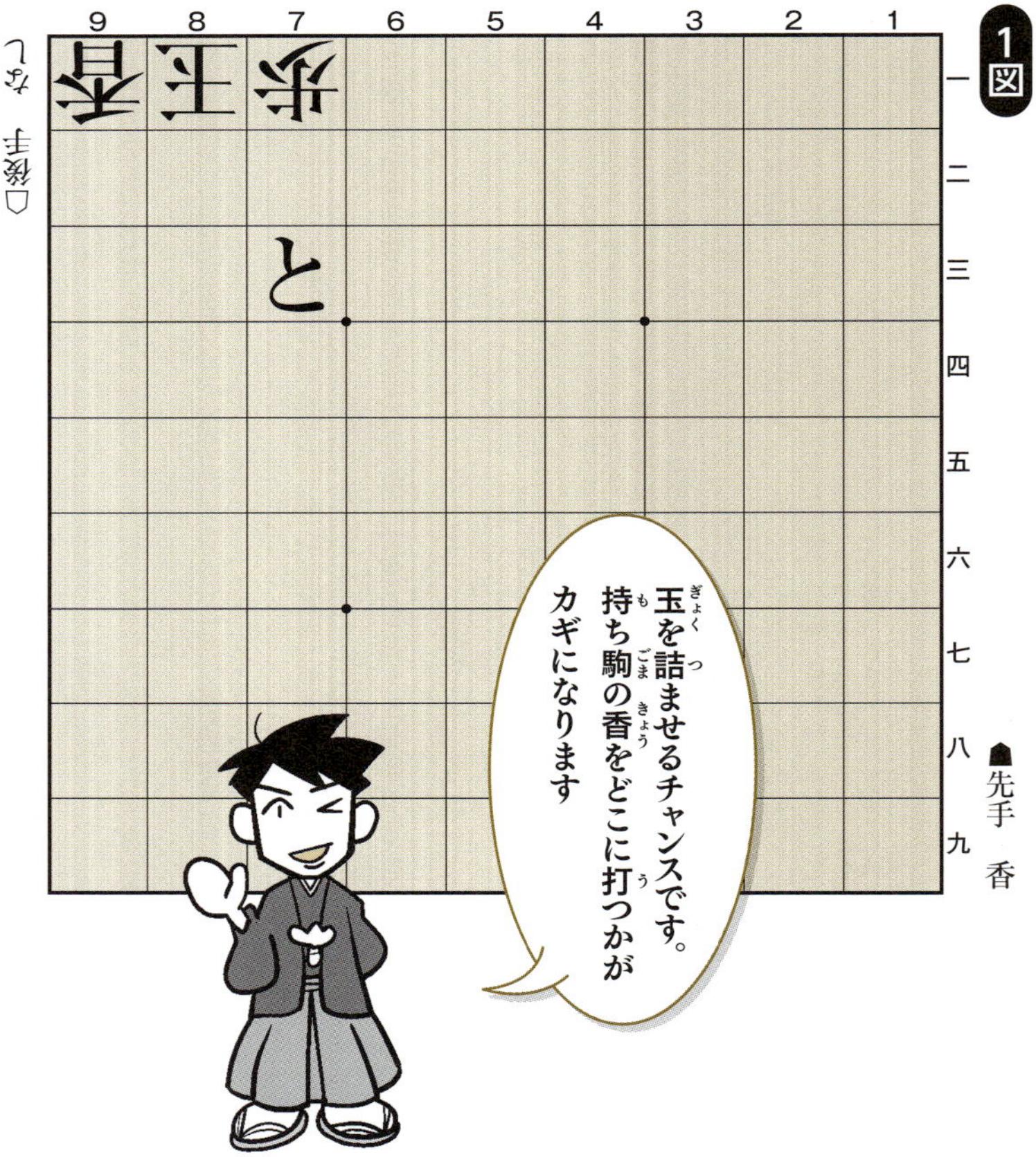

9 8 7 6 5 4 3 2 1
一 二 三 四 五 六 七 八 九
香 玉 歩
と
△後手 なし
▲先手 香
玉《ぎょく》を詰《つ》ませるチャンスです。持《も》ち駒《ごま》の香《きょう》をどこに打《う》つかがカギになります

近《ちか》くに香《きょう》を打《う》つと詰《つ》ませられない

1図では▲8二香《きょう》や▲8三香《きょう》と近《ちか》づけて打《う》つと、△9二玉《ぎょく》とかわされてしまうため、詰みません。

基本的《きほんてき》に香《きょう》は、下段《げだん》（先手《せんて》なら九《く》段《だん》、後手《ごて》なら一段《いちだん》）から打《う》つのが正解《せいかい》です。

香《きょう》は下段《げだん》にいるほど利《き》きのあるマスが多《おお》くなるから力《ちから》を発揮《はっき》するんだね

はなして打《う》って玉《ぎょく》を詰《つ》ませる

1図は▲8四香《きょう》と、はなして打《う》つのが正解《せいかい》です（8五～8九も正解《せいかい》）2図。これなら△9二玉《ぎょく》にも、▲8三香成《きょうなり》や▲8三とから詰《つ》みになります。

香《きょう》のラインは早《はや》い者《もの》勝《が》ち！

3図は▲5九香《きょう》と打《う》ったところです。後手《ごて》の飛車《ひしゃ》に対《たい》してカベをつくりつつ、5筋《すじ》のマス目《め》をすべて押《お》さえています。これは、攻《せ》めにも守《まも》りにもなる攻防手《こうぼうしゅ》といいます。

香《きょう》を使《つか》いこなして有利《ゆうり》になろう

「下段《げだん》の香《きょう》に力《ちから》あり」という格言《かくげん》があるほど、自陣《じじん》の下段《げだん》から相手陣《あいてじん》にとどく香《きょう》は強力《きょうりょく》な存在《そんざい》です。また、攻《せ》めだけでなく、3図のように守《まも》りにも大《おお》きく役立《やくだ》ちます。

2図【1図より1手目】

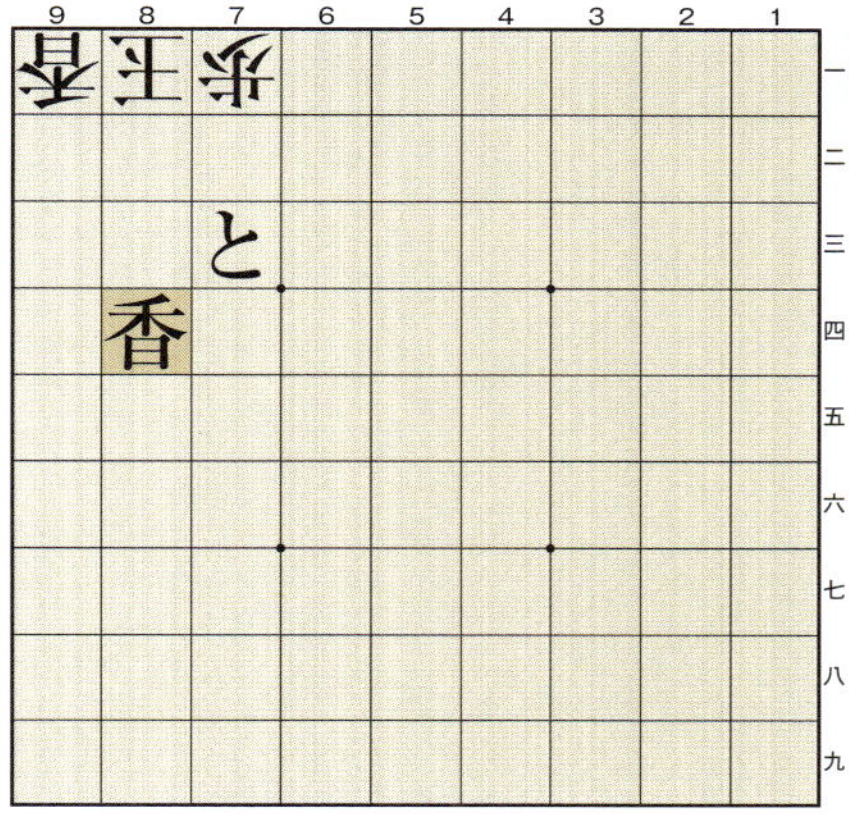

▲先手　なし

△後手　なし

これで後手玉《ごてぎょく》は詰《つ》みだ。

3図

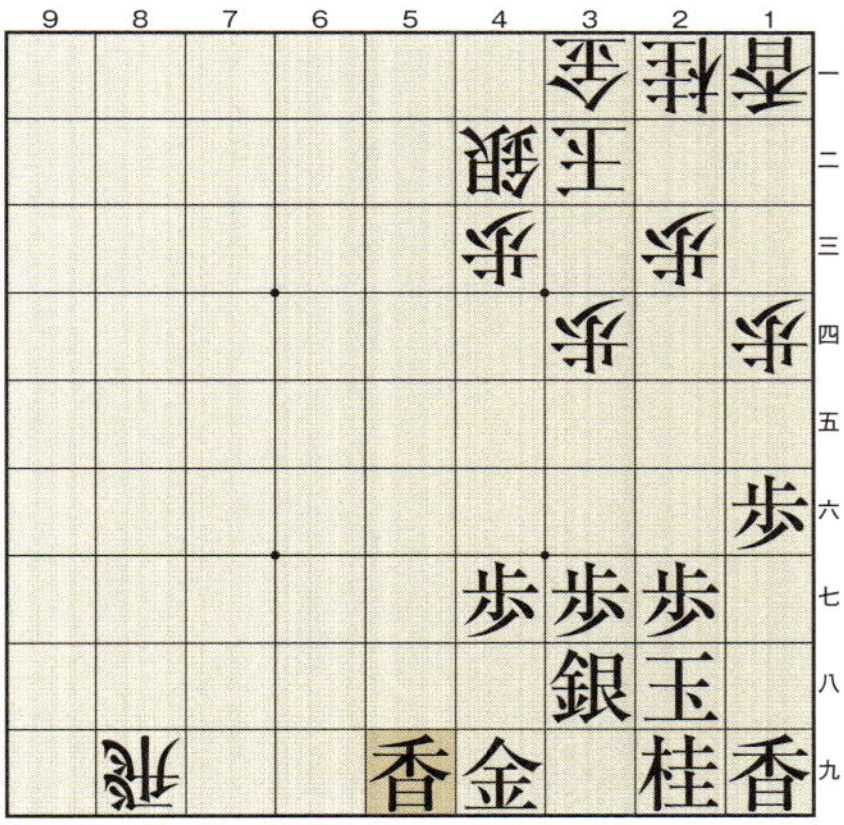

▲先手　なし

△後手　歩

先《さき》に打《う》たないと、△5一香《きょう》とされてしまう。

3図の5筋《すじ》は
ガラあきなので香《きょう》を
先《さき》に打《う》ったほうが
有利《ゆうり》になる。
先着一名《せんちゃくいちめい》のラインだ

金銀《きんぎん》をはがす

1図
△後手 なし
▲先手 香
6五の歩《ふ》を拠点《きょてん》にして香《きょう》との連携《れんけい》で相手《あいて》の金銀《きんぎん》を取《と》りたいところです

かたまった金銀《きんぎん》は香《きょう》でねらおう

相手玉《あいてぎょく》の近《ちか》くにいる金銀《きんぎん》は、守《まも》りの中心《ちゅうしん》です。持《も》ち駒《ごま》にした香《きょう》をじょうずに使《つか》うと、守《まも》りの金銀《きんぎん》をはがすことができます。

攻《せ》めの拠点《きょてん》（1図）では6五の歩《ふ》と協力《きょうりょく》させて香《きょう》を打《う》ちこむこと。それだけで相手《あいて》の守《まも》りを弱《よわ》めることができます。

歩《ふ》の拠点《きょてん》を使《つか》って、相手陣《あいてじん》の金銀《きんぎん》にアタックするときに香《きょう》はもっとも相性《あいしょう》のよい駒《こま》とされているんだよ

歩《ふ》の拠点《きょてん》を活《い》かして香《きょう》を打《う》つ

1図では、▲6四香《きょう》がよい手《て》です2図。後手《ごて》が6三の金《きん》をかわしても、▲6一香成《きょうなり》と6一の金《きん》を取《と》ることができます。

2図 [1図より1手目]

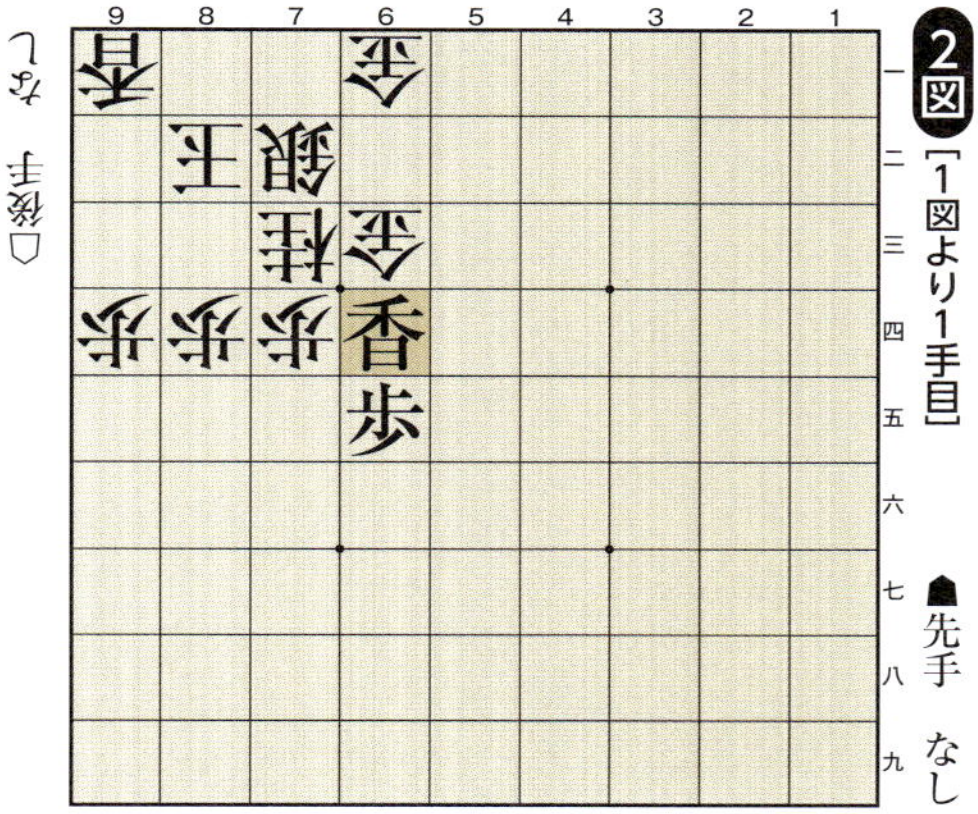

▲先手　なし
△後手　なし

金香《きんきょう》の交換《こうかん》はまちがいない！

どちらか1枚《まい》では攻《せ》めがつづかない

こんどは3図でかんがえてみましょう。▲8二ととすぐに金《きん》を取《と》ってしまうと、△同玉《どうぎょく》で攻《せ》めがつづかなくなります。

3図

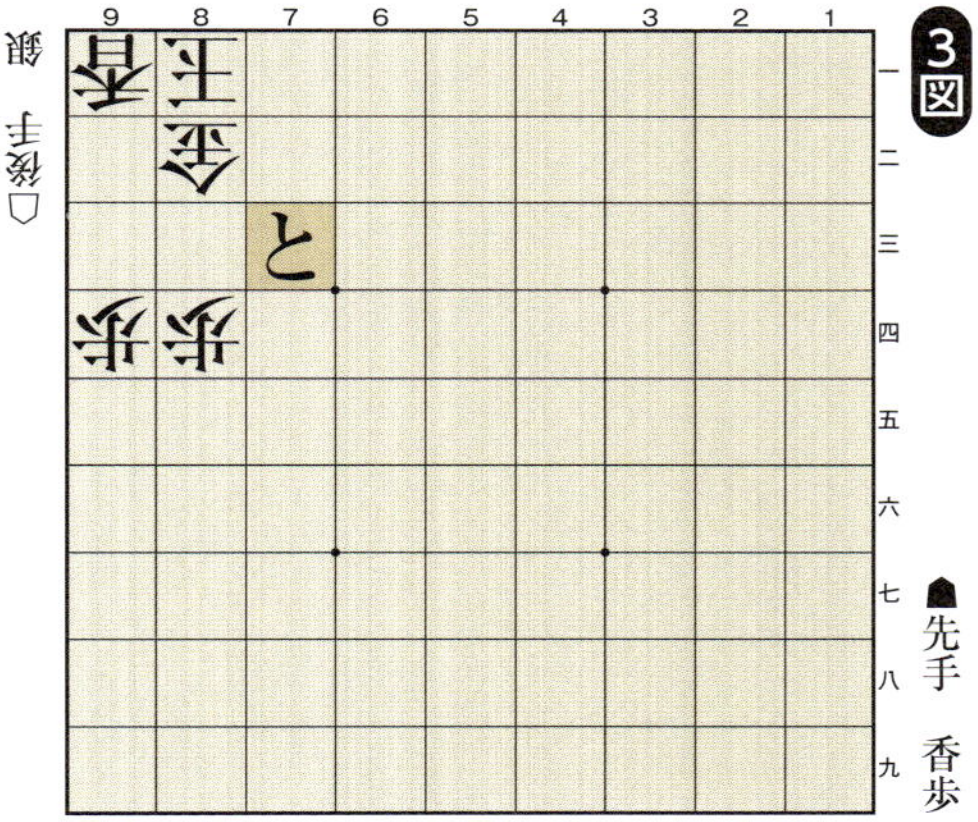

▲先手　香歩
△後手　銀

と金《きん》の拠点《きょてん》を大事《だいじ》にしよう。

香《きょう》を打《う》ちこみ確実《かくじつ》に金《きん》を取《と》ろう

3図では、▲8三香《きょう》が金《きん》をはがす攻《せ》め方《かた》です4図。うしろに玉《ぎょく》がいるので、△7三金《きん》とは取《と》れません。△8三同金《どうきん》には、▲同《どう》とで金《きん》を取《と》ることができます。

4図 [3図より1手目]

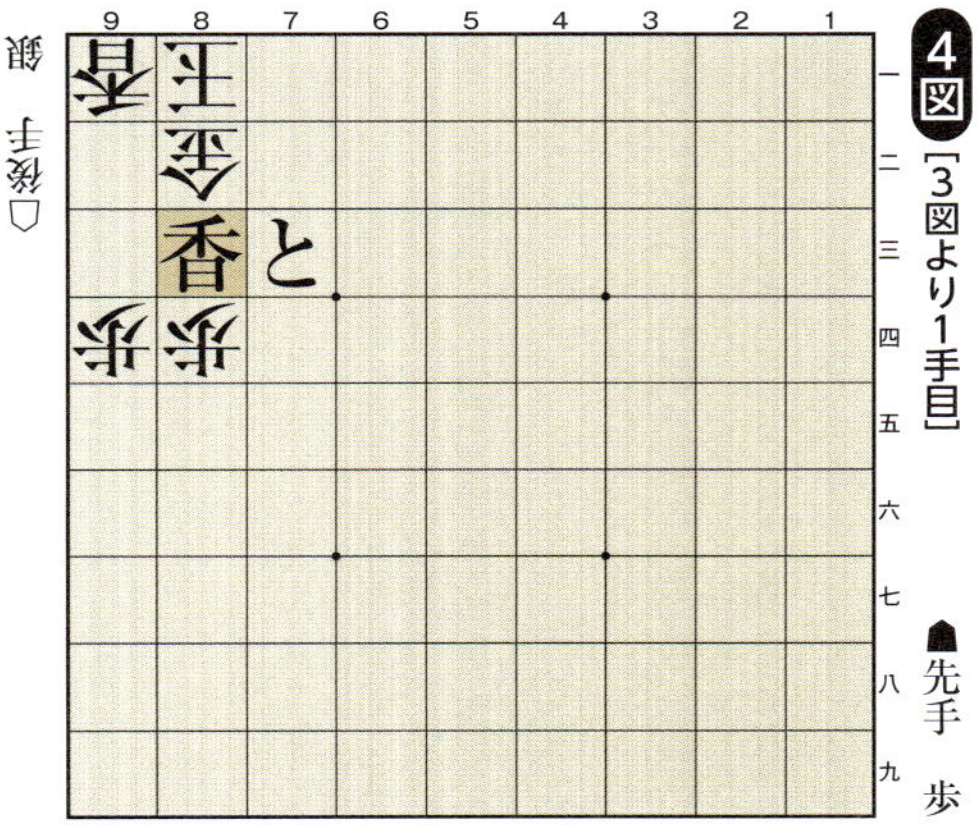

▲先手　歩
△後手　銀

香《きょう》打《う》ちの強力《きょうりょく》な攻《せ》めが決《き》まった！

歩《ふ》の代用《だいよう》

1図
▲先手　銀桂香歩
△後手　なし
取《と》られてもダメージの少《すく》ない歩《ふ》を
相手陣《あいてじん》に打《う》って攻《せ》めたいところですが
二歩《にふ》になってしまいます

歩《ふ》の代《か》わりとして香《きょう》を使《つか》える

1図でじっくり攻《せ》めるのであれば、▲8五歩《ふ》と突《つ》いていきたいところです。**しかし、終盤《しゅうばん》は相手《あいて》の玉《ぎょく》にせまるスピードが大事《だいじ》なので、これでは間《ま》に合《あ》わないかもしれません。**

はやく攻《せ》めたいなら、▲8三歩《ふ》としたいところですが、こんどは二歩《にふ》になってしまいます。

1図では、▲8三香《きょう》がよい手《て》です。△同金《どうきん》なら▲同桂成《どうけいなり》△同玉《どうぎょく》▲7五桂《けい》で詰《つ》みです。△7二玉《ぎょく》▲6三金《きん》△6一玉《ぎょく》▲6二銀《ぎん》△7一玉《ぎょく》にも▲6三銀《ぎん》ときびしく寄《よ》せがつづきます。このように**香《きょう》は歩《ふ》の代《か》わりとして使《つか》えるのです。**

かわるよ
ブンッ

守《まも》りにも香《きょう》が役立《やくだ》つ

2図は、後手《ごて》に美濃囲《みのがこ》いの弱点《じゃくてん》をねらわれています。☖3九銀《ぎん》を打《う》たれては、たちまち先手玉《せんてぎょく》はピンチです。

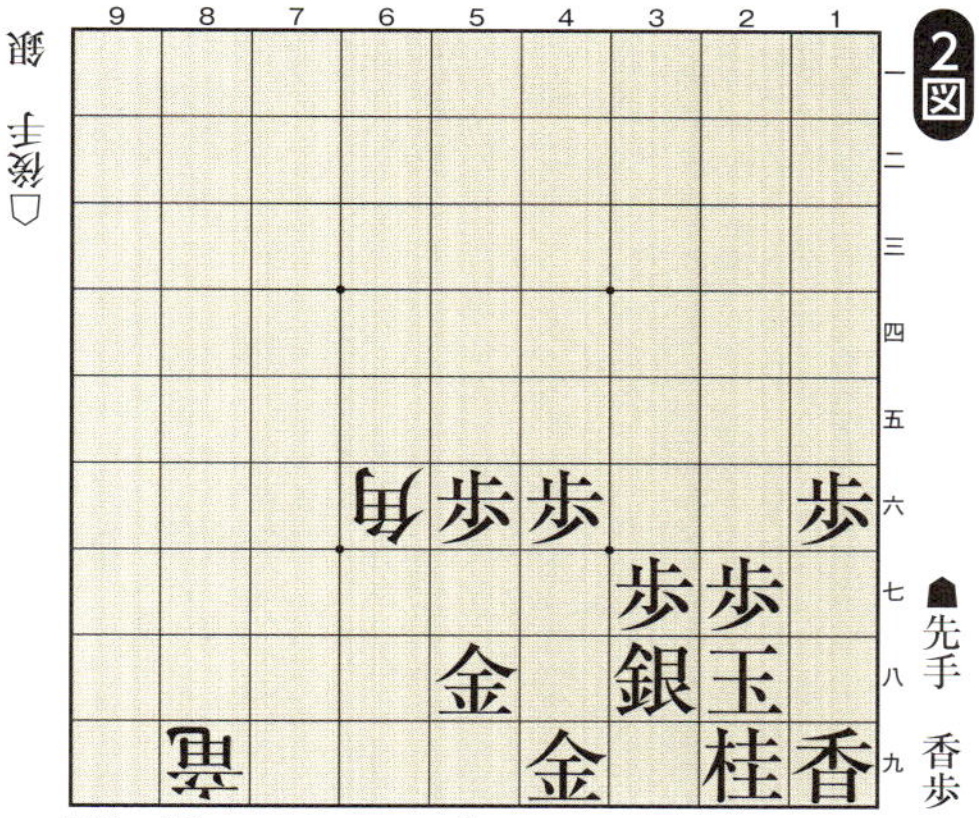
2図
後手 銀
先手 香歩
竜《りゅう》と角《かく》のきびしい攻《せ》めだ。

歩《ふ》が打《う》てないときは香《きょう》で守《まも》ろう

☗5九歩《ふ》は、二歩《にふ》で打《う》てません。2図では☗5九香《きょう》が、金底《きんぞこ》の歩《ふ》ならぬ金底《きんぞこ》の香《きょう》となります3図。

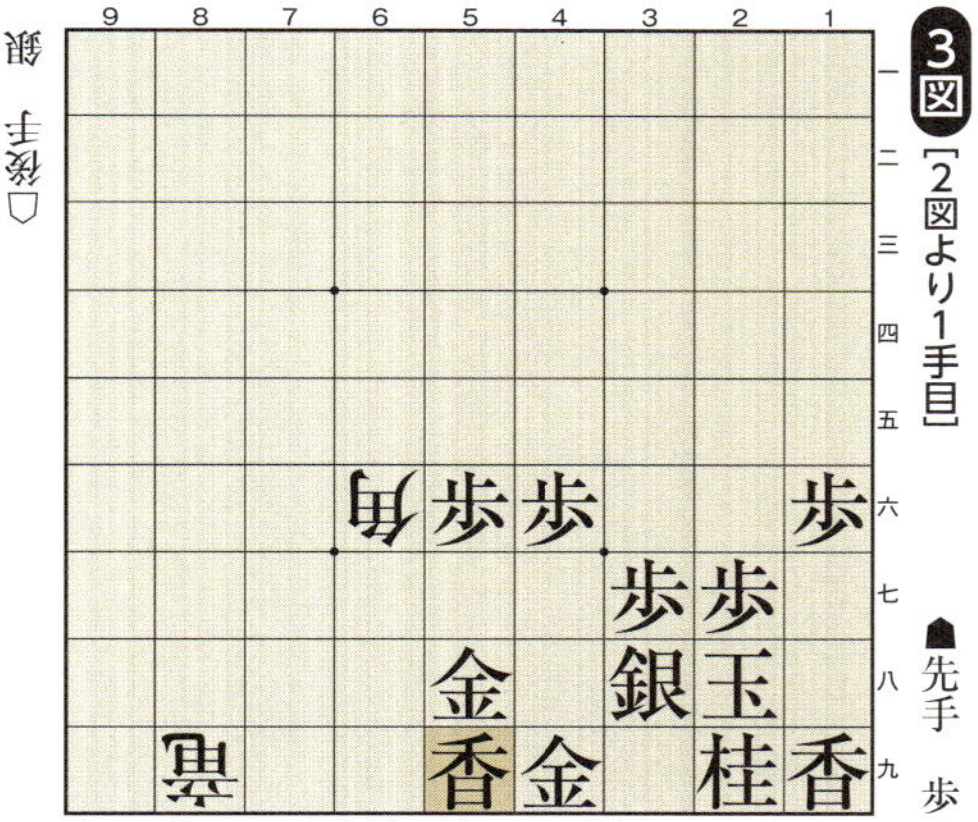
3図【2図より1手目】
後手 銀
先手 歩
歩《ふ》の代《か》わりに香《きょう》を打《う》って守《まも》った！

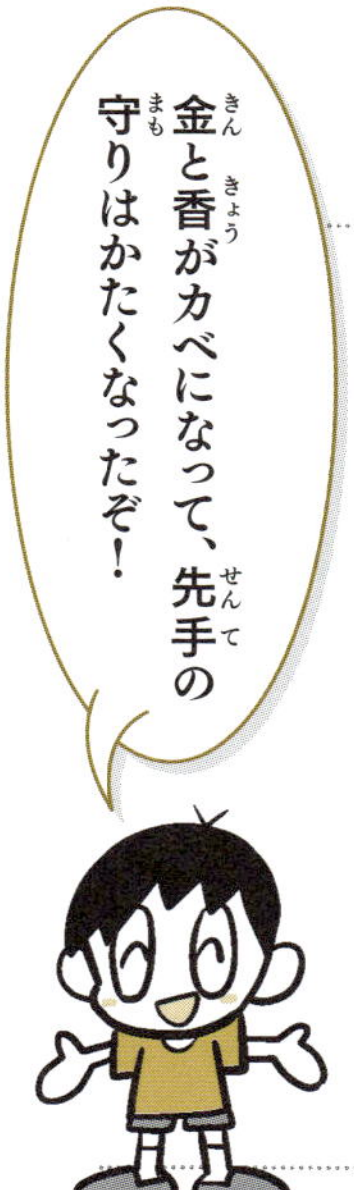
金《きん》と香《きょう》がカベになって、先手《せんて》の守《まも》りはかたくなったぞ！

金底《きんぞこ》の香《きょう》は相手《あいて》の香《きょう》に強《つよ》い

4図のように、相手《あいて》の香《きょう》に対応《たいおう》するために、金底《きんぞこ》の香《きょう》が使《つか》われることもあります。つぎに☖5一香《きょう》と打《う》たれても、☗5七歩《ふ》で受《う》けられます。

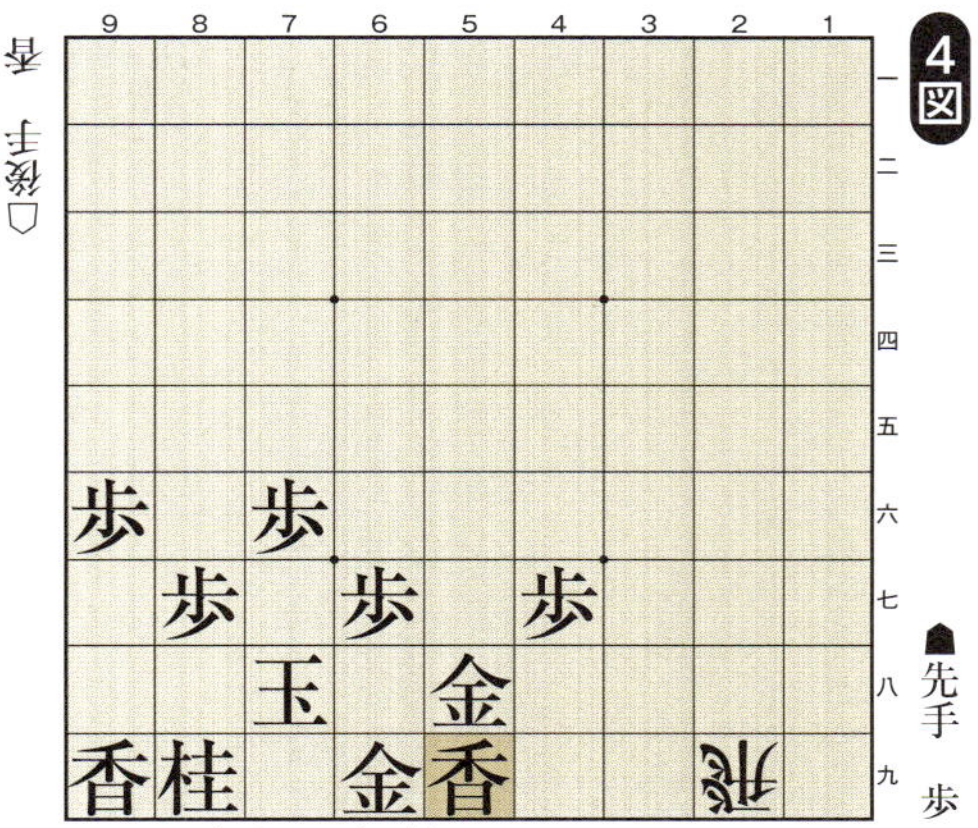
4図
後手 香
先手 歩
☖5一香《きょう》にも対応《たいおう》できるかたちだ。

香《きょう》・桂《けい》の手筋《てすじ》【終盤《しゅうばん》】

不成《ならず》の桂《けい》

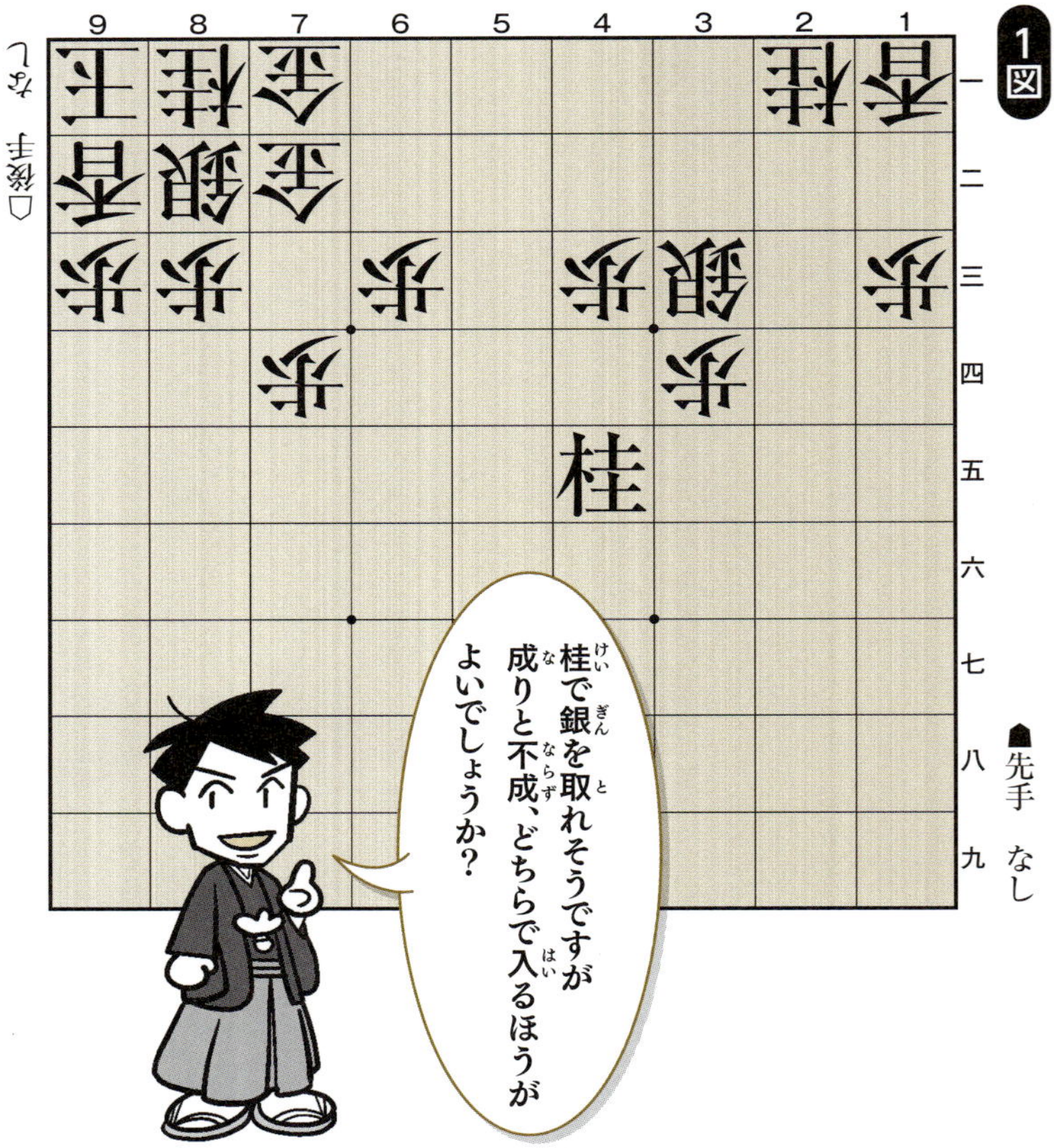
1図
後手 なし
先手 なし
桂《けい》で銀《ぎん》を取《と》れそうですが成《な》りと不成《ならず》、どちらで入《はい》るほうがよいでしょうか？

桂《けい》の動《うご》きを活《い》かしたテクニック

「不成《ならず》の桂《けい》」は文字《もじ》どおり、桂《けい》を成《な》らずに相手陣《あいてじん》に跳《と》びこむ手筋《てすじ》です。使《つか》われることは少《すく》ないですが、効《こう》果的《かてき》なときもあります。たとえば、不成《ならず》で入《はい》って金《きん》の両取《りょうど》りをねらったり（→64ページ）、相手陣《あいてじん》で駒得《こまどく》をねらったり、かたい穴熊《あなぐま》を攻《せ》めるときにも使《つか》えます。

1図で▲3三桂成《けいなり》と銀《ぎん》を取《と》るのは、穴熊《あなぐま》のかたさを活《い》かして攻《せ》められると、銀《ぎん》を取《と》った以外《いがい》に価値《かち》のない手《て》になってしまいます。

駒《こま》を跳《と》びこえる動《うご》きやスピードなど桂《けい》の長所《ちょうしょ》を活《い》かすんだね！

ねらいがあるなら不成《ならず》の桂《けい》で

1図は▲3三桂不成《けいならず》と取《と》ります2図。この桂《けい》で玉《ぎょく》をねらうことはないので、不成《ならず》で入《はい》って▲2一桂成《けいなり》～▲1一成桂《なりけい》と駒得《こまどく》することができます。

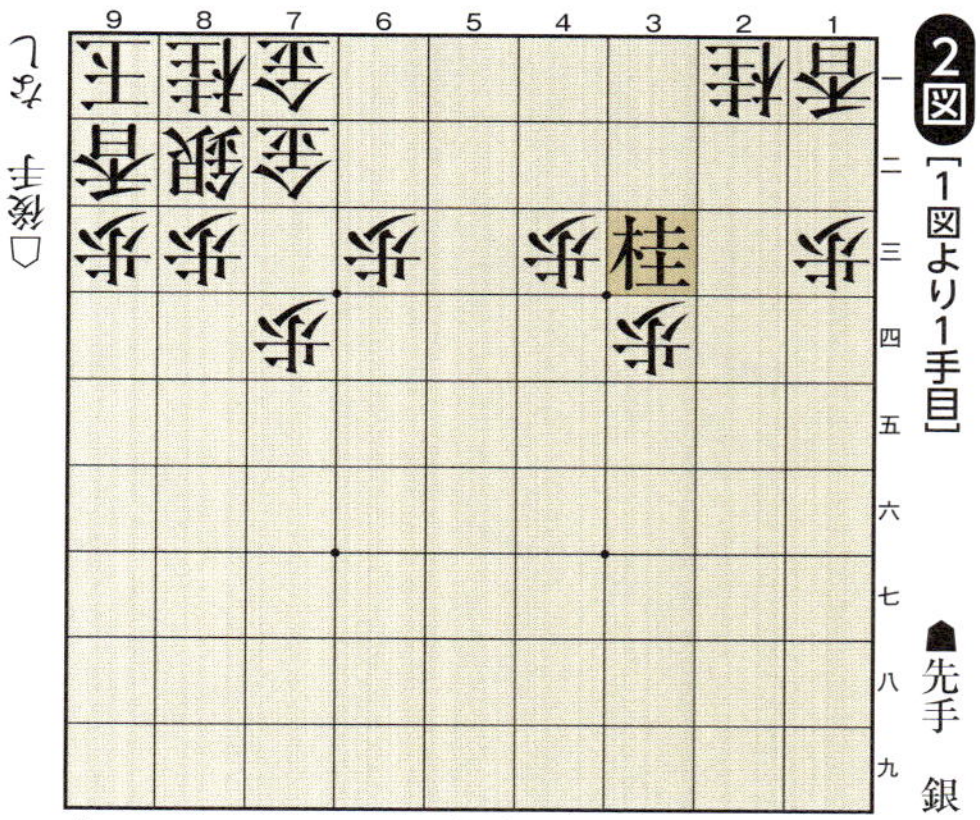

成《な》るよりもすこし価値《かち》が高《たか》くなる。

よりきびしい攻《せ》めはなんだろう

つづいて、3図は穴熊《あなぐま》への攻《せ》めです。▲8三桂成《けいなり》もよい手《て》ですが、後手《ごて》に手抜《てぬ》かれるかもしれません。

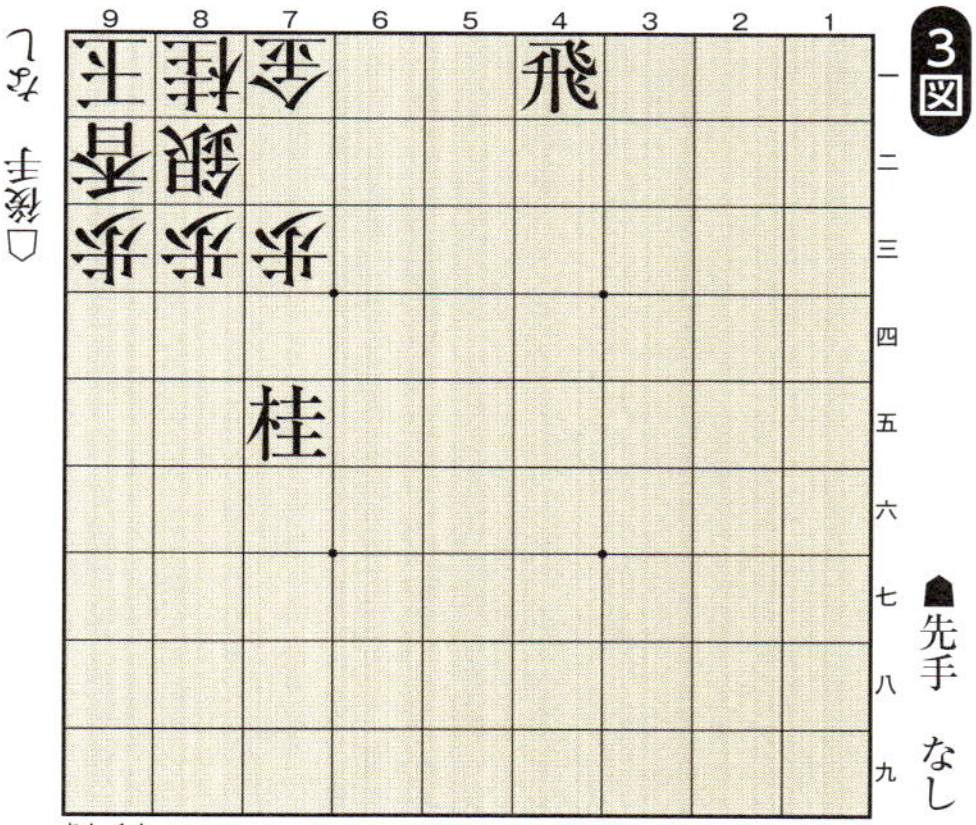

穴熊《あなぐま》をくずせるかたちだが……。

王手《おうて》なら手抜《てぬ》くことはできない

3図から▲8三桂不成《けいならず》と、桂《けい》を成《な》らずに王手《おうて》をかけます4図。後《ご》手は△8三同銀《どうぎん》と取《と》りますが、▲7一飛成《ひなり》と金《きん》を取《と》って、後手《ごて》の守《まも》りは苦《くる》しくなります。

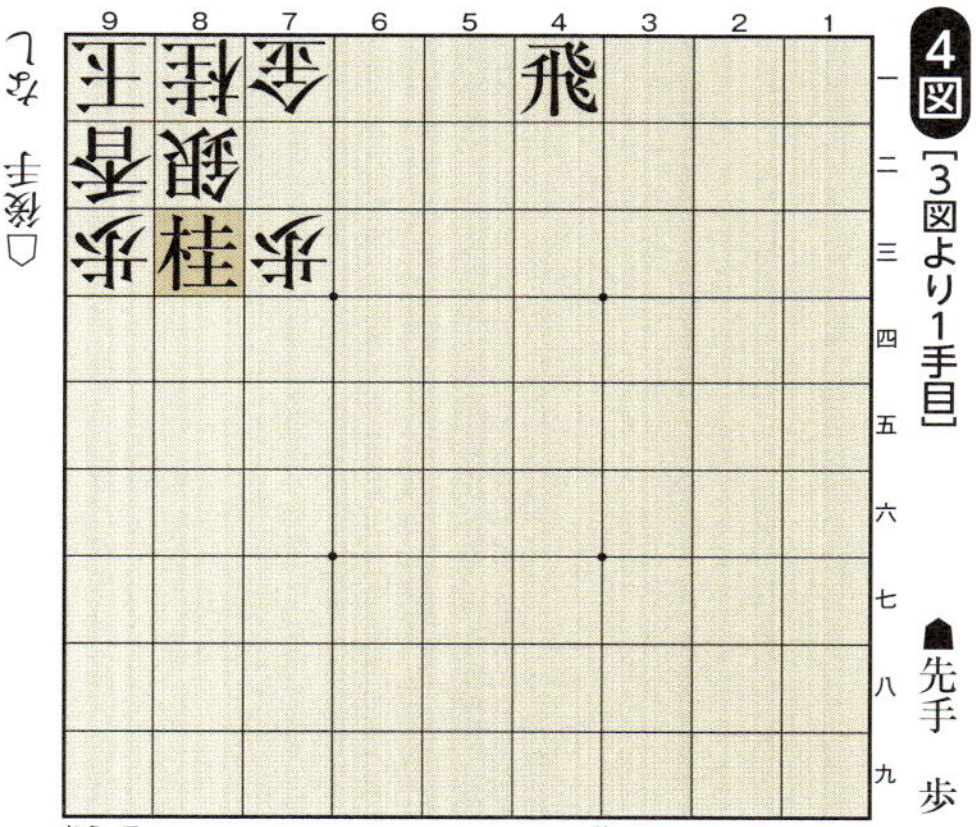

王手《おうて》はいちばんきびしい攻《せ》め！

香《きょう》・桂《けい》の手筋《てすじ》［終盤《しゅうばん》］

詰《つ》みの拠点《きょてん》

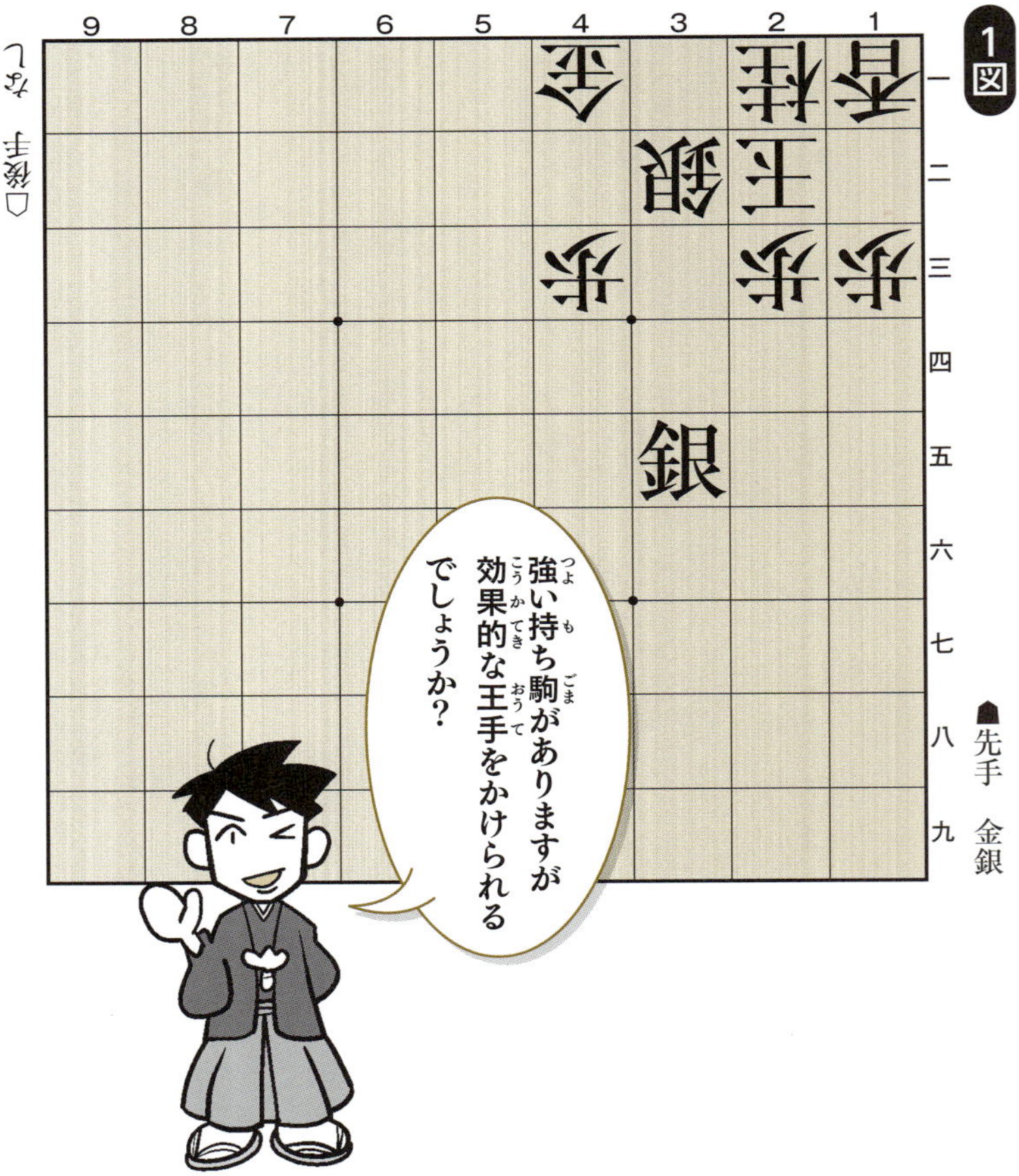
1図
9 8 7 6 5 4 3 2 1
一 二 三 四 五 六 七 八 九
香 桂 金
王 銀
歩 歩 歩
銀
△後手 なし
▲先手 金銀
強《つよ》い持《も》ち駒《ごま》がありますが効果的《こうかてき》な王手《おうて》をかけられるでしょうか？

とつぜんの王手《おうて》は桂《けい》にしかできない

桂《けい》は相手《あいて》の駒《こま》を跳《と》びこえて、はなれたところから王手《おうて》ができます。**そのため、攻《せ》めの拠点《きょてん》がないときでも、桂《けい》さえあれば王手《おうて》をかけていきなり詰《つ》ますこともできます。**

たとえば、飛角金銀《ひかくきんぎん》を何枚《なんまい》持《も》っていたとしても1図の後手玉《ごてぎょく》に効果《こうか》的《てき》な王手《おうて》をかける方法《ほうほう》はありませんが、桂《けい》が1枚《まい》あるだけで状況《じょうきょう》は大《おお》きく変《か》わるのです。

接戦《せっせん》の終盤《しゅうばん》において桂《けい》は強力《きょうりょく》な駒《こま》となるよ。相手《あいて》の桂《けい》にも気《き》をつけようね
王手《おうて》だ！
なんとッ

囲《かこ》われた玉《ぎょく》も桂《けい》で詰《つ》みにできる

もし1図で桂《けい》が1枚《まい》あれば、▲3四桂《けい》と打《う》ちます2図。△1二玉《ぎょく》や△3一玉《ぎょく》には▲2二金《きん》（▲2二銀《ぎん》）、△3三玉《ぎょく》には▲2二銀《ぎん》で、なんともかんたんに詰《つ》みました。

2図【1図より1手目】

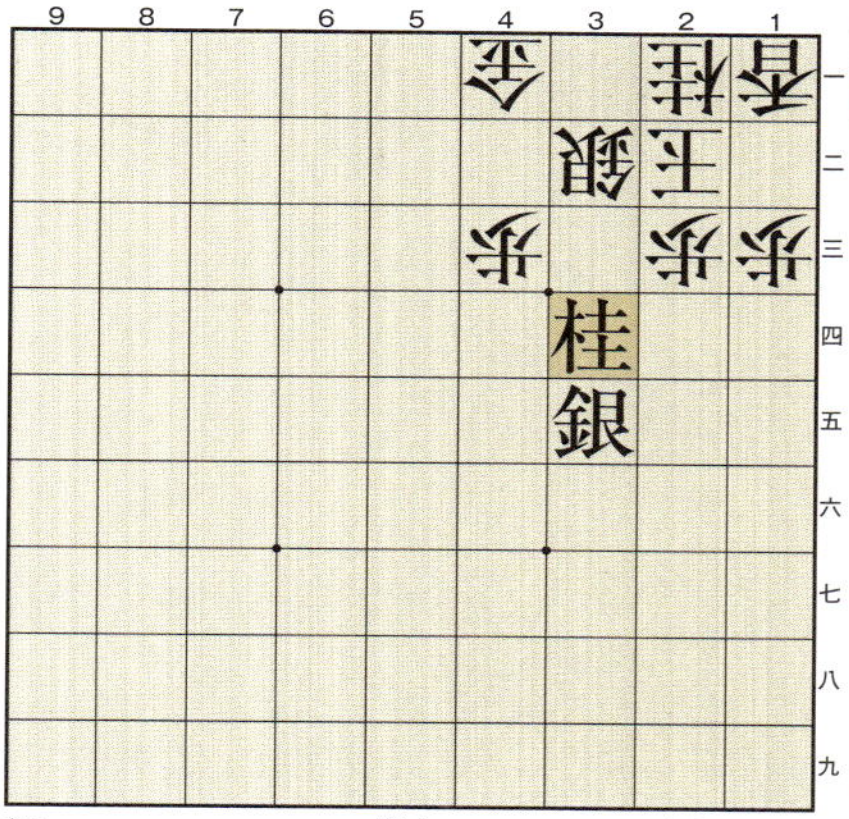

▲先手 金銀
△後手 なし

囲《かこ》いのなかにいる玉《ぎょく》にいきなり王手《おうて》。

うっかり相手《あいて》に桂《けい》をわたすと？

こんどは3図。おたがいが穴熊《あなぐま》で守《まも》る終盤《しゅうばん》です。ここで▲7一成桂《なりけい》とすると、△同銀《どうぎん》と桂《けい》を取《と》られてしまいます。

3図

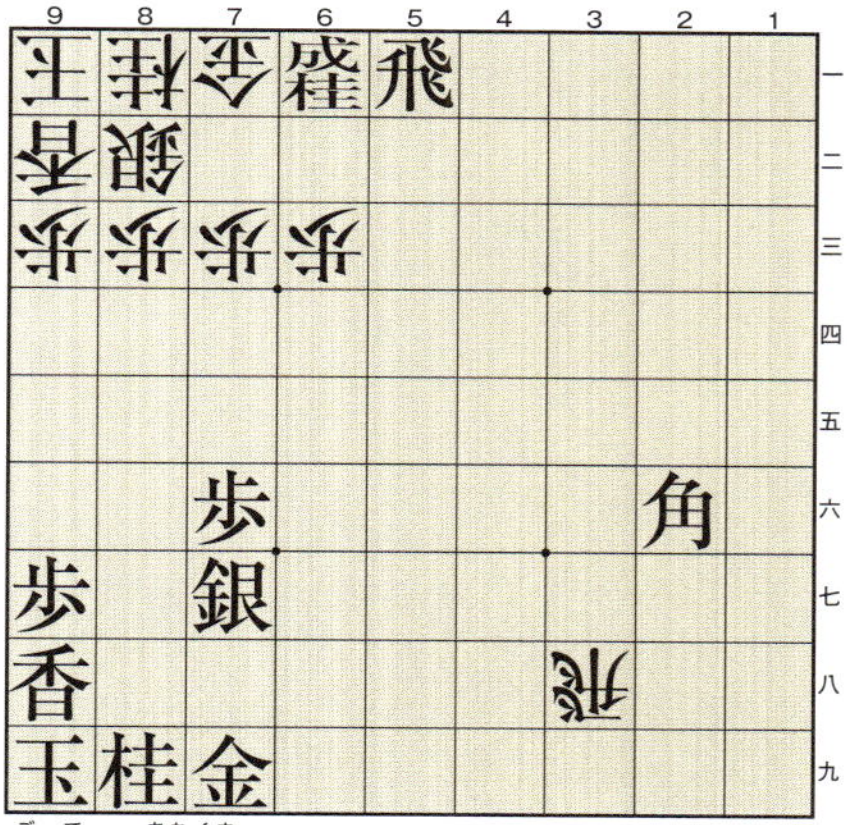

▲先手 なし
△後手 なし

後手《ごて》の穴熊《あなぐま》をはがしていけそうだが……。

こちらの穴熊《あなぐま》のスキをつかれる！

△7一同銀《どうぎん》のあと、▲同角成《どうかくなり》に△8七桂《けい》と打《う》たれ、先手玉《せんてぎょく》が詰《つ》まされてしまいました4図。先手玉《せんてぎょく》は穴熊《あなぐま》ですが、桂《けい》をわたすと王手《おうて》がかかってしまうのです。

4図【3図より4手目】

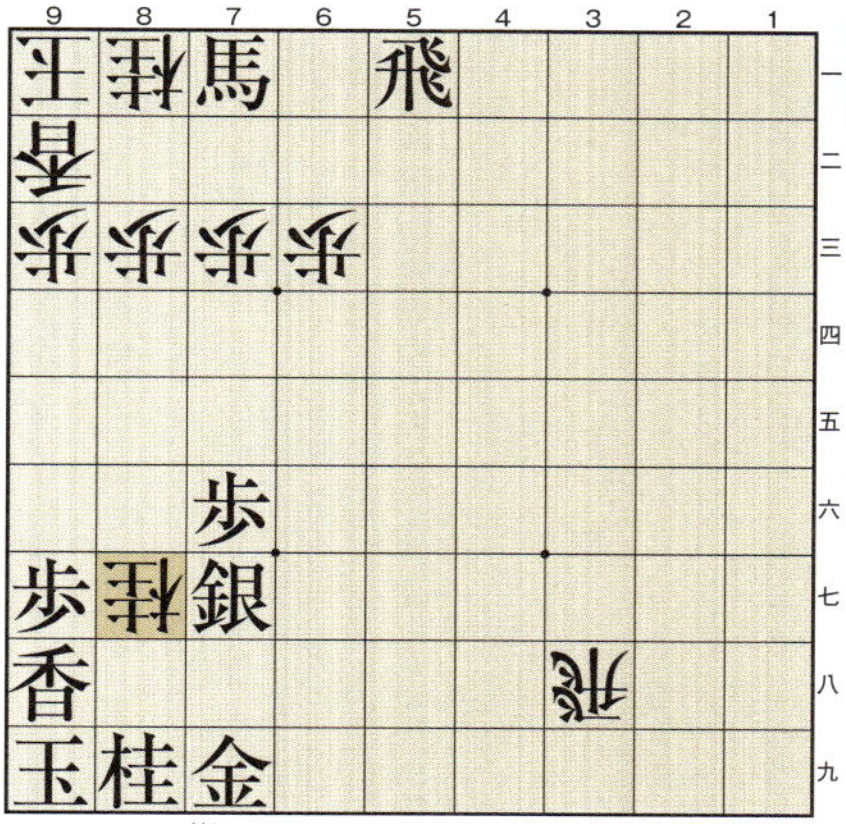

▲先手 金銀
△後手 なし

うっかり桂《けい》をわたすと詰《つ》んでしまう。

こじあける桂《けい》

1図
9 8 7 6 5 4 3 2 1
一 二 三 四 五 六 七 八 九
後手 なし
先手 角銀桂
香 桂 王 金 歩 歩 銀 歩 歩 歩 歩 歩 飛 香
歩《ふ》の頭《あたま》に桂《けい》を打《う》つことで
歩《ふ》のカベをくずすことが
できますよ

桂《けい》で歩《ふ》のカベをこじあける

1図 では、歩《ふ》の頭《あたま》に桂《けい》を打《う》ちこむのがよい手《て》です。

桂《けい》は駒《こま》を跳《と》びこえられるので、歩《ふ》のカベをこえて、相手陣《あいてじん》の金銀《きんぎん》を直接《ちょくせつ》ねらうことができます。 相手《あいて》が歩《ふ》で桂《けい》を取《と》ってきたら、そこから歩《ふ》のカベをくずして攻《せ》めこみましょう。

桂《けい》は直接王手《ちょくせつおうて》を
ねらうこともできるし
ほかの攻《せ》め駒《ごま》を
助《たす》けることも
できるんだね

歩《ふ》の頭《あたま》に桂《けい》を打《う》って弱点《じゃくてん》をねらう

1図では、☗2四桂《けい》が強烈《きょうれつ》な攻《せ》め2図。後手《ごて》の弱点《じゃくてん》である3二の金《きん》に、ねらいをつけます。

後手《ごて》の金《きん》を取《と》って守《まも》りをうすくする

後手《ごて》が☗2四桂《けい》を取《と》らなければ、☗3二桂成《けいなり》と金《きん》を取《と》って3図、後《ご》手の守《まも》りをうすくします。2図から△4二金《きん》とかわす手《て》は、玉《ぎょく》があぶなくなるので指《さ》せないでしょう。

桂《けい》を取《と》らせることで攻《せ》めがつづく

3図の手順《てじゅん》をさけるため、後手《ごて》は2図から△2四同歩《どうふ》と、桂《けい》を取《と》りました。これには、☗同歩《どうふ》△同銀《どうぎん》☗同飛《どうひ》△2三歩《ふ》☗2九飛《ひ》と、守《まも》りの銀《ぎん》をはがすことに成功《せいこう》です4図。

2図【1図より1手目】

☗先手 角銀

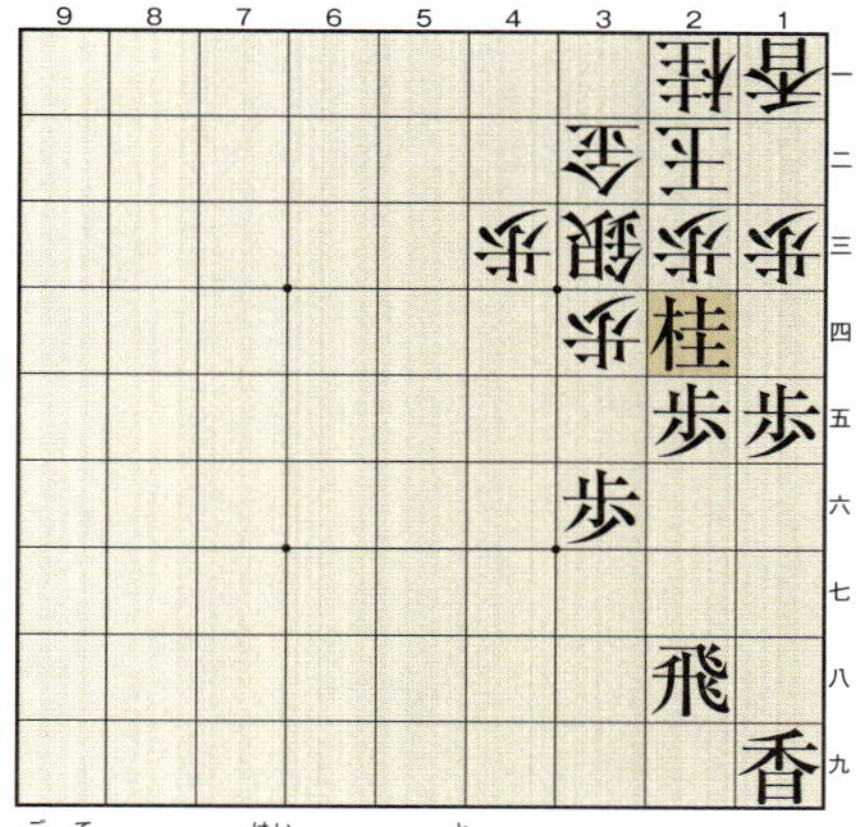

△後手 なし

後手《ごて》はこの桂《けい》をどう取《と》るかな？

3図【2図より1手目】

☗先手 角金銀

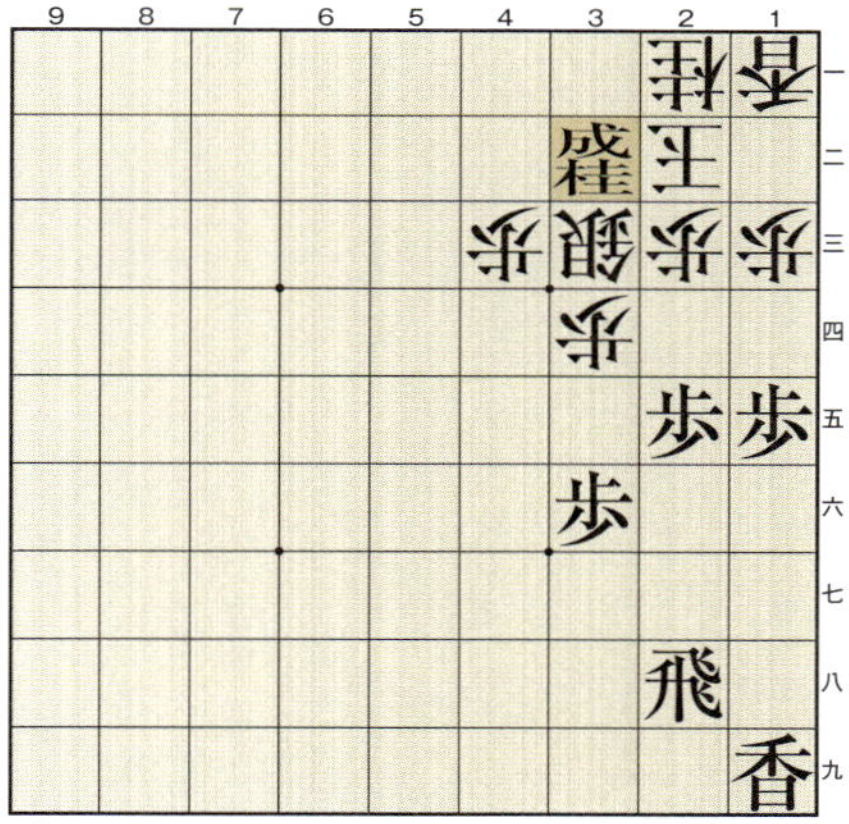

△後手 なし

後手《ごて》の弱点《じゃくてん》である金《きん》を取《と》った。

4図【2図より6手目】

☗先手 角銀2歩

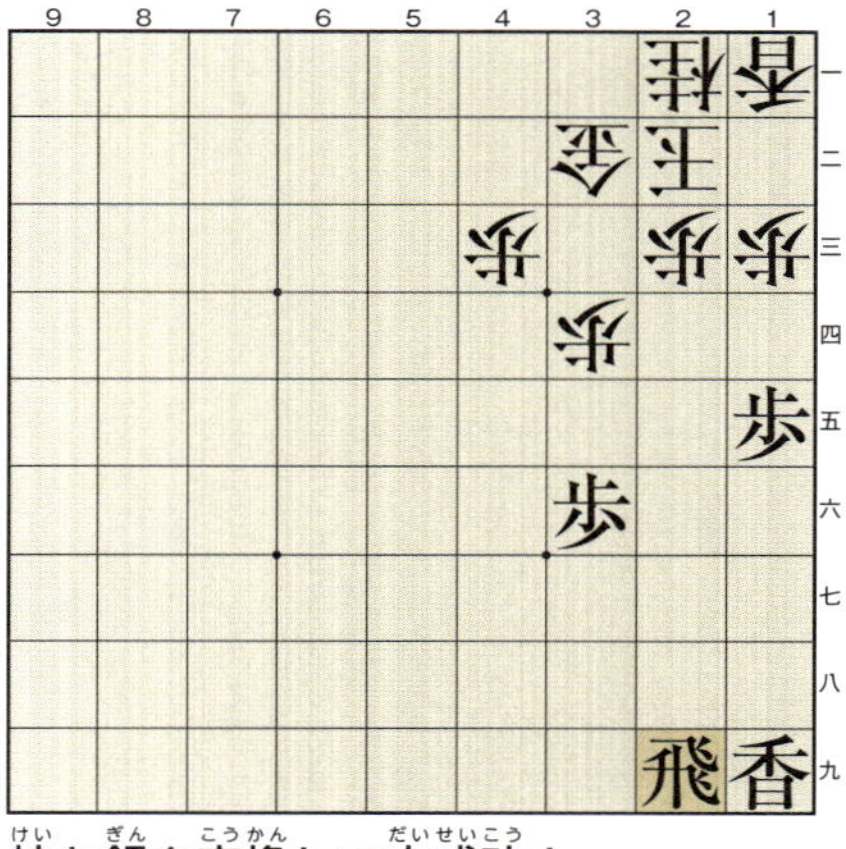

△後手 桂

桂《けい》と銀《ぎん》を交換《こうかん》して大成功《だいせいこう》！

ひかえの桂《けい》

1図
後手 なし
先手 飛金桂
3四に桂《けい》を進《すす》められると角金《かくきん》の両取《りょうど》りがねらえそうですね

王手《おうて》や両取《りょうど》りをねらえるひかえの桂《けい》

つぎに桂《けい》を跳《は》ねるぞと、桂《けい》を打《う》つことを「ひかえの桂《けい》」といいます。

相手陣《あいてじん》に打《う》てるときでも、あえてその手前《てまえ》に桂《けい》を打《う》つことにより、相手《あいて》に駒《こま》をわたさずに攻《せ》めることができます。王手《おうて》や両取《りょうど》りをねらうことができます。

まずは1図からの流《なが》れを見《み》てみましょう。

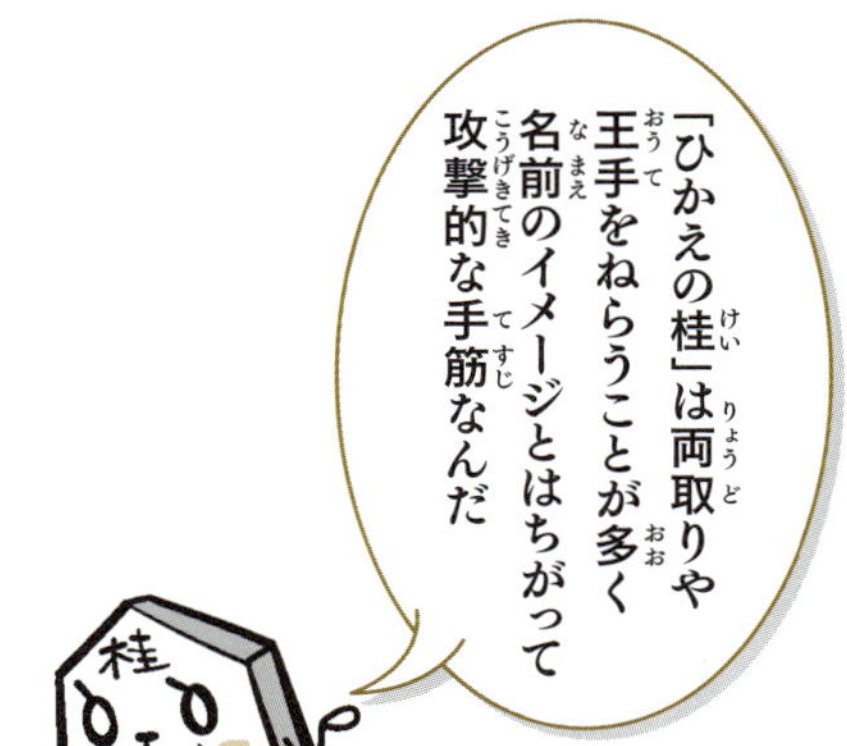
「ひかえの桂《けい》」は両取《りょうど》りや王手《おうて》をねらうことが多《おお》く名前《なまえ》のイメージとはちがって攻撃的《こうげきてき》な手筋《てすじ》なんだ

ひかえの桂《けい》からの角金両取《かくきんりょうど》りをねらう！

1図では、▲2六桂《けい》が「ひかえの桂《けい》」です。つぎに▲3四桂《けい》の角金《かくきん》両取《りょうど》りをねらっています。

2図［1図より1手目］

▲先手　飛金

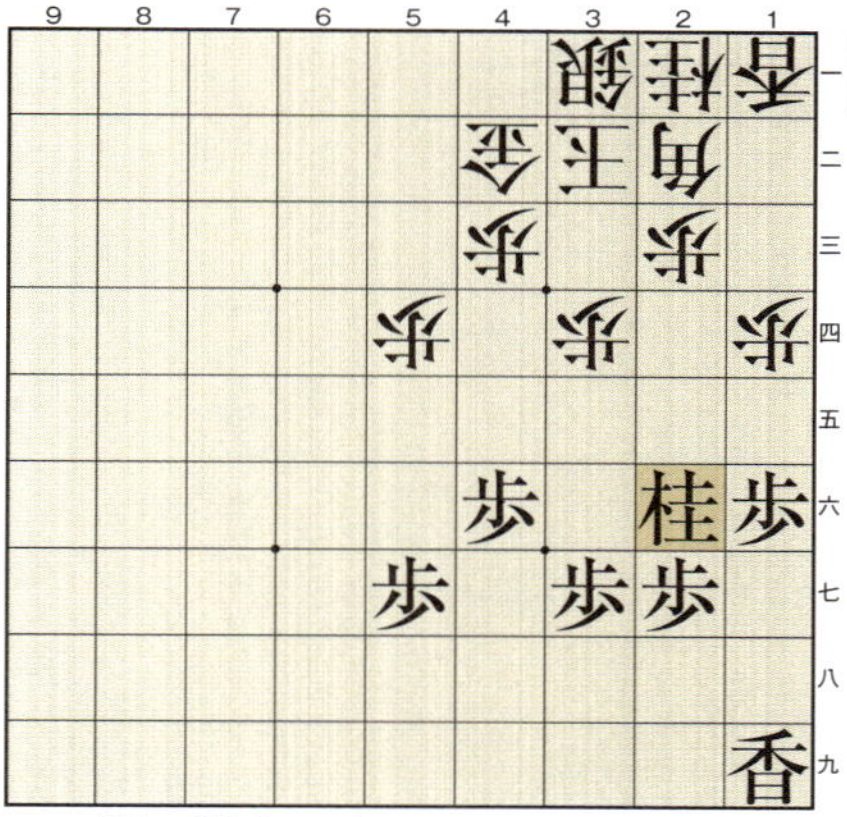

△後手　なし

この桂《けい》は相手《あいて》に取《と》られないね！

相手《あいて》の守《まも》りをくずしていく！

2図で△3三金《きん》は、角《かく》が使《つか》えなくなるうえに、横《よこ》から飛車《ひしゃ》で王手《おうて》がかかります。そのため後手《ごて》は▲2六桂《けい》に対《たい》して、角《かく》を取《と》られないように動《うご》かしますが、それでも▲3四桂《けい》の金取《きんと》りがよい攻《せ》めです（3図）。

3図［2図より2手目］

▲先手　飛金

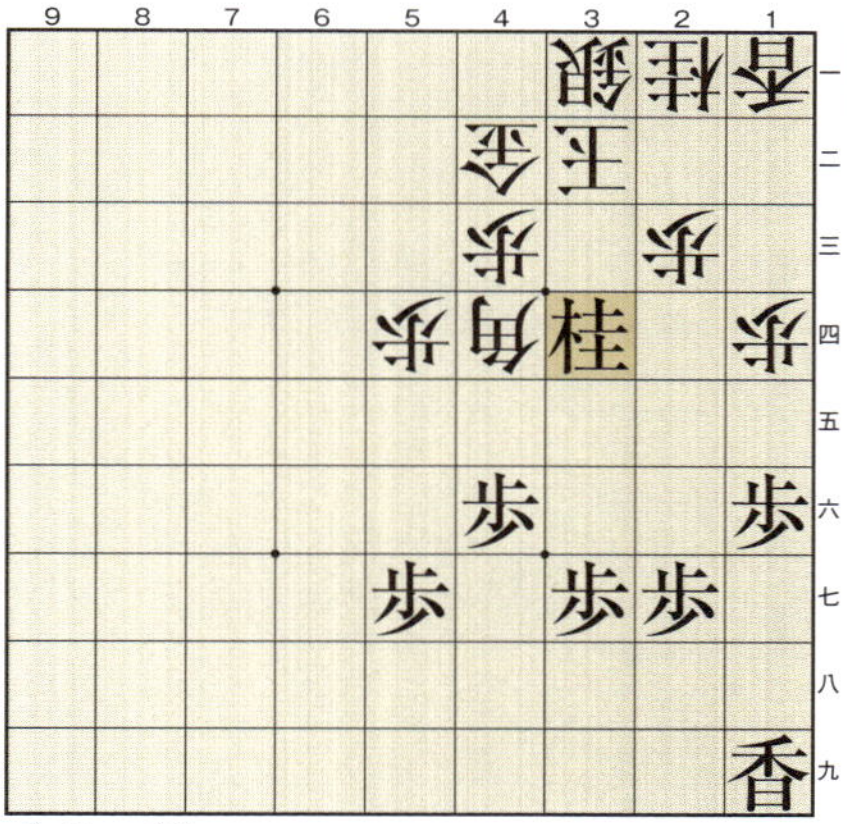

△後手　なし

後手《ごて》は角《かく》をにがすしかない。

ひかえの桂《けい》で玉《ぎょく》を詰《つ》ませる

4図のような場面《ばめん》では、▲6六桂《けい》と打《う》つのがひかえの桂《けい》です。つぎに▲7四桂打《けいうち》と、2枚《まい》の桂《けい》で攻《せ》めることで、△同歩《どうふ》▲同桂《どうけい》△7三玉《ぎょく》に▲8二角《かく》△7四玉《ぎょく》▲7五金《きん》で玉《ぎょく》を詰《つ》ませることができます。

4図

▲先手　角金桂

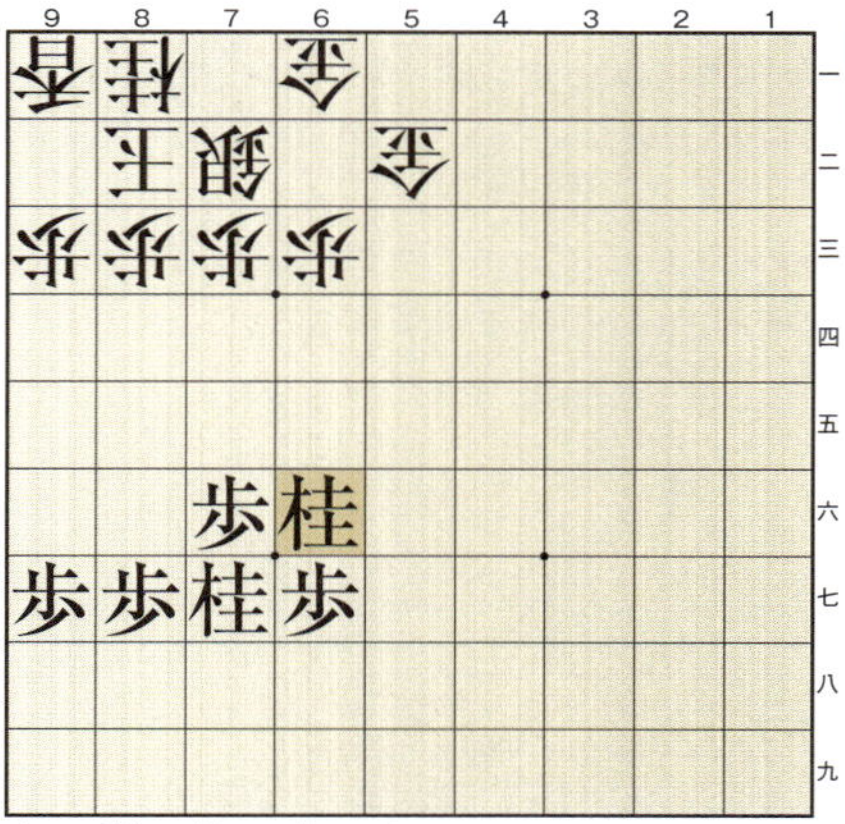

△後手　なし

持《も》ち駒《ごま》の桂《けい》2枚《まい》を活《い》かそう。

【練習問題《れんしゅうもんだい》】終盤《しゅうばん》の香《きょう》・桂《けい》の手筋《てすじ》を使《つか》ってみよう

【問題1】つぎの一手《いって》は？

▲先手　金銀桂香

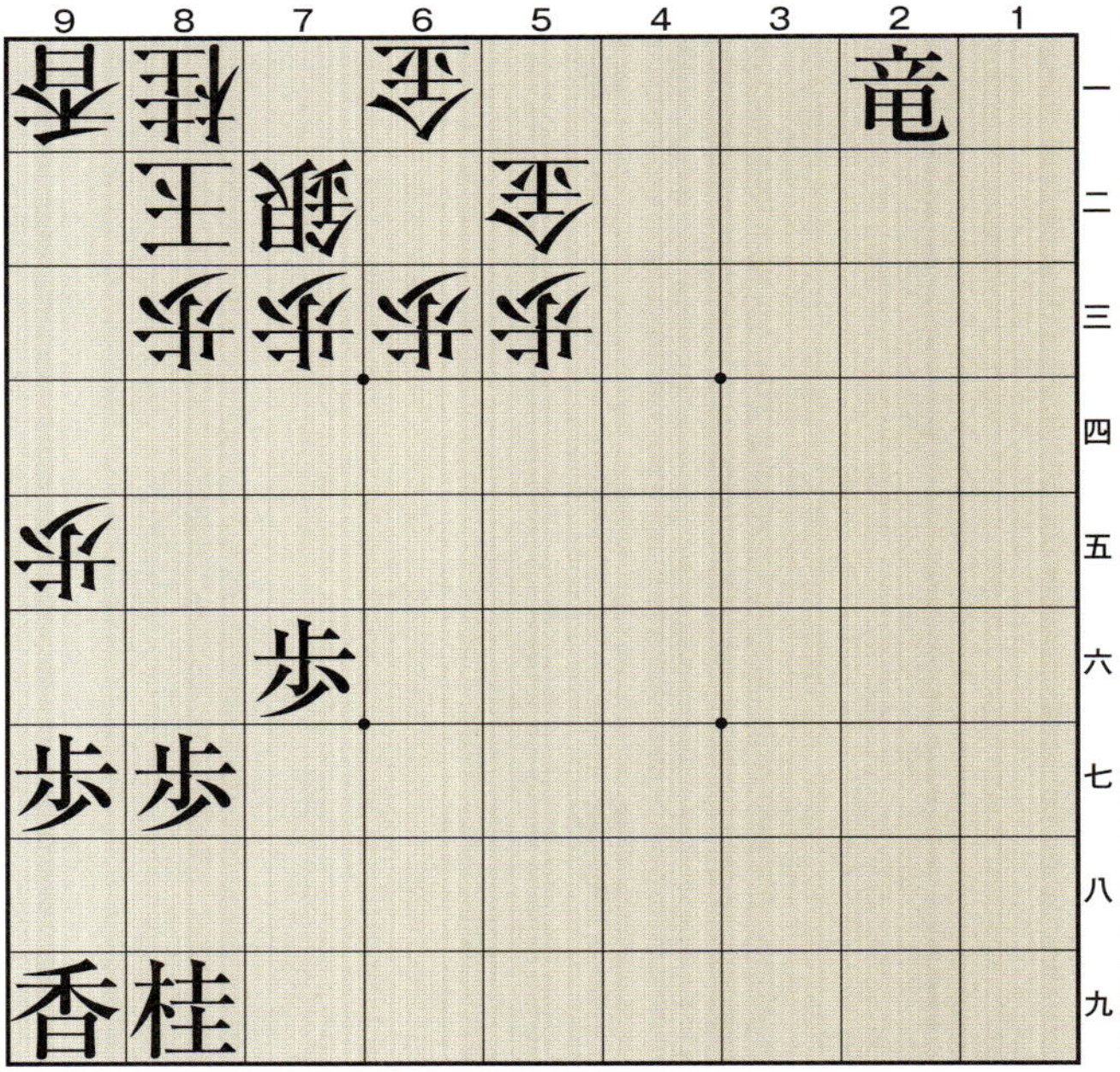

△後手　なし

ヒント
後手《ごて》が歩《ふ》を進《すす》めている9筋《すじ》に注目《ちゅうもく》しましょう。持《も》ち駒《ごま》の桂《けい》と香《きょう》を使《つか》い、王手《おうて》をかけることができます。

【問題2】つぎの一手《いって》は？

▲先手　香歩

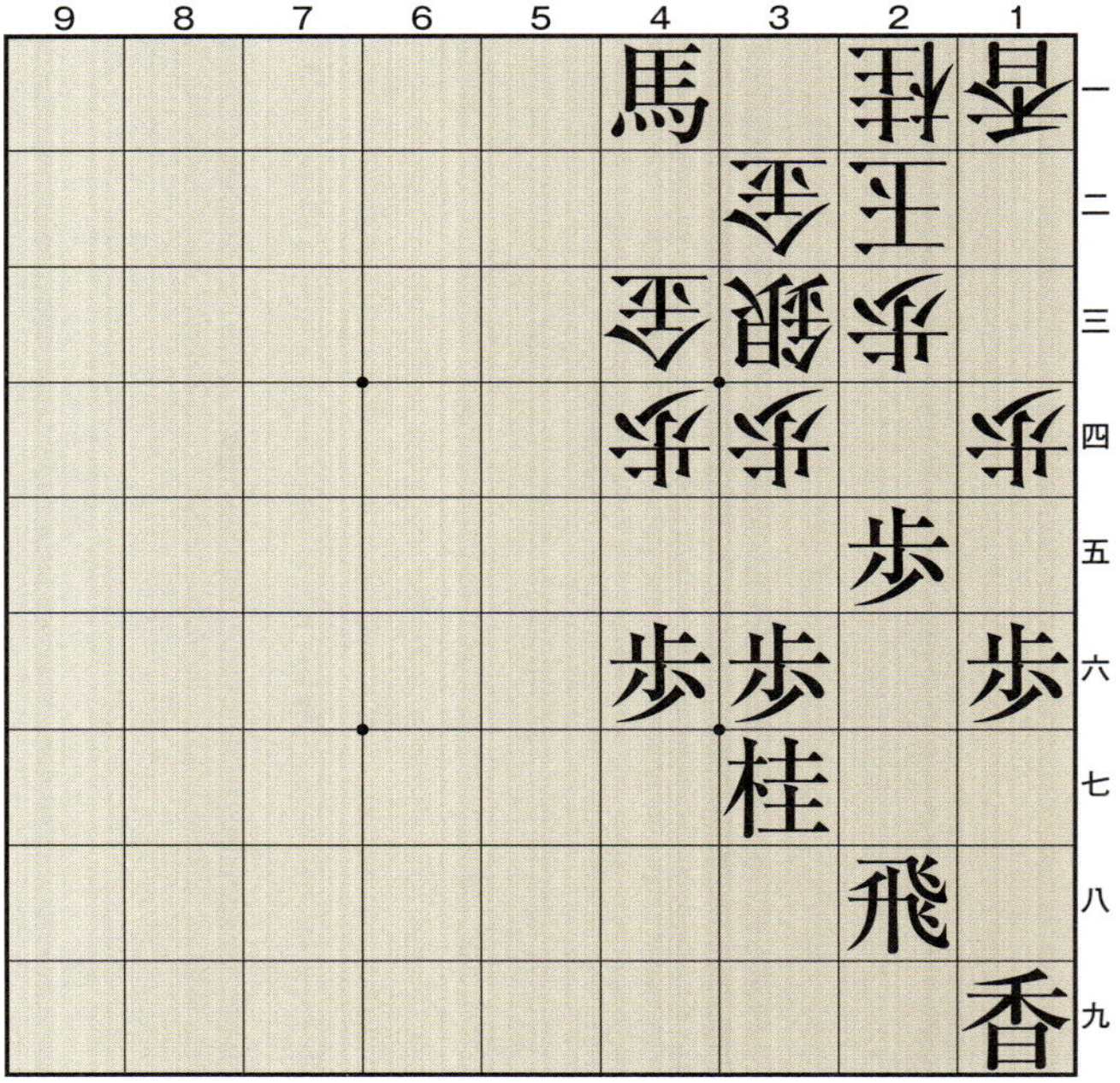

△後手　なし

ヒント
飛車《ひしゃ》のいる2筋《すじ》から攻《せ》めたいところ。後手《ごて》の守《まも》り方《かた》によって、桂《けい》と香《きょう》を使《つか》いわけましょう。

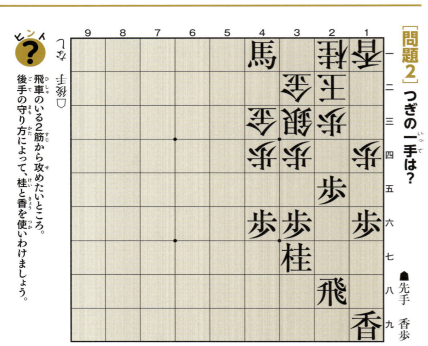

答え

☗8六桂《けい》

（1図）

後手《ごて》が9筋《すじ》から攻《せ》めてきていますが、桂《けい》で反撃《はんげき》できます。9一の香《きょう》を9四につり上《あ》げたいところです。

☗9四香《きょう》
☖同香《どうきょう》
☗同桂《どうけい》

（参考図）

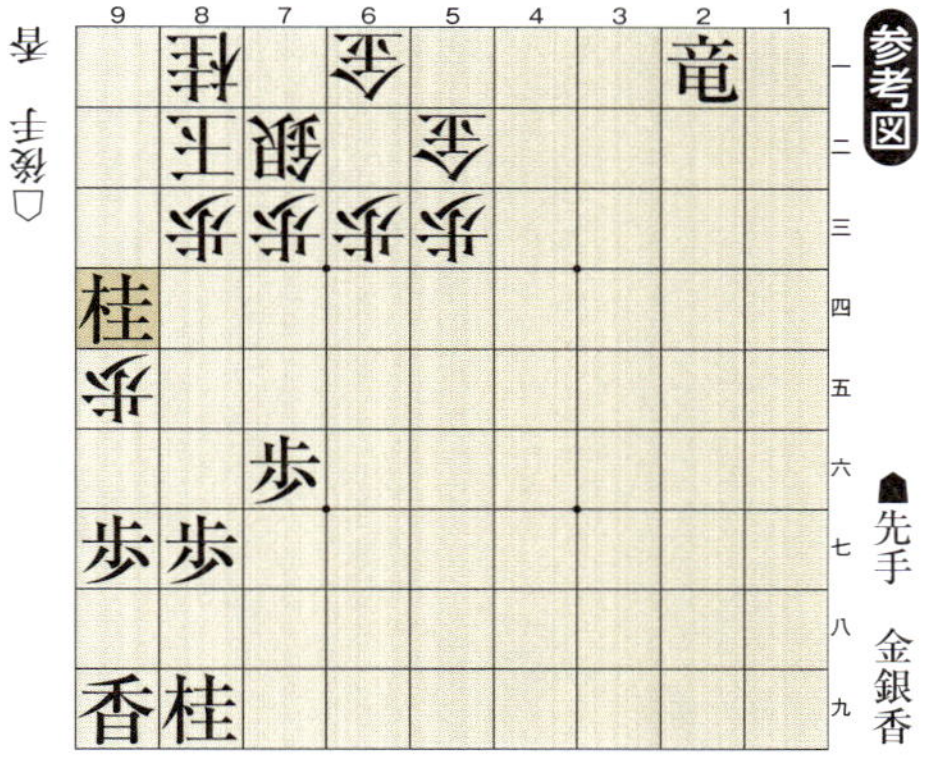

1図から香《きょう》をさそって、桂《けい》を9四に進《すす》めて王手《おうて》。持《も》ち駒《ごま》もたくさんあるので、一気《いっき》に攻《せ》められそうです。

答え

☗2四歩《ふ》
☖同歩《どうふ》
☗2五歩《ふ》
☖同歩《どうふ》
☗同桂《どうけい》

（2図）

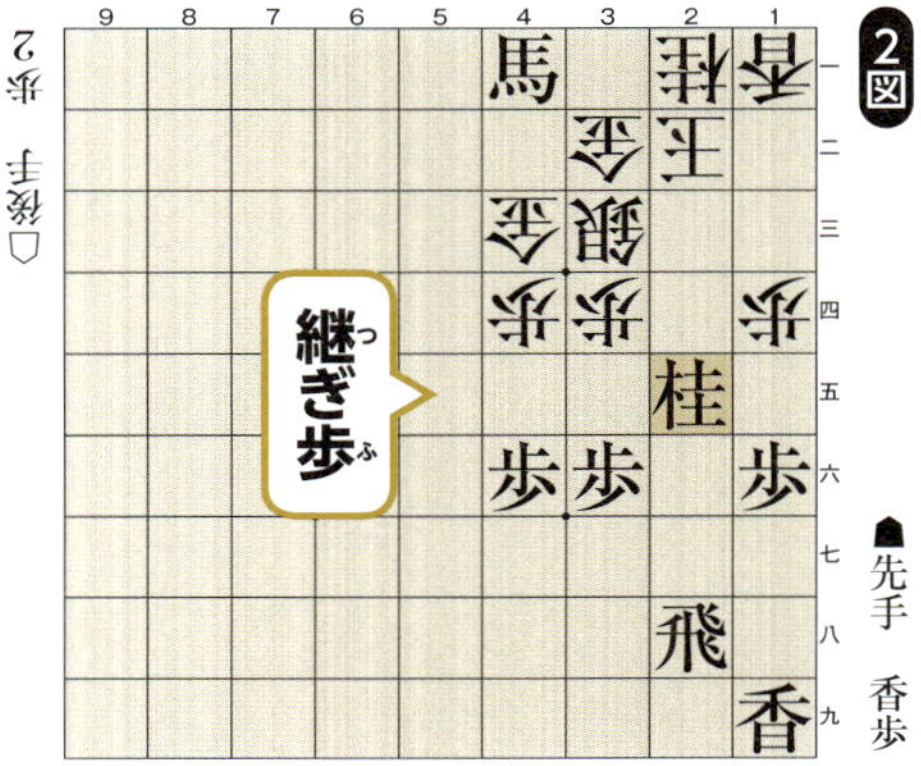

後手《ごて》が歩《ふ》で取《と》りにきたら、継《つ》ぎ歩《ふ》から安全《あんぜん》に桂《けい》を使《つか》います。銀《ぎん》をねらいながら、飛車《ひしゃ》も活《い》かせる攻《せ》めです。

☗2四歩《ふ》
☖2四同銀《どうぎん》
☗2七香《きょう》

（参考図）

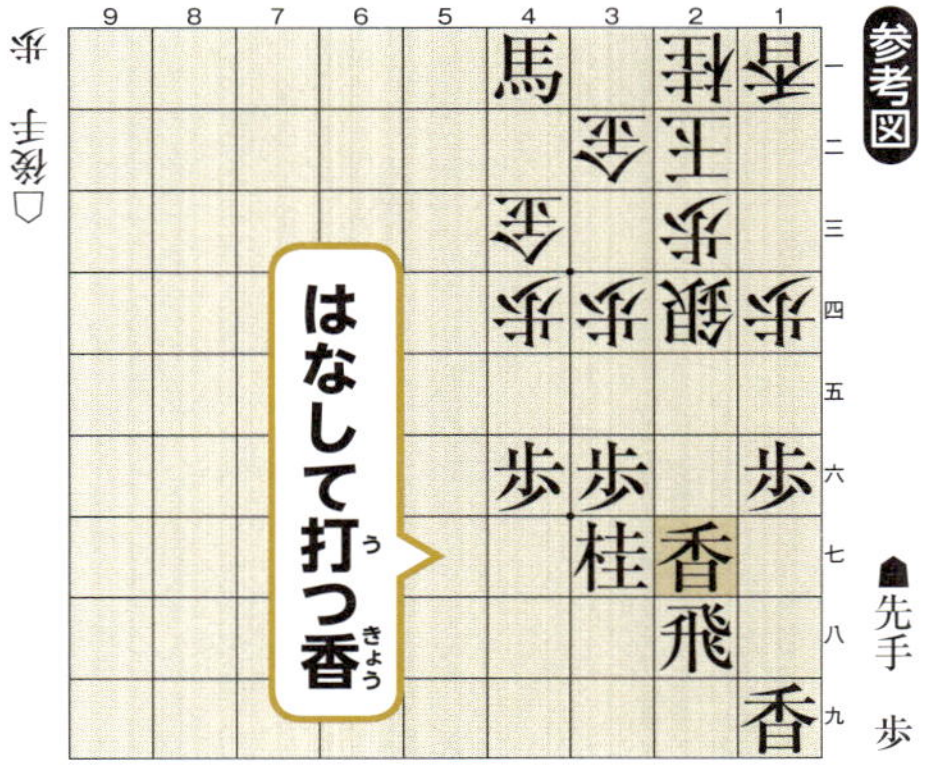

銀《ぎん》で取《と》りにきたら、「はなして打《う》つ香《きょう》」。2四の銀《ぎん》が動《うご》いたら、☗2三香成《きょうなり》から詰《つ》みます。

終盤《しゅうばん》の銀《ぎん》・金《きん》

寄《よ》せにかかせない駒《こま》！

金《きん》と銀《ぎん》は終盤《しゅうばん》の主役《しゅやく》！

金《きん》と銀《ぎん》は、終盤《しゅうばん》の主役《しゅやく》ともいえる駒《こま》です。とくに金《きん》は、寄《よ》せと受《う》けの両方《りょうほう》で大活躍《だいかつやく》します。**たとえば、守《まも》りの金《きん》をはがしたり、取《と》った金《きん》を打《う》ってトドメに使《つか》ったり、あるいは自《じ》玉《ぎょく》の守《まも》りに使《つか》うこともあります。**

「寄《よ》せ」とは、終盤《しゅうばん》で相手《あいて》の玉《ぎょく》を詰《つ》ませるために攻《せ》めることです。また、相手《あいて》の攻《せ》めをふせぐことを「受《う》け」といいます

横《よこ》に利《き》きがある金《きん》は受《う》けに強《つよ》い

1図でかんがえると、金《きん》と銀《ぎん》のちがいがよくわかります。たとえば、

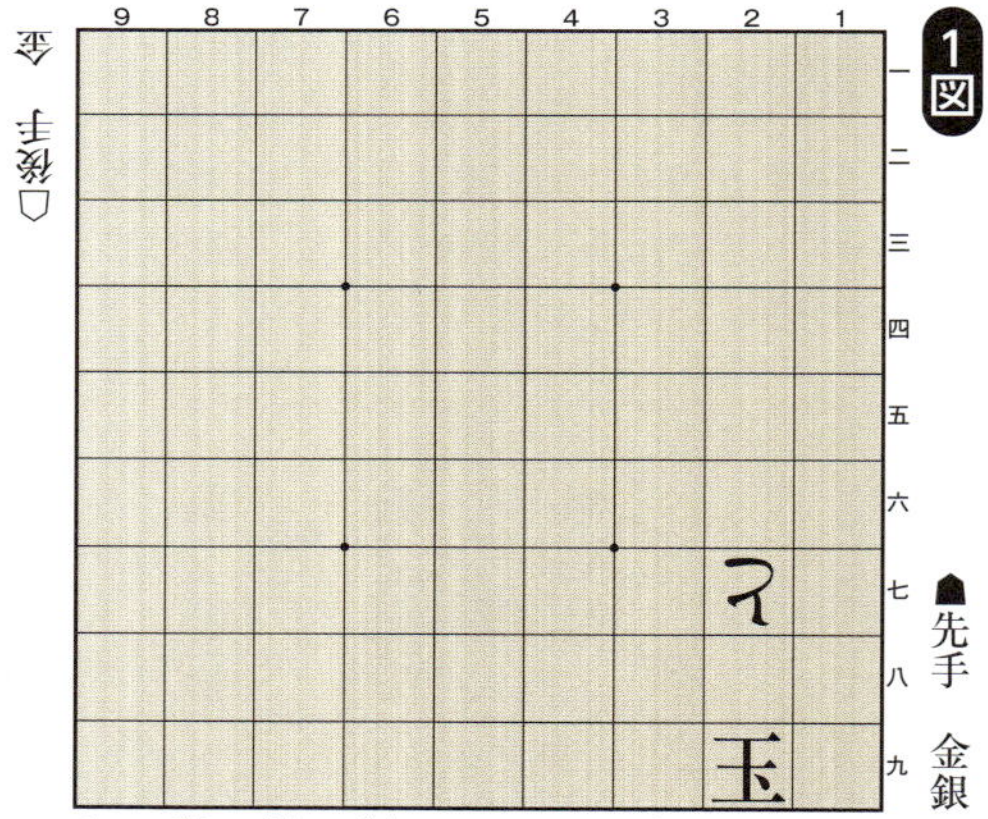

持《も》ち駒《ごま》の金《きん》と銀《ぎん》、どちらで受《う》けるか。

☗2八銀《ぎん》は☖3八金《きん》☗1九玉《ぎょく》☖2八金《きん》で詰《つ》み。☗3八銀《ぎん》や☗3九銀《ぎん》も詰《つ》みます。銀《ぎん》を受《う》けに使《つか》うと詰《つ》んでしまうのです。1図は、☗3八金《きん》（☗2八金《きん》）が正解《せいかい》です2図。

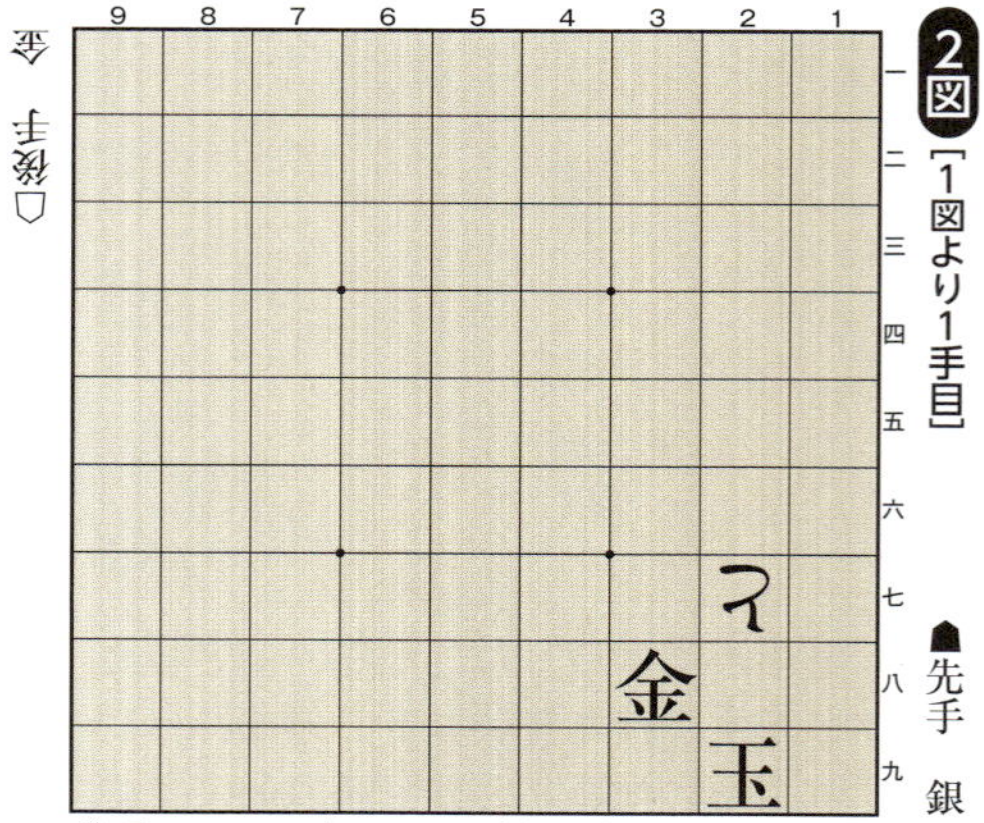

後手《ごて》がどう寄《よ》せても金《きん》で受《う》けきれる。

攻《せ》めるときは相手《あいて》の守《まも》りを見《み》る

金銀《きんぎん》で寄《よ》せるときは、それぞれの利《き》きのちがいを理解《りかい》しておきましょう。3図は、後手《ごて》の穴熊《あなぐま》が銀《ぎん》2枚《まい》で玉《ぎょく》を守《まも》っています。まずは3二の銀《ぎん》からはがしたいところです。

守《まも》りの銀《ぎん》には金《きん》をつける

▲4一銀《ぎん》や▲3三銀《ぎん》では、△同銀《どうぎん》で取《と》られておしまいです。銀《ぎん》には金《きん》でアタック。▲4二金《きん》がきびしい一手《いって》となります4図。金《きん》を使《つか》って横《よこ》やうしろから銀《ぎん》にはりつけば、よい手《て》になるのです。

金《きん》の場合《ばあい》は銀《ぎん》をひっかける

では、3二の駒《こま》が銀《ぎん》ではなく、金《きん》だったら、どうでしょうか。それなら▲4一銀《ぎん》と、金《きん》のななめうしろにつけるのがよい手《て》です5図。後手《ごて》が金《きん》をにげれば、▲3二金《きん》で手《て》がつづきます。

3図

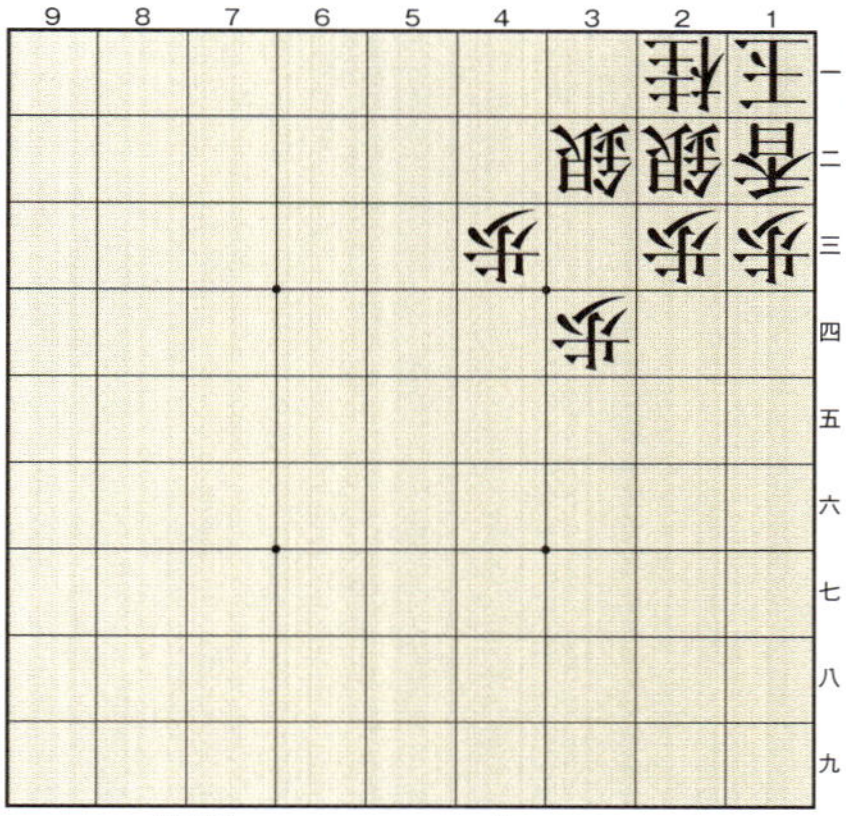

▲先手 金銀　△後手 なし

さて、金銀《きんぎん》のどちらで寄《よ》せようか？

4図［3図より1手目］

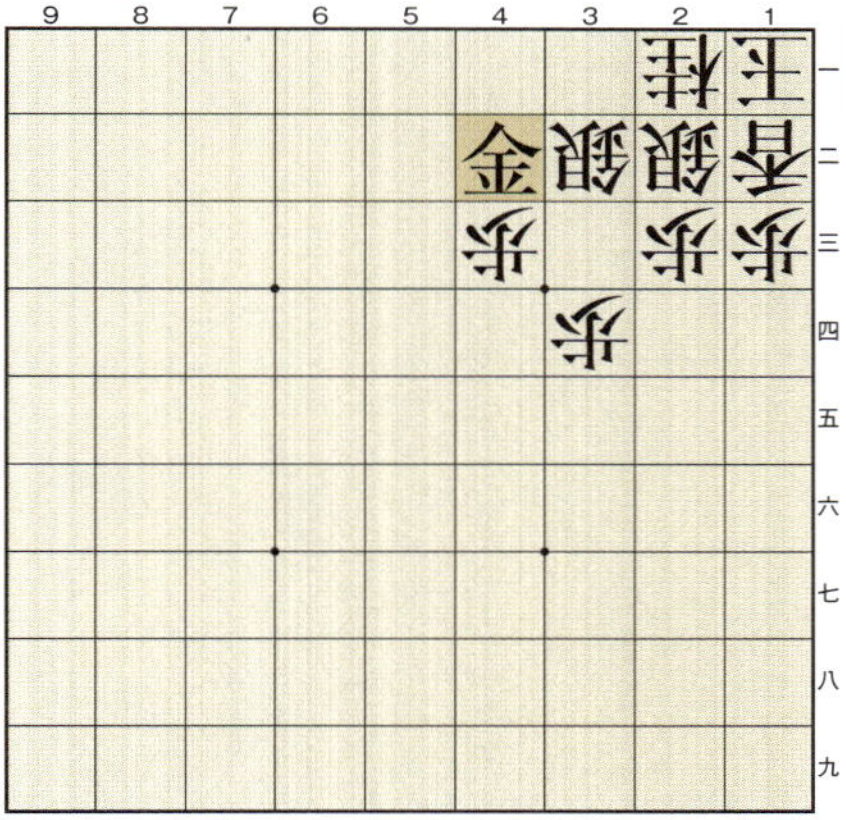

▲先手 銀　△後手 なし

銀《ぎん》の死角《しかく》に金《きん》打《う》ち。きびしい寄《よ》せ！

5図

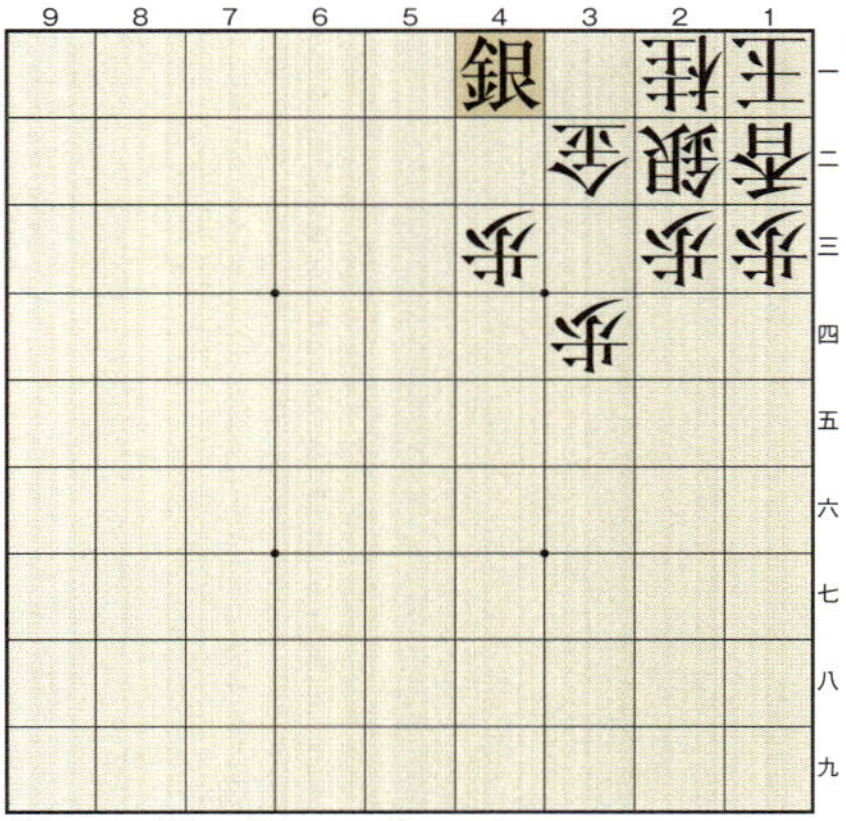

▲先手 金　△後手 なし

守《まも》りの駒《こま》が金《きん》なら銀《ぎん》で寄《よ》せる！

不成《ならず》の銀《ぎん》

1図

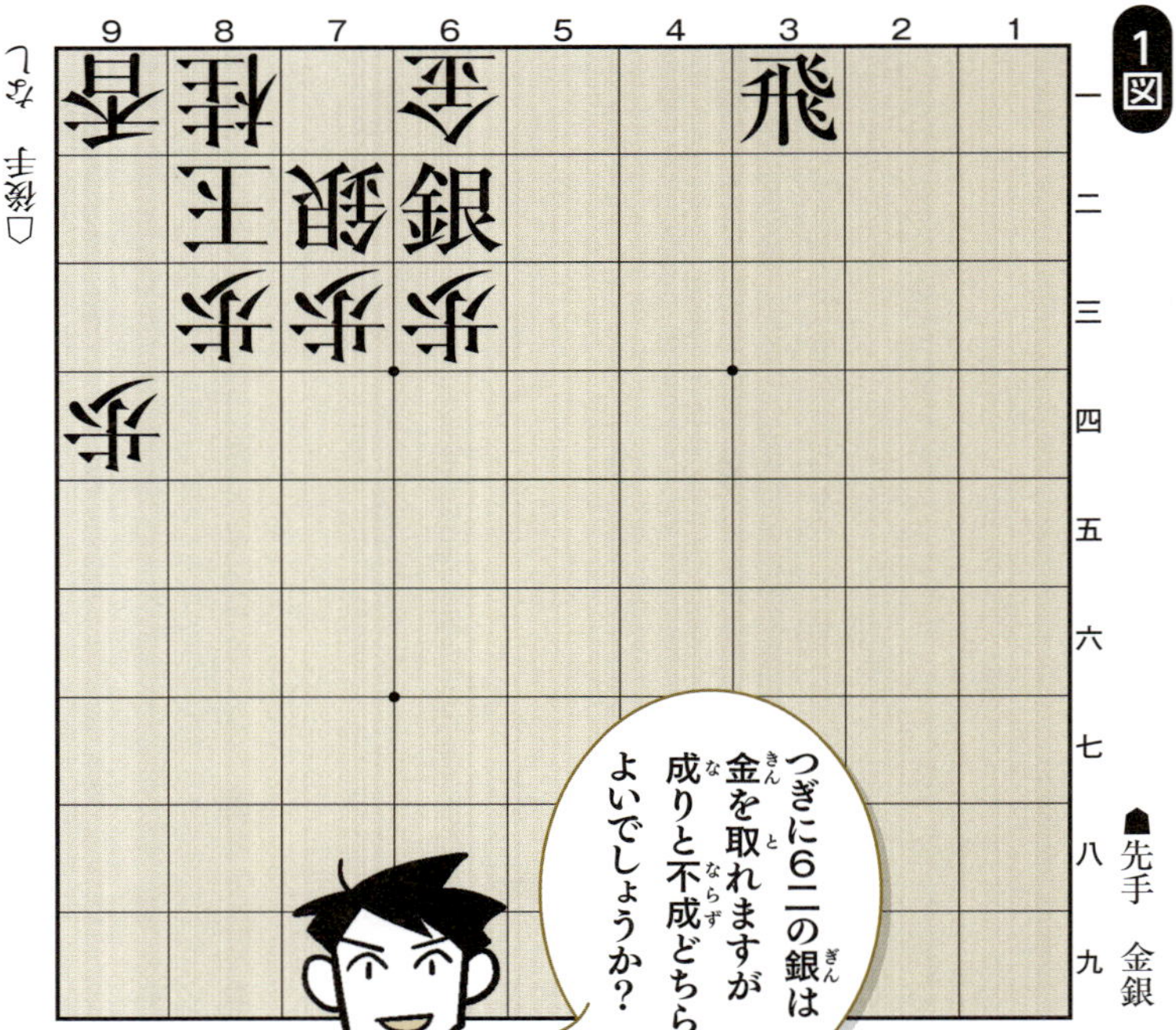
先手　金銀
後手　なし

つぎに6二の銀《ぎん》は金《きん》を取《と》れますが成《な》りと不成《ならず》どちらがよいでしょうか?

不成《ならず》の銀《ぎん》と成銀《なりぎん》は場面《ばめん》で使《つか》いわけよう

桂《けい》や香《きょう》と同《おな》じように、銀《ぎん》にも不成《ならず》で攻《せ》める手筋《てすじ》があります。「不成《ならず》の銀《ぎん》」は、銀《ぎん》のななめうしろの利《き》きを活《い》かしたいときに使《つか》えます。銀《ぎん》が相手陣《あいてじん》のいちばん奥《おく》に進《すす》むとき、不成《ならず》の銀《ぎん》のほうがよい場面《ばめん》はよくあります。

成銀《なりぎん》と不成《ならず》の銀《ぎん》は動《うご》きが似《に》ているから、どう使《つか》いわけるかよくかんがえて指《さ》そう
銀
成銀

成銀《なりぎん》で攻《せ》めるとどうなる？

1図で▲6一銀成《ぎんなり》と、金《きん》を取《と》って成《な》ったらどうなるでしょうか2図。

2図【1図より1手目】
▲先手　金2銀
△後手　なし

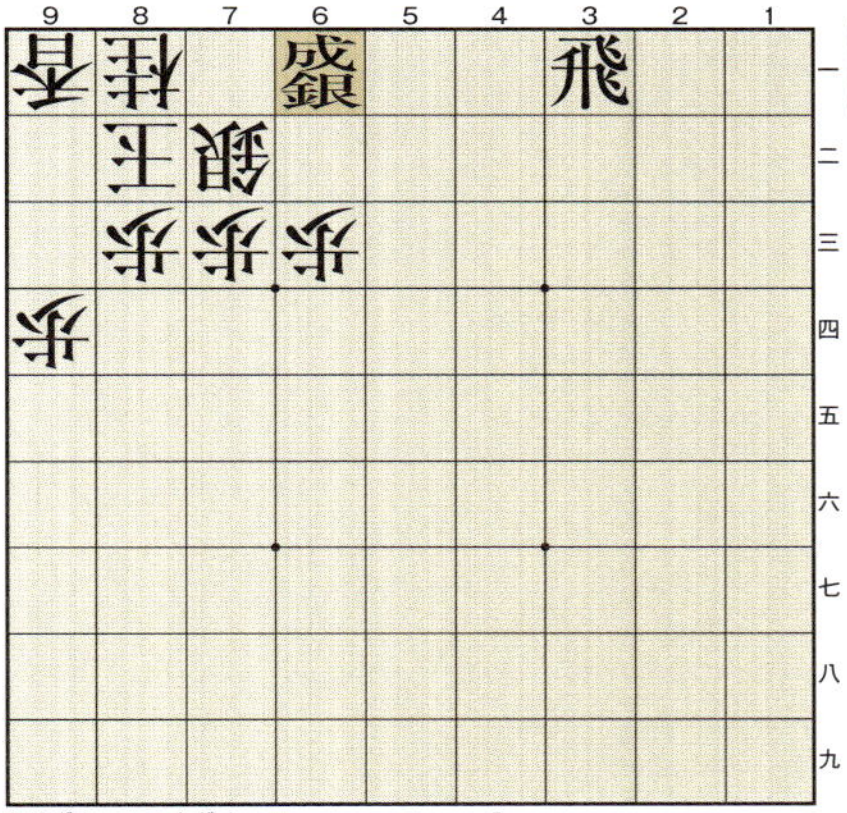

成銀《なりぎん》と駒得《こまどく》でよい手《て》に見《み》えるが…。

王手《おうて》に近《ちか》づくことはできない

たとえ駒得《こまどく》できても、つぎの手《て》が▲6二成銀《なりぎん》となり3図、玉《ぎょく》にせまることはできません。

3図
▲先手　金2銀
△後手　なし

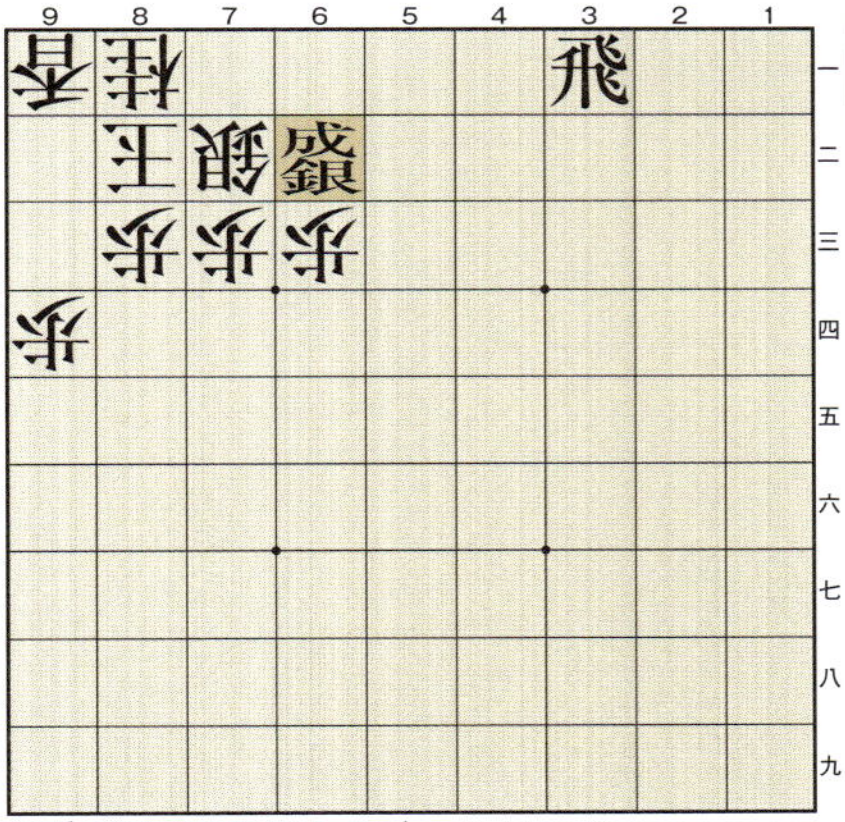

成銀《なりぎん》ではうしろに下《さ》がるしかない。

相手陣《あいてじん》の奥《おく》では不成《ならず》の銀《ぎん》がよい

1図は▲6一銀不成《ぎんならず》と金《きん》を取《と》ると、すばやく相手《あいて》の玉《ぎょく》にせまることができます4図。つぎに▲7二銀成《ぎんなり》と銀《ぎん》を取《と》って王手《おうて》する手《て》があります。

4図【1図より1手目】
▲先手　金2銀
△後手　なし

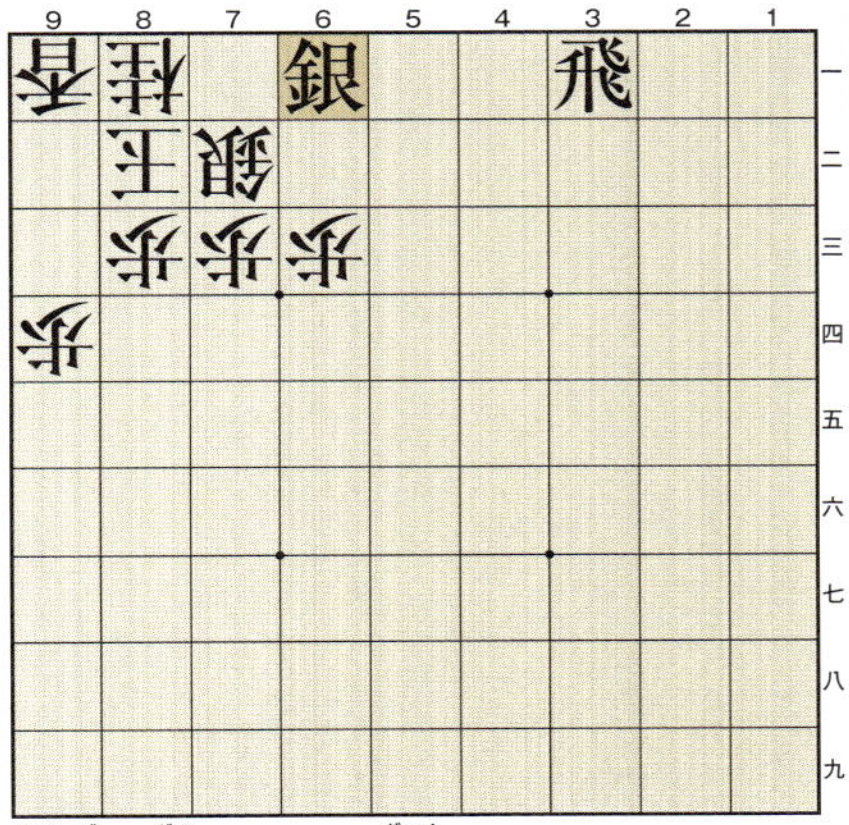

不成《ならず》の銀《ぎん》のほうが玉《ぎょく》にせまれる。

引《ひ》っかけの銀《ぎん》①

1図

9 8 7 6 5 4 3 2 1
一 二 三 四 五 六 七 八 九
香 桂 歩 王 歩 金 銀 歩 角 金 歩 歩
金《きん》はななめうしろに
動《うご》けないので、
持《も》ち駒《ごま》の銀《ぎん》でねらう
チャンスです

△後手 なし

▲先手 銀2

守《まも》りのカギの金《きん》をねらおう

金《きん》の動《うご》けないななめうしろに銀《ぎん》を打《う》つ手筋《てすじ》を「引《ひ》っかけの銀《ぎん》」といいます。

金《きん》は玉《ぎょく》をかたく守《まも》る駒《こま》ですが、持《も》ち駒《ごま》の銀《ぎん》でねらいうちにできるのです。直接《ちょくせつ》、相手《あいて》の玉《ぎょく》をねらうよりも、玉《ぎょく》を守《まも》る金《きん》を取《と》るほうが詰《つ》みに近《ちか》づくことはよくあります。

将棋《しょうぎ》で役《やく》に立《た》つ格言《かくげん》の1つに
「守《まも》りの要《かなめ》の金《きん》をねらえ」
というものがあるんだ

引《ひ》っかけの銀《ぎん》で金《きん》からくずそう

1図では、☗4一銀《ぎん》が「引《ひ》っかけの銀《ぎん》」です2図。☗5二銀《ぎん》も正《せい》解《かい》ですが、玉《ぎょく》に近《ちか》い金《きん》をねらうほうがよいでしょう。

相手《あいて》の金《きん》を取《と》り守《まも》りを弱《よわ》める

つぎに☗3二銀成《ぎんなり》☖同玉《どうぎょく》となれば、後手《ごて》の守《まも》りは大《おお》きく下《さ》がります3図。

金《きん》がにげたらほかの駒《こま》をねらう

もし2図の「引《ひ》っかけの銀《ぎん》」から☖3一金《きん》ときたら、☗5二銀成《ぎんなり》4図、☗5二銀不成《ぎんならず》、☗5二銀打《ぎんうち》があります。全体《ぜんたい》のかたちを見《み》て、よりよい手《て》をえらびましょう。

2図【1図より1手目】

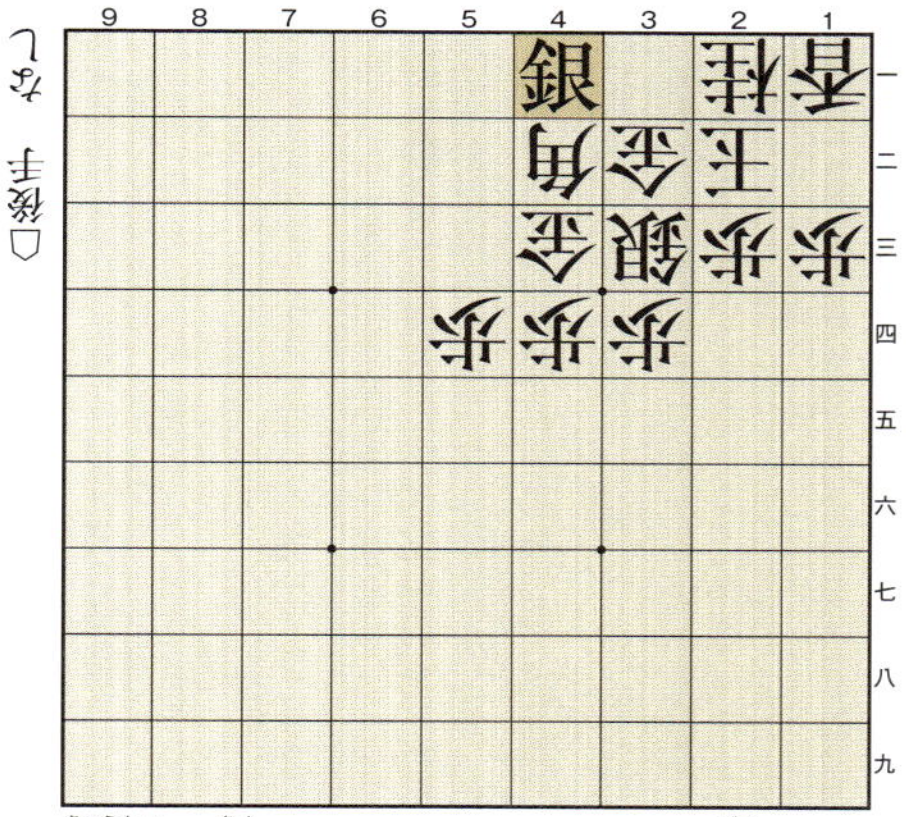

☗先手 銀　☖後手 なし

急所《きゅうしょ》の金《きん》をねらう「ひっかけの銀《ぎん》」だ。

3図【2図より2手目】

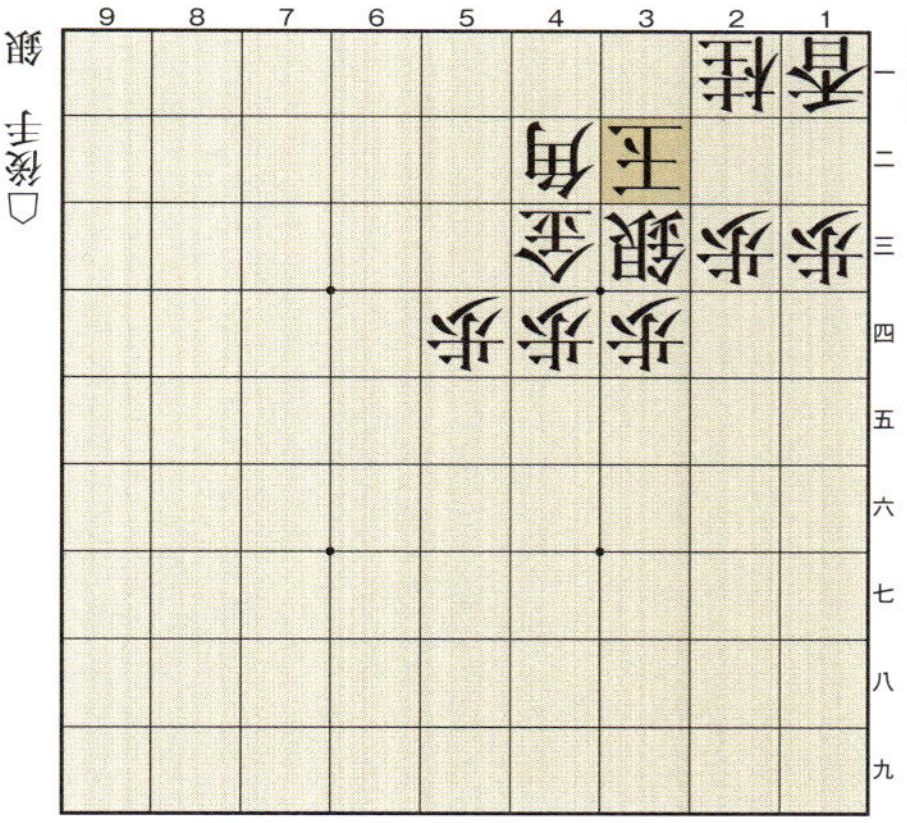

☗先手 金銀　☖後手 銀

玉《ぎょく》を守《まも》る金《きん》をはがすことに成功《せいこう》！

4図【2図より2手目】

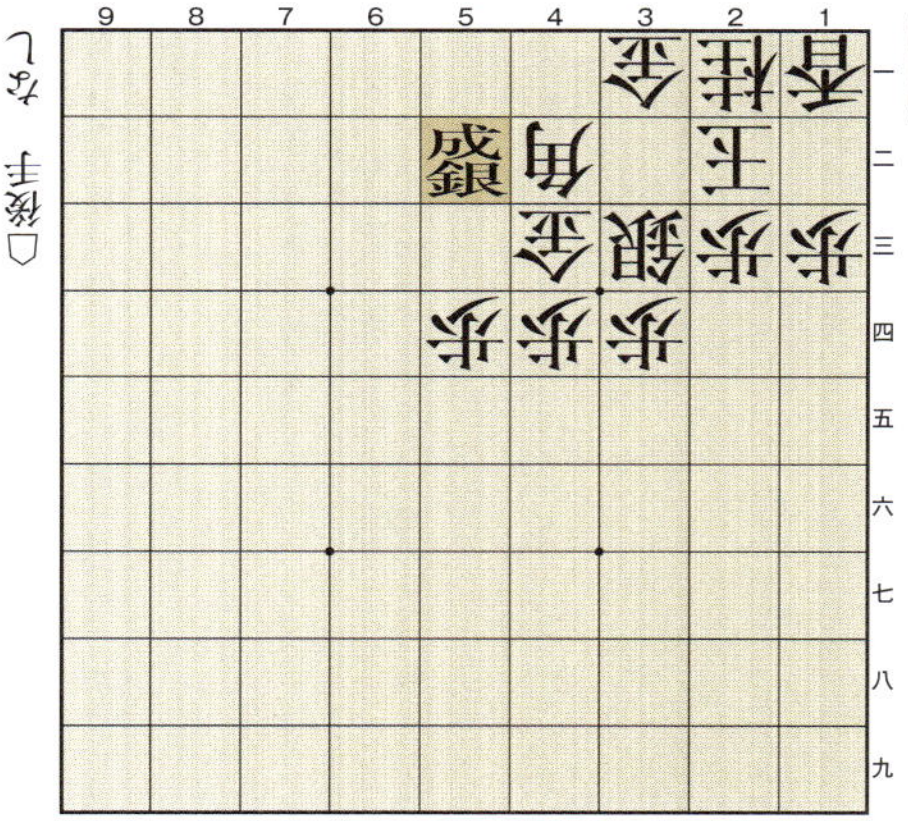

☗先手 銀　☖後手 なし

金《きん》をにがしたら、ほかの駒《こま》をねらう。

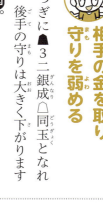

銀

銀《ぎん》・金《きん》の手筋《てすじ》［終盤《しゅうばん》］

引《ひ》っかけの銀《ぎん》②

1図

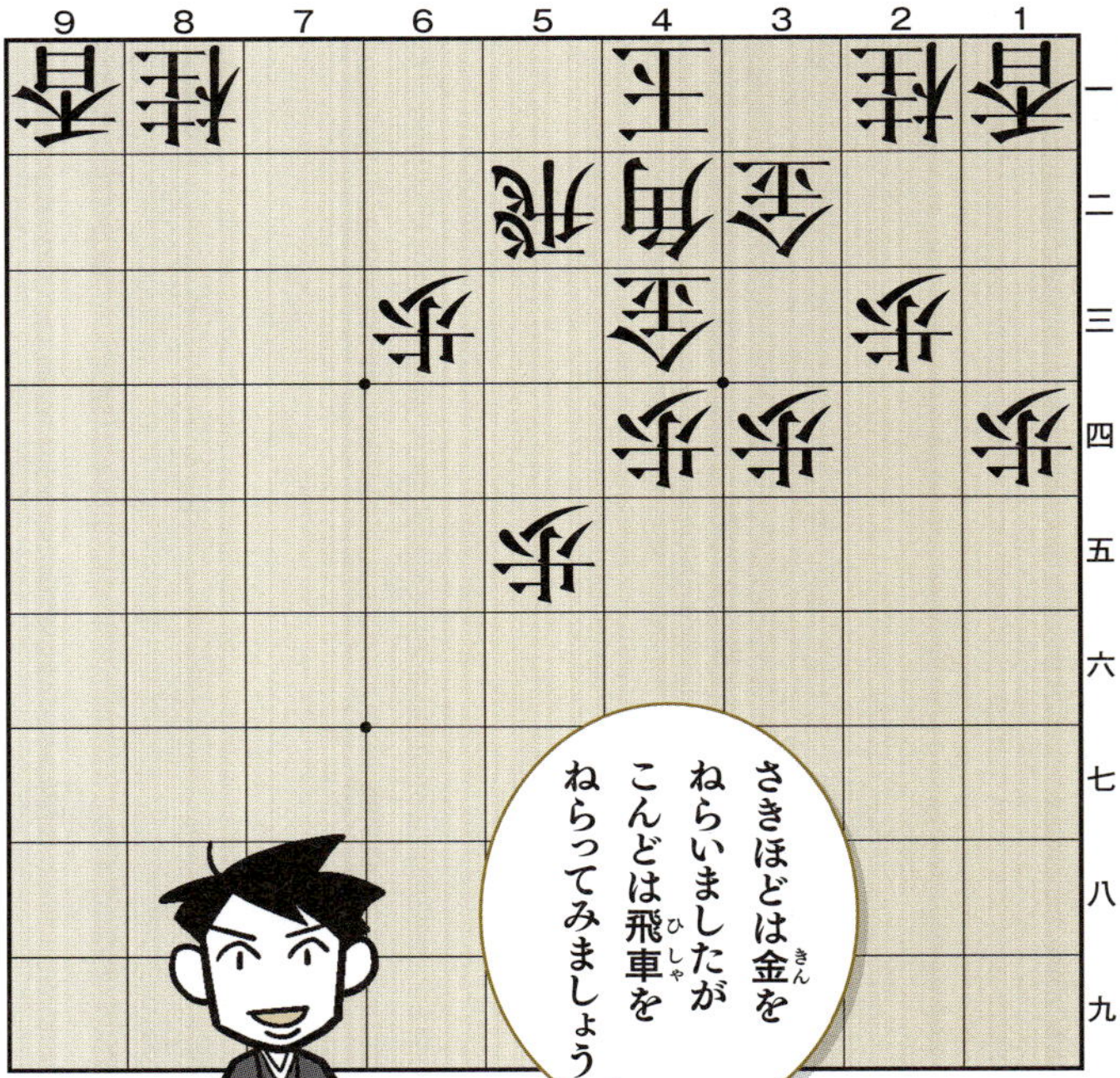

後手 なし

先手 銀2

さきほどは金《きん》を
ねらいましたが
こんどは飛車《ひしゃ》を
ねらってみましょう

飛車《ひしゃ》にも使《つか》える引《ひ》っかけの銀《ぎん》

飛車《ひしゃ》もななめうしろへの利《き》きがないので、「引《ひ》っかけの銀《ぎん》」を使《つか》うことができます。

飛車《ひしゃ》は大《おお》きく動《うご》ける駒《こま》なのでかんたんには取《と》れませんが、打《う》ちこんだ銀《ぎん》を拠点《きょてん》にして、相手《あいて》の守《まも》りを大《おお》きくくずすことができます。

銀
飛車《ひしゃ》に引《ひ》っかけた銀《ぎん》が
かわされたら、ほかの駒《こま》に
ねらいを切《き》り替《か》えるんだ

飛車《ひしゃ》の弱点《じゃくてん》に銀《ぎん》を打《う》つ

1図では、飛車《ひしゃ》の動《うご》けないななめうしろに銀《ぎん》を打《う》ちましょう。☗６一銀《ぎん》と引《ひ》っかけます2図。

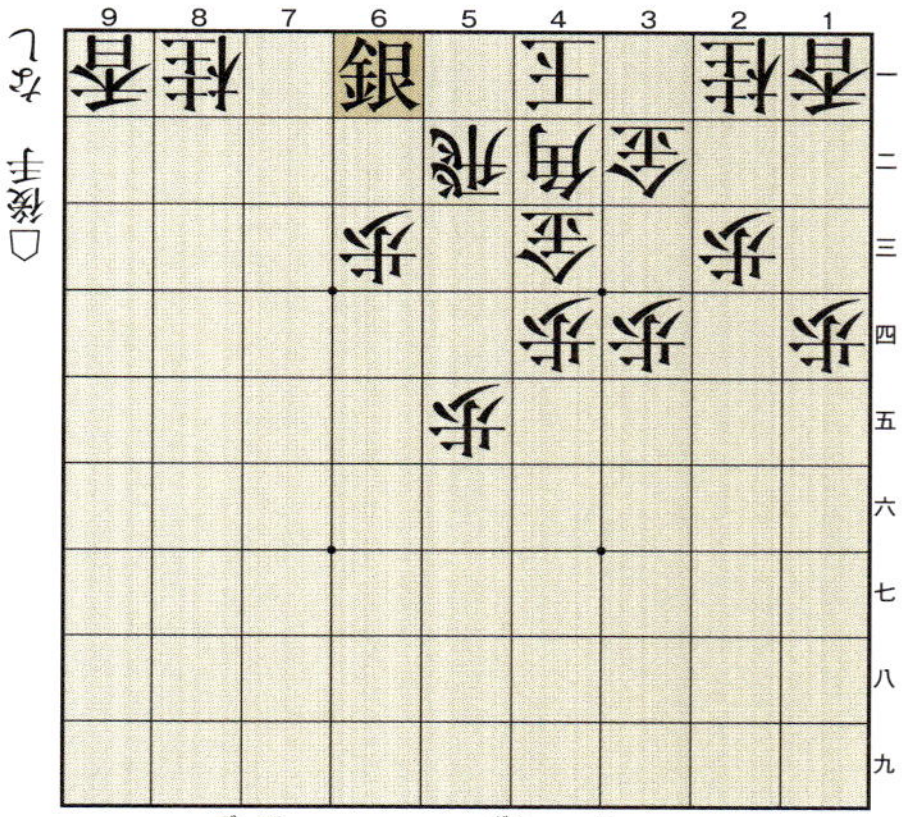

2図 [1図より1手目]

☗先手 銀

☖後手 なし

やはり後手《ごて》は６一の銀《ぎん》を取《と》れない。

銀《ぎん》を打《う》つことで飛車《ひしゃ》を動《うご》かす

飛車《ひしゃ》取《と》りなので後手《ごて》は飛車《ひしゃ》を８二などとにげますが、そこで☗５二銀《ぎん》打《うち》とします3図。☖３一玉《ぎょく》には☗４三銀成《ぎんなり》☖同金《どうきん》で、後手《ごて》の守《まも》りを大《おお》きくみだすことができます。

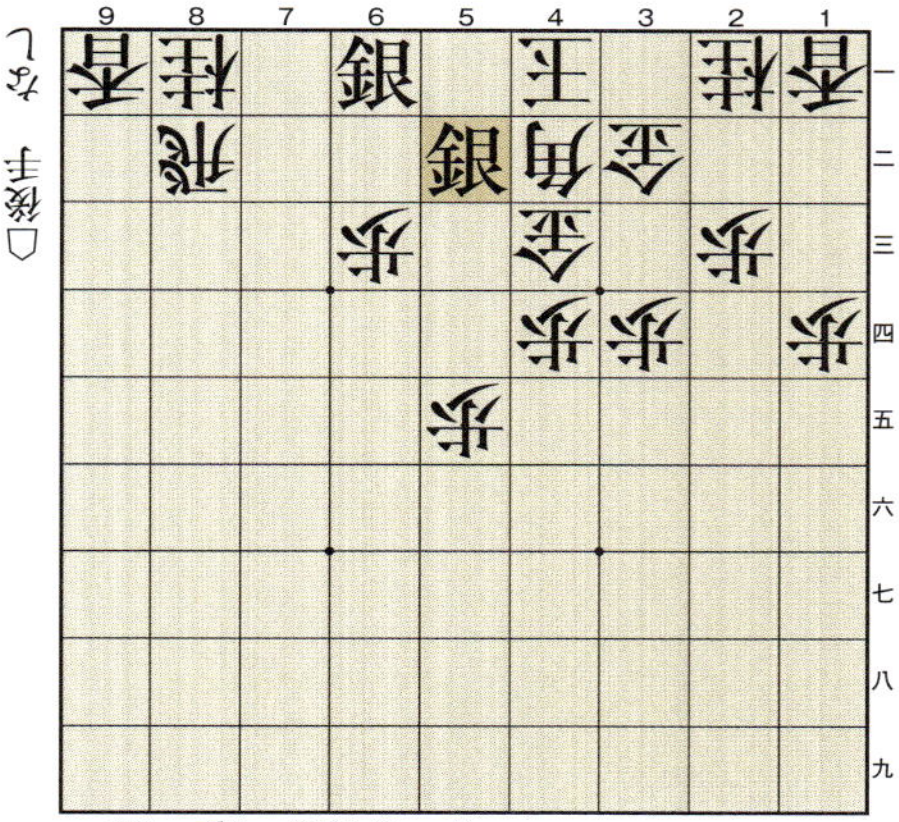

3図 [2図より2手目]

☗先手 なし

☖後手 なし

２枚《まい》の銀《ぎん》で強力《きょうりょく》な攻《せ》めだ。

相手《あいて》が駒交換《こまこうかん》をいどんできたら

3図から☖５二同飛《どうひ》とされたら、☗同銀成《どうぎんなり》☖同玉《どうぎょく》。銀《ぎん》２枚《まい》と飛車《ひしゃ》の交換《こうかん》なので、駒得《こまどく》とはいえません。しかし、☗８二飛《ひ》と王手《おうて》で打《う》って、桂《けい》香《きょう》を取《と》っていくねらいがあるよい攻《せ》めです4図。

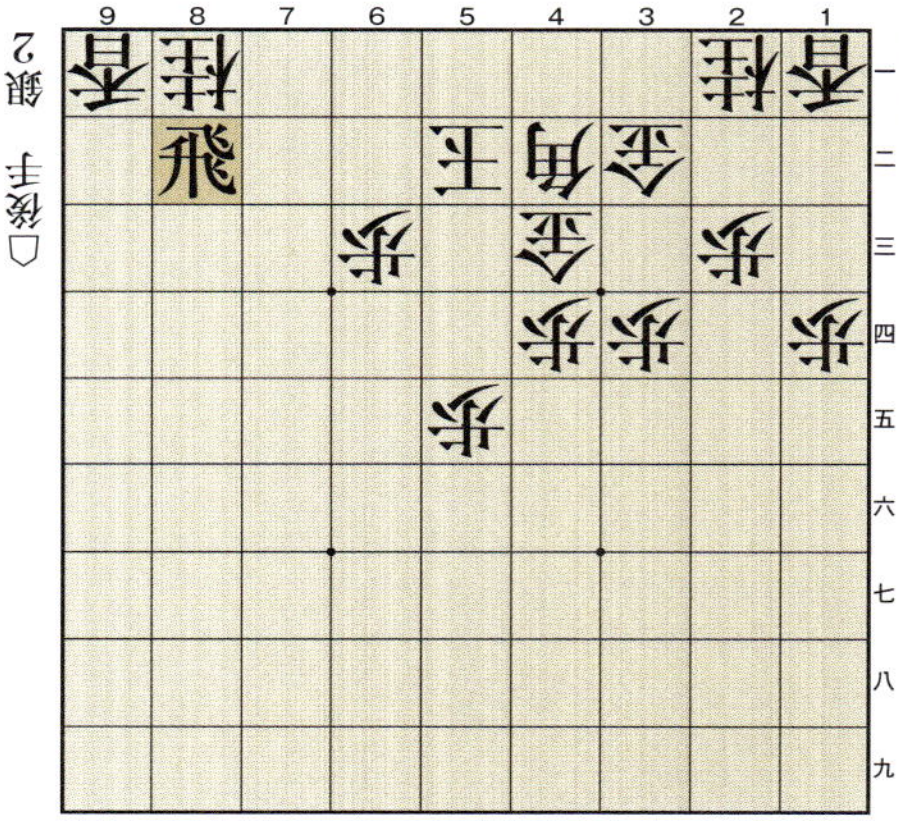

4図 [3図より4手目]

☗先手 なし

☖後手 銀2

わたした銀《ぎん》２枚《まい》の反撃《はんげき》に注意《ちゅうい》！

腹《はら》銀《ぎん》

1図
香 桂
王 と
歩 歩
歩
▲先手 金銀
持《も》ち駒《ごま》に金《きん》と銀《ぎん》がありますが
どちらを打《う》って玉《ぎょく》にせまるのが
よいでしょうか？

腹銀《はらぎん》で玉《ぎょく》を追《お》いこむ

1図 では、▲8二金《きん》と王手《おうて》をするのはわるい手《て》です。△9三玉《ぎょく》とにげられたら、つかまえることができません。

ここは▲8二銀《ぎん》が正解《せいかい》です。玉《ぎょく》の横《よこ》に銀《ぎん》を打《う》ちこむと、そのあと▲9三金《きん》△同桂《どうけい》▲8一銀不成《ぎんならず》で詰《つ》みます。

このように、**玉《ぎょく》の横《よこ》に銀《ぎん》を打《う》って、寄《よ》せる手筋《てすじ》を「腹銀《はらぎん》」とよびます。**

▲8二金《きん》は
「王手《おうて》は追《お》う手《て》」
玉《ぎょく》ににげられるばかりで
詰《つ》みに近《ちか》づけないよ

玉《ぎょく》を受《う》けがないかたちにするには？

2図は4一の馬《うま》と持《も》ち駒《ごま》の銀《ぎん》1枚《まい》で、後手玉《ごてぎょく》を受《う》けがないかたちにすることができます。4一に馬《うま》がいることもかんがえて、どこに打《う》てば腹銀《はらぎん》になるでしょうか。

ほかの駒《こま》と協力《きょうりょく》して玉《ぎょく》のにげ道《みち》をなくす

2図では、▲3二銀《ぎん》がよい手《て》3図。腹銀《はらぎん》です。▲2三銀成《ぎんなり》4図と、▲3一馬《うま》△1二玉《ぎょく》▲2一銀不成《ぎんならず》という2つのパターンで詰《つ》ますことができます。

腹銀《はらぎん》をマスターして詰《つ》みを成功《せいこう》させる

4図は▲2三銀成《ぎんなり》で詰《つ》みにしたところです。3図の▲3二銀《ぎん》の腹《はら》銀《ぎん》で、後手《ごて》の玉《ぎょく》は受《う》けがなくなりました。

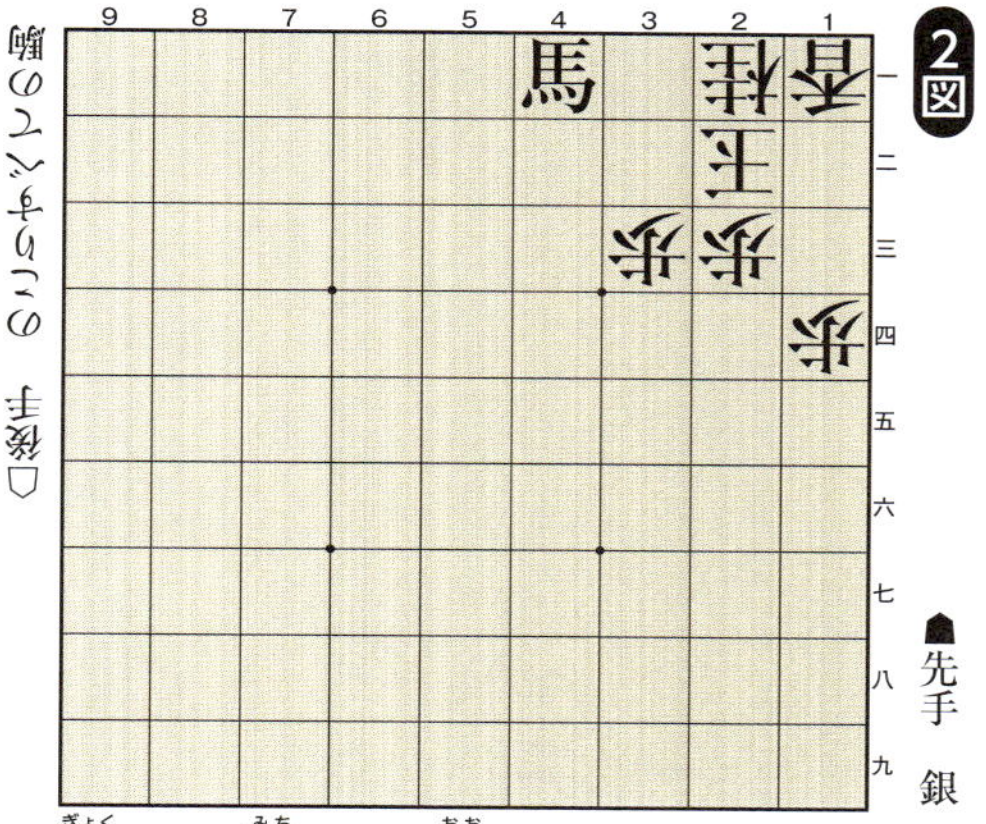

玉《ぎょく》のにげ道《みち》はまだ多《おお》そうだけど？

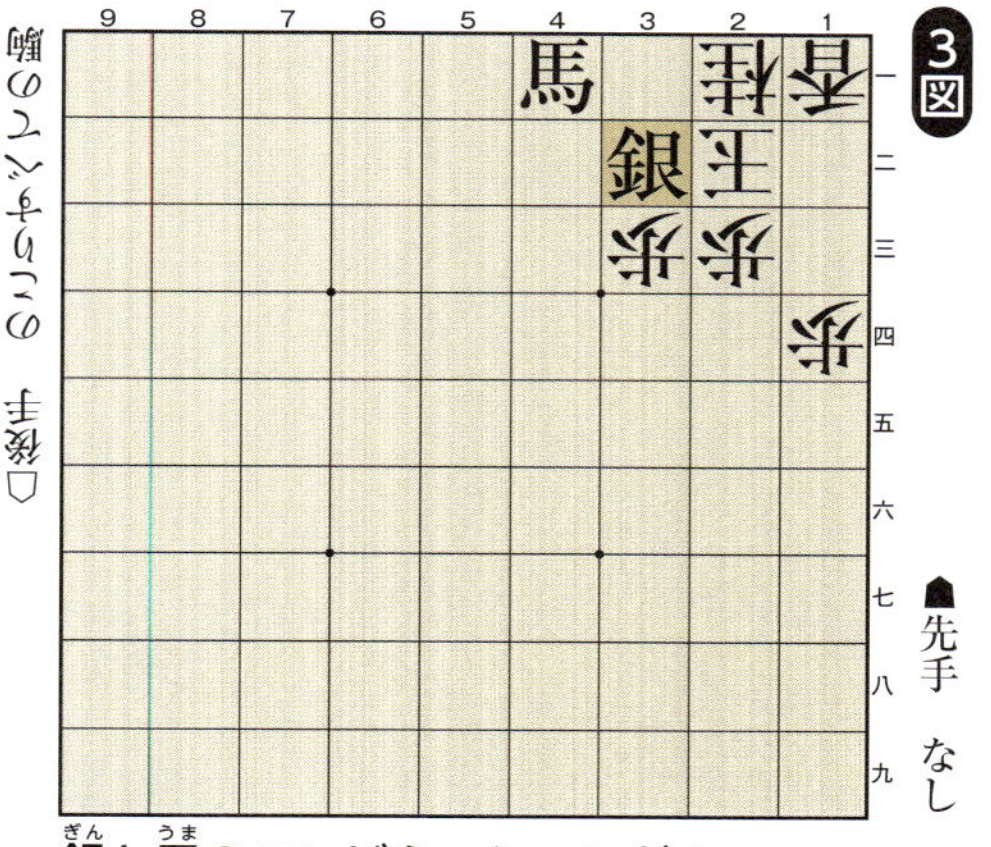

銀《ぎん》と馬《うま》のコンビネーションだ！

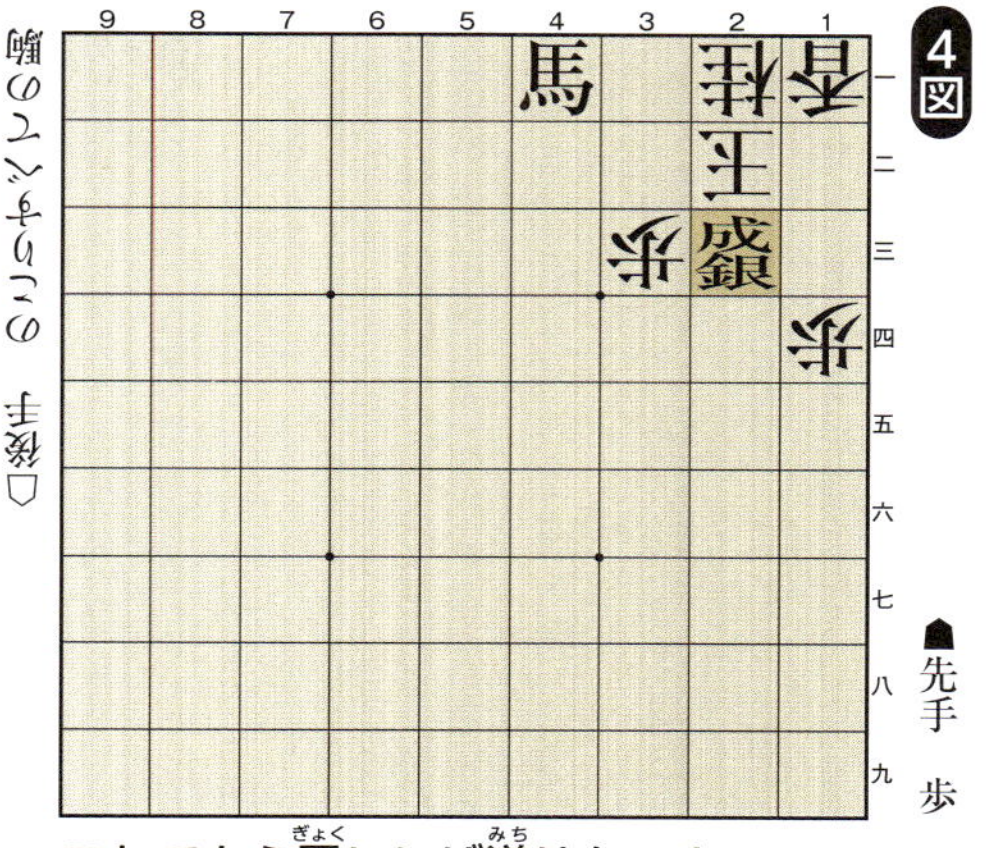

これでもう玉《ぎょく》ににげ道《みち》はない！

桂頭《けいとう》の銀《ぎん》

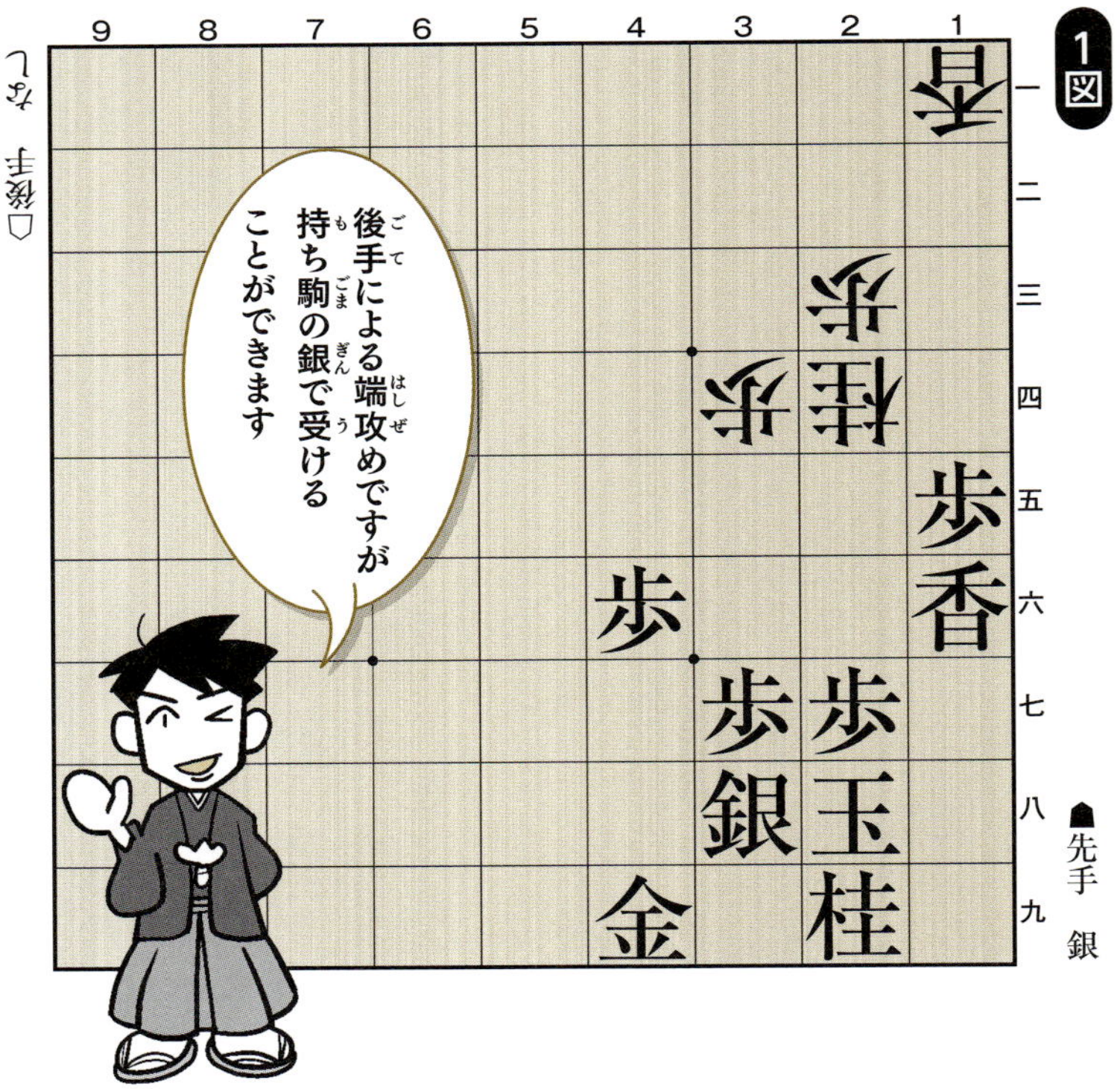
1図
9 8 7 6 5 4 3 2 1
一 二 三 四 五 六 七 八 九
香 歩 桂 歩 歩 香 歩 歩 歩 玉 銀 桂 金
先手 銀
後手 なし
後手《ごて》による端攻《はしぜ》めですが持《も》ち駒《ごま》の銀《ぎん》で受《う》けることができます

「桂頭《けいとう》の銀《ぎん》」で桂《けい》の動《うご》きをおさえる

桂頭《けいとう》とは、桂《けい》の弱点《じゃくてん》である前方《ぜんぽう》のマス（頭《あたま》）のことです。桂頭《けいとう》に銀《ぎん》を打つと、桂《けい》の攻《せ》めを受《う》けることができます。**銀《ぎん》は桂《けい》に取《と》られる心配《しんぱい》がなく、桂《けい》が動《うご》くマス目《め》に銀《ぎん》が動《うご》けるからです。**これは**「桂頭《けいとう》の銀《ぎん》」**とよばれる手筋《てすじ》です。

腹銀《はらぎん》が銀《ぎん》による寄《よ》せの手筋《てすじ》なら、桂頭《けいとう》の銀《ぎん》は受《う》けの手筋《てすじ》です。

こうさん…
桂
銀
「桂頭《けいとう》の銀《ぎん》、定跡《じょうせき》なり」という格言《かくげん》もあるくらいで「桂頭《けいとう》の銀《ぎん》」は中盤《ちゅうばん》から終盤《しゅうばん》でよく使《つか》われるよ

桂《けい》の頭《あたま》に銀《ぎん》を打《う》つ

1図では、▲2五銀《ぎん》が「桂頭《けいとう》の銀《ぎん》」です2図。この一手《いって》により、桂《けい》がどちらに跳《は》ねても銀《ぎん》で取《と》ることができます。

2図 【1図より1手目】

▲先手 なし

△後手 なし

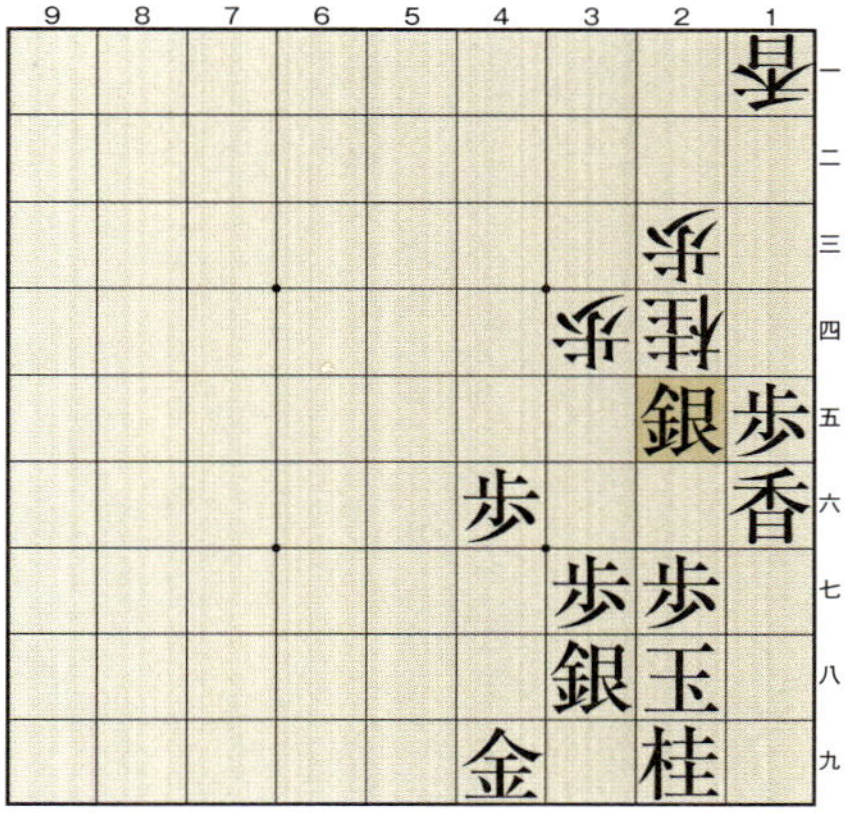

桂頭《けいとう》に銀《ぎん》を打《う》って、桂《けい》をおさえる。

玉《ぎょく》をねらう跳《は》ねをふせぐ役割《やくわり》もある

2図で△1六桂《けい》と香《きょう》を取《と》られても、▲同銀《どうぎん》で取《と》ることができます3図。王手《おうて》をねらった桂《けい》を銀《ぎん》でふせぎました。

3図 【2図より2手目】

▲先手 桂

△後手 香

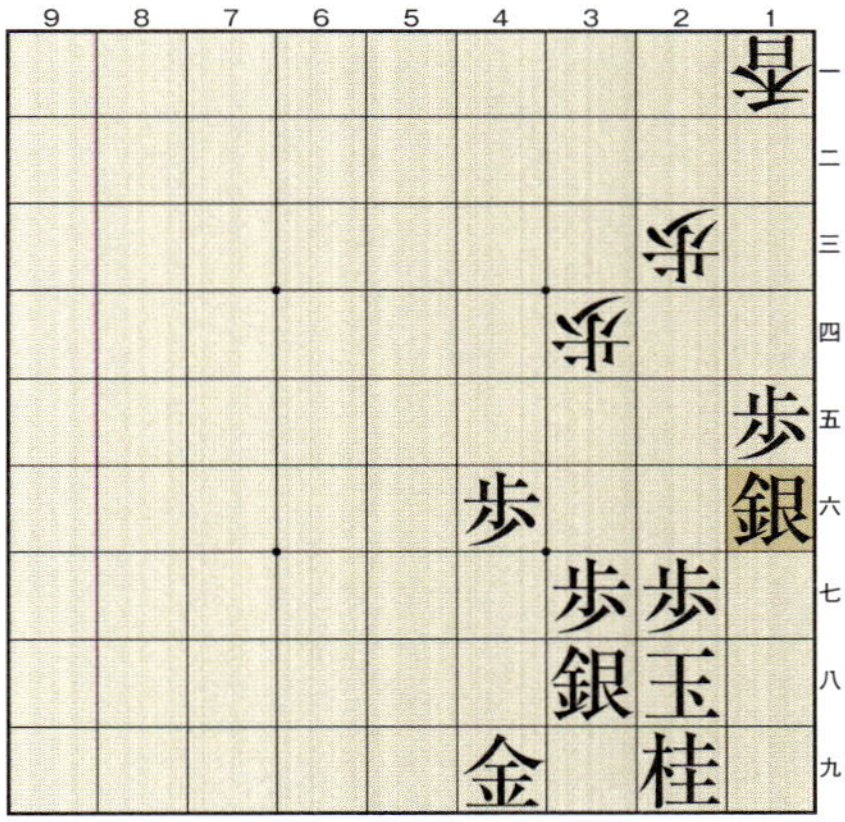

玉《ぎょく》をねらう桂《けい》を銀《ぎん》で取《と》った。

さらに取《と》った桂《けい》は攻《せ》めにも使《つか》える

桂頭《けいとう》の銀《ぎん》のよい点《てん》は、相手《あいて》の桂《けい》の攻《せ》めをふせぐだけではありません。**桂《けい》を取《と》って、自分《じぶん》の攻《せ》めに使《つか》うねらいもあります。**終盤《しゅうばん》の桂《けい》は王手《おうて》をねらいやすい駒《こま》なので、持《も》ち駒《ごま》にすることには大《おお》きな意味《いみ》があります。

銀

銀《ぎん》の受《う》け

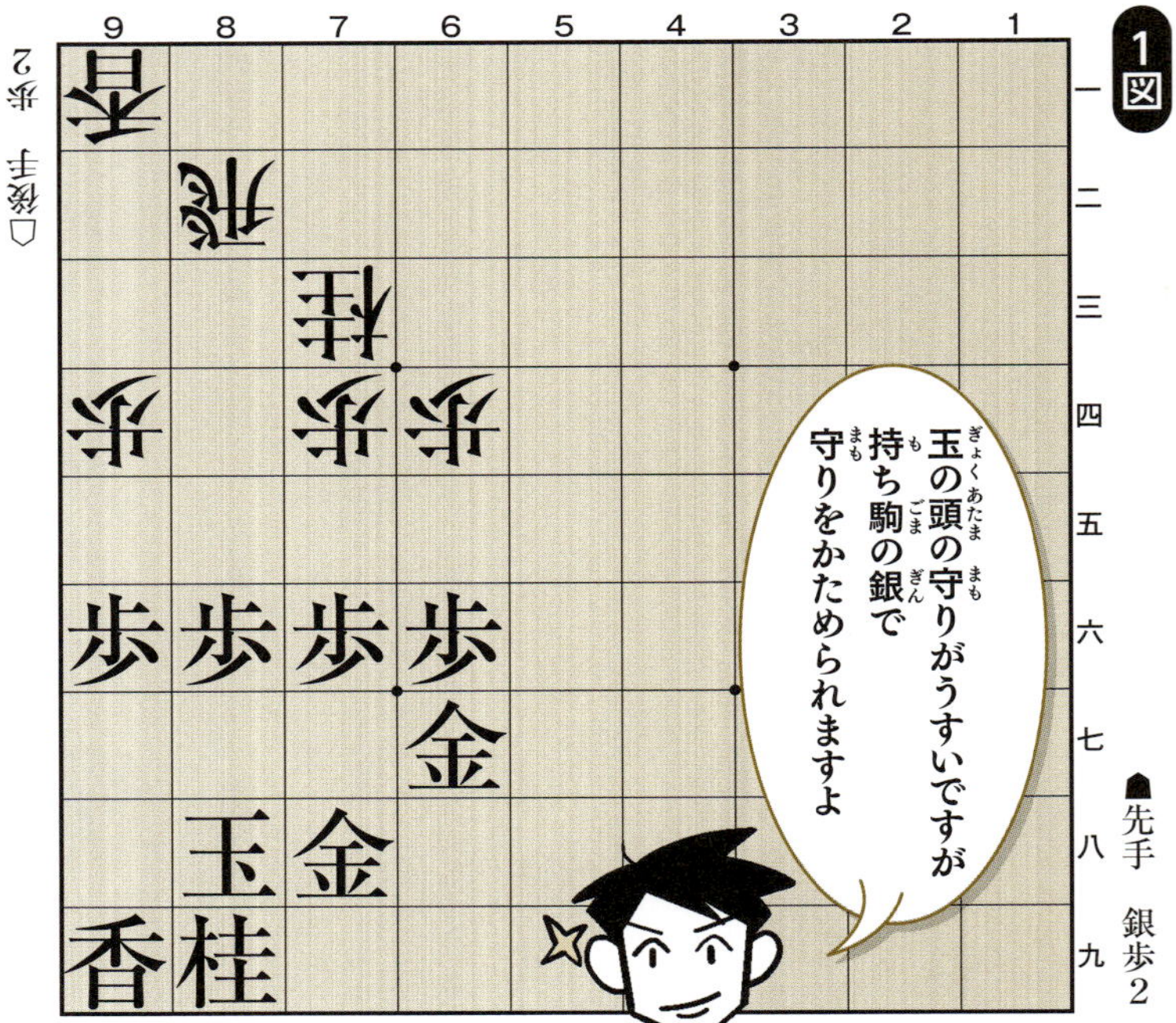
1図
9 8 7 6 5 4 3 2 1
一 二 三 四 五 六 七 八 九
▲先手　銀歩2
△後手　歩2

玉《ぎょく》の頭《あたま》の守《まも》りがうすいですが持《も》ち駒《ごま》の銀《ぎん》で守《まも》りをかためられますよ

銀冠《ぎんかんむり》で玉《ぎょく》の頭《あたま》を守《まも》る

銀《ぎん》を使《つか》った受《う》けの手筋《てすじ》は、数多《かずおお》くあります。

代表的《だいひょうてき》なものに、1図で▲8七銀《ぎん》と打《う》ち、**銀冠《ぎんかんむり》（→69ページ）のかたちをつくる手《て》があります。**この一手《いって》で、守《まも》りをかためることができます。

この手筋《てすじ》は「ヘルメットをかぶる」ともいわれるぞ

金《きん》の下《した》に銀《ぎん》を打《う》ち詰《つ》みをかわす

2図は、先手玉《せんてぎょく》がピンチの場面《ばめん》です。つぎに☖7八竜《りゅう》と金《きん》を取《と》られると、詰《つ》んでしまいます。

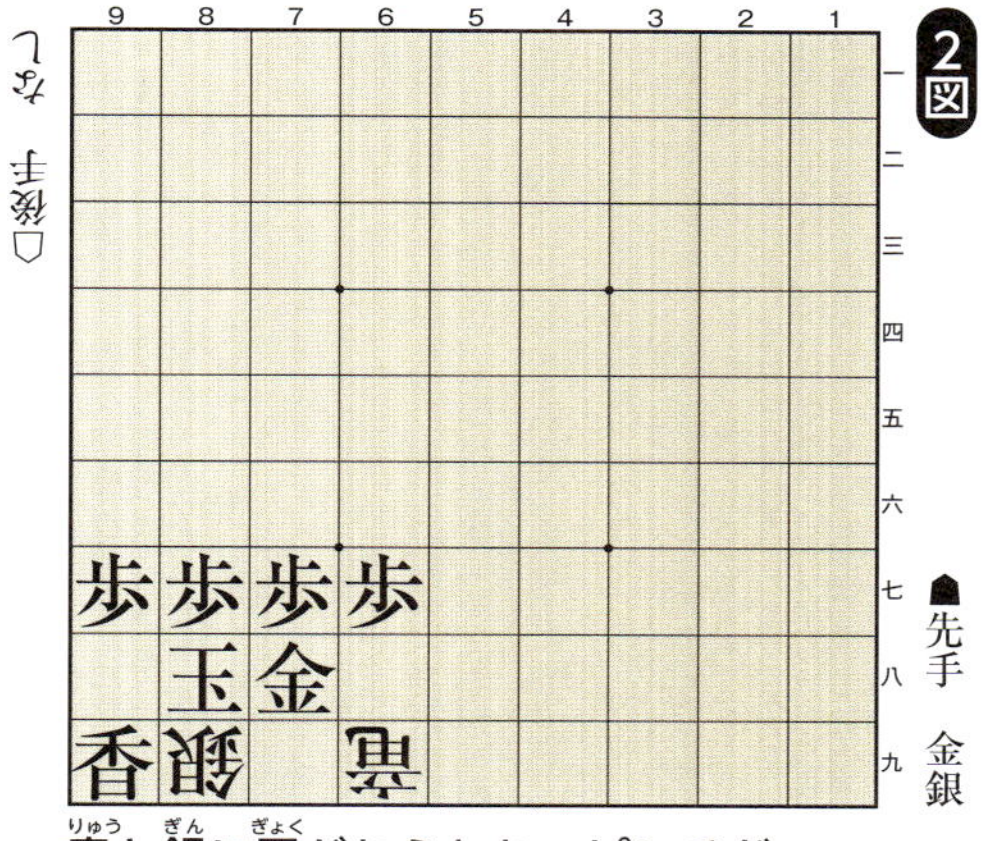

竜《りゅう》と銀《ぎん》に玉《ぎょく》がねらわれ、ピンチだ。

銀《ぎん》以外《いがい》では詰《つ》みをふせげない

☗7九金《きん》と引《ひ》いても、☖同竜《どうりゅう》☗同《どう》玉《ぎょく》☖7八金《きん》で、☗7九金打《きんうち》も☖7八銀成《ぎんなり》☗同金《どうきん》☖8九金《きん》☗9八玉《ぎょく》☖9九金《きん》☗8八玉《ぎょく》☖8九竜《りゅう》でそれぞれ詰《つ》みます。しかし、☗7九銀《ぎん》ならば受《う》かります3図。

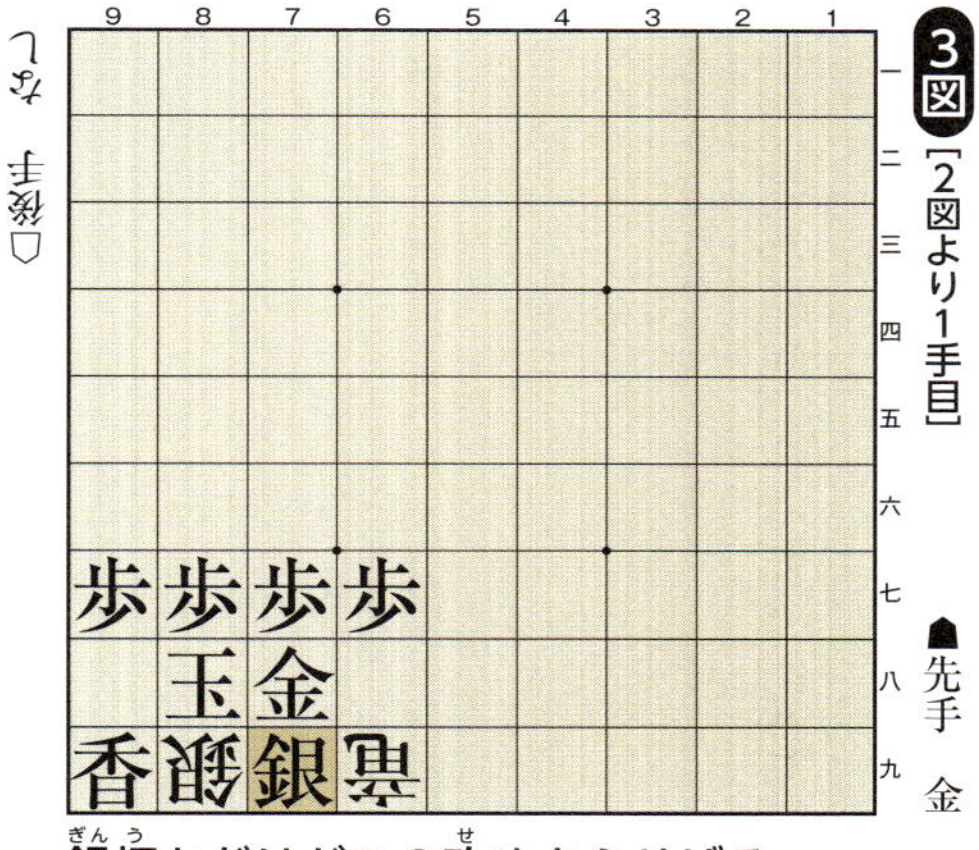

銀打《ぎんう》ちだけがこの攻《せ》めをふせげる。

ときには金《きん》よりも強力《きょうりょく》な銀《ぎん》の受《う》け

3図から、☖7八銀成《ぎんなり》に☗同銀《どうぎん》が竜取《りゅうと》りとなり4図、さらに8九のマス目《め》も受《う》けています。

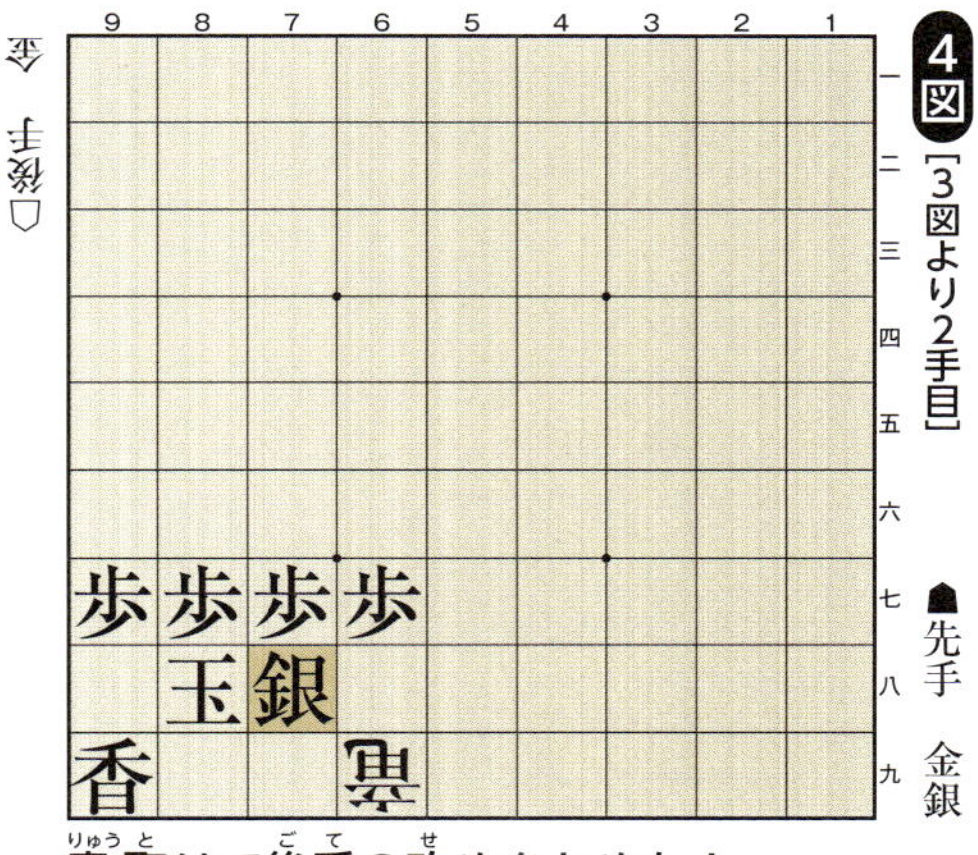

竜取《りゅうと》りで後手《ごて》の攻《せ》めをとめた！

寄《よ》せの銀《ぎん》

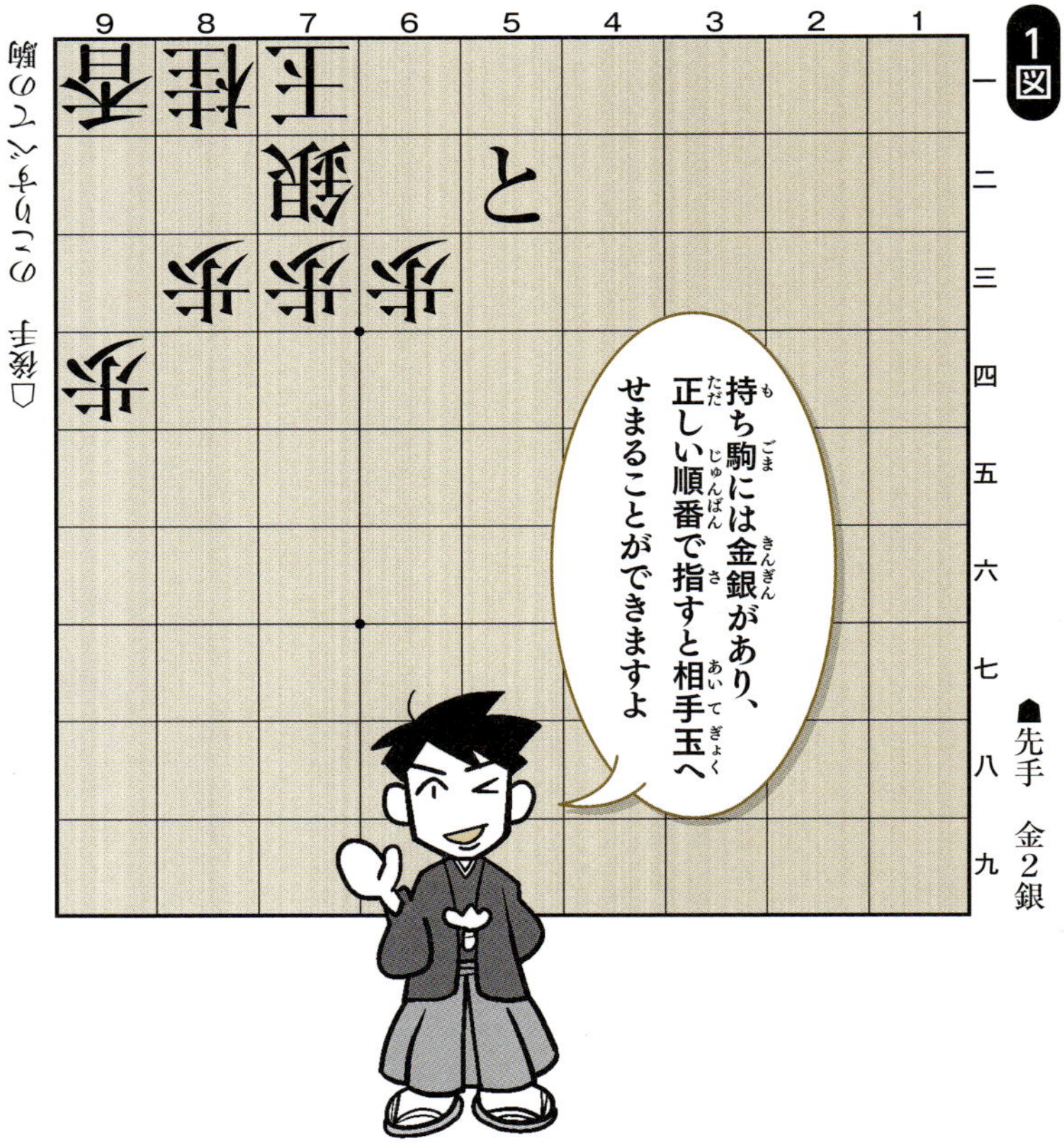
1図
▲先手　金2銀
持《も》ち駒《ごま》には金銀《きんぎん》があり、
正《ただ》しい順番《じゅんばん》で指《さ》すと相手玉《あいてぎょく》へ
せまることができますよ

銀《ぎん》を使《つか》った寄《よ》せで玉《ぎょく》を追《お》いつめる

寄《よ》せのポイントの1つは、**相手玉《あいてぎょく》を左右《さゆう》からはさんでにがさないようにすることです。**

1図では、持《も》ち駒《ごま》の金銀《きんぎん》を打《う》って、▲6二金△8二玉《ぎょく》▲7一銀《ぎん》△9三玉《ぎょく》▲7二金《きん》と駒得《こまどく》しながら攻《せ》めていきたくなります。しかし、後手玉《ごてぎょく》を9筋《すじ》からにがしてしまいます。

銀《ぎん》の利《き》きを活《い》かして、相手玉《あいてぎょく》を左右《さゆう》からはさみこんでいきましょう。

玉《ぎょく》のにげ道《みち》が広《ひろ》いとき
王手《おうて》をつづけても
詰《つ》みにはならない。
まずは玉《ぎょく》のにげ道《みち》をふさごう

金《きん》を捨《す》ててにげ道《みち》をふさぐ

1図では、5二にと金《きん》がいるので、8二〜9三へと玉《ぎょく》をにがさないようにしたいところ。それには、▲9二金《きん》と捨《す》てるのがよい手《て》です 2図。

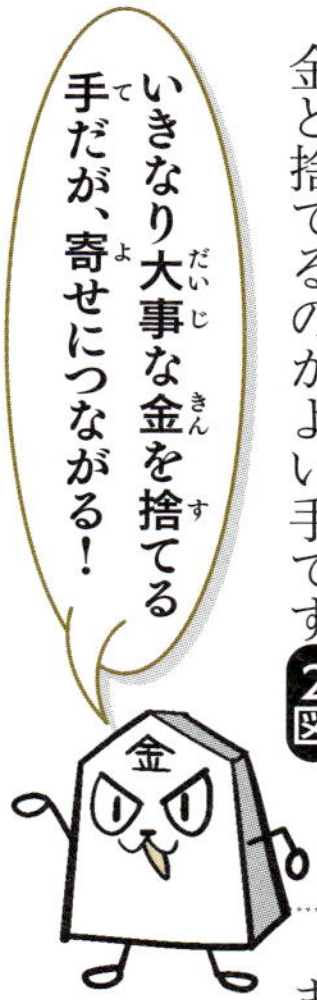
いきなり大事《だいじ》な金《きん》を捨《す》てる手《て》だが、寄《よ》せにつながる！
金

詰《つ》みがあるので香《きょう》しか動《うご》かせない

後手《ごて》の手番《てばん》ですが、つぎに▲6二金《きん》と▲8二金《きん》という2つの詰《つ》みがあるので、△9二同香《どうきょう》と取《と》るしかありません 3図。

香

持《も》ち駒《ごま》を活《い》かして玉《ぎょく》のにげ道《みち》をふさいだ

3図から▲9一銀《ぎん》と、香《きょう》が動《うご》いてあいたマス目《め》に銀《ぎん》を打《う》ちこみます 4図。

後手《ごて》はつぎの▲6二金《きん》と▲8二金《きん》をふせぐことができないよ

2図【1図より1手目】

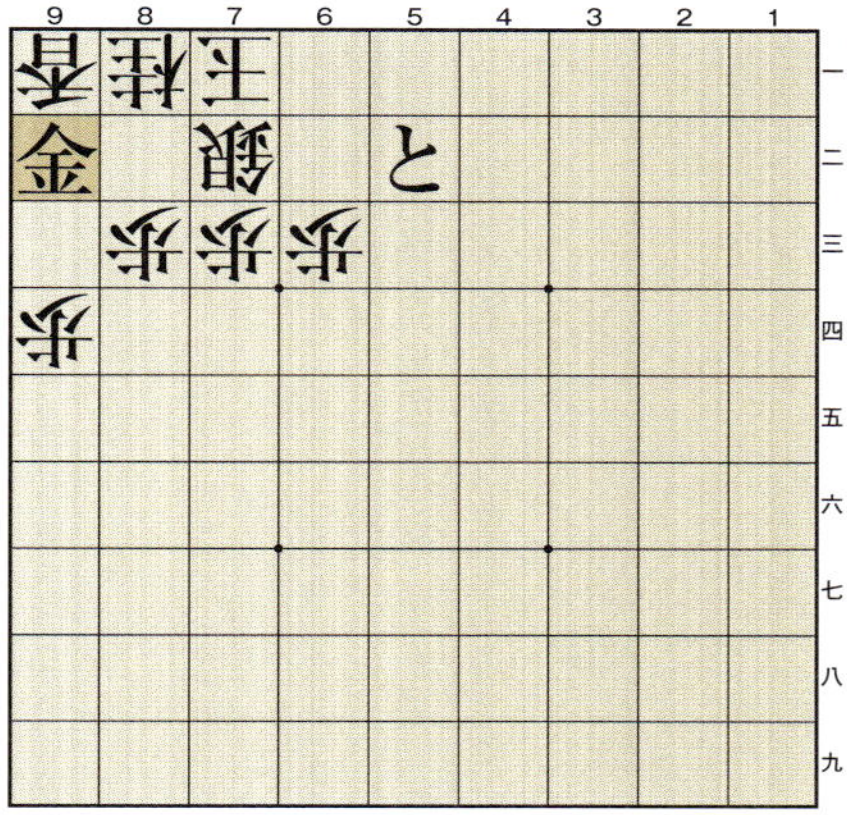

▲先手　金銀
△後手　のこりすべての駒

金《きん》をタダでわたすわけではない。

3図【2図より1手目】

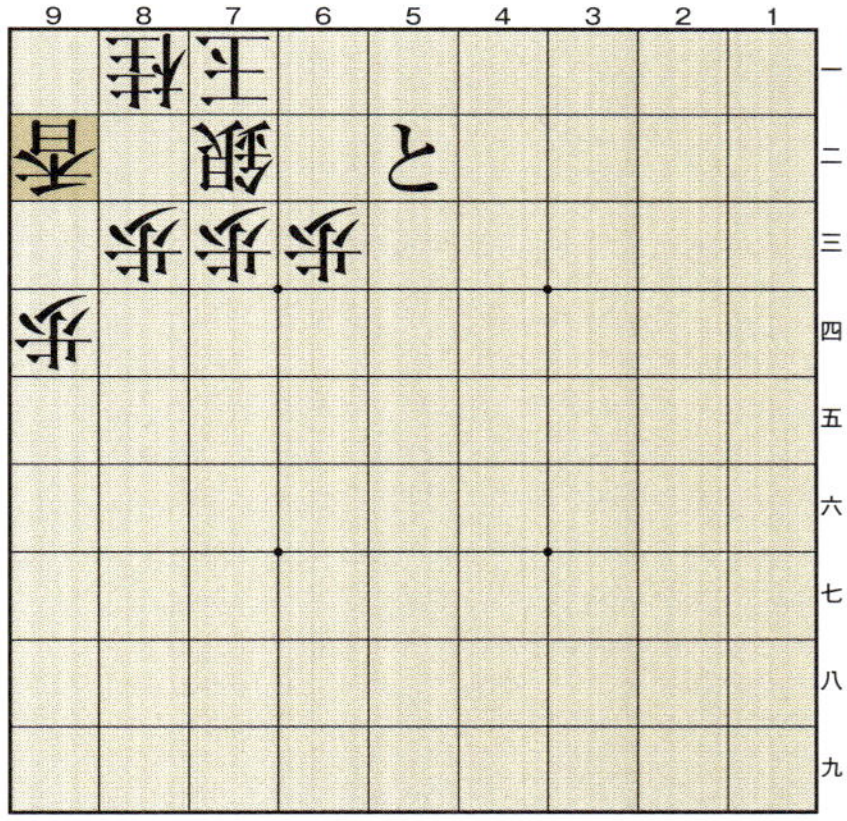

▲先手　金銀
△後手　のこりすべての駒

香《きょう》を動《うご》かしたことに大《おお》きな意味《いみ》がある。

4図【3図より1手目】

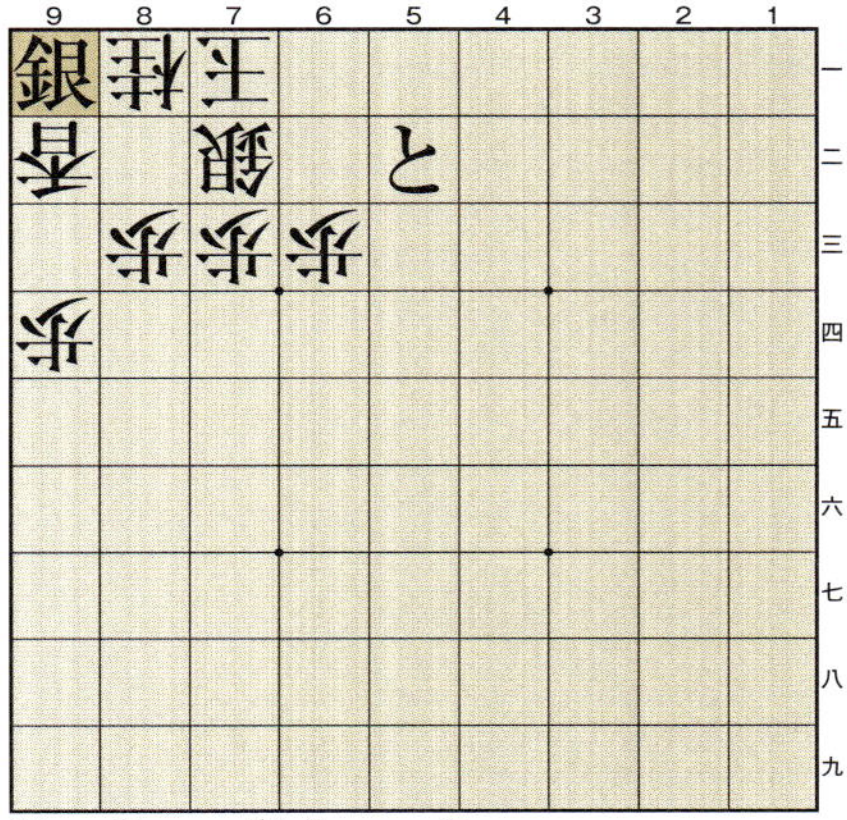

▲先手　金
△後手　のこりすべての駒

金《きん》を捨《す》てて銀《ぎん》打《う》ちが決《き》まった！

銀《ぎん》・金《きん》の手筋《てすじ》［終盤《しゅうばん》］

頭金《あたまきん》

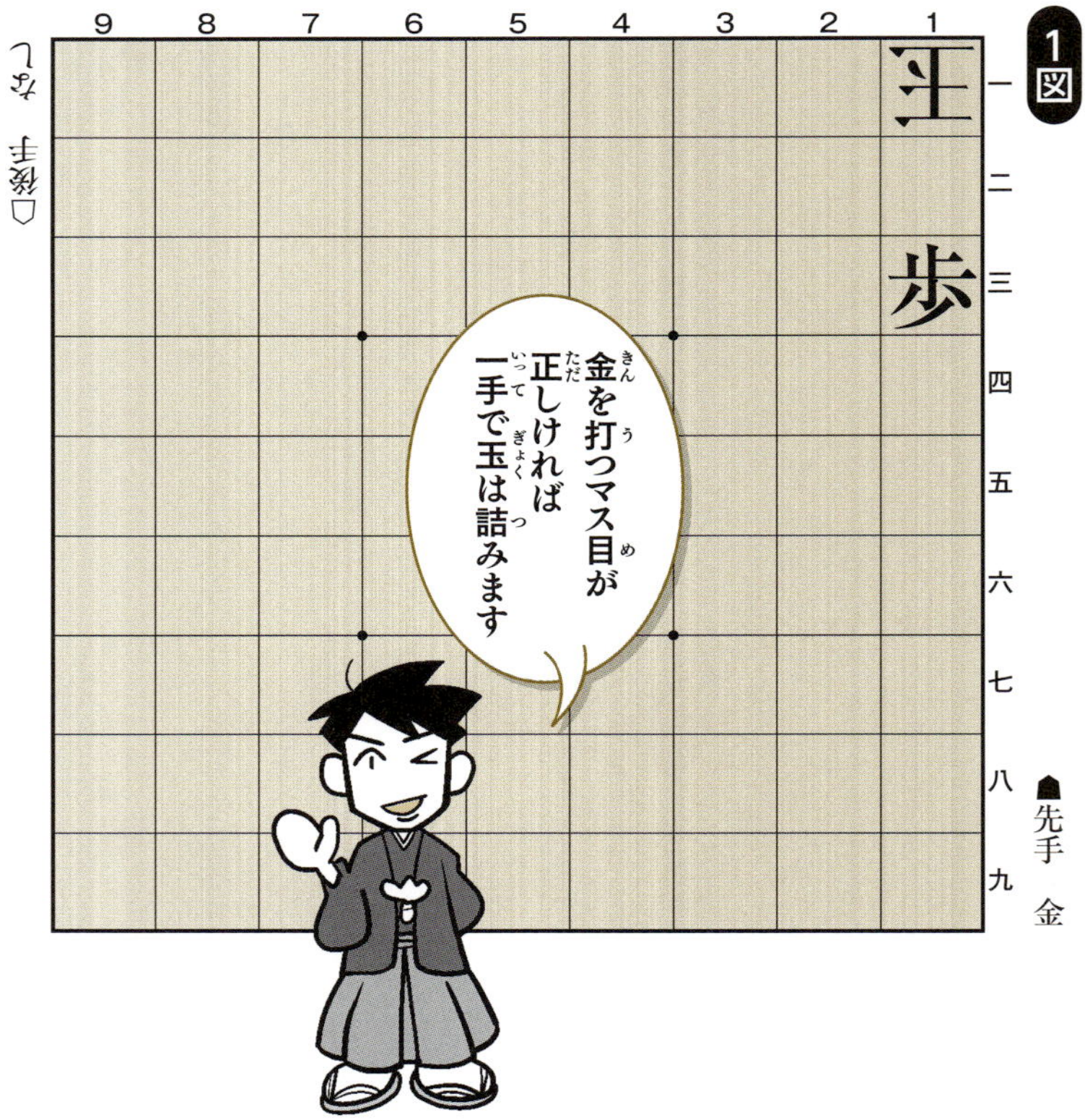
1図
9 8 7 6 5 4 3 2 1
一 二 三 四 五 六 七 八 九
王
歩
▲先手 金
△後手 なし
金《きん》を打《う》つマス目《め》が正《ただ》しければ一手《いって》で玉《ぎょく》は詰《つ》みます

「金《きん》はトドメにのこせ」という格言《かくげん》もあるくらい、玉《ぎょく》を詰《つ》ませるのに向《む》いている

頭金《あたまきん》は詰《つ》みの基本《きほん》

1図は、▲1二金《きん》で詰《つ》みです。この場面《ばめん》で、たった一手《いって》で玉《ぎょく》を詰《つ》ますことができるのは金《きん》だけです。

このように味方《みかた》の駒《こま》（1三の歩《ふ》）と力《ちから》を合《あ》わせながら、1図では相手玉《あいてぎょく》の頭《あたま》に金《きん》を打《う》って詰《つ》みにする手筋《てすじ》を「頭金《あたまきん》」といいます。

まずは守《まも》りの駒《こま》をどかす

つぎは2図です。こんどは後手《ごて》の金《きん》が玉《ぎょく》を守《まも》っていますが、先手《せんて》は桂《けい》も持《も》っています。

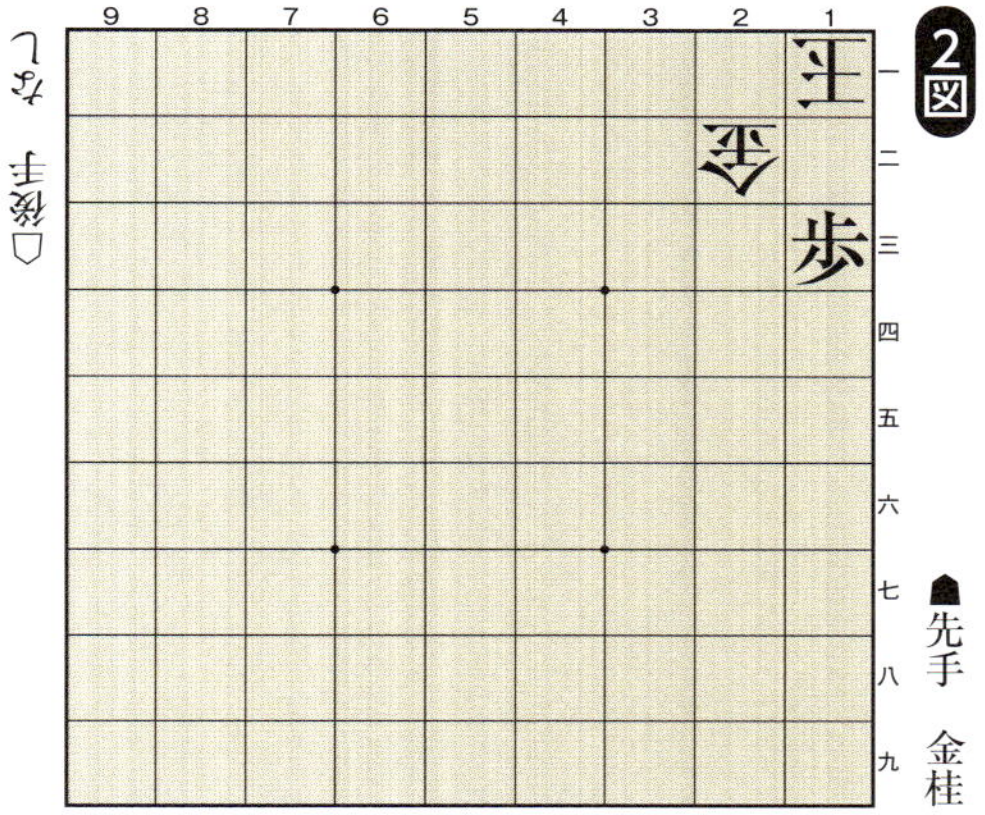
2図
後手 なし
先手 金桂
王
金
歩

頭金《あたまきん》をするには後手《ごて》の金《きん》がジャマだ。

金《きん》の頭《あたま》に桂《けい》を打《う》ち王手《おうて》をかける

2図は▲2三桂《けい》が正解《せいかい》3図。△2三同金《どうきん》と応《おう》じたら、つぎに▲1二金《きん》の頭金《あたまきん》で詰《つ》みです。

金《きん》の頭《あたま》に桂《けい》を打《う》つ手筋《てすじ》を金頭桂《きんとうけい》というよ

桂

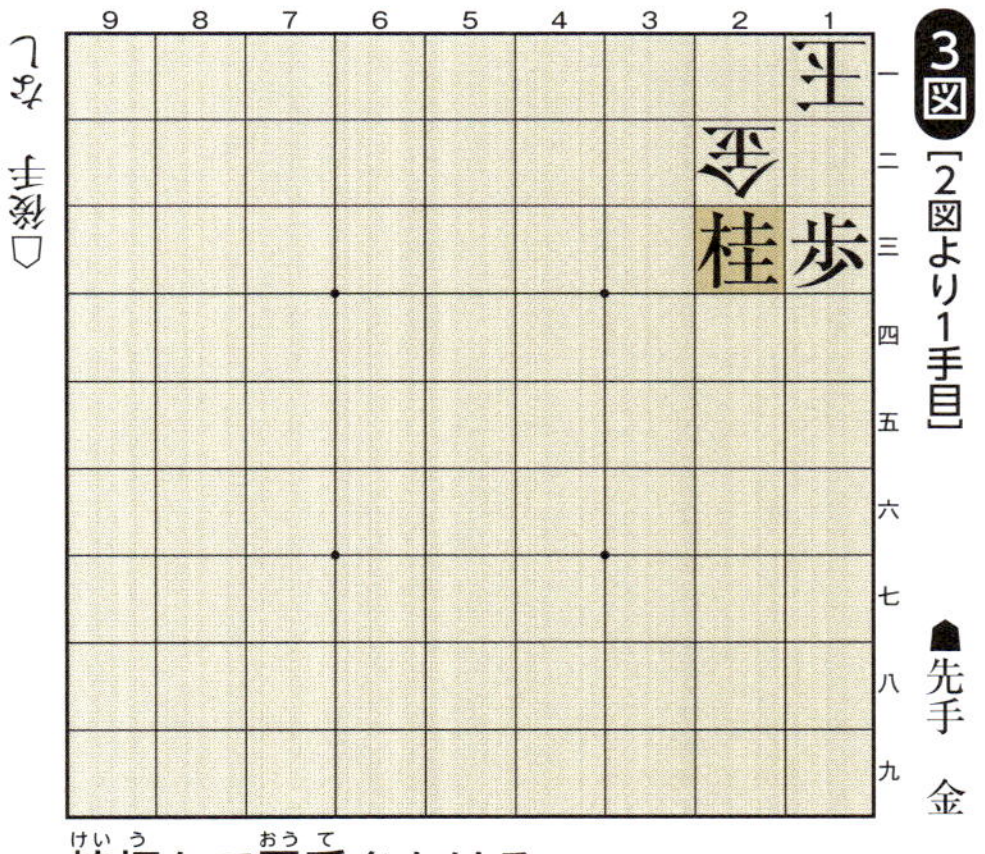
3図【2図より1手目】
後手 なし
先手 金
王
金
桂
歩

桂打《けいう》ちで王手《おうて》をかける。

持《も》ち駒《ごま》の金《きん》と桂《けい》で上《うえ》からおさえる

なお、3図から△2一玉《ぎょく》とにげても、▲3一金《きん》までの詰《つ》みです4図。

頭金《あたまきん》と金頭桂《きんとうけい》をおぼえておくと実戦《じっせん》で読《よ》みをはぶけるね

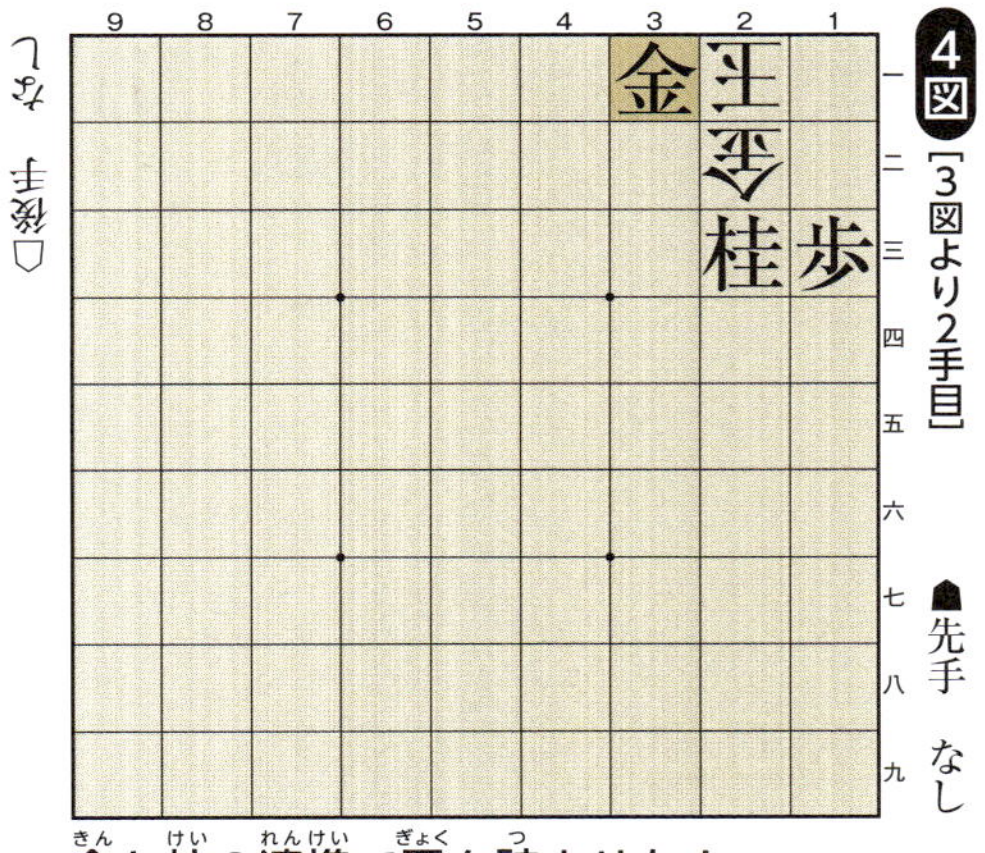
4図【3図より2手目】
後手 なし
先手 なし
金
王
金
桂
歩

金《きん》と桂《けい》の連携《れんけい》で玉《ぎょく》を詰《つ》ませた！

金《きん》の受《う》け①

1図

9 8 7 6 5 4 3 2 1
一 二 三 四 五 六 七 八 九
香 玉
先手《せんて》の玉《ぎょく》がピンチです。たくさんある持《も》ち駒《ごま》で後手《ごて》の寄《よ》せをかわせるでしょうか？
▲先手 角銀桂香歩
△後手 金歩

金《きん》なし将棋《しょうぎ》に受《う》け手《て》なし

1図は、後手《ごて》に上《うえ》からおさえつけられた場面《ばめん》です。**いくら持《も》ち駒《ごま》があっても、金《きん》を持《も》っていない先手《せんて》は受《う》けがありません。**

守《まも》りにすぐれた金《きん》がないと、受《う》ける手《て》がなくなって一気《いっき》に詰《つ》まされることがあります。それをあらわす**「金《きん》なし将棋《しょうぎ》に受《う》け手《て》なし」**という格言《かくげん》もあるほどです。

金《きん》はトドメの駒《こま》としても役立《やくだ》つけど受《う》けとしてもすぐれた駒《こま》なんだね

どの持《も》ち駒《ごま》を打《う》っても詰《つ》んでしまう

1図で▲8八歩《ふ》と打《う》っても、△7八金《きん》で詰《つ》みです2図。▲7九銀《ぎん》には△8八歩《ふ》▲同銀《どうぎん》△7八金《きん》と打《う》たれ、やはり詰《つ》んでしまいます。

金《きん》があれば王手《おうて》をふせげる

もし先手《せんて》が金《きん》を持《も》っていたら、▲7九金《きん》3図や▲8八金《きん》などと打《う》って守《まも》ることができます。

相手《あいて》が金《きん》なしならば寄《よ》せのチャンス！

おなじように、相手《あいて》の持《も》ち駒《ごま》に金《きん》がなければ、こちらが寄《よ》せにむかうチャンスです。つねにおたがいの持《も》ち駒《ごま》をチェックするようにしましょう。

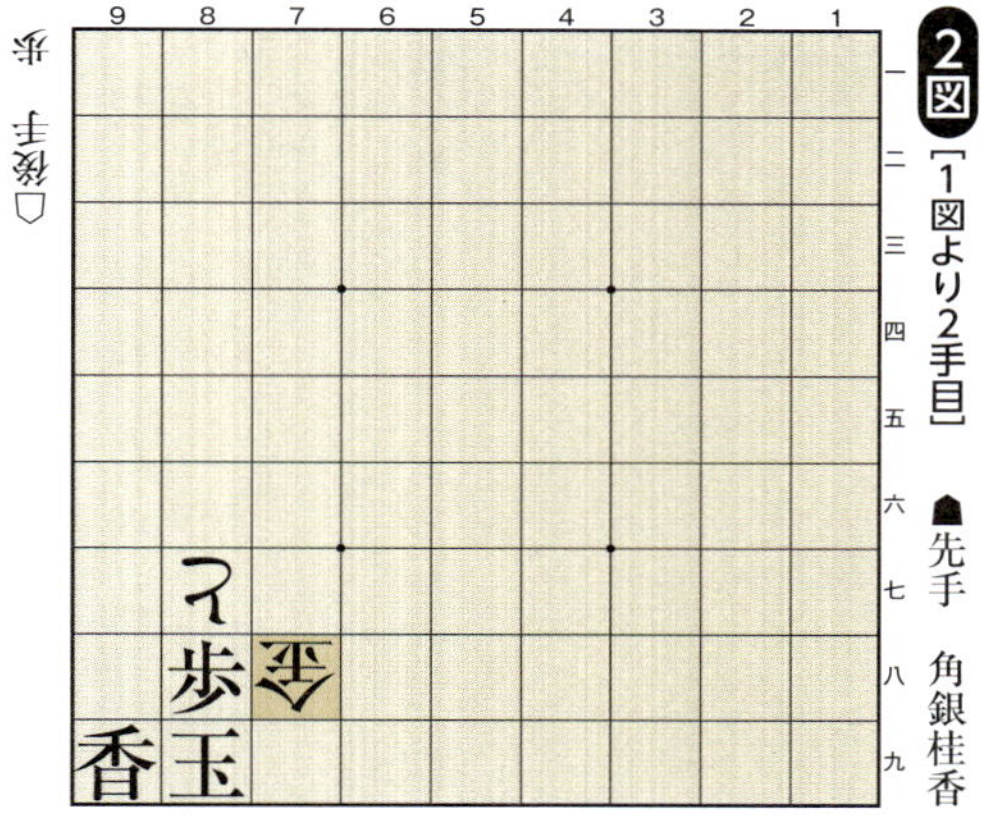
2図
【1図より2手目】
▲先手 角銀桂香
△後手 歩

金以外《きんいがい》では相手《あいて》の攻《せ》めをかわしきれない。

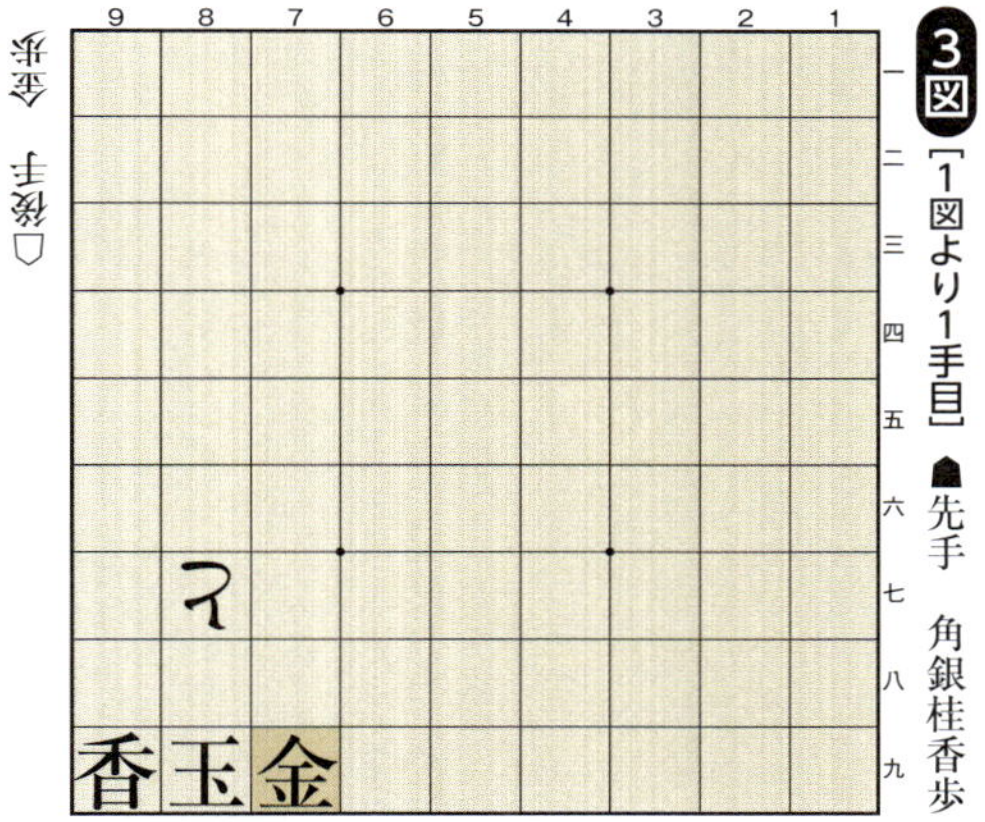
3図
【1図より1手目】
▲先手 角銀桂香歩
△後手 金歩

金《きん》の受《う》けの強《つよ》さが光《ひか》る！

金
オレがいなきゃ受《う》け手《て》なしだ!

攻《せ》めでも守《まも》りでも終盤《しゅうばん》の金《きん》はとても強力《きょうりょく》な駒《こま》なんだね！

金《きん》の受《う》け②

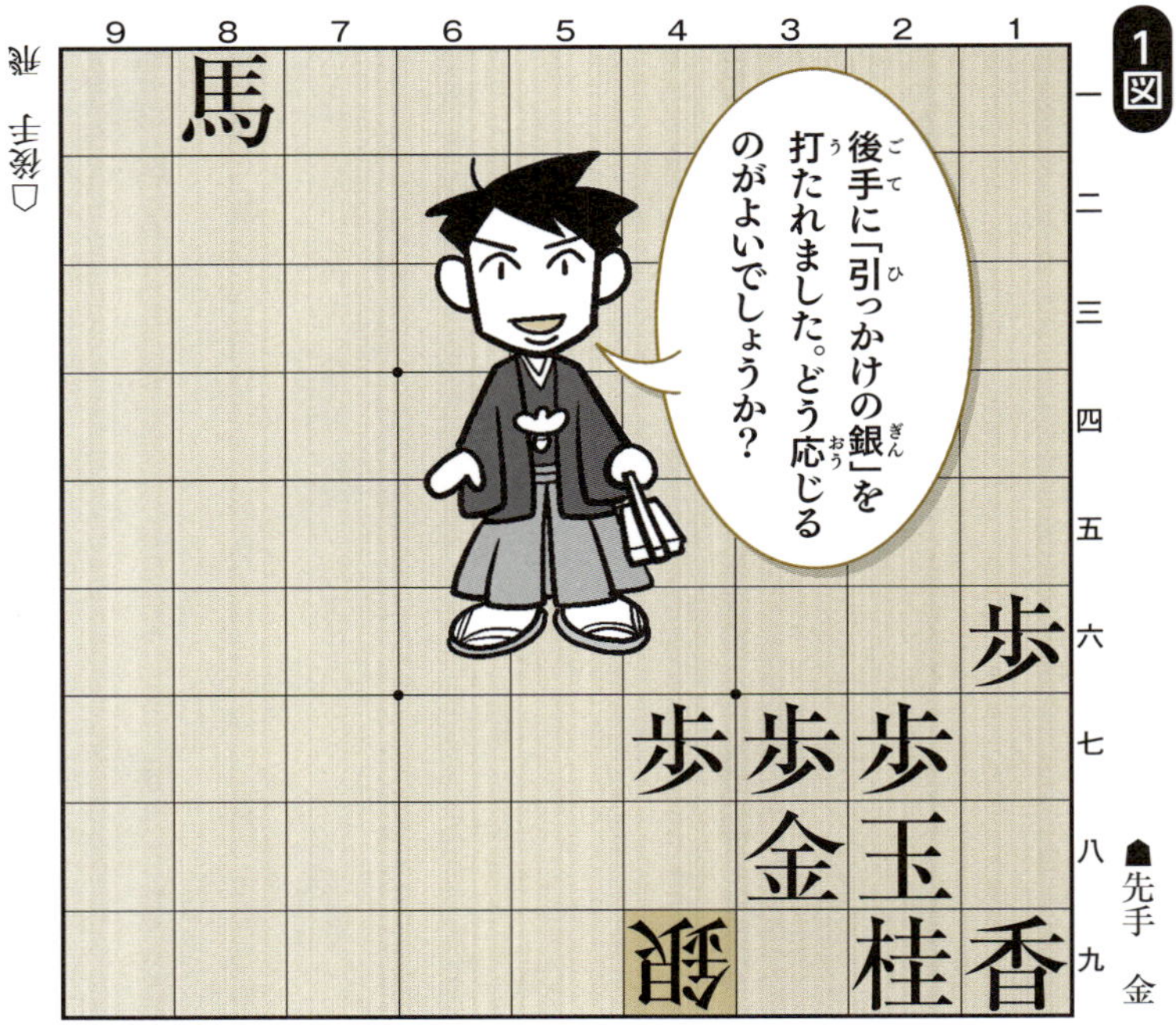
1図
後手《ごて》に「引《ひ》っかけの銀《ぎん》」を打《う》たれました。どう応《おう》じるのがよいでしょうか？
先手 金
後手 飛

金《きん》を使《つか》って玉《ぎょく》を安全《あんぜん》に守《まも》りぬく

1図は△4九銀《ぎん》と、「引《ひ》っかけの銀《ぎん》」をされたところです。

このような場面《ばめん》では、金《きん》をならべるようにして打《う》つと受《う》けることができます。守《まも》りのかたい金《きん》の受《う》けにより、後手《ごて》はそれ以上《いじょう》攻《せ》めることができません。

こうした受《う》けで玉《ぎょく》の守《まも》りをたもてると、終盤《しゅうばん》をねばり強《づよ》く戦《たたか》うことができます。

金《きん》は守《まも》りの中心《ちゅうしん》なので つねに玉《ぎょく》の近《ちか》くに おきたい駒《こま》だ
いつでも そばに…

引《ひ》っかけの銀《ぎん》に守《まも》りの金《きん》を取《と》られた

1図から、△3八銀成《ぎんなり》▲同玉《どうぎょく》となっては、一気《いっき》にピンチです2図。

2図【1図より2手目】

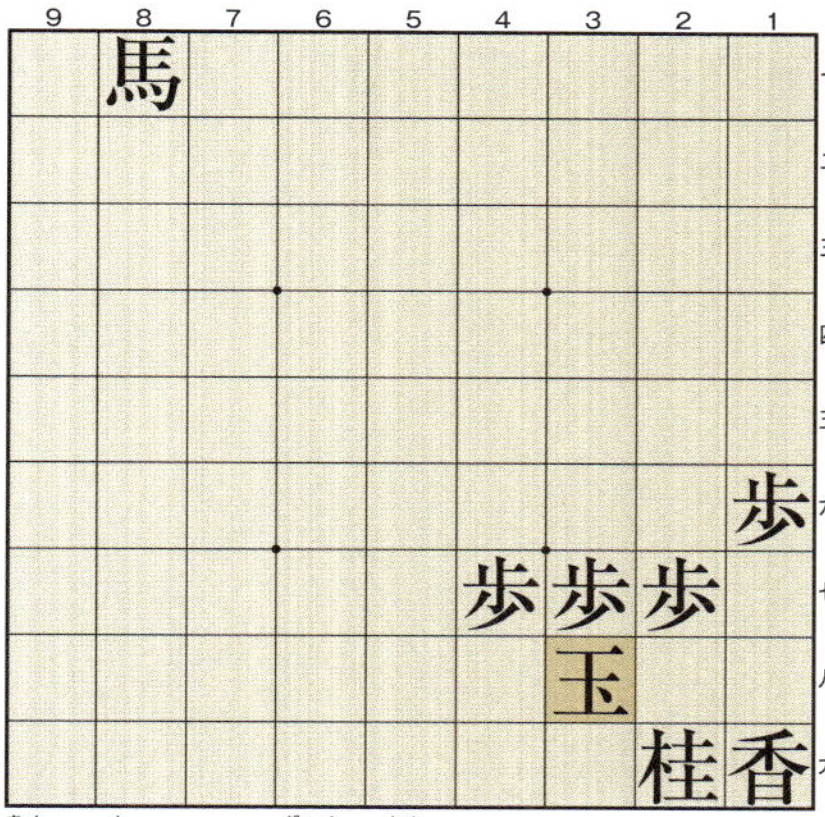

▲先手 金銀

△後手 飛金

金《きん》を取《と》られ、玉《ぎょく》の守《まも》りがうすい！

金《きん》をかわしてもほかの駒《こま》にねらわれる

1図から▲4八金《きん》とかわすのは弱《よわ》い受《う》けで、△8八飛《ひ》と飛車《ひしゃ》を打《う》たれてしまいます3図。

3図【1図より2手目】

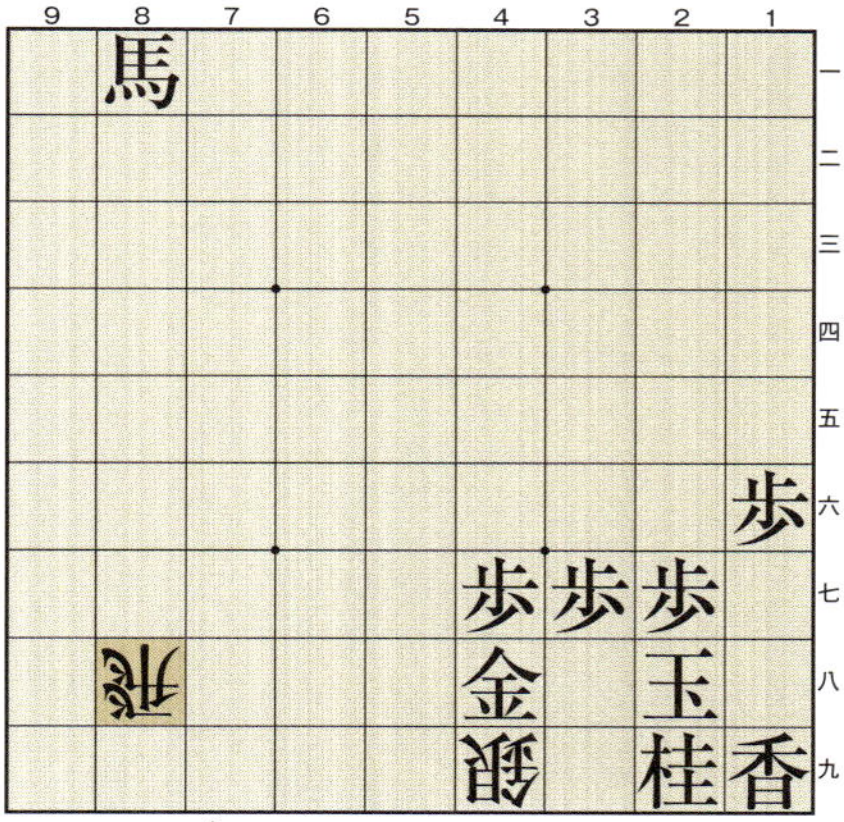

▲先手 金

△後手 なし

これでは変《か》わらずピンチだ。

ねらわれた金《きん》に持《も》ち駒《ごま》の金《きん》を重《かさ》ねる

こんなときは、▲4八金打《きんうち》（または▲3九金打《きんうち》）が、受《う》けのテクニックです4図。△3八銀成《ぎんなり》には▲同金《どうきん》で、自分《じぶん》の玉《ぎょく》はかたいままです。

4図【1図より1手目】

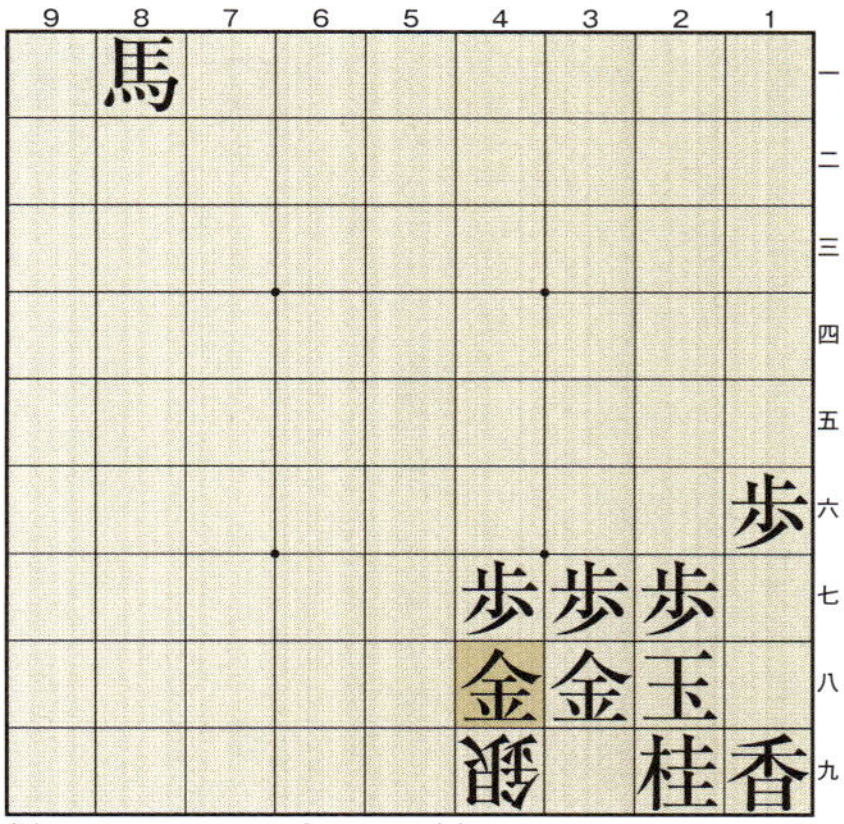

▲先手 なし

△後手 飛

金《きん》をならべて打《う》ち、守《まも》りをかためた！

銀《ぎん》・金《きん》の手筋《てすじ》［終盤《しゅうばん》］

尻金《しりきん》

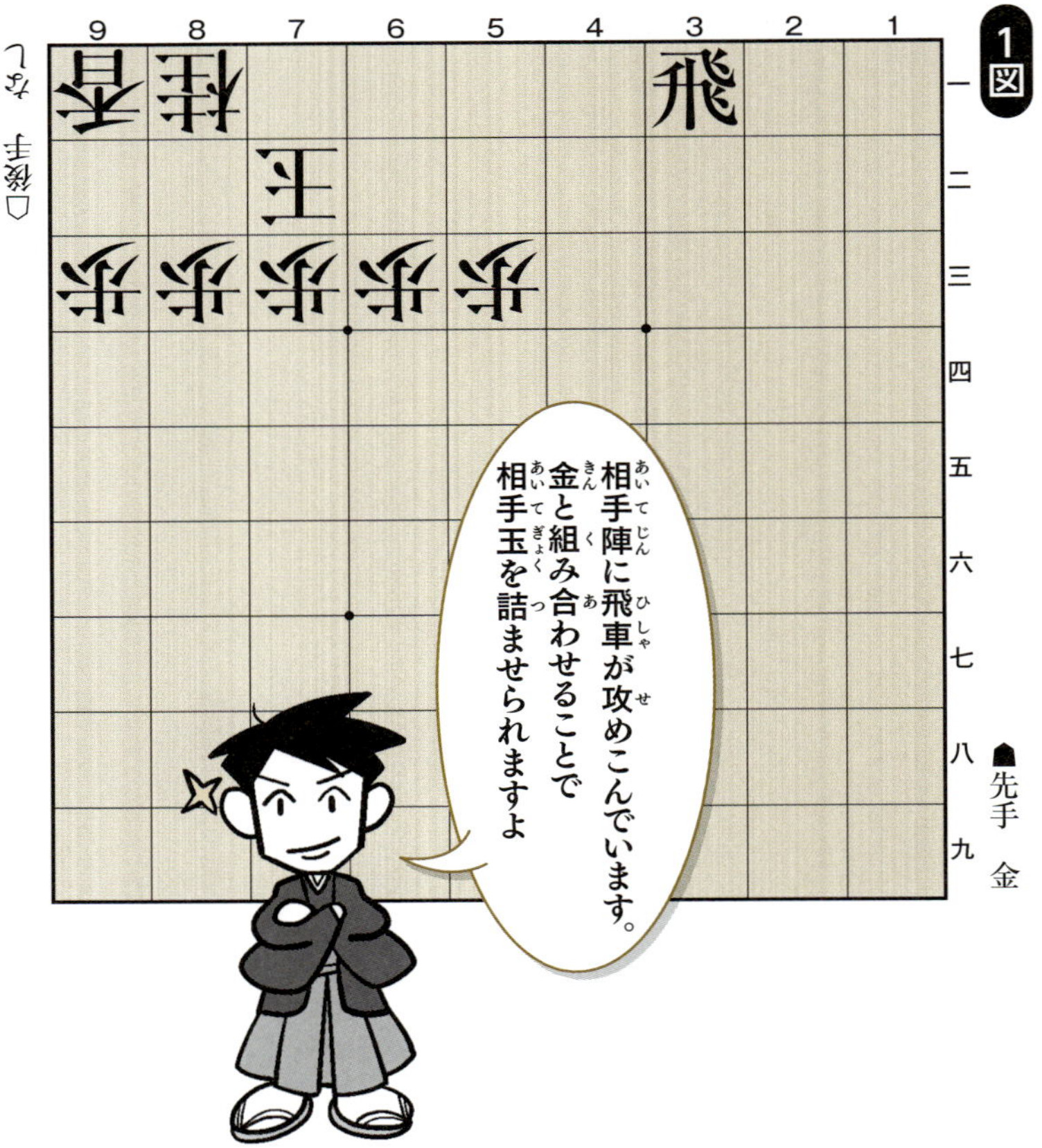
1図
9 8 7 6 5 4 3 2 1
一 二 三 四 五 六 七 八 九
香 桂 飛
王
歩 歩 歩 歩 歩
☗先手 金
☖後手 なし
相手陣《あいてじん》に飛車《ひしゃ》が攻《せ》めこんでいます。
金《きん》と組《く》み合《あ》わせることで
相手玉《あいてぎょく》を詰《つ》ませられますよ

玉《ぎょく》のうしろからせまる尻金《しりきん》

1図のようなかたちでは、☗7一金《きん》と玉《ぎょく》のうしろから王手《おうて》をかけるのがよい手《て》です 2図。金《きん》は飛車《ひしゃ》や竜《りゅう》とのコンビネーションで、玉《ぎょく》を追《お》いつめることができます。**このように玉《ぎょく》のうしろに金《きん》を打《う》ち、詰《つ》ます手筋《てすじ》を「尻金《しりきん》」といいます。**

「頭金《あたまきん》」とおなじく
強力《きょうりょく》な詰《つ》みの手筋《てすじ》だ。
おぼえておこう
ゴツゴツ

金《きん》で直接《ちょくせつ》玉《ぎょく》にせまる

右《みぎ》ページのとおり、1図から▲7一金《きん》が尻金《しりきん》の手筋《てすじ》2図。

金《きん》の連続王手《れんぞくおうて》で追《お》いつめていく

2図で△8二玉《ぎょく》には、▲8一金《きん》△9二玉《ぎょく》と、玉《ぎょく》を端《はし》に追《お》いつめます3図。なお、△6二玉《ぎょく》には、▲6一飛成《ひなり》で詰《つ》みです。

尻金《しりきん》で玉《ぎょく》を詰《つ》ませる

3図から▲9一金《きん》△8二玉《ぎょく》▲8一飛成《ひなり》と、さいごは飛車《ひしゃ》を動《うご》かして詰《つ》みです4図。

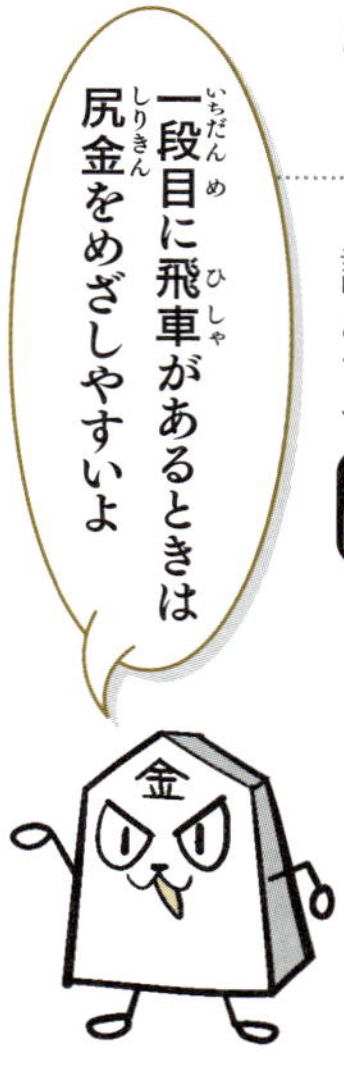
一段目《いちだんめ》に飛車《ひしゃ》があるときは尻金《しりきん》をめざしやすいよ
金

2図【1図より1手目】

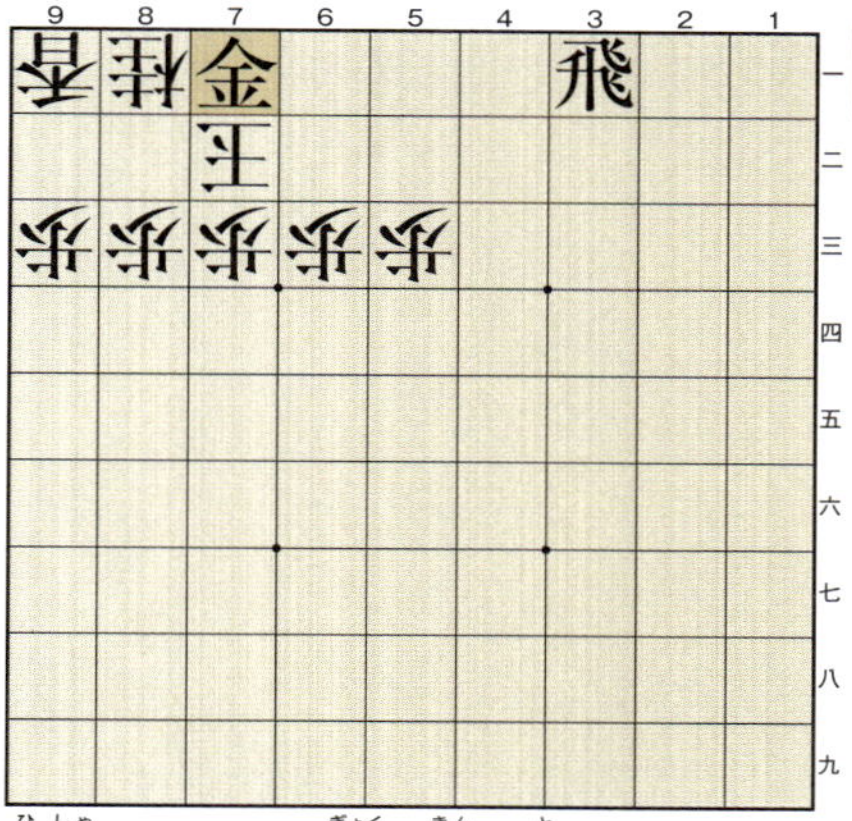

▲先手 なし
△後手 なし

飛車《ひしゃ》がいるから玉《ぎょく》は金《きん》を取《と》れない。

3図【2図より3手目】

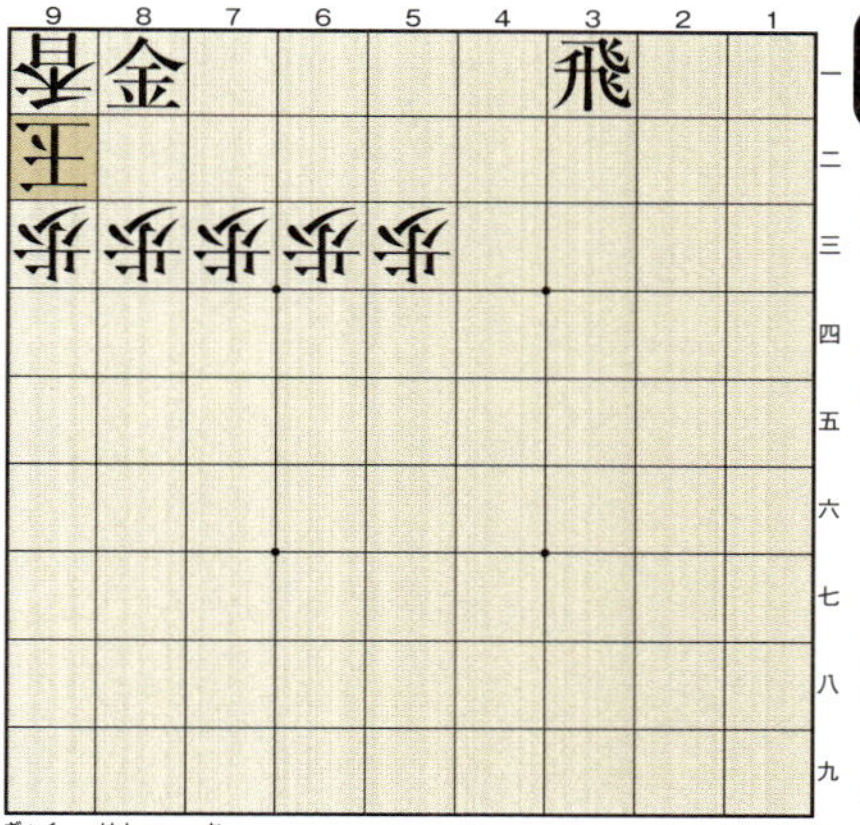

▲先手 桂
△後手 なし

玉《ぎょく》を端《はし》に追《お》いつめていく！

4図【3図より3手目】

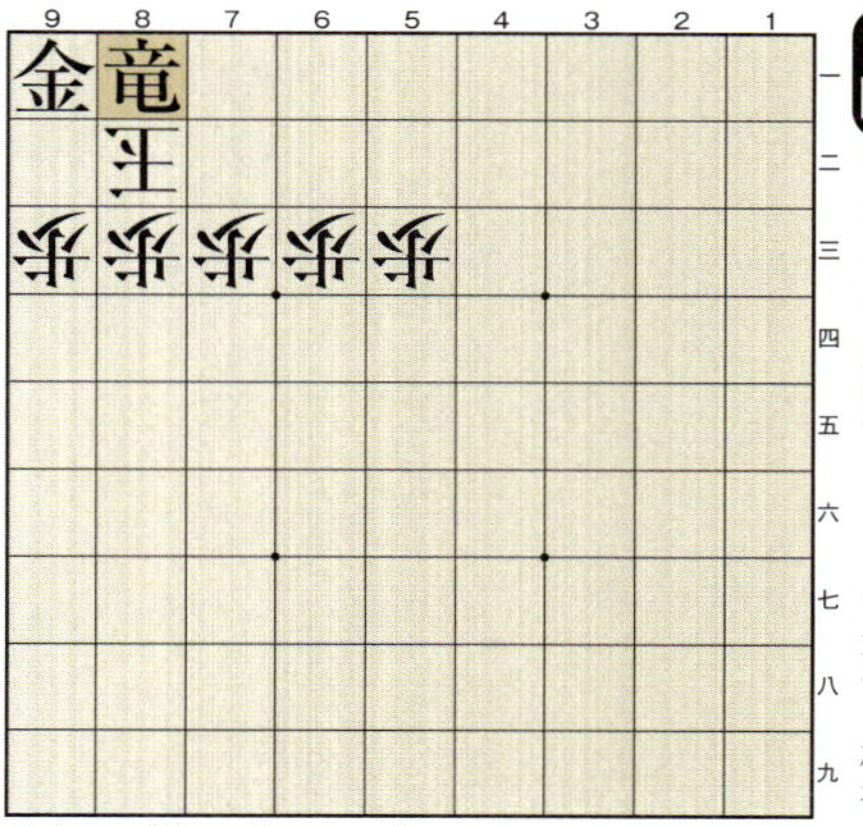

▲先手 桂香
△後手 なし

飛車《ひしゃ》と金《きん》の攻《せ》めが決《き》まった！

トドメの金《きん》①

1図
△後手 なし
▲先手 金
玉《ぎょく》が端《はし》にいます。持《も》ち駒《ごま》の金《きん》を打《う》つことで一手《いって》で詰《つ》められます

玉《ぎょく》の横《よこ》に金《きん》を打《う》つ腹金《はらきん》

1図では、▲8二金《きん》で1手詰《てづ》めです。**このように玉《ぎょく》の横《よこ》に金《きん》を打《う》って詰《つ》ませる手筋《てすじ》を、「腹金《はらきん》」といいます。**

玉《ぎょく》を端《はし》に追《お》いつめたときによく出《で》てくる手筋《てすじ》です。

腹金《はらきん》は頭金《あたまきん》、尻金《しりきん》とセットでおぼえておこう！
じーーっ
でっぷり

腹金《はらきん》と腹銀《はらぎん》、どちらがいいかな？

こんどは2図を見《み》てください。162ページで見《み》た▲8二銀《ぎん》の腹《はら》銀《ぎん》も必至《ひっし》（どのような受《う》けを指《さ》しても、つぎに詰《つ》んでしまうかたちのこと）ですが、持《も》ち駒《ごま》に金《きん》と歩《ふ》がある2図では、詰《つ》みがあります。

歩《ふ》を玉《ぎょく》の頭《あたま》にぶつける

2図でよい寄《よ》せは、▲9三歩《ふ》です。△9三同桂《どうけい》なら▲8二金《きん》の腹金《はらきん》で詰《つ》みます3図。

金

腹金《はらきん》もねらった詰《つ》みの手筋《てすじ》

▲8二金《きん》の腹金《はらきん》をふせぐため、▲9三歩《ふ》に△同玉《どうぎょく》と取《と》ったら、▲8二銀《ぎん》△9二玉《ぎょく》▲9三金《きん》△同桂《どうけい》▲8一銀《ぎん》不成《ならず》で詰《つ》みです4図。

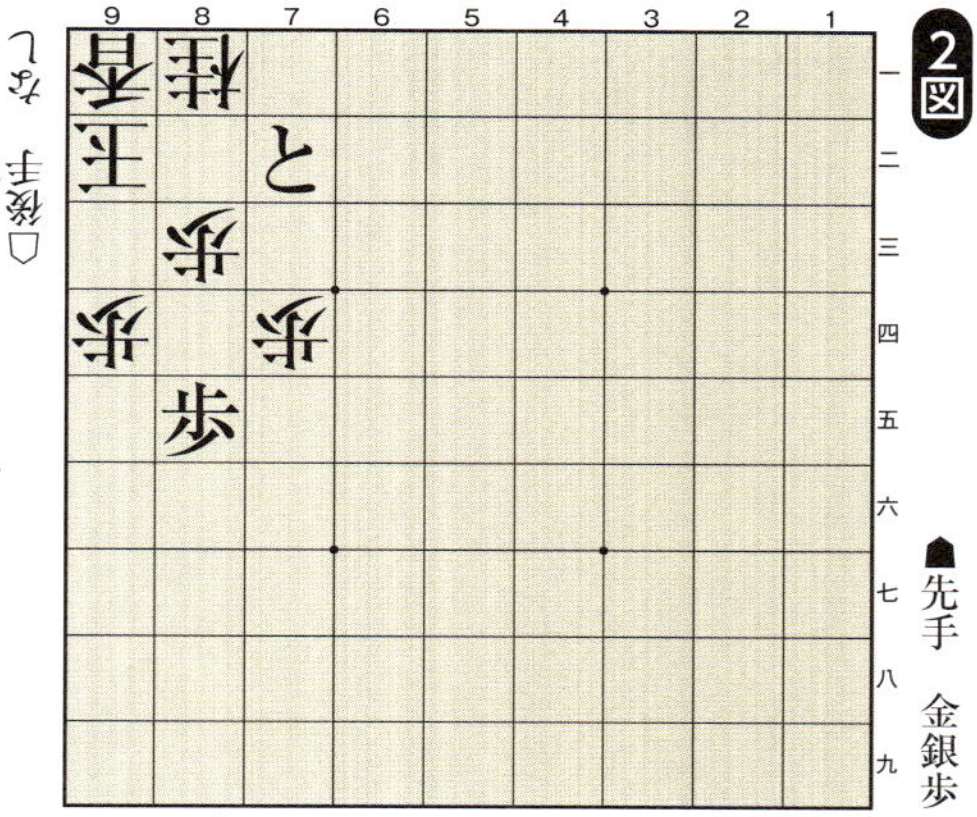
2図
▲先手　金銀歩
△後手　なし

▲8二銀《ぎん》の腹銀《はらぎん》よりもよい手《て》がある。

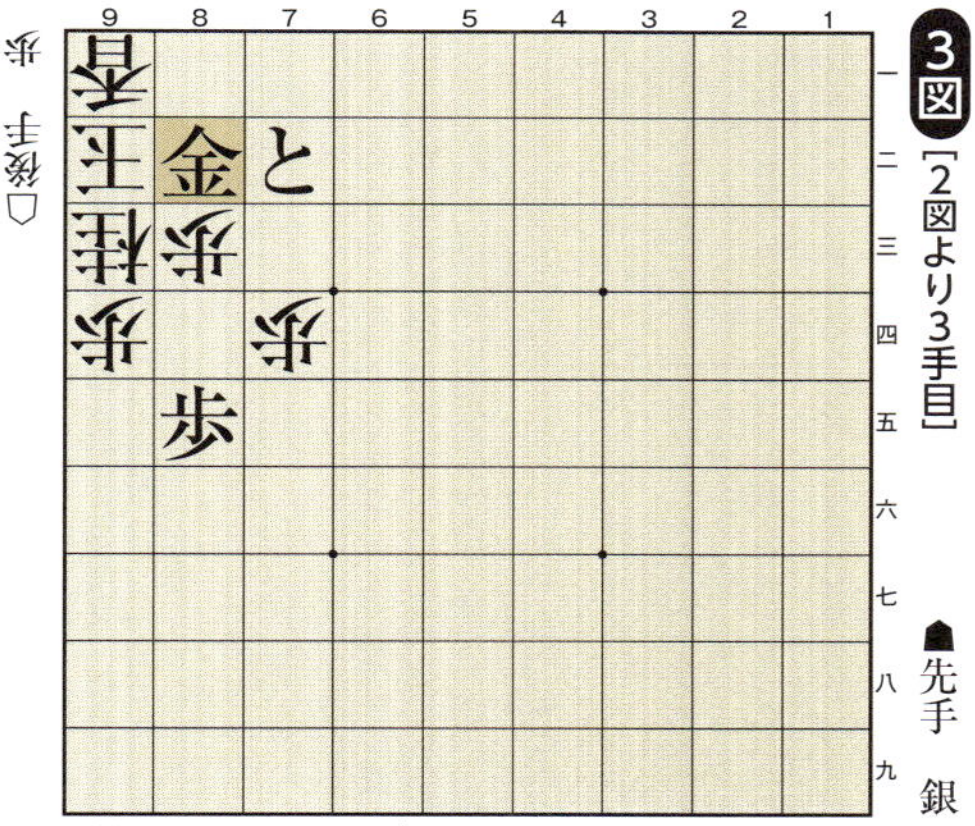
3図
［2図より3手目］
▲先手　銀
△後手　歩

腹金《はらきん》で詰《つ》み！　玉《ぎょく》のにげ道《みち》はない。

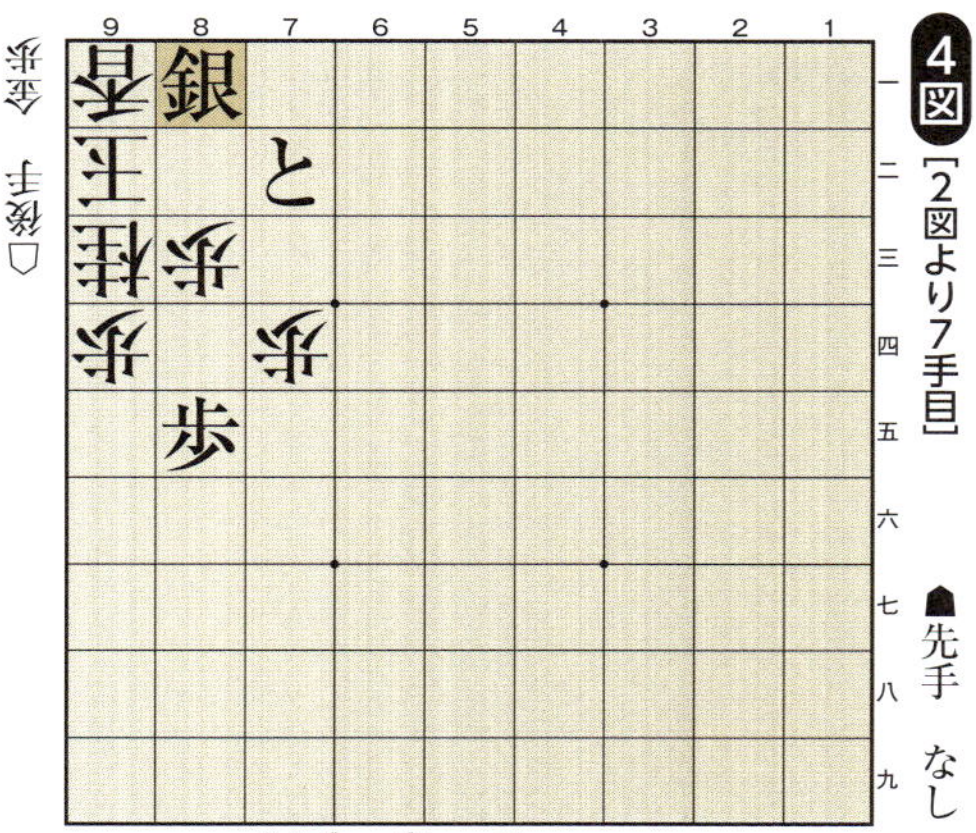
4図
［2図より7手目］
▲先手　なし
△後手　金歩

こちらは不成《ならず》の銀《ぎん》で詰《つ》みだ！

銀《ぎん》・金《きん》の手筋《てすじ》［終盤《しゅうばん》］

トドメの金《きん》②

1図
△後手　金銀
▲先手　金
左《ひだり》のほうから
玉《ぎょく》にせまっていますが
1筋《すじ》のほうへにがさない
ようにしたいところです

持《も》ち駒《ごま》の金《きん》が終盤《しゅうばん》を制《せい》す

168ページでも見《み》たように、玉《ぎょく》は左右《さゆう》からはさみこむと寄《よ》せやすくなります。ここでは、金《きん》を活《い》かした寄《よ》せを見《み》ていきましょう。

金《きん》には、頭金《あたまきん》・腹金《はらきん》・尻金《しりきん》以外《いがい》にもさまざまな詰《つ》みのパターンがあります。また、守《まも》りでも玉《ぎょく》の近《ちか》くに置《お》くことで、守《まも》りをかたくすることができます。

終盤《しゅうばん》の※寄《よ》せ合《あ》いで
金《きん》は攻《せ》めと守《まも》りの
どちらでも役《やく》に立《た》つ
強力《きょうりょく》な駒《こま》なんだ

※寄《よ》せ合《あ》いとは、終盤《しゅうばん》に入《はい》っておたがいに相手《あいて》の玉《ぎょく》を攻《せ》め寄《よ》せていくこと。

飛車《ひしゃ》で豪快《ごうかい》に切《き》りこむ

1図では、▲4一飛成《ひなり》といきなり飛車《ひしゃ》を切《き》るのが早《はや》い寄《よ》せ2図。持《も》ち駒《ごま》の金《きん》を増《ふ》やしました。

玉《ぎょく》のにげ道《みち》をふさぐ金《きん》の一手《いって》

後手《ごて》は△4一同玉《どうぎょく》と取《と》りますが、そこで▲2二金《きん》と打《う》つことで、玉《ぎょく》を左右《さゆう》からはさみます3図。

左右《さゆう》をはさんで玉《ぎょく》を追《お》いつめる

後手《ごて》は、つぎの▲5二金打《きんうち》4図と▲3二金打《きんうち》を受《う》けることができません。

2図【1図より1手目】

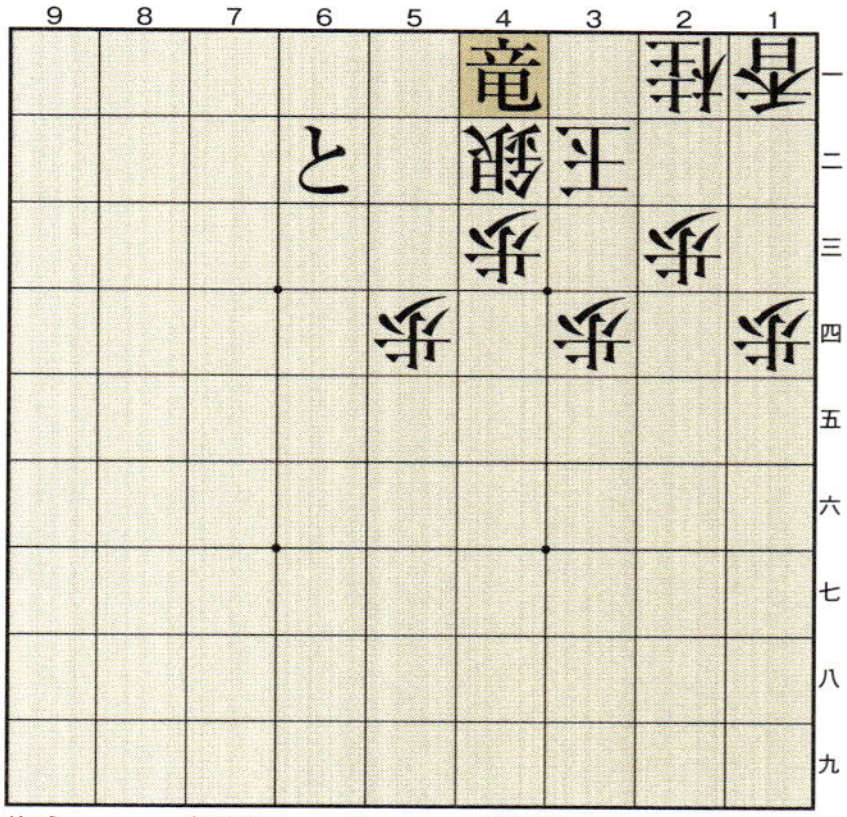

▲先手 金2

△後手 金銀

竜《りゅう》による強烈《きょうれつ》な攻《せ》めで王手《おうて》だ。

3図【2図より2手目】

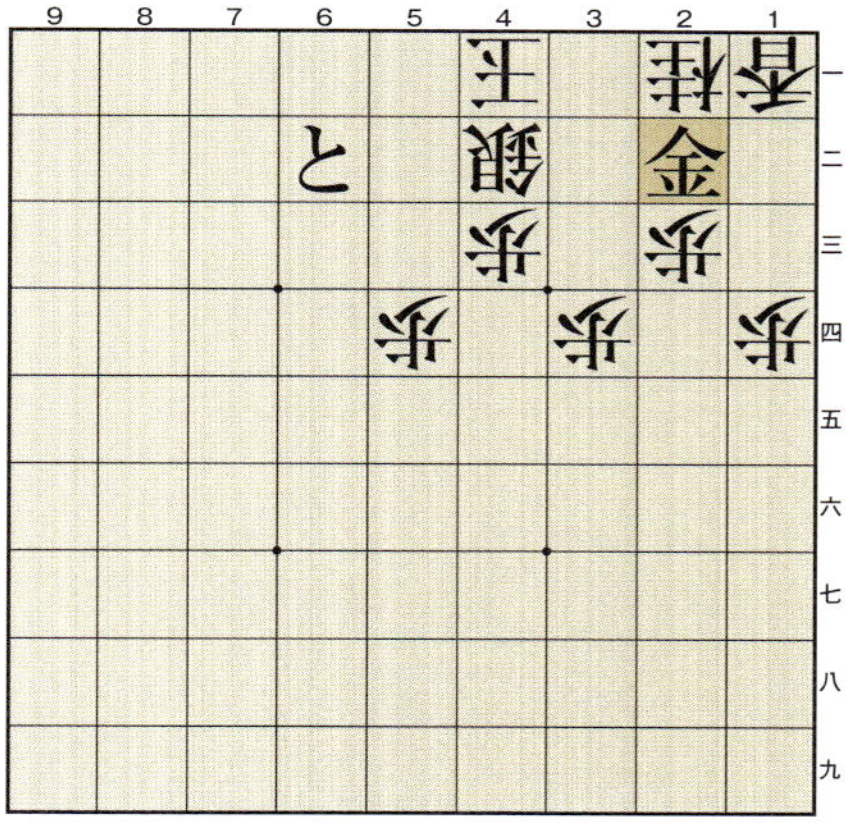

▲先手 金

△後手 飛金銀

と金《きん》と金《きん》で玉《ぎょく》を左右《さゆう》からはさんだ！

4図

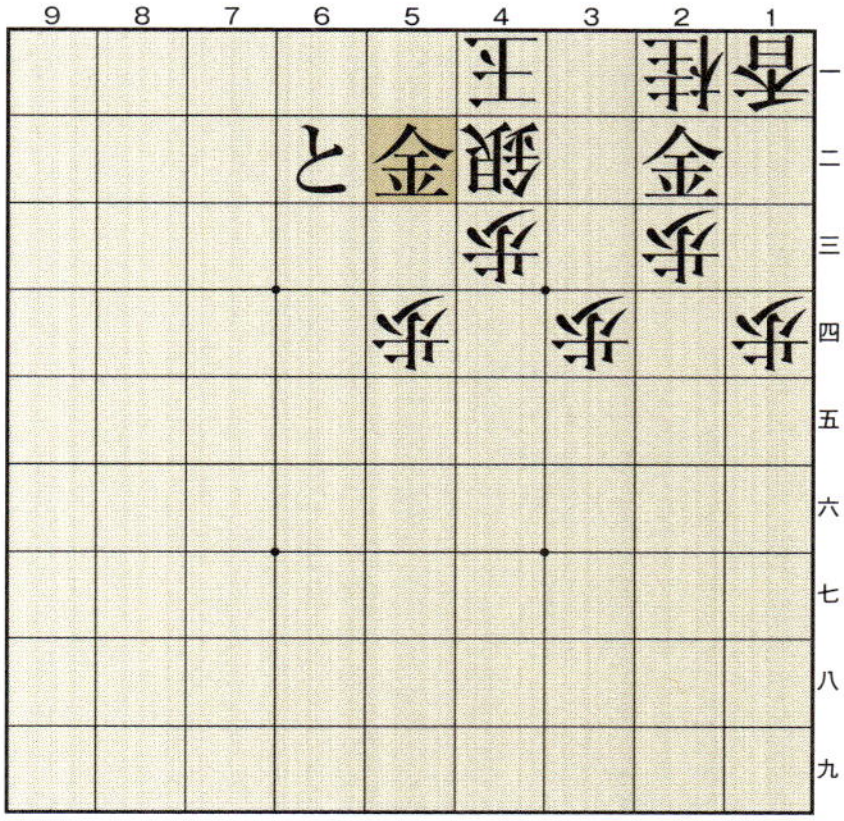

▲先手 なし

△後手 飛金銀

左右《さゆう》からはさむ気持《きも》ちのいい寄《よ》せ！

【練習問題《れんしゅうもんだい》】終盤《しゅうばん》の銀《ぎん》・金《きん》の手筋《てすじ》を使《つか》ってみよう

【問題1】つぎの一手《いって》は?

☗先手 金銀

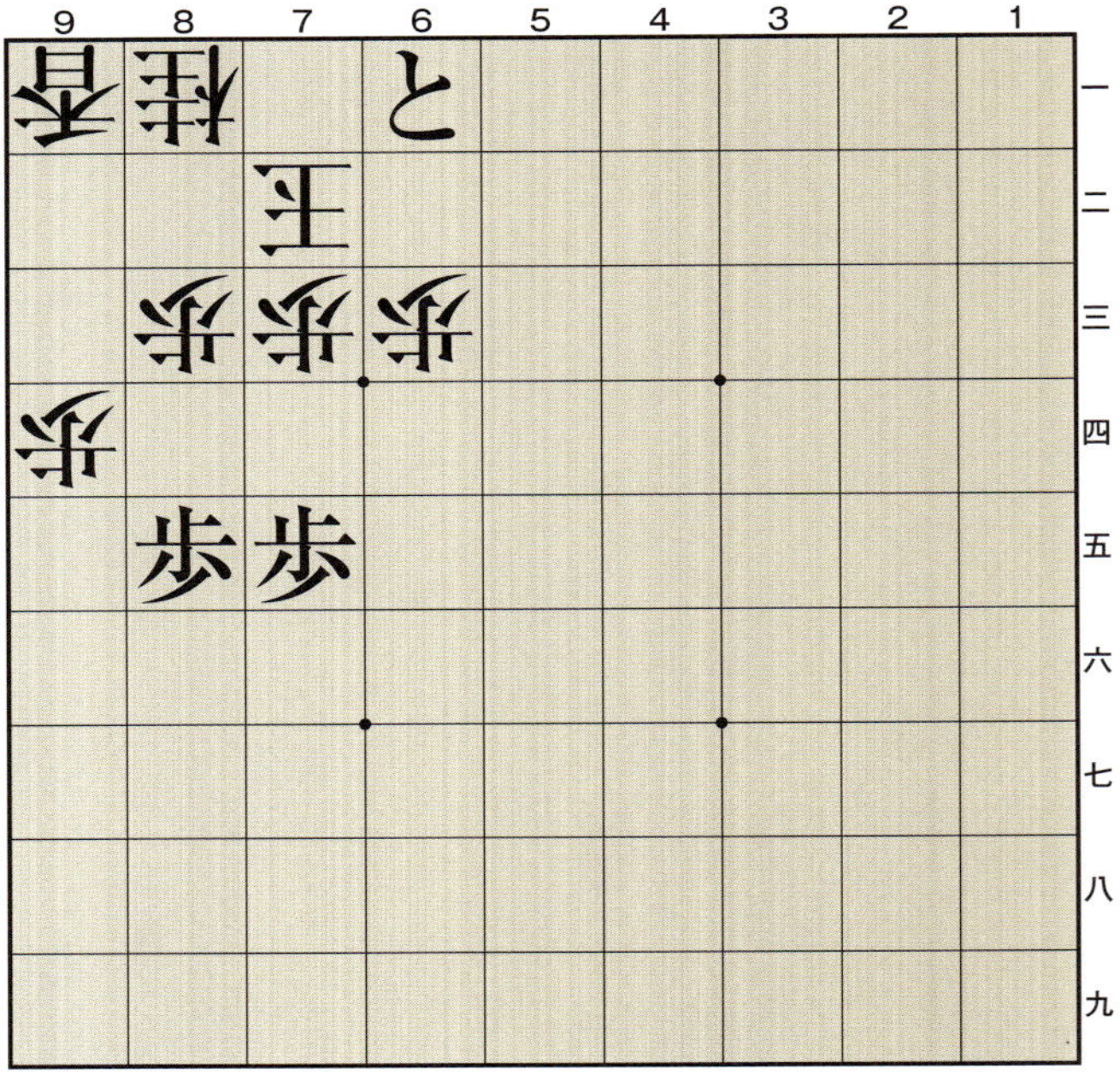

☖後手

ヒント
相手《あいて》の玉《ぎょく》を寄《よ》せています。持《も》ち駒《ごま》の金《きん》と銀《ぎん》を打《う》つマス目《め》、順番《じゅんばん》がポイントになります。

【問題2】つぎの一手《いって》は?

☗先手 金銀

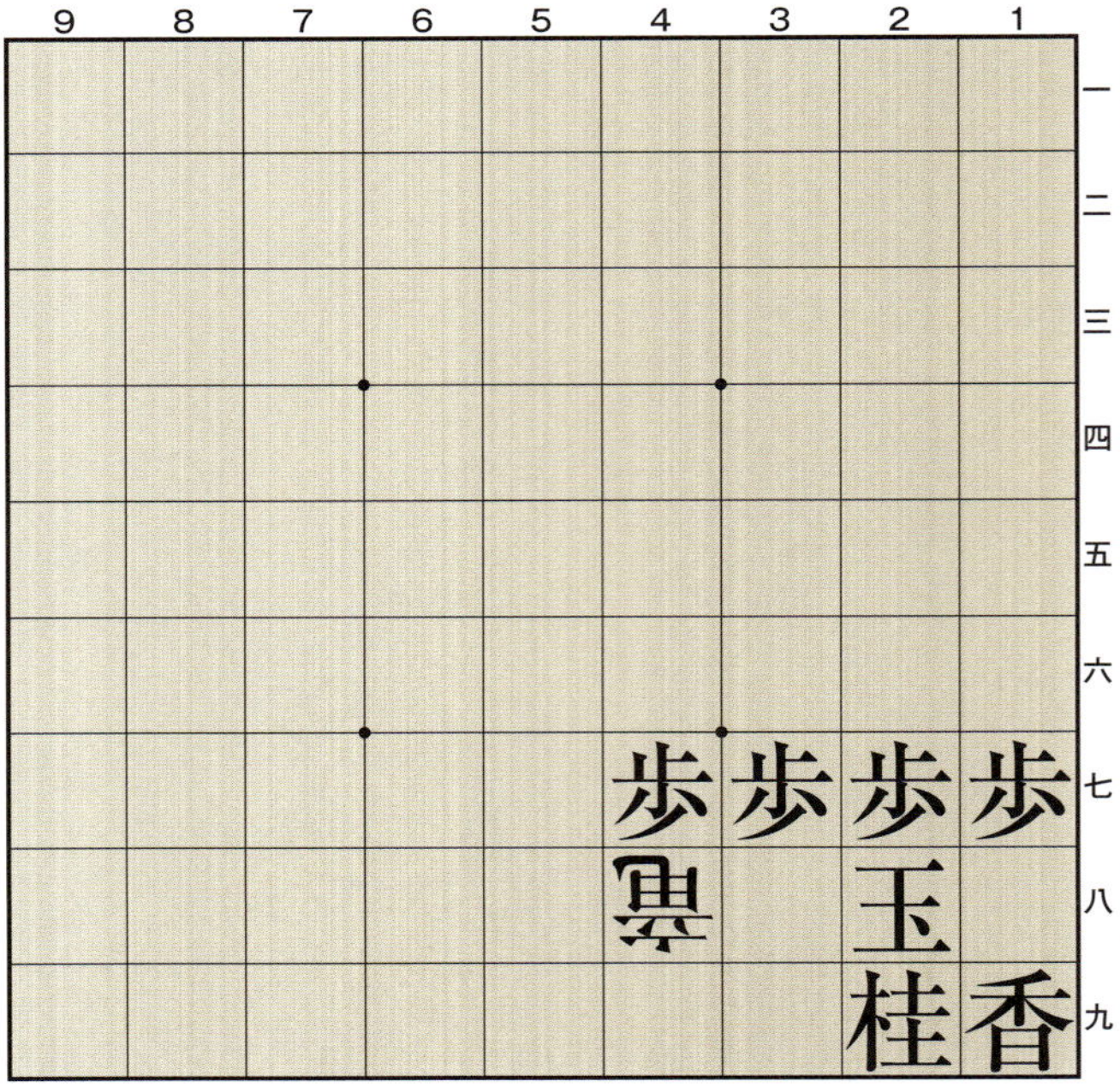

☖後手

ヒント
後手《ごて》の竜《りゅう》に王手《おうて》をかけられました。合駒《あいごま》するしかありませんが、金《きん》と銀《ぎん》のどちらが正解《せいかい》でしょうか。

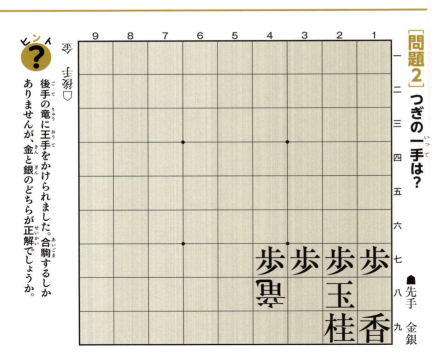

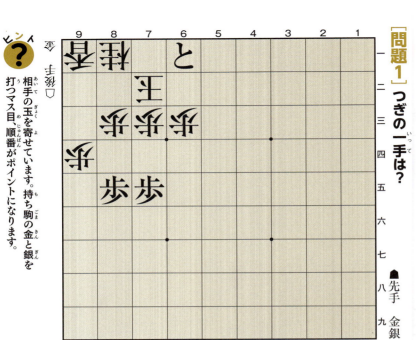

答え

▲7一銀《ぎん》（1図）
△6一玉《ぎょく》
▲6二金《きん》

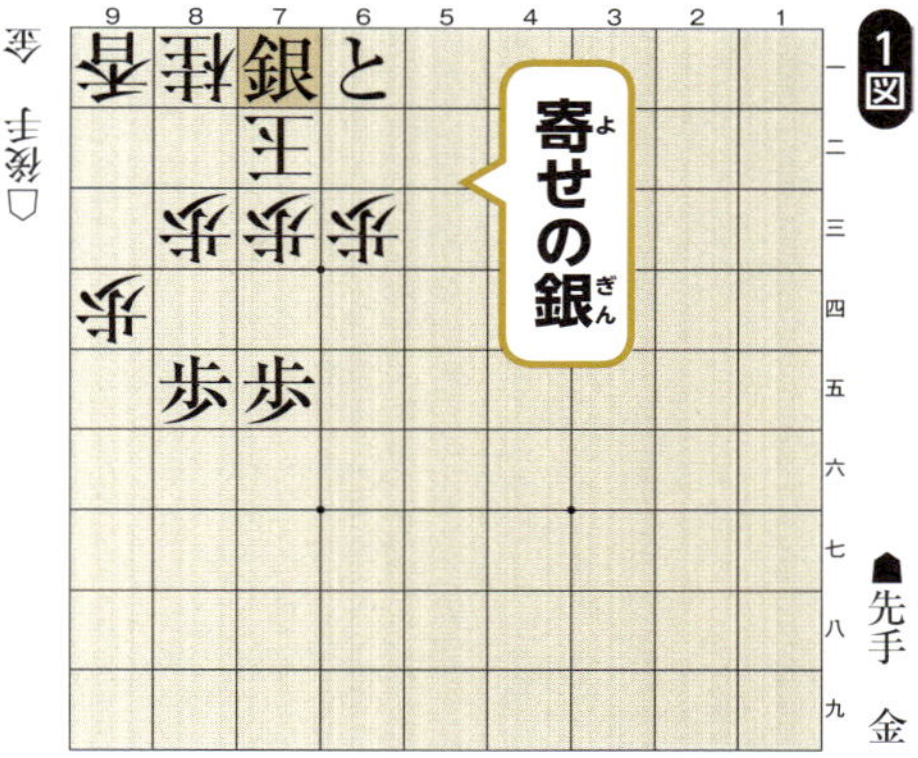

王手《おうて》ではありませんが、手《て》がたい寄《よ》せ。△8四歩《ふ》や△7四歩《ふ》は▲同歩《どうふ》とすれば、△6一玉《ぎょく》▲6二金《きん》まで。

▲6二金《きん》
△8二玉《ぎょく》（失敗図）

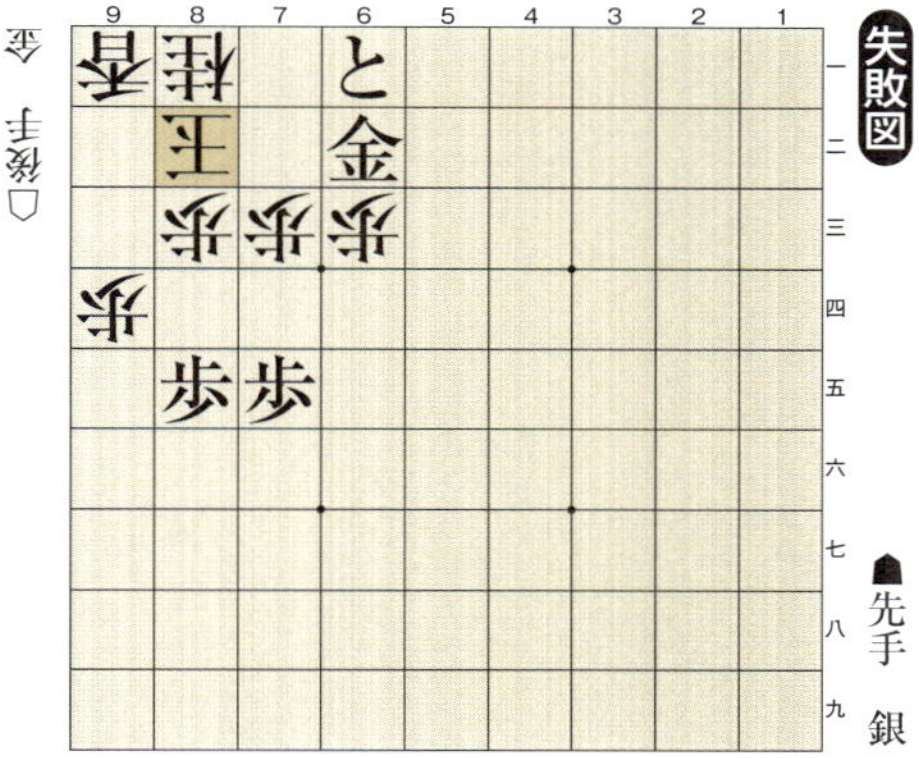

と金《きん》が取《と》られそうだからと▲6二金《きん》（▲7一金《きん》）と打《う》っては、△8二玉《ぎょく》とにげられてしまいます。

答え

▲3八金《きん》（2図）

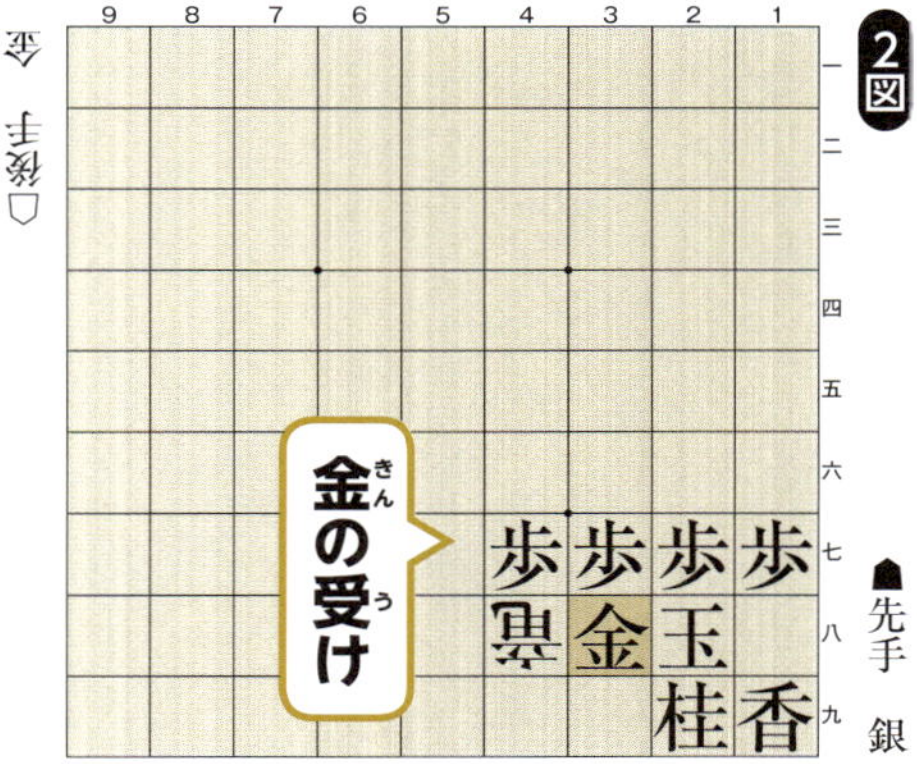

金《きん》による合駒《あいごま》。竜取《りゅうと》りなので、後手《ごて》は△8八竜《りゅう》などとにげるしかなく、先手《せんて》は守《まも》ることができます。

▲3八銀《ぎん》
△3九金《きん》（失敗図）

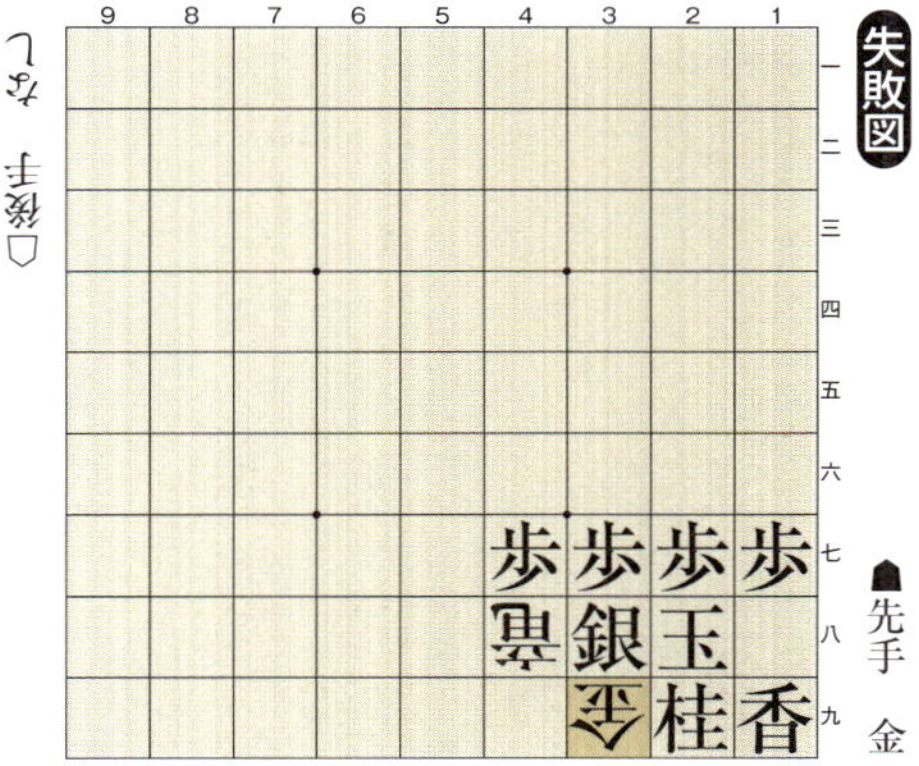

銀《ぎん》の合駒《あいごま》では竜取《りゅうと》りになっていないので、△3九金《きん》で守《まも》りきれなくなります。

終盤《しゅうばん》の角《かく》・飛《ひ》・玉《ぎょく》
相手玉《あいてぎょく》を寄《よ》せる主砲《しゅほう》！

大駒《おおごま》を攻《せ》めと守《まも》りに活《い》かす

終盤《しゅうばん》の角《かく》と飛車《ひしゃ》は、相手玉《あいてぎょく》に寄《よ》せる主砲《しゅほう》となります。**大駒《おおごま》は利《き》きが広《ひろ》いので、よいマス目《め》におくと、攻《せ》めと守《まも》りの両方《りょうほう》にはたらきます。**

たとえば**1図**は１一のマスに強《きょう》力《りょく》な駒《こま》である馬《うま》がいますが、攻《せ》めにも守《まも》りにも参加《さんか》できていません。せっかくの強《つよ》い駒《こま》なので、馬《うま》を活《い》かせるマス目《め》に動《うご》かしましょう。

1図では、☗５五馬《うま》がよい手《て》です**2図**。歩《ふ》をはさんで相手玉《あいてぎょく》をにらんでいるので、持《も》ち駒《ごま》が増《ふ》えれば☗７四桂《けい》から一気《いっき》に寄《よ》せをねらえます。

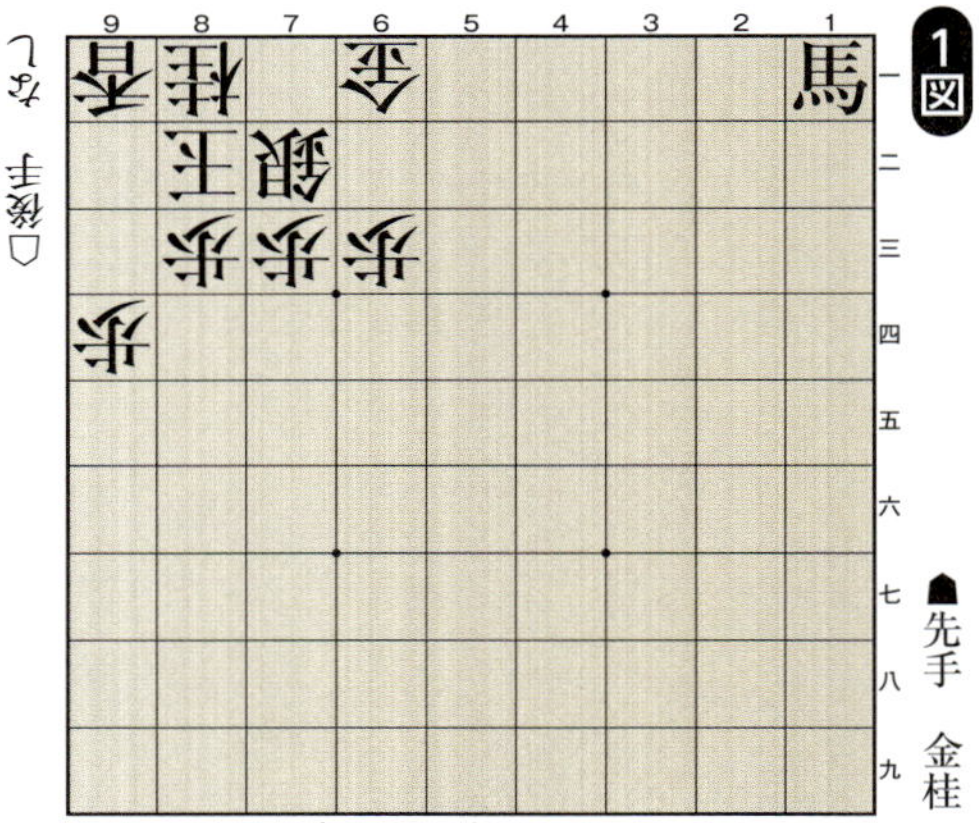

どうすれば寄《よ》せに使《つか》えるかな？

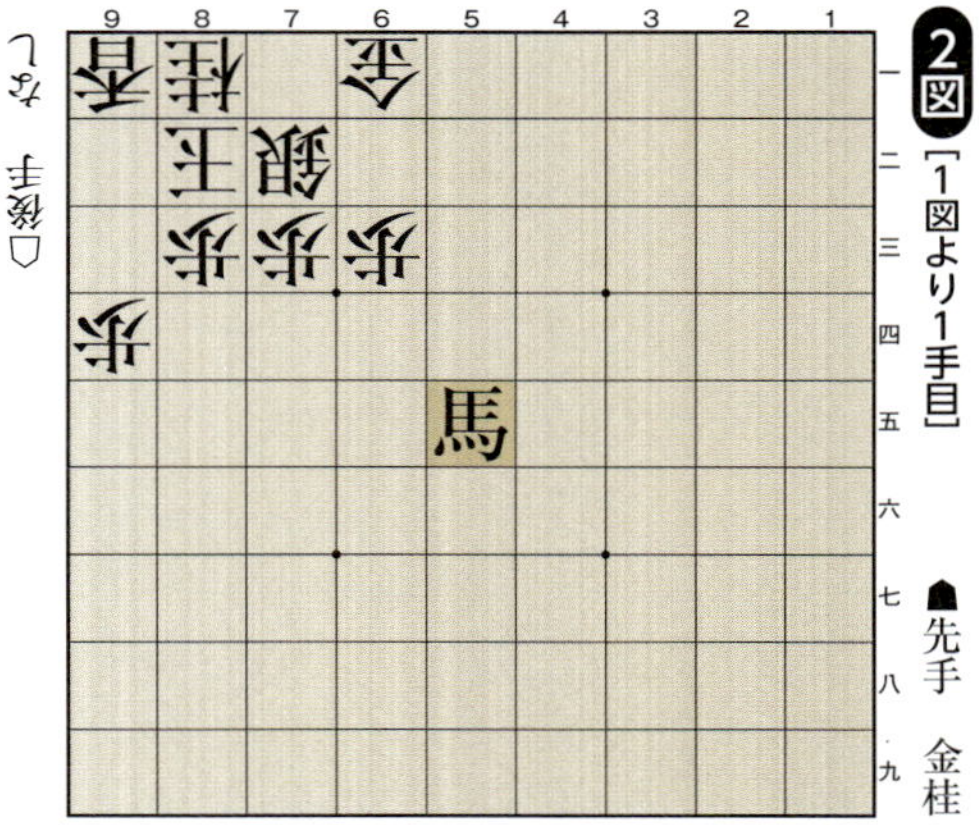

このマス目《め》なら攻《せ》めと守《まも》りに活《い》かせる。

相手陣《あいてじん》にいるだけで存在感《そんざいかん》がある飛車《ひしゃ》

飛車《ひしゃ》はとても強《つよ》い駒《こま》なので、相手《あいて》陣《じん》にあるだけで大《おお》きなプレッシャーがかかります。

3図では、持《も》ち駒《ごま》の飛車《ひしゃ》を打《う》つマス目《め》が大事《だいじ》になります。

飛車《ひしゃ》の位置《いち》でねらいがかわる

3図では、☗2一飛《ひ》のように一《いち》段目《だんめ》に打《う》ちます4図。

この先《さき》、金《きん》を持《も》ち駒《ごま》にしたときに☗8一金《きん》をねらえるので、後手《ごて》はすこし攻《せ》めにくくなります。

二段目《にだんめ》に打《う》って玉《ぎょく》と金《きん》をねらう手《て》も

また、☗2二飛《ひ》などと二段目《にだんめ》に打《う》って、玉《ぎょく》と金《きん》にねらいをつける手《て》もよいでしょう。こんどは銀《ぎん》を持《も》ち駒《ごま》にしたときに、☗6一銀《ぎん》をねらっています。

3図

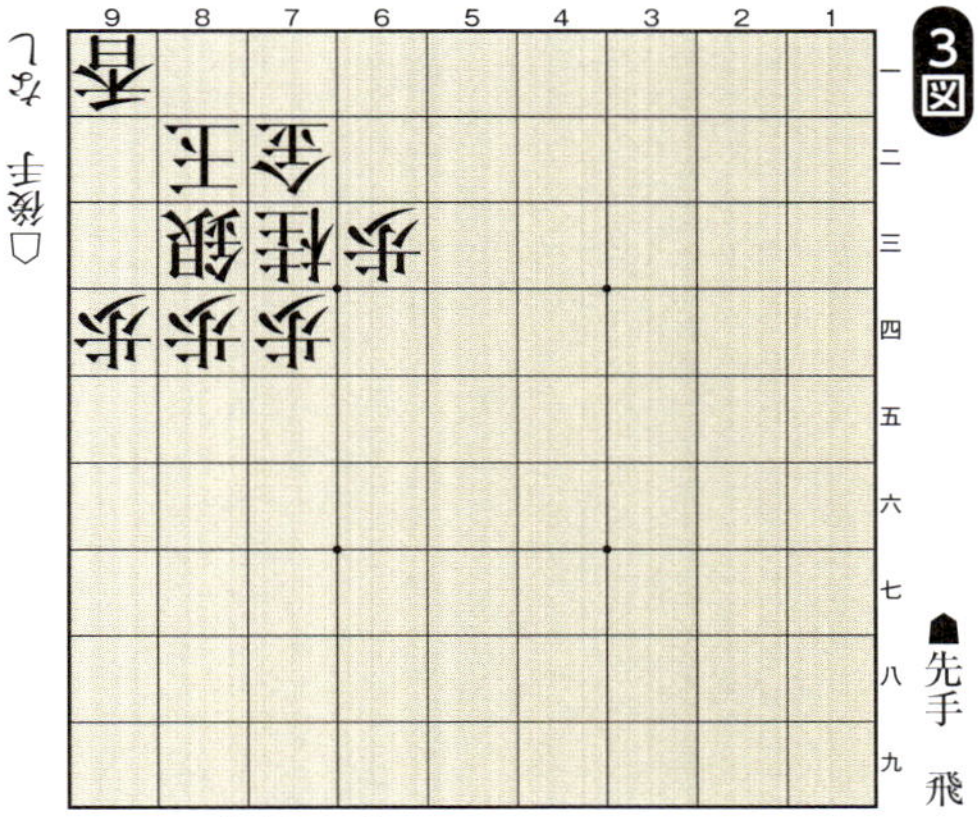
☗先手 飛
☖後手 なし

どこに飛車《ひしゃ》を打《う》つといいかな？

4図 【3図より1手目】

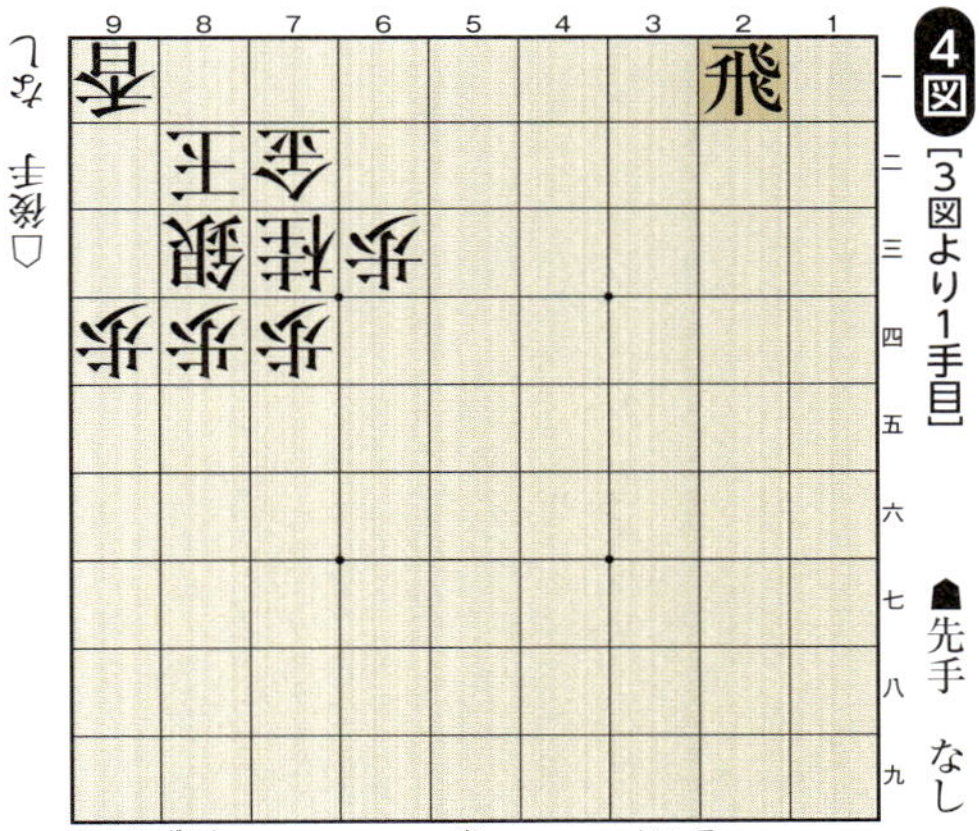
☗先手 なし
☖後手 なし

相手玉《あいてぎょく》のうしろを押《お》さえる一手《いって》！

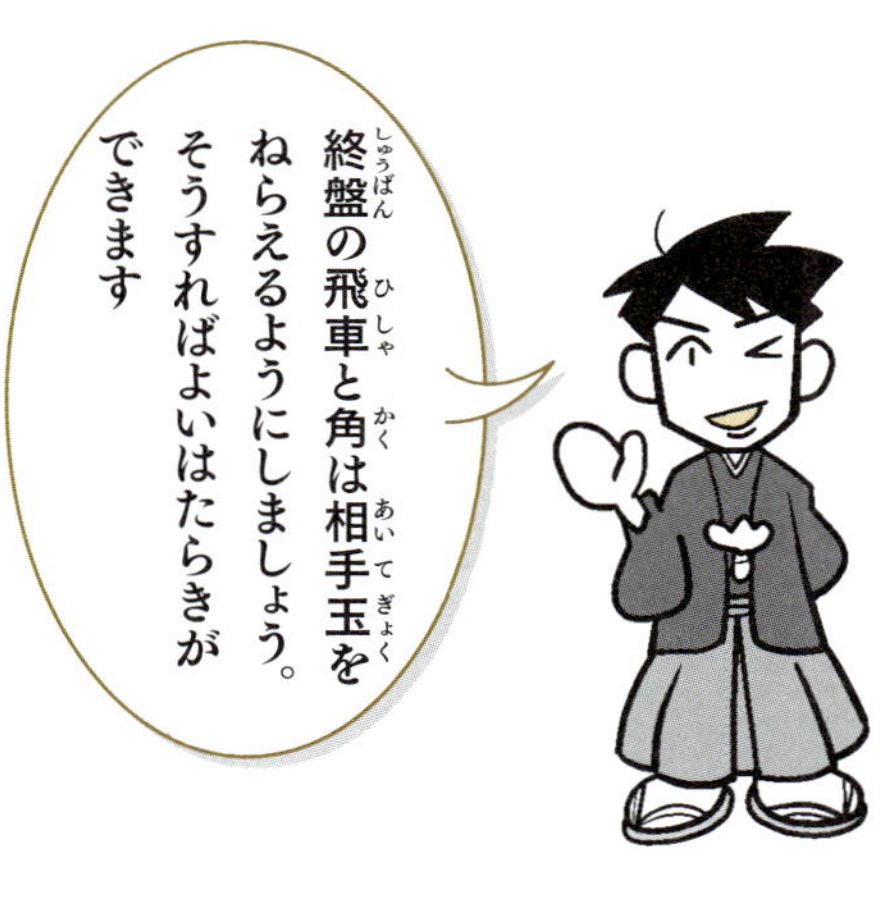
終盤《しゅうばん》の飛車《ひしゃ》と角《かく》は相手玉《あいてぎょく》をねらえるようにしましょう。そうすればよいはたらきができます

角《かく》の詰《つ》み筋《すじ》

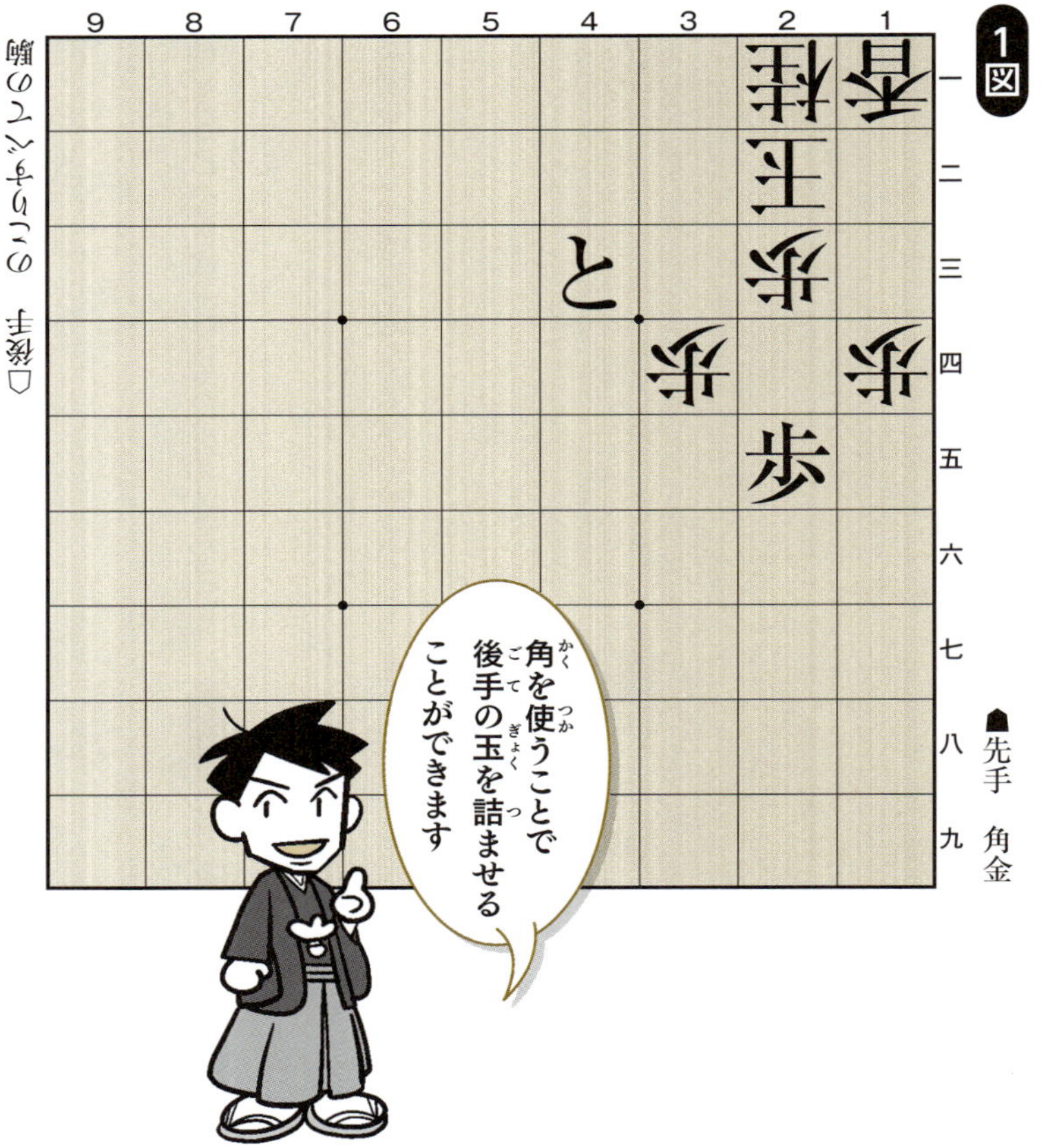
1図
1 2 3 4 5 6 7 8 9
一 二 三 四 五 六 七 八 九
香 桂 王 歩 歩 と 歩 歩
☗先手　角金
☖後手　のこりすべての駒
角《かく》を使《つか》うことで後手《ごて》の玉《ぎょく》を詰《つ》ませることができます

角《かく》を馬《うま》にして相手玉《あいてぎょく》をつかまえる

角《かく》は前後左右《ぜんごさゆう》に動《うご》けないので、玉《ぎょく》をつかまえるのは苦手《にがて》です。しかし、相手陣《あいてじん》に打ちこんでから動《うご》かせば、馬《うま》にすることができます。馬《うま》は全方向《ぜんほうこう》に利《き》きがあるので、玉《ぎょく》をつかまえるのに役立《やくだ》ちます。

馬《うま》をつくって、詰みに持《も》ちこむかたちをめざしていきましょう。

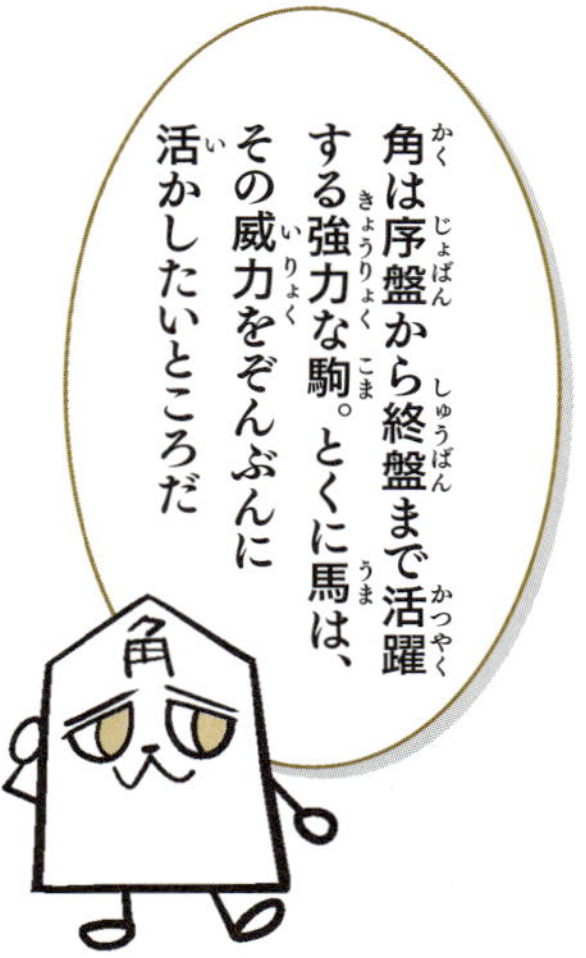
角《かく》は序盤《じょばん》から終盤《しゅうばん》まで活躍《かつやく》する強力《きょうりょく》な駒《こま》。とくに馬《うま》は、その威力《いりょく》をぞんぶんに活《い》かしたいところだ

相手《あいて》に角《かく》を取《と》られても ほかの駒《こま》で詰《つ》み

1図では、1三へ玉《ぎょく》をにがすと寄《よ》せにくいので、☗3一角《かく》と打《う》ちます。☖3一同玉《どうぎょく》と角《かく》を取《と》ってきたら、☗3二金《きん》の頭金《あたまきん》で詰《つ》みです2図。

玉《ぎょく》が角《かく》を取《と》らずに にげたらどうなる？

1図で☗3一角《かく》と打《う》ち、後手《ごて》が☖1二玉《ぎょく》とにげたら、☗2二金《きん》で☖1三玉《ぎょく》に追《お》いこみます3図。

全方向《ぜんほうこう》に利《き》きのある 馬《うま》が玉《ぎょく》をにがさない

3図から、☗2一金《きん》☖1二玉《ぎょく》☗2二角成《かくなり》と、さいごは馬《うま》による詰《つ》みです4図。

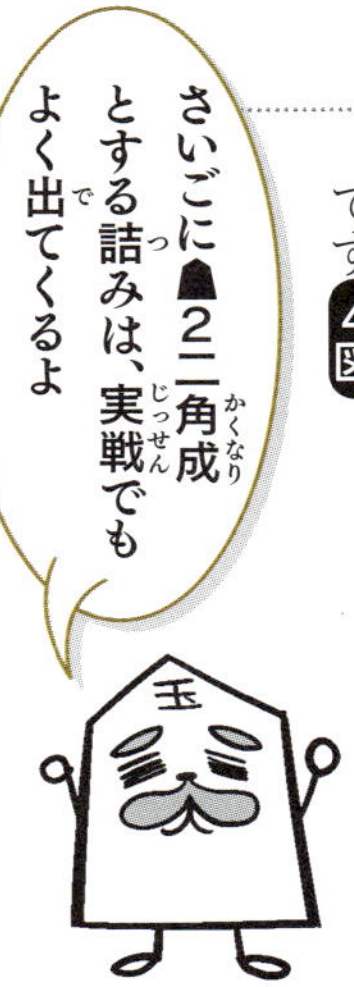
さいごに☗2二角成《かくなり》とする詰《つ》みは、実戦《じっせん》でもよく出《で》てくるよ

2図【1図より3手目】 ☗先手 なし

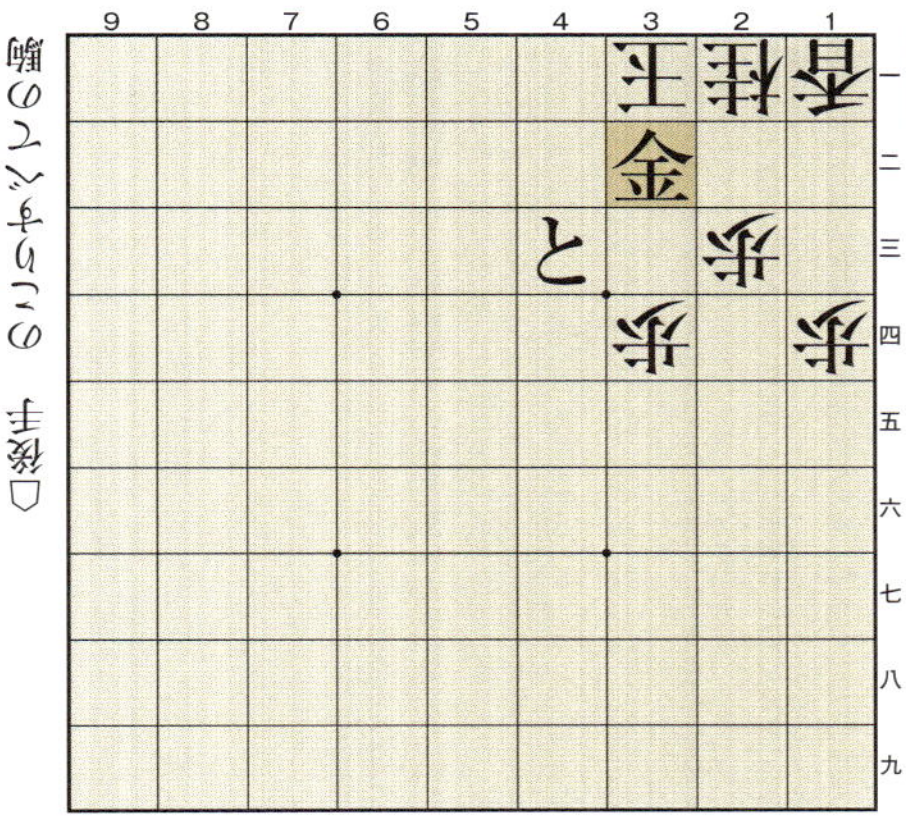

☖後手 のこりすべての駒

後手《ごて》が角《かく》を取《と》れば頭金《あたまきん》で詰《つ》みだ。

3図【1図より4手目】 ☗先手 なし

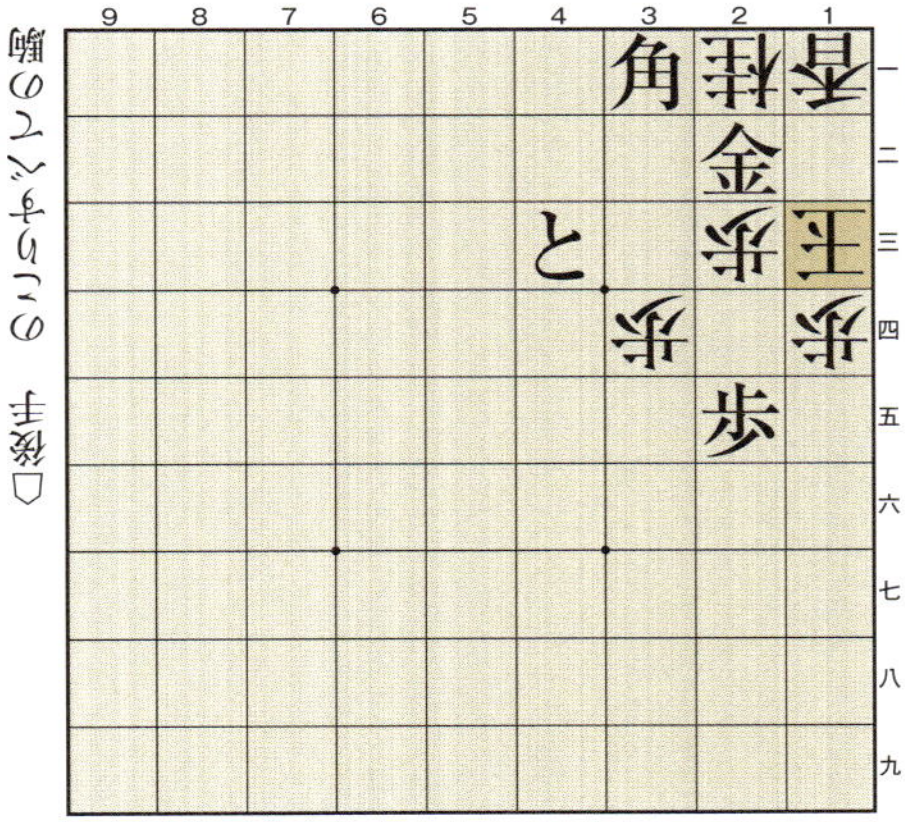

☖後手 のこりすべての駒

後手玉《ごてぎょく》を端《はし》に追《お》いつめている。

4図【3図より3手目】 ☗先手 桂

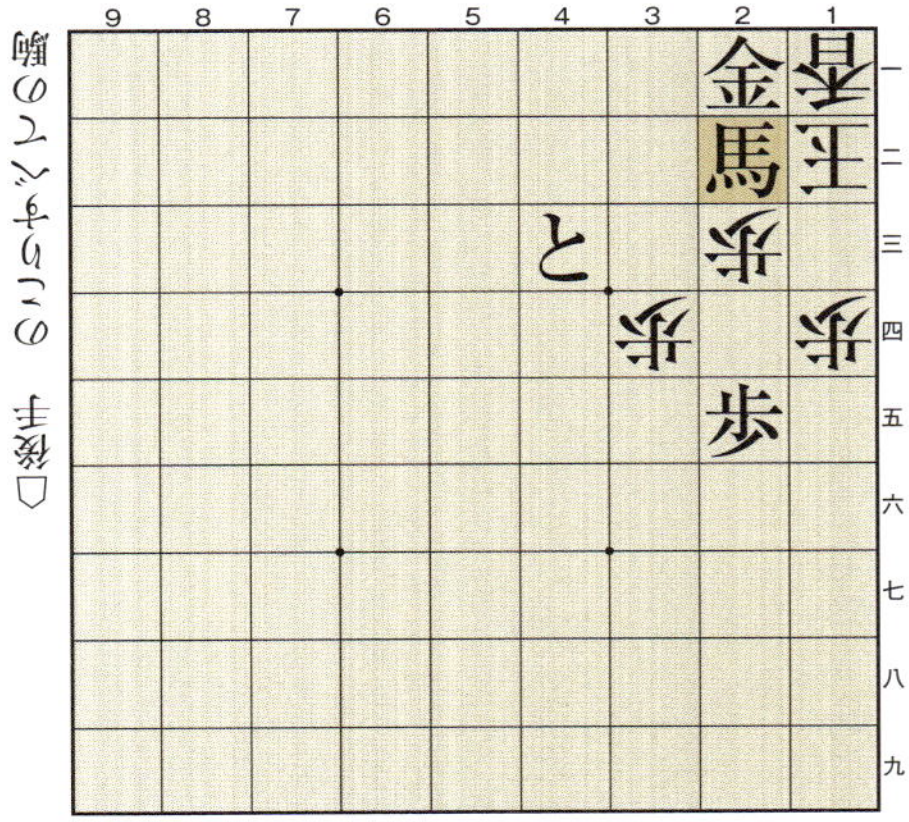

☖後手 のこりすべての駒

全方向《ぜんほうこう》に利《き》きがある馬《うま》で詰《つ》みだ。

受《う》けに利《き》かす

1図
9 8 7 6 5 4 3 2 1
一 二 三 四 五 六 七 八 九
☖後手 なし
☗先手 角
後手《ごて》に☖6八金《きん》と打《う》たれたところです。と金《きん》もあって強力《きょうりょく》な攻《せ》めですが、角《かく》で受《う》けることができます

角《かく》とくらべて馬《うま》は接近戦《せっきんせん》に強《つよ》くなるよ

攻《せ》め駒《ごま》の角《かく》を受《う》けに使《つか》う

角《かく》は攻《せ》めに強《つよ》さを発揮《はっき》します。受《う》けに使《つか》いにくいのは、前《まえ》に進《すす》むことができないからです。

しかし、馬《うま》に成《な》ったら前後左右《ぜんごさゆう》に動《うご》けるため、守《まも》る力《ちから》も大《おお》きくアップします。

角《かく》を受《う》けに使《つか》いたいときは、馬《うま》にするようにしましょう。

金《きん》をかわしてもピンチは変《か》わらない

1図から、▲7七金《きん》とかわすのは、△6七とされて2図、後手《ごて》の攻《せ》めはとまりません。

とおくから角《かく》を打《う》つ

1図は▲2三角《かく》のように、とおくから角《かく》を打《う》って受《う》けるのが正解《せいかい》です3図。

馬《うま》をつくって守《まも》りをかためよう

3図のように相手陣《あいてじん》に角《かく》を打《う》ちこめば、△7八金《きん》に▲同角成《どうかくなり》で、馬《うま》にすることができます4図。

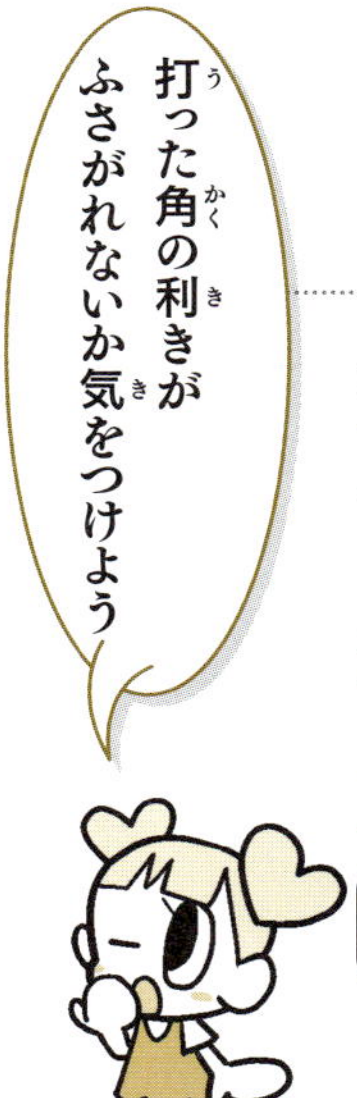
打《う》った角《かく》の利《き》きがふさがれないか気《き》をつけよう

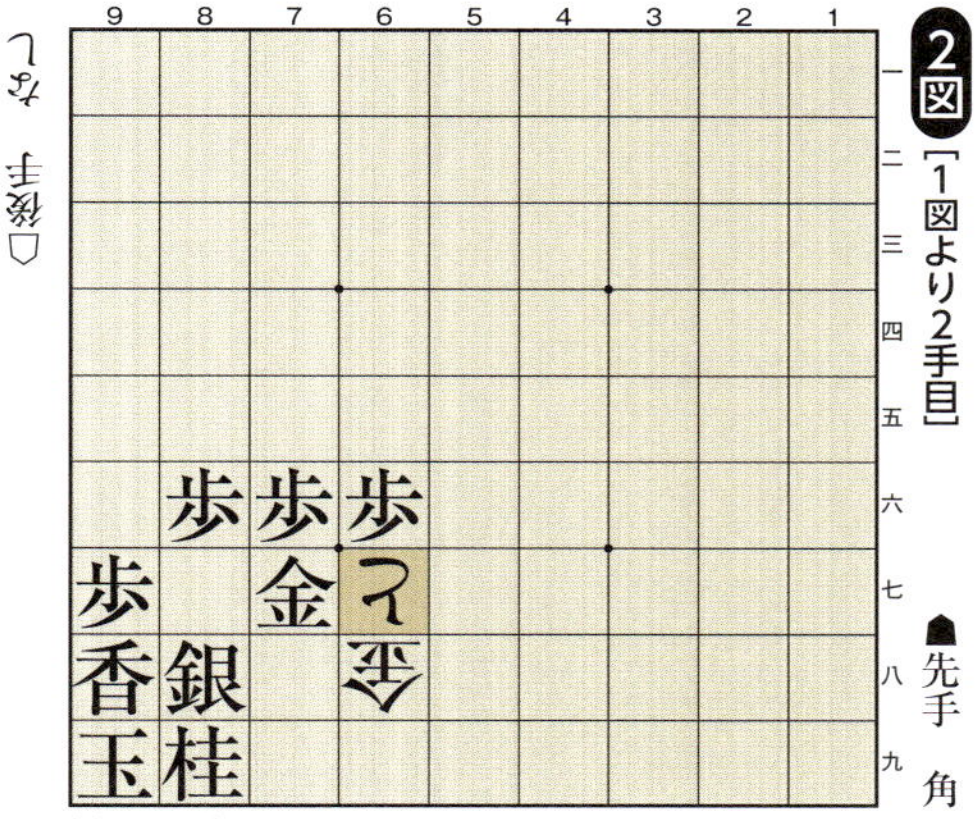
2図 [1図より2手目]
▲先手 角
△後手 なし
9 8 7 6 5 4 3 2 1
一 二 三 四 五 六 七 八 九
歩 歩 歩
歩 金 と
香 銀 金
玉 桂

守《まも》りの金《きん》がはがされそうだ。

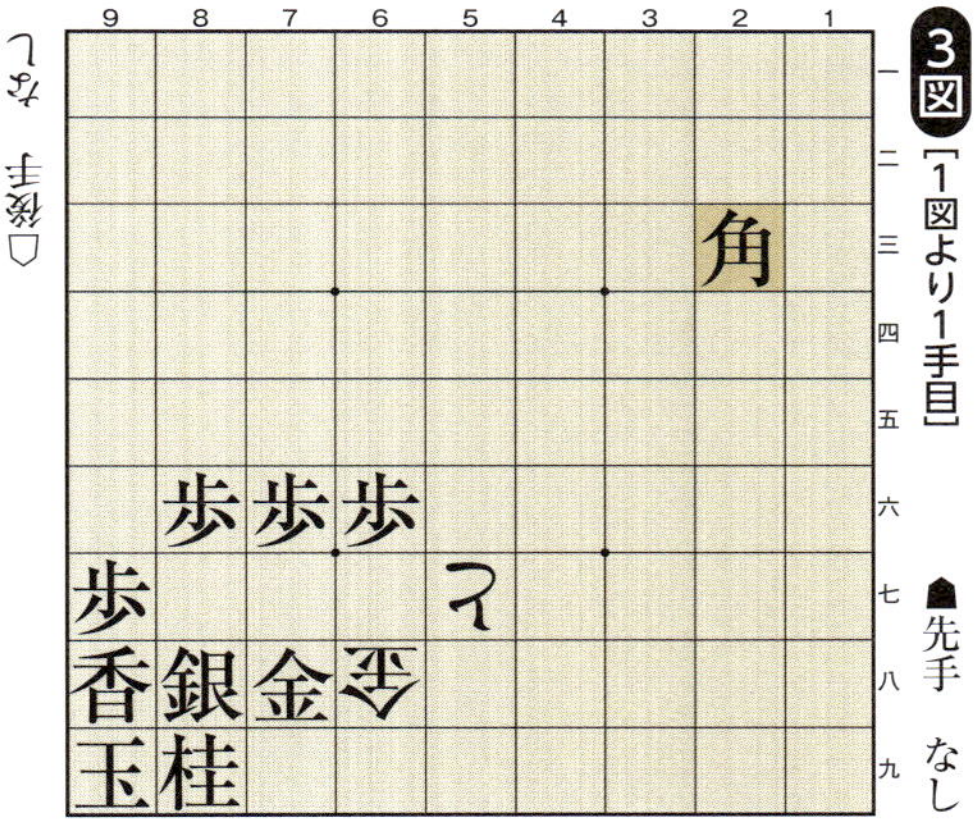
3図 [1図より1手目]
▲先手 なし
△後手 なし
9 8 7 6 5 4 3 2 1
一 二 三 四 五 六 七 八 九
角
歩 歩 歩
歩 と
香 銀 金 金
玉 桂

角打《かくう》ちが相手《あいて》の攻《せ》めをとめる一手《いって》！

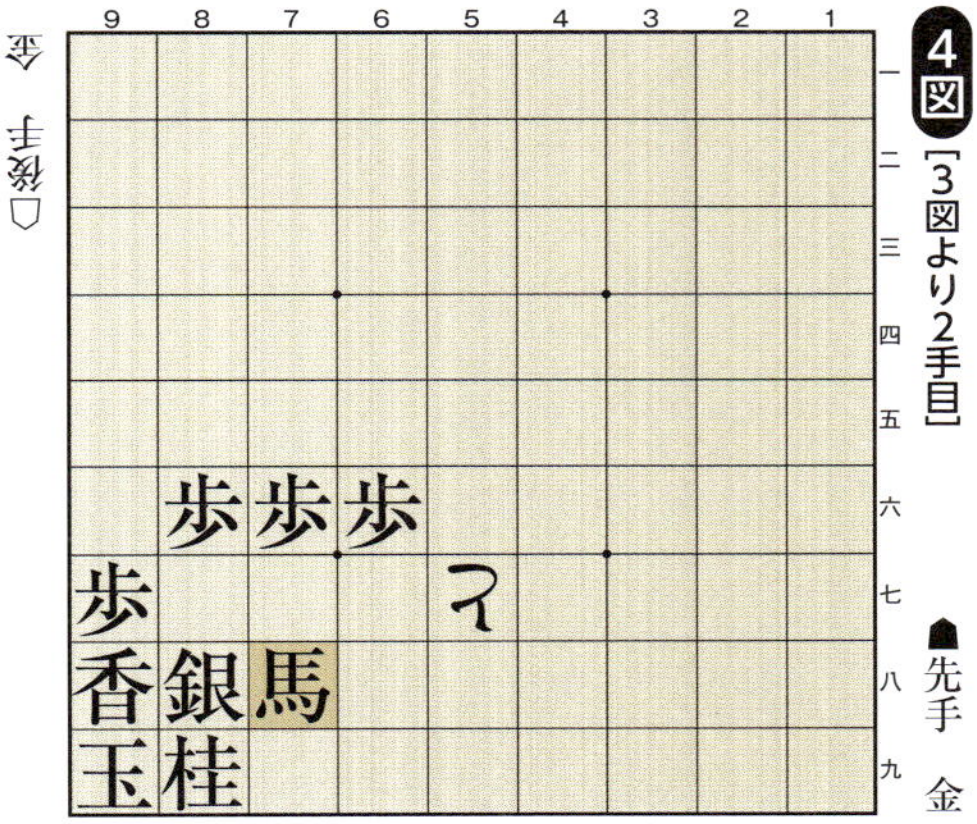
4図 [3図より2手目]
▲先手 金
△後手 金
9 8 7 6 5 4 3 2 1
一 二 三 四 五 六 七 八 九
歩 歩 歩
歩 と
香 銀 馬
玉 桂

玉《ぎょく》の近《ちか》くに馬《うま》がいれば、心強《こころづよ》いね！

自陣《じじん》の馬《うま》

1図

先手《せんて》・後手《ごて》ともに穴熊《あなぐま》ですが
守《まも》りの駒《こま》は金《きん》と馬《うま》という
ちがいがあります。
どちらがかたいでしょうか
☗先手　金銀
☖後手　金銀

馬《うま》の守《まも》りは金銀《きんぎん》3枚《まい》

188ページで見《み》ましたが、馬《うま》の守備力《しゅびりょく》はとても強《つよ》いものです。**「馬《うま》の守《まも》りは金銀《きんぎん》3枚《まい》」**という格言《かく》もあり、攻《せ》めはもちろん守《まも》りもとても強力《きょうりょく》な駒《こま》です。

さらに馬《うま》はななめに大《おお》きく動《うご》けるので、自陣《じじん》からでも相手陣《あいてじん》ににらみをきかせることができます。**こうした馬《うま》の強《つよ》みを活《い》かして、自陣《じじん》の馬《うま》を攻《せ》めと守《まも》りの両方《りょうほう》ではたらかせるようにしましょう。**

うらやま…

囲《かこ》いの駒《こま》が金《きん》の場合《ばあい》は？

1図から後手《ごて》の穴熊《あなぐま》を攻《せ》めるなら、▲6一銀《ぎん》がかんがえられます2図。

金《きん》の守《まも》りはあっさりとくずれる

後手《ごて》が△7三金《きん》と金《きん》をにげたら、▲7二金《きん》とはりつきます3図。金《きん》銀《ぎん》2枚《まい》の攻《せ》めを守《まも》りきれず、後手《ごて》の囲《かこ》いはくずれます。

馬《うま》なら攻《せ》めと守《まも》りに活躍《かつやく》できる

一方《いっぽう》、馬《うま》は全方向《ぜんほうこう》に利《き》きがあるため、後手《ごて》の急《きゅう》な攻《せ》めはありません。さらに先手《せんて》はチャンスがあれば、▲4五馬《うま》と攻《せ》めに使《つか》うこともできます4図。

2図【1図より1手目】

△後手 金銀

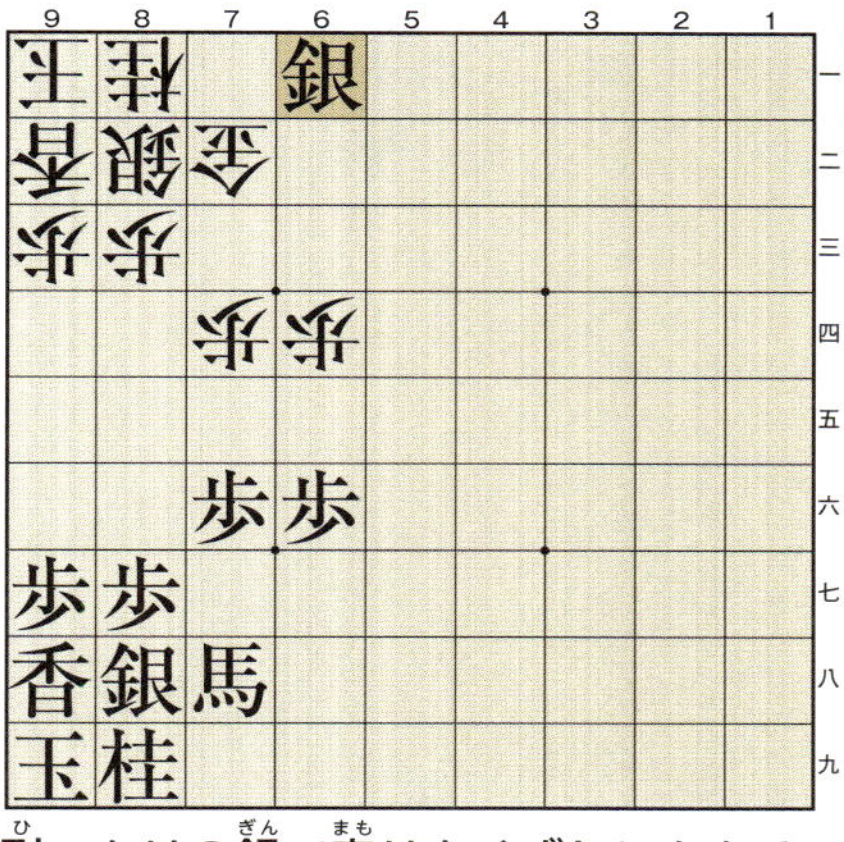

▲先手 金

引《ひ》っかけの銀《ぎん》で守《まも》りをくずしにかかる。

3図【2図より2手目】

△後手 金銀

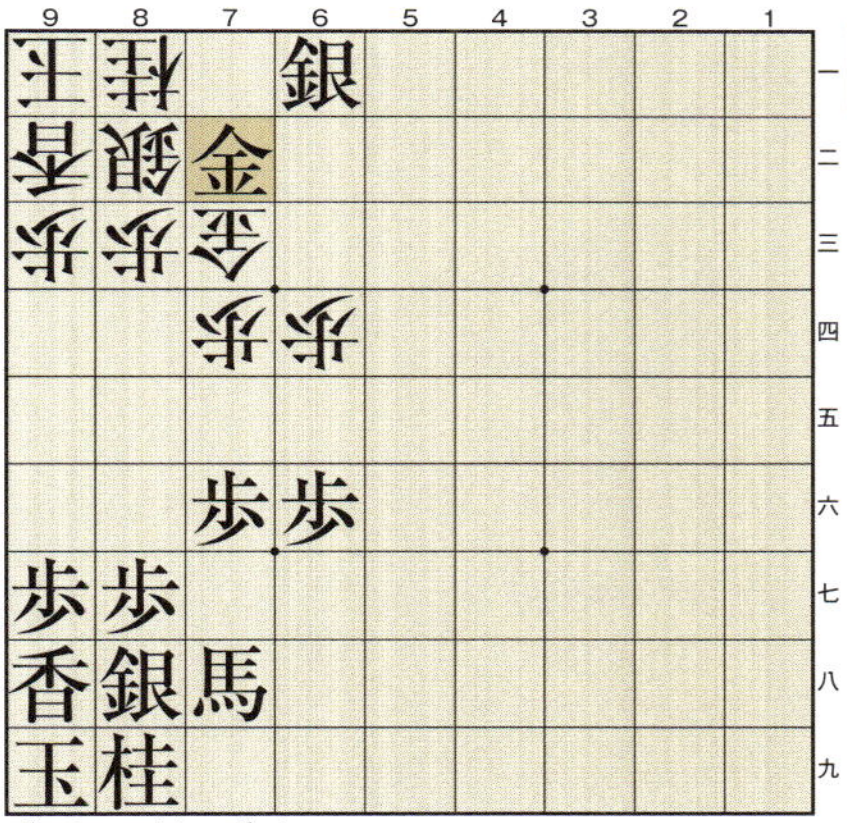

▲先手 なし

後手《ごて》の金《きん》を玉《ぎょく》からとおざけた！

4図【1図より1手目】

△後手 金銀

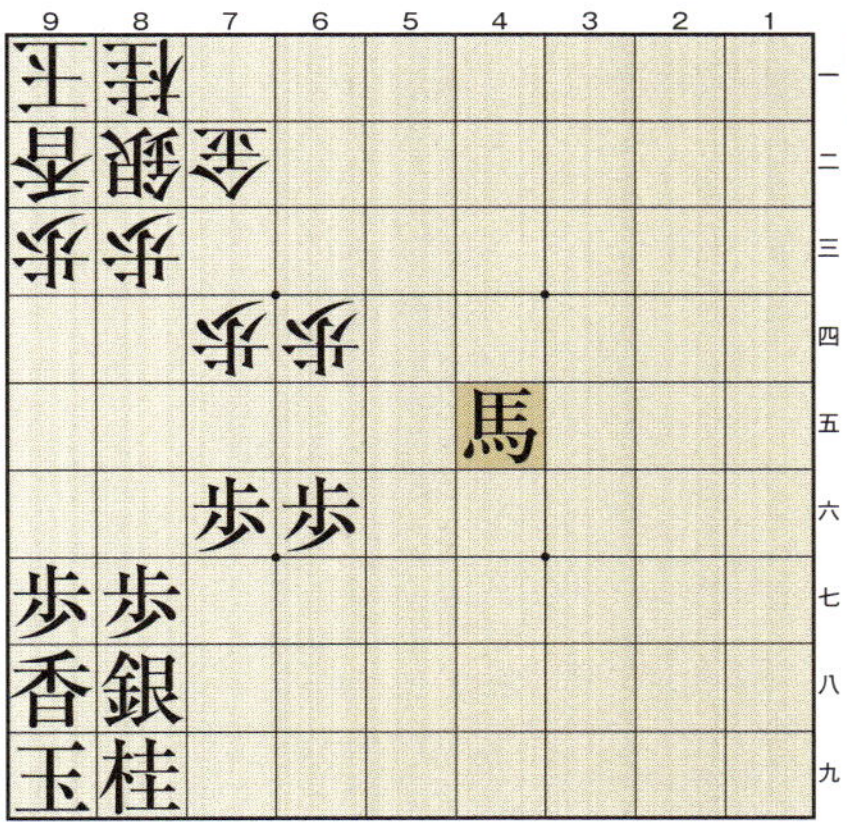

▲先手 金銀

馬《うま》は攻《せ》めにも守《まも》りにも活《い》きる駒《こま》だ。

攻防《こうぼう》の角《かく》

1図

後手　金銀歩

先手　角金銀

竜《りゅう》とと金《きん》にねらわれ
先手玉《せんてぎょく》がピンチですが
持《も》ち駒《ごま》の角《かく》で
脱出《だっしゅつ》できます

攻防《こうぼう》の角《かく》で逆転《ぎゃくてん》をねらう

居飛車《いびしゃ》対《たい》振《ふ》り飛車《びしゃ》においては、**4四や3五に角《かく》を打《う》つ手《て》が攻《せ》めと守《まも》りの両方《りょうほう》に役立《やくだ》つ攻防手《こうぼうしゅ》になりやすいものです。こうした角《かく》を「攻防《こうぼう》の角《かく》」といいます。**

先《さき》にそのラインに角《かく》を打《う》ったほうが有利《ゆうり》になりやすいので、「先着一《せんちゃくいち》名様《めいさま》」とよばれることもある有力《ゆうりょく》な手筋《てすじ》です。

攻防手《こうぼうしゅ》とは、相手陣《あいてじん》を攻《せ》めつつ
自陣《じじん》の守《まも》りにもはたらいて
いる手《て》のことだよ

攻《せ》めと守《まも》りにはたらく角《かく》

1図で、つぎに△7九とと金《きん》を取《と》られると、先手玉《せんてぎょく》はあぶなくなります。そこで1図では、▲3五角《かく》と打《う》つのが、「攻防《こうぼう》の角《かく》」です2図。後手《ごて》が△7九とと《》なら、▲7一銀《ぎん》と打《う》って、後手玉《ごてぎょく》は即詰《そくつ》みです。

2図【1図より1手目】

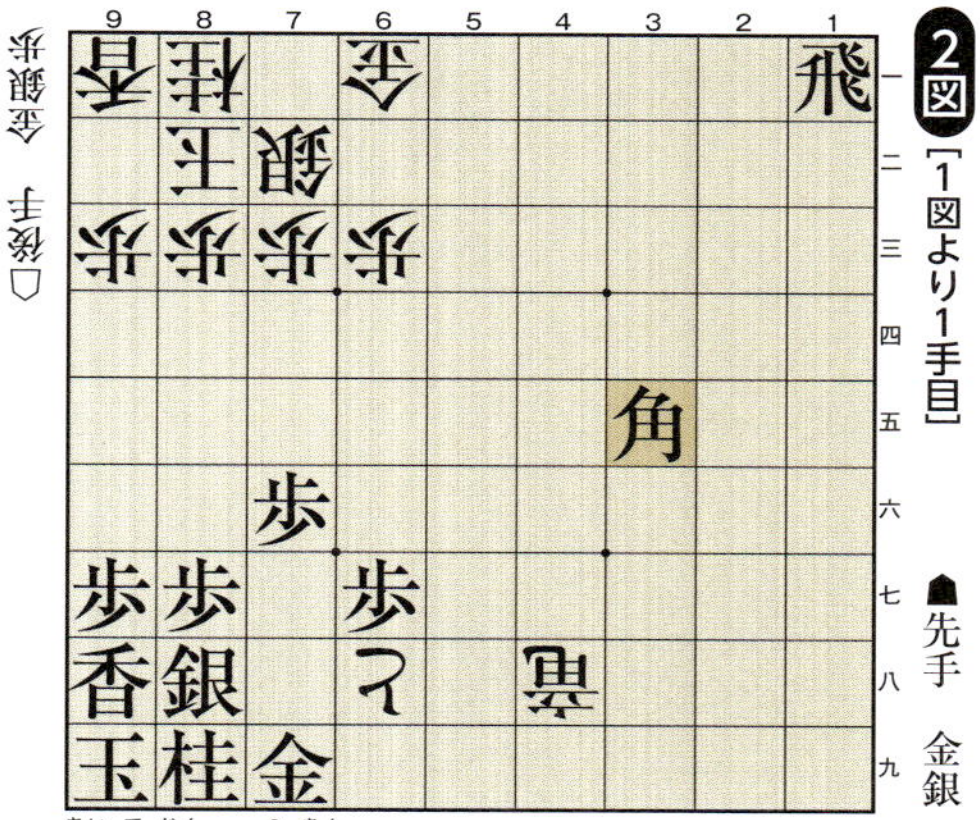

相手陣《あいてじん》とと金《きん》をにらんでいる。

攻《せ》めにも守《まも》りにもはたらいてくれる

2図で竜《りゅう》の利《き》きもかんがえて△4一歩《ふ》と合駒《あいごま》をしてきたら、▲6八角《かく》（または▲6八金《きん》）でと金《きん》を取《と》ることができます3図。角《かく》が守《まも》りにはたらきました。

3図【2図より2手目】

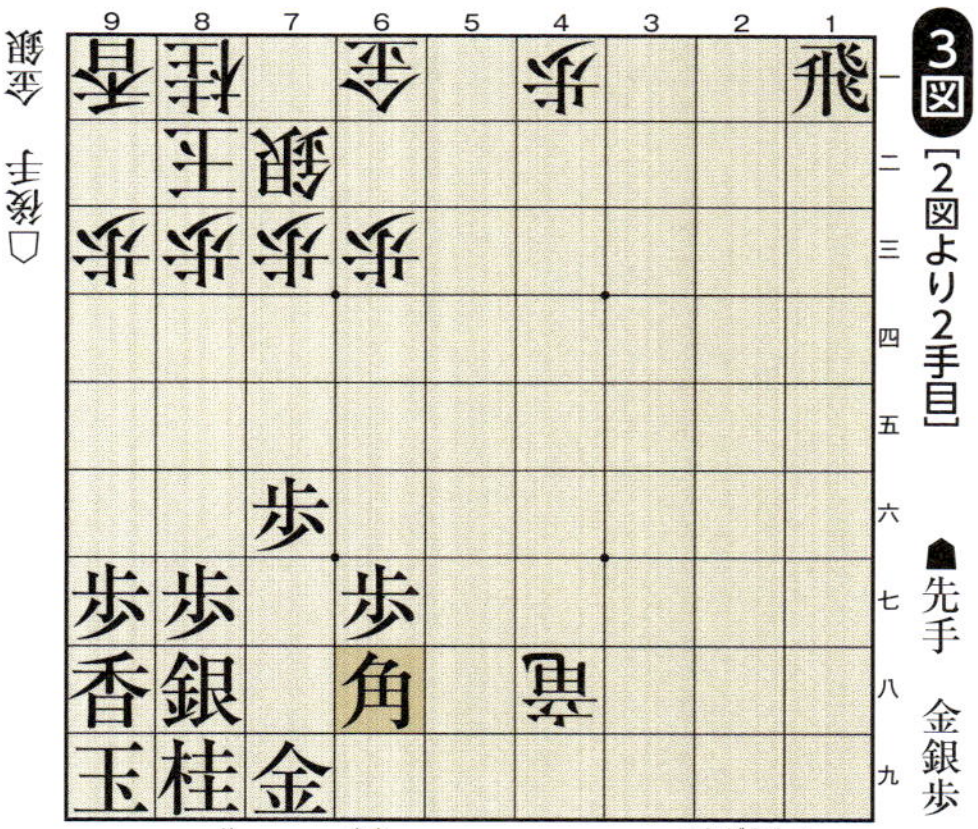

これが攻《せ》めと守《まも》りにはたらく攻防手《こうぼうしゅ》だ。

先着一名様《せんちゃくいちめいさま》のラインを確保《かくほ》

また1図では、▲6八金《きん》とし、△同竜《どうりゅう》に▲3五角《かく》と指《さ》すことで、竜《りゅう》をにらみながら玉《ぎょく》もねらえます4図。

4図【1図より3手目】

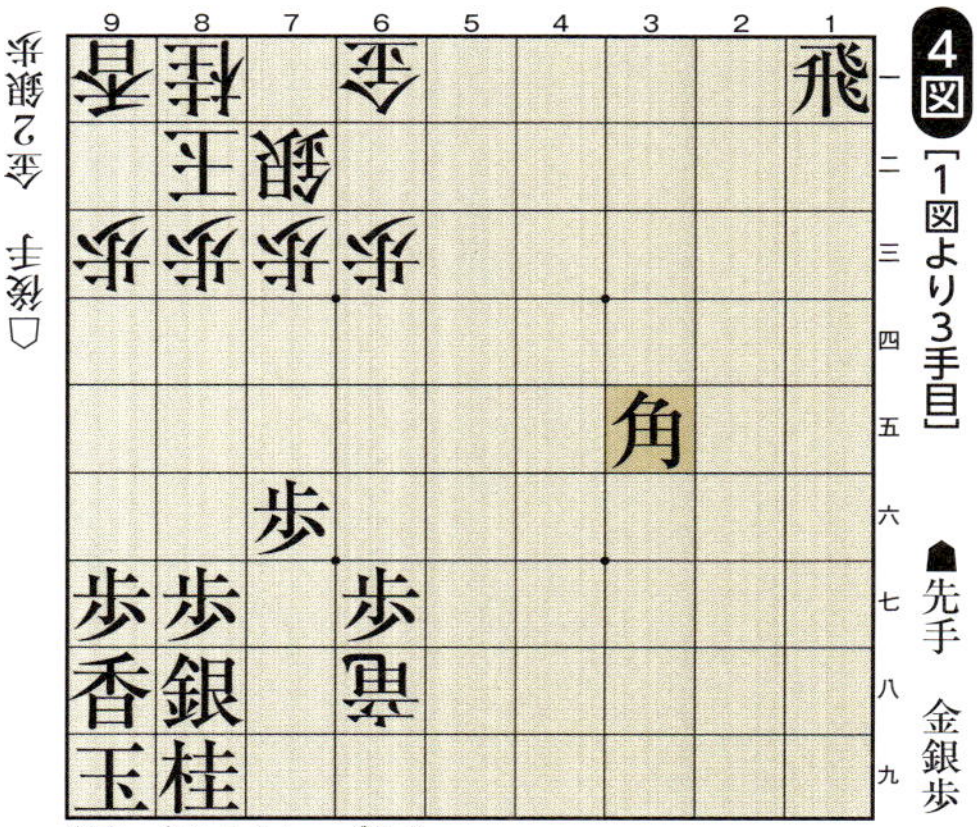

竜《りゅう》と相手陣《あいてじん》を同時《どうじ》ににらんでいる。

下段《げだん》に落《お》とす角《かく》

1図

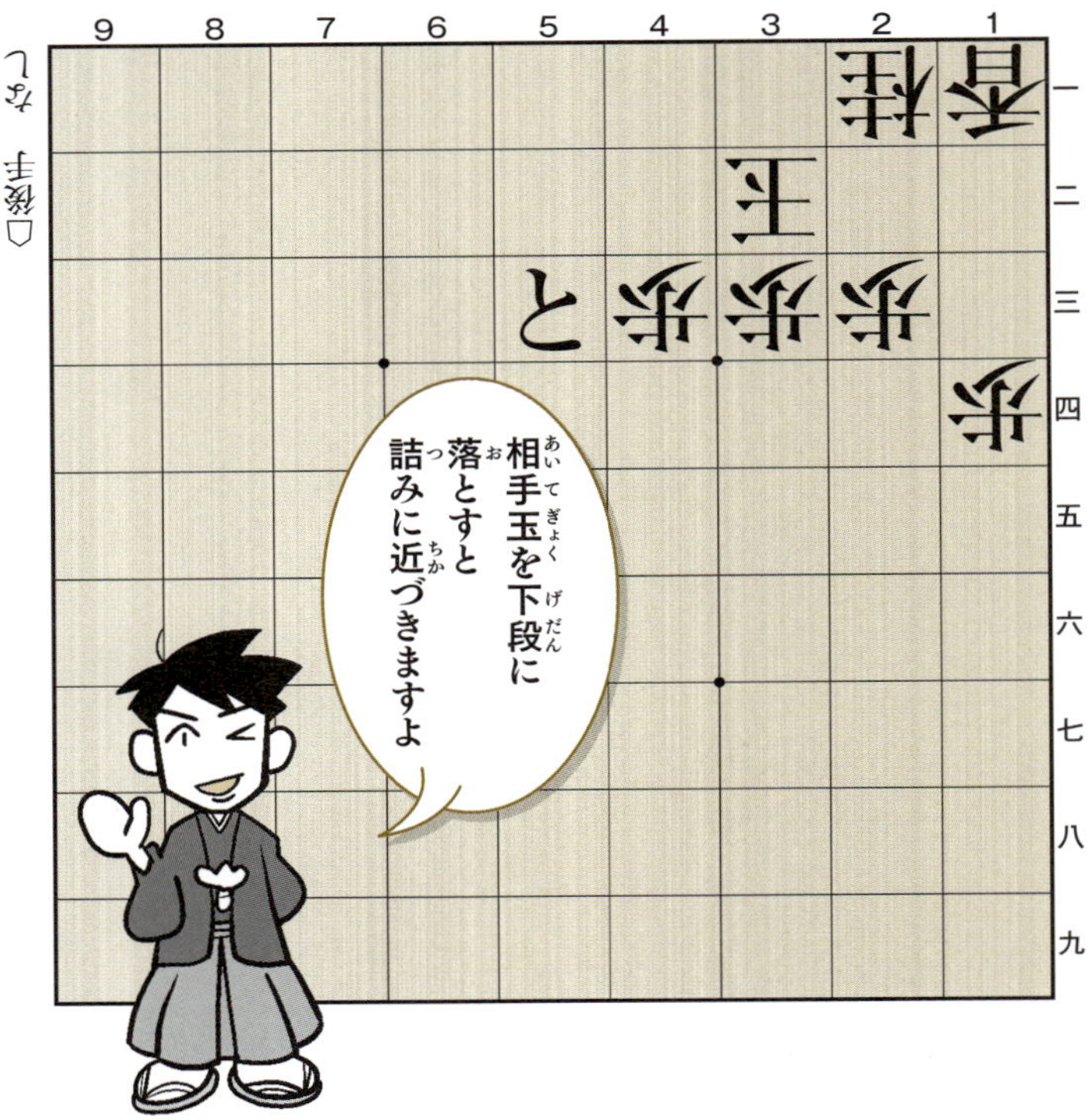
9
8
7
6
5
4
3
2
1
一
二
三
四
五
六
七
八
九
香
桂
玉
歩
歩
歩
と
歩
相手《あいて》玉《ぎょく》を下段《げだん》に
落《お》とすと
詰《つ》みに近《ちか》づきますよ
△後手　なし

☗先手　角金桂

角《かく》は玉《ぎょく》を下段《げだん》に落《お》とす達人《たつじん》

「玉《ぎょく》は下段《げだん》に落《お》とせ」という格言《かくげん》があります。下段《げだん》とは、先手《せんて》にとっての九段目《だんめ》、後手《ごて》にとっての一段目《だんめ》、つまりいちばん下《した》の段《だん》をいいます。下段《げだん》にある玉《ぎょく》はそれより下《さ》がることができないため、にげ道《みち》が少《すく》なくなるのです。

そのように玉《ぎょく》を下段《げだん》に落《お》とす駒《こま》として、角《かく》がもっとも向《む》いています。

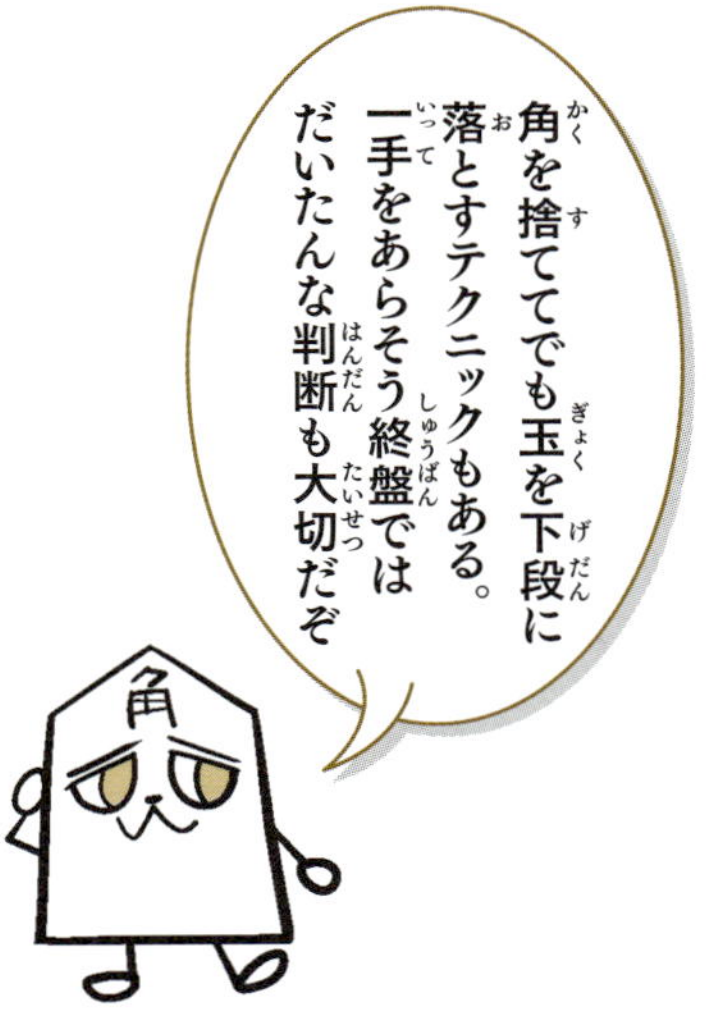
角《かく》を捨《す》ててでも玉《ぎょく》を下段《げだん》に
落《お》とすテクニックもある。
一手《いって》をあらそう終盤《しゅうばん》では
だいたんな判断《はんだん》も大切《たいせつ》だぞ
角

ただ玉《ぎょく》を追《お》いかけてもにげられてしまう

1図は▲4二金《きん》△2二玉《ぎょく》▲3一角《かく》とただ追《お》うだけでは、△1二玉《ぎょく》とにげられて詰《つ》みません2図。

2図【1図より4手目】

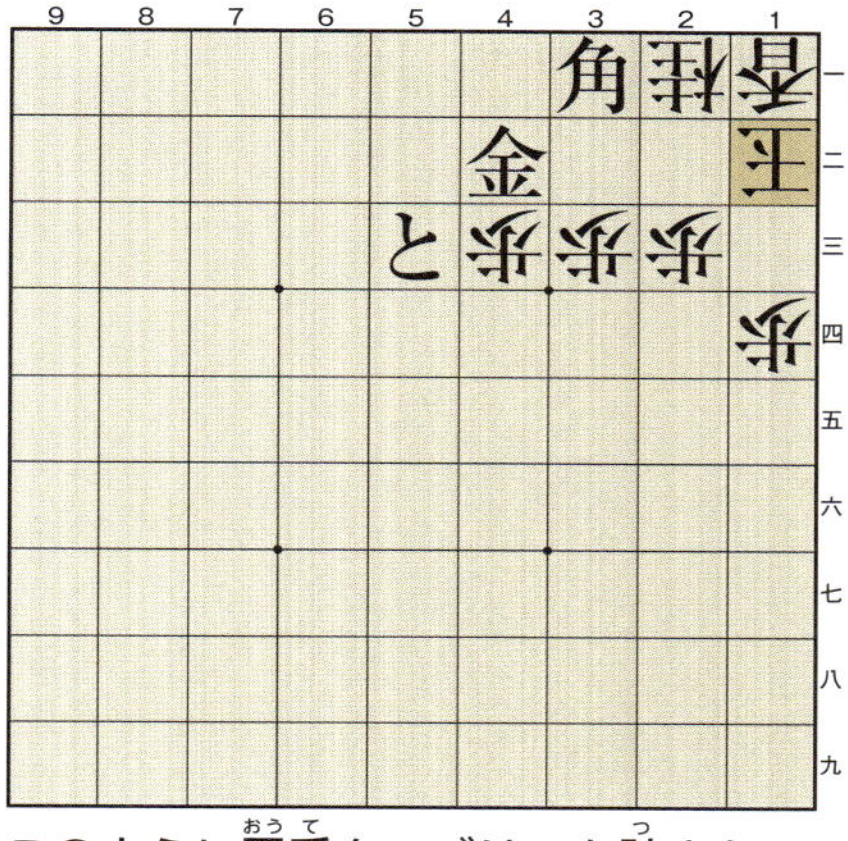

▲先手　桂

△後手　なし

このように王手《おうて》をつづけても詰《つ》まない。

歩《ふ》の頭《あたま》に桂《けい》を打《う》ちスキをつくる

1図では、まずは▲2四桂《けい》と、こじあける桂《けい》から入《はい》ります。△2四同歩《どうふ》には、▲4一角《かく》が決《き》まります3図。▲2四桂《けい》に△2二玉《ぎょく》は、▲3一角《かく》△同玉《どうぎょく》▲3二金《きん》で詰《つ》みです。

3図【1図より3手目】

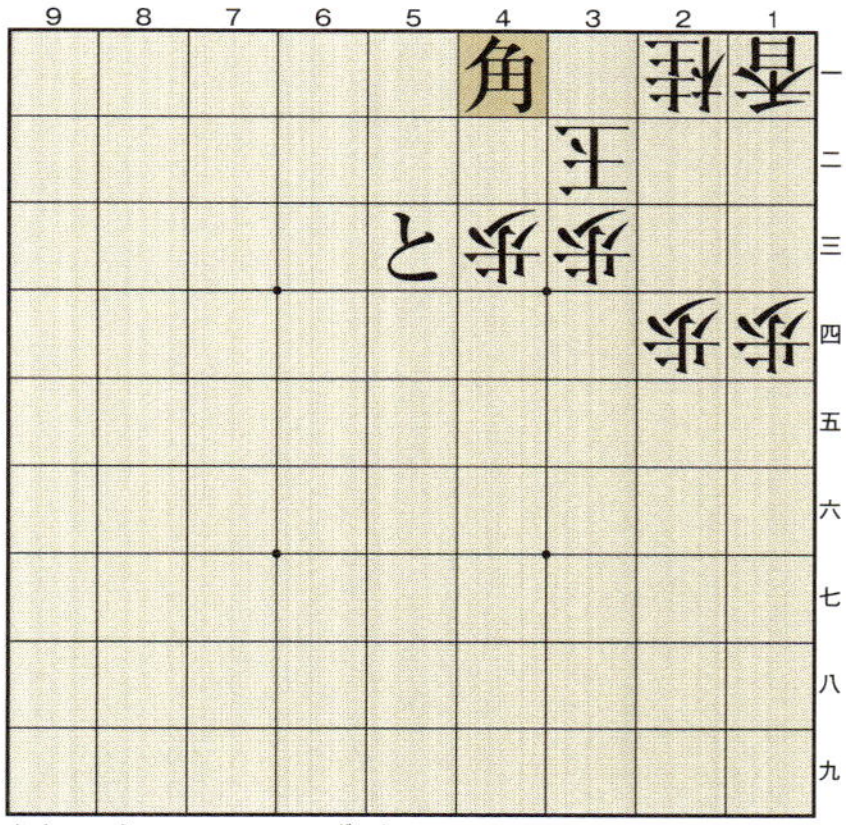

▲先手　金

△後手　桂

角《かく》を打《う》ちこみ、玉《ぎょく》にはたらきかける。

角《かく》のにらみで玉《ぎょく》を下段《げだん》に落《お》とした

△2二玉《ぎょく》とにげたら、2三にスキがあるので、▲2三金《きん》と金打《きんう》ち。これで△3一玉《ぎょく》と玉《ぎょく》を下段《げだん》に落《お》とし、▲3二金《きん》の頭金《あたまきん》で詰《つ》みです4図。また、3図で△4一同玉《どうぎょく》には、▲4二金《きん》で頭金《あたまきん》の詰《つ》みです。

4図【3図より4手目】

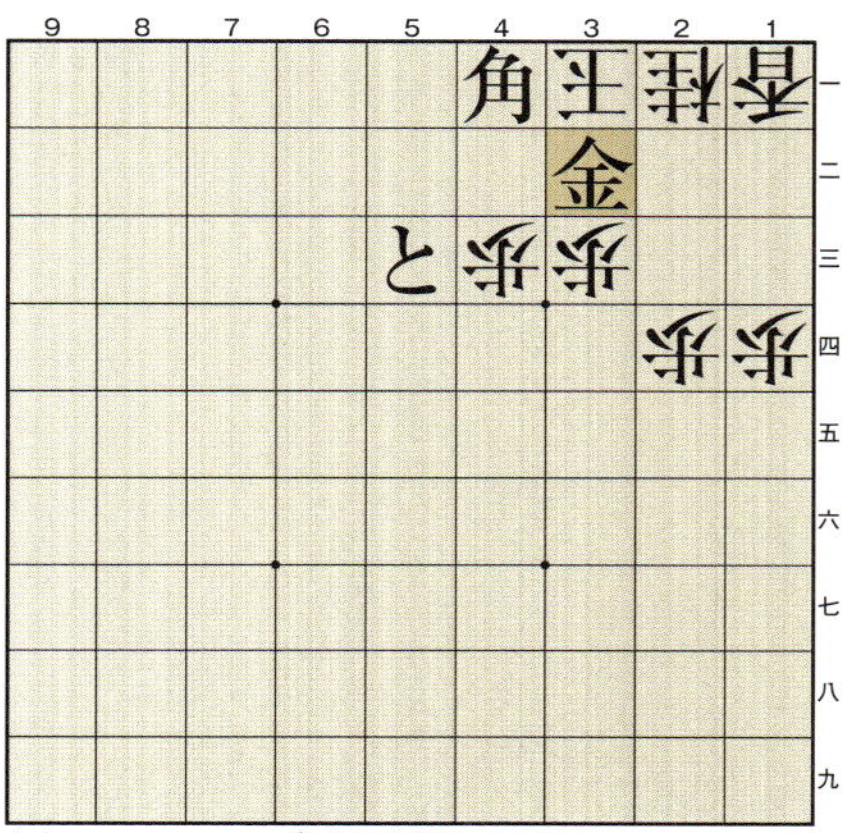

▲先手　なし

△後手　桂

角《かく》がいるから玉《ぎょく》は上《うえ》ににげられない。

二《に》枚《まい》飛《び》車《しゃ》

1図
9 8 7 6 5 4 3 2 1
一 二 三 四 五 六 七 八 九
香 金 王 銀 金 桂 歩 歩 歩 歩
☖後手 なし
☗先手 飛2
持《も》ち駒《ごま》に飛車《ひしゃ》が2枚《まい》あります。強力《きょうりょく》な攻《せ》めができそうですね！

2枚《まい》の飛車《ひしゃ》でごうかいに攻《せ》める

飛車《ひしゃ》がいちばん好《す》きな駒《こま》という人《ひと》は多《おお》いでしょう。**そんな飛車《ひしゃ》を2枚《まい》ならべれば、それだけで強力《きょうりょく》な攻《せ》めになります。この手筋《てすじ》を二枚飛車《にまいびしゃ》といいます。**

二枚飛車《にまいびしゃ》で攻《せ》めたてられた人《ひと》の気《き》持《も》ちを表現《ひょうげん》して、「二枚飛車《にまいびしゃ》に追《お》われる夢《ゆめ》を見《み》た」という格言《かくげん》もあるくらいです。

二枚飛車《にまいびしゃ》を打《う》つときは相手陣《あいてじん》の弱点《じゃくてん》を見《み》きわめることが大切《たいせつ》だ

飛車《ひしゃ》はどこに打《う》ちこむべきか

1図での有力《ゆうりょく》な手《て》としては、▲2二飛《ひ》と二段目《にだんめ》に打《う》ち、つぎに▲3一飛《ひ》と一段目《いちだんめ》に打《う》つことです2図。

どの駒《こま》をねらうか決《き》めることが大切《たいせつ》

おなじように6三の金《きん》にねらいをつけて、▲2二飛《ひ》〜▲4三飛《ひ》のような攻《せ》めもかんがえられます3図。

守《まも》りのかたさを見《み》きわめよう

効果《こうか》がうすいのは、▲2二飛《ひ》〜▲3二飛打《ひうち》のように、守《まも》りのかたい7二のある二段目《にだんめ》にかさねることです。守《まも》りのかたいところを攻《せ》めると、せっかくの二枚飛車《にまいびしゃ》も効果《こうか》が下《さ》がってしまいます。

2図

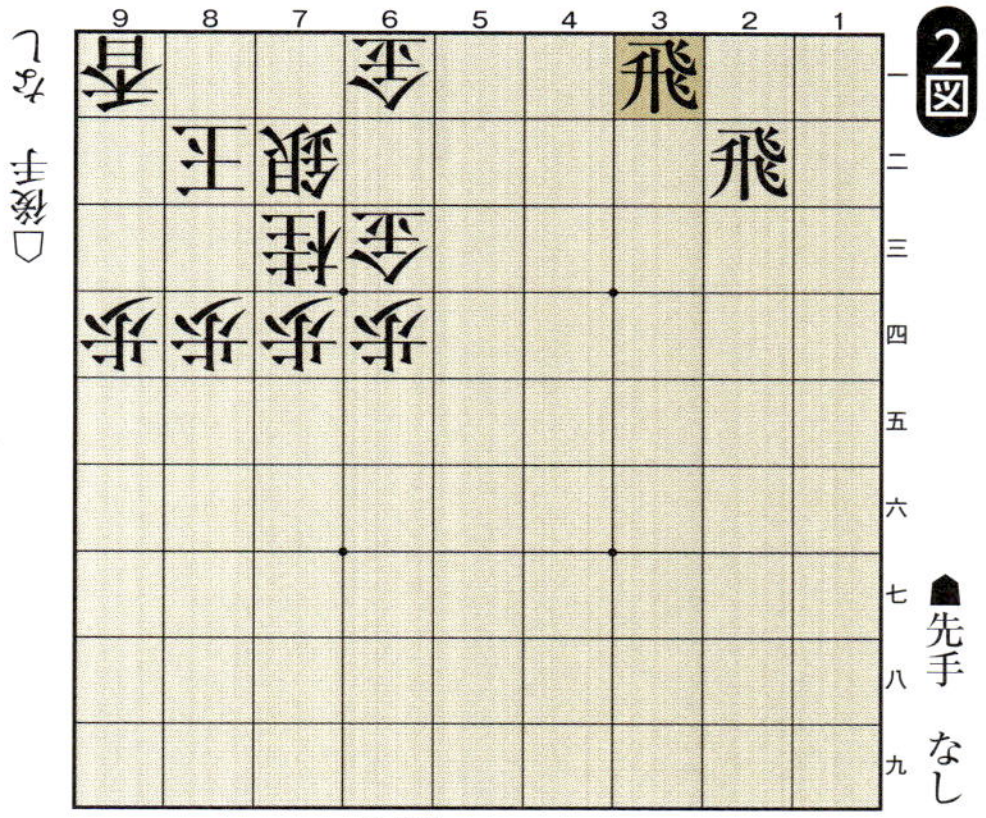
後手 なし
先手 なし

つぎに▲6一飛成《ひなり》のねらいがある。

3図

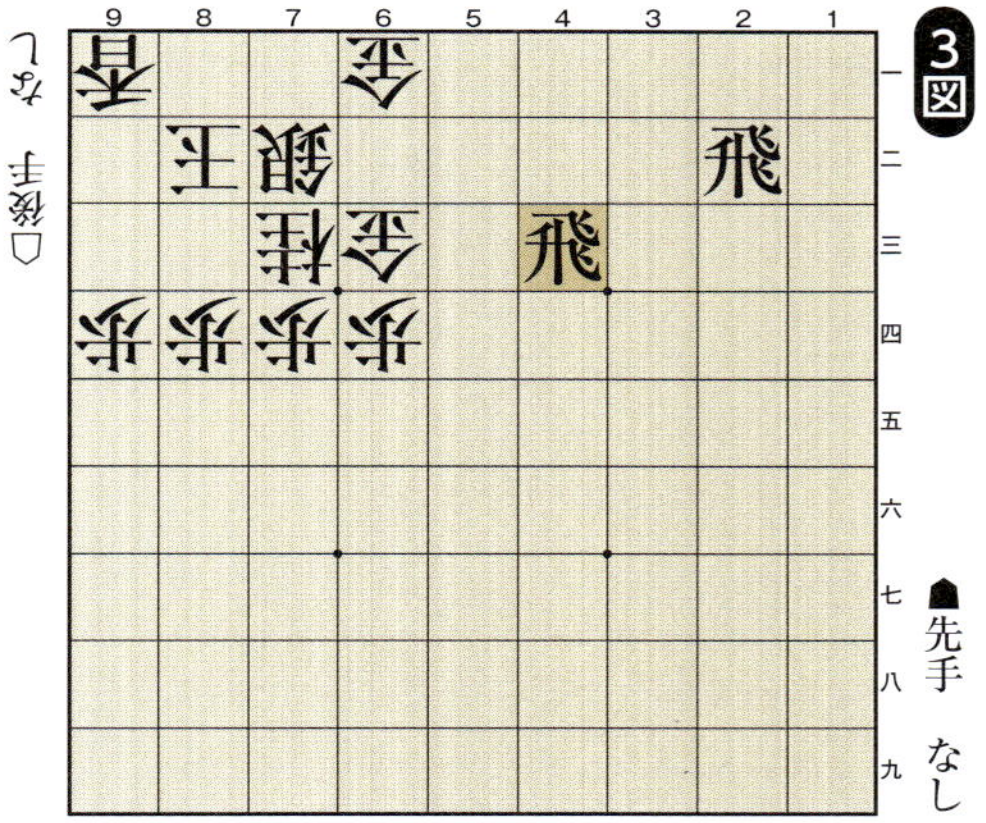
後手 なし
先手 なし

後手《ごて》は7二の銀《ぎん》を動《うご》かせない。

底歩《そこふ》(→128ページ)のように歩《ふ》でとめられてしまうと効果《こうか》が下《さ》がるから後手《ごて》の受《う》けもよく見《み》よう

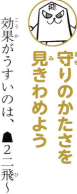

角《かく》・飛《ひ》・玉《ぎょく》の手筋《てすじ》【終盤《しゅうばん》】

一間竜《いっけんりゅう》①

1図
後手 金
先手 銀
先手《せんて》が▲5二飛成《ひなり》と銀《ぎん》を取《と》りながら王手《おうて》をしたところです。あと一歩《いっぽ》で玉《ぎょく》を詰《つ》ませられそうです

竜《りゅう》をもっとも活《い》かせる一間竜《いっけんりゅう》

竜《りゅう》がもっとも活躍《かつやく》する攻《せ》めの1つに、一間竜《いっけんりゅう》があります。

一間竜《いっけんりゅう》とは、1図のように玉《ぎょく》から1マスはなれたところに、竜《りゅう》がいるかたちをいいます。

一間竜《いっけんりゅう》はたとえ合駒《あいごま》をされてもきびしく攻《せ》めつづけることができるよ。その流《なが》れを見《み》てみよう

玉《ぎょく》をかわしても持《も》ち駒《ごま》の銀《ぎん》で詰《つ》み

1図で△7一玉《ぎょく》とかわしても、持《も》ち駒《ごま》の▲8二銀《ぎん》で詰《つ》みです2図。

2図【1図より2手目】

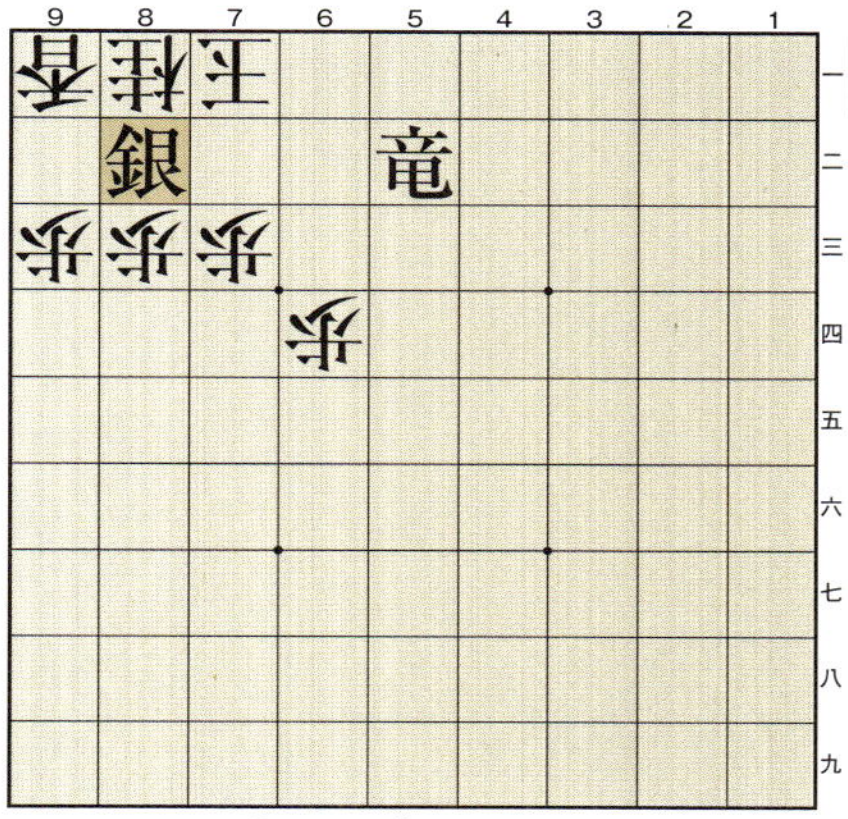

▲先手　なし

△後手　金

かんたんに詰《つ》みが決《き》まった！

相手《あいて》が合駒《あいごま》をしてきたら？

後手《ごて》が△6二金《きん》と合駒《あいごま》をしてきたら、▲6三銀《ぎん》と打《う》つことができます3図。

3図【1図より2手目】

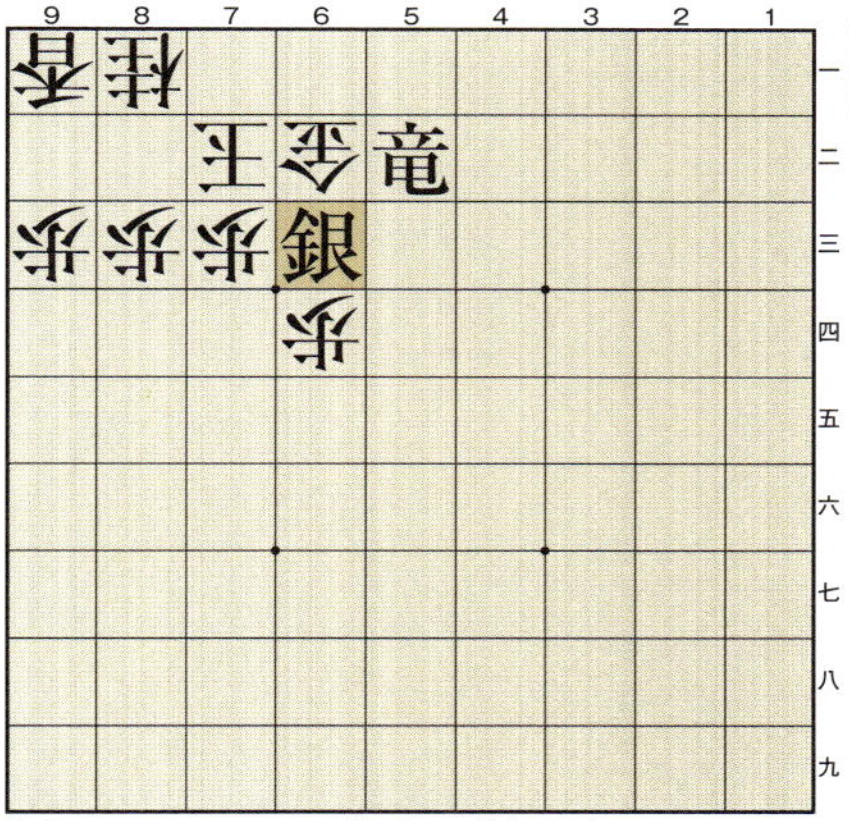

▲先手　なし

△後手　なし

竜《りゅう》がいるので、後手《ごて》は銀《ぎん》を取《と》れない。

玉《ぎょく》をにがしても竜《りゅう》が追《お》いかける

3図から、△7一玉《ぎょく》（または△8二玉《ぎょく》）と動《うご》いても、▲6二竜《りゅう》と金《きん》を取《と》って詰《つ》みます4図。

4図【3図より2手目】

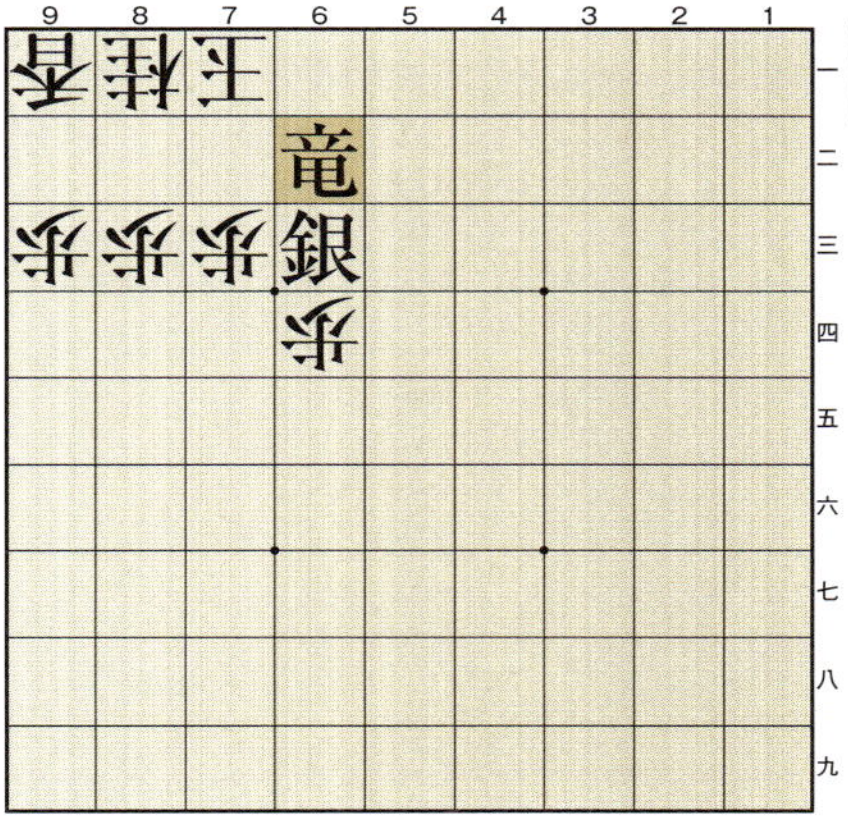

▲先手　金

△後手　なし

一間竜《いっけんりゅう》がきれいに決《き》まった！

一間竜《いっけんりゅう》②

1図

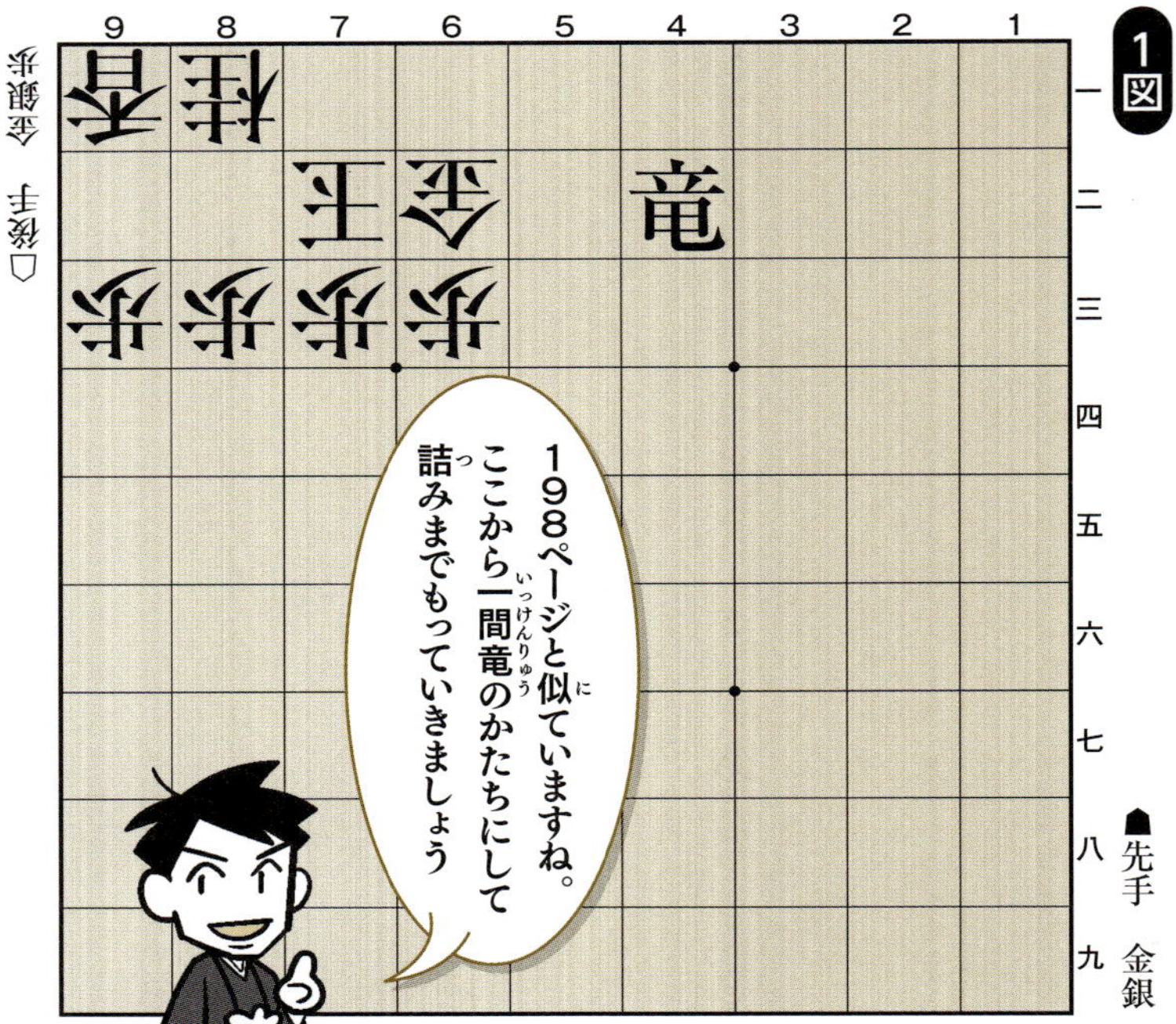
9 8 7 6 5 4 3 2 1
一 二 三 四 五 六 七 八 九
香 桂
金 王 竜
歩 歩 歩 歩
▲先手 金銀
△後手 金銀歩

198ページと似《に》ていますね。ここから一間竜《いっけんりゅう》のかたちにして詰《つ》みまでもっていきましょう

終盤《しゅうばん》では、竜《りゅう》のパワーをぞんぶんに活《い》かすために、駒損《こまぞん》をしてでも一間竜《いっけんりゅう》のかたちをつくることもあるぞ

一間竜《いっけんりゅう》をつくるための手《て》

一間竜《いっけんりゅう》のかたちに持《も》ちこむのによく使《つか》われる手筋《てすじ》が、**送《おく》りの手筋《てすじ》**です。**送《おく》りの手筋《てすじ》とは、相手《あいて》の玉《ぎょく》にタダで駒《こま》を取《と》らせるかわりに、こちらの攻《せ》め駒《ごま》を進《すす》める戦法《せんぽう》です。**

相手玉《あいてぎょく》がいやがる一手《いって》はなんだろう

1図では、▲8二金《きん》が送《おく》りの手《て》筋《すじ》です2図。金《きん》と竜《りゅう》が連携《れんけい》していないように見《み》えますが、あとで一間《いっけん》竜《りゅう》のかたちになります。

2図【1図より1手目】

▲先手　銀

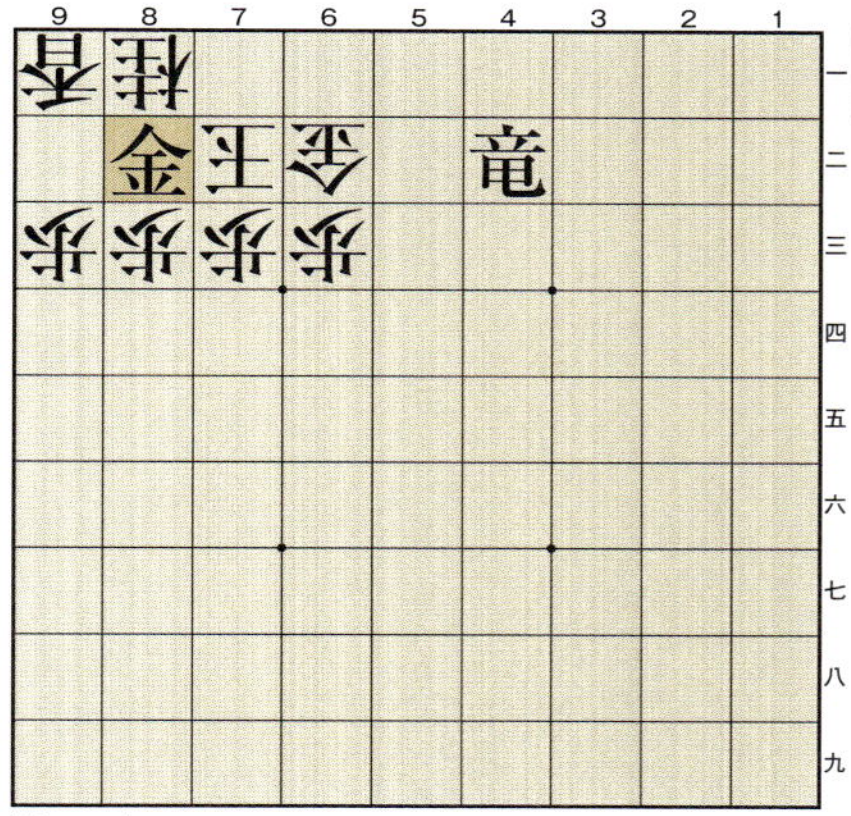

△後手　金銀歩

金《きん》を捨《す》てているように見《み》えるけど？

送《おく》りの手筋《てすじ》で玉《ぎょく》を追《お》いつめる

2図で△8二同玉《どうぎょく》ときたら、▲6二竜《りゅう》で一間竜《いっけんりゅう》のかたち。△7二金《きん》▲7一銀《ぎん》3図。このあと、△9二玉《ぎょく》▲7二竜《りゅう》で詰《つ》みます。

3図【2図より4手目】

▲先手　金

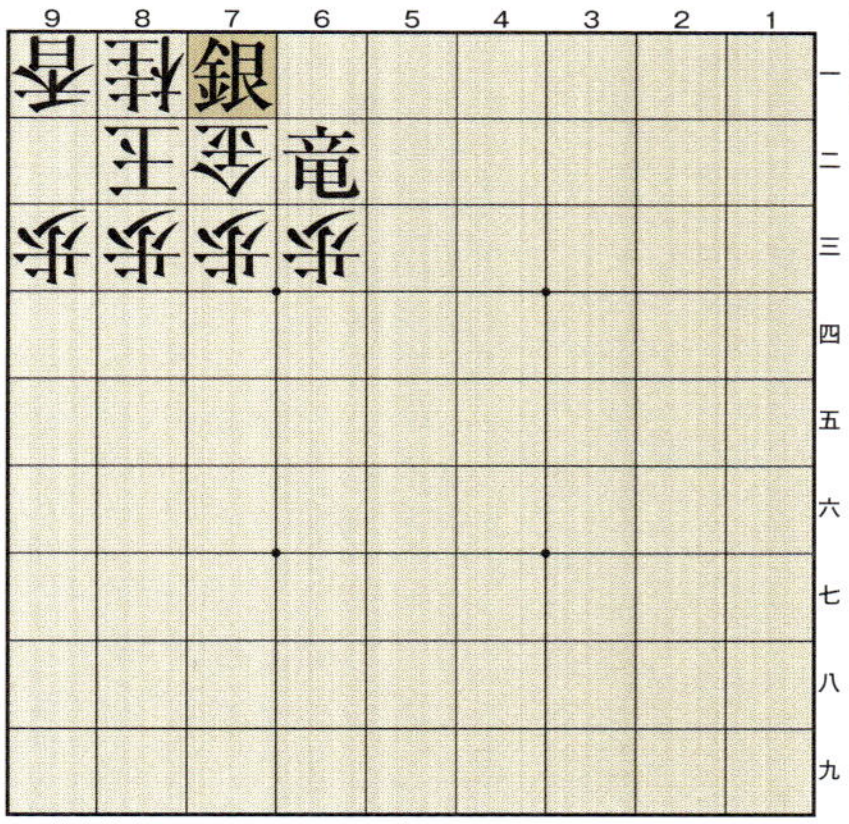

△後手　金銀歩

一間竜《いっけんりゅう》がきれいに決《き》まった。

送《おく》りの手筋《てすじ》に合駒《あいごま》はきかない

もし2図で後手《ごて》が△6一玉《ぎょく》と下《さ》がっても、▲7二銀《ぎん》△同金《どうきん》▲同金《どうきん》で詰《つ》みとなります4図。

4図【2図より4手目】

▲先手　金

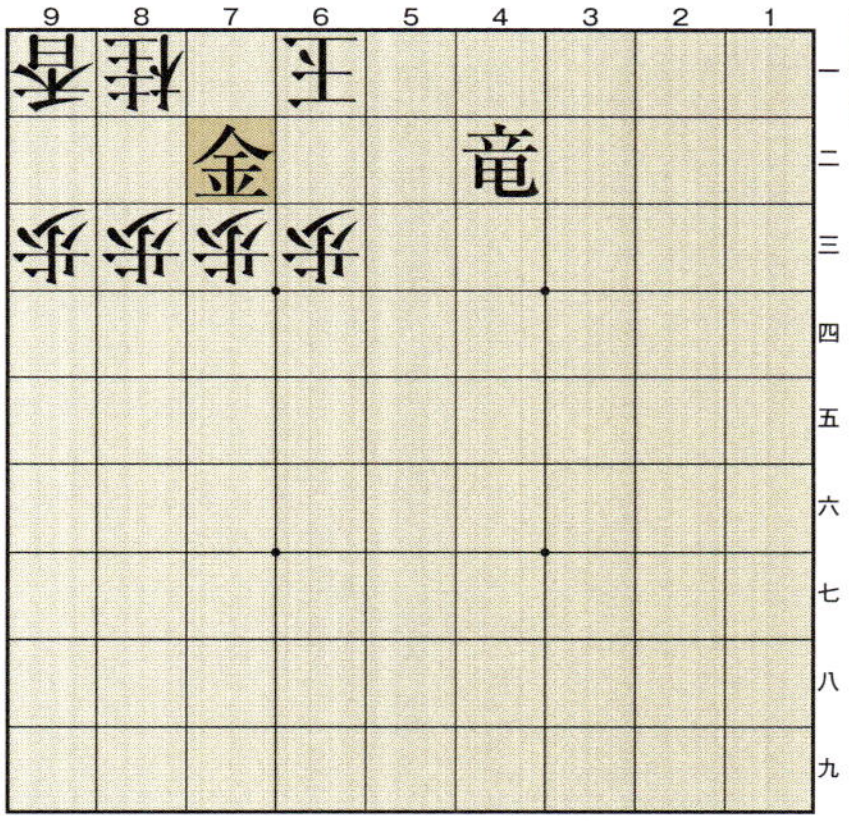

△後手　金銀2歩

実戦《じっせん》でもとくに出《で》てくる手筋《てすじ》だよ！

合《あ》わせる飛車《ひしゃ》

1図
9 8 7 6 5 4 3 2 1
一 二 三 四 五 六 七 八 九
歩 歩 歩
歩 歩
玉 銀 金
香 桂 金 飛
先手 飛角
後手 角桂
△3九飛《ひ》と打《う》ちこまれましたが持《も》ち駒《ごま》で守《まも》ることができますよ！

飛車《ひしゃ》の打《う》ちこみは飛車《ひしゃ》でとめられる

飛車《ひしゃ》は攻《せ》めの中心《ちゅうしん》となる駒《こま》ですが、守《まも》りにも使《つか》えます。自分《じぶん》の陣地《じんち》に飛車《ひ》を打《う》ちこまれたときに、その近《ちか》くに持《も》ち駒《ごま》の飛車《ひしゃ》を打《う》って攻《せ》めをふせぐことができます。これを「合《あ》わせる飛車《ひしゃ》」といいます。

自陣《じじん》に打《う》ちこまれた飛車《ひしゃ》はやっかいだよね……
飛車《ひしゃ》の攻《せ》めはこわいですがこちらも飛車《ひしゃ》をうまく使《つか》えば対応《たいおう》できますよ！

※合《あ》わせるとは、相手《あいて》の駒《こま》が利《き》いているマス目《め》に、同《おな》じ種類《しゅるい》の駒《こま》を打《う》つこと。

飛車《ひしゃ》を中心《ちゅうしん》にきびしく攻《せ》めてきた

1図から、△8六桂《けい》▲同歩《どうふ》△8七角《かく》▲同玉《どうぎょく》△6九飛成《ひなり》と2図、後《ご》手《て》は角《かく》を捨《す》てて攻《せ》めてきました。

2図【1図より5手目】

▲先手　飛角2桂

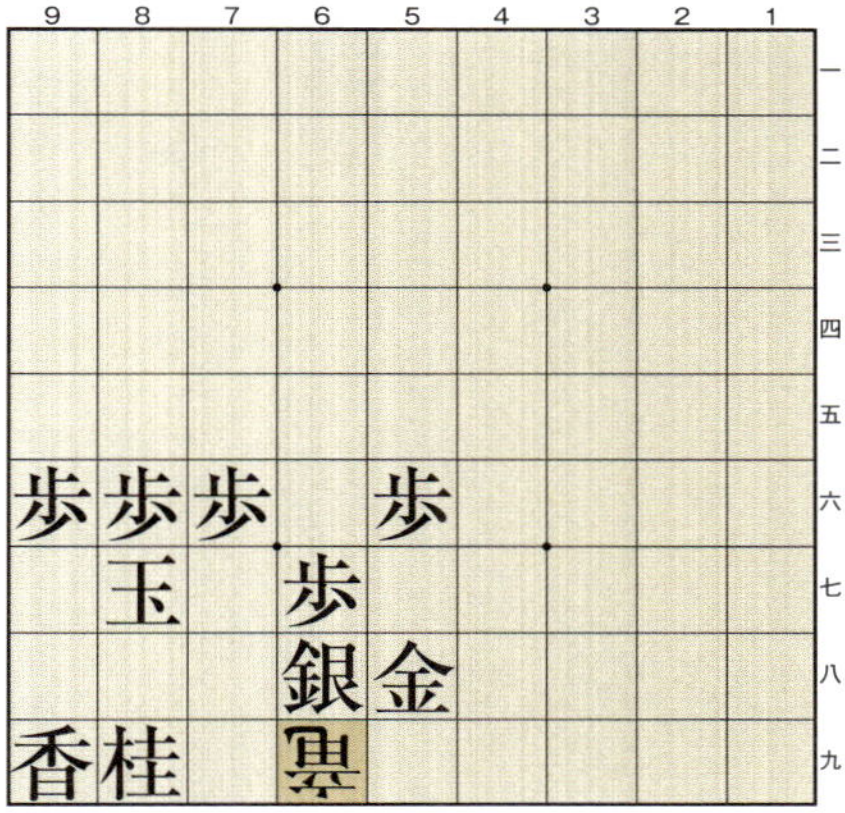

△後手　金

竜《りゅう》に金銀桂《きんぎんけい》をねらわれピンチだ！

飛車《ひしゃ》を守《まも》りに使《つか》うだいたんな一手《いって》

きびしい一手《いって》に見《み》える△6九飛成《ひなり》ですが、▲5九飛《ひ》と合《あ》わせることで守《まも》ることができます3図。

3図【2図より1手目】

▲先手　角2桂

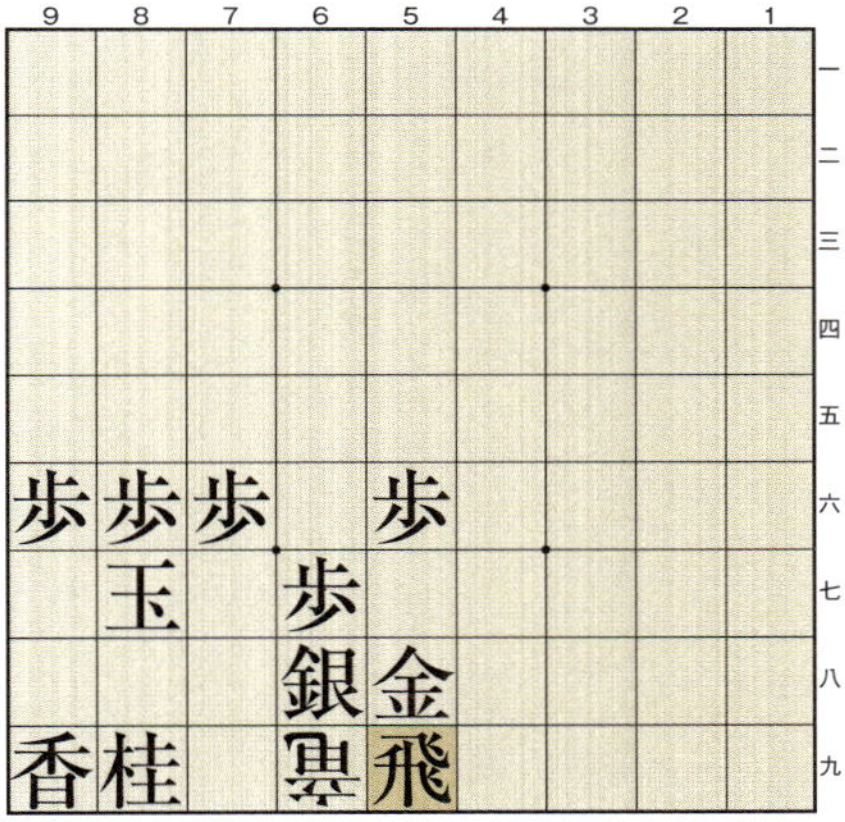

△後手　金

金銀桂《きんぎんけい》どれを取《と》られても取《と》りかえせる。

角《かく》に角《かく》を合《あ》わせるテクニックもある

なお、1図では△8八角《かく》も強力《きょうりょく》。後手《ごて》のねらいは、▲同玉《どうぎょく》△6九飛成《ひなり》で、持《も》ち駒《ごま》の桂《けい》を捨《す》てずに金《きん》を取《と》ることですが、△8八角《かく》には▲7七角《かく》と、角《かく》を合《あ》わせる受《う》けがあります4図。以下《いか》△同角成《どうかくなり》▲同銀《どうぎん》と対応《たいおう》できます。

4図【1図より2手目】

▲先手　飛

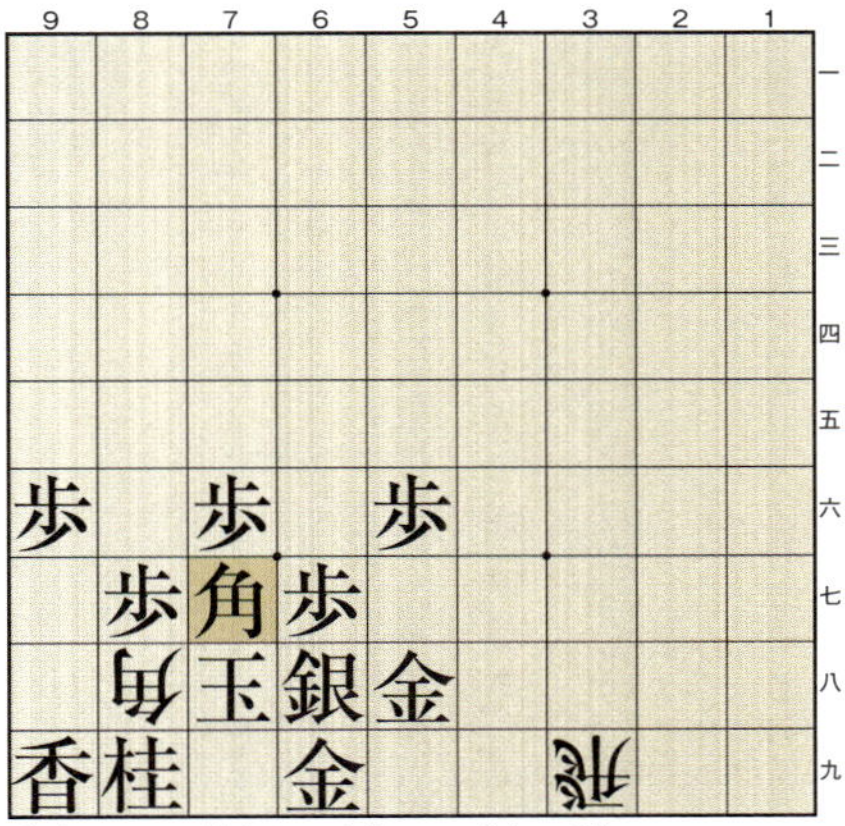

△後手　桂

飛車《ひしゃ》には飛車《ひしゃ》、角《かく》には角《かく》で守《まも》る！

王《おう》手《て》○○取《と》り

1図
後手 なし
先手 飛
後手《ごて》の美濃囲《みのがこ》いは完成《かんせい》していないので王手《おうて》○○取《と》りをねらうチャンスです

王手《おうて》○○取《と》りで駒得《こまどく》をねらおう

1図では、▲2二飛《ひ》が王手《おうて》馬《うま》取《と》りとなる絶好《ぜっこう》の手《て》です。

このような飛車《ひしゃ》、または角《かく》での「王手《おうて》○○取《と》り」は、相手《あいて》の囲《かこ》いが完成《かんせい》していないときがねらい目《め》です。

王手《おうて》でなくてもよくて、飛車角金銀《ひしゃかくきんぎん》という、高《たか》い価値《かち》の駒《こま》の両取《りょうど》りなら、よい手《て》です。

飛車《ひしゃ》の手筋《てすじ》のなかで王手《おうて》○○取《と》りは、二枚飛車《にまいびしゃ》とならんで人気《にんき》があるぞ

ただ飛車《ひしゃ》を打《う》つだけでは両取《りょうど》りはねらえない

こんどは2図です。▲8二飛《ひ》と打《う》っても、△9七馬《うま》▲4一銀《ぎん》△4二金打《きんうち》のように、あっさりと受《う》けられてしまいます。

持《も》ち駒《ごま》を打《う》ち相手《あいて》の出方《でかた》を見《み》る

2図では、▲3一銀《ぎん》が必殺《ひっさつ》の攻《せ》め。△3一同玉《どうぎょく》なら▲8一飛《ひ》3図。△3一同金《どうきん》としても▲8二飛《ひ》で王手《おうて》馬《うま》取《と》りです。

銀《ぎん》をわたしても大駒《おおごま》を取《と》れれば作戦《さくせん》成功《せいこう》

さらに2図から▲3一銀《ぎん》に△1二玉《ぎょく》には、▲8二飛《ひ》で馬《うま》と金《きん》の両取《りょうど》りが決《き》まります4図。このあと銀《ぎん》をわたしたとしても、馬《うま》を取《と》ることができれば成功《せいこう》です。

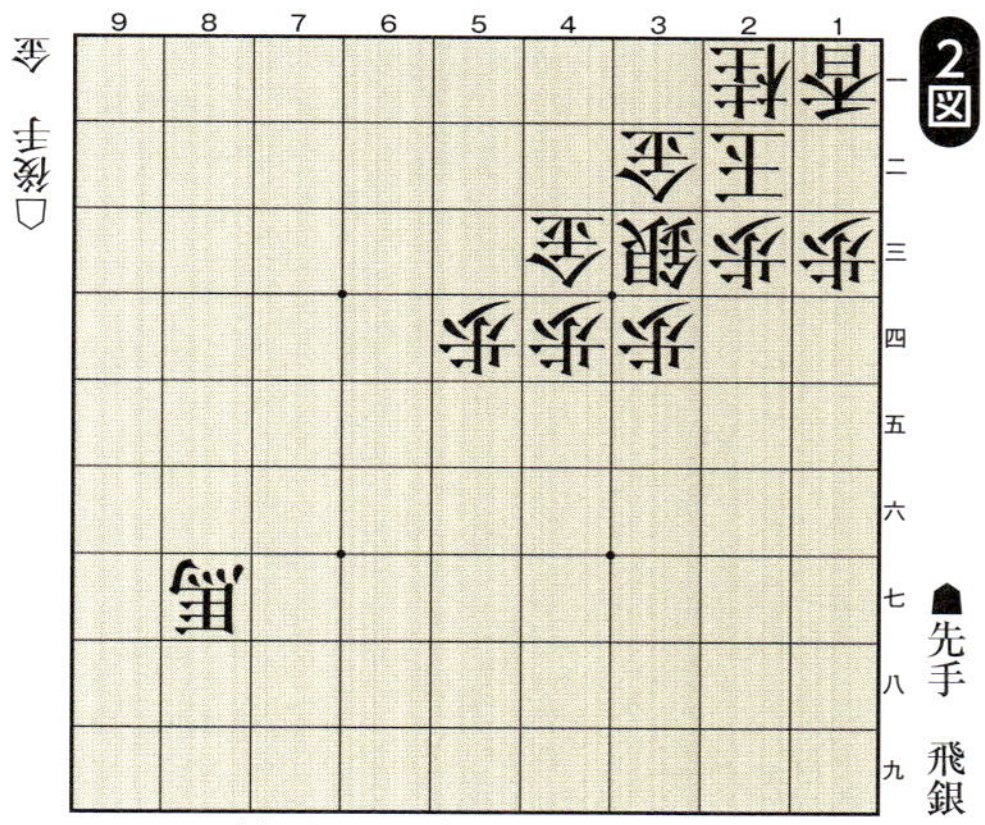
2図
▲先手 飛銀
△後手 金

ここで「王手《おうて》○○取《と》り」を決《き》めるには？

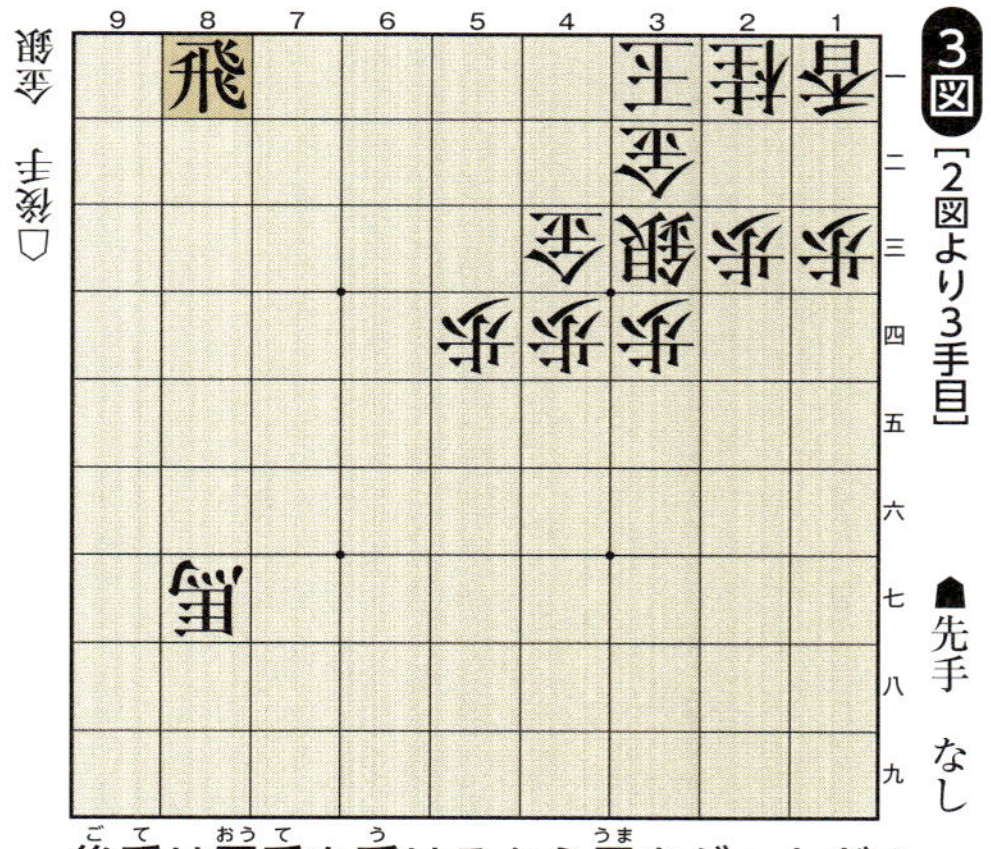
3図
［2図より3手目］
▲先手 なし
△後手 金銀

後手《ごて》は王手《おうて》を受《う》けるから馬《うま》をゲットだ！

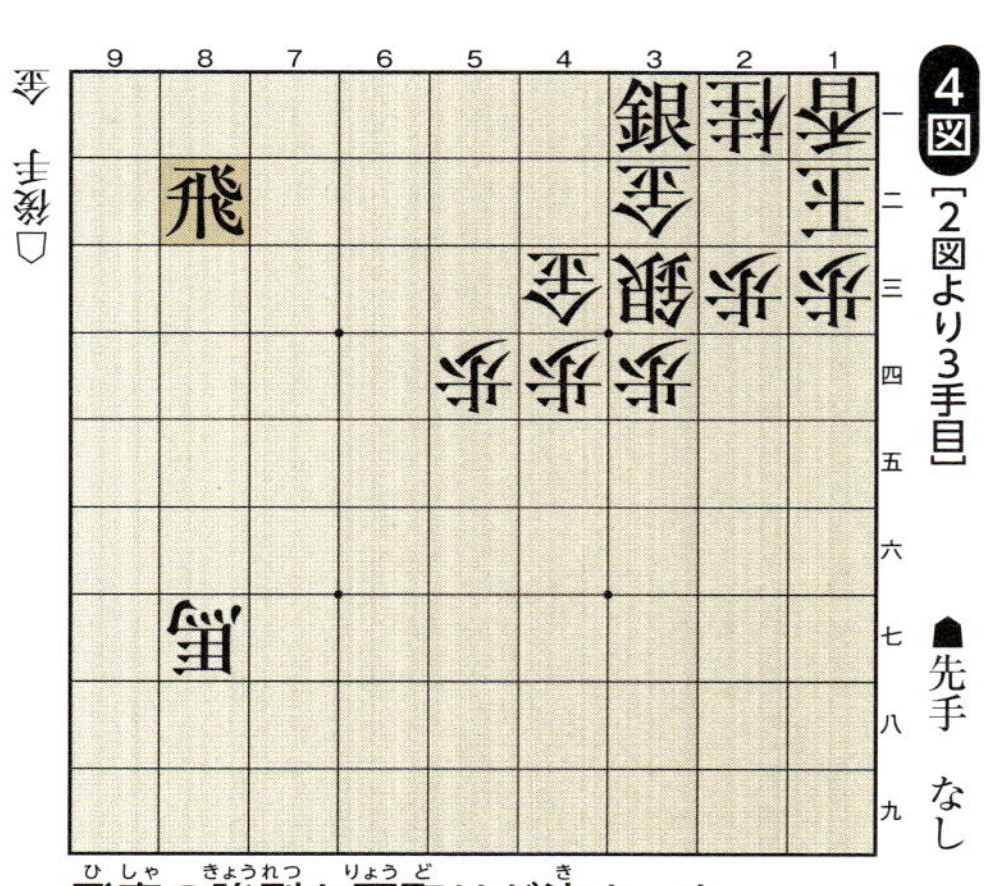
4図
［2図より3手目］
▲先手 なし
△後手 金

飛車《ひしゃ》の強烈《きょうれつ》な両取《りょうど》りが決《き》まった。

玉《ぎょく》の顔面《がんめん》受《う》け

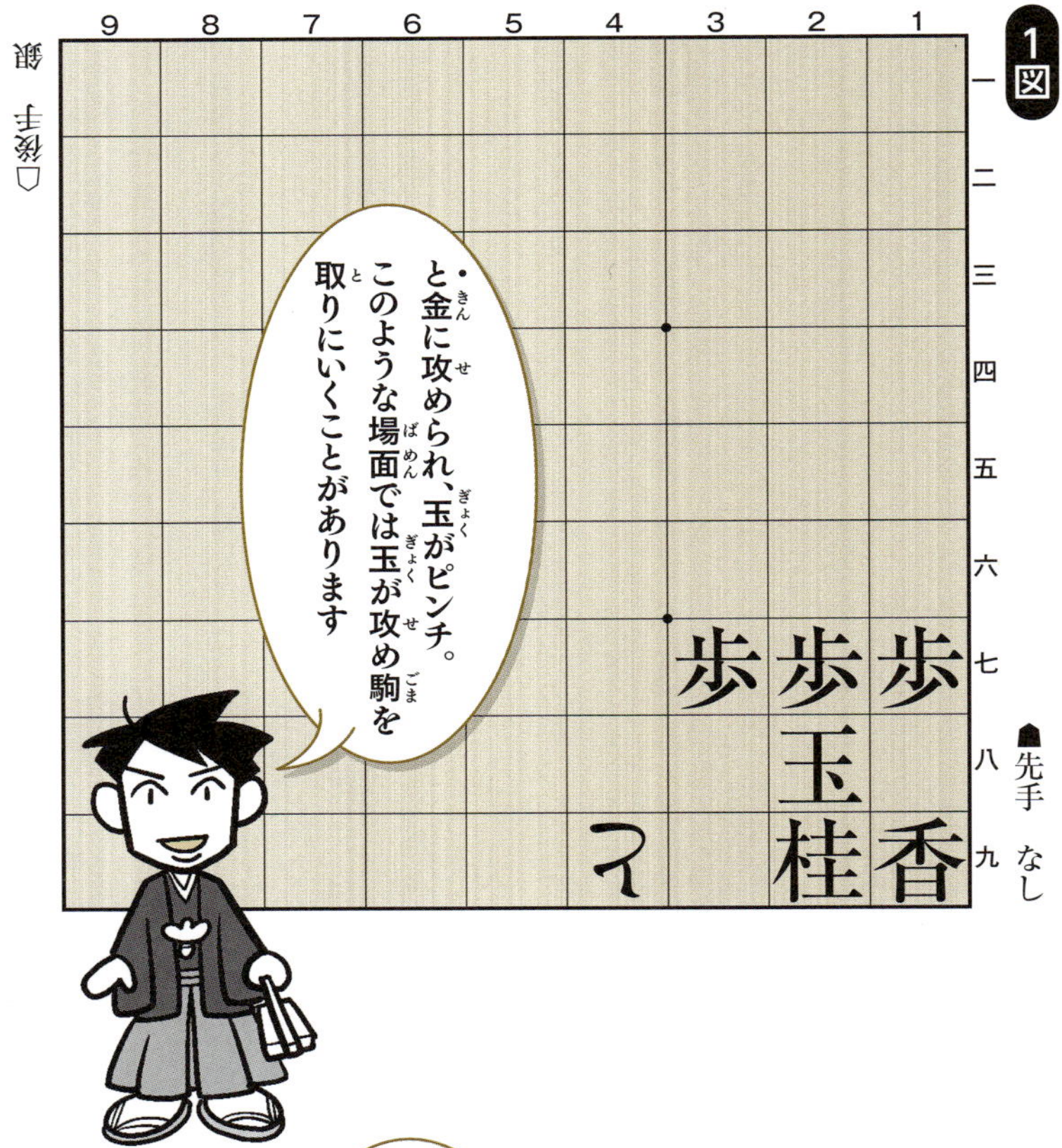
1図
△後手 銀
▲先手 なし
と金《きん》に攻《せ》められ、玉《ぎょく》がピンチ。このような場面《ばめん》では玉《ぎょく》が攻《せ》め駒《ごま》を取《と》りにいくことがあります

顔面受《がんめんう》けでピンチをしのぐ

相手《あいて》の駒《こま》が近《ちか》づいている1図では、つぎに△3九銀《ぎん》▲1八玉《ぎょく》となるとあぶなくなります。

ここは、▲3八玉《ぎょく》の顔面受《がんめんう》けが強《つよ》い手《て》です。

このように玉《ぎょく》が相手《あいて》の攻《せ》め駒《ごま》を取《と》りにいったり、囲《かこ》いの外《そと》へ出《で》ていくことを顔面受《がんめんう》けといいます。

1図のような接近戦《せっきんせん》では全方向《ぜんほうこう》に動《うご》ける玉《ぎょく》の強《つよ》さで受《う》けることができるんだ

玉《ぎょく》が相手《あいて》に近《ちか》づく顔面《がんめん》受《う》け

1図から▲3八玉《ぎょく》△3九銀《ぎん》なら、▲4七玉《ぎょく》2図か▲4九玉《ぎょく》という2つの方法《ほうほう》でかわせます。

玉《ぎょく》を動《うご》かして相手《あいて》の攻《せ》めをおさえる

こんどは3図を見《み》てください。ちょっと変《か》わった使《つか》い方《かた》です。ここでは、▲8七歩《ふ》と合駒《あいごま》するのが基本《きほん》です。ただし、△7六飛《ひ》と攻《せ》めを7筋《すじ》にずらされてしまうかもしれません。

ほかの駒《こま》との協力《きょうりょく》で攻《せ》めをふせぐ

3図で△7六飛《ひ》がいやなら、▲7七玉《ぎょく》と玉《ぎょく》を動《うご》かし、力強《ちからづよ》く受《う》ける手《て》があります4図。玉《ぎょく》が前《まえ》に出《で》るのは心配《しんぱい》ですが、2九の飛《ひ》が利《き》いていて、8九のマス目《め》は守《まも》られています。

2図【1図より3手目】

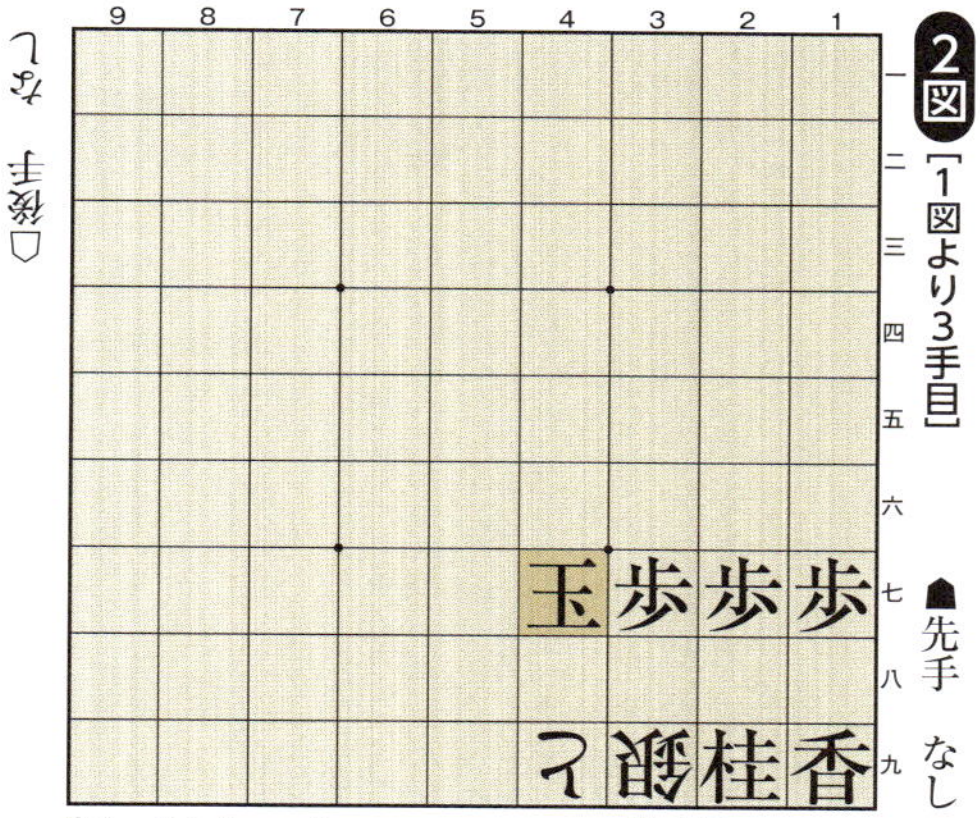

玉《ぎょく》の強気《つよき》の受《う》けでピンチを脱出《だっしゅつ》！

3図

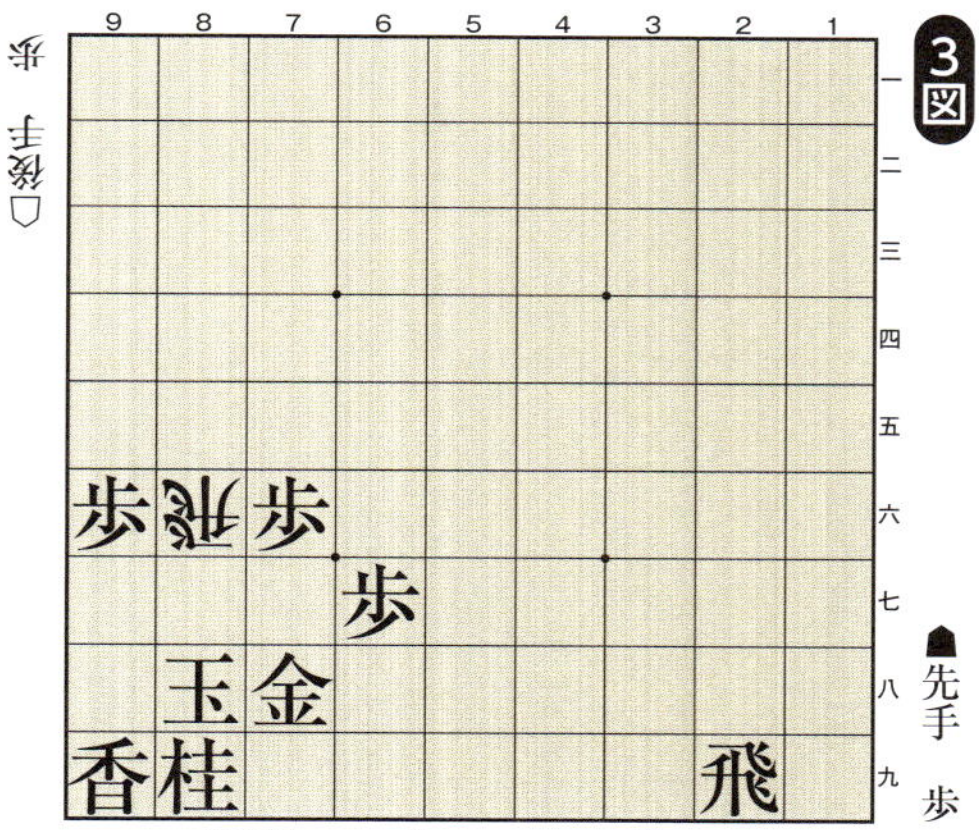

ただの合駒《あいごま》では攻《せ》めをはね返《かえ》せない。

4図【3図より1手目】

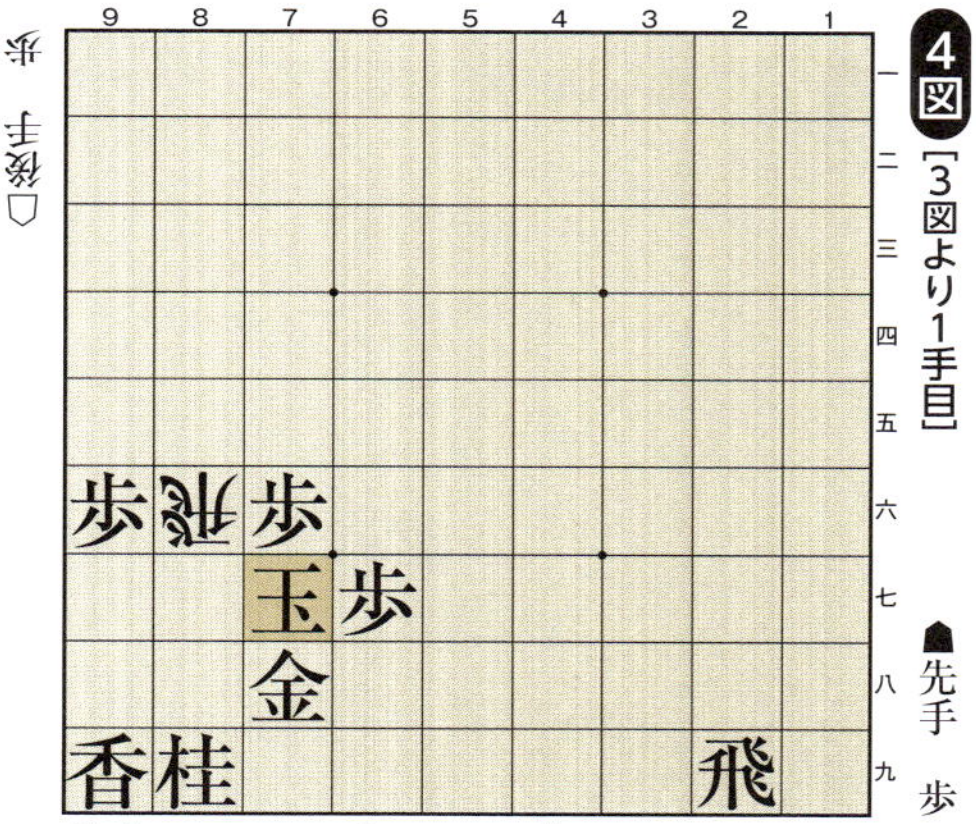

後手《ごて》は△8一飛《ひ》などと引《ひ》くしかない。

王手《おうて》への対応《たいおう》

1図

△後手 なし
▲先手 なし
△8七歩《ふ》と、後手《ごて》に王手《おうて》をかけられました。先手《せんて》にはいくつかのかわし方《かた》がありますがよい手《て》はなんでしょうか？
にげねば…
ヒヒヒヒヒヒ

王手《おうて》への対応《たいおう》とそれぞれのリスク

1図で、先手《せんて》のかわし方《かた》としては、

①▲8七同金《どうきん》
②▲8七同玉《どうぎょく》
③▲9八玉《ぎょく》
④▲7九玉《ぎょく》

の4つがあります。

4図までで見《み》るように、それぞれによい点《てん》とわるい点《てん》があります。

王手《おうて》に対応《たいおう》するときは、相手《あいて》の持《も》ち駒《ごま》や盤上《ばんじょう》の駒《こま》の位置《いち》を見《み》てつぎの手《て》を決《き》めましょう。

まず、①▲8七同金《どうきん》は、上《うえ》の守《まも》りがかたくなるかわりに、横《よこ》からの攻《せ》めに弱《よわ》くなります。相手《あいて》が飛車《ひしゃ》を持《も》ち駒《ごま》にしているときは、七段目《だんめ》に打《う》たれて王手《おうて》されるかもしれません。

玉《ぎょく》で取《と》って上《うえ》から脱出《だっしゅつ》する

②▲8七同玉《どうぎょく》は、玉《ぎょく》を上《うえ》ににがすねらいがあります2図。しかし、後手《ごて》に8筋《すじ》から攻《せ》められると、きびしくなりそうです。

玉《ぎょく》を端《はし》にかくし攻《せ》めからはなす

③▲9八玉《ぎょく》は、玉《ぎょく》を攻《せ》めからとおざける手《て》です3図。ただし、7八の金《きん》をねらわれると、守《まも》りがうすくなります。

いちばん下段《げだん》に移動《いどう》し上《うえ》と端《はし》の攻《せ》めをかわす

④▲7九玉《ぎょく》は、上《うえ》や端《はし》の攻《せ》めからはもっともとおくなります4図。玉《ぎょく》が囲《かこ》いの外《そと》に出《で》るので、横《よこ》からの攻《せ》めに弱《よわ》くなります。

2図【1図より1手目】

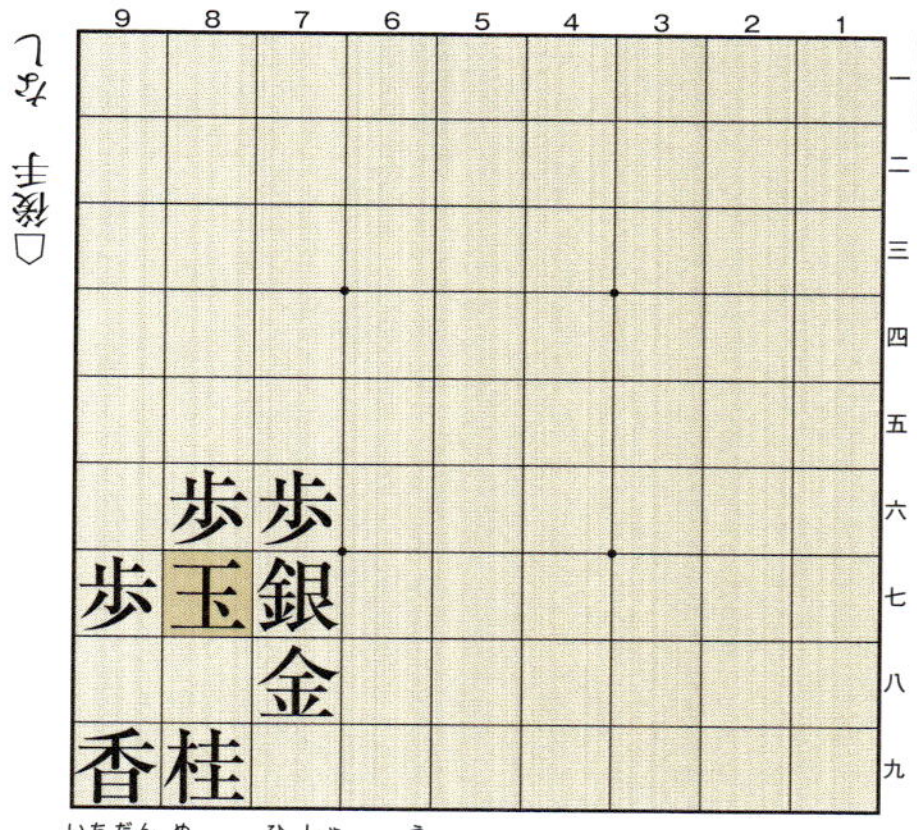

一段目《いちだんめ》に飛車《ひしゃ》を打《う》たれてもあぶない。

3図【1図より1手目】

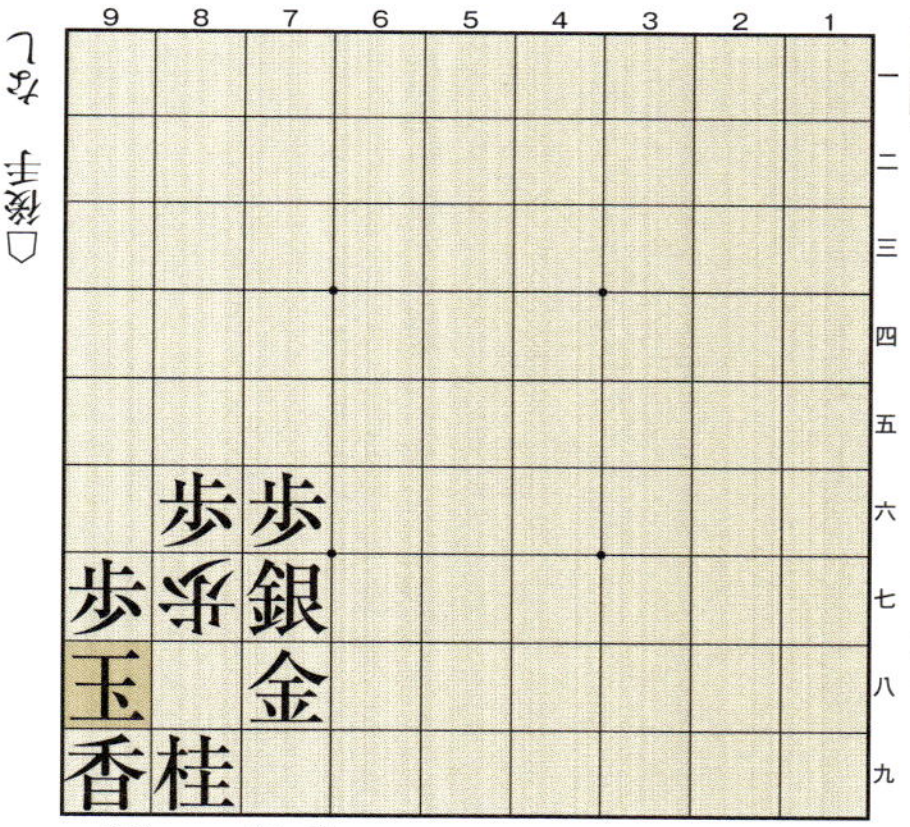

9筋《すじ》から端攻《はしぜ》めをされるのもこわい。

4図【1図より1手目】

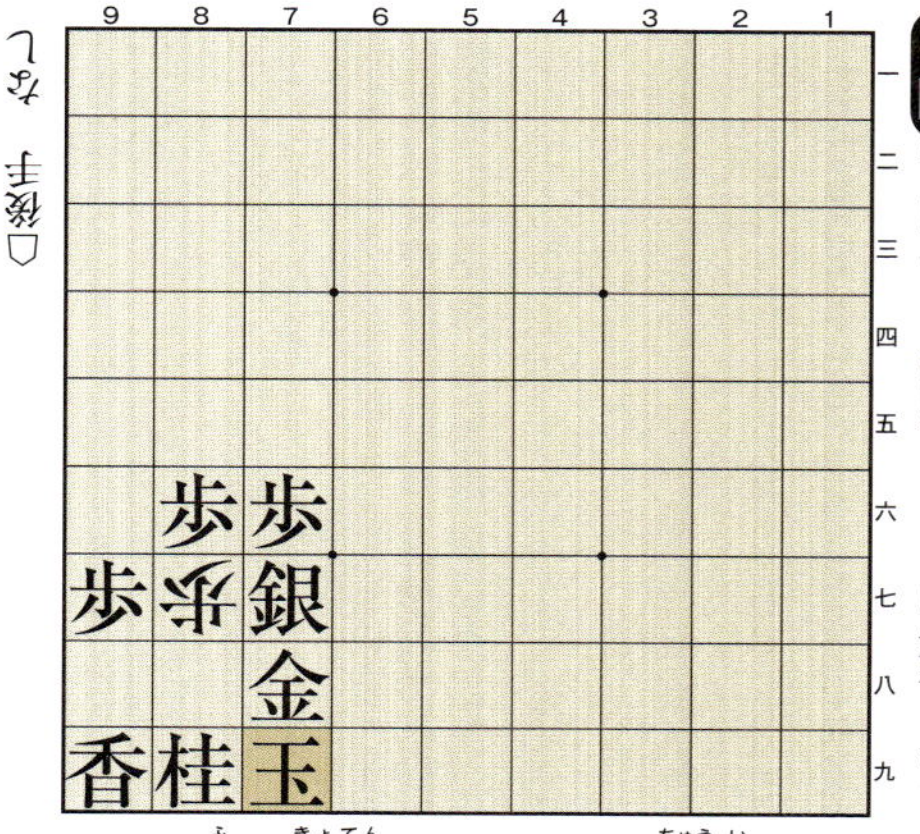

8七の歩《ふ》の拠点《きょてん》がのこるのも注意《ちゅうい》。

玉《ぎょく》の早《はや》にげ

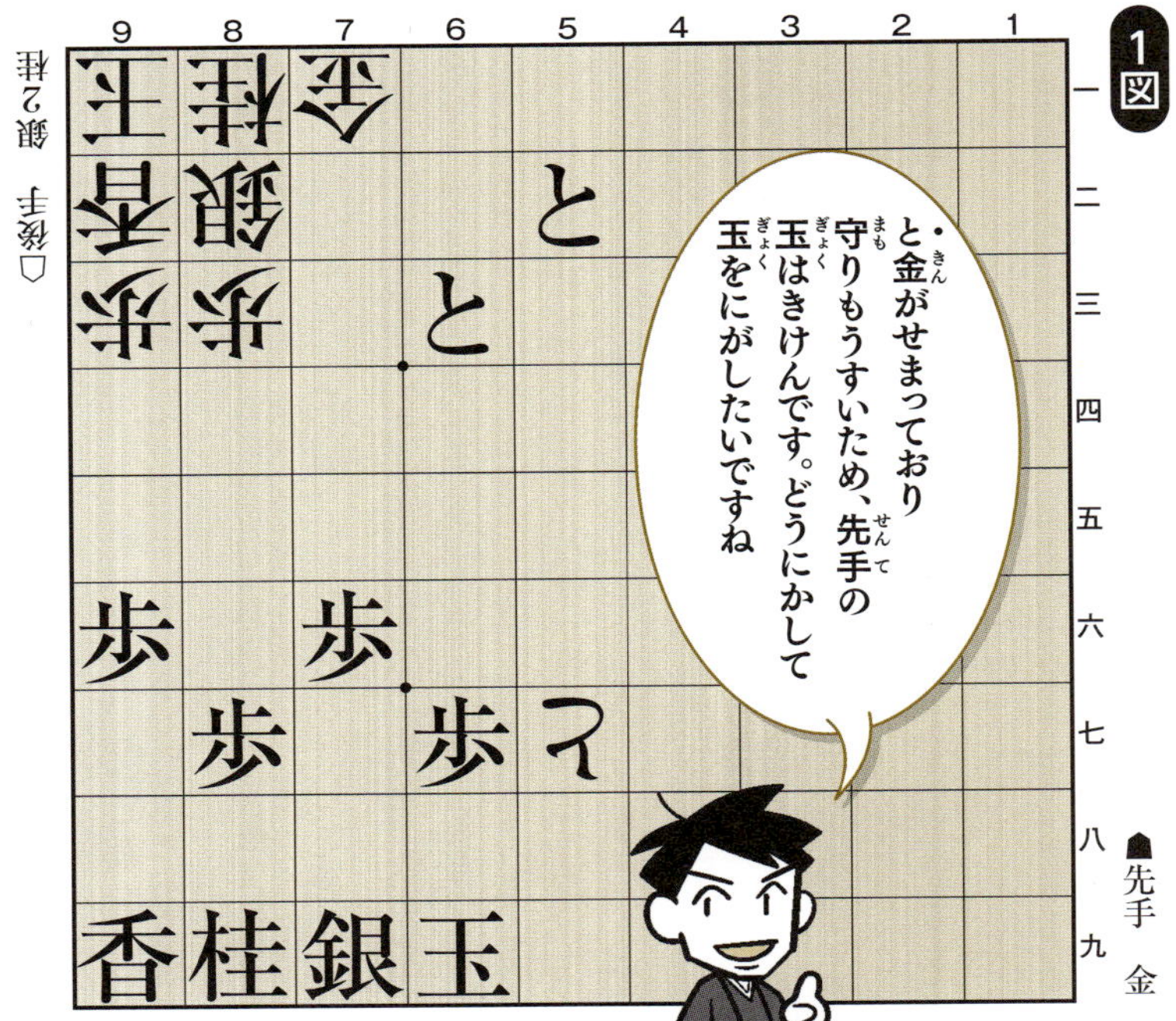
1図
1 2 3 4 5 6 7 8 9
一 二 三 四 五 六 七 八 九
後手 銀2桂
先手 金
香 桂 銀 玉
歩 歩 歩 歩 と と

と金《きん》がせまっており守《まも》りもうすいため、先手《せんて》の玉《ぎょく》はきけんです。どうにかして玉《ぎょく》をにがしたいですね

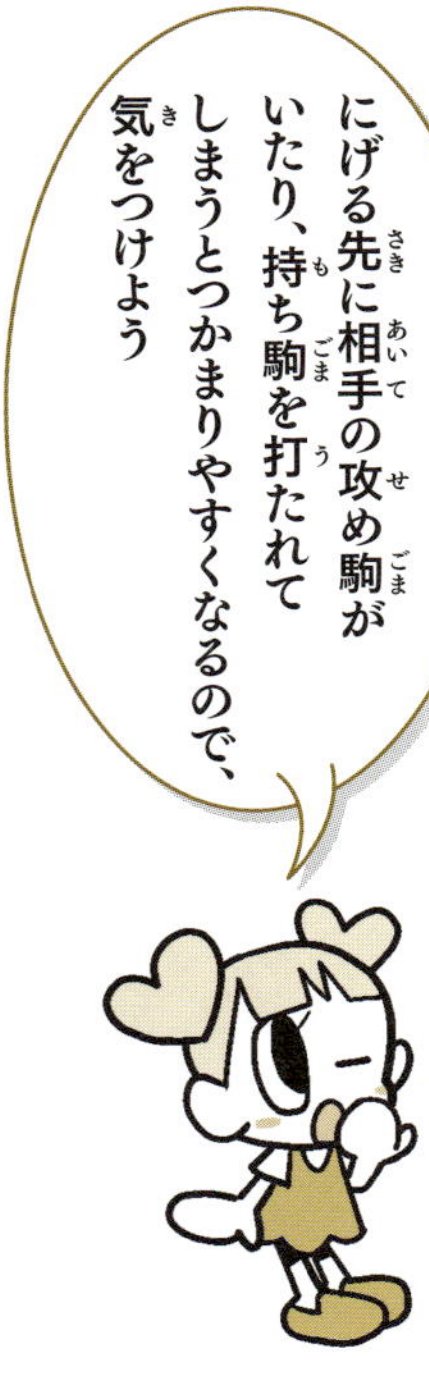
にげる先《さき》に相手《あいて》の攻《せ》め駒《ごま》がいたり、持《も》ち駒《ごま》を打《う》たれてしまうとつかまりやすくなるので、気《き》をつけよう

玉《ぎょく》の早《はや》にげ八手《はって》の得《とく》

「玉《ぎょく》の早《はや》にげ八手《はって》の得《とく》」という格言《かくげん》があります。王手《おうて》をされる前《まえ》に相手《あいて》の駒《こま》から玉《ぎょく》をはなすことで、つかまりにくくなります。それが八手分《はってぶん》の得《とく》につながるという意味《いみ》です。

「玉《ぎょく》の早《はや》にげ」とは、相手《あいて》に王手《おうて》をされる前《まえ》に玉《ぎょく》をにがしておく手筋《てすじ》です。

きけんなマス目《め》に玉《ぎょく》があると、すぐに寄《よ》せられてしまいます。そのようなとき、早《はや》にげすれば玉《ぎょく》を安全《あんぜん》にできることがあります。

攻《せ》めをつづけたらどうなるか

1図から▲6二と寄《よる》は確実《かくじつ》な攻《せ》めですが2図、まだ後手玉《ごてぎょく》は詰《つ》みません。

2図【1図より1手目】

△後手 銀2桂

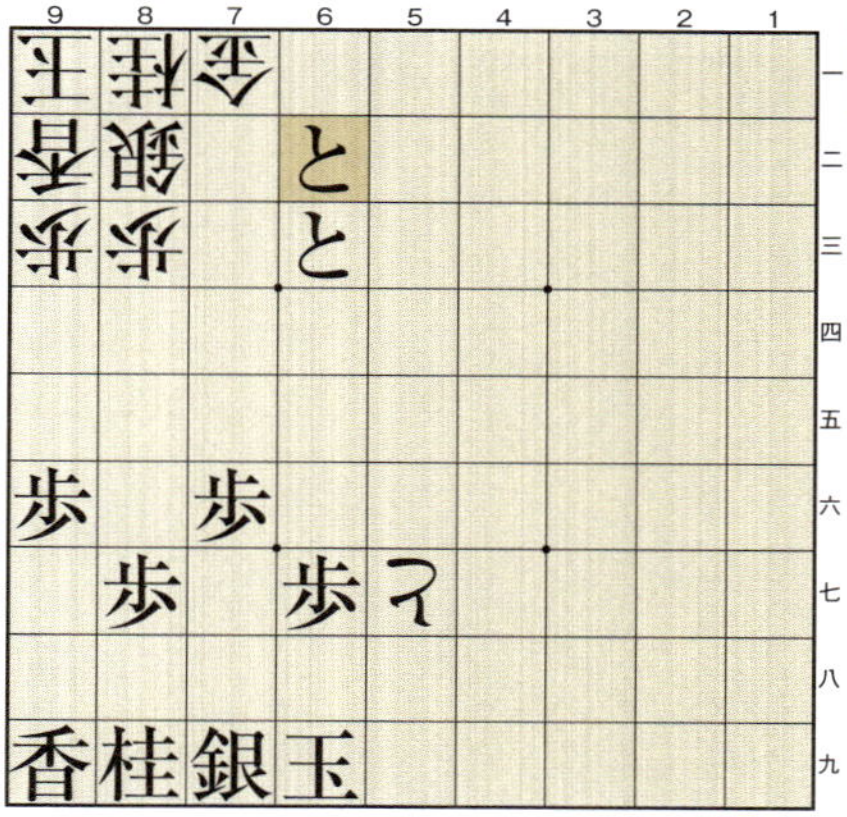

▲先手 金

いい攻《せ》めだが、詰《つ》みにはできない。

歩《ふ》をつり上《あ》げられ一気《いっき》に攻《せ》めこまれる

2図から、△6六桂《けい》▲同歩《どうふ》△6七銀《ぎん》と、後手《ごて》のするどい寄《よ》せがきます3図。上《うえ》から2枚《まい》の駒《こま》で押《お》さえられた先手玉《せんてぎょく》は、たちまち受《う》けなしとなります。

3図【2図より3手目】

△後手 銀

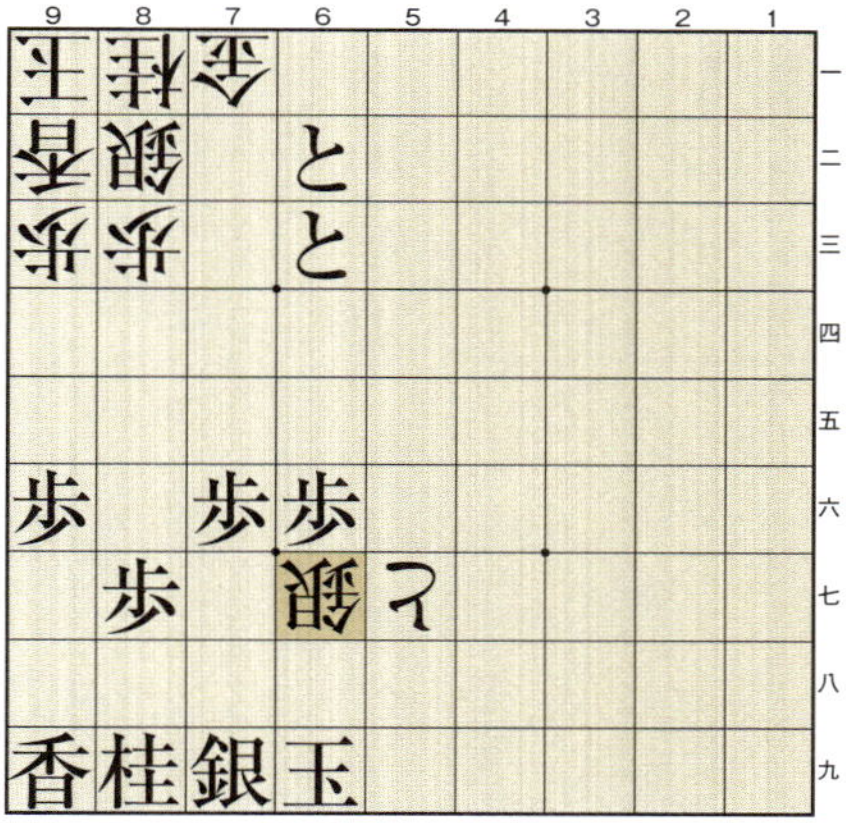

▲先手 金桂

玉《ぎょく》が下段《げだん》にいたままではあぶない。

攻《せ》める前《まえ》に玉《ぎょく》を安全《あんぜん》にする

1図は攻《せ》めたい気持《きも》ちをおさえて、▲7八玉《ぎょく》の早《はや》にげがよい手《て》です4図。これなら8八～9七のルートがひらけ、▲6二と寄《よる》が間《ま》に合《あ》います。

4図【1図より1手目】

△後手 銀2桂

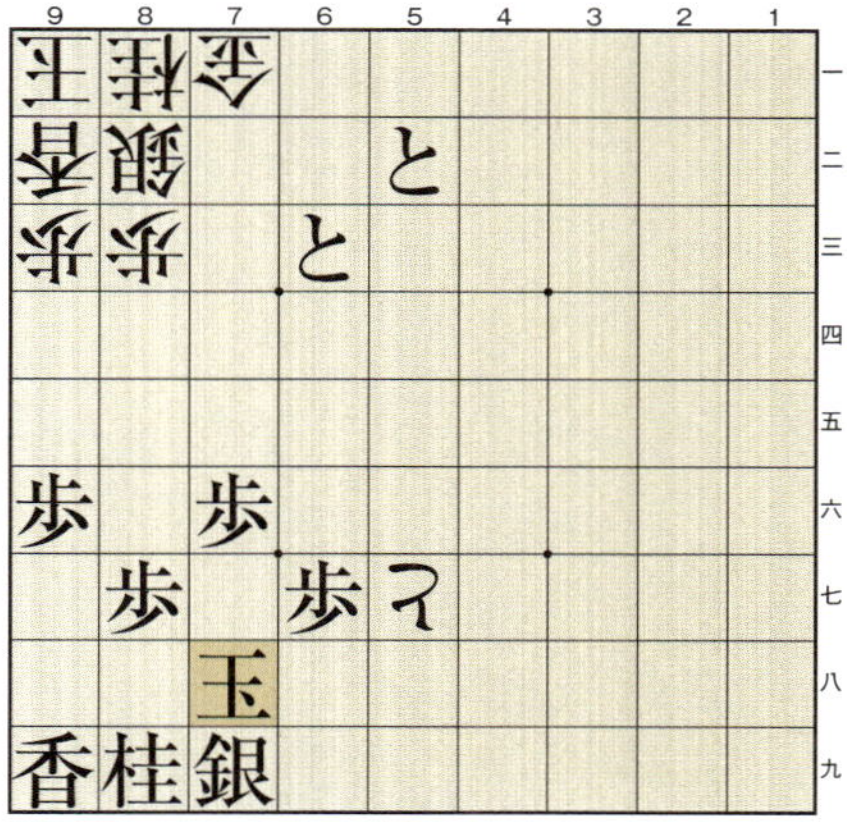

▲先手 金

玉《ぎょく》をにがしてから攻《せ》めよう！

入玉《にゅうぎょく》をねらう

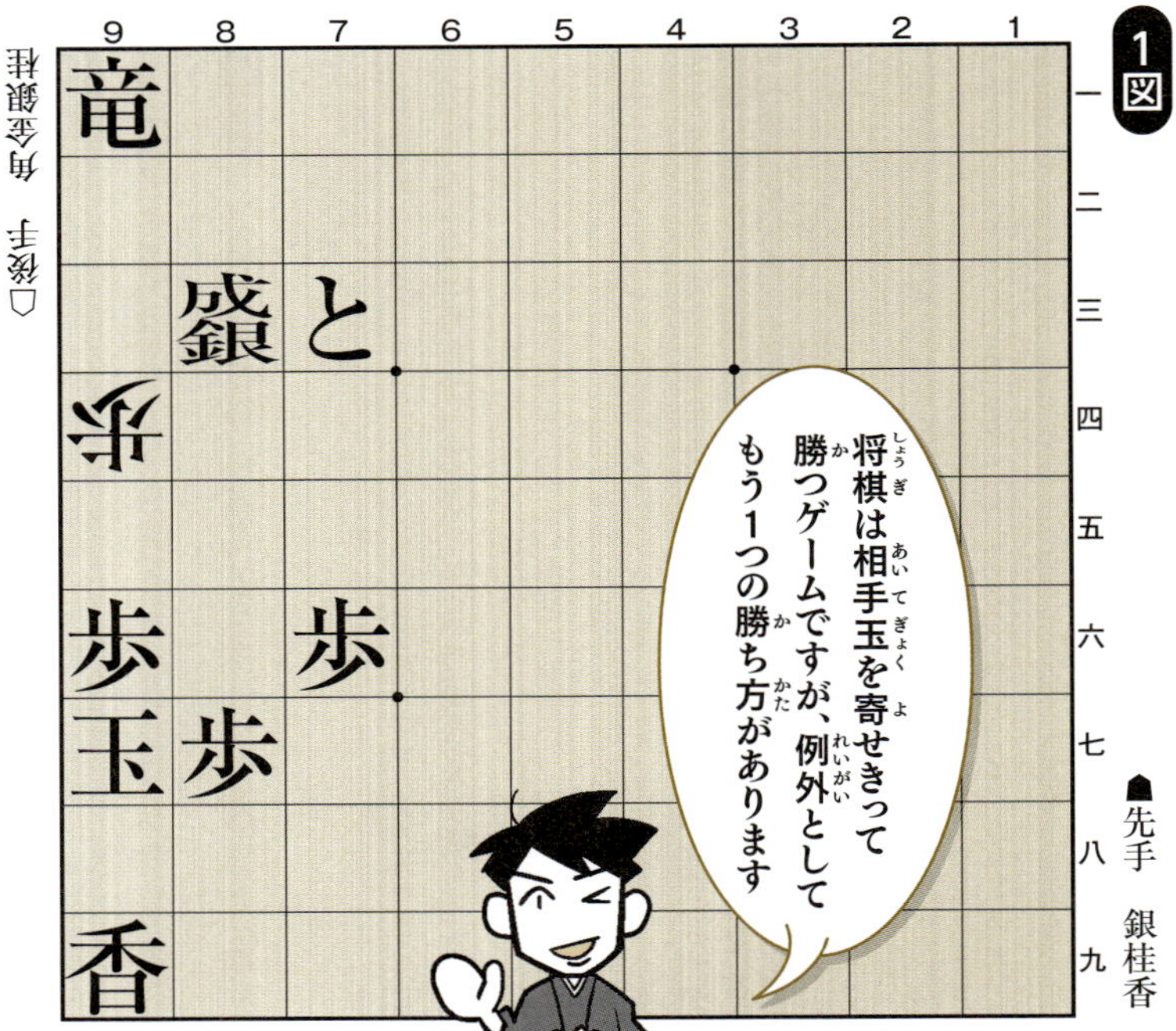
1図
9 8 7 6 5 4 3 2 1
一 二 三 四 五 六 七 八 九
竜
全
と
歩
歩
歩
玉
歩
香
☖後手 角金銀桂
☗先手 銀桂香

将棋《しょうぎ》は相手玉《あいてぎょく》を寄《よ》せきって勝《か》つゲームですが、例外《れいがい》としてもう1つの勝《か》ち方《かた》があります

相手陣《あいてじん》に玉《ぎょく》を進《すす》めて負《ま》けない将棋《しょうぎ》にする

もう1つの勝《か》ち方《かた》とは、自分《じぶん》の玉《ぎょく》を相手陣《あいてじん》に入《い》れて、絶対《ぜったい》に寄《よ》らないかたちにすることです。**このように、玉《ぎょく》が相手陣《あいてじん》に入《はい》ることを「入玉《にゅうぎょく》」といいます。**

相手《あいて》の陣地《じんち》なら、歩《ふ》を垂《た》らして成《な》るだけでと・金《きん》をつくれます。かんたんに守《まも》りをかたくできるので、さらに詰《つ》みにくくなります。

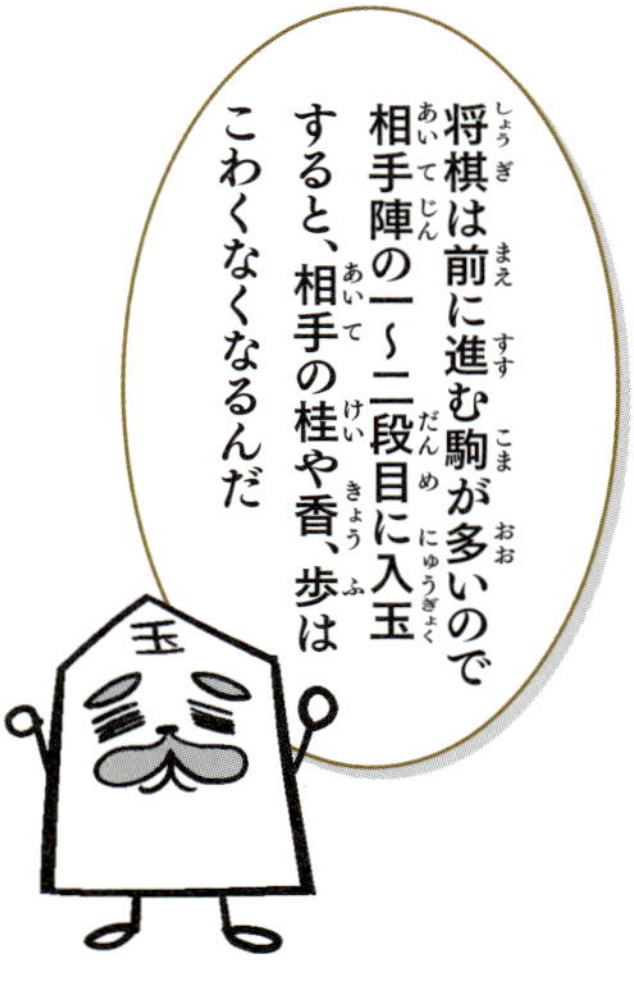
将棋《しょうぎ》は前《まえ》に進《すす》む駒《こま》が多《おお》いので相手陣《あいてじん》の一～二段目《だんめ》に入玉《にゅうぎょく》すると、相手《あいて》の桂《けい》や香《きょう》、歩《ふ》はこわくなくなるんだ

まずは安全《あんぜん》な場所《ばしょ》に玉《ぎょく》をうつす

1図で△7七銀《ぎん》と打《う》たれると、先手玉《せんてぎょく》は一気《いっき》に受《う》けがなくなります。ここは▲8六玉《ぎょく》と、上《うえ》に玉《ぎょく》をにがすのがよい手《て》です 2図。

すでに相手陣《あいてじん》にいる駒《こま》も活《い》きる

7三のと金《きん》、8三の成銀《なりぎん》、9一の竜《りゅう》が活《い》きるので、先手玉《せんてぎょく》はつかまりにくくなります。さらに▲8五玉《ぎょく》～▲9四玉《ぎょく》～▲9三玉《ぎょく》と相手陣《あいてじん》に入《はい》れば、絶対《ぜったい》に寄《よ》らない玉《ぎょく》になります 3図。

おたがいの入玉《にゅうぎょく》で駒《こま》の価値《かち》が変《か》わる

3図のように相手陣《あいてじん》の駒《こま》をすべて取《と》って安全《あんぜん》な場合《ばあい》や、上《うえ》にと金《きん》などがあって玉《ぎょく》が動《うご》かしやすいときに、入玉《にゅうぎょく》をねらいやすくなります。

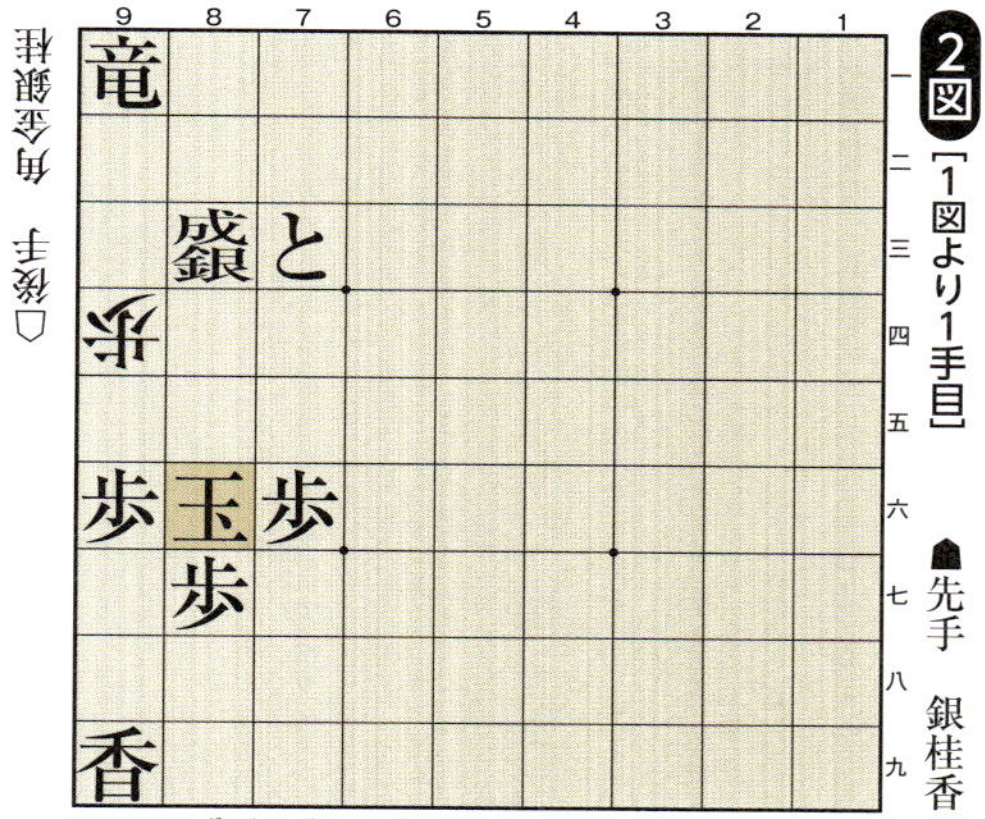
2図 【1図より1手目】
▲先手 銀桂香
△後手 角金銀桂

あえて玉《ぎょく》を相手陣《あいてじん》に進《すす》める。

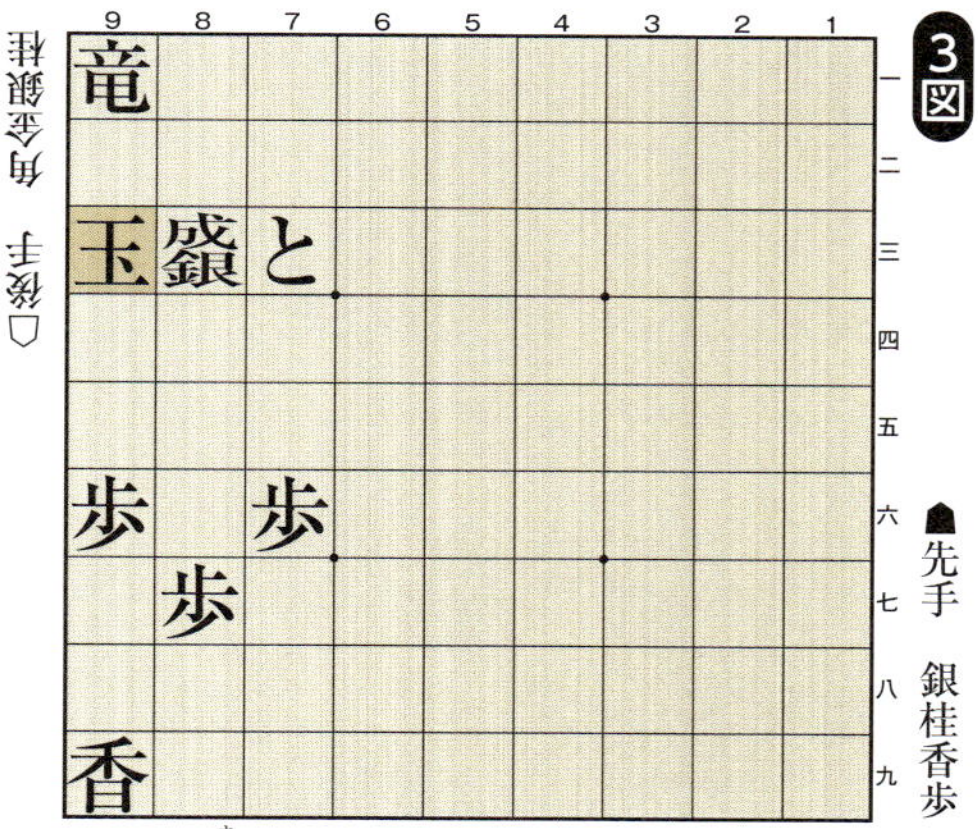
3図
▲先手 銀桂香歩
△後手 角金銀桂

これで負《ま》けないかたちになった。

おたがいに入玉《にゅうぎょく》すると点数《てんすう》で勝敗《しょうはい》を決《き》めるんだよ
大駒《おおごま》(飛車角《ひしゃかく》)を5点《てん》、小駒《こごま》(金銀桂香歩《きんぎんけいきょうふ》)を1点《てん》で計算《けいさん》し、合計点数《ごうけいてんすう》が高《たか》いほうの勝《か》ちとする計算方法《けいさんほうほう》などがあるの!

【練習問題《れんしゅうもんだい》】終盤《しゅうばん》の角《かく》・飛車《ひしゃ》の手筋《てすじ》を使《つか》ってみよう

【問題1】つぎの一手《いって》は？

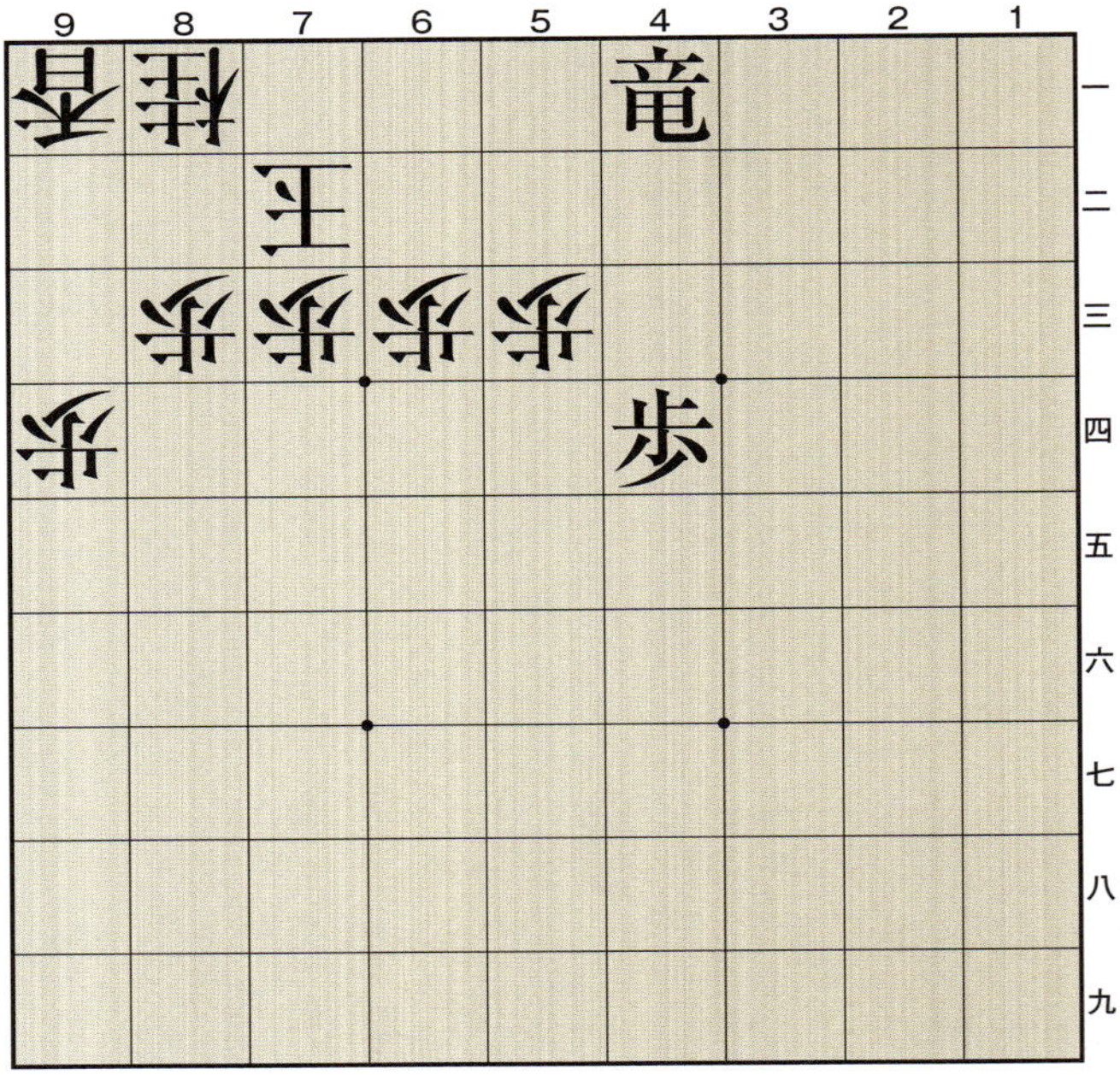

☗先手　角金

☖後手　金銀

ヒント？

あとすこしで、後手玉《ごてぎょく》を詰《つ》ませることができます。持《も》ち駒《ごま》の角《かく》を捨《す》てる強気《つよき》の一手《いって》が必要《ひつよう》です。

【問題2】つぎの一手《いって》は？

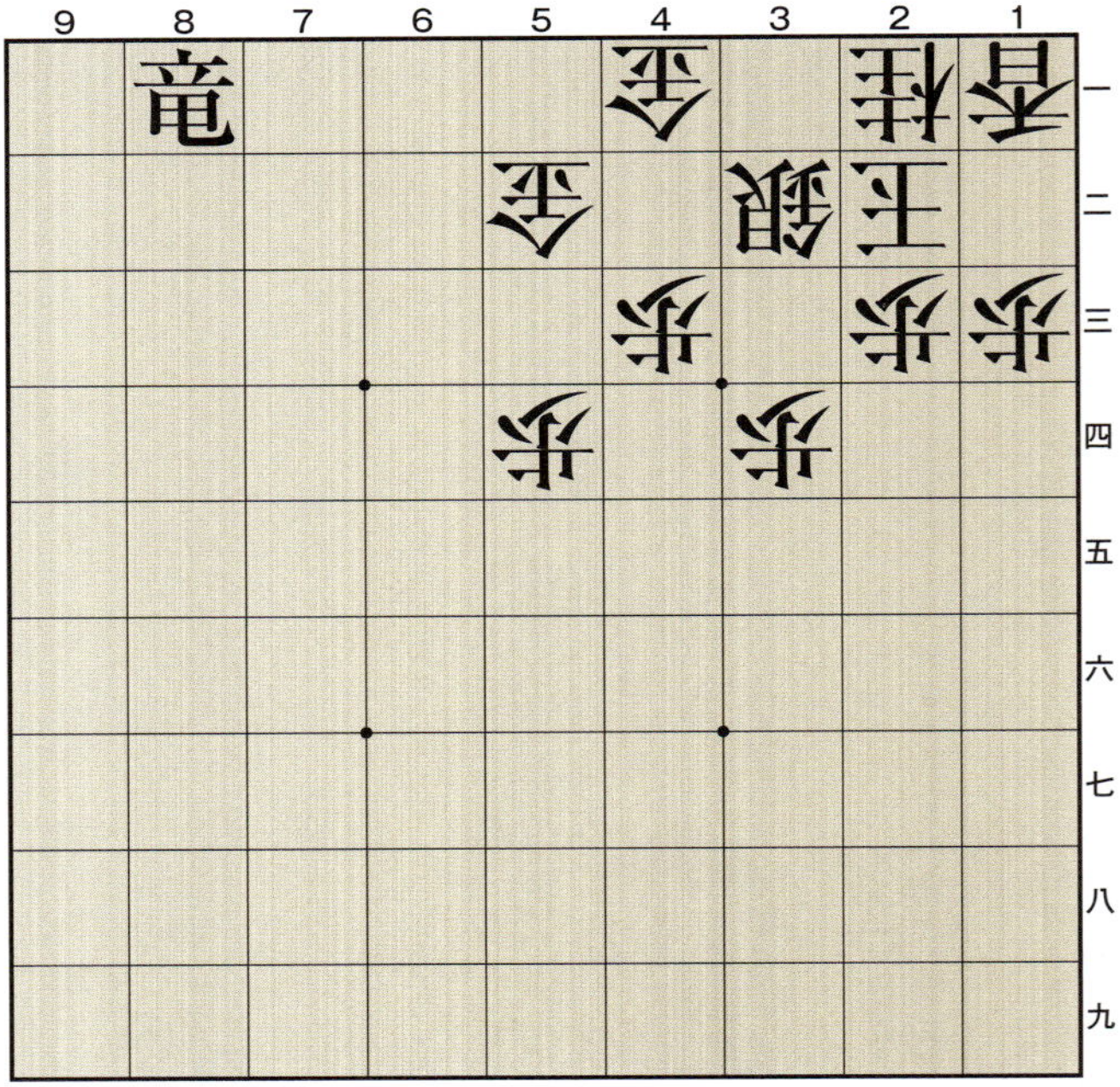

☗先手　飛歩

☖後手　なし

ヒント？

竜《りゅう》と持《も》ち駒《ごま》の飛車《ひしゃ》を合《あ》わせて、2枚《まい》の飛車《ひしゃ》で攻《せ》めることができます。

答え

☗9三角《かく》
☖同桂《どうけい》
☗7一金《きん》
（1図）

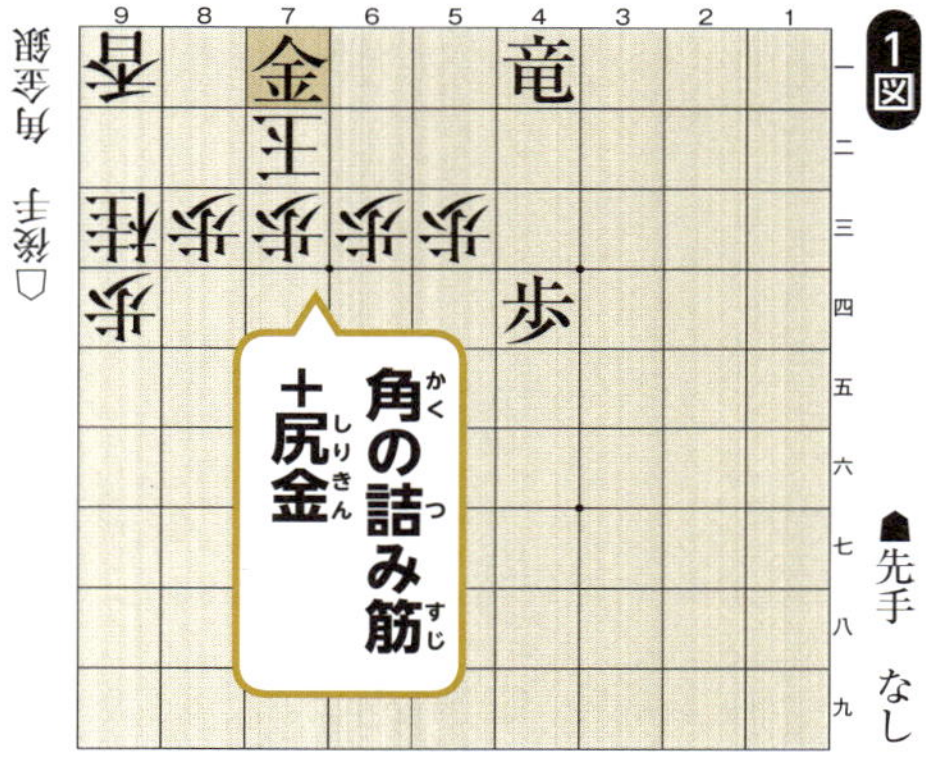

直接《ちょくせつ》☗7一金《きん》では、玉《ぎょく》が9三へにげます。角《かく》を捨《す》てて9三をふさいで、尻金《しりきん》から追《お》いかけて詰《つ》みます。

☗7一角《かく》
☖7四歩《ふ》
（失敗図）

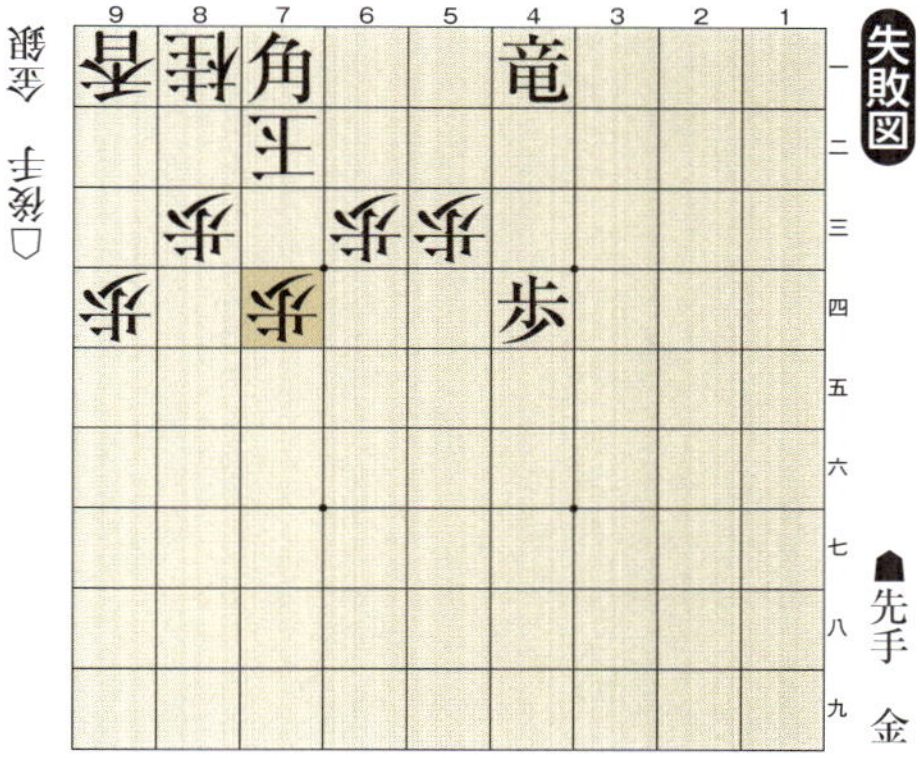

☗7一角《かく》でもあと一手《いって》で詰《つ》ませられそうですが、にげ道《みち》をつくられると寄《よ》せきれません。

答え

☗7一飛《ひ》
（☗9一飛《ひ》）
（☗6一飛《ひ》）
（2図）

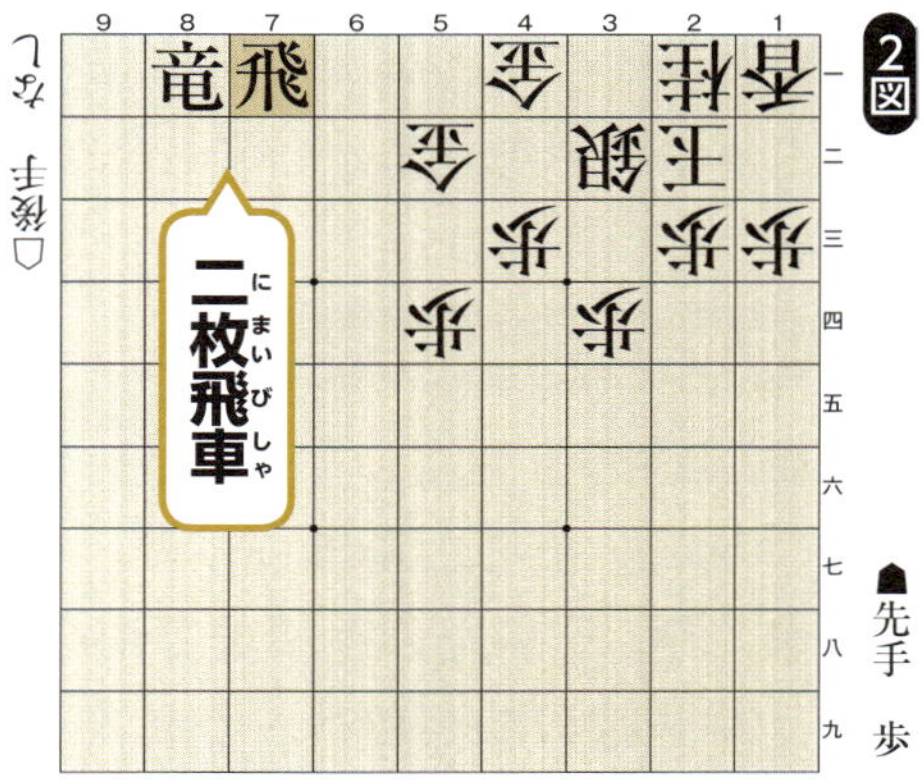

二枚飛車《にまいびしゃ》では、相手《あいて》の急所《きゅうしょ》をねらいます。ここでは、守《まも》りの金銀《きんぎん》をつなぐ4一の金《きん》をねらいます。

☖4二金寄《きんよる》
☗5二歩《ふ》
（3図）

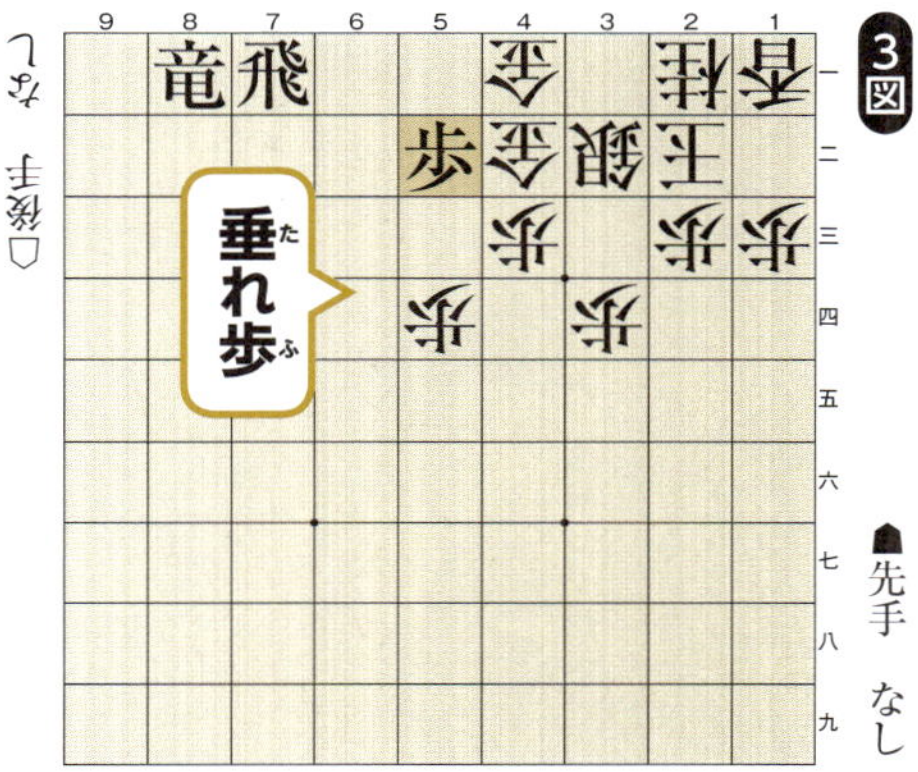

後手《ごて》の受《う》けに先手《せんて》も攻《せ》め駒《ごま》を増《ふ》やします。つぎに☗5一歩成《ふなり》☖3一金《きん》☗5二との寄《よ》せをねらっています。

つぎの一手をかんがえてみよう

チャレンジ問題

[終盤編《しゅうばんへん》]

実戦《じっせん》ではいくつかの手筋《てすじ》を組《く》み合《あ》わせる!

終盤《しゅうばん》の寄《よ》せ合《あ》いでは、さまざまな手筋《てすじ》を組《く》み合《あ》わせることで、よりきびしく玉《ぎょく》にせまることができます。いままでに身《み》につけた手筋《てすじ》を活《い》かして、終盤《しゅうばん》の寄《よ》せ合《あ》いで勝《か》ちましょう。

ここからのチャレンジ問題《もんだい》について、「この場面《ばめん》ではどんな寄《よ》せができるか」「どの手筋《てすじ》を使《つか》えば、相手《あいて》の守《まも》りをはがして玉《ぎょく》に近《ちか》づけるか」など、一生懸命《いっしょうけんめい》かんがえてといてみましょう。

なお、このチャレンジ問題《もんだい》は実際《じっさい》の対局《たいきょく》に近《ちか》いかたちになっています。実際《じっさい》の対局《たいきょく》では、ねらいによっていくつかかんがえられる手《て》がありますが、このチャレンジ問題《もんだい》では、その中《なか》でもよりよい手《て》を正解《せいかい》としています。

チャレンジ問題《もんだい》のルール

- **問題図《もんだいず》を見《み》て、「つぎの一手《いって》」と「使《つか》う手筋《てすじ》」をこたえる。**
- **二手《にて》、三手先《さんてさき》の手順《てじゅん》までかんがえてから、問題図《もんだいず》のつぎのページにある「答《こた》え」と「解説《かいせつ》」を読《よ》む。**

もしまちがえてしまったら、解説《かいせつ》をよく読《よ》んで、そのとおりに駒《こま》をならべてみましょう

［第1問］つぎの一手《いって》は？

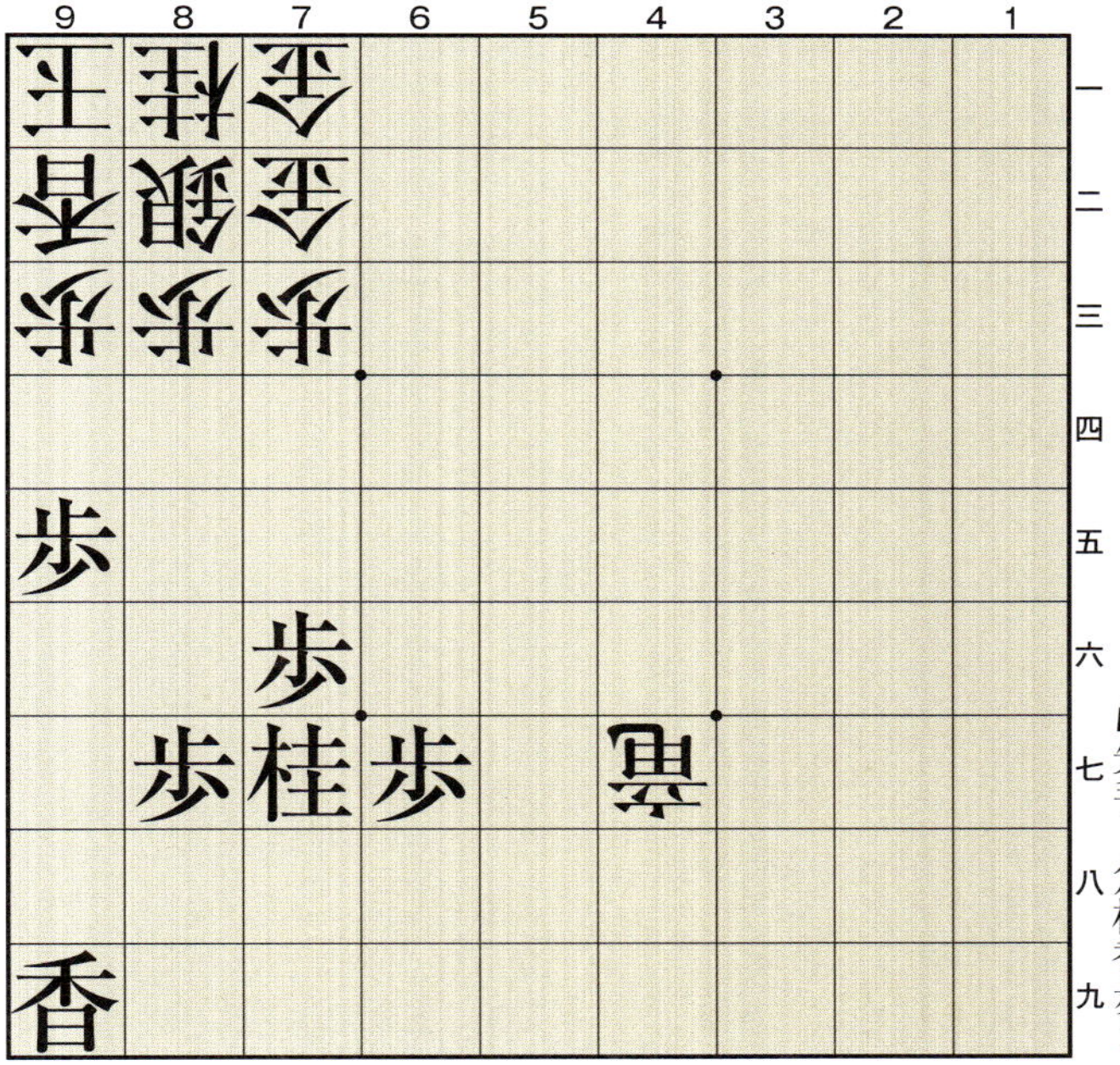

☗先手　角桂香歩3

☖後手　歩

［第2問］つぎの一手《いって》は？

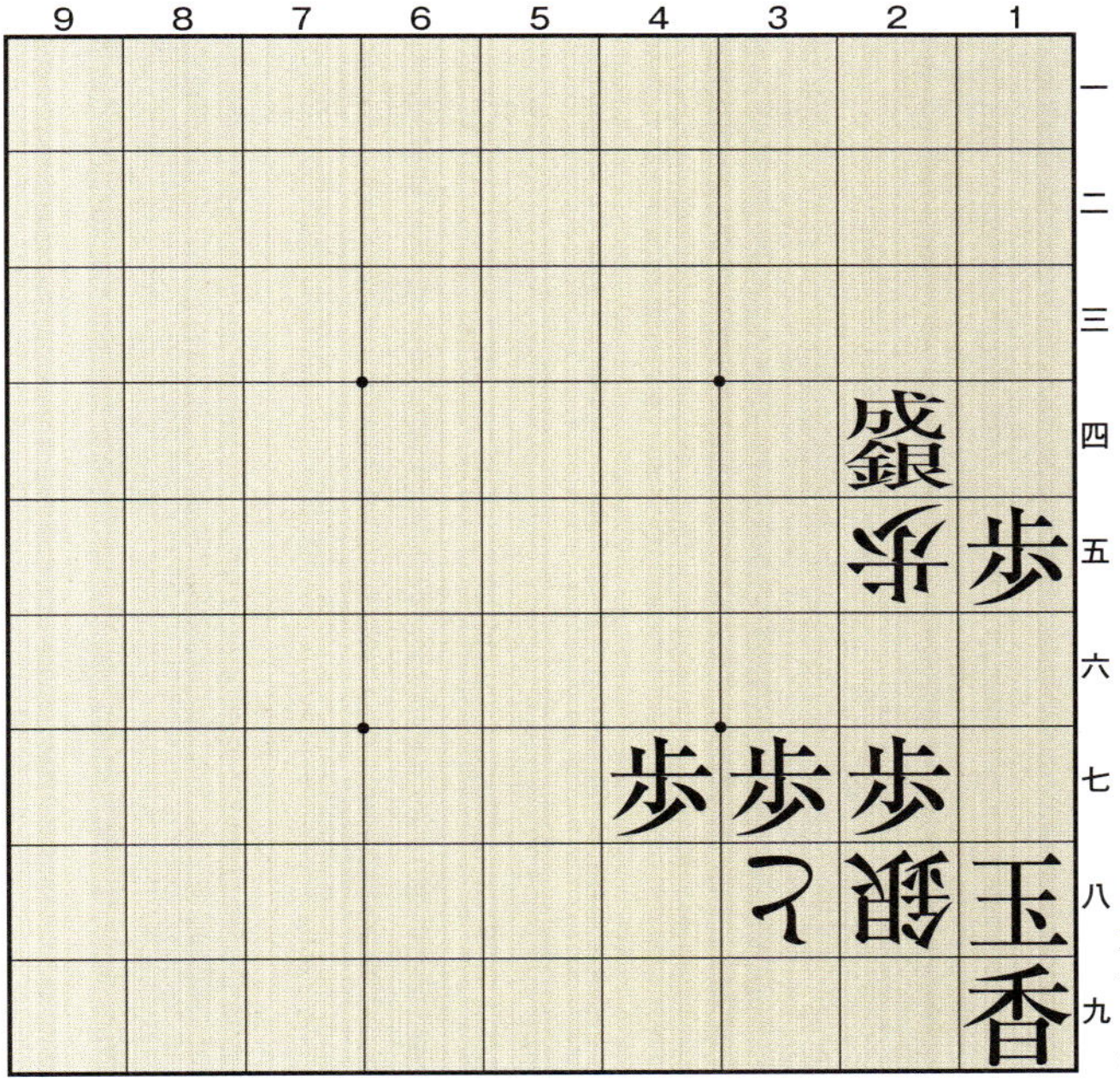

☗先手　金

☖後手　歩

つぎの一手

☗9四歩《ふ》

使《つか》う手筋《てすじ》 端攻《はしぜ》め＋王手《おうて》○○取《と》り

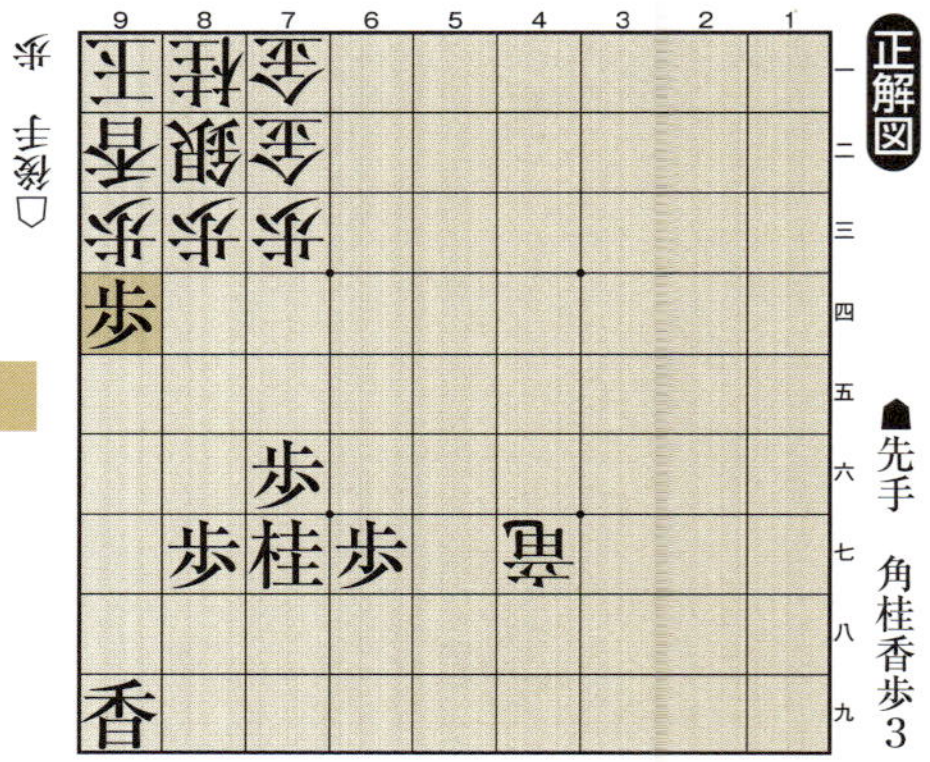

4七の竜《りゅう》がこわいので、持《も》ち駒《ごま》の角《かく》を攻守《こうしゅ》にはたらかせたいところ。そこで、☗9四歩《ふ》正解図。☖同歩《どうふ》には、さらに☗9三歩《ふ》と打《う》ちます。

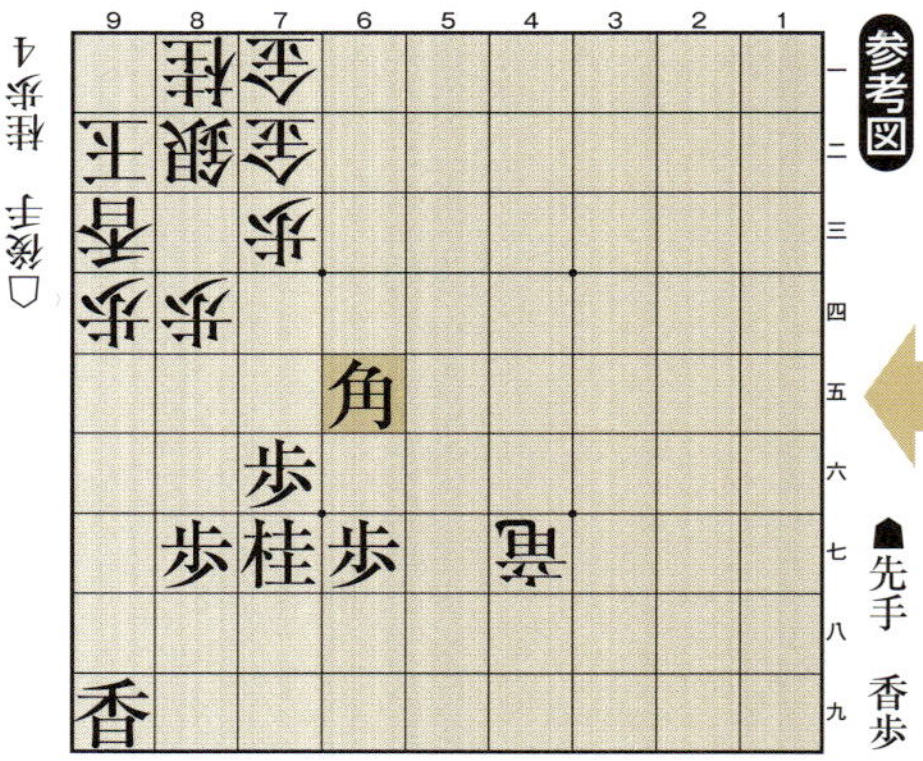

☖9三同香《どうきょう》には、☗9二歩☖同玉《どうぎょく》☗8四桂《けい》と、後手玉《ごてぎょく》を動《うご》かします。☖同歩《どうふ》には☗6五角《かく》と打《う》ち、王手《おうて》竜取《りゅうと》りが決《き》まります参考図。

つぎの一手

☗3九金《きん》

使《つか》う手筋《てすじ》 金《きん》の受《う》け+玉《ぎょく》の早《はや》にげ

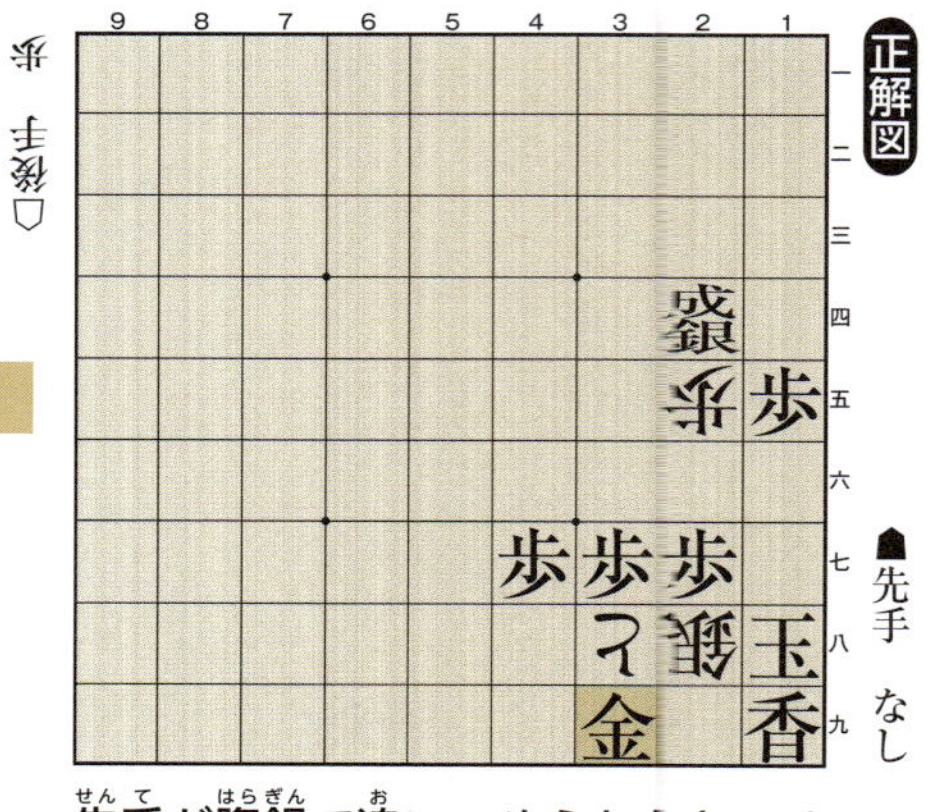

先手《せんて》が腹銀《はらぎん》で追《お》いつめられたところです。つぎに☖1六歩《ふ》と垂《た》らされると、受《う》けがなくなります。ここは☗3九金《きん》がよい受《う》け正解図。

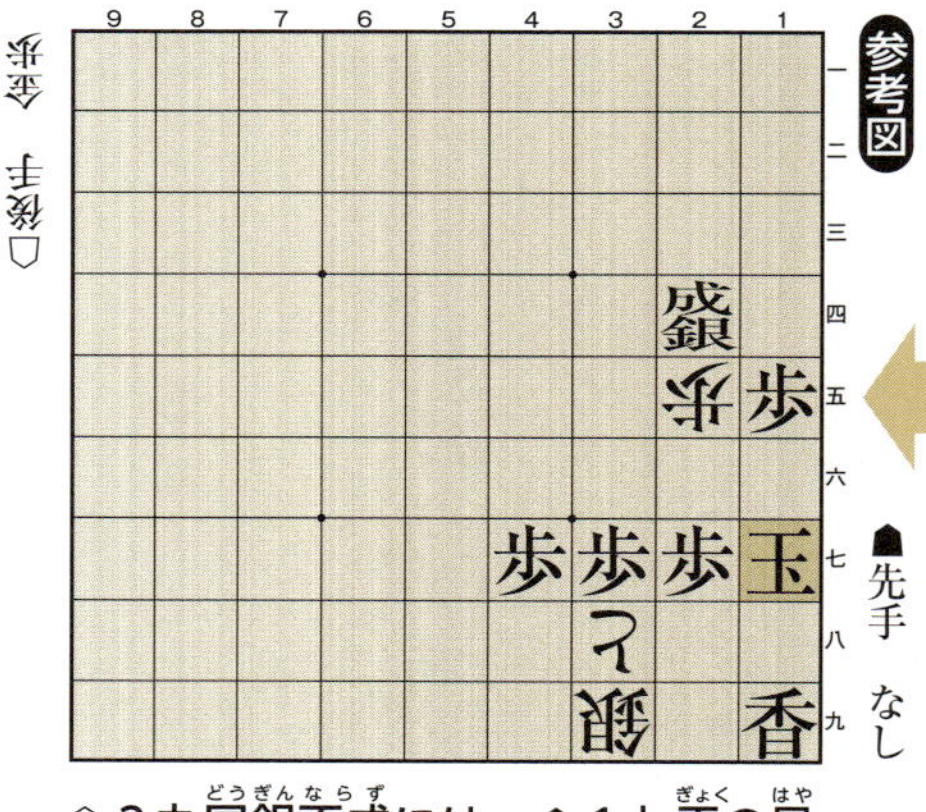

☖3九同銀不成《どうぎんならず》には、☗1七玉《ぎょく》の早《はや》にげでピンチをぬけられます参考図。また、☖3九同《どう》とされても、☗2八玉《ぎょく》とかえせます。

［第3問］つぎの一手《いって》は？

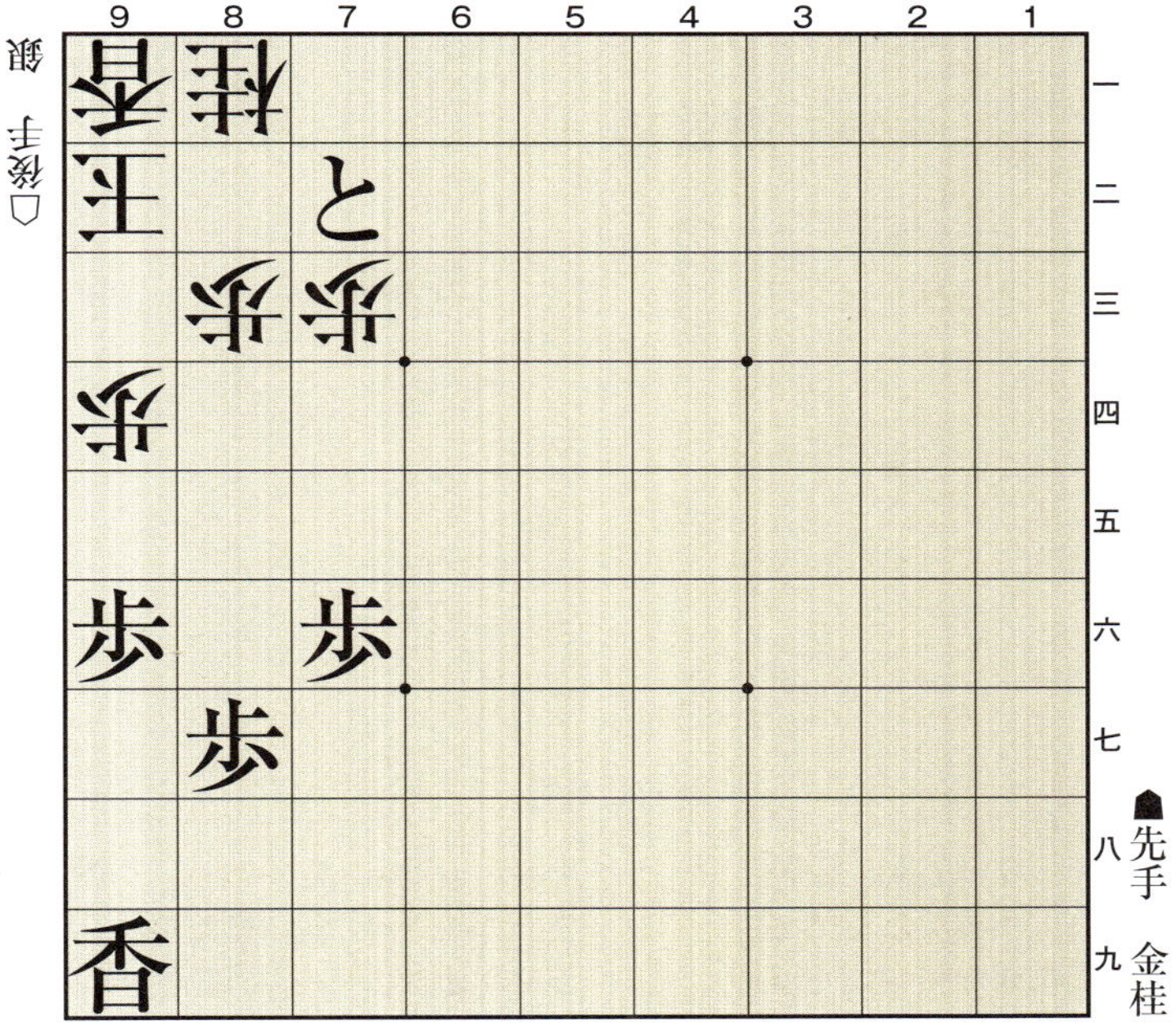

［第4問］つぎの一手《いって》は？

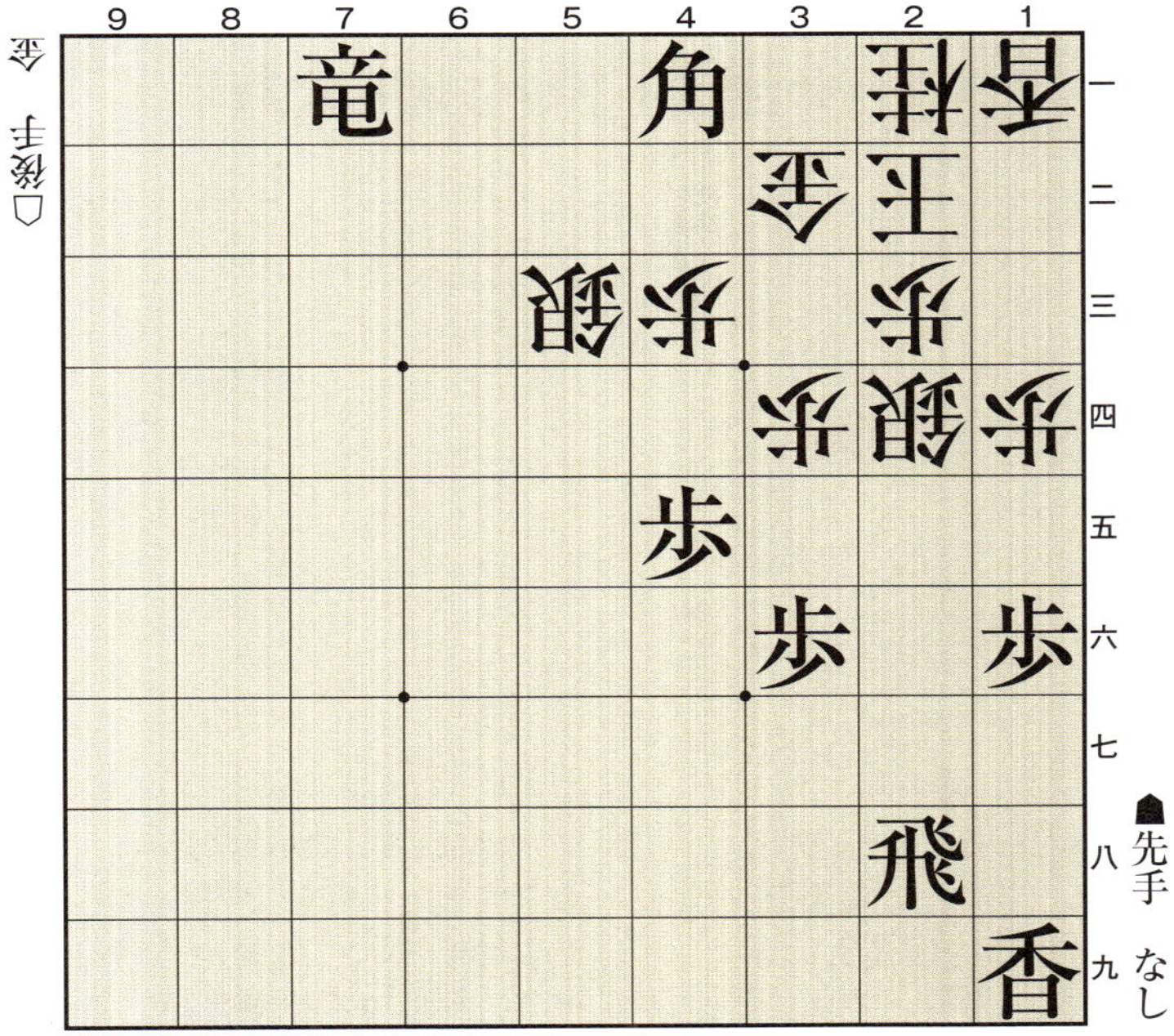

つぎの一手

第3問の答え

☗9五歩《ふ》 使《つか》う手筋《てすじ》 端《はし》攻《ぜ》め

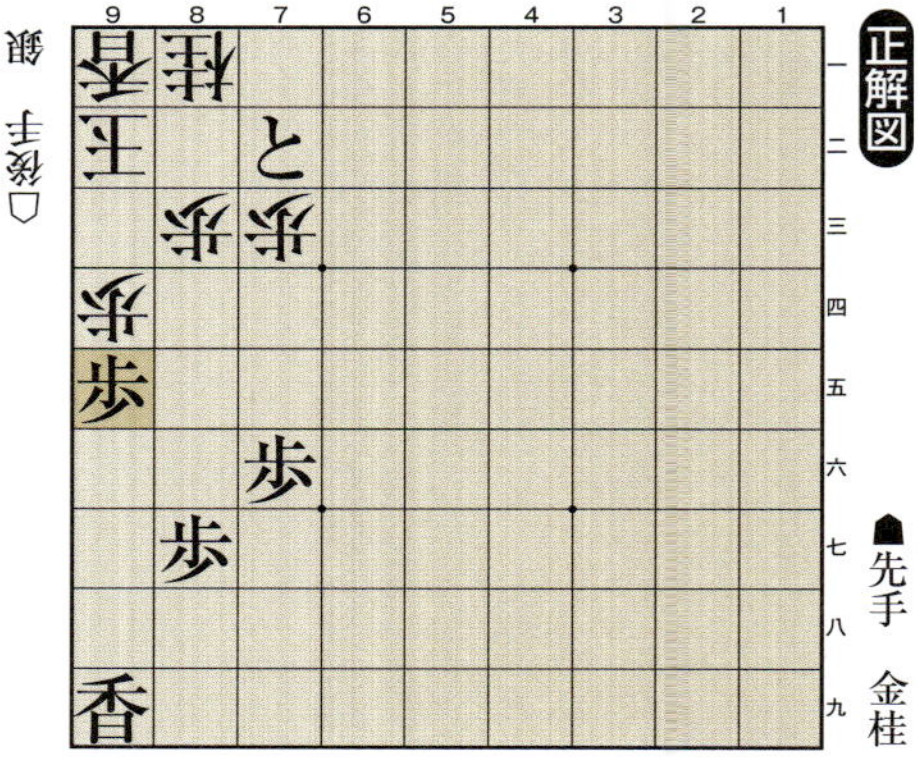

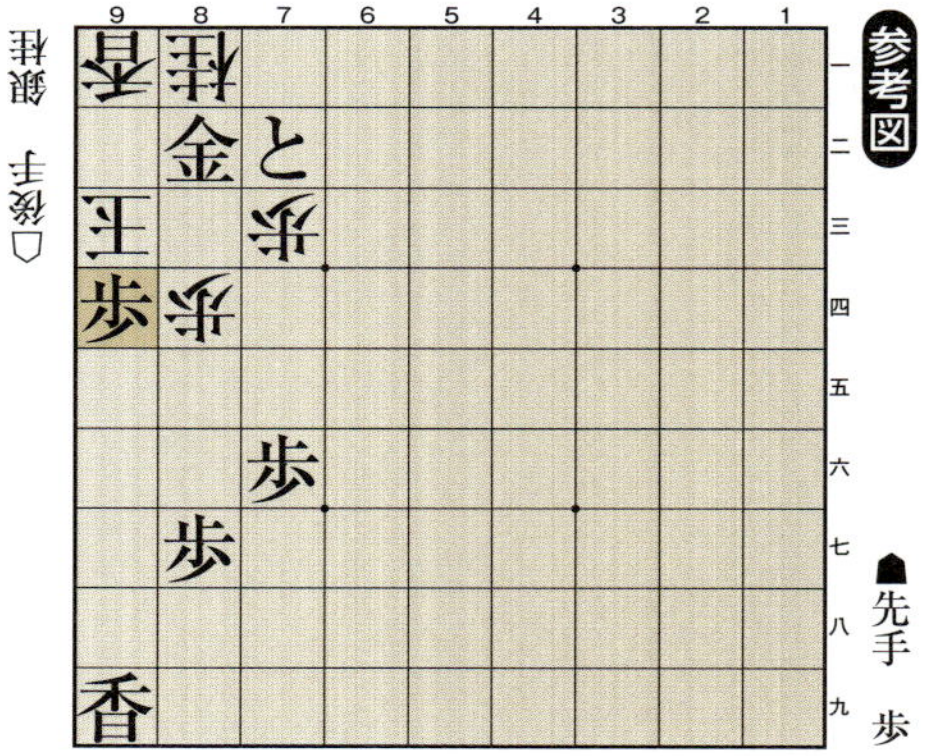

後手玉《ごてぎょく》が端《はし》にいます。ここでは、☗9五歩《ふ》がきびしい寄《よ》せ正解図。「端《はし》玉《ぎょく》には端《はし》歩《ふ》」という格言《かくげん》もあり、端《はし》の玉《ぎょく》には端《はし》歩《ふ》の攻《せ》めがききます。

☗9五歩《ふ》はうしろの香《きょう》も活《い》きます。つぎに☗8四桂《けい》☖同《どう》歩《ふ》☗8二金《きん》と追《お》いつめ、☖9三玉《ぎょく》に☗9四歩《ふ》までの詰《つ》めろです参考図。

つぎの一手

第4問の答え

☗2四飛《ひ》 使《つか》う手筋《てすじ》 頭金《あたまきん》＋下段《げだん》に落《お》とす角《かく》(応用《おうよう》)

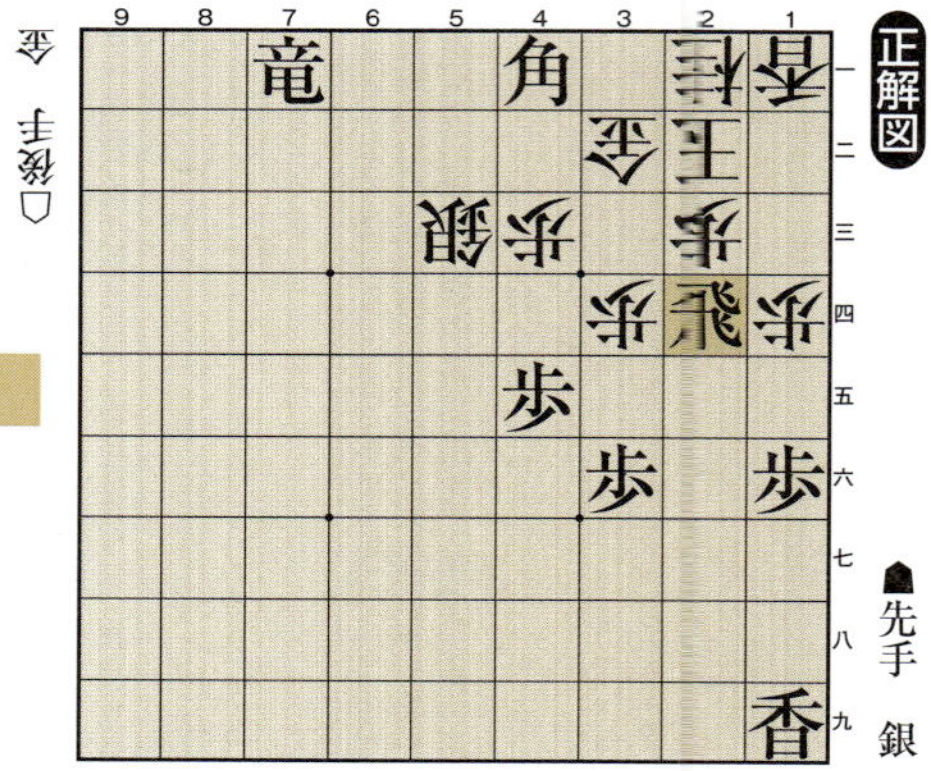

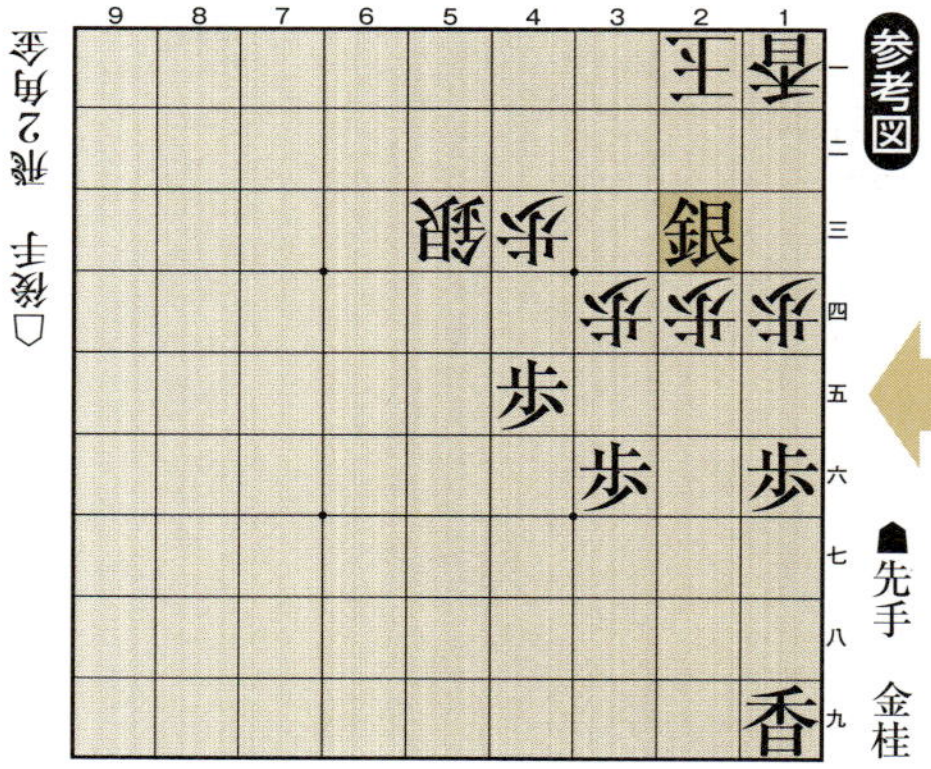

先手《せんて》は持《も》ち駒《ごま》がありません。ここは☗2四飛《ひ》と、飛車《ひしゃ》を切《き》る強気《つよき》の一手《いって》で攻《せ》めます。このあと☖同《どう》歩には、☗3二角成《かくなり》です正解図。

☖3二同玉《どうぎょく》には☗2一竜《りゅう》で、玉《ぎょく》を下《げ》段《だん》に落《お》とします。☖同玉《どうぎょく》に☗2三銀《ぎん》、上《うえ》からの寄《よ》せが成功《せいこう》参考図。つぎに☗2二金《きん》（頭金《あたまきん》）の詰《つ》みです。

[第5問] つぎの一手《いって》は？

△後手 銀2歩2

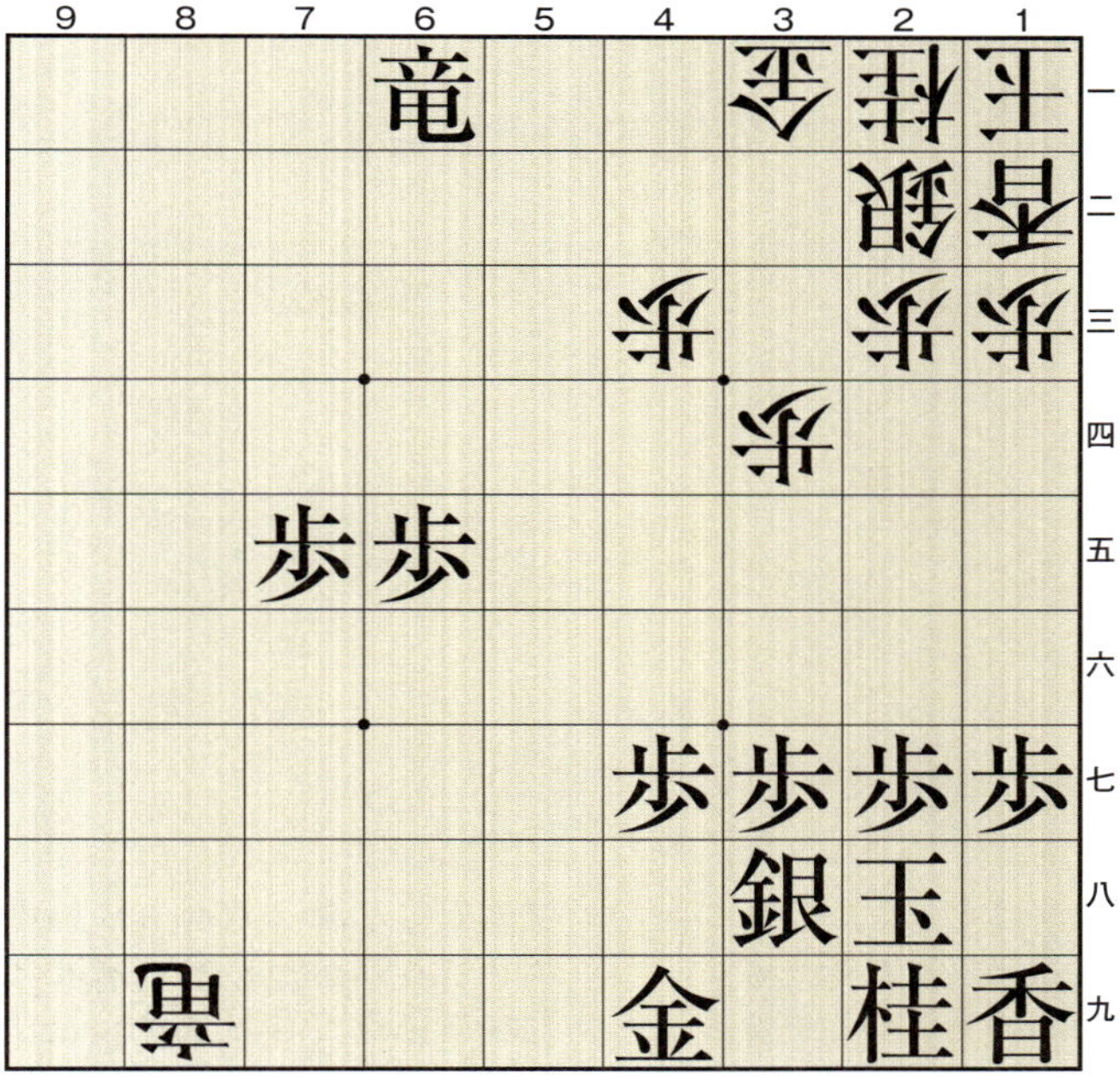

▲先手 角香2

[第6問] つぎの一手《いって》は？

△後手 銀桂香歩

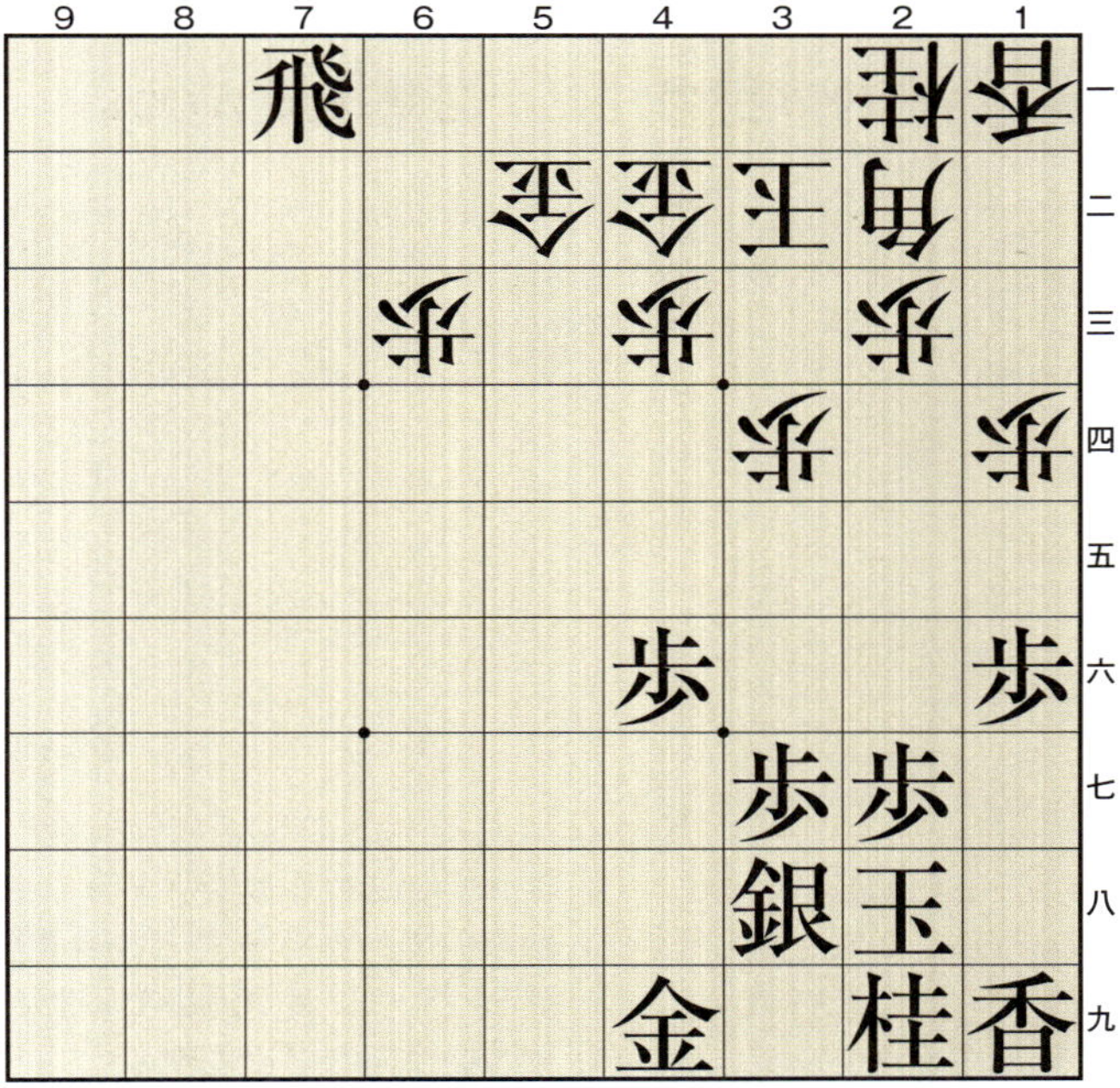

▲先手 金銀香

つぎの一手

第5問の答え

☗6六角《かく》

使《つか》う手筋《てすじ》 攻防《こうぼう》の角《かく》+はなして打《う》つ香《きょう》

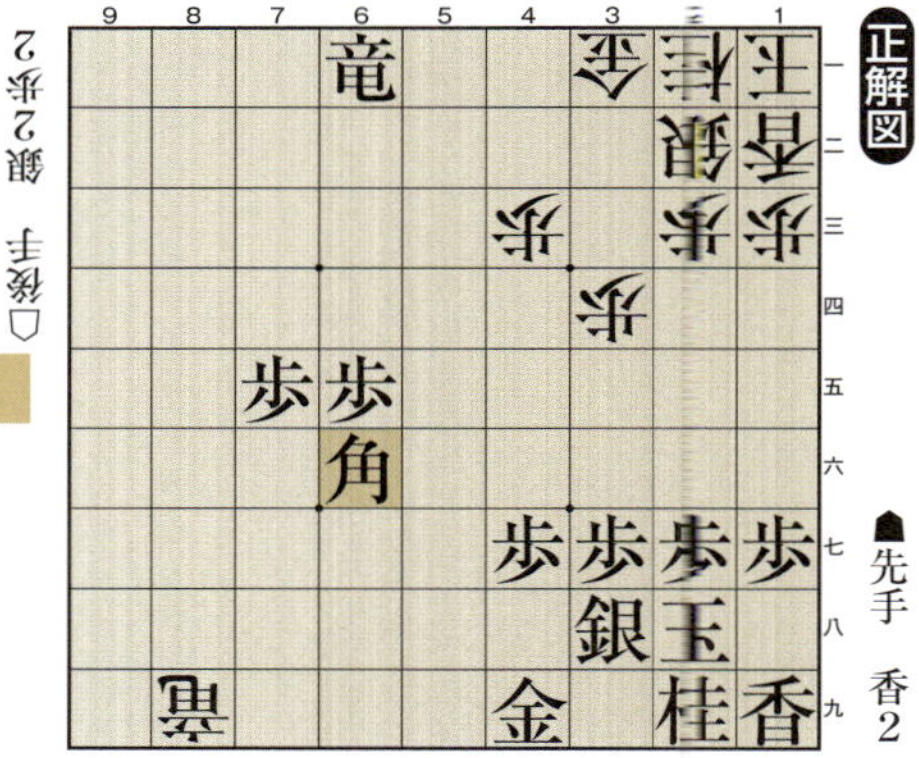

攻《せ》めるなら☗2六香《きょう》もよい手《て》ですが、☖4八銀《ぎん》と打《う》たれると、先手《せんて》玉《ぎょく》があぶなくなります。ここは☗6六角《かく》が「攻防《こうぼう》の角《かく》」です正解図。

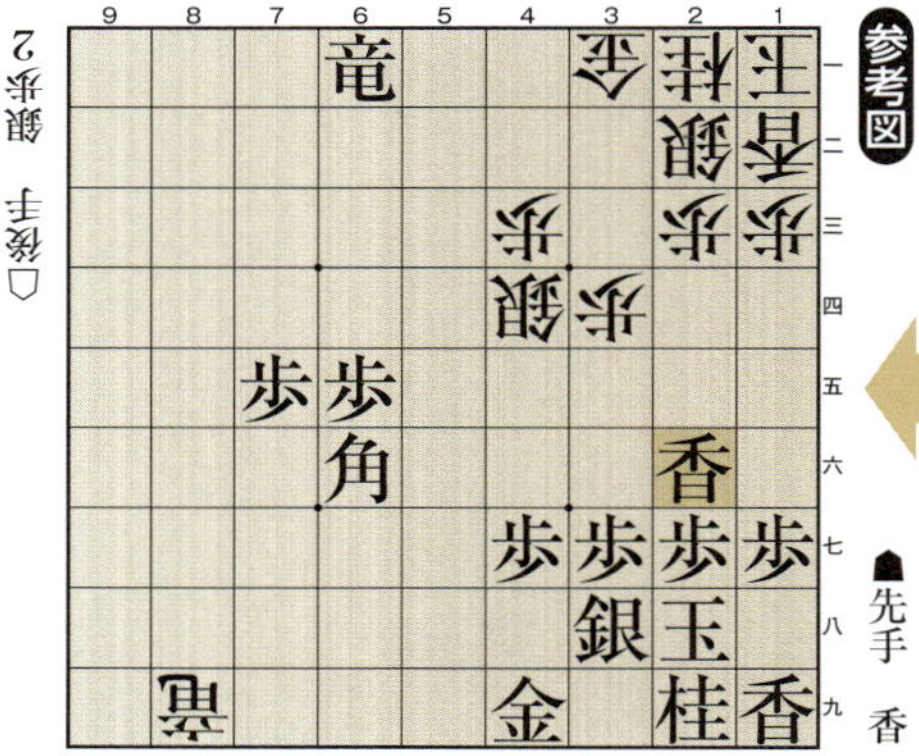

後手《ごて》が☖4四銀《ぎん》と受《う》けたら、このタイミングで☗2六香《きょう》と打《う》ちます。角《かく》の利《き》きを活《い》かして、確実《かくじつ》な攻《せ》めが間《ま》に合《あ》うようになります参考図。

つぎの一手

第6問の答え

☗3三香《きょう》

使《つか》う手筋《てすじ》 歩《ふ》の代用《だいよう》+寄《よ》せの銀《ぎん》

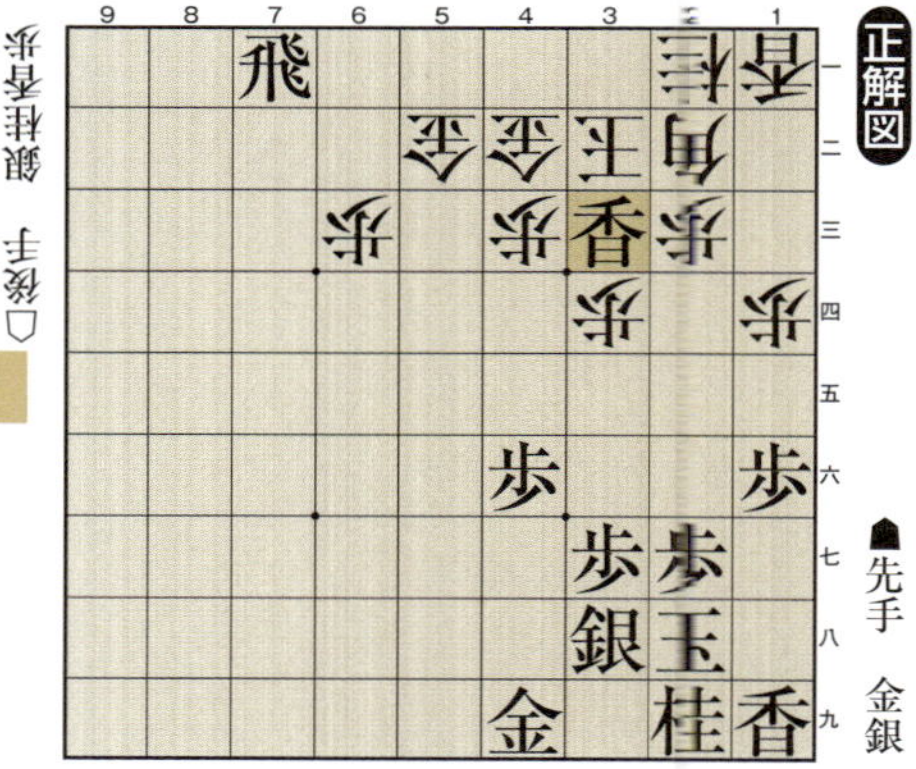

ゆっくり攻《せ》めると後手《ごて》が守《まも》りをかためるので、☗3三香《きょう》と王手《おうて》正解図。歩《ふ》を打《う》てれば☗3三歩《ふ》でしたが、香《きょう》を代《か》わりに使《つか》いました。

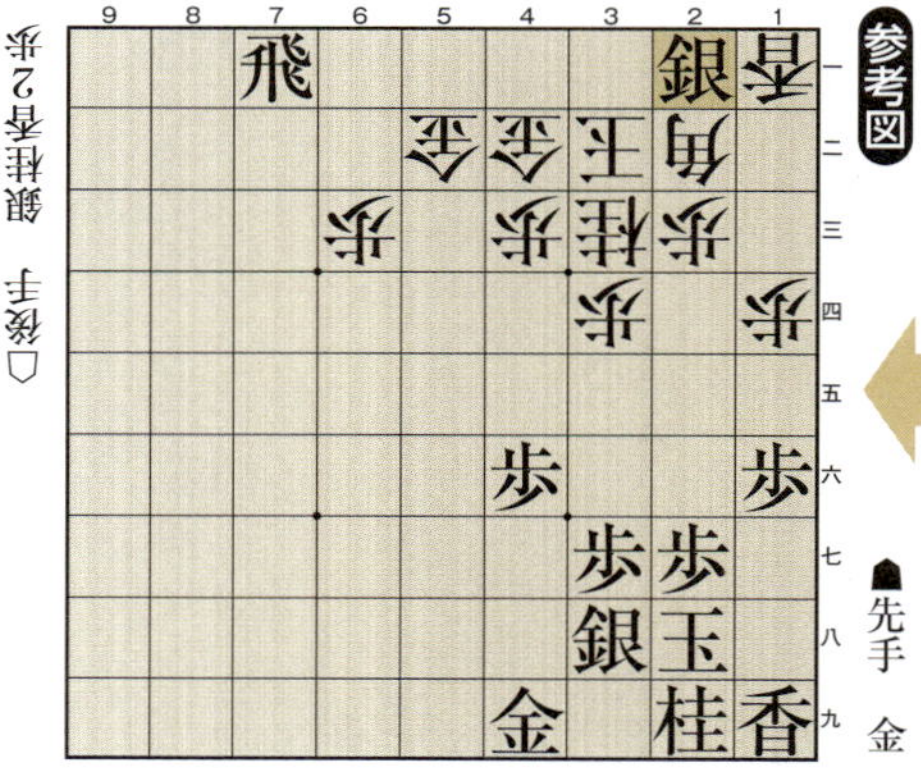

☖3三同桂《どうけい》には☗2一銀《ぎん》参考図。☖3三同金《どうきん》ならば☗4一銀《ぎん》などで、後手《ごて》はどう応《おう》じても守《まも》りがくずれます。すばやい寄《よ》せが成功《せいこう》です。

おわりに

「手筋《てすじ》」をたくさん見《み》てきましたが、いかがでしたでしょうか。好《す》きな駒《こま》は見《み》つかりましたか？私《わたし》は実《じつ》は手筋《てすじ》が大好《だいす》きでして、みなさんにこの本《ほん》を手《て》にとっていただけたことをとてもうれしく思《おも》います。手筋《てすじ》の楽《たの》しさが伝《つた》わっていたら、それ以上《いじょう》のよろこびはありません。

楽《たの》しくこの本《ほん》を読《よ》んでくださった人《ひと》は、もう対局《たいきょく》がしたくてうずうずしているのではないでしょうか。この本《ほん》で学《まな》んだ手筋《てすじ》は実際《じっさい》に指《さ》せてこそ、自分《じぶん》のものになると思《おも》います。つぎに将棋《しょうぎ》を指《さ》すときには、この本《ほん》でおぼえたことをぜひ試《ため》してみてくださいね。その中《なか》でじょうずに使《つか》えた手筋《てすじ》は、もっとみがいて自分《じぶん》の大《おお》きな武器《ぶき》としてください。きっとそれはピンチのときやチャンスのときにおおいに役立《やくだ》ってくれるでしょう。

将棋《しょうぎ》には、まだまだ数《かず》え切《き》れないほどの手筋《てすじ》があります。そしてさらには、まだ誰《だれ》にも見《み》つけられずに眠《ねむ》っている手筋《てすじ》も、きっとたくさんあります。それらを自分《じぶん》の力《ちから》で発見《はっけん》できたらすてきですね。

今《いま》みなさまは、いよいよ将棋《しょうぎ》の深《ふか》い世界《せかい》に一歩《いっぽ》足《あし》をふみ入《い》れたところだと思《おも》います。これからもっともっと、いっしょに将棋《しょうぎ》を楽《たの》しんでいきましょう。

棋士《きし》 中村太地《なかむらたいち》

監修者紹介

中村 太地（なかむら たいち）

1988年6月1日生《う》まれ。東京《とうきょう》都《と》府中《ふちゅう》市《し》出身《しゅっしん》。2000年6級《きゅう》で故《こ》米長《よねなが》邦雄《くにお》永《えい》世《せい》棋《き》聖門《せいもん》。2006年四段《だん》、2017年七段《だん》に。2007年早稲田《わせだ》大学《だいがく》政治《せいじ》経済学《けいざいがく》部《ぶ》に進学《しんがく》。2010年同大学《どうだいがく》の政治《せいじ》経済学術院《けいざいがくじゅついん》奨学金《しょうがくきん》（政経《せいけい》スカラシップ）を授与《じゅよ》される。2011年度、勝率《しょうりつ》0.8511（歴代《れきだい》2位《い》）を記録《きろく》し、第《だい》39回《かい》将棋《しょうぎ》大賞《たいしょう》「勝率《しょうりつ》1位賞《いしょう》」を受賞《じゅしょう》。そのほか「名局賞《めいきょくしょう》」など多数《たすう》。2017年、初《はつ》のタイトルとなる第《だい》65期《き》王座《おうざ》を獲得《かくとく》。角換《かくが》わりや横歩取《よこふど》りを得意《とくい》とする居《い》飛《び》車党《しゃとう》。趣味《しゅみ》はフットサルと映画鑑賞《えいがかんしょう》。

[スタッフ]

構成・執筆　渡部 壮大（わたなべ そうだい）

1986年6月5日、埼玉県出身。将棋関係の月刊誌、週刊紙、書籍などさまざまな編集部で勤務後、フリーになる。現在はライター業のかたわら、こども教室などで指導にあたる。2013～2015年アマ竜王戦埼玉県代表、2018年平成最強戦準優勝。

ブックデザイン……志岐デザイン事務所（萩原 睦／矢野 貴文）
イラスト……………大岩ピュン
編集協力……………パケット

どんどん強くなる こども将棋 勝てる手筋がわかる本

監修者……中村太地
発行者……池田士文
印刷所……有限会社精文社
製本所……株式会社新寿堂
発行所……株式会社池田書店
〒162-0851　東京都新宿区弁天町43番地
電話 03-3267-6821（代）／振替 00120-9-60072

落丁、乱丁はお取り替えいたします。

ISBN978-4-262-10158-3

21008508